U0916106

晋城文化年鉴

（1991–1995）

晋城市三晋文化研究会编

山 西 出 版 集 团

北岳文艺出版社

1991年5月，中国文联组联工作经验交流会议在晋城召开。图为会议会场

1991年5月，中国文联组联工作经验交流会在晋城召开。图为与会人员在城区晓庄参观

1991年6月26日，晋城市直机关举行庆七一歌咏大赛

1991年8月24日，市、区两级领导陪同省委书记王茂林视察城区西巷康乐游泳场

1991年8月，省委书记王茂林在市委书记田霍卿、市长薛荣哲陪同下视察晋城

图为1991年《党的光辉照征程》文艺演出剧照

1991年晋城市庆祝中国共产党建党70周年文艺汇演剧照

1992年3月20日，晋城市城区区委书记吴广隆（左）陪同山西省委组织部部长郑社奎（中）在城区晓庄村视察

▶1992年9月25日，省委书记王茂林在晋城市制药厂视察

▶1992年11月6日，山西电视台、晋城电视台联合举办十二地市综艺节目展播《小康欢歌》。图为晋城电视台主持人田青同山西电视台主持人李平同台主持

◀图为1992年12月25日晋长汽车专用公路通车剪彩宣传活动

1992年，中共晋城市委书记王云龙视察晋城电视台

1992年晋城市元宵节群众文艺街头表演一角

1992年戏剧“梅花奖”获得者吴国华（左）、张爱珍（右）

图为1992年晋城市元宵节
展一角

1993年9月9日，晋城市庆祝教师节游行

1993年9月，晋城电视
与山西电视台《电视桥》栏
联合录制特别节目《晋城市
建系统职工趣味劳动技能
赛》。图为晋城电视台台长
人鹏现场指挥录制工作

1993年11月，全省小康建设现场会在晋城召开。图为省委书记胡富国观看市上党梆子《杀妻》后与全体演职人员合影

图为1993年晋城市女子八音会合影

图为1993年晋城市元宵节期间民间八音会表演比赛

1994年8月19日，全省精神文明建设现场会在晋城召开。图为参观陵川县锡崖沟村

1994年9月12日，市书法协会在金辇大酒店向日本友人赠送条幅

1994年晋城市元宵节夜景

图为1994年电视连续剧《沟里人》主创人员合影，左至右为郭中群、张绍林、陆嘉生、徐重民、董育中、沈人鹏

1995年4月17日，全省第六
地市委宣传部长研讨会在晋城
开。图为会议会场

1995年5月，中共晋城市委宣传部在京召开电视连续剧《沟里人》观摩座谈会。图为出席会议的领导崔光祖（右三，省委宣传部部长）、阮若琳（左五，中国电视艺术家协会主席）与主创人员合影

◀1995年9月22日，高平羊头山炎帝
祭祀炎帝活动

▶1995年，中共晋城市委书记田霍卿视察晋城电视台

◀1995年元宵节，晋城市群众文化街
演出表演一角

▶1995年元宵节期间，晋城市凤台西街（市政府门前）搭建的彩色门楼

序

中共晋城市委原常委、宣传部长
晋城市三晋文化研究会会长　吴广隆

2004年夏，晋城市三晋文化研究会成立之初，在研究今后工作的时候，根据《章程》，“文研会”确定了两方面主要工作，其中之一就是陆续编辑出版《晋城文化年鉴》。

文化是一种内涵丰富的社会历史现象。文化的力量是巨大的。作为一种社会意识形态，它与经济和政治相互交融，既是一个社会经济和政治的反映，又对二者产生重大而深远的影响。文化是旗，引领着人们为了理想信念而奋斗。文化是桥，把社会各阶层的人们紧紧连接在一起。文化是魂，渗透在经济、政治、生活的各个领域各个方面。文化是根，穿越时空而代代相承。

文化年鉴具有独特的历史文化价值和经世致用的价值，是我国社会主义文化建设及人文社会科学的重要组成部分。从文化史志鉴工作来说，它是文化事业的组成部分，是精神文明和文化建设中的重要内容，对推动文化事业发展战略的实施，对汲取历史经验，开阔视野，拓展领域，起着承上启下、继往开来、服务当代、有益后世的作用。史志鉴工作也从另一个方面承担起胡锦涛同志强调指出的“认识世界、传承文明、资政育人、服务社会的职责”。

没有文化的城市是没有灵魂的城市。历届晋城市委、市政府都深刻认识到文化在推进政治发展、社会进步、文明建设中的巨大作用，给予文化事业极大的支持与爱护，基础设施日臻完善，各项事业蓬勃发展，晋城人民正展现积极进取、昂扬向上、生动活泼、多姿多彩的精神风貌。

年鉴记载的是“历史的缩影”，是具有自身文化物质的“信息库”。为了记录晋城文化前进的历程，留下晋城文化开拓前进、奋力攀登的清晰事迹和完整档案，为了不忘历史、服务现在、展望未来，我们力争用通俗易懂的形式介绍晋城文化，使干部群众进一步学习了解晋城文化，继承和弘扬晋城文化的思想精华，进一步加深对民族精神、民族文化、民族传统的认识和理解。这就是我们编辑出版《晋城文化年鉴》的初衷。

晋城市委在《“十一五”规划建议》中提出“以科学发展观统领经济社会发展全局，大力发展文化事业和文化支柱。加强民间文化保护和开发，发掘地方民族文化，培育和发展具有晋城特色的文化产业”。我们愿为晋城文化事业的发展，为树立新世纪、新晋城形象，奉上我们的一份辛劳。

编 辑 说 明

《晋城文化年鉴》是晋城市三晋文化研究会组织编辑的关于晋城文化方面的资料性史料性工具书，是全市唯一的文化综合年鉴。

《晋城文化年鉴》逐年记载记述全市政治理论、思想宣传、道德建设、文学艺术、文化事业、文化产业、文化设施等文化以及与文化密切相关的教育、体育、文物、旅游、新闻、广电等各个方面、各个领域、各项事业的现实状况、发展变化和前进足迹，为读者了解、认识、建设晋城提供查阅、借鉴、参考、探索等服务。

本版年鉴的记事(大事记、会议、活动等)断限为1991年1月1日至1995年12月31日。

本版年鉴采用分类编排法，结构上分为类目、条目，条目为年鉴内容的主体部分。

年鉴稿件除由市直各有关单位，各县(市、区)有关单位提供外，还根据《太行日报》、《晋城工作》、《晋城政务》、《太行日报·晚报版》、《山西日报》、“晋城在线”等报刊、媒体对有关事项的记载、评价进行了摘录汇编。

《晋城文化年鉴》作为地方文化领域资料史册和信息载体，具有较强的系统性、密集性等优点。作为编者，我们将不断总结经验，与时俱进，尽可能把它编得更翔实、更准确、更完整，为把晋城建设成经济发达、人民富裕、生态良好、社会和谐的经济强市、园林城市、优秀旅游城市、全国文明城市发挥推动作用。

本版年鉴仍有不尽如人意之处，诚恳希望读者及有识之士提出宝贵意见，以便我们今后改进与提高。

对大力支持热情帮助本年鉴编辑工作的党政机关、社会团体和社会各界人士表示诚挚的谢意。

2011年6月

目 录

特 载

文化大事记

文化工作

文化活动

文化视点

文史钩沉

诗书品评

文坛·文萃

报刊·书籍

荣誉·奖项

统计资料

特　载

晋城建市十周年回顾与展望

市委书记　田霍卿　　市长　李拴纣

晋城市，自1985年5月诞生以来，已经走过了十年的路程。十年，在历史的长河中，只不过是“弹指一挥”，但对于晋城这个年轻的城市来说，她每前进一步，每发展一程，都充满着困难和曲折，孕育着希望和光明。十年来，全市二百万英雄儿女在党的基本路线指引下，艰苦奋斗，开拓进取，以其得天独厚的资源优势，切实可行的兴市之策和艰苦奋斗的英勇气概，使古老的泽州生机勃发，跻身于全国城市之列。

建市之初，晋城市虽有诸多优势，但长期形成的产业结构单一，科技含量低下，管理水平落后，制约了经济和社会的发展。加之中心城市经济实力弱，环境容量小，辐射能力差，使得晋城市的开发建设更是举步维艰。对此，市委、市政府通过对晋城的历史和现状、优势和劣势、内因和外因进行深入的调查分析，提出了“搞开放式市场经济，创辐射型经济网络，走众星捧月、群马拉车、凭资源起步、靠科技腾飞的路子，推动城乡经济一体化发展，建设新型的现代化城市”的战略方针。全市人民在市委、市政府领导下，经过十年奋斗，十年创业，克服一道道艰难险阻，谱写出一曲曲可歌可泣的壮丽篇章，留下了一串串不可磨灭的创业轨迹。

一、国民经济持续增长，综合实力明显增强

1994年，全市完成国内生产总值75.3亿元，比建市前的1984年增加2.5倍；提前7年实现了翻两番；工交企业以转轨建制为重点，改革、改造、管理整体推进，企业活力得到增强，经济效益大大提高。1994年，全市共完成工业总产值111.1亿元，比建市前的1984年增加3.8倍；全市地方预算内工业企业实现利税11679万元，比建市前1984年增加2.6倍；农村经济稳步发展，主要农副产品产量大幅度增长。1994年，全市农村经济总收入达111.76亿元，农业总产值达8.95亿元，分别比1984年增长9.2倍和5.4%；乡镇企业异军突起，成为全市国民经济的重要支柱。1994年，全市共完成乡镇企业总产值139.1亿元，实现利税15.6亿元，分别比1984年增长13.8倍和7倍；财经贸易繁荣活跃。1994年，全市社会消费品零售总额达18.26亿元，比1984年增长4倍。地方财政收入完成2.69亿元，比1984年增长2.8倍；金融部门各项存款余额达62.4亿元，比1984年增长

13.3 倍。

二、城市建设突飞猛进,基础设施大为改善

建市以来,我们突出抓了城市基础设施建设和城市功能的完善。共完成城市建设投资 10 亿多元。城市建成区面积由 8 平方公里扩大到 17 平方公里。开通了泽州路、凤台街、建设路等 6 条主干道,内环路、中环路均已开通。城市道路总长达 76.5 公里。兴建了市邮电大楼,并开通了 900 兆移动电话和长途 2000 线国内外直拨,全市实现了电话程控化,总容量达到 4 万门。市区建成档次较高的商贸大楼 18 座,营业面积 5.2 万平方米;中高档饭店、酒店 27 座;各类集贸市场 16 个;粮、油、肉等仓储设施 21 座。文化教育方面:已建成一批中小学、幼儿园、影剧院、游乐场、电视台、中播台、广播电台、有线电视台等。城市供水、供电、供热等基础设施明显改善,建成 5 万吨水厂一座,日供水能力由建市初的 9000 吨提高到 5 万吨。新增自来水管网和排污(雨)管道分别为 190 公里和 9.5 公里,自来水普及率由 70%提高到 90%以上。城市热网工程已投入营运,集中供热面积达到 20 .9 万平方米。住宅建设方面:规划和开发了 5 个住宅小区,住宅竣工面积达到 53.4 万平方米,市区人均住宅面积由 1984 年的 5.2 平方米增加到现在的 9.3 平方米。城市美化、绿化方面:新建植物园一座,占地 700 多亩的晋城公园正在兴建之中,市区新植行道树 2.8 万株,绿化带 87 条,绿地覆盖率由 14%增加到 25.6%。特别是连续两年开展三项建设,使水、电、路等重点工程进展迅猛,晋长汽车专用线,沁辉、陵辉、阳济等出境公路的开通,郭壁提水工程以及城市电网改造等相继竣工,更使晋城如虎添翼。经过十年努力,晋城市的城市建设已粗具规模。中心城市的吸引力、辐射力和综合服务能力显著增强,投资环境有了较大的改善。

三、小康建设成效显著,人民生活明显改善

1992 年,我们根据晋城实际,提出了农村工作要牵住小康建设这个“牛鼻子”,把各方面的工作带动起来。从那时起,全市上下总动员,各级党委、政府拓宽思路,开拓创新,把小康建设列入工作的重要日程,抓住不放。由抓小康村建设到抓小康乡镇建设,再到抓“一区两带”小康工程建设,经过三年的努力,跃上了三个台阶。1994 年底,全市共建成 25 个小康乡镇,656 个小康村,分别占到全市乡、村总数的 20%和 27%。通过抓小康建设,使全市一大批乡(镇)村,在经济发展的基础上,村容乡貌发生了翻天覆地的变化。昔日“面朝黄土背朝天”的农民群众,住进了宽敞明亮的公寓,安装了程控电话,看上了闭路电视,过去“楼上楼下,电灯电话”的梦幻已变为现实。村中有园,园中有村,既有田园风光,又有都市风貌,影剧院、歌舞厅、图书馆、阅览室、农民公园、农民夜校使农民群众精神食粮更加充实。农村双文明建设成效显著。文艺、体育、科技、教育事业有了新的发展，八成群众生活水平和生活质量进一步提高。1994年，农民人均纯收入达到1214元，城镇居民人均生活费收入达到2426元，分别比1984年增加2倍和4.2倍。农村人均住房面积达到28.3平方米，比建市初期增长44.4%。

四、科技教育有新发展，各项事业全面进步

凭资源起步，靠科技腾飞已形成共识，全市上下科技兴市的意识大为增强，建市十年，各级财政用于科技教育的投入逐年增强，共取得各类科研成果101项。其中有49项荣获国家和部、省级的奖励。去年有10个乡镇受省级表彰，郊区被评选为全国经济百强县，阳城县还被评为全国110个科技综合实力强县之一。教育事业的战略地位和作用越来越受到广泛的关注。建市以来，教育经费总投入每年以19.86%的速度递增，预算内教育经费占财政总支出的34.6%以上。教学设施得到改善，教师素质稳步提高。普及九年制义务教育正在按规划实施，小学、初中阶段义务教育的人口覆盖率分别达到99.8%和85%。职业教育、成人教育、特殊教育有了新的发展。广播、电视覆盖率分别达到92%和80%；卫生保健工作明显加强，计划生育工作取得新成绩，对外开放进一步扩大，社会主义精神文明建设和民主法制建设以及社会治安综合治理均取得显著成效。全市政治稳定、社会安定、经济繁荣，人民安居乐业。

过去的十年，是全市人民万众一心，艰苦创业的十年；是同舟共济，开拓进取的十年；也是全市经济发展最快，城乡面貌变化最大，人民得到实惠最多的十年……

回首十年，我们可以自豪地说：我们无愧于时代，我们无愧于这块土地，我们衷心感谢为晋城繁荣昌盛做出贡献的仁人志士。

展望未来，我们有决心有信心同全市人民一道，齐心协力，艰苦创业，以正确的决策、聪明的才智和百倍的努力去迎接时代的挑战，以无私无畏的气魄和胆略去战胜前进中的困难，重构晋城经济和社会发展的新优势，再创晋城改革和发展的辉煌业绩。

从现在起到下个世纪初，随着社会主义市场经济体制的建立和完善，将为晋城市经济和社会的大发展带来千载难逢的良机，加之阳城电厂的兴建，晋城大化肥厂的上马，以及晋城无烟煤基地西区的开发建设，晋城至阳城、晋城至焦作高速公路的开通，将为晋城经济腾飞插上翅膀。我们一定要以经济建设为中心，围绕兴泽富民的奋斗目标，抓住机遇，加速发展，按照市委二届九次全体扩大会议通过的《全市经济和社会发展纲要》，坚持面向中原和国内外市场，大力调整产品、产业结构；坚持依靠科技进步和加强企业管理，全面提高经济增长的质量和效益；坚持以建立社会主义市场经济体制为目标，进一步深化改革、扩大开放;坚持两手抓、两手都要硬的方针,经过几年的努内,使我市经济建设再登上一个新的台阶。到2000年,国民生产总产值达到155亿元,人均达到7176元;工业总产值达到225亿元;工业经济效益指数达到100%;粮食总产值达到9亿公斤;人均达到410公斤;社会消费品零售总额达到28亿元;农民人均纯收入和城镇居民人均生活费收入达到1930元和3900元。到2010年,国内生产总值达到590亿元,工业总产值达到740元;农业总产值达到30亿元。

为了实现上述目标,一要强化农业基础,大力发展"双高一优"农业,加快建设八大农业商品基地,推进农业产业化和现代化进程。二要下大力气搞活国有企业,加快股份制改组和公司化改造步伐,逐步建立现代企业制度,同时,要加强企业管理,推动技术进步,提高工业生产效益和水平。三要大力发展乡镇企业,以科技进步为突破口,促进其上质量、上水平、上规模、上效益。四要精心实施科教兴市战略,提高我市经济科技含量和整体水平。五要进一步扩大对外开放,全方位高层次地引进资金、人才、技术和先进管理经验,大力发展外向型经济。六要加快城市建设和基础设施建设,提高城市规划、建设、管理水平,发挥中心城市的辐射功能和服务化水平。七要加强精神文明建设,搞好社会治安综合治理,促进改革、发展、稳定地顺利进行。

十年创业多艰辛,展望未来路更长。让我们在以江泽民同志为核心的党中央领导下,在党的基本路线的指引下,高举改革开放和艰苦奋斗的旗帜,同心同德,群策群力,重构优势,再创辉煌,为实现兴泽富民的奋斗目标,为把晋城建成为富裕、文明的现代化的新兴城市而努力奋斗!

在晋城市教育工作会议上的讲话

王云龙

同志们：

今天来参加这个会，主要是来看看大家；再一个是向同志们表示祝贺。我们教育战线的同志们在“七五”期间做了大量的工作，取得了突出的成绩，我代表市委、市政府向辛勤劳动并做出显著成绩的同志们表示深切的敬意和衷心的感谢！刚才发奖之后，同志们签订了义务教育目标责任书。责任书就是军令状。有关部门的同志要严格按照责任书上所规定的各项指标，认真履行，努力完成。我们明年大概还要开类似这样的会，我希望到那时不要听到责任书还有一些指标没有完成，希望听到的是我们的指标全部完成了。签订责任书本身是应该较为客观的，要适当地留有余地，但只要是定了的，就要千方百计、克服困难去完成，如果可完成，可不完成，那就不好说了。不管怎样，一定要说到做到，努力完成。

借这个机会，我想就教育工作谈几点意见。

一、一定要充分认识教育工作的重要性

从国际、国内的政治形势和经济形势讲，都需要我们高度重视教育工作。国家之间的较量，是综合国力的较量，特别是不同社会制度之间的较量，实际上是各个国家综合力量的较量，而综合国力的较量，在很大程度上是科技、教育水平的较量。就是说科技的基础在教育，培养不出好的学生来，就不可能搞出好的科学成果来。过去我们讲，帝国主义有“和平演变”的野心，或者他们有这个愿望，现在呢？帝国主义的“和平演变”，已经在一部分社会主义国家得逞了。我看这与他们的教育有关系。培养一代忠于革命、坚持社会主义方向的革命事业接班人，是我们教育事业的第一位的任务。我国现在已经成了西方帝国主义国家“和平演变”的重点，我们的下一代是什么状况，对我国的前途和命运至关重要。也就是说，培养社会主义事业接班人是关系到我们国家安危的大事情。我们国家能稳步地欣欣向荣地向前发展，除了坚持走有中国特色的社会主义道路，坚持党的领导之外，还有很重要的一条，就是要提高我们中华民族的素质，提高我们的文化水平，这样我们才能接受先进的科学技术，才能研究出好的科学成果，才能提高生产力的水平，才能推动经济和社会的全面发展。否则，我们的路线、方针、政策再好，也没有人能去实现它。生产力中，人的因素是非常重要的,没有高知识、高文化水平的人,生产力是不能发展的。所以说,实现我们的两个"翻番",或者到20世纪中叶赶上世界中等发达国家的水平,教育工作担负着十分重要的任务。特别是我们晋城,教育工作有它的特殊性。我市没有一所本科大学,有一所属于大专的就是教育学院,还有电大;没有一所像样的中专。要培养我们当地的人才,没有培养人才的基地,是个大问题。特别是职业教育,我们缺少这一块,我们要采取措施,办起职校,大力发展职业技术教育。1985年前,我们当时属原晋东南地区,分家的时候我们没有分上一个中专学校,分家之后主要是加强重点学校,新建高校、中专国家的基本政策是严格控制。

我们山西省过去称"四无",就是没有一所全国重点院校,没有博士生导师,没有科学院学部委员,没有重大发明奖,后来有了硕士导师,重大发明奖也有了,但是全国重点院校和学部委员还是没有。争取学部委员不单单是哪一个人得到这个荣誉的问题,实际是沟通我们山西低层次和上面高层次之间的联系。实际上我们山西有许多人水平不算低,就因为我们和上一个层次,即学部委员这个层次、国家的权威这个层次当中没有什么来往,这个渠道不畅通,所以我们的一些情况反映不上去。这对于我们省里的学术水平、科技水平都有很大的影响,而且直接影响到经济建设。在我们省这样一个大形势下,我们想建一些中专,甚至要建大专,是比较困难的。当然我们要想一些办法,一是要积极创造条件,办一些中专,这是培养我们自己人才的基地,将来有机会在一些中专里办一些大专班。办学和办工厂不一样,办工厂只要你弄起来,把人调来就行,办学可相当费劲,特别是师资,没有现成的师资,要靠新分配来的毕业生,而毕业生得逐步培养,没有十年八年的时间恐怕是弄不成的。再一个办法是,我们付一点钱,请人家相应地降低一点分数,在一些大学里,办一些对我们针对性比较强的大专班或中专班,为我们当地培养人才,这个班就叫它晋城班,晋城煤化班,晋城丝绸班,这些学生毕业后,要回到我们晋城来。这样,近期和远期结合起来,才能发展我市的教育,促进我市的经济。与此同时,职业教育也要来个大的发展,普通教育也要来个大的发展。目前,在全省我们普通教育属于中上水平,但是我们的职业教育是比较落后的。

我们应该大力发展职业教育。鉴于我市没有中专学校,我们职业技术教育就显得更为重要。大家不要看不起职业教育,职业教育是非常重要的,不要说我们发展中国家,就是西方发达国家,他们也非常重视职业教育,比如西德的工人上岗前必须经过职业培训,否则,不能上岗。西德的某些机械水平为什么那么高?我参观过西德的两个工厂,除了最后一道工序设备水平很高,大部分设备都不比我们强。我们现在有些厂子看不起我们自己的设备,嫌水平低,实际上改造一下,仍然可以用,但是最后一道工序一定要把得严一些。还有一点,人家的工人的素质水平,包括管理水平是高的,是精益求精的,严格按照操作章程工作,一点也不含糊,不像我们有些人胡弄,甚至不懂装懂,我们主要差在这个问题上。他们很重视工人的技术,经过职业教育,工人的技术有很大提高。我们的厂子工人的技术差多了。所以说发展我们的教育事业,特别是职业教育,无论是从大的政治方面,经济方面也好,现状也好,培养人才也好,都是非常重要的。我们要认识到自己肩上的担子,我们市的"八·五"计划,要求是在1995年提前实现翻"两番",所以,一定要高度重视教育事业。

二、全面贯彻党的教育方针

我们的教育方针是教育必须为社会主义现代化建设服务,教育必须与生产劳动相结合,要培养德、智、体全面发展的社会主义建设者和接班人。这个方针是非常正确的,是适合中国国情的,是经过反复讨论过的。大约在1988年,省里搞过个关于教育方针的讨论稿,我在省科委工作时,参加过两次讨论,当时对教育方针的提法还是五花八门,最后定下的这个方针,我从心里完全赞成。我们要认真贯彻这个方针,一方面,要坚持社会主义方向,为社会主义建设服务;另一方面,引导学生不脱离群众,不脱离实际,积极参加实践劳动。我们的青少年学生缺的正是这一点。像我们这么大年纪,以前在大跃进,勤工俭学的时候,到农村,到工厂,尽管这些方面包括一些左的成分,但总的来说,从锻炼这方面讲是非常重要的。我接触过很多同志,回想起来尽管是苦一些,累一些,但确确实实使我们接触了群众,了解了群众,培养了自己与工农的感情。后来的一些大学生,在这些方面,对中国的国情不了解,对中国历史不了解,对中国工人、农民怎样生活也不了解,他们发表的一些言论,不着边际,说起话来很出格。当然这与大气候的影响有关。所以要强调教育与生产劳动相结合,要组织学生参加劳动。

学校教育要和家庭教育相一致。有时候因为方法不对或某些原因,社会、家庭、学校不够协调,抵消了学校的教育。溺子如同害子,有些家长没有真正懂得这个道理,害了孩子。害子以后才懂得这个道理,回想起开始时应该怎样怎样。要把我们的学生真正培养成德、智、体全面发展的人才,培养成热爱我们的社会主义祖国,热爱我们的社会主义制度,热爱我们的劳动人民,热爱我们的党,同时又有较高文化水平,健壮体魄的革命事业的接班人。什么时候也不要忘记我们的教育方针,一定要遵循这个方针来办我们的教育事业。

三、要加强党对教育事业的领导

在学校要加强党的领导,加强学校领导班子的建设。一个学校办得好坏,校长、党支部书记最关键。有好的校长、好的书记,学校工作就容易搞好。毛主席早就说过,办好一个学校关键是有一个好的校长和几十个好的教师。要把学校的领导班子建设好,必须注意领导班子的结构,注意发挥老同志的作用,要选拔年轻有为的、事业心强的、群众基础好的干部进入领导班子,担任常务副职。所谓常务副职,就是说他现在不适合做一把手,放到二把手位置上来。这不仅对我们学校,对各部门都要这样。其目的是,一方面我们希望确实有一些尽管年龄偏大,但身体还好,经验也很丰富,威信也很高,工作搞得很好的老干部,站好最后一班岗;另一方面,我们又要不拘一格选人才,把有培养前途的青年干部放到常务副职上。我们现在提拔干部都是前面已经有三个副职,再提一个为四个。我不是这个意思。意思是把他要放在第二个位置上,经过一段时间的锻炼,让他能够很快主持一定的工作,这对我们的工作是很需要的。我们现在提拔干部,有一个阶段,太过于论资排队,比如是县长的才考虑提拔县委书记,是副县长的才能考虑提拔县长,当个县委书记要经过一层一层好几层台阶。这个台阶太细太碎。你想,在一个岗位上都干上那么几年,到当了县委书记也就五十多岁了,当然身体好、威信高的同志,五十来岁也完全能当县委书记。但是作为选拔干部来讲,不能这样零碎,这样不利于我们的大局稳定。省里最近召开的一个会议,基本的一条就是在加强领导班子建设的同时,要大力培养中青年干部。我叫我们组织部的同志对我们的干部做一分析,省里上次开市委书记会时,对我们中青年干部做了分析,具体数字记不清了,反正到了三年以后,厅级要下多少,副厅级要下多少,下的数量是很大的。如果我们的干部像这样一层一层往上挪,挪到那个位置干不了三二年,到年龄就要换,这种状况对我们的国家是不利的。我想这个道理说清楚以后,我们老一些的同志,年龄较大的同志和本来能干的同志是会理解的,会扶持我们中青年干部上来,把班子建设好的。

教育战线的同志,包括学校的同志要有比较强的责任心,要认真研究怎样办好学校,要像关心自己的子女一样去关心学生,爱护学生。负责和不负责、精心和不精心大不一样。一次,阳泉市的领导领我们去看盂县一中,车到校门外,传达室老头不给开门,司机说,这是我们市政府的领导,传达室老头说,没有校长的命令我就不开门,学校里正上课呢。这说明人家的管理是严格的。前一段,我到一个县里的中学、一个乡办学校、一个村办学校,多数办得很好。我到咱们乡里一个学校时,学校让我看危房,希望能够支持一下,我们看后确实有危房,我们又看了一下学校的住宿。我对他们说,这个学校确实比较破旧,靠你们自己解决危房问题,确实有困难,需要上级部门的支持和帮助共同来解决,但有很多不花钱能办的事,你们能不能办一办?学生睡的土炕,砖头摆得高低不平,学生也没有很厚的被子，薄薄的褥子，人睡在上面能舒服吗？你们把砖头摆得平平的，能花多少钱，这也不能做到？学生吃饭的食堂在庙里面，那里面的墙间的缝隙，能伸进一只手，下雨能漏进水，这个你们也不能上去把它抹一抹？还有几个窗纸，不能粘两张纸？当时我去的时候，风不很大，如果稍微有一点风，就能从窗户刮进去。锅盖又是什么呢？是几个黑片子钉起来的代用品，根本盖不住锅，我说，像这些问题需要花钱吗？不，需要一点责任心，需要一点事业心。我说，花大钱的地方你们确实有困难，花小钱的地方，本来能办，你们也没办，给我一个什么样的感觉呢？给你们投资能不能搞起来？我相信不会过日子的人，就不是干事业的人。当然批评归批评，困难归困难，我的意思是要有一点责任心，认真地负起责来。

四、尊重教师，加强师资队伍建设

毛主席说过，要搞好一个学校需要几十个好的教师。在座的大多数同志都是从学生过来的，而且后来又是搞教育工作的，对教师的作用体会比我深。我只是从学生过来的，还未直接从事教育工作。一个学校有没有好的教师，那差别很大。那一年，文水中学高考一下子冒了一个尖，后来听说是从太原五中下去两个教师，他们接收了。我们晋城一中的教学质量比较高，关键还不是有那么几个教师。当然还要有一个良好的教育秩序，有一个好的学风、校风。所以，我们要抓好教师队伍的建设，要尊重我们的教师，要尽可能地为他们解决一些实际困难，使他们工作心情舒畅，就是解决不了的问题也要说清楚，因为我们的财力有限嘛！一般来讲，我们的教师还是通情达理的，真正有一个舒畅的环境，能够放手发挥他们的作用，我们的教育事业还是能够搞好的。但是就现状讲，还有好多不尽如人意的地方，比如前一段，有个很著名的教师，家里被人扔进砖头，这个教师一辈子育人，你说他希望什么，他还要求什么？一辈子搞教育，培养出来的人为国家做贡献，那是他的功劳。但是，由于某一些方面的原因，有些人去害他、威胁他，是绝对不允许的。我们学校的党组织，对这些问题不能装聋作哑，不能含含糊糊，起码要公开表态，亮明观点，采取措施，一经查出就要严肃处理。怎么能允许这样呢？人家从外地外省毕业以后，把精力贡献给我们这黄土高原上，在这偏僻之地，培养出来的学生为祖国做出多少贡献，但就因为触犯了某些人的一些利益就报复，这些教师怎么能够把自己最后一点精力全部贡献给我们晋城呢？对于这些好教师一定要给予支持，对于他们的一些实际困难能帮助解决的一定要解决，这是一方面。另一方面，要加强教师队伍的建设。前段我看了一条信息，登的就是我们晋城有一个县里的教师，他是我们教师的败类，强奸了五个幼女，这还了得，谁还敢把自己的孩子送到学校去，人家是去接受教育的，结果去了以后把人家都残害了，这样的人一定要严惩。对于大多数教师来说，还是要增强责任感，提高思想水平，热爱教育事业，把工作做好。

最后一点,一定要有一个好的学风。好的学风,起着巨大的作用,普通教育也好,职业教育也好,一定要倡导好的学风,要提倡理论联系实际,刻苦学习,这个过程既是一个培养人的过程,又是一个教育人的过程。如果一个学校的学风不好,学生不单是学不到知识,还会受到很多不良的影响;好的学风,学生不单能学到更多的知识,而且能够带出好的作风来。所以,我们一定要在这方面下功夫,使学校成为一个熔炉。学生们进来的时候虽然懂得不多,但出去的时候要成为德、智、体全面发展的人才。

我就谈这几点意见,不是对教育工作的客观方面来谈的。因为我看了才旺市长的讲话,也看了"八五"教育发展计划要点,对我市教育工作讲了很好的意见,而且有比较全面的系统的安排,我只是强调了几个问题,仅供同志们参考。

完了,谢谢大家。

在晋城市宣传思想工作会议上的讲话

田霍卿

同志们:

我们这次全市宣传思想工作会议,传达贯彻了全国宣传部长会议和全省宣传思想工作会议精神,认真学习了江泽民总书记、丁关根部长和省委书记胡富国对做好宣传思想工作的重要指示和讲话,研究部署了今年我市的宣传思想工作任务。会议期间,市委宣传部还要对在宣传思想工作中做出突出贡献的先进集体和先进个人进行表彰,这是多年来我市宣传文化系统一次规模较大的表彰。希望这些同志再接再厉,希望大家向他们学习,齐心协力,进一步做好宣传工作。

关于我市今年的宣传思想工作,市委宣传部已经做了安排部署。这些安排部署,是符合中央、省委和市委关于今年工作总的精神的,我完全同意。这里,我着重讲三点意见:

一、充分认识宣传工作的地位和作用,进一步增强做好新形势下宣传思想工作的责任感和紧迫性

高度重视宣传思想工作,充分发挥宣传思想工作的作用,是我们党的优良传统。十四大以来,以江泽民同志为核心的党中央对宣传思想工作非常重视、非常关心、非常支持,做了一系列重要指示。仅去年一年多的时间,中央就先后召开了两次规模较大的宣传思想工作会议,可见,中央对做好新时期的宣传思想工作是高度重视的。中央和省委一再强调,在我们党领导的各条战线中,宣传思想战线是一条十分重要的战线;在我们党的各级领导机关中,宣传思想工作部门是一个十分重要的工作部门;在我们党的干部队伍中,宣传思想工作者是一支十分重要的力量。在加快改革开放步伐,建立社会主义市场经济体制的新形势下,宣传思想工作更具有新的特殊重要性,关系到建设有中国特色社会主义事业的全局。我们党几十年的历史表明,革命也好,建设也好,要取得伟大的胜利,都离不开宣传思想工作,过去是这样,现在是这样,将来也一定会是这样。各级领导务必十分重视宣传思想工作,务必加强对宣传思想工作的领导。今年是执行“八五”计划的最后一年,也是为进入“九五”时期做好必要准备的一年。新年伊始,中央和省委相继召开了全国、全省经济工作会议。按照省委的部署,市委召开了二届九次全体(扩大)会议和全市经济工作会议,我市今年各项工作目标已经确定,任务已经明确,当前的关键就是要有一种紧迫感、责任感,需要我们扎扎实实地去工作、去落实,各级党委一定要在以江泽民同志为核心的党中央领导下,坚持用邓小平同志建设有中国特色社会主义理论武装全党,坚持党的基本路线,全面贯彻执行党的十四大和十四届三中、四中全会精神,进一步处理好改革、发展、稳定的关系。

加快建立社会主义市场经济体制,加强和改善宏观调控,确保国民经济持续、快速、健康发展,切实抓好党的建设、精神文明建设和民主法制建设,促进社会的全面进步。

根据这一工作大局和指导思想,我市今年的宣传思想工作要继续坚持"一个根本指针",落实"四项主要任务",贯彻"八字要求"(团结鼓劲,狠抓落实),做好"三个服务"(为人民服务、为社会主义服务、为全党全国工作大局服务),努力为我市的改革和建设提供强有力的思想保证和良好的舆论环境。因此,宣传战线的全体同志,要认认真真贯彻落实好全国宣传部长会议和全省宣传思想工作会议精神,认认真真贯彻落实好江泽民总书记和胡富国书记的重要讲话精神,认清形势,统一思想,服从大局,发挥优势,团结鼓劲,为我市的改革开放、经济建设和社会全面进步做出新的更大的贡献。

二、要进一步明确新形势下宣传思想工作的重要任务,努力开创全市宣传工作的新局面

近几年来,我市宣传思想工作在各级党委的正确领导下,坚持以邓小平同志建设有中国特色社会主义理论和党的基本路线为指针,紧紧围绕市委、市政府的中心工作,积极努力,创造性地开展工作,成绩是突出的,作用是明显的。特别是去年全市宣传思想工作会议以来,宣传思想战线的同志们认真贯彻全国、全省、全市宣传思想工作会议精神,自觉服从服务于全党工作大局,学理论、抓导向、树典型、出作品,立足于晋城的实际,以求实的精神抓落实、抓实效,工作开展得有声有色,发挥了宣传思想工作的强大政治优势,为我市的改革、发展、稳定提供了良好的精神动力、智力支持、思想保证、舆论环境和文化氛围。在理论学习上,市委中心组"学习理论——调查研究——完善决策"的经验得到省委的肯定。《锡崖沟精神的形成发展及其社会价值》的研究报告获得省首届社会科学研究成果推广应用奖。在新闻宣传上,我们突出主旋律,突出上台阶,突出两手抓,突出第一线,特别是集中优势兵力,组织战役性宣传和典型宣传,受到省委宣传部和山西日报社的通报表彰。市委宣传部定期召开新闻联席会议,抓住重头唱大戏,围绕中心造舆论,加大了我市双文明宣传力度。迎来了全省农村精神文明建设流动现场会在我市召开。同时,《太行日报》、电视台和新开播的市电台,都能紧紧围绕市委、市政府的中心工作,采用多种形式，开辟专版、专栏，刊发、播发了一大批先进典型。如我们抓的锡崖沟精神、“一区两带”小康建设和市委、市政府“十大工程”以及改革开放十五年来先进集体和个人的典型宣传报道，都在社会上引起了强烈反响，受到了社会各界的好评。在思想教育上，我们大力倡导胡富国书记提出的“八种精神”（太行精神、吕梁精神、石圪节精神、大寨精神、锡崖沟精神、申纪兰精神、李双良精神、赵雪芳精神），尤其是锡崖沟艰苦创业的事迹就出在我们晋城市，更值得全市广泛推广。文化战线坚持“一手抓繁荣、一手抓整顿”，成绩也是显著的。今年是我们晋城市建市十周年和晋城解放五十周年，市委、市政府决定要举行庆祝活动这项工作我们早做了安排部署。我们要本着“热烈、节俭、务实、鼓劲”的原则，能使这一大型活动宣传晋城，提高晋城在全国、全省的知名度，增强晋城在国际国内的吸引力，鼓舞士气，凝聚民心，以此来促进我市改革和建设的快速发展，努力开创我市改革、发展、稳定的新局面。

1995年，我市改革和建设的任务是非常艰巨的。在市委二届九次全委（扩大）会议上，确立了我市经济发展的各项目标任务，就是要打好“五大战役”，实现“十项目标”。“五大战役”和“十项目标”是紧密结合晋城实际提出来的，是在充分调查研究和广泛征求意见的基础上确定的，也是经过努力完全可以实现的。

市委希望全市人民一定要振奋精神，坚定信念，树立全局观念，增强改革意识，顺应发展潮流，依靠务实精神，把精力全部凝聚到改革、发展稳定的大局上来，推动晋城经济发展，争取全市早日达小康。因此，宣传思想战线的同志们，要牢牢把握大政方针，紧紧围绕市委、市政府提出的“五大战役”、“十项目标”，扎扎实实地落实好今年的各项工作任务，全力为我市的经济建设提供强有力的思想保证、精神动力和良好的舆论环境。下面，特向同志们提几点希望和要求：

1. **要继续坚持把用邓小平同志建设有中国特色社会主义理论武装全党的任务抓紧抓好。**在改革开放的新形势下，在建立社会主义市场经济体制的过程中，我们面临的形势和肩负的重任都要求各级领导干部比过去任何时候都要更加重视学习，不断提高理论修养、政治素质和思想水平。正如江泽民同志在全国宣传部长座谈会上强调指出的，中央提出用邓小平同志建设有中国特色社会主义理论武装全党是一项根本任务，学习要深化，研究要深化，宣传要深化。因此，今年我市的理论学习、理论研究和理论宣传一定要向广度和深度发展。要认真研读《邓小平文选》1–3卷，在全面系统地把握建设有中国特色社会主义理论的科学体系上下功夫；在改造客观世界的同时改造主观世界，在树立正确的世界观、人生观、价值观上下功夫；在注重理论联系实际、运用科学理论研究解决当前重大问题上下功夫。要根据中宣部、中组部《关于在全体党员中认真学习邓小平同志建设有中国特色社会主义理论的通知》精神,在认真搞好广大党员干部集中学习、集中培训的同时,重点抓好各级党委中心组的学习。要认真贯彻落实省委制订的关于引深学习建设有中国特色社会主义理论的三年规划,积极响应江泽民总书记提出的"学习、学习、再学习"的号召,带头学习社会主义市场经济理论和基本知识,带头学习现代科学技术和各种知识,不断提高领导经济工作和驾驭全局的能力。现在在我们的党员队伍中,特别在我们一些领导干部中,因循守旧、思想僵化的问题依然比较突出,不懂得正确认识和发挥本地区的优势,不能够正确地审视和对待困难与矛盾、挑战和机遇,影响了经济建设的迅速发展。这与我们学习不深入、思想不解放都有着直接的关系。因此,我们必须围绕市场经济体制的建立,大力倡导解放思想、更新观念。深刻领会江泽民总书记提出的增强政治意识、大局意识、责任意识的深刻含义,思想解放了,思路就开阔了,改革和建设中出现的各种问题就会迎刃而解,我们就能适时地抓住机遇、发展自己,各项工作也就会一年一个新变化,一步一个新台阶。

2.密切配合我市的经济发展战略部署,充分发挥舆论宣传的导向鼓舞作用,为打好全市今年"五大战役",实现"十项目标"擂鼓助阵,做好宣传教育工作。今年我市经济工作的思路已经理清,目标任务已经确定,就是要紧紧抓住"五大战役"、努力实现"十项目标",新闻舆论要紧紧围绕市委、市政府的工作重心,坚持正确导向,基调鲜明,加油鼓劲。报纸、广播、电视,当前要重点抓好以下几方面的宣传:一是要继续深入宣传好党的十四大、十四届三中、四中全会精神和市委二届九次全委(扩大)会议及全市经济工作会议精神,要集中力量、集中版面宣传好"五大战役"、"十项目标",以强大的舆论攻势引导全市干部群众认清形势,统一思想,振奋精神,增强信心。二是要突出宣传好我市经济建设"五大战役"、"十项目标"的具体内容、重要意义及各个阶段的进度情况,通过强有力的思想政治工作和正确的舆论导向,把全市人民的力量凝聚起来,保证如期完成全年的目标任务。三是要充分利用各种新闻媒体,大力普及市场经济理论知识,介绍国内外的先进科学技术和先进经验,增强人民群众在推进社会主义市场经济中的心理承受能力。四是要有计划、有步骤地集中优势兵力,集中宣传好经济建设"五大战役"、"十项目标"的显著成绩,宣传在经济建设中涌现出来的先进集体、先进人物的典型事迹,真正树立一批同心同德、奋力拼搏的泽州英雄楷模。五是要严格按照丁关根部长提出的"六要六不要"的要求,坚决做到要帮忙不要添乱。

根据中共中央印发的《爱国主义教育实施纲要》,市委宣传部要配合有关部门尽快出台我市关于爱国主义教育的实施意见，把爱国主义、集体主义、社会主义的教育渗透到整个宣传活动中去。另一方面，要抓好以改革开放、艰苦奋斗为内容的“三晋精神”教育，对于锡崖沟艰苦创业的宣传要加大深度，对于王东升、柳锁堂、李航兵同志不畏强暴、见义勇为的英雄事迹要加大宣传力度。我们宣传思想战线一定要注重典型引路和榜样的力量，要动用一切宣传手段，采用多种方式方法，激发全市人民的政治热情和创造精神，努力把精神力量变成物质力量。

3.要在精神文明建设方面和思想道德教育方面取得新的进展。精神文明建设是一项系统工程，在改革开放的形势下，以经济建设为中心，同时也必须抓好精神文明建设，只有两手抓，两手都硬，才能促进社会的共同进步。我们要坚持经济建设的“五大战役”、“十项目标”和精神文明建设的“五个一工程”一齐抓，也就是物质文明建设和精神文明建设都达到小康标准，才是我们所说的小康的完整概念，顾此失彼，一手硬一手软，都是错误的。文艺工作者要踊跃地投身到经济建设“五大战役”、“十项目标”的大潮中去，深入生活，体验生活，提炼生活，创作出更多更好的文艺作品，为经济建设和社会发展服务。新闻出版和文化市场要坚持一手抓繁荣，一手抓管理。在繁荣上要继续弘扬主旋律，提倡多样化，在管理上要理直气壮，措施得力。有关方面要积极配合。通过加强对图书报刊、影视、音响、娱乐等文化市场的管理，“扫黄”、“打非”等活动，努力为全市人民创造一种健康向上的文化生活环境。

4.继续抓好宣传思想工作队伍的建设。任务的落实说到底是要有一支过硬的队伍。我市的宣传思想工作队伍，从总体上说是好的，大家忠诚于党的宣传事业，兢兢业业、任劳任怨、埋头苦干、扎实工作，为我市的两个文明建设倾注了心血，做出了贡献，市委对我们这支队伍是信任的，是寄予厚望的。但是，在新的形势下，宣传思想干部只有不断加强自身建设，才能适应新的要求。最近，党中央就搞好宣传思想工作队伍建设发出了三个指导性文件，这就是《努力做一个合格的宣传思想干部》、《关于改进宣传思想工作方法的若干意见》和《关于宣传思想工作要把握好的若干问题》，这是新形势下加强队伍建设的整体要求，宣传部门的同志要很好学习、领会这三个文件，掌握精神，全面提高自身的整体素质，以便更好地为党的中心工作服务。

三、各级党委要切实加强对宣传思想工作的领导

江泽民总书记指出，各级党委要有很强的政治意识，大局意识，责任意识，要把宣传思想工作紧紧抓在手里，经常研究，提出要求，加强督促检查，要帮助宣传思想工作部门解决实际困难，中央再三强调在任何时候，任何情况下都不能以牺牲精神文明为代价来

换取经济的一时发展。全市各级党组织都要按照总书记提出的要求,真正把宣传思想工作抓在手里,抓紧抓好。去年全市宣传思想工作会议以来,由于各级党委、政府的高度重视,为宣传部门办了不少实事,解决了许多实际问题,宣传经费有所增加,工作条件有所改善。但是在一些地方、部门和单位还存在着这样或那样的问题,一些应当解决而且能够解决的问题至今还没有解决。这种状况应当迅速改变。现在我们工作中存在的一个最大的问题,就是说得多、干得少,说了不干、说了不算,落实起来很困难。我们应该做到上边有人说,中间有人抓,下边有人干,一级抓一级,层层抓落实。宣传思想工作大政方针已定,关键在于狠抓落实。这里我要强调一下,对于宣传思想工作,目标任务要坚定不移,领导精力要全神贯注,措施方法要切实可行,组织实施要有力度,物质条件要有保障。今年看一个地方、一个部门、一个单位工作做得如何,不仅要看你那里生产指标完成如何,也要看你那里精神文明建设搞得怎样。只会一手抓的领导干部,不是合格的领导干部。去年我当市长时,在全市宣传工作会议上也做了个表态发言,讲了三句话,第三句话就是各级党委政府要重视宣传思想工作,社会各方面都要理解和支持宣传部门的工作。现在我是书记,我还是这样讲,去年全省、全市宣传思想工作会议上提出的要解决的问题,凡没有解决的,一定要按照文件要求认真加以解决。我们要在理顺宣传思想工作的领导体制上进一步完善,切实保证各级宣传思想工作部门有职有权。要调整和配备好宣传思想文化部门的领导班子,选拔一批高素质的优秀青年干部充实到宣传思想工作部门。要贯彻好已经出台的落实经济文化政策的规定,解决好新税制下税收返还的问题。今后要按照实际和可能进一步增加对宣传文化事业经费的投入。总之,要像中央和省委领导讲的那样,我们宁可在其他方面紧一紧,抠得细一些,也要保证党和国家这部重要机器,也就是宣传工作能够正常地、有效地运转。希望参加会议的同志回去和你们的书记、县长讲清楚。同时,市委也殷切地希望全市宣传思想战线的同志们要进一步振奋精神,精诚团结,增强信念,扎实工作,努力把我市的宣传思想工作提高到一个新水平,推动全市两个文明建设迈上一个新台阶,为晋城解放五十周年和成立十周年做出新的更大的贡献。

在晋城市科技大会上的讲话

田霍卿

同志们:

这次全市科学技术大会,是在全党、全国各族人民高举邓小平同志科学技术是第一生产力的旗帜,全面落实《中共中央国务院关于加速科学技术进步的决定》和全国科技大会精神的新形势下,由市委、市政府召开的一次重要会议。对于动员全市人民切实把科教兴市的战略决策落到实处,必将产生重大影响。

1986年7月,我市召开了全市第一次科学技术大会,会议认真贯彻了中央关于科技体制改革的决定,开始了对传统科技体制的全面改革。经过十年改革和发展的伟大实践,我市科技工作发生了历史性的变化,科技实力和水平明显提高,科技开始同国民经济建设相结合,为我市经济发展和社会进步做出了重要贡献。

这次大会召开,旨在认真宣传贯彻中央《决定》和全国科技大会精神,总结十年来科技工作的成绩和经验,研究部署本世纪末我市科技工作的目标任务和政策措施,调动一切积极因素,迅速在全市形成一个"科教兴市"的热潮,进一步解决和发展科技生产力,切实把我市经济发展真正转移到依靠科技进步和提高劳动者素质的轨道上来。

刚才,拴纣同志代表市委、市政府做了科技工作报告,讲得很具体,很实际,很重要,希望大家要认真贯彻落实。下面,我再强调几个问题。

一、牢固树立"科技是第一生产力"的思想

早在1978年,党中央、国务院召开了具有深远历史意义的全国科学大会,拨乱反正,确定了科技工作的正确指导思想,唤来了科技的春天。邓小平同志在这次大会上,提出了科学技术是生产力、知识分子是工人阶级的一部分,四个现代化关键是科学技术的现代化等著名论断。后来他又进一步指出,科学技术是第一生产力。这一英明论断,揭示了科学技术在当代生产力发展和社会经济发展中第一位变革作用,反映了我们对现代化建设和改革开放的新认识。最近,江泽民总书记和李鹏总理在全国科技大会都深刻论述了实施科教兴国战略的重大意义,强调全面落实科学技术是第一生产力的思想,大力发展我国科技事业,是社会主义现代化建设中一项十分艰巨和紧迫的战略任务。

当前,无论从国际环境还是从国内条件来看,一个科技和经济大发展的新时代正在来临。世界许多经济大国,都在加紧调整科技和经济战略,增强以经济和科技实力为基础的综合国力,国际竞争日趋激烈。国际间的竞争,说到底是综合国力的竞争,是科学技术的竞争。只有坚定推进科技进步才能赢得时间和速度,才能取得优势和主动,才能抢占经济竞争的制高点,才能尽快实现本世纪末我们的宏伟目标。

晋城,地处内陆,交通不便,信息不灵,农业基础薄弱,经营品种单一,深加工增值不足,产业结构不合理、产品初级化、经营管理不善、经济效益欠佳。尤其是集成度高、显示度大的科技项目质次量少,明显落后于沿海开放城市和全省的先进地市,这不能不使我们感到忧虑和不安。如果我们不保持清醒的头脑,抓住机遇,发奋努力,奋起直追,就有可能被科技大潮所淘汰,永远步人后尘。因此,这就要求我们各级党政领导和广大干部群众,尤其是党政一把手必须有今天在科技上落后一步,今后在经济和社会发展上就要落后多年的紧迫感,时刻保持清醒的认识,解放思想,开阔视野,牢固树立科技是第一生产力的思想,自觉地投身于依靠科技振兴经济的主战场,从过去单纯依靠增加资金和劳动力投入的高消耗、低效益的粗放型经济格局中解脱出来,摆脱靠资源仅能富裕一时的困境,尽快把全市经济上台阶的主要支撑点放在科技进步上,进一步推动我市经济持续、稳定、健康、快速的发展。

二、确实加强"科教兴市"战略的领导

几年前,我们曾提出了"科教兴市"的战略,但在具体落实的力度上尚有欠缺,往往说得有些多,做得有些少。今天,我们再讲"科教兴市"战略,这同以往有了质的飞跃。这就要求各级领导和广大干部群众一定要扑下身子、脚踏实地、真抓实干、狠抓落实。因为,实施"科教兴市"战略是关系到我市今后几年甚至下个世纪发展的一件大事。这是继我们党确立把工作重点转移到以经济建设为中心上来以后,第二次战略性的转变。我们要自觉地适应这个转变,我们要投身这个转变,实现这个转变。对此,各级党委和政府必须统一认识,转变观念,勇于创新,把发展科技事业和依靠科技进步、促进经济发展作为神圣职责。

实施"科教兴市"战略,党的领导是关键。这就要求我们各级领导要认真贯彻中央决定和全国科技大会精神,按照《市委、市政府关于进一步加强九五期间科技工作的意见》,结合各地、各部门的实际,把科技进步作为重大任务,摆到重要的议事日程上,制订切实可行的措施。市委要求,党政第一把手都要亲自抓第一生产力,把实施科教兴市、科教兴县(区),抓好科教兴农、科教兴企当做重头戏,始终坚持把科技进步摆在经济和社会发展的重要位置。要在全市形成主要领导总揽全局亲自抓,分管领导集中精力认真抓,其他领导积极配合主动抓,有关部门齐心协力共同抓的新格局。要正确处理好科技与经济的关系,尽快促成经济工作与科技工作相互促进、共同繁荣的新局面,要采取措施,多渠道增加对科技的投入。要善于下功夫搞好协调工作,真正使各条战线和各个方面都来围绕科教兴市的总目标协调行动、密切配合、共同努力,切实把科教兴市战略落到实处。市、县政府每年要至少召开两次会议,专门研究科技工作,及时解决科技工作的问题。要通过科技宣传、科技学习与考察、科技研讨与交流、科技培训与示范等多种形式强化各级领导、企业管理干部的科技意识和观念。今后,要以科技进步程度、科技机构设置、科技产品开发和技术改造任务完成等指标,作为考核各级领导干部的一个重要方面。

值得强调的是,各级党委和政府的领导干部,在实施科教兴市、兴县(区)的过程中,要善于抓住重点,有的放矢,突出抓好那些具有高科技内涵、有较强的辐射与扩散效益,能带动地方财政持续、稳定增长的科技显示度工程。比如,我们最近重点抓的十五个亿元乡镇企业,就是一项好措施。各级领导干部在狠抓科教兴市战略的落实中,还要不断学习现代科学技术知识,学习社会主义市场经济知识,学习法律知识,充分重视科技、经济立法,以加快科技工作的法制化、规范化建设。只有不断更新和丰富知识,才能不断开阔视野。此外,各级科技工作的主管部门,首先要念好"科技经",通过搞好自身的改革,进一步加强领导班子建设,转变职能,加强和改进对科技工作的指导和协调,不断推进我市的科技进步和经济发展。

三、努力促进科技与经济的有机结合

党的科技工作的基本方针是:坚持科学技术是第一生产力的思想,经济建设必须依靠科学技术,科学技术工作必须面向经济建设,努力攀登科学技术高峰。方针的核心是科技与经济的密切结合。坚持科技工作的基本方针,促进科技与经济的结合,符合党的基本路线,也符合当今世界科技、经济发展的趋势。我们要通过深化科技体制改革,创造良好的政策环境,进一步挖掘我市的科技潜力,合理配置科技资源,充分调动广大科技人员的积极性,发挥科学技术的整体功能,促进我市经济、社会的发展。在深化科技体制改革的过程中,要根据中央决定的要求,真正从体制上解决科研机构重复、科研经费、科技人才分散、科技与经济脱节状况,采取优惠政策,鼓励和引导我市各类科研机构和科技人员投身于经济建设的第一线建功立业。按照"稳住一头,放开一片"的方针和晋城实际,我市"稳住一头"的任务很小,全市各类技术开发和技术服务机构除按照竞争机制承担政府研究开发任务外,应主要按照市场需求进行各项活动,要鼓励和引导市直各研究所直接进入企业或企业集团,成为企业的技术开发机构,也可以整建制转型为科技企业。与此同时,要大力鼓励、支持民办科研机构和民营科技型企业的发展。今后,我市科技计划和科技投资的方向,必须有利于培养新的增长点,有利于运用高新技术改造传统产业,有利于建立区域支柱产业,重点扶持高科技含量、高附加值、高渗透的产品技术开发项目和农业大面积技术承包项目。要建立和完善多渠道、多元化的科技投入体系,各级政府都要建立起“科技发展基金”、“科技奖励基金”,研究开发经费本世纪末要达到国民生产总值的1.5%,各级科技三项费用要坚持按照高于当年财政增长比例的幅度逐步增长,力争达到财政总支出的1%以上。要千方百计增加科技的投入,保证高新技术开发和重点攻关项目的顺利实施。不乱撒胡椒面,不西瓜、芝麻一把抓。要不断改革投资体制,建立和完善以“政府投入为引导、企业投入为主体、银行信贷为支撑、社会集资为补充”的投入体系。要进一步强化经济部门的科技意识,激发企业对科技进步的内在需求,逐步建立起国民经济各个部门全面依靠科技进步高效增长的新体制,坚定不移地走内涵扩大再生产的道路,优化生产要素组合,提高产品的技术含量和市场竞争能力。要不断增强企业对先进技术的吸收能力,使其真正发挥技术开发和技术投资的主体作用。特别要发挥企业在利用高新技术改造传统产业,形成新的支柱产业和提高产品深加工能力方面的重要作用,有重点地组织高新技术产业集团化大生产,发展科技型龙头产品和企业集团,增强企业的技术进步能力和发展后劲。要采取有力措施,大力加强农业科技工作,强化科技成果的转化,积极推广包括高技术在内的先进实用技术,满足农业发展上新台阶的需求,要特别重视用现代技术武装基础产业和支柱产业,加速实现我市经济和社会管理的信息化、自动化和智能化,促进经济和社会的持续、协调发展。

四、深切关注科技工作者的辛勤劳动

科学技术人员是新的生产力的重要开拓者和科技知识的重要传播者,是社会主义现代化建设的骨干力量,能否充分调动全市广大科技工作者的积极性和创造性,直接关系到科教兴市大业的成败。实施科教兴市战略,关键是人才。因此,各级党委和政府一定要密切关注科技人员,充分发挥现有科技人员的重要作用,创造人尽其才、才尽其用的社会环境,不断改善他们的工作和生活条件,充分调动他们的积极性和创造性,并在全市形成一种“尊重知识,尊重人才”的良好风尚。要积极创造条件,热忱欢迎省内外的科技人员来我市领办、创办企业和传授现代科技知识。要不断加强对科技人员的思想政治教育,及时让他们了解党和国家的大政方针。要注意对科技人员的培养,在入党、选拔领导干部等问题上应给予足够重视;要努力创造有利于科技工作者施展才干的良好环境,充分发挥科技人员的聪明才智,使其能够所学有所用。要特别注重关心青年科技工作者的成长,尤其是要重视培养跨世界的学科带头人。要为青年科技工作者的成长鸣锣开道,为他们的工作排忧解难,为他们走向经济建设主战场牵线搭桥。要积极采取优惠政策,吸引科研院所、大中型企业、大专院校的科技专家、学者,参加我市的科学研究和经济建设。引进外地优秀科技人才方面,要不惜代价。科教兴市,人才为本。各级领导都要努力为科技人员多办实事,在解决住房、子女入学、就业、晋级、增资和医疗保健等方面,给予特殊照顾,使我市的科技人员能够全身心地投入到科技工作和经济建设中去,为我市的科技进步和经济腾飞贡献自己的聪明才智。今后,我们对科技工作人员要实行工作成果和工资待遇挂钩的制度,要建立健全人才流动中介服务机构,实行双向选择和聘任合同制;对有特殊和重大贡献的科技工作者,可以优先破格评聘为高级专业技术职称和职务;对有特殊或者重大贡献的中青年科学技术工作者在出国进修、考察和参加国际学术交流活动时,经费上要予以资助。对企事业单位中长期从事专业技术工作、具有高级技术职称、成绩突出的科技工作者,退休后待遇从优,已享受科学技术津贴的科技工作者,离退休后继续享受。允许离退休科技工作者受聘担任专业技术和科学技术管理工作,或者创办、领办科技经济实体,依法领取合理报酬和收入。允许科技工作者在完成本职工作和不侵犯单位技术经济权益的条件下,利用业余时间,从事其他技术工作,其收入除依法纳税外全部归己。特别是对有明显经济、社会效益的科学技术发明和推广运用科技成果成效显著的科技人员,除授予荣誉称号外,在全市范围内实行公开重奖。我们要努力创造一个良好的科技工作环境和条件,使科技工作成为受人尊敬、令人羡慕的职业。广大科技工作者要珍惜自己的岗位,继续发扬爱国主义精神,求实创新精神,拼搏奉献精神,团结协作精神,树立良好的科学道德风范,为实现我市经济腾飞大显身手,再立新功。同志们,科技的春天已经来临,科技的圣火已经开始燎原整个泽州大地。距本世纪末,只有短短五年时间了,为了把我市“科教兴市”的战略决策落到实处,全市各级党委、政府和广大科技工作者都要肩负起历史赋予我们的光荣使命,珍惜光阴,真抓实干,奋力拼搏,坚定不移地把科技进步放在经济、社会发展的中心位置,大力发展科技事业,为推动我市经济和社会发展跃上一个新台阶而努力奋斗。

1992年政府工作报告(节选)

——1992年3月24日在晋城市第二届人民代表大会第二次会议上

市 长 薛荣哲

各位代表:

现在,我代表市人民政府向大会作政府工作报告,请予审议,并请市政协各位委员提出意见。

1991年工作的回顾

1991年,是实施十年规划和"八五"计划的第一年,在省委、省政府和市委的领导下,在市人大及其常委会的监督和支持下,我市各级人民政府全面贯彻党的基本路线,认真落实党的十三届七中、八中全会精神和省六届党代会精神,动员和组织全市人民坚持以经济建设为中心,全面推进改革和建设事业。经过努力,治理整顿的任务已经基本完成,城乡改革迈出新的步伐,对外开放取得新的成绩,经济形势继续向好的方向发展,科技、教育、文化、卫生、体育、计划生育等各项社会事业也都取得了新的进展。全市政治稳定,社会安定,"八五"计划的实施有了一个比较好的开端。

一、改革开放迈出了新的步伐

二、农村经济继续稳定增长

三、工业生产保持了一定的增长速度

四、城乡市场继续转旺,财政、金融情况良好,人民生活进一步改善

五、科教兴市取得新的成果

1991年,我们继续贯彻"经济建设必须依靠科学技术,科学技术工作必须面向经济建设"的方针,把发展科学技术和教育事业放在重要的战略位置,动员全社会的力量兴办科技和教育,增加科技投入,促进了全市的经济建设和社会进步,全市共组织实施"星火计划"和科技攻关项目58项,已完成48项,其中有4项分别获得全国星火科技成果博览会金奖、银奖。全市4000多名科技人员积极投入经济建设主战场，创办、领办企业，开展技术承包，为经济建设做出了积极的贡献。在“科技兴农”方面，重点是围绕农业“八大工程”，开展了多种形式农业技术承包，承包面积达69.7万亩，实现经济效益1240万元。全市农村科技服务组织发展到848个，农民科技示范户发展到12600户，一批行之有效的旱作农业技术得到推广应用，收到了明显抗旱增产效果。在“科技兴企”方面，全市共安排技术改造项目54个，投资4464万元，比“七五”期间年均技改投资增加41.4%，完成市级以上技术开发项目42个，开发新产品31项，有2项达国内先进水平，有15项填补了省内空白。

教育事业稳步发展，实施《义务教育法》的步伐进一步加快。全市在基本普及小学阶段义务教育的基础上，已有51个乡镇进入普及初中义务教育阶段。全社会关心支持教育，中小学基本消灭了危房，全部实现了“三配套”，办学条件进一步改善。普通教育全面贯彻党的方针，德育教育得到加强，教育质量逐步提高。去年，在全国、全省各学校竞赛中有390人获奖，深化农村教育综合改革，涌现出一批农科教结合的典型。职业教育进一步发展。全市高中阶段职业技术学校在校生与普通高中在校生的比例达到1∶1.5。全省在阳城县召开了职业技术教育现场会。成人教育得到巩固提高，参加各类培训的人数达到24.5万人。幼儿教育、特殊教育、师资教育也得到相应的发展。

文化事业坚持“双百”方针和“两为”方向，一手抓整顿，一手抓繁荣。“扫黄”工作深入展开，文化市场整顿收到成效。广播电视事业得到较快发展。全市实现了微波联网，有线广播整网和设备达标工作全面铺开。与省政府签订的普及广播电视的责任目标，可望实现三年任务两年完成。新闻出版、广播影视、戏剧曲艺、文学创作，坚持正确的政治方向，突出宣传各条战线的改革典型和先进模范人物，对人民群众产生了巨大的教育激励作用。

卫生、体育和计划生育工作取得新的成绩。卫生事业重点抓了农村卫生和预防保健工作，县、乡村三级卫生保健进一步巩固和发展，增加了医疗卫生设施，城乡医疗条件进一步改善，农村卫生保健工作受到省政府嘉奖。体育事业坚持群众体育与竞技体育相结合，促进了人民体质的增强。社会集资办体育积极性大为高涨。计划生育工作逐步走上依法管理的轨道，全市人口出生率和自然增长率分别达到19.34‰和11.53‰，连续六年在全省保持领先水平。拥军优属、优抚安置、救灾救济、社会福利、民族宗教、台联侨务、外事、档案等项工作也都取得了新的成绩。

六、城乡建设同步发展，环境保护工作进一步加强

七、依法治市工作取得新的成效,民主与法制建设进一步加强,安定团结的局面继续得到巩固

各位代表,去年我市经济建设和社会发展虽然取得了新的进步。但是,也要清醒地看到,我市经济和社会发展中还面临着不少困难和问题,经济运行中一些深层次的矛盾还没有完全解决,我们的工作也存在一些缺点不足。主要是:

在经济建设方面,结构不合理、产业水平低的矛盾仍很突出,企业内部活力不足、效益不好的状况还没有根本扭转。到去年底,全市库存原煤达700多万吨,对全市经济效益影响很大。……

在社会发展方面,投资环境和经济环境还不相适应。城市基础设施建设投资不足,各项配套服务设施跟不上,市区初中生升学难的问题还有待进一步解决。农村特别是边远山区水、电、路、通讯、医疗等落后状况改革步伐不快。

在政府工作方面,思想作风和工作作风还很不适应。主要表现是思想还不够解放,胆子还不够大,不同程度地存在着怕担风险,怕负责任,纪律松弛,互相扯皮,办事拖拉等官僚主义现象。

上述问题和困难,反映了当前我市经济和社会运行中的薄弱环节,必须引起各级政府的高度重视,采取得力措施,切实加以解决。

1992年工作任务和措施

各位代表:

1992年,市人民政府工作的指导思想是:坚定不移地全面贯彻党的基本路线,进一步解放思想,深化改革,扩大开放,集中力量搞好经济建设,即努力搞活国营企业、大力发展乡镇企业、积极开拓流通市场、加强公路交通建设、精心组织小康试点,促进全市经济和社会的持续、稳定、协调发展,加快兴泽富民步伐。

按照这一指导思想,我市1992年国民经济和社会发展的主要目标是:国民生产总值28.4亿元,增长5.5%;国民收入23.4亿元,增长5.2%;工业总产值43.4亿元,增长7.0%;农业总产值8.9亿元,争取有个较大的恢复性增长;地方财政收入2.5亿元,增长5%;社会商品零售总额11.6亿元,增长10.5%;社会商品零售物价总指数控制在6%以内;人口自然增长率控制在13.5‰以内。其他各项社会事业也都要有一个较快的发展。

为了确保今年各项任务的完成,我们必须抓住以下八个方面的工作。

一、以转换企业经营机制为重点,全面推行城乡改革,努力扩大对外开放

二、以建设小康村为突破口,切实加强农业和农村工作,推动农村经济全面发展

三、以提高经济效益为中心,努力搞好今年的工交生产

四、以市场建设为重点,进一步搞好财政金融贸易工作

五、以科教兴市为动力,把经济的发展转移到依靠科技进步和提高劳动者素质的轨道上来

科学技术是第一生产力,是提高经济的决定性因素。因此,必须继续坚持科教兴市战略,真正把全市经济增长的支撑点放在领先科技进步和提高劳动者素质上。1992年,我市科教兴市总的要求是,围绕“八五”计划和今年全市经济工作的五个重点,狠抓科技兴农和科技兴企,全力推动科技成果向现实生产力转化。力争把技术进步因素在经济增长中的比重提高到40%以上。

在科技工作上,首先要增强全民科技意识。要通过学习邓小平同志关于领先科学技术,迅速发展生产力的论述,增强各级领导干部领先科技的意识和运用科技的自觉性,从而建立起政府统揽全局,科技部门组织协调,各部门分工合作的科教兴市管理体制。同时要开动各种宣传机器,造成一种科教兴市的舆论环境和社会环境,激发广大人民群众对科教兴市的高度热情,为科教兴市奠定坚实的思想基础。第二,要深化科技体制改革。继续搞好两个“放活”,鼓励科研机构、科技人员面向生产,到经济建设的主战场上去大显身手。去年企事业单位和行政机关的科技人员按照“自筹资金、自主经营、自负盈亏”的原则,去创办多种科技开发型企业。在不影响所在单位技术经济权益的情况下,允许科技人员获得与其付出劳动相应的报酬,对做出突出贡献的,要给予重奖。要通过政策倾斜,大力提倡和促进厂办科研和民办科研。第三,要健全科技开发机制,促进科技成果向现实生产力的转化。要狠下功夫,搞好技术市场,积极开展技术成果转让、技术承包、技术咨询、技术服务等各种形式的技贸活动,加速技术成果商品化进程。第四,要增加科技投入。各级财政拨付的科技三项费用要随着财务的增长逐步增加,基本建设的投资也要向科技倾斜。工业企业要按照规定提取新产品和新技术开发基金,技术密集型企业、科技先导型企业提取的比例要再大一些。乡镇也要按适当比例提取,用于发展农村科技。银行要扩大科技贷款业务,支持科技项目实施。各级科技发展资金都要做到严格管理,专款专用,突出重点,注重效果。同时,要关心科技人员的学习、工作和生活,真心实意地为他们排忧解难。

科教兴市,关键是人才,基础在教育。各级政府必须把教育放在优先发展的战略地位,全面贯彻党的教育方针,加大教育改革的分量,加快全市教育事业的发展,不断强化教育为经济建设和社会发展服务的功能。要紧紧抓住品德教育、教学管理、师资队伍建设、教学研究等主要环节,全面提高教育质量,把学校办成反和平演变的坚强阵地。要加快中等教育结构调整,大力发展普通高中和职业高中,尽快扭转市区初中毕业生升学率偏低和职业技术教育薄弱的状况。鼓励、支持城区4个办事处各建1所六轨制初中。郊区要办好现有的4所高中。市职业中学要加快基建步伐,争取今年暑假开始招生。城区职中要尽快恢复招生。要坚持农、科、教结合,为了经济发展培养急需的人才。综合利用农业、科技、教育等部门的人力、物力、财力,使科技之水通过教育之渠,浇灌农业之田,促进经济的全面发展。为此,今年各县区要重点办好1~2所职业技术学校。各职业学校要根据当地经济发展和产业结构开设专业,并通过各种类型的培训,为乡村农民文化技术学校培养科技"二传手"。要组织职校学生开展"一村十户"帮贫致富活动,传递科技信息,推广实用技术,使所帮户尽快致富。要继续发展成人教育,加强岗位技术培训,提高劳动者思想、文化和技术素质。要抓好扫除文盲工作,争取到1994年把我市建成高标准无盲市。要加强县(区)、乡、村三级农民文化技术学校建设和在职职工的教育培训工作,采取送出去深造和自己培训相结合的办法,积极培养适用的中、高级人才,为推进我市经济建设造就强大的技术队伍。

六、以创建卫生文明城市为目标,大力加强社会主义精神文明建设,提高城市综合管理水平

社会主义精神文明和物质文明是相互依存、不可侵害的有机统一体。我们要始终不渝地坚持两个文明一起抓的方针,在集中力量进行经济建设的同时,大力加强精神文明建设,努力提高人民思想道德素质和科学文化素质,为我市经济建设提供强大的精神动力和智力支持,为加快我市卫生文明城市建设和搞好其他各项工作提供有力的思想保证。

要以创建卫生文明城市为目标,进一步搞好城市规划、建设和管理。在市容环境的综合治理方面,要突出抓好以下四点:一是加强城市规划和建筑市场管理,彻底清除违章建筑。二是加强环境卫生管理,继续完善"门前三包"制度,使环境卫生工作做到制度化、经济化。三是加强市区集贸市场管理,坚决制止和取缔无证经营,打击违法经营。四是加强市区道路交通秩序管理,保证道路畅通。在城市建设方面,要继续重视与人民生活密切相关的基础设施建设,重点抓好凤台街、中环路的建设;完成水厂的土建、安装,力争年底投产;完成污水处理工程的前期准备工作;进一步完善东西河防洪工程;完成热电联供的设计和部分主管铺设;完成煤气工程的前期准备工作和市植物园晋芳居工程。同时,要继续加快邮电通讯建设,尽快开通无线对讲拨号电话,完成程控交换机和国际直拨电话的前期准备工作。今年要继续为全市人民办好包括建设30万只肉鸡分割生产线、新建蔬菜基地、新建昼夜加油站等在内的20件实事,逐步改善人民的生产生活条件。

要继续狠抓环境保护工作,今年是《人类环境宣言》发表20周年。要认真贯彻国务院《关于进一步加强环保工作的决定》。继续加强环境综合整治工作,重点搞好6013厂废水治理和市水泥厂粉尘治理工程;巩固烟尘控制区;提高市区饮用水质达标率;控制市区噪声;在丹河流域全面实行排污许可证制度,并抓紧实施丹河高平段土壤植物净化示范工程;同时要在全市抓好5个生态农业试点。要强化环境管理工作,继续实行环保目标责任制,坚持做到谁污染谁治理。努力减轻污染,提高环境质量。

卫生工作要坚持全心全意为人民服务的方向,注重社会效益。要以全面实施农村初级卫生保健为重点,全方位推进卫生事业的发展,确保年内把我市建设成为初级卫生保健达标市。城市医院要努力提高医疗质量和服务质量。计划生育是我国的一项基本国策,各级政府必须坚决贯彻执行党和国家有关计划生育的方针政策,全面推行计划生育目标管理责任制,落实一切行之有效的措施,从严从紧控制人口的过快增长,确保我市人口自然增长率控制在13.5‰以内。

要继续发展文化艺术、广播电视、新闻出版和各种群众文化事业。在文化市场的建设上,既要坚持开展"扫黄"斗争,又要繁荣文化艺术创作,激浊扬清,把更多更好反映时代精神的作品奉献给人民,鼓舞人们致力兴泽富民的热情。今年是我市普及广播电视的关键年,一定要抓紧时间,善始善终,全面完成普及广播电视任务。体育工作要坚持群众体育和竞技体育协调发展的方向,进一步调动社会办体育的积极性,切实抓好学校体育、职工体育和农民体育,不断增强人民的身体素质。

要努力搞好国防教育,加强民兵、预备役部队等国防后备力量建设。做好优抚安置工作,开展拥军优属活动,进一步加强军政、军民团结。认真做好军队转业、退伍军人的安置工作和城市待业青年的安置工作。做好离退休干部和老龄工作。积极发展残疾人事业。要进一步做好外事、市志、档案、对台、侨务等各方面的工作,调动一切积极因素,为推进我市两个文明建设做出新的贡献。

七、以维护稳定为大局,切实加强民主与法制建设,继续推进依法治市

八、转变作风,狠抓落实

能否如期实现今年政府工作的各项目标,关键在于转变作风,狠抓落实。因此,各级政府机关及其工作人员一定要振奋精神,转变作风,以崭新的姿态,投入改革和建设,真抓实干,把各项任务落到实处。

牢固树立以经济建设为中心的指导思想。要从巩固社会主义制度,反对“和平演变”的高度,充分认识搞好经济工作的极端重要性,使全市上下在解放和发展社会主义生产力这个根本任务上取得共识,增强紧迫感、责任感和自觉性,在任何时候都要牢牢地把握经济建设这个中心,而不能偏离和动摇这个中心。各个部门,各项工作都要服从于和服务于这个中心,在全市范围内真正形成一种齐心协力、集中精力抓经济工作的合力。要坚持全心全意为人民服务的宗旨,把反对官僚主义作为转变作风的主要内容来抓,在全市县级以上领导干部中,集中进行一次反对官僚主义的教育,检查工作中的官僚主义表现,认识官僚主义的危害,制订反对官僚主义的措施,坚决纠正目前在一些政府机关中存在的“互相推诿,互相扯皮,不负责任,不讲效率”的不良作风,树立群众观点,对人民群众高度负责的精神,脚踏实地,兢兢业业地完成自己所担负的工作任务。

要采取切实措施,减少领导干部过多的事务性活动,坚决扭转会议多、文件多、迎送多的现象,切实从“文山会海”中解脱出来,各级领导要深入实际,调查研究,把主要精力用于解决实际问题。机关干部要逐步实行“三三分流制”,促进政府机关职能转变,更好地发挥综合、协调、监督、服务的职能。

要层层建立工作岗位责任制,严格组织纪律。今年,政府部门从领导干部到办事人员,都要有明确分工,建立健全严格的个人负责制,坚决克服分工不明、职责不清的不良作风。要按照集体领导、分工负责的原则,一级抓一级,一级对一级负责,切实做到工作到位,责任到人,事事有人办,人人有职责。

要加强督促检查,提高工作效率。今年,市政府要集中力量抓各项任务及政策措施落实情况的督促检查。要求各县(区)、各部门,凡是党委、政府定了的事情,必须坚决执行。执行中遇到的问题要及时请示,执行结果要如实报告。对各项工作要继续实行目标管理,定期检查完成情况,坚决克服“有布置,无检查,有开头,无结尾”的现象,促进政府工作的规范化。

各位代表,今年政府工作面临的任务是繁重而艰巨的。让我们在党的基本路线的指引下,团结带领全市人民,振奋精神,团结奋进,坚定信心,克服困难,促进全市经济和社会的持续、稳定、协调发展,以优异的成绩迎接党的“十四大”召开。

1993年政府工作报告(节选)

——1993年3月28日在晋城市第二届人民代表大会第四次会议上

市 长 田霍卿

各位代表:

现在，我代表市人民政府就1992年的政府工作和1993年的工作安排向大会作报告,请予审议。并请市政协各位委员提出意见。

1992年政府工作的回顾

过去的一年,晋城市政通人和,事业兴旺发达,是建市以来经济发展最快,形势最好的一年。一年来,在邓小平同志视察南方重要谈话和党的大四大精神指引下,在市委的领导下,我们毫不动摇地坚持党的基本路线,紧紧抓住经济建设这个中心,坚决贯彻党中央、国务院和省委、省政府的各项决策,认真执行市人民代表大会及其常务委员会的各项决议,依靠全市人民的共同努力,改革开放掀起了新的高潮,经济建设驶入了高速发展的快车道，市第二届人代会第二次会议批准的国民经济和社会发展计划已经超额完成,国民经济全面、协调、高速发展,社会主义精神文明建设和各项社会事业取得了较大成绩,我市的社会主义现代化建设事业进入了加速发展的新阶段。

一、国民经济和社会发展取得新的成就,综合经济实力显著增强

1992年,全市社会总产值达到79.0亿元,比上年增长36.4%;工农业总产值达64.06亿元,比上年增长35.68%;国民生产总值达到39.0亿元,比上年增长37.6%;国民收入达到31.1亿元,比上年增长37.1%。总的看,形势是比较好的。

(一)农业的基础地位进一步增强,乡镇企业获得了超常规、大跨度的发展。

(二)工业生产稳步发展,经济效益明显提高。

(三)城乡市场购销两旺,金融形势稳定活跃。

(四)固定资产投资完成较好,城市基础设施建设有了较大改善。

(五)科技、教育等各项社会事业有了新的发展,取得了新的成绩。科技工作面向经济建设,围绕我市经济发展的重大课题,积极开展协作攻关、科技开发和科技成果推广,取得了积极的成果。全市科技成果商品化水平明显提高,全年技术交易总额达到2457万元,比上年增长20%。星火、火炬及工业性试验计划成绩显著。推广先进适用的科技成果约增加产值1.4亿元。经济技术开发区开始启动运转,进展顺利。社会科学研究取得新的成果。教育工作围绕经济搞改革,争创“三优”上质量取得较好效果。全市中小学教学设施继续得到改善,标准化小学占到总数的78%。教学质量进一步提高,高考录取人数比上年有了较大幅度的增加。特别是调整教育结构,发展职业技术教育工作取得较大进展,全年职业高中招生2100名,是历年来招生数量最多的一年。医疗卫生事业喜结硕果。全市甲、乙类传染病发病率连年下降,成为全国卫生城市和全国农村初级卫生保健达标市。计划生育工作继续走在全省前列,全市人口出生率为18.52‰,自然增长率为11.27‰,计划生育率达到97.58‰。竞技体育与群众性体育活动相互促进,蓬勃发展,为增强人民体质起到了积极的促进作用。拥军优属、优抚安置、救灾救济、社会福利、民族宗教、台联侨务、外事、档案等各项工作也都取得了新的成绩。

(六)城乡人民生活水平进一步提高。在全市国民经济高速发展的基础上,城乡人民生活水平得到较大改善。城镇居民人均生活费收入达到1478.52元,农村居民人均纯收入达到790元,扣除物价上涨因素,分别比上年增长8.48%和19.68%,是建市以来增长最快的一年。城乡居民储蓄增长较快,储蓄余额达到23.06亿元,比上年增长29.23%。全市人民居住条件进一步改善。城镇居民人均住房面积达到9.8平方米,农民人均住房面积达到17.4平方米。人民群众在改革中得到实惠,从而进一步激发了他们投身改革和建设的积极性。

二、城乡改革不断深化,对外开放迈出较大步伐

1992年,我们在邓小平同志视察南方重要谈话精神鼓舞下,进一步解放思想,更换脑筋,加大改革力度,扩大对外开放,坚持和完善企业承包经营责任制和厂长(经理)负责制,制订和实施了搞活企业,搞活流通,扶持城镇集体经济发展,加快乡镇企业发展,鼓励个体私营经济发展,鼓励农民进城兴办第三产业等一系列改革措施和对外开放的优惠政策,把全市改革开放推向一个新的高潮。

三、社会主义精神文明建设得到加强,全市政治稳定,社会安定

1992年,我们坚持物质文明建设与精神文明建设一齐抓,运用各种形式深入进行党的“一个中心、两个基本点”教育,广泛开展“做文明市民,创文明单位,建文明城市”的活动,使全市人民的思想觉悟和道德素质有了新的提高,开拓、创新、团结、奉献的太行精神进一步发扬光大,涌现出一批文明单位和先进人物。新闻战线坚持正确的舆论导向,大力宣传褒奖在改革开放和现代化建设中涌现出的先进典型和模范事迹,激发了人们开拓进取奋发向上的精神风尚。文化艺术工作者坚持"两为"方向和"双百"方针,创作了一批好作品,活跃了群众文化生活。文物工作完成了侯月铁路的考古发掘,有力地配合了国家重点工程建设。广播电视普及工作取得新成绩。全市山西电视台覆盖率达到90%;山西广播电台覆盖率达到94.5%;中央电视台覆盖率达到75%,中央广播电台覆盖率达到85%。同时,在音像制品管理,节目制作改革等方面也都有了比较大的改进,城乡人民群众文化娱乐活动空前活跃。

1993年的工作安排

1993年,是全市实施经济上新台阶战略的第一年,也是充满机遇和希望的一年。根据党的十四大精神和市委二届五次全体(扩大)会议的部署,1993年我市经济和社会发展总的指导思想是:以建设有中国特色的社会主义理论和党的基本路线为指导,以建立社会主义市场经济体制为目标,进一步深化改革,扩大开放,加快科技进步,积极调整和优化产业结构,强化农业,突出能源煤化工基础建设,大力发展乡镇企业和第三产业,努力实现能源煤化工基地的整体创新和综合开发,提高经济发展的整体素质和综合效益,带动全市经济的快速发展和社会的全面进步,为尽快实现全市国民经济登上新台阶,人民生活达小康的目标而奋斗。

1993年全市国民经济和社会发展的主要目标是:

1.国民生产总值达到42.3亿元,比上年增长8.5%。

2.工农业总产值达到70亿元,比上年增长9.3%;其中工业总产值达到61.5亿元,比上年增长10.1%。

3.社会商品零售总额达到14.5亿元,比上年将长11.9%。

4.地方财政收入达到2.69亿元,同口径比上年增长7.15%。

5. 农民人均纯收入达到840元,比上年增长6.3%;城镇居民人均生活费收入达到1630元,比上年增长10.3%。

6.主要工农业产品产量:粮食67.5万吨,比上年增长17.5%;原煤3200万吨,基本与上年持平;合成氨8万吨,比上年增长11.4%;发电量95000万千瓦时,基本与上年持平。

7.人口出生率控制在20‰以内,自然增长率控制在11.5‰以内。

为了圆满地完成上述目标,我们必须集中精力抓好以下九个方面的工作:

一、以党的十四大精神为指针,进一步解放思想,更新观念,开阔视野

二、以建立社会主义市场经济体制为目标,继续加快经济体制改革和对外开放的步伐

三、继续抓住小康村建设这个牛鼻子,带动农村经济全面发展

四、突出能源煤化工基地建设,提高能源基地的整体功能和综合效益

五、大力发展乡镇企业,努力促进乡镇企业上规模、上档次、上水平

六、狠抓交通、通讯和城市基础设施建设,进一步加快第三产业发展

第三产业的发展程度是衡量现代社会经济发展水平的重要标志。发展第三产业,不仅有利于促进市场发展,提高服务的社会化、专业化水平,提高经济效益和效率,方便和丰富人民生活,而且对于劳动就业,调整经济结构,转换企业经营,精简党政机构等都具有很大的推动作用。特别是交通、通讯和城市基础设施建设,更是改善投资环境,促进经济发展的重要条件。因此,必须把交通、通讯以及城市基础设施建设作为经济建设的重点,坚持不懈地抓下去。要采取招商、引资、与外商合作开发等办法,发展交通、通讯等基础建设。要把"九五"的事拉到"八五"来搞,把"八五"后期的事提前到现在就搞。其他因素不讲,单从建筑材料涨价这一点看,我们现在借钱搞建设,即使利息高一点,也比过几年搞合算。何况基础设施早一天建成,早一天发挥作用,所产生的社会效益对全市经济发展的促进作用更是不可估量的。所以,我们必须下大决心,集中力量,争速度、抢时间,在交通、通讯、城市基础设施建设等几个方面搞几个大动作。市委二届五次会议对此已经作过专门研究,今年在交通建设方面,要照"八五"期间"三环十射"的交通建设规划,完成市区中环路的续建工程,阳济二级路的路基工程,开工建设晋阳高等级公路,勘测晋焦高等级公路并积极筹划建设太焦、侯月两条铁路的连接线。力争经过几年的努力,建成以晋城为中心,北通太原、南抵郑州、西连陕西、东接新乡的"十字型"高等级公路主骨架和市与县、县与乡之间互相通连的公路交通网。在通讯建设方面,要加速以光缆传输和程控电话为主的现代化通讯网络建设。今年10月份,要开通7000门程控电话和国际直拨;年底开通900兆移动通讯;阳城、高平两县开通450兆简易移动通讯和无线寻呼业务。力争到"九五"末,实现市、县电话交换全部程控化,国际电话自动化。全市程控电话装机容量达到6.5万门。在城市基础设施建设方面,今年要完善改造5路10口,重点是凤台东街快车道和凤台西街铺油,泽州南路开通,南环路工程形成通车能力以及新市西街、太行路建设等项工程。城市给排水工程,今年要开工建设郭壁引水工程和第二水厂(5万吨)工程,并完成城市污水处理厂立项和"三通一平"工作。市区电网改造要建成西环路、北环路、太洛路三个10KV开闭所,初步缓解市区工业和人民生活用电紧张的矛盾。城市绿化工程今年要重点搞好公园规划区植树,实行全民动员,一次形成景观。房产工程今年要重点搞好阳城电厂2平方公里生活区的规划建设。环保工程重点是完成丹河治理一期工程,莒山、巴化、二化的限期治理和氨回收工程以及晋城钢铁厂黄烟治理工程,进一步扩大生态农业工程试点。要加强环境综合整治。要进一步增强全民环境保护意识,坚持对土地、水源和大气等自然资源的合理利用,坚决制止各种任意侵占绿地、污染水源等破坏生态环境的违法行为,努力改善和提高城乡环境质量。要继续为市区群众办好城市道路、电视台、集贸市场、垃圾集运站、停车场建设,市区消防设施完善和警民巡逻体制、指挥中心建设等20件实事。与此同时,我们还要集中力量搞好建设高档次宾馆、酒店、饭店等服务设施的前期准备工作,加紧文化中心、体育中心和购物中心的建设步伐,为全市人民提供一个健康、文明、优美的学习、生活和工作环境。

在旅游业开发方面,要充分挖掘我市丰富的旅游资源,贯彻边建设、边创收的原则,优先开发投资少、见效快的旅游景点,尽快形成一个以自然景观、古建筑、古战场、古文明为主要内容的独具特色的旅游区。要突出抓好蟒河风最区、珏山风景区的开发,今年要先把通往这两个风景区的公路建设好,努力以旅游业的发展带动经济发展。

在大力发展商业服务业和居民生活服务业方面,要不断开拓服务领域,提高服务质量。要高度重视咨询、信息、技术服务等新兴服务产业的发展,把它们作为高层次第三产业的带头行业抓好。要大力兴办各种形式的法律、公证、会计、审计、政策咨询等服务机构。同时,要进一步发展城乡各类传统服务行业,建立和完善适应社会多元化、多门类、多层次需求的居民生活服务体系。

全市各级政府要进一步认真贯彻《中共中央、国务院关于加快发展第三产业的决定》和全国加快第三产业发展工作会议精神,动员依靠全社会的力量,发挥各方面的积极性,吸收社会闲散资金尽可能多地增加对第三产业的投入,特别是要认真执行市政府《关于鼓励农民进城兴办第三产业的决定》,大开城门,鼓励农民进城经商和兴办各种第三产业,工商、物价、税务、公安、土地、市容管理等各部门都要给予大力支持,为农民进城提供各种方便,努力促进第三产业快速发展。

七、继续实施"科教兴市"战略,切实把经济建设的支撑点转移到依靠科技进步和提高劳动者素质的轨道上来

科学技术是第一生产力,振兴经济关键是要振兴科技。只有坚定不移地推进技术进步和实行科学管理,才能在激烈的市场竞争中取得主动。要加快科技进步。一是必须继续深化科技体制改革,努力创造出有利于科技成果转化,有利于科研开发机构同经济建设紧密结合,有利于调动和发挥广大知识分子积极性的良好社会环境。二是必须努力改善知识分子的工作、学习和生活条件,对社会做出突出贡献的知识分子要给予重奖。要强化人才开发,建立发现人才、使用人才、保护人才、吸引人才的有效机制和良好环境。要鼓励人才合理流动,组织、人事部门要积极办好人才交流市场,充分发挥各级各类人才的聪明才智。三是要继续贯彻"经济建设必须依靠科学技术,科学技术必须面向经济建设"的方针,重点围绕我市经济建设中的重大科技问题开展协作攻关,集中力量攻克一批经济建设急需的重大科技攻关项目,重点推广20项覆盖面大、社会经济效益显著、投入少而见效快的科技成果,开发具有高附加值、市场前景广阔的20种高新技术产品。四是要继续坚持"拉住大专院校科研单位的手,跟着市场走"这一成功的做法,全方位、多角度、多层次地同全国第一流的大专院校、科研单位建立起广泛、长期稳定的经济技术协作关系,真正做到"借聪明脑袋发大财"。五是要大力增加对科技事业的投入,鼓励和支持多渠道筹集资金发展科技事业,市财政用于科技事业的资金也要逐年增加。

在振兴晋城经济的进程中,必须把教育摆在优先发展的战略地位,努力提高全市人民的思想道德和科学文化水平。教育工作要进一步深化各项改革,大力加强基础教育在中小学起始年级全面实施新的课程教材改革方案;认真实行中小学教师学历达标制度;切实抓好尚有困难、条件较差的中小学校的建设,在经费、师资、政策等方面给予重点扶持。要继续妥善解决中小学入学高峰的矛盾,年内力争建成城区4所初中。要全面提高中小学教育质量,加快普及九年制义务教育步伐,为经济建设培养更多的合格人才。在搞好基础教育的同时,我们还必须重点发展各种形式的职业技术教育和成人教育,根据全市经济和社会发展的需要,调整学科专业结构,特别是要大力开展农村实用技术培训和企业岗位培训。同时,要引深各级各类学校的改革,扩大学校的办学自主权,允许和鼓励社会、民间办学,积极探索国际合作办学。要继续推进各级各类学校的内部管理制度改革,努力增强办学活力,进一步调动教师积极性。要在全社会大力提倡尊师重教,切实改善教师的工作和生活条件,继续搞好捐资助教,积极改善各级各类学校的办学条件,为加速我市经济发展培养更多的优秀人才。

八、大力加强社会主义精神文明建设和民主法制建设,推进社会的全面进步

改革开放愈是深入,愈要加强社会主义精神文明建设和民主法制建设,为经济发展创造一个良好的社会环境。我们要认真宣传贯彻党的十四大精神,用邓小平同志建设有中国特色的社会主义理论统一思想,继续深入进行以“一个中心,两个基本点”为内容的党的基本路线教育。当前,尤其要紧密联系晋城进一步改革开放所面临的挑战,广泛进行形势与任务教育,使干部群众超越社会主义初级阶段的种种不正确的思想观念和政策中解放出来,牢固确立“抓住机遇,发展自己,关键是发展经济”的战略思想,坚持以经济建设为中心不动摇,增强全市人民建设有中国特色的社会主义和奋发向上的紧迫感和责任感。要加强社会公德教育,继续深入开展“做文明市民,创文明单位,建文明城市”的活动,不断提高市民的文明素质,保持社会主义精神风貌,树立良好的社会道德风尚。要进一步开展军民共建,警民共建,城乡共建“双拥”模范城和巩固国家级卫生城市活动,把精神文明建设落实到城乡基层。要加强职业道德教育,形成适应商品经济发展,适合各行业特点的职业道德规范。要大力加强企业、机关、学校的思想政治工作,把思想政治工作贯穿于改革开放的全过程,渗透到生产、经营、教育、科研等各个方面。特别是要加强对职工的思想教育,解决好企业在转换经营机制过程中出现的各种思想问题,促进企业平稳地走向市场。

要继续大力繁荣社会主义文化事业,新闻、广播、电视战线要坚持正面宣传为主的方针,发挥正确的舆论导向和舆论监督作用,达到团结、稳定、鼓励的目的。文学艺术要坚持“两为”方向和“双百”方针,加强内外文化交流,弘扬民族优秀文化,创作出更多的反映时代脉搏,富有地方特色,群众喜闻乐见的好作品,为人民群众提供更多更好的精神食粮,进一步活跃群众文化生活。要大力加强文化市场管理,继续查处非法出版活动,坚持不懈地抓好“扫黄”、“除六害”斗争,鼓励广大群众勇于同各种社会丑恶现象作斗争。在医疗卫生方面,要继续完善医疗体系,提高医疗技术水平和服务质量,大力开展爱国卫生运动,认真抓好农村初级卫生保健网络的建设和完善,加强对各种传染病的监测与防治,提高人民健康水平。要继续广泛开展群众性的体育活动,增强城乡人民体质。同时抓好体育专业训练,努力提高我市的体育运动水平。要认真抓好计划生育工作,全面贯彻党和国家有关计划生育的方针政策,继续推行计划生育目标管理责任制,落实一切行之有效的措施,坚持优生优育,搞好妇幼保健,提高人口质量,从严从紧控制人口过快增长,确保人口出生率和自然增长率分别控制在计划以内。要认真贯彻党的民族政策、宗教政策、侨务政策,加强同工会、共青团和妇联等群众组织的联系,继续做好优抚安置和老龄工作,积极发展残疾人事业,做好外事、档案、对台、侨务等各方面的工作,调动一切积极因素,推动我市的两个文明建设。

要大力加强民主法制建设。各级政府要认真执行全国人大八届一次会议精神，保证宪法和各项法律、法规的贯彻执行。要认真执行同级人大及其常委会做出的各项决议和决定，自觉接受评议和监督，充分尊重人民代表的民主权利。要加强同政协、各民主党派和各界爱国人士的联系，尊重各民主党派和无党派人士的意见，吸收民主党派和无党派人士在政府机关担任领导职务。要加强基层民主建设，切实发挥职工代表大会、居民委员会和村民委员会的作用，提高公民的参政议政意识，使人民群众充分行使当家做主权利。要加强法制建设，抓紧制订与完善保障改革开放，加速经济发展的行政规章，清理一切已不适应形势发展需要的旧条文、旧框框。要认真贯彻执行《行政诉讼法》，提高各级政府工作人员依法行政的自觉性。要坚持普法教育，增强全体公民的法律意识和法制观念。抓好全民国防教育和民兵、预备役建设，进一步巩固军政军民团结。

要继续搞好廉政建设。各级政府部门要进一步加强廉政教育，完善和落实廉政制度，提高全体工作人员奉公守法、全心全意为人民服务的自觉性。要坚持从领导机关和领导干部做起，以身作则，从严要求。要以反腐败为重点，集中力量查处各种违法违纪案件，重点查处领导干部以及经济管理、执法监督部门工作人员中的严重以权谋私、贪污受贿、徇私枉法和官僚主义、失职、渎职等问题。同时，要继续抓好纠正行业不正之风工作，真正做到反腐倡廉，勤政高效；树立良好的政风。要重视和认真处理人民群众来信来访，把政府工作始终置于人民群众的监督之下。

要继续搞好社会治安综合治理，努力营造良好的社会环境。社会治安问题是全市人民极为关注的一个“热点”问题，我们必须引起足够的重视，采取有效措施。一是要继续深入开展“严打”斗争，充分发挥公安、政法机关保护人民，打击敌人，惩治犯罪，服务四化的职能，坚决依法从重从快惩处严重刑事犯罪和严重经济犯罪活动。对企业深化改革过程中发生的报复伤害厂长、经理案件，必须及时查清，依法从严查处。重点查处贪污贿赂、诈骗、偷税抗税、制造销售假冒伪劣商品等经济活动中的犯罪案件。二是各单位主要领导要亲自挂帅，动员全社会的力量，搞好社会治安的综合治理，齐抓共管，打好总体战，使犯罪分子无可乘之机。三是要加强政法公安队伍建设，致力于提高政法公安队伍的思想素质和业务素质，从严治警，秉公执法，在全市人民中树立起政法公安队伍的良好形象，成为稳定社会秩序，维护社会安定，保护群众利益，深受人民群众拥护和爱戴的政法公安队伍。

九、精兵简政、真抓实干，确保我市经济迈上新台阶

党的十四大对我国未来建设的大政方针已定，市委二届五次全体(扩大)会议对我市经济上新台阶的战略方针和指导思想已经明确,发展前景鼓舞人心。现在关键是各级政府和各级领导同志,必须集中精力,狠抓各项工作落实。空谈误国,实干兴邦。我们对于每项工作,都要真正做到任务落实,措施落实,责任落实,时间落实。各级政府每年都要办成几件事关全局的实事,办成几件事关全市群众利益的实事。这就要求我们各级政府和各级领导,必须有艰苦奋斗和务实创新的精神,转变作风,深入基层,调查研究,及时为基层、为企业、为群众排忧解难。搞社会主义市场经济,很多问题我们不懂、不熟悉,我们面临许多新情况,新问题。只有勤于学习,善于学习,认真调查研究,才能掌握第一手材料,才能制订出切实可行的政策和措施。市政府和各部门今年都要定出若干调研题目,由领导亲自挂帅进行调查研究,制订政策措施。这要列入政府各部门年度考核的主要内容,也是宏观管理的主要内容,在这方面要认真奖优罚劣。

必须下决心进行行政管理体制改革和机构改革,按照政企分开和精简、统一、效能的原则,撤并一些专业经济部门和职能交叉重复或业务相近的机构,大幅度裁减非常设机构,精减机关工作人员,严格定员定编,转变政府职能,理顺关系,精兵简政,提高工作效率。我们要在省委、省政府领导下,积极做好机构改革的各项准备工作,统筹规划,精心组织,上下结合,分步实施。要积极进行推行公务员制度试点工作。要选贤任能,坚决冲破论资排辈,迁就照顾等旧观念的束缚,大胆任用政治思想好、办事公道正派、熟悉经济、熟悉业务、办实事、有实绩的干部。要建立领导干部落实经济上台阶工程项目责任制,确定完成的时限和奖惩办法,建立激励机制,在干部队伍中形成奋发向上,努力工作的良好风气。

各位代表,摆在我们面前的任务是艰巨的,在新的一轮改革开放高潮中,我们面临严峻的挑战,也面临宝贵的机遇。我们要沿着党的十四大和八届全国人大一次会议指明的道路,进一步解放思想,真抓实干,奋发进取,为晋城经济更快更好地迈上新台阶而努力奋斗!

1995年政府工作报告(节选)

——1995年3月11日在晋城市第二届人民代表大会第六次会议上

市长　李拴纣

各位代表:

现在,我代表市人民政府向大会作政府工作报告,请予审议,并请市政协各位委员和其他列席人员提出意见。

1994年政府工作回顾

1994年是实施社会主义市场经济体制改革的关键性一年,一年来,全市各级人民政府始终不渝地贯彻执行党中央"抓住机遇,深化改革,扩大开放,促进发展,保持稳定"方针,按照省委、省政府和市委的工作部署,认真执行市人民代表大会及其常务委员会的各项决议,团结和带领全市人民,围绕兴泽富民的奋斗目标,坚持以经济建设为中心,真抓实干,奋力拼搏,使全市国民经济在上年快速发展的基础上,继续保持了持续、健康发展的良好势头,改革开放和各项社会事业都取得了显著成绩。

一、国民经济全面发展,经济实力进一步增强

二、三项建设成效显著,基础设施逐步改善

三、科技教育有了新的发展,各项社会事业全面进步

以资源起步、靠科技腾飞已形成共识,全市科教兴市的意识进一步增强。各级财政用于科技教育的投入达1.37亿元,比上年增长14.17%。全市实施市以上科技项目15个。其中,绿豆保健系列饮料和黄梨系列开发被列为1994年国家级星火项目,有20多项星火项目、高新技术产品分别参加了国家在成都、广州等地举办的交易会,成交额达1698万元。全市有10个乡镇被省政府命名为"科技工作先进乡镇",阳城县被评为全国110个科技综合实力强县之一。教育事业有了长足发展。普及九年制义务教育正在按规划顺利实施,小学、初中阶段义务教育的人口覆盖率分别达到99.8%和85%。职业技术教育发展迅速,成人教育扫盲成果进一步扩大,特殊教育有了新的进展。教学质量稳步提高,高考达线率上升为全省第五位,创历史最好水平。教学设施得到改善,教师队伍素质稳步提高。卫生保健工作得到加强,城乡人民健康水平有了明显提高。计划生育工作继续走在全省前列。全市人口自然增长率为10.65‰,计划生育率达到93%。土地管理、城乡规划建设工作得到进一步加强。环境保护工作受到广泛重视,城乡环境质量有了一定改善。文化、体育事业进一步繁荣。市广播电台开始试播运行,广播电视开播率、覆盖率进一步提高。拥军优属、优抚安置、社会福利、民族宗教,台联、侨务、外事、档案等项工作都有新的发展。社会治安综合治理得到加强,廉政建设又有新的进展,反腐败斗争取得阶段性成果,全市政治稳定,社会安定,经济繁荣,形势喜人。

四、城乡改革全面展开,进展顺利平稳

各位代表,1994年我市的现代化建设和各项社会事业的发展成绩是显著的。但是,在充分肯定成绩的基础上,也应该清醒地看到,在全市经济运行过程中还存在着不少问题和困难,一些深层次矛盾还没有得到根本性解决,主要表现有以下五点:

一是企业适应市场变化的能力不强,改革力度不大,步子不快。在建立现代企业制度方面,试点工作没有大的突破。

二是结构性矛盾仍然突出。产品结构单一、企业管理水平低仍是我市经济建设中的突出问题,尤其是结构性矛盾和技术管理的相对落后交织在一起,使得整体经济效益不够理想。乡镇企业的产业、产品结构不尽合理,缺乏科技含量大、市场占有率高的拳头产品,受市场波动影响较大。

三是农业基础脆弱,抵御自然灾害的能力较低,一些地方对农业的基础地位认识不足,重视不够,没有真正把农业作为国民经济的基础产业来抓,对农业的投入不足,基础设施欠账较多,社会化服务还需要进一步完善。

四是物价涨幅偏高,通货膨胀压力加大。尽管我们在控制物价方面采取了不少措施,但由于"菜篮子工程"基地建设较差等因素的影响,全年商品零售价格总水平上涨22.7%,其中居民消费品价格上涨26.5%。

五是社会治安、城市管理、廉政建设等方面还存在不少薄弱环节。赌博现象在一些地方问题还比较突出。特别是一些行政机关的官僚主义作风和少数国家工作人员以权谋私、执法犯法,群众意见较大。

对经济和社会发展中存在的这些问题,我们必须引起足够的重视,并采取切实有效的措施认真加以解决,以使我市的经济建设,改革开放和各项社会事业在新的一年里取得更大的成就。

1995年政府工作的目标和任务

1995年是继续奋斗之年,是充满希望之年,是继续推进社会主义市场经济体制建立,完善各项重大改革举措的关键年,也是全面完成“八五”计划的最后一年。根据中央和省委、省政府的工作部署,结合我市的实际情况,1995年我市政府工作的指导思想是:在邓小平同志建设有中国特色社会主义理论和党的基本路线指导下,深入贯彻十四届三中、四中全会精神,继续坚持全党工作的“二十字”方针,精心实施我市经济与社会发展《纲要》,巩固农业基础,振兴工业经济,提高乡镇企业,抑制通货膨胀,加强财税征管,把全市经济工作的着力点放到依靠科技进步和加强科学管理、调整产品结构、提高经济增长质量和效益上来,进一步提高人民群众生活水平,努力推动全市经济和社会持续、快速、健康发展。1995年我们要围绕省委、省政府提出的“四个战役”、“五个一工程”,坚决打好市委二届九次全体(扩大)会议确定的“五大战役”,全面实现国民经济和社会发展的“十项目标”。

1.国民生产总值比上年增长9%,达到82亿元;

2.工业总产值(包括村及以下)比上年增长13.4%,达到126亿元,其中乡及以上工业增长8%,达到30.9亿元;

3.农业总产值比上年增长13.96%,达到10.2亿元;

4.粮食总产量比上年增长17.5%,达到70万吨;

5.乡镇企业总产值比上年增长20.8%,达到168亿元,营业收入比上年增长19.4%,达到134亿元;

6.社会消费品零售额比上年增长16%,达到21.2亿元;

7.财政收入比上年增长26.16%,达到3.3亿元;

8.农民人均纯收入比上年增长11.2%,达到1350元;城镇居民人均生活费收入比上年增长12%,达到2720元;

9.商品零售物价总指数上升幅度控制在13%左右;

10.人口自然增长率控制在11.2‰以内。

为圆满完成上述主要目标,1995年我们必须集中精力,下大力气,切实抓紧抓好以下九个方面的工作。

一、大力重视和发展农业,努力促进农业和农村经济的持续、稳定发展

二、切实搞好工业企业，努力提高经济增长的质量和效益

三、大力发展乡镇企业，努力促进乡镇企业上规模、上档次、上效益

四、切实搞好财政税收工作，为经济发展和社会进步奠定雄厚的资金基础

五、治理通货膨胀，平抑市场物价，繁荣城乡市场

六、多方筹集资金，毫不松懈地抓紧基础设施建设

七、围绕企业改革，以发展要素市场和推进社会保障制度建设为重点，努力抓好综合配套改革

八、大力发展科技、教育等各项社会事业，为全市经济的快速健康发展创造良好的社会基础

科学技术是第一生产力，是加快经济和社会发展的决定性因素。要围绕全市经济工作重点，以技术含量高、附加值大、市场前景好的产品为龙头，以发展区域支柱产业为目标，狠抓科技兴农和科技兴企，增加科技投入，推动科技成果向现实生产力转化。大力推广普及10项实用技术，继续建设好6个高新技术试验示范区和30个科技先导型样板企业，力争使技术进步因素在经济增长中的贡献份额比上年提高五个百分点。教育是经济发展的基础，要坚持“面向现代化，面向世界，面向未来”的方针，进一步宣传贯彻《义务教育法》。全市初中阶段义务教育人口覆盖率要提高到94.6%，继城区、阳城之后，郊区和高平市要力争基本普及九年制义务教育。要下大力气抓好希望工程，通过各级财政设立助学扶贫专款等办法认真解决好贫困地区及贫困户子女失学问题。职业技术教育要紧紧围绕经济建设，多渠道多形式办学，全市高中阶段的职业教育在校生规模要达到8000人，25%左右为应届初中毕业生接受一定的职业技术教育和培训。要大力加强成人教育，完成20万人次的短期实用技术培训，1万人次较系统的岗位技术培训。同时，要大力加强师资队伍建设，努力提高教学质量，积极改善教师工作和生活条件。要进一步提高城市管理水平，强化城市规划，搞好城市建设，彻底清除违章建筑，继续完善“门前三包”责任制，加强市区集贸市场管理，完善市区道路交通秩序管理。环境保护是关系人类生存和发展的大事，各级政府必须高度重视，把环保工作放在特殊重要的位置，继续实行环保目标责任制，提高环境质量。医疗卫生工作要继续完善城乡医疗预防保健体系，提高医疗水平和服务质量，要加强对地方病和各种传染病的监测与防治，提高人民健康水平。要以农村为重点，进一步搞好计划生育工作，确保人口控制目标的圆满实现。要继续发展文化艺术、广播电视、新闻出版和各种群众文化事业，坚持为人民服务，为社会主义服务的方向和“双百”方针，搞好“五个一工程”，活跃城乡人民的文化生活。体育工作要坚持群众体育和竞技体育协调发展的方针,进一步调动社会办体育的积极性,加强体育设施建设,切实抓好学校体育、竞技体育和社会体育,不断增强人民群众的身体素质。要努力搞好国防教育,做好优抚安置工作,开展拥军优属活动,进一步加强军民、军政团结。同时,要进一步做好外事、档案、对台、侨务、民族、宗教等各方面的工作,调动一切积极因素,大力营造良好的社会环境,努力实现社会的全面进步。

九、切实加强民主与法制建设,努力创建安定的社会环境

各位代表,1995年的任务是十分艰巨的,为了把各项工作做好,把各项任务落到实处,圆满完成各项奋斗指标,我们必须从严治吏,认真转变工作作风,努力树立良好的政府形象。各级领导干部不论职位高低,都必须牢固地树立全心全意为人民服务的思想,都必须立足本职工作,勤勤恳恳,兢兢业业,踏踏实实,尽心尽力为人民工作;都要有为人民干一番事业的雄心壮志,有建功立业的抱负,有励精图治、奋发图强、勇于负责、锐意改革的精神;在经济建设中立于潮头、冲锋陷阵、有所作为、有所成就。要狠抓干部作风建设,培养求真务实的领导作风。要大力弘扬下基层、体察民情、倾听呼声、摸实情、说实话、办实事、求实效的优良作风。坚持反对弄虚作假、投机取巧、欺上瞒下、摆花架子、做表面文章、搞形式主义的不良现象。形成实干可敬、务实光荣、空谈可恨、作假可耻的大氛围。树立勤政、廉政、团结、务实、高效的新风尚。要实行科学的目标责任制和岗位责任制,严格奖惩兑现。各级政府部门从领导干部到办事人员,都要有明确的工作分工,建立健全严格的个人目标责任制。坚持克服分工不明,职责不清的不良现象。要按照集体领导,分工负责的原则,切实做到工作到位,责任到人,事事有人办,人人有职责,一级抓一级,一级带一级,一级促一级,奖勤罚懒,好的表扬,差的批评,渎职、失职者要追究责任。要狠抓干部素质建设,努力提高领导能力。要加强理论学习,提高理论素养。要下大功夫学习《邓小平文选》1~3卷,全面系统地把握建设有中国特色社会主义理论的科学体系,坚持解放思想、实事求是的科学态度和创造精神。要下大功夫学习市场经济理论,掌握市场经济的基本知识和基础规律,灵活运用市场经济基本理论研究解决工作中的具体问题。要加强实践锻炼,向群众学习,通过在市场经济的第一线摸爬滚打,提高解决问题的能力,提高领导经济工作的水平。

各位代表,晋城正处在振兴与发展的新阶段,新的形势催人奋进,新的任务更加艰巨。我们要沿着邓小平同志建设有中国特色社会主义理论指导的方向,在市委的领导下,统一思想,总揽全局,加强协调,扎实工作,团结和带领全市人民,振奋精神,开拓进取,为开创全市工作的新局面而努力奋斗!

晋城市第二届人民代表大会第二次会议关于科教兴市的决定

（1992年3月28日晋城市第二届人民代表大会第二次会议通过）

为了认真贯彻落实党中央关于“要把发展科学技术和教育事业放在经济建设的首要位置，使经济建设转移到依靠科技进步和提高劳动者素质的轨道上来”的指示以及中共中央最近召开的政治局会议精神，抓住当前的有利时机，加快改革开放的步伐，集中力量把经济建设搞上去，加速“兴泽富民”的进程，特作“科教兴市”的决定：

一、要充分认识“科教兴市”的重大战略意义

“科教兴市”不仅是形势发展的需要，也是深化改革、大力发展生产力的内在要求。纵观世界发展的总趋势，我们正处在新技术革命蓬勃兴起的时代，科技水平及其运用程度，已成为衡量一个国家和地区经济和社会发展进程的重要标志。社会主义的本质是解放生产力、发展生产力，改革的目的也是为了解放和发展生产力，科技是新的社会生产力中最活跃和决定性因素，而教育是潜在的生产力。我市是一个新建的、以原材料为主的资源型经济区。产业结构不够合理，农业基础薄弱，科技进步滞缓，劳动者素质较低。这些都从根本上制约着我市经济和社会的迅速发展。因此，把握市情、切中时弊，抓住机遇，发展自己，坚定不移地实施“科教兴市”的战略，加快我市经济与社会发展的步伐，就显得更为必要和紧迫，这也是历史赋予我们的必然选择。

二、要进一步明确“科教兴市”的指导思想和目标任务

实施“科教兴市”战略的指导思想是：坚持“一个中心，两个基本点”的基本路线，贯彻“经济建设必须依靠科学技术，科学必须面向经济建设”的战略方针，以科技为先导，以教育为基础，以加快改革开放步伐为动力，以发展社会生产力为标准，以科教兴农和科教兴企为重点，逐步建立科技、教育同经济和社会紧密结合、相互促进的运行机制，推动经济建设和社会发展进入依靠科技进步和提高劳动者素质的轨道，加速晋城经济和社会的全面振兴，尽快把我市建设成经济繁荣、人民富裕、社会文明、有特色的现代化城市。

基于上述指导思想，全市“科技兴市”的主要目标与任务是：围绕“八·五”计划，抓好“六大科技示范基地建设”和“十大科技系列开发”。到1995年，建立起比较完备的促进经济发展的科技体制和教育体制以及依靠科技进步的经济体制,形成以科技为先导的经济发展优势。

——科技进步在全市工农业总产值增长贡献份额的比重由1991年的30%提高到60%;

——建立适合我市的有特色的深加工开发体系,形成合理配套、协调发展的产业结构和产品结构,使新上马的企业和产品,技术上达到国家的先进水平或国际80年代水平;

——通过引进技术的消化、吸收、推广、创新,使主要骨干企业的生产技术和主要工业产品达到国家的先进水平;

——积极研究开发和推广适用性强、见效快的综合性农业科技成果,大力发展高产、优质、高效农业,切实搞好南村高科技农业开发区的建设;

提高全市科技能力的综合效益水平,使科技成果转化率达到70%,科技成果商品率达到80%,新产品产值占国民总产值的比重有较大幅度的增长;

——逐步完善教育结构,全面提高教育质量,有计划地培养更多的有理想、有道德、有文化、有纪律的社会主义现代化建设人才。

三、切实加强领导,把"科教兴市"的任务落实到实处

1.广泛宣传发动,统一思想认识。各级政府要把世界和我国经济发展的总趋势同本市具体实际紧密结合起来,通过多形式、多渠道、多层次,大张旗鼓地宣传"科教兴市"的重大战略意义,进一步增强全民的科技、教育意识,广泛开展科学技术的普及活动,真正在全市创造一种重科技、兴教育的社会氛围。

2.制订实施方案,明确具体任务。各级政府要根据"科教兴市"总的指导思想和目标任务,因地制宜,实事求是,从着眼战略性、突出应用性、注意超前性原则出发,认真研究制订总体规划和分期实施方案,经本级人大及其常委会批准后,作为一项长期的战略任务,认真贯彻执行。各行各业、各个部门都要结合实际情况,制订出自己的实施意见,保证全市"科教兴市"总体规划的全面实施。要层层实行目标管理责任制,建立严格的考评验收制度,狠抓落实,务求实效。

3.改革科技体制,建立保障体系。各级政府要大胆改革,兴利除弊,建立科技竞争激励机制,从机构设置、体制运转、分配制度等方面实行有利于科技进步的政策倾斜。要建立市、行业、企业三级科技服务网络,健全信息、开发、检测等技术系统。建立科研、技改、引进、革新、发明成果、技术管理等奖励制度。要扩大对外开放,积极引进人才、引进技术、引进资金,特别要重视同沿海经济发达区和大专院校的技术联系。要在运用先进技术改造传统产业的同时，有计划地发展高新技术，逐步建立高技术开发区，开创先导产业，以形成自己的优势。要逐年增加对科技、教育的投入，高于当年财政收入增长的比例。同时，要千方百计挖掘内部潜力，相应增加科技贷款，在企业留利中加大用于科技进步的比重。

4.大力兴办教育，发挥人才优势。各级政府要真正把教育放在重要的战略位置来抓，积极培养人才，提高劳动者素质。要在重点加强基础教育的同时，积极发展职业技术教育，扩大和改进成人教育，重视特殊教育，继续扫除文盲。加快现有科技人员、经营管理干部的知识更新，认真解决好科技人才的用非所学问题，并要改革大中专学生分配制度，防止新的学非所用现象出现，充分发挥科技人员的聪明才智。要经常不断地抓好职工的教育培训，造就大批有文化、有技术、通管理、懂业务的科技人才，为“科教兴市”奠定坚实的基础。

5.加强组织领导，通力合作实施。各级政府都要成立“科教兴市”领导组，由政府主要领导担任组长，有关部门主要负责人参加。要逐步配齐配强专管科技工作的副市长、副县(区)长、副乡(镇)长，要充实加强各级科技、教育职能部门的力量，尽快扭转人员少、素质差，不适应工作需要的状况。各级政府要把“科教兴市”工作列入议程，定期研究部署，转变政府职能，搞好综合服务。各级领导都要深入基层，调查研究，发现典型，培养典型，以点带面，推动全盘。各部门各单位都要密切配合，协调作战，不推诿，不扯皮，认真组织好“科教兴市”的大合唱，共同推进“科教兴市”工作。

“科教兴市”是我市全面振兴的长期指导思想和首要战略任务，是一项庞大复杂的社会系统工程。全市人民要积极行动起来，以献身科教为己任，自觉投身到“科教兴市”的实践中去，开拓进取，艰苦奋斗，真抓实干，发挥首创精神，为圆满实现“八五”和“兴泽富民”的战略目标做出应有的贡献。

中共晋城市委　晋城市人民政府
关于进一步加强九五期间科技工作的意见

为了全面落实邓小平同志关于“科学技术是第一生产力”的思想,进一步实施科教兴市战略,促进全市经济建设和社会发展“九五”期间再登上一个新台阶,现根据《中共中央、国务院关于加速科学技术进步的决定》和全国科技大会精神,结合我市实际,提出如下意见:

一、强化科技意识,牢固确立“科学技术是第一生产力”的思想

科学技术是第一生产力,这是邓小平同志建设有中国特色社会主义理论的重要组成部分,是对马克思主义科技学说和生产力理论的创造性发展。近年来,我市围绕经济建设这个中心,实施“科教兴市”战略,取得了明显成效。“靠资源起步,靠科技腾飞”,正在逐步形成全市人民的共识。但是,我们必须清醒地看到,长期以来,我市产业结构单一、产品初级化、经济效益低、企业规模小、整体素质差等问题,还没有从根本上得以扭转。解决不好,必将严重阻碍和制约全市经济和社会的进一步发展。对此,全市广大干部群众特别是各级领导必须有强烈的危机感和紧迫感。

首先是要提高认识,强化科技意识,把“第一生产力”真正摆到“第一”的位置。要克服“抓生产是硬任务,抓科技是软指标”的思想,坚持“经济建设必须依靠科学技术,科学技术工作必须面向经济建设”的基本方针;要克服科技进步“说起来重要,干起来次要”的思想,坚持把科技工作列入各级党委和政府的重要议事日程;要克服“头绪多,顾不上;资金缺,轮不上;周期长,等不上”的思想,坚持统筹兼顾,突出重点,把经济发展的主要推动力和支撑点放在科技进步上。每年4月,确定为全市“科技活动月”。各地各部门还可以采取“农民科技节”、科技推广年”等多种形式,强化科技知识的普及和推广。报纸、电视、广播等部门,要充分利用现代化的宣传媒介和手段,增加科技内容,传播科技文化,弘扬科学精神。要加强《科技进步法》、《技术合同法》、《专利法》等科技法律、法规的宣传力度,不断健全科技法规的实施和监督体系。在全市造成一个“爱科学,学科学,用科学”的良好社会风气。

二、切实加强领导,建立健全科技领导服务体系

加强领导是推动科技进步的根本保证。各级党委和政府,特别是党政一把手都要亲自抓第一生产力。各县(市、区)要尽快成立科技工作领导小组,由主要领导担任组长。各级政府每年至少召开两次常务会议或办公会,专门研究解决科技工作的问题。各县(市、区)的科技副职,要找准位置,大胆工作,充分发挥作用。各乡镇都要成立乡镇科委和科协,可以一套人马,两块牌子,并尽快配齐科技副乡镇长。农村可选拔优秀青年,实行青年星火带头人、村团支部书记和村科技副主任“三位一体”,加强村级科技领导体系的建设。工矿企业要设立专管技术开发和推广的副厂长(经理)。各级领导干部都要认真学习科学技术知识,努力提高理论水平和知识水平,增强领导能力。

与此同时,要根据全市经济和社会发展的实际,建立科技进步的考核办法和指标体系,纳入正常的统计系列。市科委要会同有关部门,尽快制订全市科技进步的具体考核内容和程序。市政府每年要对各县(市、区)的科技工作进行一次考核验收。各县(市、区)要对所属乡镇的科技进步情况进行考核验收。通过监督、检查,奖优罚劣,真正把科教兴市的各项任务落到实处。

三、采取多种措施,加速科技人才的培养

科教兴市,人才为本。为了确实解决我市人才严重短缺和现有科技人员潜能释放不够两大问题,要从以下几方面入手。

一是抓管理。组织、人事部门要制订公平竞争、协同合作、合理流动、人尽其才的科技人才管理制度,实行双向选择和聘任合同制,鼓励和引导广大科技工作者到经济建设主战场建功立业。对有突出贡献的要给予重奖。二是抓引进。根据市政府(95)43号文件的规定,大胆引进我市急需的各类高中级人才。对应聘来我市工作的科技人员,用人单位应优先解决他们的住房等生活困难,并保证其成果权和分配利益。有关部门要做好服务工作。三是抓培养。要十分重视跨世纪人才的培养。选拔一批年轻的优秀科技人才或继续深造或委派他们在关键岗位承担重任。每年大中专毕业生的分配一定要面向基层。四是抓培训。要重视对农村基层干部和返乡高初中毕业生的技术培训。认真抓好各类职业技术教育和现有专业技术人员的继续教育,有条件的乡镇都要办好职业学校。今后乡镇企业要逐步实行“持证上岗”制度。五是抓服务。各级领导都要努力为科技人员多办实事,在解决住房、子女入学、就业等方面,给予照顾,解决他们的后顾之忧。

四、增加科技投入,逐步建立和完善多渠道、多元化的科技投入体系

科技投入是科技进步的必要条件,是实施科教兴市战略的基本保证。各级政府都要按照中共中央、国务院《决定》的要求,千方百计增加对科技的投入。要逐步建立起“科技发展基金”、“科技奖励基金”。研究开发经费,2000年要达到国内生产总值的1.5%。各级科技三项费用要坚持按照高于当年财政增长比例的幅度逐步增长,力争达到财政总支出的1%以上。金融部门要增加科技贷款额度,大力支持企业的技术进步。与此同时,要管好用好攻关计划、星火计划、火炬计划、重大成果推广计划等专项资金。今后,要逐步采取拨款资助、委托研究、有偿使用、贷款贴息、投资入股等多种形式,以提高科技投资的效益。

五、深化科技体制改革,促进科技与经济有机结合

实施科教兴市战略,必须坚定不移地深化科技体制改革,努力推动科技与经济有机结合。

按照"稳住一头、放开一片"的方针,要进一步放活科研机构和科技人员,鼓励、引导全市各类科研单位和技术服务机构,按照市场需求进行各项活动。工业方面的冶金、丝绸、食品等研究所,要依照"专业对口"的原则和自身特点,选择不同形式与经济组织结合:可以进入企业或企业集团,成为企业的技术开发机构,可以通过兼并、承包企业或按股份制与企业合建等方式转变为企业法人;有条件的还可以整建制地转变成科技型企业。农业方面的蚕桑、农机、果科、林科等几个研究所要通过技术入股、人员兼职和承包等形式与农村技术经济组织建立稳定的协作关系。所有科研单位和科技中介服务机构都必须明确职责,引入竞争机制,加快推行全员聘任合同制,把科技人员的研究开发成果同个人的工资奖金和职称评聘挂起钩来,逐步改变机构重复设置、人才积压、资源浪费的落后状况。

科研单位和科技人员必须把促进经济发展作为中心任务和首要目标,为解决我市经济发展中的难点、热点和重点问题做出贡献。一是要按照"两高一优"、"持续发展"和农业产业化的要求,实行农、科、教结合,抓好农业先进实用技术的普及和推广,大力提高农业技术成果转化率和规模效益;抓好农副产品的综合利用及相关支柱产业的发展,提高农产品的附加值;抓好科技扶贫工作,帮助贫困地区依靠科技脱贫致富。二是要立足于产业、产品结构的调整,认真组织实施科教兴企"百十百千工程",加快传统产业的技术改造和质量管理,发展支柱产业和龙头企业。大力引进开发高新技术,提高产品的科技含量和市场竞争力,培养新的经济增长点,促进全市产业结构的优化和升级。三是要大力推动乡镇企业的技术进步,促进乡镇企业上规模、上质量、上效益、上水平,通过努力,"九五"期末,科技进步因素在全市经济增长的贡献率争取达到50%以上。

六、大力培育技术市场,促进科技成果向现实生产力转化

技术市场是科技与经济结合的桥梁。为了改变一些乡镇和企业有资金无项目或盲目上项目的现象,应突出抓好以下工作:一是积极改善交易环境,组建常设技术市场,加强技术中介服务机构的建设。二是继续同大专院校、科研单位、大中型企业建立广泛的技术合作关系。每个乡镇都要有几个较稳定的技术依托单位。三是围绕主导产业和县城经济的发展,各县以每年都要组织一至两次技术交流交易活动,对口协作,重点解决新产品、新技术的引进和推广。四是逐步完善技术交易规则和优惠政策,保护知识产权,吸引更多的新技术商品进入市场。五是组织培养一批有技术、懂经济、会经营的科技经纪人。

培育技术市场,促进科技成果转化,计委、经委、农委、财委、教委、科委、科协、科干局、协作办等部门和单位都要发挥各自优势,全方位配合。为了增强工作力度,今后要按年度把科教兴市的各项任务具体化,层层分解到各部门,实行严格的目标管理。科委作为政府主管科技工作的职能部门,要切实转变职能,加强对全市科技工作的宏观管理和综合协调,为党委和政府当好参谋。

晋城市经济和社会发展纲要

(中共晋城市委二届九次全体会议1995年1月15日通过)

从现在起到本世纪末,是我市经济和社会发展最为关键的时期。为了在今后几年使我市经济建设再登上一个新的台阶,提前实现小康目标和跨入全省最发达的地区,特制定以下纲要。

一、指导思想与奋斗目标

1.建市以来,特别是邓小平同志南巡重要谈话发表之后,我市经济建设和社会发展都取得了显著成绩。这一时期,是我们靠资源起步,抓住机遇快速发展,基本完成资本积累的阶段,从而为今后的经济和社会发展奠定了雄厚的基础。但必须清醒地看到,长期以来,我市产业结构单一、产品初级化、经济效益低、企业规模小、整体素质差等问题,还没有从根本上得以扭转,解决不好将严重阻碍和制约我市的经济发展。为了适应发展社会主义市场经济的要求,把我市经济建设迅速转向依靠科技进步,上质量、上效益、上规模、上水平的轨道,实现第二次飞跃,今年及今后几年,经济和社会发展的指导思想应确定为:以建设有中国特色社会主义理论和党的基本路线为指导,围绕建立社会主义市场经济体制和全面提高社会生产力水平,进一步深化改革,扩大开放,加快科技进步,把发展的重点放在调整和优化产品结构、产业结构和企业组织结构上,全面提高经济发展的质量、效益和规模,保持国民经济持续、快速、健康发展,力争到本世纪末提前达到小康目标和实现我市经济的第二次飞跃,将我市建设成为经济发达、社会进步、各项事业繁荣、人民生活水平不断提高的内陆先进地区。

2.按照上述指导思想,今后经济和社会发展要始终贯彻以下方针:

——坚持面向中原和国内外市场,大力调整产品结构和产业结构的方针。要首先着力产品结构的调整,进而推动产业结构的优化,力争在本世纪末初步构建成以地面加工工业为主、科技含量高、经济效益好、应变能力强,一、二、三产业协调发展的格局。通过大力调整产品和产业结构,培养新的增长点,再造经济发展新优势。

——坚持依靠科技进步和加强企业管理,全面提高经济发展质量和效益的方针。在一切经济活动中,贯彻市场导向、效益优先、质量第一、规模经营原则。通过科技进步和加强管理,不断提高产品质量、经济效益和企业的整体素质,使我市经济发展不但在量的扩张上保持一定的速度，而且在质的方面发生根本变化。

——坚持以建立社会主义市场经济体制为目标，进一步深化改革、扩大开放的方针。以产权制度改革为中心，基本建立起现代企业制度和配套的市场体系、调控体系、社会保障体系，实现经济运行机制整体创新。实行全方位对外开放的战略，形成多层次、外向型的开放格局，使我市经济以优势的产业、雄厚的实力、全新的机制和开放的环境进入市场，走向全国。

——坚持两手抓、两手都要硬的方针。在大力抓好物质文明建设的同时，不断加强精神文明的建设。在加快经济发展的同时，抓好社会各项事业的发展。要正确处理好改革、发展和稳定的关系，为经济建设和人民安居乐业创造良好的社会环境。

3.根据我市经济和社会发展的指导思想和战略方针，要力争用几年时间的努力，使经济建设再登上一个新台阶。主要的奋斗目标是：

国民生产总值，1995 年达到 82 亿元，比上年增长 9 %，到 2000 年均递增 7.2%。人均国民生产总值 1995 年达到 4020 元，到 2000 年达到 7176 元。

工农业总产值，1995 年达到 136 亿元，比上年增长 12 %(其中工业总产值增长 12%，乡及乡以上工业增长 8.2%，农业总产值增长 17.6%)，到 2000 年均递增 12%。

工业经济效益综合指数，1995 年达到 76.83%，2000 年达到 100%。

粮食总产量，1995 年达到 75 亿公斤，比上年增长 25%，到 2000 年年均递增 37%；人均粮食 1995 年达到 368 公斤，2000 年达到 410 公斤。

社会消费品零售总额和对外贸易收购总额，1995 年达到 19 亿元和 1 亿元，比上年分别增长 8.6%和 16%，到 2000 年年均递增分别为 8%和 13.5%。

地方财政收入不断增长，城乡人民生活水平有较大提高，农民人均纯收入 1995 年达到 1300 元，比上年增长 8.4%，到 2000 年年均增 8.4%。城镇居民人均生活费收入 1995 年达到 2650 元，比上年增长 10.4%，到 2000 年年均递增 8%；全市人口自然增长率 1995 年控制在 11.2‰以内，2000 年控制在 11.5‰以内；城乡环境有进一步改善，城市现代化水平进一步提高，社会保障体系基本形成，各项社会事业有较大发展。

二、加强农业基础地位，推进农业商品化和现代化

三、搞好国有企业，提高工业生产的效益水平

四、继续加快乡镇企业的发展

五、实施科教兴市的战略，把经济发展真正转移到依靠科技进步和提高劳动者素质的轨道上来

六、深化改革，扩大开放，加快建立社会主义市场经济体制

七、加快城市建设和基础设施建设

八、搞好社会治安综合治理,促进改革和发展的顺利进行

九、坚持两手抓、两手都要硬的方针,进一步加强社会主义精神文明建设

建设一个富裕、文明、进步的现代化晋城,是我们共同的奋斗目标。本纲要围绕这一目标,从宏观指导上对全市的经济、社会发展提出了任务和要求,并配套制定了系列实施方案。关键是精心组织,务求落实。让我们在邓小平同志建设有中国特色社会主义理论指导下,团结和带领全市人民,抓住有利时机,加快建设步伐,全面实现我们的奋斗目标!

中共晋城市委　晋城市人民政府 1994年改革与发展十大工程实施意见(摘要)

为了认真贯彻中共中央《关于建立社会主义市场经济体制若干问题的决定》,进一步推动我市国民经济持续、快速、健康发展,中共晋城市委、晋城市人民政府特制定1994年改革与发展十大工程实施意见。现将教育工程科技工程实施意见收录如下:

……

七、教育工程

28.国民素质和人才培养决定着社会主义市场经济和现代化建设的兴衰成败。百年大计、教育为本。必须把发展教育作为经济建设的重要组成部分和根本性措施,认真落实教育优先发展的战略思想,大力倡导和弘扬全社会的重教尊师风气。要以"面向现代化、面向世界、面向未来"为指针,切实贯彻《中国教育改革和发展纲要》,强化依法治教,深化教育改革,加强统筹管理,抓好督导评估,努力实现基础教育、职业技术教育和成人教育的协调发展,大面积、大幅度提高教育质量和办学效益。教育发展要从整体上服从和服务于经济建设,克服就教育抓教育和就升学抓教学的弊端,积极实行经科教结合,全面贯彻党的教育方针,从提高国民素质、培养各类人才入手,为我市的小康建设提供支持。

29.基本普及九年义务教育是提高国民素质的奠基工程。认真搞好基础教育,全面提高质量就是对经济建设的最大服务。1994年,我市教育事业发展要以"普九"为重点,以提高质量和效益为中心,在进一步巩固普及初等教育成果的基础上,使全市实施初中阶段义务教育的乡镇扩展到86个,人口覆盖率达到85%以上,中小学教学质量和幼儿保教质量稳步提高。围绕基础教育发展目标,重点抓好五项工作:一是进一步贯彻《义务教育法》及其《实施细则》,切实保证适龄儿童和少年按时接受规定年限的义务教育。各级政府都要依法制定专项规章制度,实行工作目标责任制,加强执法检查、教育,惩处招用童工的单位和不履行职责的学生家长或监护人,突出解决好初中学生流失问题。二是增加对教育特别是农村教育的投入。力争实现财政预算内教育经费拨款的"三个增长"。按省定标准征足城乡教育事业费附加费;鼓励中小学兴办产业,开展勤工俭学活动;继续发动社会集资办学,捐资助教。各级财政安排农村教育专项基金,并确保年递增速度保持在10%以上,同时收取乡镇企业年产值的1%设立农村教育基金,坚决杜绝学校乱收费现象。三是遵循教育规律,调整教育结构,大力发展山区寄宿制小学,按初中布点标准取消八年制学校,并根据“普九”需求扩大单办初中的规模轨制,改善提高教育教学质量的环境和条件。四是进一步加强中小学常规管理和教学研究工作,大面积推广成熟度高的教学改革成果,向改革、向管理要质量。五是宣传贯彻《教师法》,加强教师职业道德教育和岗位培训,增强学校内部竞争机制,努力提高教师待遇,杜绝拖欠教师工资现象,充分调动教师的积极性。

30.职业技术教育是实现经济腾飞的直接手段和高效措施。我市职业技术教育十分薄弱,远不适应小康建设特别是乡镇企业发展的要求,大力发展职业技术教育是我市教育事业当前重要而紧迫的任务。我市发展职业技术教育的措施是:第一,以调整产业结构和产品结构,大力发展地面加工工业为契机,进一步刺激经济建设对人才和技术的需求,增强职业技术教育发展的深层次动力。第二,坚持“实际、实效”的原则,面向市场,面向乡镇企业,根据人才预测确定专业、学制和办学方式。第三,加强政府统筹管理,主要走社会、乡镇、行业和企事业单位与教育部门联合办学的路子。可以以学校为主,采取委托培养的形式为用人单位办班,也可以乡镇、行业和企业为主办班,作为骨干职业技术学校的分校,农民技术教育主要依托农业部门和乡镇举办,职工教育主要依托行业和企业举办,教育部门参与业务指导和管理。第四,各级各类职业技术教育要集教育、生产、科研和服务于一体,围绕骨干产业,面向市场需求,大力开拓生产实习基地,发展校办产业,追求人才培养和服务创收的双重效益,逐步走上自我生存、自我发展的道路。第五,制定各种职业的资格标准和录用标准,实用学历文凭和职业资格两种证书制度,逐步把职业资格证书制度与公开招聘、平等竞争的劳动就业制度结合起来,促进职工素质的提高。目前要提倡:办厂先办学、招工先招生、上岗先培训,应届初高中毕业生推选“3+1”形式的职业培训的制度。第六,借梯上楼,与有关中专和高校建立联系,在其校本部或我市举办晋城中专班、专科班,为我市的经济建设培养较高层次的人才。1994年,全市发展由骨干职业中学和小康示范乡镇联办的职业高中班13个,抓紧筹建市综合中专和艺术中专,使高中阶段职业教育在校生规模达到6000人,各类职业技术学校招生数与普通高中招生数的比例达到1:1。小康示范乡镇,燎原计划示范乡镇的农民文化技术学校和900所村级农民文化技术学校实现“六有”(领导班子、校舍、设备、师资、经费、实习基地),培训农民20万人次。

八、科技工程

31.科学技术是第一生产力,是我市经济上台阶、农村达小康的关键推动力。要认真贯彻“经济建设必须依靠科学技术,科学技术工作必须面向经济建设”的方针,把经济建设转移到依靠科技进步和提高劳动者素质的轨道上，大力促进科技、经济一体化。要进一步实施“高点起飞”的科技发展战略，大胆引进，移植适应我市需求的高新技术和普及性强、效益高的实用技术，以此带动全市科技事业的飞速进步。要立足我市乡镇企业在国民经济中占据主体地位的实际，把科技进步的工作重点和突破口放到乡镇企业产业结构和产品结构的优化上。要以建立一支结构合理，素质适应的科技队伍为根本，进一步深化科技体制改革，充分发挥科技人员的积极性和创造性，引导广大科技工作者积极投身到经济建设的主战场建功立业。要以建立和完善科技经费的增长机制为保证，不断改善科技工作的环境和条件，推动科技事业健康发展。

32.我市1994年科技进步的主要目标是：科技进步因素在经济增长中的比重，重点乡镇达到50%；科技成果的转化率和商品率分别达到50%和60%；主要骨干企业和重点乡镇企业的生产技术、装备和主要产品力争达到国家先进水平；新上企业和产品，在技术上达到国家先进水平或国际80年代先进水平；重点企业能源材料消耗降低10%以上，重点产品质量稳定提高到85%以上。科技工作的主要任务是：实施综合移植型的科技进步模式，同500家大专院校、科研单位、大中型企业建立稳定的技术协作关系，作为可靠的技术后盾。进一步开展十大系列产品开发(加工转化、精细化工、丝绸轻纺、冶金铸造、新型建材、山楂黄梨产品、机械电器、日用轻化、食用菌产品、农副产品加工)，建立6个高新技术试验示范区(城区西街，郊区南村，高平城关，阳城东部乡镇，沁水沁河流域，陵川城关)，树立市唐安丝纺厂、北岩煤矿、太行印刷机械厂、高平黄梨饮料厂、高平镭射公司、郊区稀土合金硅铁厂、高新技术开发公司、晋城中晋泰森医药保健实业有限公司、磨擦材料厂、阳城荣泽装饰材料有限公司等30个科技先导型样板企业。重点推广十大实用技术(计算机应用技术、小高炉技术改造、块煤采煤机组技术、重矿渣制砖技术、WJD型室内铸铁排水管件系列产品、中小型工厂化养猪成套设备及管理技术、小麦、谷子等新品种推广)。

33.促进科技事业发展，实现科技进步目标，必须落实四项措施：第一，进一步强化全民科技意识，建立和完善科技领导体系和服务体系。乡(镇)、村要配齐科技副乡(镇)长、副村长；每个工业企业都要配有专管技术开发和推广的副厂长(经理)。骨干企业要建立内部科研机构，专门负责本厂产品的开发、研制和改进工作。进一步健全农业科技推广网络，实行农业技术集团承包，农科教结合，确实形成合力，抓好对农民的科技培训。第二，建立和完善“政府投入为引导，企业投入为主体，银行信贷为支撑，社会集资为补充”的科技投入体系。各级政府均要建立科技进步基金和奖励基金。各级科技三项费用达到财政总支出的1%～1.5%，并以高于当年财政收入增长比例的3%～5%增长。企业从销售收入中提取1%的经费和超提1%的折旧费,用于新产品开发和技术改造。乡镇按人均2元的数额安排科技经费。各类商品基地建设基金切出10%用于科技推广和普及。乡村两级以工补农资金的大头用于农业技术改造和改善科技服务手段。第三,按照“开放、搞活、扶植、引导”的方针,进一步培育和发展技术市场和科技信息市场。筹建集科研开发,新科技交流和转让,新产品展览销售与科技信息为一体的技术市场大厦,建立计算机科技信息检索系统,增加中继线与国家科技信息中心联网。鼓励和支持科研单位、大专院校、大中型企业在我市兴办多种形式的科技贸易机构。第四,建立适应社会主义市场经济的人才培育、选拔、交流和作用制度体系。各级政府都要制订吸引人才、使用人才、发挥人才使用的有效办法。提倡重奖有突出贡献的科技人员,对于重大发明,重大科技成果,可以采取按成果的科技水平和创造的经济效益一次性重奖。打破论资排辈,注重工作实绩和实际工作能力,公开、公正、公平选拔科技干部,逐步形成人才脱颖而出的环境。改善科技工作条件和科技服务手段。放活科技机构和科技人员,促进各类科技人员合理流动,以寻找适合的岗位发挥更大的作用。

中共晋城市委关于认真学习《邓小平文选》第三卷的通知

各县(市、区)委、市委各部委,市直各委、办、局党组(党委),各人民团体党组,各市营企业党委:

《邓小平文选》第三卷已经出版发行,这是党和国家政治生活中的一件大事,全市各级党组织要认真贯彻《中共中央关于学习＜邓小平文选＞第三卷的决定》和省委的《通知》精神,切实把学习《邓小平文选》第三卷摆在党的思想建设和干部教育的主要位置,在全市党员干部中掀起一个学习理论的热潮。

一、深刻认识学习《邓小平文选》第三卷的重大意义,提高学习的自觉性。要通过认真学习江泽民总书记在学习《邓小平文选》第三卷报告会上的重要讲话和中央的决定,充分认识《邓小平文选》第三卷是邓小平同志领导我们推进改革开放和社会主义现代化建设丰富经验的理论总结,是引导我们继续胜利前进的科学指南,是统一全体党员思想、教育干部和群众的最好的教材和最有力的武器,充分认识学习《邓小平文选》对我们认清大局,坚定信念,坚持党的基本理论和基本路线不动摇,团结全体党员干部做好各项工作,都具有极其重要的意义。在提高学习自觉性的基础上,积极组织引导广大党员、干部认真研读原著,努力掌握其精神实质,提高理论素养和政治水平,增强贯彻执行党的基本路线的自觉性和坚定性。

二、加强领导,精心组织,扎扎实实地开展好学习活动。各级党委要切实加强对学习的领导,认真安排、精心组织、督促检查,尽快把学习引向深入。各级组织部门、宣传部门、党校、讲师团要有计划地安排组织好领导干部的轮训、理论骨干的培训以及检查指导工作。

三、学习一定要理论联系实际。运用邓小平同志观察研究形势和问题的立场、观点及方法,研究解决改革开放、经济建设、社会发展以及党和国家政治生活中出现的新情况、新问题。要联系我市加强党的建设的实际,反腐败斗争的实际,社会治安综合治理的实际,"三项建设"的实际,总结经验教训,澄清模糊认识,不断增强工作中的原则性、系统性、预见性和创造性,开拓我市各项工作的新局面。

四、各级领导干部要带头学习,为广大党员干部做出表率。江泽民总书记在报告会上的讲话中指出,县以上领导干部要认真落实中央的《决定》,把学习《邓小平文选》第三卷这件大事抓好。为此,市委要求:市、县(市、区)中心学习组,要集中一段时间通读《邓小平文选》第三卷,并在通读的基础上进行精读。中心组成员要积极参加所在单位干部的学习,带头研读原著,带头联系自己的思想实际和工作实际,讲求实效、力戒形式主义。总之,各级领导干部要把组织督促检查《邓小平文选》第三卷的学习作为一项重要工作去抓,切实抓出成效。

中共晋城市委

1993年11月11日

晋城建市10周年暨解放50周年献词

太行日报社

莽莽泽州金戈铁马，滔滔沁丹浪涌潮扑。

伫立于20世纪边缘的旷野上，瞩望21世纪黎明的诞生，走过10年栉风沐雨创业历程的晋城人民，满怀豪情地迎来了晋城建市10周年和解放50周年纪念日。

在这抚今追昔的日子里，我们向奋战在全市各条战线，为兴泽富民的宏图大业呕心沥血、埋头苦干、竭诚奉献的工人、农民、军人、干部、知识分子等致以亲切的问候！向关心与支持晋城经济建设和改革开放的各级领导及各界人士，表示衷心的感谢！

晋城古称泽州，她东枕太行，西望黄河，地接晋豫，雄视中原，物华天宝，地沃产丰，哲匠宗工，能人辈出，有着丰富的矿产资源和灿烂的古代文化。但是，在那灾难深重的旧中国，晋城人民处于水深火热之中，哀鸿遍野，怨声载道。为了人民的解放事业，晋城的仁人志士揭竿而起，在中国共产党的领导下，前赴后继，南征北战，终于在1945年的4月，迎来了晋城解放的曙光。值此纪念晋城解放50周年之际，我们向血沃泽州的革命先烈致以深切的缅怀和崇高的敬意！"忘记了过去，就意味着背叛。"在悼念先烈的同时，我们更应认清肩负的重任，增强使命感、紧迫感，为了晋城的振兴和人民的富裕，在各自的岗位上矢志奋斗，再创佳绩。

半个世纪转瞬即逝，十年更觉是"弹指一挥间"。10年前，沐浴着市管县体制改革的春风，新的晋城市诞生了。建市10年来，具有光荣革命传统和勤劳智慧的晋城人民，在市委、市政府的正确领导下，以邓小平同志建设有中国特色社会主义理论为指导，坚定不移地贯彻执行党的基本路线，艰苦奋斗，开拓进取，在前进的征途上迈出了坚实的步伐，使晋城这块古老的土地焕发出青春活力，发生了巨大而深刻的变化。1994年与建市初的1985年相比，国内生产总值由13.4亿元增加到75.3亿元，农村经济总收入由10.37亿元增加到111.76亿元，乡镇企业总产值由6.8亿元增加到139.1亿元，财政收入由1.06亿元增加到2.69亿元。10年来，我市共完成城市建设投资10亿多元，城市人均住房面积由5.2平方米增加到9.3平方米，超过全国平均水平，居山西之冠；农村人均住房由12.5平方米增加到28.3平方米。城镇居民人均生活费收入达到2426元，农民人均纯收入由

379元增加到1214元。10年来,我市科技、教育、交通、通讯、卫生、环保、文化、体育、新闻等各项事业都取得巨大发展,全市政治稳定,社会安宁,经济繁荣,形势喜人。建市10年,是改革开放的10年,是艰苦创业的10年,也是全市经济发展最快、城乡面貌变化最大、人民得到实惠最多的10年。

世纪之交的钟声离我们越来越近,在为实现本世纪末的宏伟目标而奋斗的征程上,我们要继往开来,乘胜前进,再著华章。

再著华章,就必须在邓小平同志建设有中国特色的社会主义理论和党的基本路线指导下,进一步处理好改革、发展、稳定的关系,精心实施我市《经济与社会发展纲要》,巩固农业基础,振兴工业经济,提高乡镇企业,抑制通货膨胀,加强财税征管,把全市经济工作的着力点放到依靠科技进步和加强科学管理、调整产品产业结构、提高经济增长质量和效益上来,进一步提高人民群众生活水平,努力推动全市经济和社会持续、快速、健康发展。

再著华章,就必须更好地坚持两手抓、两手都要硬,把两个文明建设有机地结合起来。要继续大力弘扬主旋律,在广大群众、广大青少年中坚持不懈地开展爱国主义、集体主义和社会主义教育。要加强民主与法制建设,加强社会治安的综合治理,坚持打击经济犯罪和刑事犯罪活动。

再著华章,就必须按照党的十四届四中全会《决定》的要求,把党的建设这一宏伟工程实施好,要继续把思想建设放在首位,切实加强党的组织建设和作风建设,加强党政机关的勤政和廉政建设,把反腐败斗争深入持久地进行下去。要坚持从严治吏,建立严格的目标责任制,切实改进领导作风和领导方法,树立勤政、廉洁、团结、务实、高效的新风尚。

“江山代代赤胆在,长河滔滔志不摧”。让我们紧跟市委的部署,高举改革开放和艰苦奋斗的旗帜,统一思想,总揽全局,加强协调,扎实工作,为打胜“五大战役”,实现“十项目标”,为开创全市工作的新局面而努力奋斗!

文化大事记

文化大事记

1991 年

1 月

7 日　在全国先进文化馆站经验交流暨表彰会上,郊区巴公镇、高都镇文化中心站被评为“全国先进文化站”。

10 日　晋城市新闻图片社开业,位于建设路中段(市政府综合办公楼西侧),为市内目前唯一的专业性彩色照片扩印场所。该社聘请我市专业摄影师吴向周、程画梅、赵明生为技术指导。

15 日—16 日　市委、市政府召开全市“扫黄”工作会议,传达全国、全省“扫黄”工作会议精神,总结过去全市“扫黄”工作的成绩和经验,再次铺开“扫黄”战役。决定 1 月至 3 月份在全市范围集中行动,主要任务是:(一)坚决打击重新出现的“制黄”、“贩黄”活动和非法出版活动;(二)进一步清理书报刊和音像市场;(三)依法严惩“制黄”、“贩黄”分子;(四)认真搞好音像单位的压缩整顿工作。

▲由市文联、市书法协会、市硬笔书法协会和《太行日报》联合举办的硬笔书法大赛评选日前揭晓。评出一等奖 5 名,二等奖 12 名,三等奖 30 名,优秀作品奖 85 名。阳城县书法协会、城区文联、晋城师范书法协会、晋城钢铁厂文联获组织奖。《太行日报》部安平作品获三等奖。

24 日　高平县电影公司在全国《人口与科学》汇演活动中成绩卓著,受到国家广播电影电视部、国家计生委等 12 个部委表彰。

2 月

7 日　在中央农业广播电视学校成立 10 年校庆表彰会上，陵川县农业广播电视学校的专职校长李秦锁被农业部授予“中央农业广播电视学校优秀工作者”称号。

13 日　农历腊月二十九,市委书记王云龙冒风踏雪到长治市长兴街 11 号,看望《太行日报》工作人员,详细询问发行、经营等情况,并指出,报纸既要旗帜鲜明,坚持坚定正确的政治方向,又要生动活泼、寓教于乐,让读者喜闻乐见,同时还要搞好多种经营。对报社存在的南迁、印刷现时困难,表示要逐步研究解决。

26日 在全省第三届农民演唱会上,郊区高都镇、阳城县润城镇农民演出队获一等奖,市群众艺术馆获组织奖。

27日 市第二届黄河灯会剪彩。洛阳、焦作、邯郸、日照等地市的领导数十人来晋城观看灯展。

3月

23日 描写大阳镇历史和现状的报告文学集《大阳双塔话沧桑》由百花文艺出版社出版。

26日—27日 《太行日报》在晋城太行饭店召开通讯报道先进集体、模范通讯员表彰会,进一步动员全市人民关心、支持《太行日报》,加强通讯报道工作。市委书记王云龙、秘书长康杰南、市委副秘书长张喜来出席会议并讲话。沁水县委通讯组、城区区委通讯组和市税务局等通讯报道先进集体和来自各县区、各基层的60名通讯员受到表彰。《太行日》报还配发了社论《办一流报纸 创一流成绩》。

29日 在全国民族知识电视大奖赛区上,晋城市的陈芳、职慧勇代表山西夺得大奖赛区第二名。

4月

1日 沁水历山继发现、开发大溶洞的旅游点后,附近又发现了可以强身健脑的矿泉水。

2日 晋城市青年书法家范安政的书法作品赴香港展出。

13日 市民间迎亲锣鼓节目在"山西省民间广场艺术录像比赛"中获一等奖。

22日—29日 山西省党报摄影记者联谊会在晋城举行,《山西日报》及全省7家地市报10多名摄影记者参加了这次联谊活动。活动期间,传达了全国报纸总编辑新闻摄影研讨会和第10届全国新闻摄影评选会议精神。

24日 高平县农民杨根在马村镇唐西村建起晋城市首家农民家庭电影院。

5月

5日 山西省普及广播电视晋城签字仪式在市一招举行。省委常委、宣传部长张维庆与晋城市市长薛荣哲签订了责任书。

6 日—11 日　中国文联组联工作经验交流会在晋城召开。来自中国文联 11 个专业协会和全国各省、市、自治区文联的 200 多名代表出席会议。中国文联党组副书记、秘书长孟伟哉致开幕词，中共山西省委常委、宣传部部长张维庆做重要讲话，市长薛荣哲致欢迎词，市委书记王云龙代表市委、市政府做经验介绍，中宣部副部长聂大江参加闭幕式。

12 日　中宣部副部长聂大江和出席中国文联工作经验交流会的有关领导到古书院矿和晓庄村参观视察。

14 日　晋城市首家储蓄电脑在市工商银行营业部广场储蓄所投入使用。

26 日　上党剧院第二演出团赴京角逐全国第九届“梅花奖”。

31 日　晋城市青年联合会和晋城市学生联合会成立。

6 月

2 日　市政府和省文化厅在北京联合举行晋城市上党戏剧院进京演出新闻发布会。

8 日　山西省第八届运动会网球比赛结束，晋城青年选手武海滨、文元均以 2∶0 击败对手，分获男女单打冠军。武海滨、文元还分别与张剑、李东配对，也以 2∶0 击败对手，获得男女双打冠军。至此，晋城囊括了省八运会网球比赛的全部金牌。

6 日—13 日　晋城市上党戏剧院第二演出团在京先后进行了 4 场专演，并应邀分别到中南海和北京矿务局礼堂为中央首长和矿工们进行了慰问演出。中顾委常委李德生，委员张秀山、强晓初、钟子云、李东治、马兴元以及能源部副部长胡富国等人观看了演出。张爱珍、郭孝明以其流畅的表演最终双双赢得了中国戏剧第七届“梅花奖”。

8 日晚　郭孝明主演的《收书》、《吴起平乱》专场演出在北京人民剧场公演。上党梆子进京演出再现高潮。

10 日晚　晋城市上党戏剧院第二演出团应邀进中南海为中央首长演出。

同日 在省第八届运动会上，晋城市选手获男女花剑团体冠军；在网球比赛中，晋城选手囊括全部 4 块金牌。

13 日　香港宝莲禅寺等参访团参观访问了晋城青莲寺。这是 1990 年 10 月 17 日晋城市被国务院正式批准为对外开放城市以来接待的第一个香港大型佛教参访团。

15 日　全国第三届报纸副刊好作品评选 5 月 30 日在湖南长沙揭晓。《太行日报》张启才的报告文学《破土而出的明珠》和文艺通讯《众手浇灌的曲坛新花》分获三等奖和优秀作品奖。

26 日　市直机关干部、职工在办公楼前举行迎“七一”歌咏比赛，共庆建党七十周年。

31日　晋城市普及广播电视首战告捷,伊侯山等8个广播电视微波站全部开通联网。

6月 市地方志理论研究刊物《泽州史志》创刊。

7月

3日　全市纪念“七一”群众文艺汇演拉开序幕。这次汇演由市委统一安排,市委宣传部、市文化局主办,全市6个县(区)、市直经委、教委、财委共800多名业余文艺爱好者参加了演出。整个汇演进行了3天,上演了70多个文艺节目。

14日　应中央电视台邀请进京演播的阳城道情《新婚之夜》剧组载誉归来。

26日　在山西省第四次地方志工作会议上,沁水、阳城、高平县志办公室受到了表彰和奖励。

29日　市广播电视微波工程正式启用。

8月

5日　在全国发行、学习、使用《党建》杂志经验交流暨先进单位表彰会上,晋城市委宣传部交流了经验并受到表彰。

10日　山西省广播电视厅副厅长王家贤一行8人来晋城拍摄电视连续剧《赵树理》。

9月

12日　中央党校函授学院晋城首届班在市委党校举行开学典礼。

13日　沁水县档案局刘守山被评为全国档案工作劳模,并赴京出席表彰大会。

27日　《热流》改刊为《太行文学》。

27日　晋城市植物园建成剪彩。

10月

9日　首都、省戏剧界部分专家,应邀就上党戏剧院第一演出团赴京参加全国戏剧“梅花奖”评比演出的剧目及表演艺术在太行宾馆三楼会议室进行座谈。中国民族艺术委员会主任李超、中国戏剧家协会书记张书义、中央实验话剧院党委书记蓝光(女),中国戏曲导演大师李紫贵、中央歌剧院院长刘峙荣、北方昆曲剧院副院长丛肇垣以及山西省文化厅有关领导、省戏剧专家贾克等近20名戏剧界著名专家前来观看、指导。

13日—15日　山西省6城市联谊会第五届会议在晋城举行。太原、大同、长治、阳泉、朔州、晋城市政府的领导及有关方面负责人出席了会议。会上,太原市就集贸市场建设、大同市就搞好城市规划、阳泉市就经济技术协作联合、长治市就城市劳动就业、朔州市就加强市政设施建设、晋城市就搞好城市规划与建设做了典型经验介绍。会议还交流了书面典型材料20余份,并专门安排了对口座谈会,促进了部门间的横向联系。

25日 沁水县教育电视台开播,它是山西省唯一的联合国儿童基金会援建项目。

11月

3日 吴国华、张保平主演的上党戏《杀庙》在京首次公演。4日参加“梅花奖”评选专场演出。

12日 《高平县志》稿评审会议召开,山西省地方志办公室副主任尹世明,山西省地方志学会副会长曹振武,晋城市委副书记田霍卿出席会议。

中旬 国家文化部、人事部召开全国文化工作先进表彰会,晋城郊区被授予“全国文化工作先进地区”称号。市委常委、郊区区委书记成葆德受到江泽民、李瑞环、李铁映等党和国家领导人的接见。

月底 反映人民作家赵树理艺术成就和无私奉献精神的6集大型文献艺术片《赵树理》前期拍摄在晋城结束。这部文献艺术片以纪实为主,采用写意的手法,集历史资料、故事情节、解说旁白、人物专访为一体,再现了人民作家赵树理从40年代初到60年代末光辉而坎坷的经历。该片于10月下旬在沁水县嘉丰镇开拍,得到了市委、市政府、市广播电视局以及当地群众大力支持和协助。该片将于明年5月在纪念毛主席《在延安文艺座谈会上的讲话》发表50周年时与观众见面。

1992年

1月

1月 山西省有关单位在太原授匾命名体育先进村,晋城郊区的孔匠村、泊南村、西元庆村、大阳镇东街、巴公二村、东四义村和陵川的秦家河村、城区的西巷村榜上有名。

3月

4日 晋城市电视台获得山西省电视新闻宣传先进集体奖。

19日 晋城市一中被省教委确定为实行高中毕业会考和调整高中教学计划两项改

革的试点学校。

4月

2日　晋城市地方志编纂委员会成立。

5日　山西省话剧院、山西省环保局、晋城市人民政府联合筹拍的电视连续剧《响水河的故事》,在晋城正式组建开机。这是一部以晋城市为生活点的电视连续剧。

11日　第九届中国戏剧梅花奖在京揭晓,市上党戏剧院第一演出团吴国华、第二演出团张爱珍双获梅花奖。

16日　山西省文化厅在晋城市召开全省农村电影工作现场会,学习推广陵川县、高平县和阳城县电影公司大力开发农村电影市场的经验。

▲城区西巷村秦丽丽在山西省第三届农运会上夺得武术比赛第一名。

25日　1991年"山西新闻奖"评选揭晓,《太行日报》的《全胜卖烟酒》等3件作品获奖。

5月

12日　晋城市专业文艺工作者隆重集会,纪念毛泽东同志《在延安文艺座谈会上的讲话》发表50周年。市党政领导薛荣哲、纪友伟、程延龄等出席会议,并向从事专业文艺工作40年以上的老同志颁发荣誉证书,向43名优秀文艺工作者和先进集体发奖。

27日　1992年全国小学数学奥林匹克竞赛山西赛区成绩揭晓，晋城市列山西赛区获奖总数第一。

6月

3日　高平县电影公司经理王瑞民作为全省唯一的"先进个人"代表,出席全国献礼片展映表彰会,受到李瑞环等中央领导的接见。

30日　晋城市老区建设促进会成立。祁英、赵连胜当选为会长。

7月

18日　晋城市击剑队在朔州市举行的全省击剑比赛中获6枚金牌、4枚银牌、4枚铜牌。晋城市体校乒乓球队5日—13日在太谷参加全省比赛，获2枚金牌、3枚银牌、1枚铜牌。

30日　全国第四届报纸副刊好作品评选在新疆乌鲁木齐揭晓,《太行日报》记者张启才的《我的宋爸爸》,王培英的《奔腾的小溪》获奖。

8月

8日　无线对讲拨号电话在晋城市邮电局开通。

9月

7日　山西省第二届播音论文评选揭晓,晋城市电视台宋文娟的论文获一等奖。郊区电台和沁水电台的两篇论文分别获二等奖和三等奖。

26日　在全国第四届"棋友杯"中国象棋邀请赛中,晋城市4名棋士获"业余象棋大师"称号。

7日　1992年全国中学生"春风杯"作文大奖赛揭晓,晋城市二中学生关晋刚、赵灵芝分获三等奖和佳作奖,语文教师崔贵远获辅导奖。

11月

2日　中国戏曲音乐国际学术讨论会及中国戏曲音乐"孔三传奖"首次颁奖仪式在晋城举行。来自全国20多个省、市和澳大利亚的专家学者出席会议。

24日　由晋城市劳动局和山西省话剧团联合拍摄的安全电影系列剧《警钟》摄制完毕。

本年　市文联南迁晋城办公。

1993年

1月

5日　晋城市第八届迎春长跑比赛在晋城降下帷幕。沁水县获团体总分第一名,夺得"五连冠"佳绩,沁水县的蔡振东8次蝉联体委主任组第一名。

《晋城人物传》由中国城市出版社出版发行。该书共选入423位古今名人,反映了晋城古今人物概貌。

2月

7日　省长胡富国和省人大常委会副主任光敏等与晋城人民群众共度元宵佳节。

24日　山西省1992年度广播好新闻评选工作在市郊区举行。晋城市共有郊区、高平、沁水三个电台的5件作品获奖,其中郊区电台又一次名列全省县区电台之首。

3月

20日　《太行日报》载,“第二届华夏青少年写作大赛”揭晓。晋城一中文学社获多项奖。其中:泽英文学社获集体奖;崔继锋、许瑞莱、牛鲜利、赵竞超、赵爱国、田鲜军、金振军、魏海亮、王芸等9位同学获优秀奖;田志达、吕兴瑞两位老师获个人组织奖和园丁奖。

28日　晋城市第二届人民代表大会第四次全体会议在泽州会堂隆重开幕。赵国发主持大会,市长田霍卿作题为《全面贯彻党的十四大精神,为促进晋城经济尽快登上新台阶而奋斗》的政府工作报告。

4月

20日　晋城市青年作家田澍中的小说《碑文》荣获《青年文学》第三届优秀小说奖。

21日　《太行日报》载,山西省1992年医学科技著作评选揭晓,本市6部科技著作获奖。其中高文斌、戴典章编著的《实用医疗应用问答》获二等奖;王会法编著的《厂矿环境与劳动保护》,郭爱延编著的《现代家庭康寿美向导》,岳天虎的《民间偏方六百六》,刘光绩、王彩萍、张廷魁编著的《宝宝健康聪明的奥秘来自优生优育的信息》,左铁光、王德旺等编著的《群众救护问答》获三等奖。

▲山西省第十次地市报协作会在晋城召开,市委书记薛荣哲、副书记刘焕升出席了会议。

28日　第二届(1992年度)山西新闻奖评选结果在太原揭晓。《太行日报》选送的两件作品《阳城归还54年前的抗战借粮》、《神南农民查“县官”》分别获得一等奖和二等奖。

30日　棋子山《围棋》邮品原地实寄首发式在陵川县举行,许多围棋迷、集邮迷不惜千里赶来求购珍品。邮电部当日发行《围棋》特种邮票一套二枚,分别为面值1.60元的《中国流布局》和面值0.20元的《古人对弈图》配合邮票的发行,还有原地首日封、紫外线防伪宣纸封、极限卡等邮品。

4月　山西省小学四年级数学竞赛中,本市参加竞赛的学生获奖总数名列全省第一。

▲晋城市十大杰出青年评选揭晓:段广利(晋矿凤凰山矿机电队技师)、曹乐正(市百纺公司蓝天商厦经理)、李前进(太行日报社摄影记者)、李仲明(郊区金村乡党委委员)、毕腊英(高平县寺庄镇伯方村养猪专业户)、郭子群(华厦建筑安装总公司经理)、杜光明

(市百纺公司百货大楼经理)、刘晋文(陵川县二中教师)、韩艳莉(沁水县樊村乡政府农科技术员)、贺国庆(城区医院放射科主治医师)。

5月

7日　郊区人民广播电台编辑王海林所撰广播评论《奋起直追莫自卑》,荣获"山西广播奖"一等奖和"山西新闻奖"一等奖。

8日　晋城市青年作者李茂盛的作品《我想对你说》在"世界华人诗歌大赛"中获优秀奖,诗歌《思念》被选入《中国当代爱情诗鉴赏辞典》。

12日　晋城市实验中学和郊区李寨中学被省教委评选为"山西省具有特色的优秀中学"。

20日　在全省乡镇农村档案工作经验交流会上,阳城县档案局、阳城县城关镇、沁水县西关村和城区西上庄乡的工作经验,受到省里好评。

21日　应晋城影剧院特别邀请,前苏联(现哈萨克斯坦共和国)国立古典歌舞剧院在访华期间来晋城做大型芭蕾舞专场演出。

25日　晋城市首家汉字传呼信息台开通使用。

▲郊区水东乡水东村开发丹河龙门旅游区。丹河龙门旅游区位于水东村附近的云龙山上,与国家级文物保护单位玉皇庙毗邻,距市区12.5公里。

▲郊区广播电台编辑王海林撰写的评论《奋起直追莫自卑》获全国首届广播评论三等奖。

6月

9日　1993年全国初中学生奥林匹克化学竞赛揭晓,晋城市获一等奖6名,二等奖9名,三等奖30名。

19日　全国第五届报纸副刊好作品评选揭晓,《太行日报》编辑张治中的文艺评论《永不凋零的证明》获三等奖。

22日　城区教委主任陈有瑛著述的《教育探微》一书,由山西高校联合出版社出版发行。

7月

9日　《太行日报》载,在全国小学数学奥林匹克竞赛中,陵川县杨村联区获省级特等奖1名,一等奖4名,其成绩名列全省榜首。

8月

7日　在首届全国小学数学奥林匹克总决赛中,本市7名选手以总分705分的优异成绩夺得团体总分第三名,共获3个一等奖,6个二等奖,3个三等奖。

30日　《太行日报》载,阳城县书法协会副主席梁乔太的书法作品赴美国纽约参加由中国书画家南方联谊会和美国纽约美东东方艺术协会举办的"中国当代名家国际书画大展"。

9月

9日　市委、市政府为获得全国教育系统劳模称号的孙梦鹿,全国优秀教育工作者赵建忠,全国优秀教师石粉荣等10位和获得山西省优秀教育工作者称号的常宝玉等14位代表发了荣誉证书。

22日　山西省第二届群众文化优秀论著、论文评奖揭晓,本市李贵堂的《试论城市物质文化》获一等奖。

27日　郊区巴公镇纪委书记卢文祥,在"纪念毛泽东同志诞辰一百周年中国书法精选"书法大赛中获奖。

29日　由科普作家王会法等编著的《实用环境保护知识问答》一书,获山西省第三届优秀科普图书二等奖。

11月

26日　晋城市一中张全魁,陵川一中曹云鹤,沁水一中赵友义,阳城一中栗纯,城区二小邢慧芳被载入《中国当代教育名人辞典》。

本月　《晋城大事记》由中国城市出版社出版。该书详细记载了晋城上自远古时期,下迄1992年底所发生的重大事件。

12月

1日　第一届太行文学优秀作品奖评奖活动在晋城举行,晋城市作家张文德的中篇小说《远嫁》等16篇作品获奖。

25日　晋城市开展多种活动纪念毛泽东同志诞辰一百周年。

29 日　晋城市首家集数字显示、数汉兼容、全汉字显示一体的无线寻呼系统在邮电局开通。

1994 年

1 月

1 日　太行国画院诞生。

16 日　“首届全国亿元乡、镇、村文艺节目展播”在太原降下帷幕，晋城郊区巴公镇农民演出队演出的舞蹈《深山小站》获得一等奖。

18 日　在全国和全省修志优秀成果评奖中，晋城市有 3 部志书和 4 篇论文获奖。其中《高平县志》获全国二等奖和省一等奖。

24 日　山西省知识分子工作会议在晋城召开。

▲郊区巴公镇东四义村自办新闻节目正式开播。

2 月

25 日 阳城县电影公司被国家广播电影电视部授予“全国电影发行放映先进单位”称号。

3 月

11 日—12 日 晋城市召开宣传思想工作会议。市五大班子领导参加会议，副书记刘焕升传达了全国全省宣传思想工作会议精神，市委书记薛荣哲、市长田霍卿讲了话，六县(市、区)及市直工委、企业工委、教委工委的分管领导分别做了表态发言。会议认真贯彻了中央和省委宣传思想工作会议精神，并结合晋城实际，就新形势下进一步加强宣传思想工作做了具体部署。

4 月

8 日　1993 年度《山西广播奖》评选揭晓，郊区人民广播电台编辑高素荣、姚云霞编排的科学童话广播剧《漫游奇树国》荣获一等奖。

18 日　“山西广播奖”评奖工作结束。郊区的《科学童话·漫游奇树国》荣获大奖，阳城的《对农村广播节目》获二等奖，高平的《新闻》节目和沁水的《广播评论》节目分获三等奖。

19日　郊区人民广播电台对自办节目全部实行直播。

6月

4日　在“'94北京西山创作研讨改稿会”上,《太行日报》编辑张治中的散文《养马岛上日华明》荣获创作一等奖。

7月

4日　省委书记胡富国到陵川县古郊乡锡崖沟视察,在村委办公室题写“锡崖沟精神万岁”。《太行日报》6日发表记者郑永林等的通讯《胡书记来锡崖沟》予以报道。

13日　山西省第九届运动会地市组乒乓球比赛结束。晋城市女子乒乓球队成绩突出,取得代表山西省参加在福建厦门举行的全国业余体校乒乓球比赛的资格。

22日　发表《锡崖沟人谈锡崖沟精神》的报道。省委书记胡富国,副书记梁国英和省委常委、宣传部长崔光祖在座谈会上发表了《山西日报》关于《锡崖沟人谈锡崖沟精神》的报道。

27日　陵川县西河底乡农民王旭勇继上年短篇小说《文盲的账本》获第十届中国文学艺术创作二等奖后,小说《山乡风情·情书》再获1994年度中国文学创作“鲁迅奖”。

8月

3日　晋城市实验小学代表队荣获1994年全国小学数学奥林匹克总决赛学校队一、二试总成绩第一名,夺得金杯,并以总分1005分的成绩获得团体总分第二名。

4日　《太行日报》报道,在1993年全国县市报优秀新闻评选中,陵川报社选送的《我县棋子山当是围棋起源地》和《无情火烧出人间情》,沁水报社的《谈谈“嫉妒病”》,高平报社的《企业强弱的竞争之策》获奖。

9月

1日　本日是邓小平同志为《太行日报》题写报名和改刊十周年纪念日。《太行日报》发表题为《〈太行日报〉走过十年光辉历程》的文章。

23日　山西省首届党史优秀图书评奖活动中,晋城市有7本优秀图书获奖。

24日　晋城市第一部旨在反映乡镇煤矿创业者风采的报告文学集《煤海弄潮人》,由山西人民出版社出版发行。

26 日　青年作家野鹤创作的以阳城县神南村艰苦创业为题材的长篇散文《山魂》由中国文学出版社出版。

10 月

17 日　晋城市上党戏院编剧霍霍创作的《三峡，我走近你》在“三峡放歌”全国歌词曲征集大奖赛区中荣获一等奖。

28 日　在“全省民间艺术新人新品精品展演活动”中，郊区巴公镇四村的广场节新节目《巾帼锣鼓》，阳城县邮电局的舞台节目群舞《山婆婆看红火》获铜奖。

11 月

5 日　台胞郭台铭先生向市技工学校捐赠价值 400 万元的机电设备运抵市技校。

14 日　晋城市珠算代表队在“山西省第十四届珠算技术比赛”上获团体冠军。

14 日　晋城市委召开电话会议，要求从现在起，在全市开展一次有重点的“扫黄”“打非”集中行动。电话会上，市委宣传部长吴广隆部署了这项工作。市委书记田霍卿和市委副书记刘焕升讲了话。

12 月

6 日　晋城市推行档案标准化、规范化建设，市县两级有 203 个机关档案室达到了省级先进管理标准，54 个企业单位的档案管理分别达到省、国家一、二级先进标准，县市共贮藏档案 41 万卷册，在全省名列前茅。

▲反映锡崖沟人筑路精神的电视剧《沟里人》制作完毕。代市长李拴纣带领市五大班子领导前往锡崖沟看望正在紧张工作的演职员。

8 日　《太行日报》报道，从 1991 年到 1994 年的四届全国小学数学奥林匹克竞赛中，晋城市荣登山西赛区的四连冠宝座。

9 日　《太行日报》报道，中华文化扶贫委员会、新闻出版署、共青团中央等单位拟定实施“万村书库”工程。晋城市 25 个贫困村被国家“万村书库”工程列为赠书单位。

1995 年

3 月

6 日—7 日　晋城市宣传思想工作会议在市一招召开。市委常委、宣传部长吴广隆作报告,市委书记田霍卿作重要讲话,部署了本年度的工作任务,表彰了 27 个先进集体和 71 名先进个人。

4 月

4 日　4 集电视连续剧《沟里人》在综合办公楼三楼会议室举行首播式。《沟里人》电视连续剧取材于陵川县锡崖沟人真实的修路故事。全剧通过沟里人三十年如一日,用汗水、鲜血和生命劈山筑路的动人事迹,反映了沟里人坚韧不拔、奋发向上的创业精神,该剧凝重、深沉、悲壮,具有强烈的震撼力。这部电视连续剧由市委、市政府和中央电视台影视部、山西电视台联合摄制。编剧崔巍、郭国元,市委书记田霍卿在首播式上讲了话,要求在全市范围内要组织收看、讨论这部电视剧,要通过这部电视剧把学习锡崖沟精神的活动引向深入。市四大班子领导,市直各部、委、局、办负责人,赞助单位代表以及新闻界人士参加了首播式。

5 日　晋城市书法协会主席柏扶疏主编的《晋城古今书法集》出版。

14 日　晋城市裕智国际学校成立,这是本市首家寄宿制学校。

20 日　《晋城百科全书》出版发行,座谈会在北京山西大厦举行。晋城市党政领导赴京出席。该书由中国奥林匹克出版社出版,是为晋城建市十周年,晋城解放五十周年而编著的。本书主编殷理田、王守信;副主编周海德、秦海轩、吴向周。

21 日　由晋城市文联组织编撰的报告文学丛书《泽州新天》由山西高校联合出版社出版。

22 日　《晋城市百科全书》由奥林匹克出版社出版发行。

26 日　晋城市委、市政府隆重召开首届科技专家暨优秀工作者表彰大会。

26 日　晋冀鲁豫 4 省 10 地市老干部门球赛在晋城市开赛。

27 日　晋城市党政领导亲赴北京,把刚刚出版的《晋城百科全书》赠送中央领导同志。

▲大型摄影画册《晋城》由山西人民出版社出版。

5月

1日　吴向周举办个人摄影回顾展向市庆献礼。

6月

7日　晋城市委宣传部将2500册农村通俗实用书籍送到全市25个贫困村，将建起“百村书库”工程。

10日　晋城市宏艺电脑广告部投资688万元兴建起现代高科技、彩色翻转式电脑广告“九天荧屏”。

15日　城区凤台小学学生马晓出席全国少代会载誉归来，受到市、区领导热烈欢迎。

17日　省委书记胡富国观看了晋城市上党戏剧院二团创作演出的现代戏《路魂》。

29日　郊区电台王海林撰写的广播评论《给钱给物不如建一个好支部》荣获中国广播评论二等奖。

7月

8日　省长孙文盛为陵川县锡崖沟希望小学挂牌剪彩，省委书记胡富国写来了贺信和贺词。

8月

14日　中共阳城县委、县人民政府隆重举行纪念抗战胜利50周年暨《阳城县志》首发式活动。

20日　《太行日报》激光照排中心成立，同年11月1日正式投入使用，彻底告别了铅与火，进入了光与电的新时期。

9月

4日　市委、市政府在泽州会堂举行纪念中国人民抗日战争、世界反法西斯战争胜利50周年“国魂颂”歌咏大赛。

7日　在首届全国小学生日常《行为规范》知识竞赛活动中，阳城县河北镇土孟完小教师卢随仁获“教育有方”荣誉证书，学生刘晋丰获“三等奖”，家长刘小善获“好家长”奖。

19日　晋城市委宣传部和《太行日报》编辑部《告读者》称，市委宣传部根据市委《决定》精神，组织市直新闻记者团先后深入东四义、神南村进行了集体采访。从今天起，报纸、电视、广播将连续播发、刊发东四义、神南村党支部的先进典型事迹的系列报道。

20日　山西省委常委、省委宣传部长崔光祖和省委宣传部副部长、省文化厅厅长温幸,在晋城观看上党戏剧院排演的上党梆子《走出大山》,并进行了专题讨论。

21日　白马寺公园筹建工程上马。

22日　来自全国各地20余家新闻单位的26名记者抵达高平，开始为期一周的羊头山炎帝陵考察活动。

25日　在全国中小学德育工作研讨会议上，城区三小尚宗泰、庞智勇撰写的论文《强化爱国主义教育,为造就跨世纪新人奠基》获二等奖。

10月

7日　晋城一中举行建校50周年纪念活动。

18日　在山西省第五届残疾人运动会上,晋城市代表团勇夺金牌10枚、银牌4枚、铜牌3枚,名列全省第二。

11月

6日　山西电视台晋城记者站成立。

7日　由市委宣传部组织的全市宣传干部演讲赛在泽州饭店举行,以“重事业,淡名利,爱岗位,勇奉献”为主题。来自全市宣传战线的27名参赛者登台演讲。10位评委按标准评分,当场亮分。4位参赛者获最佳演讲员奖,10名获比赛一等奖,13名获优秀奖。《太行日报》张启才、谢红俭获一等奖。阳城报社王小霞获一等奖。

16日　上午,市委书记田霍卿、市长李拴纣和市委常委、宣传部长吴广隆视察太行日报社,听取了报社负责人关于筹建大报的情况汇报,看望了编采人员。他们指出,作为市委机关报,《太行日报》要认真准确地宣传好党的路线方针政策,要宣传好市委、市政府的中心工作。各级党委和政府要抓好扩版后的《太行日报》的发行工作,及时把市委和市政府的中心工作传达到广大干部和群众中去。

24日　中国唱片总公司在京颁发了第三届中国金唱片奖，晋城市著名演员张爱珍获此奖。

12月

6日　在“第三届中国残疾人事业好新闻”评选中,晋城市电视台拍摄的反映本市社会助河南籍儿童王生的电视专题片《救救王生》,荣获电视专题片类一等奖。

▲在“第二届全国盲、聋校学生艺术汇演”录像评比中,市聋哑学校演出、市电视台录制的小品《尽在不言中》荣获戏剧小品类节目一等奖。

7日　晋城诗词学会成立。中华诗词学会副秘书长、《中华诗词》副主编王澍,应邀到会祝贺。

14日　在全国象棋棋协大师棋王赛上,晋城市选手闫春旺获得全国第6名,荣获全国棋协大师称号。

17日　从今日零时起，晋城市电话号码全部升7位，全市统一使用一个长途区号0356。晋城市范围内通话,直拨7位号码即可打通。

29日　太行日报社举行《太行日报》扩版座谈会。李拴纣市长要求办报要讲政治,要有超前意识,对编采人员提出四点希望,同时要求各级党委和政府要重视通讯报道工作和《太行日报》的发行。参加座谈会的还有刘焕升、殷理田、张喜来和宣传部门的负责人。

是年　反映陵川县锡崖沟修路精神的4集电视连续剧《沟里人》,获国家电视剧最高奖——“飞天奖”一等奖和中宣部“五个一工程”第一名。

▲阳城县被省政府命名为“文化先进县”;阳城县文化馆被文化部命名为“标准文化馆”;《阳城报》获得全国县(市)级党报优秀版面奖。

文化工作

中共晋城市委宣传部

三年来，市委宣传部坚持以邓小平同志建设有中国特色社会主义理论为根本指针，认真贯彻落实党的十四届四中、五中全会精神和全国宣传部长会议精神，紧紧围绕市委、市政府提出的打好“五大战役”、实现“十项目标”战略；扎扎实实狠抓了“学理论，抓导向，树典型，出作品”工作；圆满完成了省委宣传部和市委、市政府布置的各项任务，为全市总体战略目标的实现和两个文明建设提供了有力的思想保证和良好的社会舆论环境。

一、以抓好党委中心组学习为龙头，使理论工作取得了新突破

遵照江泽民总书记提出的“用邓小平同志建设有中国特色社会主义理论武装全党，这是一项根本任务”和中央关于用三年时间组织广大党员学习邓小平同志理论，重点是县处以上党员领导干部的指示精神，三年来，在落实“以科学理论武装人”的战略任务过程中，着重抓了以下三方面的工作：

1. 在理论教育方面，1993 年主要采取三项措施：一是市县两级明确指导思想和学习重点；二是坚持一级抓一级；三是加强了理论队伍建设。1994 年突出抓了各级党委中心组的理论学习，完成了各级干部理论培训，加强了理论研究。1995 年以市委中心组学习为榜样，以县处党委中心组为龙头，带动全市党员干部的学习。今年主要是学习《邓小平文选》1–3 卷和《建设有中国特色社会主义理论学习纲要》，同时还先后学习了党的十四届五中全会文件精神和中央领导同志视察山西时的重要指示；在学习中，本着“要精、要管用”的原则，坚持理论联系实际的学风，采取学习理论与调查研究相结合的方法，在理论指导实践上取得了较好的效果。年初市委市政府主要领导率先垂范，带领全市五大班子成员，深入基层调查研究，运用邓小平同志的理论指导决策，摸清了我市经济和社会发展的现状，经多方论证，制定出了我市 1995 年的“五大战役”和“十项目标”，为全市的改革开放和经济建设确定了具体的目标和任务；集中学习十四届五中全会精神后，针对我市经济和社会发展的实际，研究产生了我市《九五规划和 2010 年社会发展远景目标》，为我市的改革开放和社会发展制定了宏伟蓝图。一年来，市委中心组 31 名成员共做各种读书笔记 30 万字，撰写调查报告、工作研究、理论文章等 60 余篇，在省级以上报刊发表 20 余篇，为县乡两级党委中心组的学习带了好头。市委宣传部和市委讲师团为市委中心组的学习提供了较好的服务。包括制订学习计划，提供学习资料，组织理论辅导等具体工作。

在市委中心组的带动下,我市各级党组织一级抓一级、一级带一级,市、县、乡三级党委中心组的学习基本形成了制度,县(区)基本上是每两个月学习一次;每次不少于两天,乡镇坚持了每月学习一次,陵川、沁水相继建立健全了科级干部周五学习日制度。从全市反映的情况表明,党员特别是县处级领导干部学习理论的兴趣得到增强,基层干部和人民群众中也开始出现了重视学习理论的新气象。

与此同时,我们还认真总结了市委中心组"学习理论,联系实际,调查研究,指导工作"的成功经验和陵川县委、城区区委中心学习组的经验,在3月份召开的全省理论工作会上做了交流,受到与会人员的充分肯定,并在全省加以推广;在狠抓县处党委中心组学习过程中,今年重点狠抓了市直单位党委中心组学习制度的建立和落实;在县处党委中心组的带动下,我们分期分批狠抓了全市在职干部学习《邓小平文选》1–3卷和《邓小平同志建设有中国特色社会主义理论学习纲要》的培训。全市共举办市级理论骨干培训班1期,县处领导干部脱产培训班3期,科局级干部培训班27期,参加培训人数共达3000余人次。此外,城区、沁水、高平等县(市、区),还充分利用系统和乡镇党校、文化站等阵地,组织广大党员干部和基层党员进行集中辅导,集中培训,集中考试,并通过举办学习邓小平理论知识竞赛等形式,灵活多样地开展干部理论教育工作,收到了良好的效果。

2. 在理论宣传上,1993年强化宣传工作主旋律,充分发挥舆论导向作用,宣传重大举措,宣传先进典型,为经济建设提供了精神动力和良好的舆论环境。1994年建立了新闻联席会议制度,把"一区两带"作为宣传重点,积极开展各种改革措施的宣传,大张旗鼓地报道先进典型。1995年重点抓了队伍和阵地的建设。一是确定了专职理论编辑。通过和各新闻单位协商,选定了新闻业务较好、理论素养较高的8名同志为理论编辑,形成了一支较为稳定的理论宣传队伍。二是巩固了理论阵地。《太行日报》坚持了每周一版的理论专版;电台举办了"什么是社会主义"的专题讲座。我们还与省委宣传部、省电台共同组织了"以科学理论武装人"的三晋行晋城采访活动,对市委中心组和县(市、区)以及市直五个党委中心组的学习做了集中宣传报道,对我市的理论教育起到了促进作用。三是加强了对市委中心组学习的宣传。各新闻单位确定专人,宣传报道中心组学习情况,《太行日报》把市委中心组学习的报道放在头版头条,使市委中心组的学习对全市党员干部的学习起到了指导作用。四是我们组织理论干部深入基层进行理论宣传,从事理论工作的同志分别担任了部分县、乡党校的有关课程的授课工作,使受教育人数达1500余名。

3. 在理论研究上,1993年从调查研究入手,发现和树立具有鲜明时代特点的先进典型,造成学先进的浓厚氛围,开展多项创先评优活动,增强群众参与意识。1994年开展了全方位思想政治工作性试点和推广工作的研究探讨,先后对18个单位进行了试点并总结推广。1995年始终结合我市实际,展开理论研究,成立了以市委常委、宣传部长吴广隆同志任组长的理论研究课题组。加深了理论研究力度,今年3月全省理论工作会议上,市委宣传部《坚持党的基本理论不动摇》、《把握精髓、掌握方法、引深学习》两篇论文在会上交流并作为大会入选论文;今年5月全省召开的艰苦奋斗精神理论研讨会上,市委宣传部《锡崖沟精神的科学内涵》和《艰苦奋斗与小康建设》两篇理论文章获优秀论文奖;今年7月《从锡崖沟精神谈山西青年时代精神的重塑》与《试论太旧精神的科学内涵及其伟大意义》分别获社科论文一等奖和二等奖;全年在省级以上会议和报刊上共发表理论文章8篇。

二、把握正确导向,加大宣传力度,为全市改革和经济建设提供了良好的舆论环境

三年来,我们从改革、发展、稳定的大局着眼,紧紧围绕市委、市政府"打好五大战役、完成十项目标"的工作思路,坚持团结、稳定、鼓劲和正面宣传为主的方针,把握正确的舆论导向,加大新闻宣传力度,主要抓了以下几方面工作。

1. *继续坚持和完善新闻联席会议制度。*每月由市委宣传部召集市直各新闻单位和中央、省新闻单位驻晋城记者站的同志参加新闻联席会议,及时将中宣部和省委宣传部有关把握舆论导向的指示精神传达下去,安排部署下一个月的重大工作,使各新闻单位和广大新闻工作者能够进一步明确工作目标,增强工作的主动性,提高新闻宣传的质量,更好地为改革开放和两个文明建设服务。

2. *加大经济建设宣传力度。*三年来,我市新闻单位,把"五大战役,十项目标"作为宣传重点,发挥阵地优势,组织宣传报道。市《太行日报》在头版开辟《打好五大战役,实现十项目标》专栏,分别就巩固农业基础,搞活国有企业,提高乡镇企业,抑制通货膨胀,加强财税征管发表文章,全面报道了各级党委、政府和各部门抓落实的经验、动态,形成了强大的舆论态势。为大力宣传市委二届十次全体会议上提出的"实行分三步走的经济发展战略,把晋城建成经济强市"的奋斗目标,《太行日报》连续发表10篇评论员文章,从处理好经济发展中的三个关系,实现两个转变,实施科技兴市战略等十个方面,阐述了市委二届十次会议精神,受到市领导的充分肯定。市电视台开设《五大战役擂台赛》、《三项建设》专题,集中报道了各条战线围绕五大战役推动经济上台阶的举措,经济指标一月一次排队公布,收到了表扬先进、鞭策后进、全面推进的效果。市委通讯组采写的稿件被省以上报刊采用150余篇,其中《山西日报》50篇,头版头条2篇,千字以上大稿13篇,《人民日报》2篇,其他中央级报刊电台采用12篇,这些文章都比较集中地反映了我市经济建设中的好经验、好做法,促进了我市各方面的工作。

3. 总结报道了一批先进典型。根据省委宣传部关于大力宣传各类先进典型的精神,我市各新闻单位对发生在我市"1·20"劫车大案中涌现的见义勇为英雄干警及时组织进行多侧面、大篇幅的宣传报道,其中市委通讯组采写的《壮歌一曲响太行》长篇通讯,在《山西日报》头版头条加评论发表,《太行日报》的评论《学习英雄,树立新风》等文章对进一步震慑罪犯,鼓舞干警,教育人民起到良好的宣传效果。市委宣传部组织报社、电台、电视台、通讯组的新闻记者,深入到郊区东四义和阳城神南村,进行为期一个月的采访活动,撰写了36篇报道和评论,集中时间,集中版面对一两个先进典型进行了系列报道,在全市乃至全省全国都引起了较大反响。省委书记胡富国视察神南后,高度赞扬神南是"高举两面旗帜的典型,走共同富裕道路的楷模,山区农村奔小康的榜样"。通过全面报道神南村脱贫致富的事迹,增强了全市人民脱贫致富奔小康的信心,收到了应有的宣传效果。

4. 积极有效地开展各种社会宣传。如配合市政法委等部门开展社会综合治理的宣传,举办"国魂颂大型歌咏比赛",同时开展了"二五"普法活动和银行法、教育法、税法等的宣传。这些活动的开展,对于进一步强化全市人民群众的法制观念,对于全市人民群众理解改革,支持改革,产生了积极的推动作用,取得了较好的社会效果。

5. 对外宣传工作有了新突破。我们本着"围绕经济搞外宣,搞好外宣促经济"的指导思想,结合晋城市建市十周年活动,出版发行了反映我市经济建设和自然风光的大型画册《晋城》。市委宣传部外宣科随市政府代表团参加了"'95山西国际经贸洽谈会暨锣鼓艺术节",承担了对外联络工作和会后新闻宣传工作。这是我市宣传工作者首次参与外经外贸工作,为宣传工作服务于外经外贸开了个好头。

三、以加强思想政治工作为重点,广泛开展树典型,学榜样活动,使全市精神文明建设提高到新水平

思想政治工作是统一全党和全市人民思想,完成市委、市政府各项任务的重要保证,在加强政治工作和精神文明建设上主要做了以下工作:

1. 突出抓了党员的思想教育。根据市委《关于加强党的思想建设的实施意见》,我市各级宣传部门充分利用各级党校、党员活动室以及各种宣传阵地,对广大党员普遍进行了建设有中国特色社会主义的理论教育,党章党纲教育、理想信念教育和党的知识教育。我们还协同市委组织部和纪检委在全市党员中开展了党的基本知识竞赛,市委讲师团为这次比赛,出题目、做指导,并跟队训练,为我市代表队赴省参赛做了大量细致的工作。

2. 狠抓了全市农村小康村建设中的思想政治工作。为了认真总结我市小康村建设中的思想政治工作经验，我们把重点放在深入基层，调查研究，摸索典型，总结经验上，对阳城、郊区、高平等地小康建设中思想政治工作的情况做了认真的摸底了解，为后半年召开农村小康思想政治工作会议做了充分准备。我们召开了"农村小康建设中的思想政治工作郊区现场经验交流会"，并推广了我市小康建设的四条经验，即思想政治工作只有与农村小康建设结合才有强大的生命力；思想政治工作只有充分发挥基层党支部战斗堡垒作用才有向心力；思想政治工作只有虚实结合，虚功实做才有说服力；思想政治工作只有不断创新，形式多样才有吸引力。这次会议，对于鼓舞全市人民认真贯彻以经济建设为中心，打好我市小康建设攻坚战，促进全市精神文明建设、全面落实市委提出的"五大战役、十项目标"具有十分重要的意义，是一次成功的会议。

3. 把电视剧《沟里人》作为党员教育教材对广大党员进行了艰苦奋斗的形象化教育。《沟里人》播出后，根据市委领导的提议，市委宣传部和市文联立即复制发行了430余套录像带，并通过组织收看，座谈讨论，谈体会，写心得等多种形式，使锡崖沟人民艰苦创业的精神，在广大党员中产生了深远的影响，收到了良好的教育效果。

4. 贯彻落实爱国主义教育工程。确定了全市爱国主义教育基地81个，推选出了近年来在爱国主义教育中涌现出来的省级先进集体8个，市级先进典型43个，并利用抗战胜利50周年，开展了一系列爱我家乡、爱我中华纪念活动，我们还把插挂国旗活动作为爱国主义教育的一项重要活动，全市各级机关、厂矿、学校都举行了普通的升挂国旗仪式，使全市人民受到了一次生动的爱国主义教育。

5. 精神文明建设成绩显著。我们把思想政治工作同开展创建文明单位、文明乡镇、文明村和文明户的"四创"活动结合起来，同创优质服务、优美环境、优良秩序的"创三优"活动结合起来，有效地发挥了思想政治工作的强大威力，大大促进了我市城乡精神文明建设。共验收了5个省级文明单位，41个市级文明单位。使我市的省级文明单位总数达20个，市级文明单位474个。在农村，我们坚持不懈地开展评选好公婆、好媳妇活动；红白理事会，妇女儿童禁赌会等群众组织不断完善扩大，对弘扬正气，促进社会稳定和发展起了良好的作用。广大人民群众投身于精神文明建设的热情更加高涨，精神文明建设取得了实实在在的成绩。

四、以精品带动繁荣，大力弘扬主旋律，进一步丰富全市城乡的文化生活

用高质量的文艺作品弘扬主旋律，振奋人们的精神，鼓舞群众的斗志，激发社会活力。用健康向上的文化娱乐活动去丰富群众的文化生活，为我市的经济建设创造一个良好的文化氛围,是宣传工作的基本职责。围绕这一职责,我们从加强管理入手,取得了丰硕的成果。

宏观上,我们理顺了宣传文化体制,实现了文化部门职能上的三个转变,从办文化向管文化的转变,从单一管理文化部门向社会文化综合管理的转变,从行政管理同法制、法规经济和行政管理的转变。在市委、市政府的支持下,成立了文化市场稽查队,配备了管理人员,建立了经常性的"扫黄打非"制度,对音像市场、图书出版市场,歌厅舞厅加大了经常性检查的力度和次数。我市已实现经营许可证管理的集(个)体书店(摊)105个,印刷厂35个,打字复印点25个,期报刊10个,内部资料审批10个,没收了非法音像制品287盘(盒),查封取缔无证经营音像制品4家,捣毁黄色书刊批发窝点1个,收缴淫秽不健康图书2100余册,拘留收审涉案人员2人。管理出效益,我市6个县(市、区)的文化市场都出现了健康发展的好局面。在全省先进文化县的评比中,我市的阳城县被省政府命名为"文化先进县"。

推出了一批高质量、高品位的优秀精神产品,在争创"五个一工程"中,我们推出的优秀电视连续剧《沟里人》在中央电视台三次播出,荣膺国家电视剧政府最高奖——"飞天奖"一等奖和中宣部"五个一工程"第一名两项大奖。出版了1套7本150余万字的小康村建设报告文学丛书《泽州新天》,系统地总结了我市小康村建设的成就和经验。现代戏《走出大山》公演后,受到了省委领导的好评。现代戏《路魂》获文化部"金三角"戏剧调演表演、音乐、舞美和演出4项奖。完成了5集电视系列片《晋城》和大型摄影画册《晋城》以及《泽州荟萃》、《泽州之星》挂历、台历。这些文艺精品,都是在财力、物力有限的情况下,靠政治责任感和使命感,经过艰苦奋斗多方努力完成的,它不仅宣传了我市经济建设成就,也为弘扬民族精神,突出时代主旋律做出了贡献。

城乡文化生活更加丰富多彩。我们紧紧抓住节日文化,企业文化和农村文化建设,开展了丰富多彩的群众文化生活,多层次满足了广大群众的精神需求。精心组织了元宵灯会和建市十周年大型庆祝活动,两次活动内容丰富、形式多样、气氛热烈,规模宏大,尤其是彩车、霓虹灯赛,灯展和焰火,全民齐参与,人人喜洋洋,既展示了我市的经济实力,又凝聚了我市人民群众丰富的智慧和创造精神。全市各县(市、区)都举行了不同规模的歌咏比赛,参赛人年龄最大的85岁,最小的年仅9岁。阳城县的民间面塑,高平市的旅游文化、城区晓庄村举办的"外国人演唱中国歌曲大赛"都取得了较好的效果。总之,我市社会文化事业充满了生机,在文艺创作的各个方面都涌现了一大批优秀作品,实现了我市文化大繁荣。

五、宣传队伍自身建设得到进一步加强,自身素质有了明显提高

宣传思想工作是一项政治性、政策性很强的工作,培养一支过硬的战斗队伍,是我们常抓不懈的一项重要工作。我们首先抓宣传系统各单位领导班子的建设。部里定期对县(处)级领导干部进行政治、业务、综合能力的全面考察,参加他们的民主生活会,督促他们以身作则,不断改进思想。出台了领导干部反腐倡廉的几项规定,每年每月 25 日都要对几项制度的执行情况检查验收,用制度规范行为。还组织他们到市委党校脱产学习,使其掌握科学的理论体系,用正确的理论指导决策。通过这一系列工作,增强了领导干部的大局意识、责任意识,使之能自觉地和中央保持一致,严守党的宣传纪律,清正廉洁,勤政为民,不滥用权力,不以权谋私。第二,抓宣传干部的队伍建设。调整了市直宣传系统几个单位的科级干部,配起了县(区)委宣传部长,充实了一批年轻有为的各级领导干部,补充了一批后备力量,使我市宣传干部队伍呈现出生机勃勃、奋发向上的态势。第三,抓全市宣传干部的政治理论和业务能力的提高。阳城县委宣传部坚持“三个一”活动,沁水县委宣传部的“五个一”强化训练,郊区区委宣传部提出了“团结、敬业、务实、创新”的部风建设口号,都取得了显著成效。市委宣传部更是着眼全局,制订了强化训练一二三计划,即组织一次演讲比赛,进行两次硬笔书法、论文写作竞赛,部内干部在市级以上报刊发表文章全年不少于三篇。为了不使计划流于形式,论文写作竞赛时我们采取了当场出题、闭卷考试、领导监考、交叉判卷的方法,促进和鞭策了在全体宣传干部中形成认真学习、勤于思考、扎实工作、争创一流的好作风。特别是 11 月份,我们举办的全市宣传干部“重事业、淡名利、爱岗位、勇奉献”主题演讲赛,既是一次岗位练兵,又是一次思想政治教育,淡泊名利、敬业奉献精神在广大宣传干部中蔚然成风。

抓班子建设、抓队伍建设、抓业务能力提高,取得了实实在在的成绩,也是三年来我市宣传工作全面上新台阶、有突破、收效好的重要原因。

晋城市文化局

1993年至1995年,全市文化工作围绕政府职能转变重心,认真加强社会主义文化市场的管理和监督,深化文化体制改革,转换经营机制,努力发展文化产业,推动以小康文化为龙头的农村文化建设,进一步完善城市文化新格局,圆满完成了所规定的各项工作任务。

一、抓理论学习,进一步明确工作方针和工作态度

根据市委市政府整体工作部署,局党组始终坚持抓邓小平同志建设有中国特色社会主义理论学习。科级以上干部全部参加了市里组织的学习培训。各支部、各科室、各单位分科采取上党课,集中学习,结合本职工作分专题讨论研究。通过学习,集中解决了三个方面的问题:

第一,学习工作重心转移,明确了文化工作必须服务于经济建设并与之同步发展的观念。在此认识基础上,局党组重新完善了文化工作的思路,调整了工作部署,制订了"九五"期间我市发展文化工作的指导思想和工作框架,被收入市政府"九五"发展规划之中。

第二,学习先进典型经验,加强"三观"教育,全面提高文化队伍的素质。组织党员干部走出去,赴锡崖沟、东四义参观学习;组织干部职工听取神南、英模报告团先进事迹报告;采取党课教育、开卷考试等形式,组织党员干部职工学英模,重在树立为人民服务,安于清贫,乐于奉献的思想。一年来,全局一名干部被评为全国文化工作先进工作者,领导班子成员分别受到省委宣传部、省文化厅表彰奖励。两名同志被吸收入党,一批同志被提拔到领导岗位。

第三,学习社会主义市场经济理论,明确发展社会主义大文化的观念。为适应社会主义市场经济的要求,在理论学习中,围绕"走出小圈子,迈向大舞台"的主题,重在解决文化工作干部的工作思路和工作视野问题。文化局逐步走出了"文化部门办文化"的小圈子,依靠社会办文化、发展文化,文化主管部门制订发展大文化的总体规划并给予指导,已在全局达成共识。1993年至1995年文化部门先后同政法、纪检、工交、财贸、市直工委、妇联、银行、教育和一批乡镇农村联手举办了丰富多彩的文化活动。特别是1995年,通过举办元宵节文化活动,建市十周年、纪念抗日战争和反法西斯战争胜利五十周年等庆祝活动,通过和各行业、乡镇农村联手办文化,我市的"节日文化"、"行业文化"、"区域文化”等大文化格局已粗具规模。

二、抓深化改革、促两个效益的提高

1993年至1995年,继续深化文化体制改革,以改革求社会效益和经济效益的提高。

一是电影行业改革。针对近几年电影发行放映萧条的状况,采取划小核算单位,分块经管,面向市场,共担风险的办法,将电影业分为35毫米机、16毫米机,器材、长治留守处四块,切块承包。取得了较好的社会效益和经济效益,基本上保证了职工工资。

二是专业艺术团体改革。继续实行团长聘任负责制和演职员聘用制。1995年,市属两团(二团除排演重点剧目外)全年演出近700场,观众达200万人次,取得了较好的社会效益和经济效益。此外,各县、市、区剧团,如:高平、阳城、郊区、城区、陵川等剧团都在改革中迈出了新步伐,长年坚持为人民群众演出,受到了人民群众的热烈欢迎和一致好评。郊区剧团为庆市十周年公演的戏剧,赢得了市领导和观众的高度赞扬。特别应当指出的是,市委市政府、郊区、城区、阳城、高平、陵川等市县区委、政府,满腔热情地支持艺术团体的改革和事业的发展,给予了强有力的支持,在政治上关心,在人力、财力上给予了强有力的支持,保证了艺术团体改革的顺利进行和事业的正常发展。全市十个专业艺术团体,三年来,为人民群众演出9000余场,观众达到900余万人次,取得了很好的社会效益。

三、抓精品创作,促文艺繁荣

三年来,遵循在普及的基础上提高,抓精品创作、促文艺繁荣的指导方针,特别是1995年,市文化局组织了全市现代戏巡回调演。全市共创作、移植、改编演出七台现代戏,是建市十年新排现代戏最多的一年。市委宣传部和市文化局并为获奖单位和个人颁发了证书和奖品。同时,又集中抓了《走出大山》剧目的排演。国庆节期间,《走出大山》赴省参加太旧路祝捷演出,受到省委领导的高度赞扬,并指示此剧作为艰苦奋斗的教材在全省巡回演出。11月、12月,该剧在长治、晋城两市部分县级巡回演出,引起了轰动,受到了观众的高度评价。市二团的《路魂》参加了文化部主办的“金三角”调演,获得了四项奖,张爱珍、郭孝明获优秀表演奖。

此外,文化系统职工创作导演的一批作品获奖:小品《尽在不言中》获全国聋哑人录像调演一等奖;舞蹈《爱的奉献》获全省聋哑人录像调演一等奖;艺术馆加工排导的《迎亲锣鼓》获好评;书画院王茂彬同志的画参加全国美展;市艺术馆李爱民同志的论文获全省社会文化论文一等奖;马正瑞同志参加全国中老年戏剧演出获“牡丹奖”。

四、转变职能、社会文化管理工作迈上新台阶

文化行政部门由过去以办文化为主向以管文化为主转变,是全年工作着力解决的一

个问题,主要体现在两个方面:

一是城市文化娱乐市场的管理。重点放在“依法管理、规范服务、强化责任”三个环节上。贯彻文化部、省人大制定的有关法规,印发了法规宣传资料,分发经营单位;总结推广先进典型,表彰了十个文明歌舞厅;制定了门票管理、文明服务、点歌限价制度和安全责任书等管理措施,使文化娱乐场所初步纳入了法制化、规范化的良性运转轨道。三年未发生一次火灾事故和意外伤害事故。全省文明城市检查团一致认为,我市文化娱乐市场管理工作卓有成效。配合公安、工商等部门,坚持抓好“扫黄”斗争,净化了文化娱乐市场。同时,我们还制定了执法人员守则,严格要求执法人员公正执法,廉洁执法,文化执法人员受到普遍好评。

此外,专业艺术市场管理也取得良好成绩,演出市场管理有序,坚持了年检、发证制度,演出内容审查制度,三年共接待了70多家专业团体,演出600余场次,内容健康,秩序井然。

二是文化事业发展的宏观管理。三年来,主要以建设文化先进县为龙头,重点帮助阳城县从文化基础设施、管理网络到组织活动的开展进行安排部署。协助阳城县推广了蒿峪村搞好文化村的经验。经省检查验收,阳城县被命名为全省首批文化先进县,受到省政府的表彰。为推动全市文化先进县工作的开展,文化局向市政府建议成立了全市文化先进县建设领导组并代起草了全市文化先进县建设实施方案下发全市,为这一工作的顺利开展提供了组织保证。

五、围绕爱国主义教育,搞好文物保护工作

晋城历史悠久,文物资源丰富。1993年至1995年围绕开展爱国主义教育,促进了文物保护工作的开展。第一,确定了一批爱国主义教育基地,完成了资料整理任务。第二,组织全市各县区完成了文物读物通俗篇30万字的初稿编写任务。第三,完成了50余处古建筑复查实测资料。第四,完成了古青莲寺道路修复和桥梁架设任务。新青莲寺大雄宝殿修复正在进行之中。阳城水草庙修复设计图纸基本完成。第五,配合省文物局完成了高平长平古战场遗址尸骨坑考古发掘和阳城町店新石器遗址的新发掘。第六,同公安部门合作,打击文物走私活动,追回了一批文物。

六、严格自律,搞好廉政建设

三年来,文化局按照市委市政府的部署,认真抓廉政建设。主要是两个方面:一是局领导带头,做廉洁从政的模范。特别是1995年,局党组成员坚持召开一季度一次民主生活会,检查各自的工作。6月份组织广大党员干部对局领导班子进行了全面评议。局领导成员向干部职工陈述了各自住房、子女工作等情况。在住房、招工、提干、调动、职称评定等重大问题上坚持民主、公开、公正的原则，干部群众均表示满意。在日常工作中，坚持集体领导原则，有事共同商量研究，从不搞一言堂。在各项工作中，局领导以身作则，带头实干，赢得了广大干部职工的拥护。二是抓党员教育。三年来，局党组充实健全了总支、支部班子，开展了正常工作。为了加强党员教育，各支部坚持了一月一次生活会制度，围绕反腐倡廉，加强纪律等各项工作，学习中央，省市的有关文件和决定，对照检查自己。组织党员外出学习参观，接受教育。同时加强机关内部管理，实行签到制度，开展各项文体活动。三年来，全局无一例违纪违法事件发生。全局上下政通人和，团结一致，较好地完成了各项任务。

总结三个年度的工作，我们主要有三点体会：

第一，各级领导的支持是做好文化工作的根本保证。市委市政府、市委宣传部、省文化厅、省文物局、各县市区委政府始终关注和支持文化工作。从总体工作部署到各个重要工作环节，悉心指导。在政治上关心文化工作人员的成长。在各方面财力较为紧张的情况下，尽最大可能给予支持。市直各部门密切配合文化部门做好各项工作。所有这些，都为我们的工作提供了根本保证。

第二，局领导班子团结是做好各项工作的关键。三年来，文化局领导班子成员步调一致，互相尊重，互相支持配合，作风民主，办事公正，以身作则，廉洁从政，顾大局，识大体，赢得了全体干部职工的拥护和信任。

第三，有一支素质好的干部队伍是工作的基础条件。尽管文化部门比较清贫，但全局干部始终坚守岗位，热爱本职工作，并且克服一切困难，圆满完成了市委市政府安排的各项任务。

晋城市教委

1995年,是我市教育发展史上具有重要意义的一年。全市教育系统以《中国教育改革和发展纲要》为指针,认真贯彻全国、全省教育工作会议精神,重点围绕教育十项工程的实施,开展了一系列工作,取得了明显的成绩。

——“两基”实施成效显著。全市适龄儿童152054人,升入小学151366人,入学率为99.95%;小学毕业30916人,升入初中30433人,小学毕业升初中的入学率达98.54%;小学、初中辍学率分别控制在1%和3%以内,分别为0.04%和1.69%。残疾儿童1195人,具备学习条件的942人,入学622人,入学率达72.23%。基本达到实施初中阶段义务教育要求的乡镇扩展到105个,人口覆盖率上升为94%,分别比上年增加18个乡镇和9个百分点。4—6周岁幼儿入园率达到63.7%,比上年增长4.3个百分点,16所中心幼儿园验收合格,城区基本具备了普及学前三年教育的条件。继城区、阳城“两基”通过省级验收后,今年又有郊区、高平、沁水、陵川4县(市、区)通过了“基本扫除青壮年文盲”的省级验收,至此,我市成为全省高标准无盲市(地)之一。

——职教发展“上等升级”。骨干职业高中建设取得明显进展。5月份经省教委验收,晋城市职业一中、阳城县职业高中、沁水县职业高中、陵川县职业高中、郊区南村职业高中等5校被确认为省合格职业中学。其中阳城县职业高中9月份经省教委专家组评估认定,已基本达到了国家级重点职业高中的建设标准。县级职教中心建设开始启动。市教委组织赴河北唐山、鹿泉、丰南、迁安参观后,沁水、阳城两县以职业高中为依托,先后挂牌成立了旨在统筹实施全县职业教育和培训的职业技术教育中心。全市职业高中招生首次突破计划,实际招生2434人,超计划指标634人,职高招生与普高招生的比例达到0.63比1。职业高中校办产业进一步发展,完成纯收入72.3万元,超计划指标7.3万元。

——成人教育稳步推进。成人教育基地建设进一步完善。阳城、沁水、城区、郊区充实或新建了县级农民文化技术学校(成人教育中心);所有乡(镇、办事处)全部办起了农民文化技术学校,其中93所达到了“六有”要求,占乡镇农技校总数75.6%,还有14所乡镇农技校达到了省级示范标准;村级农民文化技术学校的办学面达到92.98%,其中达到“六有”要求的815所,占现有村农技校总数的36.2%。

全市各级农民教育机构一年培训农民、职工392808人次,其中县级5798人次,乡级

105685 人次，村级培训 281325 人次，为全市的科技推广和经济发展起到了有力的促进作用。

——教育质量继续提高。从高考和参加省以上各科赛考的情况看，晋城市中小学教育质量保持了继续提高的趋势。全市高考报名 6140 人，大专达线 769 人，大专达线率为 12.59%，比去年提高 1.37 个百分点，全省地市排名居第五位。一年来，晋城市先后组织参加了全省小学四年级数学竞赛、全国小学数学奥林匹克决赛、全国初中数学竞赛、全国初中化学竞赛、全国初中物理应用知识竞赛、全国中学生英语奥林匹克竞赛和全国高中数学、物理、化学竞赛等一系列竞赛活动，除高中数、理、化三科尚未揭晓外，其他各项竞赛均取得了较好成绩。特别是小学阶段的两项竞赛成绩更为突出：全省小学四年级数学竞赛，晋城市参考者 1400 余名，占全省参考总数的 5%，而获奖人数占全省获奖总数的 36%，其中全省满分奖 8 人，晋城市有 5 名，占满分奖人数的 62.5%；全国小学数学奥林匹克决赛，晋城市参加 2500 人，约占山西赛区参考人数的 12.5%，获得一等奖以上的人数占到全省一半以上，其中全省满分奖 39 人，晋城市 22 人，占满分奖总数的 53.85%。

晋城市体委

1992年至1995年,市体委开展了以下几个方面的工作:

一、1992年搞好体育竞赛,抓好业余训练

1. 体育竞赛

一年来,我市体育健儿在参加省内外的各项比赛中都取得了可喜的成绩。共获得金牌18枚,银牌10枚,铜牌11枚。在积极参加了省比赛的同时,我们还从改革竞赛体制着手,扭转体委独家办体育的倾向,基本上做到了各系统的比赛由各自主管部门承担。如中、小学生的比赛由教育部门承办;职工的比赛由工会承办;社会上的比赛由各单项协会主办,体委积极配合。竞赛体育的改革,使竞赛活动更加活跃。不仅促进了社会各方面办体育的积极性,使体育向社会化方向迈进,而且使体委从繁忙的事业中摆脱出来,集中精力抓好业余训练工作。一年来,全市共举办各种类型的比赛152次,参加人数39872名,尤其是乡镇一级的比赛,在泽州大地到处可见,大大地活跃了农民群众的文体生活。

2. 业余训练

在业余训练上,我们主要抓了学校体育的业余训练和各级体校的训练工作。从拓宽训练路子着手,使全市业余训练向多层次、多渠道、多形式的方向发展。第一,抓学校,建立教育训练"一条龙"体制。协同教育部门对学校体育进行调整改革,加强了对学校体育工作的领导,在全市中小学普遍开展了两课一操的体育活动。第二,抓三线,布网点,落实了三线队伍的培养和规划,在全市54所中小学校布下了业余训练点。第三,抓重点,突单项,发挥传统项目的优势。在业余训练项目设置中,我们以单项为主,以奥运项目为主,重点抓田径、举重、击剑、乒乓球等项目的选材和训练。协同市教委整顿和巩固了一批现有传统项目学校,在全市乡镇基本实现了图书、仪器、体育专场三配套。第四,抓选材,定好苗。对市体校的招生和选拔,严格要求,严格训练,并用科学手段和技术对全市6个县(区),251所中小学的2004名9岁到13岁儿童进行了技能19项,素质4项的测试选材工作。确定了200名9岁到13岁儿童列为苗子队员,进行早期培养,早期训练。第五,抓建队,保训练,搞好体育场地设施建设。1992年,各县(区)体委在当地政府的大力关怀和支持下,体育场地建设有了较大的进展。高平县体委在完成去年田径场和体委体育办公教学楼外,1992年又完成了训练馆的主体工程;阳城县体委投资30多万元,完成了带看台的灯光篮球场；沁水县体委完成了修建灯光篮球场和运动场的征地任务；陵川县体委修建了田径场和网球场；郊区体委新建了两个网球场地，初步解决了一部分县区体委办公和训练场地的设施条件，为今后体育事业奠定了良好的基础。

二、1993年加速体育改革步伐，促进体育事业全面发展

体育是全民族的事业，是社会主义精神文明建设重要组成部分。体育的改革只有紧紧地围绕体育社会化这个中心，以革命化为灵魂，以社会化和科学化为两翼，才能使整个体育事业增强后劲和生机，实现体育腾飞。因此，我们在体育改革中着重抓了三方面的工作。

*一是改革了竞赛体制。*改变了体委一家办体育的状况，基本上做到了各系统的竞赛由各自主管部门承办，体委搞好协调、配合、指导作用。如：中小学生的比赛由教育部门承办；职工的比赛由工会承办；老干部的比赛由老干局、老龄委承办；退休职工的比赛由劳动局承办；社会上的比赛由各单项协会主办。这样做，不仅有力地推动了竞赛工作，活跃了人们的精神生活，而且促进了社会办体育的积极性，使体委从繁忙的竞赛事务中摆脱出来，集中精力抓好训练后备人才的培训工作。

*二是改革了训练体制。*主要从拓宽训练路子着手，使全市业余训练向多层次、多渠道、多形式的方向发展。第一，抓学校。建立教学训练"一条龙"体制。协同教育部门对学校体育进行调查改革，充分发挥传统项目学校校代表队的作用，在全市中小学普遍开展两课一操，国家体育锻炼标准的体育活动。第二，抓三线、布网点，落实了三线队伍培养规划，在全市54所中小学校布下了业余训练点。第三，抓重点、突单项，发挥传统项目的优势。在业余训练项目设置上，以单项为主，以奥运项目为主，重点抓田径、举重、击剑、乒乓球等项目的选材和训练。第四，抓选材，定好苗。对市体育学校的招生和选材，严格要求、严格训练，并用科学手段和技术对运动员进行机能19项，素质4项测试选材工作，以保证选材的质量，便于进行早期培养，早期训练。第五，抓建设，保训练，搞好体育场地建设，为今后体育事业的腾飞奠定良好的基础。

*三是确定了群众体育活动的重点。*发展体育活动，增强人民体质是工作的中心，认真确定群众体育的发展战略和工作，探索和发展最能吸引群众、方便群众锻炼的社会体育组织形式是搞好群众工作的重点。因此，在开展群众性体育活动中，从拓宽路子、调动多部门、各行业和集体个人办体育的积极性出发，大力开展适应群众特点的小型多样，丰富多彩的体育活动，确定了抓两头，带中间的群众体育战略重点，以此来带动和推动机关、厂矿、农村体育活动的开展，推动和促进社会体育的发展。1993年以来，趁北京申办奥运

之年的大好形势,在全市开展了三项活动。一是和市建设银行共同组织了全市“建行杯”元旦环城越野赛;二是为支持北京申办奥运在全市开展了第五个体育活动月。市直机关举办了篮球、羽毛球、乒乓球、围棋、中国象棋等项竞赛活动;三是在全市举办了各小学生田径运动会。通过这些活动,不仅丰富了机关广大干部职工的文体生活,增强人们参与体育锻炼的意识,而且有力地促进了机关的各项工作,推动了全市群众性体育工作的蓬勃发展。

三、1994年以省九运为起点,改革训练体制,确定体育活动重点

1. 全力以赴参加山西省第九届全运会

山西省第九届全民运动会于1994年7月胜利召开。为了参加好这次盛会,市体委根据省体委和市委、市政府的要求,认真抓了运动队的组建,运动员的训练及后勤保障等工作。根据省九运会竞赛总规程的规定,省运会分地市组和行业组。地市组设15个项目,每个地市从15个项目中选10项参加。晋城市参加了田径、乒乓球、射击、击剑、举重、射箭等6个项目的比赛。在九运会的资格比赛中,晋城市共有115名运动员取得了九运会的资格入场券。在晋城市体育场地设施条件差,经费不足的情况下,晋城市共夺得金牌3枚、银牌9枚、铜牌9枚,有两人两次破世界纪录。

2. 加快体育改革步伐,促进体育事业全面发展

体育是全民族的事业,是社会主义精神文明建设的重要组成部分。要使体育适应社会主义市场经济发展的需要,就必须深化体育的改革,促进体育社会化。因此,在体育改革中着重抓了以下三方面的工作:

一是改革了竞赛体制。改革了由体委一家办体育的状况,基本上做到了各系统的竞赛由各自主管部门承办,体委主要搞好协调、配合、指导作用。如:中小学生的比赛由教育部门承办;职工的比赛由工会承办;老干部的比赛由老干局、老龄委承办;退休职工的比赛由劳动局、老年体协承办;伤残人运动会由民政局和伤残人协会承办;社会上的比赛由各单位协会主办。这样做不仅有力地推进了竞赛工作,活跃了人们的精神生活而且有力地促进了社会办体育的积极性,使体委从繁忙的竞赛事务中摆脱出来,集中精力抓好训练后备人才的培训工作。一年来,全市共举办各种类型的比赛74次,参加人数69630名。

二是改革了训练体制。主要从拓宽训练路子着手,使全市业余训练向多层次、多渠道、多形式的方向发展。第一,协同市教育部门,认真落实《学校工作条例》,全面贯彻党的教育方针,积极推选国家体育锻炼标准和“两课、两操、一活动”的开展,搞好校代表队的课余训练。第二,抓三线、布网点,落实了三线队伍的培养规划,在全市54所中小学布下

了业余训练点。并把市里的有些项目下放到基层去办,充分调动了基层办业余训练的积极性。第三,抓重点,突单项,发挥传统项目的优势。在业余训练项目设置上,以单项为主,以奥运项目为主,重点抓田径、举重、击剑、乒乓球等项目的选材和训练,并用科学技术和手段对运动员进行机能 19 项,素质 4 项测试选材工作,以保证选材的质量,便于进行早期培养,早期训练。

三是确定群众体育活动的重点。发展体育运动,增加人民体质是工作的中心,认真研究群众体育的发展战略和工作方法,探索和发展最能吸引群众,方便群众锻炼的社会体育组织形式是搞好群众工作的重点。因此,在开展群众性体育活动中,从拓宽路子,调动各部门、各行业和集体个人办体育的积极性出发,大力开展适应群众特点的小型多样、丰富多彩的体育活动,确定了抓两头、带中间的群众体育战略重点,以此来带动和推动机关、厂矿、农村体育活动的开展,推动和促进社会体育的发展。1994 年以来,在全市开展了三项活动:一是和市建行共同组织了全市“建行杯”元旦环城越野赛;二是在第六个体育活动月中,为推进国家体委颁布的全民健身计划和“一二一启动工程计划”的开展,在全市掀起了一个百日千里走的群众体育活动活动热潮;三是和市直有关单位共同举办了篮球、羽毛球、桥牌、围棋、拔河等市直机关运动会。通过这些活动,不仅丰富了机关广大干部、职工的文体生活,增加了人们参与体育锻炼的意识,而且有力地促进了机关的各项工作,推动了全市群众性体育工作的蓬勃发展。

四是加快建设市体育活动中心。晋城市是一个新建城市,由于种种原因,目前市区还没有一个像样的活动场地,在市区建立体育场地既是广大人民群众进行体育活动的要求,也是发展体育事业的需要,为此,1994 年在场地建设中主要办了三件事:第一是完成了体育场 200 亩地的征地任务;第二是基本上完成了体育中心的田径场平整挖土方、打围墙、圈涵洞的前期准备工作;第三是筹集资金解决职工住宅。目前,家属住宅楼基础工程已动工修建,如资金到位,可望 1995 年底完工。

四、1995 年推行全民健身计划,做好体育工作

1. 积极推行全民健身计划,掀起全民健身热潮

1995 年是国务院颁布实施《全民健身计划纲要》的第一年。为了推进全民健身计划在晋城市的顺利开展,体委在反复学习调查的基础上,提出了晋城市贯彻实施全民健身计划的意见。一是认真学习,大力宣传。充分利用广播、电视、报刊等现代化宣传工具进行广泛宣传《全民健身计划纲要》,在全市掀起了一个学习、宣传、贯彻全民健身计划的热潮。二是健全组织,落实规划。8 月初,市政府批准下发了《晋城市实施全民健身计划“一

二一启动工程"的意见》,提出了晋城市近期工作要求和本世纪末的全民健身奋斗目标,成立了市全民健身计划领导委员会及办公室,召开了启动动员会。之后,各县区及部分机关、厂矿、学校、乡镇等基层单位雷厉风行,按照市政府的部署纷纷制订方案,组建领导机构,开展宣传和各种群众性健身活动。在全市城乡迅速掀起了全民健身的热潮。三是精心组织,开展活动。为体现领导机关在全民健身计划中的模范带头作用和在全国恢复工间操的决定精神,首先在市直机关举行了第七套广播操的比赛。本次比赛,市五大班子领导非常重视,身先士卒,积极参与,五大办公厅联合发文,各单位精心组织,广大干部职工踊跃参与,使本次比赛紧张热烈又充满活力。其二,领导机关的带头作用,有力地推动了全民健身计划和广播操活动的开展,各县、区(市)也纷纷举办了广播操比赛和各项群众性健身活动,并制作了录像带,在全市巡回播放。其三,在1995年建市十周年和第七个体育月活动中,同有关单位举办了市直机关篮球、羽毛球、乒乓球、象棋、拱猪等项目的比赛和表演赛,把全市群众性健身活动推向了一个新的高潮。这次比赛,领导的高度重视,人们的参与之广、规模之大都是全市机关前所未有的,它不仅对全市实施全民健身计划是一个极大的促进,也对全市"双文明建设"是一个推动。目前,全市约有20%的人口经常参加体育活动;约有70%的中小学校开展了《国家体育锻炼标准》;有三分之一的职工参加体育锻炼;约有75%以上的乡镇建立了文化站或文化体育活动中心,有7个乡镇、12个村被省体委和农牧厅命名为体育先进单位。社会化体育的发展,使晋城市的群众体育活动出现了全面活跃的新势头。

2. 大力宣传贯彻《体育法》,做好体育工作

1995年8月29日第八届全国人大常委会第十五次会议通过了从10月1日起实施《中华人民共和国体育法》。《体育法》是一部指导和推动新时期体育事业发展的基本法律,是制定体育事业发展方针、政策和法律法规的基本依据。它的颁布和实施,对我国社会主义民主和法制建设是一个推动,为加快体育事业的发展提供了根本保证。

为使《体育法》在晋城市顺利贯彻执行,主要抓了以下几方面的工作:一是首先召开体育界有关人士座谈会,学习《体育法》。市委机关各科、室、学校都认真组织广大干部职工和学习贯彻《体育法》,使大家进一步熟悉《体育法》的各项具体规定,深刻领会体育法的基本精神,做学法、懂法、执法、宣传法的带头人。二是充分利用广播、电视、报刊、宣传栏等现代宣传工具大力宣传体育法。并于9月25日在全市开展了一次规模宏大的《体育法》宣传周活动。采取设点咨询、编印宣传资料、张贴布告、标语和流动宣传车等多种形式,大造舆论,在全市掀起了一个学习宣传体育活动的热潮。三是在体校增设了《体育法》

课程,加强对学生《体育法》的教育,以提高学生懂法、守法、执法的自觉性。四是结合比赛,搞好《体育法》的宣传。在1995年举行的机关广播操比赛和体育月举办的各项活动中,都把宣传学习贯彻《体育法》紧密结合起来,充分利用各个竞赛场地和赛前及中间休息时,进行宣传《体育法》。各赛场都拉起了宣传体育法的横幅标语,使参赛者和观看比赛的广大观众既观看了比赛、又了解了《体育法》,受到了教育。五是把宣传、学习、贯彻《体育法》和全民健身计划的贯彻实施相结合,切实做到依法行政、依法治体,推动群众体育与竞技体育协调发展。通过这一系列活动,为今后争创全国体育先进市,推动全民健身计划实施打下了良好的群众思想基础,为晋城市体育事业的正规化、法制化迈出了可喜的一步。

3. 抓好体校的训练和管理

在体育工作中,为加强对运动员的训练和管理,首先,加强了体校领导班子的建设,配备了两名年轻的专业人才充实到校领导班子中去。其二,解决了部分项目长期以来师资短缺的问题。其三,对各运动队进行了调整和整顿,严格管理,严格训练,并进行了全部注册登记,加入了省各单项协会。其四,建立和完善了体校各项规章制度,落实了岗位责任制,充分调动了广大师生的积极性,使体校的学习训练面貌焕然一新。一年来,晋城市各运动队在参加全省各项比赛中共获得前六名63个,其中第一名3个,第二名10个,第三名15个。全市共举办各种类型的比赛43次,参加人数47820名。

晋城市文联

90年代前五年,晋城市文联及下属各协会,工作活跃,创作成果丰硕。

田澍中90年代有《碑文》、《乡长助理》、《县长助理》、《晚雾》、《老槐树》等中短篇,并出版了《二十四级台阶》、《碑文》两个集子。《碑文》同时发表于《山西文学》和《青年文学》,《小说月报》和《新华文摘》做了转载,获《青年文学》第三届青年创作和《山西文学》优秀小说奖。卓然是王坤元的笔名,他在1974年开始创作,80年代开始在《汾水》等刊物上发表了《小雨》、《豆叶菜奶奶》、《苦麻线,甜丝线》等中短篇小说。1991年《人民文学》第三期发表了他以《老槐》为名的三个短篇。1995年出版短篇小说集《我记忆中的河》。成茂林于70年代开始业余文学创作,作品有《军军和他的小伙伴》、《两家人的故事》、《三请老憨》、《一个女人和三个男人的故事》、《漩涡》、《亲情》、《槐仙》、《河神庙》。90年代,出版了短篇小说集《遗恨》和中篇小说集《爱之惑》。王之元,笔名阴云,沁水人。1973年开始文学创作,作品有《河湾村的早晨》、《事在女人为》、《早春》、《五亩地轶话》、《阿Q后传》等。其中《五亩地轶话》于1991年获"中国名人文艺作品展示会"优秀作品奖。他熟悉农村,热爱农民,以写农村生活小说见长。张素兰(女),高平人。自幼酷爱文学,12岁就在《中国少年报》发表寓言两则。多年来作品散见于《山西文学》、《黄河》等刊物,约30万字。《山西文学》1996年第2期推出"张素兰作品专辑",并刊出本人的创作谈和评论家的评论文章。在这段时间里,较有影响的作者和作品还有:李小猫的《恼人的雾》发表于《当代》1992年第2期,《煤渣主任》发表于《山西文学》1996年第12期。潘保安的《老二黑离婚》发表于《汾水》。王红罗的《黑山掌》发表于《新华文摘》。李小鹏的《一个大学生的自白》发表于《山丹》。原力有短篇小说集《梦》。崔鸿瑞的《先发制人》获"芳草杯"1993年全国精短作品大赛优秀作品奖。潘小蒲出版有长篇小说《广禅侯传奇》,并有诗作入选《中国当代诗人代表作》、《全国短诗大展赛作品集》和《如果我梦过》等书。李小鹏,《火花》1987年11月期发表他的诗作《赠别》,被全国唯一选载优秀诗歌的《诗选刊》转载,并陆续获得当代诗歌联谊中心优秀会员奖、全国青年短诗大赛鼓励奖和第二届中国星星新诗大奖赛佳作奖。1992年由内蒙古人民出版社出版诗集《人生魔方》。赵剑,于1991年出版诗集《杏花雨》(哈尔滨出版社),1995年出版诗集《黎明的诗眼》(中国文苑出版社)。1995年7月,日本的《中日新报》发表他的诗作《听〈梁祝〉》。邢昊,先后在报纸杂志上发表新诗500余首,作品《水为源》获首届“沁水杯”全国文学大奖赛二等奖，多篇作品入选《全国新田园诗歌大赛获奖作品集》等选集中。张治中的诗歌《中秋月下，与我的台湾》在1993年第二届华文诗歌大赛中获佳作奖。《梅雨》获1996年全国第一届新田园诗歌大奖赛三等奖，并收入《全国新田园诗歌大赛获奖作品集》。王春平，发表的诗作主要有：《大峡谷》、《大地上的苹果树》、《早上的山岗》、《有时候只是一个片断》。《大峡谷》曾获《山西文学》优秀作品奖。程旭荣的《见解》获1987年《山西青年》杂志与山西诗人协会主办的“展望杯”全国诗歌大奖赛创作奖，《海洪浴场》获1988年首届全国产业文学协会“铁流文学”三等奖，《草帽·太阳》获1988年首届全国产业文学协会“铁流文学”三等奖，《草帽·太阳》获《诗刊》社主办的“田园杯”诗赛二等奖。1992年由哈尔滨出版社出版诗集《不沉的地平线》。周广学（女），1985年在《太原日报》发表诗作《假如》。而后陆续在《山西日报》、《山西文学》、《飞天》、《新星》等报刊发表诗作近200首。《寂寞十四行》、《初春的十四行诗》、《无题》等入选《1992年青春诗历》和诗集《中国诗库力作选》、《如果我爱过》中。朱辛，原名朱永太。1986年—1992年其间，先后在《飞天》、《诗神》、《星星诗刊》、《山西文学》等报刊发表诗歌700余首。

旧体诗词的创作，于80年代逐渐复兴。柏扶疏诗词多浏览于山水之作，格调疏朗、流畅、清新。《中华诗词》、《难老泉声》等刊物上多有发表，还有不少作品收录于《当代诗词撷英》、《大心集》、《金榜集》等书中。他主编的《胥城风华》，统一用《忆江南》词牌填词数十首，描写了晋城的山川河流，古今人物，小康建设等，并附以书法，摄影和绘画，富有可读性。段永贤著有诗集《心泉》、《心虹》，作品情真意切，富有时代气息。李慧英（女）的作品追求平实自然，纯朴无华。刘伯伦的七律《咏新建黄鹤楼》获黄鹤楼征诗优秀奖，辑入《黄鹤归来》诗集。七绝《赞赤子》获中华诗词学会举办的征诗大赛佳作奖。焦丽萍（女）诗作收入《华夏吟友》、《中华当代律诗精选》、《中华青年诗词点评》、《中华诗魂》等书。1995年出版诗集《始近黄山》。崔巍出版了两本报告文学集：1989年的《太行人杰》（北岳文艺出版社）和1994年的《遍地英豪》。田澍中写了《来自丹河的报告》，发表于1992年《山西文学增刊》，获环保潮大型系列征文奖，还出版了长篇纪实文学《润城雄风》。卓然写了《凤凰台上凤凰游》、《神南之路》。毋福珠与成茂林在1993年由北岳文艺出版社出版了合写的报告文学集《七百里太行》。李小鹏写了《张大太与天背山》（刊于1987年《黄河》）、《关双根的ABC》、《大阳双塔话沧桑》（1988年天津百花出版社）。程旭荣1994年出版与人合作的报告文学集《奋斗者》（山西人民出版社）。阳城郭恒勋也在1995年由山西高校出版社出版了报告文学集《诗的愤怒》。高平宋贵生于1990年由北岳文艺出版社出版了《冲浪集》，

1993 年由新华出版社出版了《夸夫集》,共收入报告文学 22 篇。李小猫在《黄河》、《山西文学》、《山西老年》和百花文艺出版社结集的集子中,发表了 20 多篇报告文学。《南岭之光》相继在《吐月》、《黄河》发表后,受到了各方面的重视,并被改写成电视《南岭悲欢》,由山西电视台录播。

《山西戏剧》1991 年 1 月号发表了吴宝明、张仁义等 70 个人写的有关上党梆子、晋城市上党梆子剧团和剧团的几个主要演员的表演文章，共约 8 万字。《中国戏剧》杂志 1991 年 10 月号发表了苟有富的文章《张爱珍的艺术探索》和张保顺的文章《郭孝明在 < 收书 > 中的艺术追求》;1992 年 1 月号发表了解玺璋的文章《我家住在黄土高坡——吴国华的故事》;1992 年 3 月号发表了原双喜的文章《身在戏中，戏在心中——评张保平在 < 杀惜 > 中扮演的宋江》。

晋城市档案局

一、明确主攻目标　制定工作计划

全省地市档案局长会议之后，市档案局于1995年4月7日召开了全市各县区档案局长会议，传达贯彻了省局会议精神和省局下达的1995年重点工作目标制。重点学习了国家档案局正副局长王刚、沈正乐、省政府副省长刘泽民、省档案局长石浒泷等领导的重要讲话。总结了1994年工作，安排了1995年任务，把省里下达的工作目标分解到了市直和各县区，与各县区档案局长签订了本年度重点工作目标责任书。市局和各县区局又把任务具体地分解到了科室和人头，落实到了单位，再由单位责成专人负责。6月份，市局组织局里业务干部分头到各县区对工作任务落实情况，进行了调查研究，给省局写出了书面报告。

二、针对工作需要　培训档案干部

4月24日至28日，市档案局举办了全市文书档案干部培训班。参加培训的市县两级档案人员共61名，此次培训旨在提高档案干部的业务素质和档案管理水平，促进机关档案工作的整体建设，搞好达标升级工作。此外，市局还协助阳城、郊区等县区，以及市人行、建行、税务等部门针对1995年重点工作目标的需要，举办了各种类型的专业知识培训班，接受培训人数共230人，使档案人员学到了各自所需要掌握的专业知识，为各项工作的开展，打下了良好的基础。

三、贯彻建档标准　普及乡镇档案

1995年，各县(区)档案局紧跟全市经济建设快速发展的大好形势，把乡镇农村建档工作放在了突出位置，抓住不放，一抓到底，培养了典型，总结了经验，推动了全面工作的深入开展。全市121个乡镇全部建档，建档率达100%。乡镇机关档案管理达标去年前达27个，1995年又达15个，共达42个，占乡镇机关总数的34.8%，完成了省档案局给晋城市下达的乡镇建档和达标任务。全市2423个行政村，1994年以前为519个行政村建档，1995年又建194个，共建713个，占行政村总数的30%，完成了省局给晋城市下达的农村建档任务。

四、强化档案管理　搞好达标升级

晋城市市直和各县(市、区)共有一级机关430个，1994年以前定级225个，占一级机关总数的52.3%,1995年又定19个,共定级244个,占一级机关总数的56.7%,超额完成。晋升省二级机关去年前为76个,1995年又晋升10个,共晋升86个,占一级机关总数的20%。晋升省一级机关1995年有11个,以前没有。全市市县两级7个综合档案馆全部定级,占综合档案馆总数的100%。阳城、沁水、郊区档案馆晋升为省二级,占综合档案馆总数的42.8%。全市人行、农行、建行、工行、保险、法院、检察院、税务、审计、公路、统计、教育、石油等13个系统的档案管理,全部定级或升级。1994年前,全市企业和科研事业单位有18个实行了标准化管理,1995年又有14个实行了标准化管理,共32个。企业单位达标年又完成15个,共达84个,占企业单位总数120个的67.5%。企业和科研事业单位标准化管理和达标升级,完成了省局下达的任务。乡镇企业建档,1994年以前建44个,1995年又建42个,共建86个,占全市乡镇企业总数619个的13.7%。同时加强了重点工程档案工作,特别是对晋城矿区和阳城一电厂进行了认真的检查监督和指导。

五、兴建档案馆库　改善保管条件

为了改变档案的保管条件和档案人员的工作条件,市政府1995年兴建了市档案馆。馆址位于市委市政府综合办公楼东侧,共五层,约一千多平方米,档案馆内设档案库房、阅览室、会议室、培训中心、档案人员办公室等。现已基本完工,年底即可投入使用。兴建档案馆,是晋城市档案界盼望已久的一件大事,它将作为晋城市人民利用档案信息的中心,为振兴晋城经济做出积极的贡献。此外,高平档案馆主件工程也已完成。

六、围绕中心任务　做好其他工作

1. 为了进一步搞好企业标准化管理工作,5月24日,市档案局组织市直和驻市国省营企业单位的部分档案人员,赴长治机电工业学校、太行锯条厂和山西化肥厂等企业档案标准化管理搞得好的单位进行了参观学习。

2. 7月11日,市档案局中级档案专业职务评审委员会召开了档案专业职务评聘工作转入经常化后的第三次评审会议。市职改办负责人到会并就有关评审工作方面的政策性问题做了讲话。评委们根据市职改办的要求,本着实事求是,认真负责的态度,对被评审的13个同志,从思想表现到工作实绩,从学识水平到业务能力,进行了全面的考核评议。

3. 根据省档案局转发国家档案局、人事部《关于评选全国档案系统先进集体和先进工作者的通知》和国家档案局、中央档案馆《关于评选全国档案工作先进集体和模范档案工作者的通知》要求,市档案局在全市档案系统进行了认真的宣传、评比和推荐工作。经市局和市人事局研究决定,市档案局推荐上报的先进集体和先进个人是:晋普山煤矿(全国档案系统先进集体)、凤凰山煤矿、沁水县西关村、高平市农机公司(全国档案工作先进集体);贺桂花(全国档案系统先进工作者),贺双同(全国模范档案工作者)。与此同时,市档案局还根据国家档案局的通知要求，认真做了向从事档案工作 30 年的档案人员颁发《荣誉证书》和晋城市档案人员中懂外语人员的普查工作。国家档案局、中央档案馆为晋城市高平档案馆刘民凤、陵川档案馆郎万秀、市教育学院张改英颁发了从事档案工作 30 年的《荣誉证书》。

4. 根据市职改办转发省人事厅转发省档案局《关于 1995 年度全省档案系列不具备规定学历人员专业基础知识考试的安排意见》的通知精神,市档案局在各县区和市直企事业单位进行了宣传申报工作,并对 58 名档案人员进行了培训考试。省档案局和市职改办均派专人到考场进行了巡视监督。之后,省档案局和省人事厅对考试成绩合格者颁发了档案专业知识合格证书。

5. 为了切实抓好党委政府机关各单位的档案管理工作，市档案局组织全局人员对楼内各单位 1993—1994 年度文书立卷归档工作进行了大检查。检查结束后,对所检查单位进行了评比总结、分类排队和发文通报。通报后,引起了各单位领导和档案人员的强烈反响和高度重视,促进了党委政府各部门文书立卷归档工作的进一步加强。

6. 在庆祝中华人民共和国成立 64 周年之际,市档案局党支部于国庆前夕举办了全局干部职工硬笔书法比赛,并进行了评选,颁发了奖金。促进了全局干部职工为搞好档案工作学书法、用书法的积极性。

7. 在忻州地区奇村召开的省档案学会第四次会员代表大会暨学术讨论会上，晋城市档案学会被评为先进集体,省学会颁发给了《荣誉证书》。“二五”普法期间,由于市档案局成绩显著,经市政府普法领导组检查验收,颁发了“二五”普法合格证书。

8. 市局主办的《档案信息》,1995 年底再发 3 期,共发 25 期。《档案信息》对宣传全国、全省和全市的档案工作,起到了积极作用,成为了全市档案人员及时了解档案动态的信息窗口和指导工作的良师益友,受到了大家的热烈欢迎。

晋城市人民广播电台

1993年6月，晋城市广播电视局根据1989年8月21日中央广播电影电视部(89)地发建安20号文件下发的《批准晋城市建立中波广播电台》文件,和9月10日山西省广播电视厅晋广频安(1989)第35号下发的《批准晋城市建立中波广播电台的批复》文件精神,由市政府投资40万元正式筹建晋城人民广播电台,台址暂设在晋城市城区晓庄村南晋城市中波转播台院内。人员编制20名,为正科级全民事业单位。1994年12月30日,晋城人民广播电台正式试播,称号为“晋城人民广播电台”。电台发射频率为中波585千赫兹,功率为1千瓦。晋城人民广播电台试播一年后,全市覆盖面积占70%,人口覆盖约172万人,占全市人口的86%。每天播4小时10分钟,在转播好中央台《新闻和报纸摘要》和省台《新闻半小时》节目的同时,开设了《晋城新闻》、《585播音室》、《戏曲节目》、《长篇评书小说》和《585歌曲点播》节目,每天自办节目时间长度为3小时10分钟。全站职工总人数为19人,具有大专以上学历者占93%,其中各类技术专业人员15人,其中记者4名,编辑12名,节目主持人4名,技术人员2名,管理人员7名。

晋城市电视台

1989年7月,晋城市广播电视局成立了晋城电视台。由沈人鹏、张燕玲等人负责筹建。经过近两个月的筹备,于9月28日晋城电视台开始试播。10月1日以后每周播出两次《晋城新闻》,每次约20分钟。除此之外,即用了一部1千瓦分米波发射机以23频道转播中央、山西电视台节目。1991年1月,晋城电视台开始自办节目《晋城新闻》、《有线新闻》、《视屏往来》等。同年8月,电视节目通过微波传送,逐步向所辖6个县(市)区发射传播。覆盖面由原来的10万人增加到50万人,占全市覆盖率的95%。1993年12月26日,晋城电视台开始每天播出,自办节目增加到《新观察》、《法制纵横》、《家园印象》、《缤纷广场》、《地方采风》等10个以上。1995年底,台内机器增加到11部。1996年,搬迁新电视台,并专设了影视公司。

1994年3月，晋城市广播电视局党组会议决定，成立晋城市有线电视台筹备领导组,由市局事业技术科牵头,抽调下属台站专业人员具体承办。

1995年,市政府借资100万元,市广播电视局在市文化局租用大间办公场地,装修、安装、建成有线电视台机房,年内联网1万户,播送19套电视节目,其中包括中央卫星加密电视节目的电影、体育、文艺和农村军事少儿综合节目。1996年7月,市局党组结合晋城市有线电视发展状况,对全市有线电视治“散”、治“滥”整顿,提出了建设晋城市广播电视宽带综合业务信息网的宏伟目标,在全市实施市、县、乡、村广播电视四级光缆联网。1996年8月,晋城市编办(1996)号文件批复有线电视台为自收自支的正科级事业单位。招聘采、编、录、电视编辑、记者、制作美工人员11名,投资120万元购置了外采和编辑设备。1996年,有线电视台开播。1997年12月份,与晋城电视台合并办公,又增加了《有线新闻》、《生活空间》、《小小看新闻》、《缤纷广场》、《银都剧院》。各县(市)区电视台,在转播中央、省、市节目后,也开始自办起了节目。如沁水电视台自办了《沁水新闻》、《文艺节目》等服务性专题节目。各企事业单位的电视台,按自己的行业不同,办起了节目,如古矿办起了《矿工生活》等节目,而且利用电台,矿领导讲生产,讲安全,讲矿风等。乡(镇)村电视台,也自办起了节目,如南村镇电视台办起了《点歌台》,专门为群众的婚嫁,送子参军等活动,进行评点。冶底村的电视台能全部直播(97)冶底村农民文艺晚会实况。

1996年11月1日以后,晋城电视台改为每周7次播出新闻后,新闻队伍不断加大,采播素质日益提高,播新闻的次数由每周两次改为每周3次,又改为每周7次。新闻内容的辐射面也不断扩大,使老百姓看后十分满意。

文化·活动

1991 年晋城市宣传工作会议

1991 年 4 月 4 日，晋城市宣传工作会议在政府办公大楼五楼会议室举行，对今年全市的宣传工作进行了安排部署。市委常委、宣传部长成保德在会上讲了话。

成保德部长在讲话中指出，今年宣传工作总的指导思想是，围绕党的基本路线，认真贯彻落实党的十三届七中全会精神和省六次党代会精神，落实十三届四中全会以来中央和省、市委关于加强宣传思想工作的指示，坚持稳定压倒一切和正面宣传为主的方针，强化爱国主义、集体主义、社会主义教育，强化经济工作和改革开放的宣传，坚决反对资产阶级自由化和“和平演变”，努力活跃理论宣传，繁荣文化生活，为搞好我市的治理整顿，深化改革，保证“八五”计划和十年规划的顺利实施，提供强有力的思想政治保障和良好的社会舆论环境。

成部长说，今年宣传工作的主要任务，一是以学习、宣传十三届七中全会文件和省六次党代会精神为主题，深入进行社会主义教育。要组织好各级干部特别是领导干部和广大农村党员干部的学习，在企业职工中开展“双基”教育为内容的社会主义教育，做好以经济建设为中心的其他各项工作的宣传。二是继续加强城乡社会主义精神文明建设，进一步开展“四创”活动。要制订和实施我市城乡社会主义精神文明建设“八五”计划，全方位提高我市精神文明建设水平；要把科技兴农作为农村两个文明建设的结合点，提高广大农民的科学文化水平；要进一步加强改进基层思想政治工作，抓好法制宣传教育，创建一批高标准、高水平的文明乡镇。三是精心组织好建党七十周年的各种宣传纪念活动，切实加强党的思想建设。四是加强文化广播、新闻出版工作，继续贯彻“一手抓整顿，一手抓繁荣”的方针，满足人民群众的精神文明需求。五是加强宣传系统的自身建设。

各县区委宣传部长、晋矿党委、各工委和宣传系统各单位主要负责同志出席会议，并汇报了今年宣传工作的打算。

1991 年晋城市教育工作会议

为期一天的晋城市教育工作会议于 1991 年 5 月 29 日在市教育招待所召开。会议的主要任务是：以党的十三届七中全会精神为指针，总结“七五”期间我市的教育工作。研究、讨论我市“八五”期间教育事业发展计划,并安排部署今后的工作。

市委书记王云龙到会讲话。副市长李才旺作了工作报告。市人大副主任巢骥迅出席了会议。各县区分管教育的县区长、教委主任、部分乡镇长、市直学校校长及晋矿、市技校等负责同志共90多人参加了会议。

王云龙书记指出,必须把握住90年代是我国发展教育事业的关键时期,坚定不移地把教育放在优先发展的地位。从国际环境看,我们面临着国际新技术革命和国际反动势力推行“和平演变”的挑战。从国内看,教育事业既要为国家实现第二、第三步战略目标提供必要的人才,又要从反“和平演变”的战略高度出发,培养符合社会主义方向,维护国家政治和社会稳定的可靠接班人。各级政府和部门在考虑经济和社会发展总体规划时,必须认真落实中央关于把教育放在优先发展的战略地位的指导思想,加强对教育工作的领导,加强对教育的投入,使教育与经济协调发展并适当超前。

李才旺副市长就“七五”教育工作回顾,“八五”教育规划指导方针以及今后工作的措施作了详细的报告。

市教委主任苗福岭就如何搞好1991年的教育工作讲了11点意见。

会上,李才旺副市长和各县区分管教育的县长分别签订了1991年义务教育目标责任书。下发了《关于“八五”期间我市教育发展计划》。

会议表彰了阳城县北留镇郭峪煤矿等26个集资办学先进集体和城区石崔孝等6名捐资助教先进个人及42个初等教育达标乡镇。

市、县区计委、劳动、人事、财政等部门的领导同志也听取了王云龙书记的讲话。

《太行日报》召开通讯报道表彰会议

以忠实反映、传播党和人民声音为己任的《太行日报》,1991年3月26日至27日在晋城召开通讯报道先进集体、模范通讯员表彰会,进一步动员全市人民关心、支持本报,加强通讯报道工作,使本报更好地发挥党和人民的喉舌作用,为社会主义服务、为人民服务。

市委书记王云龙,市长薛荣哲,市委常委、宣传部长成保德,市委常委、秘书长康杰南,市委副秘书长张喜来同志出席会议并讲了话。领导们充分肯定本报坚持正确的政治方向和舆论导向,坚持“两为”方针,在各方面的关注、支持和广大通讯员的积极配合下,宣传形势,宣传改革开放,宣传各项建设,宣传党的各项路线、方针、政策,宣传先进典型和模范事迹，取得了令人满意的成绩，较好地完成了市委交给的任务，对本报和支持办报的社会各方面、各县区和基层通讯员表示感谢和祝贺。

市委书记王云龙就重视报纸、办好报纸、做好通讯报道等问题讲了话，他在讲话中强调：一、要进一步提高对办好报纸的认识。报纸对树立先进典型，传播典型经验，鞭策社会不良现象等具有重要作用；二、多创造条件，争取社会各个方面与报纸的联系和支持。编辑、记者、通讯员要知道每个时期市委、市政府在想什么，就可以围绕中心搞好通讯报道，就可以促进各项工作的贯彻落实；三、本报的记者、通讯员还要打出泽州，面向全国、全省宣传晋城，让全国、全省了解晋城。

市长薛荣哲同志在讲话中指出：办报纸、搞通讯报道工作首先要坚持党性，必须在党和政府的指挥下说话；其次，要有地方特色。我们晋城是一个发展中的新型城市，要结合我们晋城的实际进行宣传，只有这样才能起到团结、宣传、激励和鼓舞全市人民共同为建设和发展晋城、振兴晋城而奋斗。

市委常委、宣传部长成保德也就报社编辑、记者和广大通讯员如何提高政治素质、加强自身建设等发表了热情洋溢的讲话。

沁水县委通讯组、城区区委通讯组、市税务局3个通讯报道先进集体和来自全市各县区、各阶层的60名模范通讯员受到了表彰和奖励。与会同志争先恐后地介绍了搞好通讯报道的心得体会和经验，并对进一步办好《太行日报》提出了不少宝贵的意见和建议。

《山西日报》驻我市记者站站长牛耕田、山西广播电台驻我市记者站站长李岩峰等，应邀出席了这次会议。

五委局召开晋城市职业技术教育会议

1991年5月30日，市教委、市计委、市劳动局、市人事局、市财政局在市教育招待所联合召开晋城市职业技术教育工作会议，薛荣哲市长到会讲了话，李才旺副市长作工作报告。

刚刚出国考察归来的薛荣哲市长在讲话中从英国经济和社会发展的原因结合我市“八五”期间经济发展目标，就人才与经济的关系，经济与职教的关系，政策倾斜与发展职教的关系和加强管理协调配合与提高职业技术教育的质量关系讲了很好的意见。薛市长强调指出，“兴泽富民”的根本大计之一是发展我市的职业技术教育，各级政府要重视，各个方面要协调配合，搞好职业技术教育这项基础工程。李才旺副市长在报告中指出，建市以来,我市的职业技术教育有了一定的发展,取得了一定的成绩,但并不令人乐观,在整个教育事业中,职业技术教育还是一个薄弱环节。必须明确职业教育发展目标,制订规划,把发展职业技术教育的任务落到实处:一是要加强领导,强化管理,各县区要成立由主要领导挂帅的职业技术教育领导组,每年要定期召开有关部门领导参加的协调会议;二是认真贯彻“先培训,后就业”的原则,未经培训人员不准上岗;三是广开渠道,多方筹集办学经费,市财政从1991年开始要划拨一定的职教专款;四是深化改革,加强职业技术学校的内部建设。

在为期一天的会议上,市教委、市计委、市劳动局、市人事局、市财政局负责同志就如何协调发展我市职业教育工作发了言,并协商产生了《关于大力发展职业技术教育的实施意见(讨论稿)》。

各县区分管教育的县区长、教委主任、计委主任、劳动局长、人事局长、财政局长、成教办主任、职中校长、晋矿职教处长、职中校长和市技工学校、晋城师范、市电大的负责同志共60余人参加了会议。

1992年晋城市宣传工作会议

1992年8月20日,市委在泽州饭店召开晋城市宣传工作会议,要求各级宣传部门要进一步深入学习邓小平同志的重要谈话,切实加强和改进宣传工作,围绕经济抓宣传,抓好宣传促经济,为加快我市经济建设和改革开放创造良好的舆论环境和稳定的社会条件。

市委副书记纪友伟,市委常委、宣传部部长吴广隆出席会议并讲了话。会议认为,邓小平同志的重要谈话对我们在实践中已经和可能遇到的问题或难题都做了很具体很明确的回答,是我们搞好宣传工作的纲领性文件。当前,“抓住机遇,发展自己”已经成为全党、全国人民的共识,经济建设和改革开放的热潮正在兴起,宣传思想工作要为改革开放和经济建设提供强有力的宣传舆论服务。

会议指出,今年后半年我市宣传思想战线工作总的指导思想是:进一步深刻领会邓小平同志的谈话精神,继续贯彻团结、稳定、鼓劲和正面宣传为主的方针,认真地用有中国特色的社会主义理论统一全市人民的认识,进一步解放思想,为加快我市经济建设和改革开放创造良好的舆论环境和稳定的社会条件。从现在起到党的十四大召开,我市宣传思想战线的主要任务是:集中力量,积极引导全市人民深入学习宣传邓小平同志的重要谈话,使之成为促进全市干部群众进一步解放思想,增强信念,振奋精神,发挥积极性、主动性和创造性的强大思想武器,成为加快我市改革开放和经济建设的强大动力。当前和今后一段时期,我们要围绕市委、市政府经济建设的战略部署和改革开放的格局,组织好对内对外的宣传工作,提高我市的知名度,不断扩大我市的对外影响,同时要多渠道、多侧面地介绍国际国内的先进管理技术、管理方式、管理方法,以促进我市的经济建设和改革开放。

会议要求,各级宣传部门要进一步认真学习和深刻领会邓小平同志谈话的精神实质,进一步解放思想,更新观念。要紧紧围绕经济建设这个中心开展宣传思想工作。引导干部群众冲破旧观念的束缚,振奋精神,以极大的热情投身到改革开放和经济建设中去。要做好迎接十四大的宣传思想工作,在全市范围内造成一定的声势。各级党委要把宣传工作列入重要议事日程,改善宣传工作的方式和手段,加强基础设施建设,以保证我市的宣传思想工作做得更好。

1992年晋城市教育工作会议

1992年4月22日结束的晋城市教育工作会议提出:端正办学指导思想,全面贯彻党的教育方针,加大教育改革的分量,进一步增强教育为经济建设服务,为兴晋富民服务的功能,是今年全市教育工作的总的指导思想。

会议认为,科学技术是第一生产力,加快经济发展,科技是关键,基础是教育,要将经济建设转到依靠科技进步和提高劳动者素质上来,是对科技教育事业提出了更高的期望和要求,教育部门要抓住机遇,大胆改革,增强教育为经济建设服务的功能。

会议提出,在深化农村教育改革方面,主要是加快农科教结合的步伐,促进农村经济体制的改革。目前在农业科研领域有大约70%的成果推不开,不能转化为现实的生产力,根本原因就是农民的科学文化素质偏低,致使科技成果难以进村入户。而农科教的结合是培养大批新型农村劳动者群体和全面提高农村劳动者素质的一条行之有效的好办法,城市教育的改革必须结合当地经济结构、产业结构、就业结构的特点,充分地满足企业发展对各类人才和技术工人的需要。

会议强调,教育改革的着眼点必须放到为社会主义服务、为经济建设服务上来,必须将基础教育从应试教育模式转到提高国民素质教育的轨道上来。贯彻教育方针要在"全面、全体、主动、活泼地发展"上下功夫。

会议还代省政府向有关先进单位颁发了奖旗、奖匾,并奖惩兑现了我市1991年义务教育责任书和签订了1992年义务教育责任书,李才旺副市长在会上做了讲话。

山西省文化厅召开农村电影工作现场会

1992年4月16日山西省文化厅在我市召开全省农村电影工作现场会,学习推广陵川县、高平县和阳城县电影公司大力开发农村电影市场的经验。

随着农村经济体制改革的进行,集体出钱包场群众看电影的老办法不行了,大量农村放映队因收费难处于停映半停映状态,而陵川县、高平县和阳城县农村电影市场却是另外一番情景。他们大胆改革,强化管理,在研究、启动和开发农村的电影市场方面取得了优异的成绩。其共同特点是:农村放映单位多,普及面广,放映场次高,有较完善的经营管理制度,市场繁荣,社会效益和经济效益多。

这3个县的农业人口只占全省农业人口总数的4.3%,而农村放映单位的拥有量却占全省农村放映单位的12%。这3个县平均1761个农业人口有一个电影放映队,是全省平均5000个农业人口有一个电影放映队的2.8倍。这3个县的行政村已全部实现电影普及。有些人口很少,交通极为不便的村庄,如只有25户、114口人的陵川县马武寨乡抱犊沟村,农民群众每一年也能看到6—8场电影。1991年这3个县农村共放映电影10多万场,占全省农村放映电影56.6万场的17.8%。

会议要求全省各级电影发行放映管理部门,要深化改革,以陵川、高平、阳城这3个县的电影公司为榜样,竭尽全力开发农村电影市场,精心抓好电影下乡这件大事,运用电影为经济建设这个中心服务,为农村两个文明建设做出贡献。

晋城市委举行新闻报道协调例会首次会议

晋城市委建立了新闻报道协调例会制度,并于1992年召开首次会议。

这项制度的建立,旨在对全市的新闻报道工作加强组织、协调,以更好地为经济建设服务。例会每月底召开一次,由市委副秘书长周海德和宣传部副部长柏扶疏召集。主要任务是总结当月的新闻报道工作,由市委临时发布新闻,通报全国、全省和全市的形势,以及市委的重要决策和经济、社会发展方面的重大活动等,并部署下月报道要点。市直各新闻单位、市委有关部门和《山西日报》、山西广播电台记者站届时列席会议。市委副书记纪友伟出席了日前召开的首次会议。他在讲话中指出，新闻工作要发挥好舆论导向作用，鼓舞人民斗志作用和交流经验、传递信息的作用，这些作用在进一步改革开放的形势下非常重要。因此，要做好五个方面的工作：一是宣传好党的基本路线；二是报道好我市的改革政策和措施；三是宣传改革中的经验、成就及新人新事；四是有重点、有针对性地组织重大题材、重要典型的系列报道和集团报道；五是宣传报道外地的好经验、好做法。

他强调，新闻工作者要热爱本职工作，不断提高理论水平和政治业务素质，学习经济，热爱经济，宣传经济，促进我市的经济建设。

周海德通报了市委的重大工作议程及事项。

1992 年春节社会文化活动总结颁奖大会

我市 1992 年春节社会文化活动总结颁奖大会近日举行。

经市区春节三项社会文化活动评委会广泛征求各方面意见，反复认真评选，第三届黄河灯会共评选出综合效果大奖 1 个，综合效果奖 2 个，灯门制作大奖 1 个，优秀奖 5 个，特别奖 1 个；灯门设计大奖 1 个，优秀奖 3 个。街头社火活动共评选出优胜单位 19 个。农村社会主义教育文艺调演，共评选出优秀节目奖 9 个，新苗奖 1 个，创作一等奖 3 个，二等奖 6 个，三等奖 4 个，一等演员 7 名，二等演员 14 名，三等演员 20 名。优秀报幕员 3 名。三项活动共评选出组织工作先进单位 10 个，优秀组织工作者 80 名。

市委副书记王家俊等领导同志出席总结颁奖大会，市委宣传部副部长柏扶疏作总结报告。他说，我市 1992 年春节三项社会文化活动是成功的，它将对发扬我市民间传统文化，繁荣具有泽州地方特色的社会主义城市特色文化，提高我市知名度，繁荣市场，振兴经济产生深远影响。他要求有关部门认真总结经验，把明年的春节社会文化活动搞得更好。

1993 年晋城市宣传工作会议

1993 年 8 月 19 日，我市召开宣传工作会议，市委常委、宣传部长吴广隆，在会上做了重要讲话。

会议认为：今年以来，我市各级宣传部门坚持“一个中心，两个基本点”，大力宣传党的路线、方针、政策,紧密配合市委、市政府的工作,做了大量的宣传工作。在计划经济向市场经济转换过程中,发挥了积极的作用,为维护我市的社会,政治稳定,做出了应有的成绩。

吴广隆在会上对全市下一阶段的宣传工作做了安排部署。他要求各级宣传部门:一要认真宣传思想战线面临的形势,抓住机遇,迎接挑战;二要明确宣传思想工作大政方针,尤其要明确新形势下宣传思想工作总的要求和主要任务,更新观念,拓宽工作思路;三要继续落实完成今年的各项任务,突出重点,真抓实干,力争为我市的经济上台阶做出更大的成绩。

1993 年晋城市文化工作会议

晋城市文化局召开全市文化工作会议,各县(区)文化局长,市直各文艺单位负责人参加了会议。会议的主要内容是传达全国、全省文化局长会议精神,以邓小平同志关于建设有中国特色的社会主义理论为指导,讨论我市贯彻落实国务院批转文化部《关于文化事业若干经济政策意见的报告》的措施,总结 1992 年全市文化工作,按照中央、省委对文化工作的要求,安排 1993 年全市文化工作。

会议认为,全市文化系统的每个同志,尤其是各级领导同志,一定要进一步统一思想,提高认识,加快文化体制改革的步伐,大力繁荣文化艺术,围绕全市"经济上新台阶,人民生活达小康"的目标,搞好全市的文化工作。

晋城市委召开学习《邓小平文选》第三卷动员大会

1993 年 11 月 13 日上午,市委在市委大楼三楼会议室召开学习《邓小平文选》第三卷动员大会,号召全市党员积极落实党中央和省委的决定,在改革开放和社会主义建设的新形势下,紧密联系我市改革开放和社会主义建设的新形势,紧密联系我市改革开放和建设的实际,努力学好《邓小平文选》第三卷,用邓小平同志建设有中国特色社会主义的理论武装头脑,将我市各项建设推向新的高潮。

大会由市委副书记刘焕升主持,市委副书记王家俊宣读市委《关于认真学习〈邓小平文选〉第三卷的通知》,市委常委、市委宣传部长吴广隆传达了省委动员大会的精神,并宣读了市委《关于组织全市干部学习〈邓小平文选〉第三卷的实施意见》。市委书记薛荣哲在动员大会上做了重要讲话。他说,会后,各级、各部门一定要按照市委的决定,抓好《邓小平文选》第三卷学习活动的落实。他强调了三点:一要提高认识。学习好《邓小平文选》第三卷,不仅有深远的历史意义,而且有重大的现实意义。由于种种原因,右的特别是"左"的思想束缚着我们一些同志的思想,影响了我们改革和建设的步伐。我们晋城需要进一步解放思想,而所谓解放思想,就是要把广大干部的思想统一到小平同志建设有中国特色社会主义的理论上来,因此,不学好《邓小平文选》第三卷,就谈不上晋城的改革和发展。我们要做到坚持党的基本路线一百年不动摇,关键就在于要用建设有中国特色社会主义的理论来武装我们的党员干部。二是要改进学风,注重实效。学习《邓小平文选》第三卷,一是要在统一思想上下功夫,二是要在联系实际,在指导以经济建设为中心的工作上下功夫。检验我们学习得好坏的标准,就是要看我们干部中存在的不正确的思想和错误认识解决得怎么样,看我们的差距找到了没有,改进工作的措施制订落实了没有,经济发展得怎么样。学习中一定要紧密联系各地实际,用邓小平同志的理论思想,具体指导我们的工作,切忌摘花架子,坚决反对形式主义。三是把学习和其他各项工作结合起来。要把学习《邓小平文选》第三卷同我市开展的"三项建设"、深化企业改革、反腐倡廉、搞好社会治安等工作结合起来,努力争取学习学出新收获,工作干出新成绩,为实现兴泽富民的宏伟目标而奋斗。

《太行日报》召开座谈会
隆重纪念邓小平题写报名暨改刊十周年

1994年9月1日,沐浴着灿烂秋阳的晋城市区,到处绿树鲜花,欢歌笑语。

市委、市政府办公大楼三楼会议厅内,纪念邓小平为《太行日报》题写报头暨改刊十周年座谈会在此召开。市党政领导王家俊、吴广隆、殷理田、胡计松、郭树珍、王庆祥、张行洲,原中共晋东南地委书记祁英,全市社会各界代表、新闻界同仁和本报老报人近百人欢聚一堂,共同纪念这个具有历史意义的日子。

省记协副主席祝福训代表省记协、省报业协会,专程到会祝贺。会议由本报总编苗启成主持,副总编王立成向与会同志简要汇报了十年来报社取得的工作成绩、经验体会和面临的困难,对社会各界的大力支持表示感谢。

市委副书记王家俊代表市委、市政府对报社十年来的工作成绩给予了充分肯定,并对报社今后的工作提出了三点意见:一、明确办报方向,认真学习贯彻全国宣传思想工作会议精神,把邓小平同志建设有中国特色社会主义理论作为根本指针,把"正确的舆论引导人"作为报社工作的根本任务,围绕市委、市政府的中心工作,及时、准确地宣传党的路线、方钱、政策,坚持团结、稳定、鼓劲和正面宣传为主的方针,对群众普遍关心的热点、难点、疑点问题,正确引导,要做到遵守纪律,适时有度,讲究艺术,以理服人,为改革、发展、稳定服务。二、继承和发扬太行革命根据地新闻工作者的革命作品,深入群众,深入基层,实事求是,调查研究,抓大事,抓典型,抓言论,发现和报道陵川县锡崖沟这样的先进典型,讴歌新事物、新风尚、新典型,反映新经验、新情况、新问题,反对假、大、空,力戒花架子,报纸要从整体上做到不仅有指导性、思想性,还要有社会性、群众性、服务性和可读性,以经济报道为中心,为兴泽富民奔小康的目标服务。三、抓好队伍建设,提高办报水平和质量。不断提高编采人员的政治素质、业务素质,用《中国新闻工作者职业道德准则》作为行为规范,树立新闻工作者的良好社会形象,培养出一支政治强、作风正、业务精的过硬队伍,用太行精神办好《太行日报》。

祝福训同志发表了热情洋溢的讲话,传达了省委书记胡富国在中国记协等单位举办的新闻评论研讨会上的讲话精神,对办好报纸提出了"高、新、实、活"的要求和十分中肯的意见。

市委常委、宣传部长吴广隆同志对本报提出了"把握方向,服务中心,贴近人民,当好喉舌"的殷切希望。

祁英同志满怀深情地回顾了他担任地委书记期间,邓小平同志题写报头和原《晋东南报》改刊为《太行日报》的经过,勉励报社同仁,克服困难,办好报纸。

座谈会上,乔随根、朱树声、常皓、王会法、康建亭、王素英等同志各抒己见,踊跃发言,对报社工作给予热情肯定,并表示在今后工作中,给予紧密配合和有力支持。

纪念会前,本报收到了几十家兄弟报社发来的贺电、贺信、贺词,收到了市总工会、市文联、市妇联、市委通讯组、陵川县委、县政府、县委通讯组等单位赠送的纪念品。本报总编辑苗启成代表报社全体同志表示了诚挚的谢意。

1994年晋城市报刊发行工作会议

党报党刊是1995年发行工作的重点,各级党组织要把党报党刊发行工作放在突出位置,确保发行量有所增长。这是1994年10月10日市委宣传部和市邮电局联合召开的报刊发行会提出的新要求。市委常委、宣传部长吴广隆出席会议并讲了话。

会议指出,党报党刊是党和政府的喉舌,是党和政府同人民群众密切联系的纽带和桥梁,担负着向广大干部和人民群众传达、宣传、贯彻党的路线、方针和政策,反映人民呼声,指导各项工作的重大任务。在整个报刊结构中,党报党刊处于核心主导地位,在反映舆论、引导舆论、把握导向方面发挥着极为重要的不可替代的作用。会议强调各级党组织,要更新观念,提高对新形势下做好党报党刊发行工作重要性的认识,采取积极有效措施,配合邮电部门,理直气壮地抓好发行工作。

会议要求,《人民日报》、《光明日报》、《经济日报》、《求是》、《半月谈》、《山西日报》(包括农村版)、《山西经济日报》等的期发数较往年要增长5%以上。《太行日报》是市委、市政府的喉舌,在全市政治、经济生活中发挥着重要作用,要求明年的发行量要达到平均每百人一份。会议指出,收订旺季即将来临,有关部门要做好组织安排,加大宣传力度,改善服务,拓宽发行市场,注重报刊零售,适应不同读者需求。

1995年晋城市宣传思想工作会议

1995年3月6日至7日,全市宣传思想工作会议在市一招召开。会议传达贯彻了1995年全国、全省宣传思想工作会议精神,总结去年并部署了今年的宣传思想工作任务,同时表彰了一批在宣传思想工作中做出显著成绩的先进集体和先进个人。市委常委、宣传部长吴广隆会上作了报告,市委书记田霍卿到会做了重要讲话。

过去的一年里,我们宣传思想战线的同志们在市委的正确领导和省委宣传部的精心指导下,认真贯彻全国、全省宣传思想工作会议精神,坚持以邓小平同志建设有中国特色社会主义理论为根本指针,坚持党的基本路线,服从大局,紧紧围绕市委、市政府的中心工作,认真实施了市委宣传部年初确定的"学理论、抓导向、树典型、出作品"的工作思路,扎扎实实开展各项宣传思想工作,为我市的改革、发展、稳定提供了良好的思想保证和舆论环境。具体表现在扎实而富有成效地狠抓了以下四项主要工作:狠抓各级党委中心组的学习,带动了邓小平同志建设有中国特色社会主义理论的学习不断深入开展;建立和坚持了新闻联席会议制度,以正确的舆论引导了全市广大干部和群众;以抓"太铁全方位思想政治工作法"为重点,切实加强了思想政治工作和精神文明建设;坚持一手抓繁荣,一手抓整顿,取得了文化艺术战线的丰硕成果。

会议明确指出了1995年我市宣传思想工作总的指导思想:即坚持以邓小平同志建设有中国特色社会主义理论为根本指针;深入贯彻党的十四大和十四届三中、四中全会精神,贯彻全国和全省宣传思想工作会议精神,紧紧抓住市委、市政府提出的“五大战役”和“十项目标”,服从大局,服务“中心”,加强管理,提高质量,努力开创我市宣传思想工作的新局面,为我市经济建设和改革开放提供思想保证、精神动力和良好的舆论环境,使我市的宣传思想工作迈上一个新台阶。

吴广隆在会上对我市今年的宣传思想工作做了部署。要求一定要做好以下几方面工作:一是在理论工作方面一定要认真抓好用邓小平同志建设有中国特色社会主义理论武装全党和教育人民的战略任务,深化对这一理论的学习、宣传和研究。二是在舆论工作方面一定要服从大局,服务“中心”,紧紧围绕市委、市政府的主要工作任务,坚持团结、稳定、鼓劲、正面宣传为主的方针,把握正确的舆论导向。三是在思想教育和精神文明建设方面,一定要重视党员教育,加强和改进思想政治工作,重点开展以爱国主义为基础,以改革开放,艰苦奋斗为主要内容的思想教育,全面推进我市的精神文明建设。四是在文化艺术工作方面,一定要坚持“二为”方向和“双百”方针、抓好“五个一工程”,促进文化体制改革,繁荣社会主义文艺。五是在自身建设方面,一定要从加强管理、提高素质、提高工作质量入手,加强宣传队伍的思想作风建设,努力建设一支“政治强、业务精、作风正”的宣传思想工作队伍。

田霍卿在这次会议上做了重要讲话。他讲话的题目为《服从大局、服务中心,发挥优势,团结鼓劲,努力开创我市宣传思想工作新局面》。田霍卿在讲话中高度评价了我市宣传思想工作取得的成绩并重点阐述了以下三个问题:一、充分认识宣传工作的地位和作用,进一步增强做好新形势下宣传思想工作的责任感和紧迫性;二、要进一步明确新形势下宣传思想工作的重要任务,努力开创全市宣传思想工作的新局面;三、各级党委要切实加强对宣传思想工作的领导。

会上,各县市区宣传部门的同志还发了言。

山西省理论工作座谈会
暨讲师团长联席会在晋城召开

以学习《纲要》为契机,进一步引深邓小平同志建设有中国特色社会主义理论的学习,这是山西省理论工作座谈会暨讲师团长联席会议的主题。

这次为期三天的会议于1995年9月18日至20日在晋城召开。会议传达了中宣部、中组部召开的南宁、烟台会议精神和省委关于引深理论学习的精神,总结交流了《纲要》公布以来,全省学习《纲要》,学习小平同志理论的经验,安排部署了下段理论学习工作。

各地市委宣传部的分管部长、理论科长、讲师团长出席了会议。中宣部理论局干部理论教育处副处长邓中好到会并就学习《纲要》进行了专题辅导,省委宣传部副部长申存良做会议总结。市委书记田霍卿、市长李拴纣、市委副书记刘焕升到会表示祝贺。市五大班子成员及市直副处级以上干部在会议结束时听取了专题辅导和会议总结。

会议认为,应当客观估价《纲要》公布三个月来的理论学习形势。总的看形势是好的,其主要表现,一是各级党委对学《纲要》的重视程度达到一个新阶段。几乎所有地市都迅速调整了学习计划,培训了骨干,订购了学习用书;二是对小平理论的认识进入一个新境界;三是对小平理论的一些重要的基本原理和论断的理解进入一个新层次;四是各级领导的带头作用发挥得比较好;五是一开始就注意端正学风。但这仅仅是个良好开端,我们应当肯定成绩,看到不足,再接再厉,把下一步的学习抓紧抓好。

会议指出,搞好并引深学《纲要》,学小平同志理论,要注意解决以下几个问题:

第一,必须解决好对邓小平同志理论的认识问题。这个问题不仅关系到学习小平同志理论,而且关系到坚持党的基本路线一百年不动摇,含糊不得。要在学习中引导大家确立以下观点,一是确立科学的理论形成的评价标准;二是确立科学的继承发展观;三是确立小平同志理论首先是观察国家命运的工具的观点;四是确立理论的实现是一个渐进过程的观点。只有认识问题解决了,学习才能变成广大干部群众的自觉行动。

第二,必须明确学习的目标要求。按照中央及省指示精神,至少应达到五个要求:①掌握理论。真正做到领会精神实质,把握科学体系,达到融会贯通。②统一思想。通过学习,在一系列基本问题上把干部群众的思想统一到小平同志的理论上来③指导实践。学会运用小平同志的理论改进我们的工作。④改造主观。在改造客观世界的同时,树立正确的世界观、人生观、价值观。⑤发展理论。在学习中自觉地运用小平同志理论结合本地实际,探索发展本地两个文明建设的规律。

第三,要适时掌握把学习不断引向深入的进程。学习不可能一蹴而就,必须随时把握进程,把学习一步步引向深入。譬如第一步把握整体,掌握体系;第二步把握精髓和主题;第三步联系实际专题学习;第四步贯彻始终,改造主观世界。

第四,积极探索有效的学习方法。真正做到以学习《纲要》为契机,把学习邓小平有中国特色的社会主义理论进一步引向深入。

会议期间,与会同志还参观了我市的小康村建设。

晋城市科学技术大会

晋城市科学技术大会于1995年8月3日在泽州会堂胜利召开。

这次会议是在全党、全国各族人民高举邓小平同志科学技术是第一生产力的旗帜,全面落实《中共中央国务院关于加速科学技术进步的决定》和全国科技大会精神的新形势下,由市委、市政府召开的一次重要会议。

这次大会旨在认真宣传贯彻中央《决定》和全国科技大会精神,总结十年来科技工作的成绩和经验,研究部署本世纪末我市科技工作的目标任务和政策措施,调动一切积极因素,迅速在全市形成一个"科教兴市"的热潮,进一步解放和发展科技生产力,切实把我市经济发展真正转移到依靠科技进步和提高劳动者素质的轨道上来。

李拴纣市长代表市委、市政府做了科技工作报告,田霍卿书记在会上做了《认清形势 转变观念 加强领导 精心组织 切实把"科教兴市"的战略决策落到实处》的重要讲话。王家俊、刘焕升、王天智、殷理田、吴明东、雷振声、张喜来、赵国发等五大班子领导出席了大会。市直副初级以上干部及各县(市、区)、各乡(镇)主要领导及分管领导和部分村一级领导同志参加了大会。

李拴纣市长在报告中回顾了十年来我市科技工作取得的成绩,指出"九五"期间我市科技工作总的指导思想是:"认真学习贯彻中央《决定》和全国科技大会精神,全面落实邓小平同志'科学技术是第一生产力'的思想,坚定不移地实施'科教兴市'的战略,加大科技与经济结合和科技向现实生产力转化的力度,提高经济增长的质量与效益,努力促进我市经济和社会发展真正转移到依靠科技进步和提高劳动者素质的轨道上来。"为了实现这个目标,李市长着重就科教兴农、科技兴企和乡镇企业的技术进步阐明了四点意见,强调要确实加强领导,为科技进步创造良好的条件。他要求各级党委和政府要把科技进步列入重要议事日程,进一步深化科技体制改革,千方百计增加科技投入,采取切实措施,在全市创造一个"尊重知识,尊重人才"的环境,同时要坚持协调配合,搞好"科教兴市"的大合唱。

市委书记田霍卿在会上做了重要讲话。他强调了四点:一、牢固树立"科技是第一生产力"的思想。二、确实加强"科教兴市"战略的领导。三、努力促进科技与经济的有机结合。他指出今后我市科技计划和科技投资的方向,必须有利于培养新的产业生长点,有利于运用高新技术改造传统产业,有利于建立区域支柱产业,重点扶持高科技含量、高附加值、高渗透的产品技术开发项目和农业大面积技术承包项目。田书记还强调要进一步强化经济部门的科技意识,激发企业对科技进步的内在需求,逐步建立起国民经济各个部门全面依靠科技进步高效增长的新体制,坚定不移地走内涵扩大再生产的道路,优化生产要素组合,提高产品的技术含量和市场竞争能力。四、深切关注科技工作者的辛勤劳动。在全市形成一种“尊重知识、尊重人才”的良好风尚。

这次大会表彰了一批优秀科技工作者和先进集体,杨小忙、董满林、马德和、韩振纲等十人荣获“科技功臣”称号。

薄一波接见晋城进京演出团人员

1991 年 11 月 8 日下午 5 时 20 分,中顾委副主任薄一波同志在中顾委办公厅接见了我市进京演出团团长柏扶疏、演员吴国华及张保平等部分人员。

接见时,薄老与大家一一握手,合影留念。薄老虽年事甚高,但满面红光,他首先风趣而亲切地说:“你们是晋城市的?晋城都成了市了。听说你们演得不错,我没赶上看,山西的戏演好了,我很高兴。”接着询问了晋城的一些情况,又说:“你们不仅要演传统戏,还要演现代戏,戏剧艺术要贴近生活,要体现时代精神”。吴国华、张保平都已上妆,坐在薄老身旁,向薄老汇报了此次进京演出的心情。薄老听着听着兴奋地说:“上党梆子我早就看过,有不少好演员,段二森、郭金顺、吴婉芝都演得很好!你这是‘戏剧之家’呀!”吴国华凑近薄老请他题字,并表示一定要好好为人民演戏。薄老欣然答应,立即挥毫书写了“上党戏剧新秀”和“戏剧之家”。随后,薄老在掌声中与大家亲切告别。

(原双喜)

吴国华、张保平在京演出

1991 年 10 月 20 日上午,市政府和省文化厅在北京联合举行了晋城市上党戏剧院第一演出团进京演出记者招待会。出席会议的有文化部艺术局副局长姚欣、中国剧协书记处书记张书义、《人民日报》海外版副总编韩钟昆和中央人民广播电台、北京市文化局、北京市演出公司有关负责同志及《人民日报》、《光明日报》、《北京晚报》、《中国青年报》、《中国文化报》、《戏剧电影报》等报刊记者40多人出席了招待会。省文化厅副厅长郭士兴、省剧协顾问寒声、常务副主席王笑林、常务书记刘佳斐等领导同志专程赴京与会。市委宣传部副部长柏扶疏同志主持了会议。市委常委、宣传部长成保德代表晋城市委、市政府向首都新闻界、戏剧界朋友给予的大力支持和帮助表示感谢并介绍了晋城的戏剧情况和主要演员吴国华、张保平的成长过程。省文化厅副厅长郭士兴对上党梆子的发展沿革及吴国华的表演艺术做了详细介绍。中国剧协书记处书记张书义、省剧协顾问寒声、省剧协常务副主席王笑林也发了言。

《借粮》、《杀惜》、《三关排宴》等戏11月3日起将与首都观众见面。

(张保顺)

上党戏又进中南海

继1991年6月第二演出团在中南海为中央首长演出之后，我市上党戏剧院第一演出团又于11月6日晚在中南海礼堂演出上党梆子折子戏《借粮》和《三关排宴》选场。中共中央顾问委员会15位老同志非常高兴地观看了演出，并兴致勃勃地询问太行老区的情况,在签字簿上签名。演出结束后,他们又兴奋地走上舞台接见演员,祝贺演出成功并合影留念。

(张保顺)

吴国华、张保平在京获高度评价

1991年11月7日,吴国华、张保平晋京演出座谈会在京举行。文化部艺术局局长、“梅花奖”评委曲润海等四十多位专家学者参加了座谈,并给予了高度评价。

中国剧协副主席、著名戏剧理论家郭汉城说:“上党戏进京不多,但我们很熟,有郭金顺、吴婉芝、郝聘芝等很多好演员。今天吴国华、张保平晋京演出,看到你们新一代起来了,为首都观众带来了几台好戏。首都戏剧界文艺界都为你们高兴,你们出人出戏,说明你们工作出色,你们的演员、剧种都大有希望。”出席座谈会的专家对这次演出的五出戏一一进行了评论,热情称赞吴国华、张保平技巧娴熟、功底深厚,不愧是上党戏的后起之秀。刘乃崇、蒋健兰、李超等同志当场赋诗填词夸新秀,并将他们写好的条幅面赠两演员。座谈会开了四个多小时,有赞扬、有评论、有教诲、有建议,使在场的演员得到了一次难得的学习机会。

(张保顺)

《借粮》《杀惜》专场演出反响强烈

我市上党戏剧院第一演出团 1991 年 11 月 5 日在首都吉祥戏剧院演出《借粮》、《杀惜》。这是晋京演出的第三场,戏院门前熙熙攘攘,车水马龙,吸引了众多观众。

曾在太行太岳老区工作过和战斗过的原财政部长戎子和、著名戏剧理论家、“梅花奖”评委主任张庚等兴致勃勃地前往观看。一些曾经看过的人士也再次来到戏院,并给予了高度评价。《人民日报》海外版副总编韩钟昆说:“《借粮》这出戏我很感兴趣,波澜起伏,妙趣横生,很有特色。”演出当中,掌声不断。中国音像出版公司,中央人民广播电台进行了录音录像。

(张保顺)

大型文献艺术片《赵树理》停机

反映人民作家赵树理辉煌艺术成就和无私奉献精神的 6 集大型文献艺术片《赵树理》前期拍摄结束,于 1991 年 11 月底在晋城停机。市委、市政府领导田霍卿、纪友伟、成保德到晋翔饭店看望剧组全体人员。

这部文献艺术片以纪实为主,采用写意的手法,集历史资料、故事情节、解说旁白、人物专访为一体,再现了人民作家赵树理从 40 年代初到 60 年代末光辉而坎坷的经历。

《赵树理》于 10 月下旬在沁水县嘉丰镇开拍。该片反映的时间跨度长,拍摄难度大。

剧组人员在赵树理精神激励下,严谨、认真地进行艺术创造。当地群众大力支持拍摄工作,不少人把自己家里的家具、农具、牲畜、衣被以及日用品交给剧组做道具。剧中“八音会”、“跑旱船”、“文化人座谈会”等场面的群众演员都在二三百人以上。群众演员不辞辛苦,提前来到拍摄现场,一站就是三四个小时,保证了拍摄的顺利进行。

《赵树理》的拍摄得到了晋城市委、市政府,沁水县委、县政府,晋城市广播电视局的大力支持和协助,该片即将进入后期制作,预计可在明年5月纪念毛主席《在延安文艺座谈会上的讲话》发表50周年时与广大观众见面。

(张燕玲)

《阳城犁镜》开拍

一部完整系统地介绍犁镜生产工艺流程的科教书——《阳城犁镜》与1991年10月中旬由中国北京科技大学和日本株式会社在阳城横河犁镜厂开拍。阳城犁镜自50年代始,在印度、加拿大、不丹等国就享有盛誉,深受国内用户欢迎。

(鹏　林)

市群艺馆的“小品专辑”在全省发行

由市群众艺术馆副馆长蔡建民和霍霍编辑的1992年元旦春节群众文艺演出材料《小品专辑》,经省群众艺术馆《研究与辅导》编辑部主任刘殿春审稿,以山西省群众艺术馆《研究与辅导》编辑部和我市群众艺术馆的名义印刷出书,1991年全省发行。

(李爱民)

上党戏剧院又上新台阶

上党戏剧院第二演出团,热诚为老区人民服务,走村串乡,送戏上门,苦战100天,演出收入23万元,他们走在了全国戏剧行业的最前列。

该团组建于1990年2月,是一个自负盈亏的营业演出团体。去年,他们在广招优秀艺术人才的基础上,从改革戏剧体制入手,大抓排练演出质量,以全年下乡演出396场,收入41万元的成绩创历史最好成绩,一举走出戏剧行业普遍不景气的低谷。

今年,他们在各级领导的关怀和支持下,圆满完成了赴京演出任务。载誉归来后,上党大地一片欢腾,乡村、厂矿前来联系的络绎不绝。为了满足老区人民看戏要求,他们经过短暂休整后,立即奔赴乡下巡回演出。全体演职员战严寒、斗酷暑,足迹遍布了上党大地,演出百余天,服务观众85万人(次)。

阳城县固隆乡7000多名观众兴致勃勃地观看了由该团青年演员领衔主演的现代戏《红灯记》后,许多观众热泪盈眶地说,很久没有看过这么好的现代戏了。很多因台口重叠今年排不上队的乡村厂矿,纷纷把合同书签到了1992年。

(赵四清)

上党戏《杀庙》在京首次公演

一出小戏十次掌声,由吴国华、张保平主演的上党梆子折子戏《杀庙》,1991年11月3日晚在首都吉祥戏院首次公演。

这一折戏只不过30分钟,就赢得十次热烈的掌声。尤其是最后一次掌声,热情的首都观众一边鼓掌,一边称赞“好演员”。在演出结束时,国家煤炭部副部长胡富国同志边离座边情不自禁地说:“好戏,好戏!演得多好!”北京市演出公司郝音经理高兴地说:“像这样连连鼓掌的戏很少见,演出真棒!”更令人惊奇的是在掌声叠起之中又显得特别肃静。听曲时全场鸦雀无声,然后就报以掌声。就这样反复了十次之多,这样的场面何等动人啊。

(张保顺)

陵川县上党梆子《男儿泪》深受欢迎

陵川县上党梆子剧团新编现代戏《男儿泪》,深受观众喜爱。

《男儿泪》一剧由我省著名作家王东满根据自己的同名小说改编而成。该剧紧贴时代,生活气息浓厚。在讴歌正义、善良的基础上深刻针砭和批判了当今农村的不良风气。剧情跌宕起伏,高潮迭起,扣人心弦,唱腔设计尤为出色。

《男儿泪》自春节上演以来,场场爆满,为农村观众喜闻乐见,也给我市戏剧舞台走出传统,反映现实带来了新的生机。

(孙喜玲)

晋城市举行迎亲锣鼓大赛

晋城市文化局于1991年元宵节期间在市区建设路举办了全市迎亲锣鼓大赛。陵川、阳城、沁水县、城区组队参加了这次角逐。大赛评委会认真评选,陵川县代表队获一等奖,阳城、沁水县,城区代表队获二等奖。另外还评出优秀组织工作者10名。

(李爱民)

晋城市第二届黄河灯会剪彩

晋城市第二届黄河灯会1991年2月27日晚7时在泽州公园北门大彩门前举行。市五大班子领导成葆德、康杰南、巢骥迅、李天昌等出席剪彩仪式并为灯会剪了彩。副市长李才旺在剪彩仪式上讲了话,他祝愿全市人民过一个欢乐、祥和的元宵佳节。

正在我市做友好访问的日本宗教界人士定良天畦在省外事办、旅游局的同志陪同下也参加了剪彩仪式。

本次灯会从正月十三到十七举行五天。

(李爱民)

晋城市第二届黄河灯会总结颁奖大会召开

晋城市第二届黄河灯会总结颁奖大会1991年3月5日下午在市委三楼会议室举行。

经灯会评委会认真评选，市煤炭运销公司的《北大门》，莒山煤矿的《吉祥门楼》获最佳灯门奖，另外还评出了优秀灯门奖3个。省运输公司的《佛光普照》，北岩煤矿的《群星闪烁》，晋钢炼钢车间的《八仙游春》，市汽车配件厂的《孔雀开屏》，市水泥厂的《红荷捧信誉》获优秀灯棚一等奖，另外还评出了优秀灯棚二等奖10个，三等奖15个。郊区的《鲤鱼莲花灯》，市百货公司的《商品花篮》，郊区下村乡的《二龙戏珠》、《冲出亚洲》，市气门厂和二化的《火树迎春》获优秀花灯一等奖，另外还评出了优秀花灯二等奖10个，三等奖15个。市经委灯区，郊区灯区获最佳景点奖，另外还评出了一等景点奖2个，二等景点奖2个。市经委、市建设局、市财委、郊区、城区、市计委获优秀组织奖。市公安局、市电力公司、市园林处获组织工作特别奖。另外还评出了组织工作优秀奖3个，优秀组织工作者60名。

（爱　民）

中宣部副部长聂大江在晋城视察

1991年5月12日，中宣部副部长聂大江和出席中国文联组联工作会议的有关方面领导在市委常委、宣传部长成保德同志的陪同下，到晋城矿务局古书院煤矿和城区晓庄村进行了视察。

在古书院矿，聂大江听取了该矿领导汇报后，连声说："搞得好，搞得好，你们为了人民的富裕、祖国的昌盛，吃了很多苦，流了很多汗，人民是不会忘记你们的。"随后，又来到了千米井下，对德国进口的综采机和一排排整齐的液压支柱的使用情形深表满意。接着，对井下各个生产环节逐个进行了了解和询问，看望了一线工人并和他们合影留念。

下午，又来到城区晓庄村参观考察了文化教育和精神文明建设情况。

（李前进）

王云龙与新闻界朋友举行座谈

1991年6月7日下午，市委书记王云龙与前来参加中国文联组联工作经验交流会的新闻界朋友举行了座谈。

参加座谈会的有新华社、《人民日报》、《光明日报》、《中国文化报》、《山西日报》、山西人民广播电台等新闻单位的朋友和我市新闻单位的同志。

王书记简要地介绍了我市的历史、现状和未来,着重就我市的经济发展战略发表了热情洋溢和鼓舞人心的讲话。他概述了我市各方面所独具的优势,描绘了我市美好的未来,分析了存在的问题,提出了采取的措施。四十多分钟的即席讲话,引起了记者们的极大兴趣。他还回答了记者们就整顿纪律、廉政建设和清房等提出的问题。

中国文联党组副书记、秘书长孟伟哉,文化部政策法规司司长康式昭,省委宣传部副部长温幸和市委、市政府领导成保德、李才旺及有关方面负责人出席了座谈会。

(《太行日报》记者)

晋城市戏曲界同仁和首都艺术家座谈

1991年5月17日下午,市上党戏剧院在太行宾馆召开座谈会,请首都艺术家和新闻工作者,就第二演出团的赴京演出节目发表意见,交流体会,为参加第九届“梅花奖”比赛演出的演员和剧目增强竞争力探讨切磋,献计献策。

座谈会上,首都客人畅所欲言,各抒己见,真诚坦率,见解深刻。先后在会上发言的是:文化部艺术委员会副主任、“梅花奖”评委李超,中国京剧院编剧高文澜,《戏剧电影报》记者、编辑组长赵晓东,北方昆曲剧院副院长丛兆桓,中国剧协组联部巢顺宝,中国剧协书记处书记、“梅花奖”评委张书义和香港《文汇报》驻京记者。

艺术家们对推荐参赛的两位演员张爱珍、郭孝明给予很高评价。他们称赞张爱珍大方端庄,嗓音甜美,唱腔既向抒情、细腻、含蓄方向发展,又具有剧种特色,是上党梆子的“美声”唱法,达到了民族声乐的艺术水平。他们称赞郭孝明功底扎实,文武突出,做戏充分,音色饱满。他们认为这两位演员和前八届一些“梅花奖”获得者相比,绝不逊色,有很强的竞争力。

对四个参赛剧目，与会专家均予以肯定。他们盛赞葛来保编剧，张爱珍、郭孝明合演的《杀妻》，改编相当成功，将一出有争议的传统剧目赋予新意，塑造了两个成功的悲剧艺术形象，表演细腻动情，催人泪下。称赞《收书》一剧，开门见山，上场进戏，表演充分，流畅自然，和《吴起平乱》一样，充分体现了演员的唱、做、念、打的扎实功夫。肯定了《两地家书》通过几封家书抒发人物感情变化，展现内心世界，构思新颖，打破常规，认为体现构思难度较大。艺术家们一致认为在戏曲不景气的状况下，该团去年一年服务观众百万人次，收入40万元，获得社会、经济效益双丰收，在全国是少见的。完全有必要向首都、向全国推荐这个剧种和这些剧目。

座谈会上，艺术家们还推心置腹，直陈己见，就参赛剧目的人物性格、情节发展以及唱词、武打、场景、道具、服装、头饰、灯光、字幕等多方面，提出了许多具体的改进意见。

省文化厅副厅长郭士星，市委常委、宣传部长成保德，副市长李才旺，宣传部副部长柏扶疏，市文化局长郭振朝等出席了座谈会。

参赛剧目主要演员张爱珍、郭孝明，编剧葛来保、张宝祥和上党戏剧院有关领导、演职人员参加座谈。

（张启才）

阎安辉长篇报告文学刊发

中国共产党诞辰七十周年来临之际，我市党员干部阎安辉同志潜心创作的长篇报告文学《路漫漫其修远兮》由北岳文艺出版社主办的大型文学双月刊《北岳风》今年第三期刊发。

这是作者向党的光辉诞辰敬献的一份礼物，它真实详尽、浓墨重彩地反映了陵川县杨村党支部书记、全国优秀党务工作者吴文忠同志的先进事迹，是进行党员教育的一部生动具体的好教材，该作品是作者长期潜心研究“杨村现象”的一篇力作，它为新的历史时期如何当好一个乡村书记提供了一定的思路和启迪。

（《太行日报》记者）

晋城市委隆重表彰优秀通讯员

1991年4月19日,来自全市各县(区)的66名优秀通讯员,兴高采烈地从市委、市政府和省城新闻界的领导们手中,接过了肯定他们成绩的荣誉证书。沁水县、阳城县、陵川县的县委通讯组还获得了先进集体的称号。

市委书记王云龙、市长薛荣哲、市委秘书长康杰南参加了表彰会议。原新华社山西分社社长、山西省新闻学会会长马明和新华社山西分社副社长刘人杰,以及省城新闻界领导十余人到会祝贺,并进行了业务指导。

王云龙书记向大家介绍了“八五”期间晋城将要和正在实施的几件大事,勉励广大通讯员要努力宣传我市在各个方面的成绩,鼓舞全市人民的士气,并勇敢地暴露某些方面存在的阴暗面,以促进改正工作,不断奋发。

省城新闻界的同志们分别向与会通讯员们做了业务指导。新闻界老前辈马明同志要求每个新闻工作者都要深入实际地进行采访,进行调查研究,练好基本功,把采访和写作的关系摆正,切忌舍本求末。并希望各县(区)的通讯组能够经常性地开展新闻研究和新闻理论学习,以减少采访的盲目性,要争取把稿件打出山西,走向全国。

(郑永林 段玉明)

晋城市烈士陵园纪念碑落成

晋城市烈士陵园纪念碑落成。1991年4月5日,市委书记王云龙、市长薛荣哲亲自为纪念碑落成剪彩。成百上千前来参加清明祭扫活动的市区机关干部、少先队员等纷纷来到新落成的革命烈士纪念碑前向烈士敬献花圈。

重新整修过的市烈士陵园位于市区南缘的墩岭境内,前身为晋城县烈士陵园。为怀念先辈英烈、教育后人,去年,市政府把整修烈士陵园当做十件实事之一来办。目前,除展厅外,办公楼、纪念碑、围墙、台阶水池、绿化等工程已先后完成。重整后的烈士陵园面貌焕然一新。

市委副书记田霍卿主持了纪念碑剪彩仪式。王云龙书记在剪彩仪式上讲了话。他说,重整烈士陵园是我市人民政治生活中的一件大事，缅怀烈士是为了激励我们向烈士学习。他希望我市人民要继续发扬先辈们的光荣传统，继承先辈遗志、奋发创业，把我市的经济建设搞上去。

市五大班子领导纪友伟、成保德、康杰南、李天昌、军分区司令员郭树天以及驻晋部队、晋矿、三零厂单位代表也出席了剪彩仪式。十二位过去曾在晋城工作过的北京老同志也送来了花圈和挽联。百余名青年在剪彩仪式举行了入团宣誓。少先队代表也在剪影仪式宣读了向革命烈士学习的誓词。

（《太行日报》记者　王新萍）

晋城市首届科技之春宣传月活动总结表彰会召开

1991年5月下旬，全市首届科技之春宣传月活动总结表彰会议召开。会议表彰了在这次活动中做出突出成绩的先进集体26个，先进个人60名，优秀组织者40名。市委、人大、政府、政协等领导同志出席了会议，市委副书记纪友伟做了总结讲话。

纪友伟同志在讲话中充分肯定、高度评价了这次活动的积极意义。他指出，这次科技之春宣传月活动，有效地向广大农民群众传播普及了科学技术、科学思想、科学方法和科学道德，提高了科学文化素质，为促进我市生产力的发展，加快科技兴农的步伐做出了贡献。他希望全市干部群众要充分认识科学兴农是农业持续稳定发展的根本途径，进一步树立“农业最终还是要靠科技解决问题”的指导思想。充分认识科技兴农不仅是发展生产、稳定经济的关键措施，而且是联系群众，稳定政局的一件大事。现在，广大农民群众在脱贫致富的道路上，迫切需要党和政府帮助他们解决的一个重大问题，就是推广农业技术，搞好科技服务。当前，抓好科技兴农，运用科技发展农业，就是得民心、顺民意的实事，就是发展经济、促进稳定的大事。还要充分认识科技兴农是广大农业科技工作者的首要职责，是一项长期的工作任务，要持之以恒地抓下去。

（海　瑛）

中国文联组联工作经验交流会在晋城召开

四方嘉宾聚泽州,五月花红竞芳菲。中国文联组联工作经验交流会议,1991 年 5 月 6 日在我市隆重开幕。

来自中国文联 11 个专业协会和全国各省、市、自治区文联的 200 多名代表出席了会议。

中国文联党组副书记、秘书长孟伟哉致开幕词。他说,通过这次会议交流,要把我们的文艺工作推向一个新的水平,新的境界。他要求与会代表一定要贯彻坚持四项基本原则和反对资产阶级自由化的思想,认真学习江泽民总书记关于文艺工作的重要讲话,开好这次会议,为振兴社会主义文艺事业积极奋斗。孟伟哉还全文传达了江总书记在元宵节文艺界人士座谈会上做的题为《团结奋斗,繁荣社会主义文艺》的讲话和中宣部副部长贺敬之对这次会议的指示。

省委常委、宣传部长张维庆发表了重要讲话。他总结了十一届三中全会以来,我省文学艺术领域取得的主要成绩和具体经验。他要求全省文艺界的同志,继续坚持走面向时代、贴近生活、塑造新人、服务四化的创作道路,大胆探索,勇于创新,在本世纪的最后十年里,向人民群众提供更多的健康有益的喜闻乐见的精神产品,创作出更多的无愧于伟大时代和伟大民族的辉煌巨著,以彪炳千古的优异成绩跨入 21 世纪。

薛荣哲市长致欢迎词。市委书记王云龙代表市委、市政府做了题为《坚持党的文艺工作方针,繁荣社会主义文艺事业》的经验介绍。

李束为、温幸、徐天立、康式绍、韩玉峰、任谷威、于健、王烈等有关领导参加了会议。市委、市人大、市政府、市政协等主要领导出席了会议。

会议将进行 6 天。

(《太行日报》记者)

晋城市党史知识竞赛落下帷幕

为迎接中国共产党成立 70 周年纪念日,对广大党员、干部和群众进行“知党、爱党”和光荣革命传统教育,市委宣传部、组织部、党史研究室、党校、讲师团和市广播电视局,于

1991 年 5 月 16 日在市委办公楼三楼会议室联合举办了晋城市中共历史知识竞赛决赛。

决赛是在陵川县、高平县、郊区、市直工委、市教工委和晋矿 6 个代表队之间进行的。经过激烈的角逐,郊区代表队获一等奖,高平县和晋矿代表队获二等奖,市直工委、陵川县和教工委获三等奖。出席观看竞赛的纪友伟、丁贵生、张巨太等市委、市有关方面领导同志为获奖队颁了奖。

赛前,市委副书记纪友伟、省党赛办的同志还发表了热情洋溢的讲话,号召广大党员干部和群众通过回顾党的光辉历史,更好地继承光荣革命传统,把各项工作做好。

(田爱昶)

晋城市获山西省党史知识竞赛佳绩

山西省党史知识竞赛决赛中,山西市代表队继续保持了在预赛中获得的团体总分第二名的位置。个人比赛名次已于预赛中排定,市代表队队员赵静丽夺得个人比赛第一名。参加这次决赛的代表队全省共 6 支,省电视台于 20 日晚播放了决赛实况。

(高凤英)

中宣部副部长聂大江观看张爱珍专场演出

1991 年 6 月 7 日晚, 中宣部副部长聂大江兴致勃勃地来到北京人民剧场观看了张爱珍主演的《两地家书》、《杀妻》专场。聂副部长对上党梆子高亢激越的传统唱腔与改革后新颖而细腻的韵味表示赞赏,他鼓励大家要坚持百花齐放,推陈出新的方针,以改革的精神弘扬民族优秀文化,发展地方戏曲艺术。聂副部长还高兴地为演出团题名留念。

(冯来生)

王云龙专程到京看望演出团

1991年6月9日下午，市委书记王云龙专程到我市进京演出团驻地——北京人民剧场看望了全团演员并做了热情讲话。

王书记说,大家冒着炎热,一鼓作气,圆满地完成了为戏剧“梅花奖”评委组织的两个专场的演出任务,我代表市委、市政府和全市人民向大家表示祝贺。王书记勉励大家说,下一步将要为中央首长汇报演出,还应邀为北京矿务局矿工们慰问演出,希望大家再接再厉,把上党梆子戏更广泛地奉献给首都观众,把太行革命老区人民的心愿通过你们的演出传送给首都和全国人民。大家胜利返晋之际,我们将在家乡欢迎你们!全体演职人员听了王书记的讲话深受感动,表示决不辜负市委、市政府和全市人民的期望。

市委常委、宣传部长成保德,市委副秘书长王学信和赴京演出团领导柏扶疏、郭振朝、吴保明等在场作陪。

(冯来生)

晋城市政府和省文化厅在京举行新闻发布会

1991年6月2日上午,晋城市人民政府、山西省文化厅在北京联合召开了晋城市上党戏剧院第二演出团进京演出新闻发布会。

山西省文化厅负责同志主持了会议。出席会议的有文化部艺术局局长曲润海、中国剧协书记处书记齐致翔、《人民日报海外版》副总编韩钟昆和中国戏剧“梅花奖”评委姜志涛、黄维钧、王育生等以及中央人民广播电台、《北京日报》、《北京晚报》、《中国青年报》、《中国妇女报》、香港《文汇报》、《文艺报》、《中国戏剧》、《戏曲艺术》等报刊的记者四十余人。

会上,市委常委、宣传部长成保德代表晋城市委、市政府向首都戏剧界的专家和新闻界的朋友给予的大力支持和帮助表示感谢,并向到会者介绍了该团建团四十多年的历程和该团的主要演员张爱珍、郭孝明的艺术成就及成长过程。曲润海局长对张爱珍的演唱艺术和郭孝明的表演特色又做了较详细的介绍。齐致翔代表中国剧协对晋城市上党戏剧院第二演出团进京演出表示热烈欢迎和祝贺。今天晚上，张爱珍演出的《杀妻》、《两地家书》专场将在人民剧场首次与首都观众见面。

（冯来生）

山西省首次县（市）报总编会议在高平举行

1991年5月30日，山西省县（市）报总编会议首次在高平县举行。

近年来，我省县（市）报已发展到11家，在全国占第三位。这次会议传达了中宣部及省委宣传部领导同志的指示精神，交流了办报经验，并成立了山西省县（市）报研究会筹委会，《高平报》总编宋笃忠被推举为筹委会主任。此次会议还对下半年的工作做了安排，并定于今年后半年在榆次市召开学术研讨会。

（一　峰）

晋城市代表团文艺汇演载誉而归

在山西省总工会组织的全省职工“三热爱”文艺汇演中，我市代表团荣获本届汇演中唯一的一项“特别优秀奖”。

这次代表我市参加“三热爱”会演的是晋城矿务局王台铺矿文工团。演出的节目是该团自编自演的大型现代神话舞诗《太阳石之恋》。该剧以其奇特的风格、激昂的音调，将亿万斯年的历史，浓缩于小小的舞台之上，给人以深沉的思考和永久的回味。汇演在省城引起了轰动，有关专家和各界人士给予了较高的评价。省委常委、宣传部部长张维庆观看了演出后，接见了全体演员。

（卞树荣）

晋城市举行普及广播电视签字仪式

1991年5月5日下午，山西省普及广播电视晋城市签字仪式在市一招西二楼会议室举行。省普及广播电视领导组成员、省广播电视厅厅长江风宣布了我市普及广播电视的工程任务。省普及广播电视领导组组长、省委常委、宣传部部长张维庆和我市普及广播电视领导组组长、市委副书记、市长薛荣哲签订了责任书。张维庆部长和市委书记王云龙在会上讲了话。

张维庆部长希望晋城市委、市政府用自己的实际行动,如期完成任务,在全省带个好头,把精神文明建设的这项基础工程搞好,开出一朵两个文明建设的灿烂新花。

李才旺副市长主持会议。市委常委、宣传部部长成保德,省广播电视厅总工程师李振祥出席会议。各县区和市直广播电视单位一百余人参加了会议。

(广　波)

联合国援建的沁水县教育电视台开播

我省唯一的由联合国儿童基金会援建的师资培训项目——沁水县教育电视台日前正式开播,它将对这个贫困山区科技教育事业的振兴,加速农科教一体化发挥重大作用。

联合国儿童基金会和中国政府合作在全国共搞“远距师资培训项目”26个。沁水县从基础脱贫着眼,于1989年把联合国援建的我省这一项目争取到手,吸收外资30余万元,自筹24万元,经过两年多的努力,共建成1台3站30个放像点,在全县形成了卫星电视教育网络。

联合国儿童基金会援建的这一项目,主要用于提高山区师资质量,但沁水县还将充分利用这套完整的卫电教育网,开展不同层次、多种内容的成人教育,进行全方位人才开发。在近年内,逐年培养1000多名中小学教师和学校管理人才,并培养一大批各类实用技术人才,为振兴山区经济服务。

(绍绪　克云　天明)

晋城市广播电视微波工程正式启用

1991年7月29下午，海拔1100多米的伊侯山头松涛飒飒，彩旗猎猎，电波频传，高耸入云的铁塔脚下聚集着市五大班子、各部委局及各县区的主要领导，大家热烈祝贺我市广播电视微波工程正式投入使用。市委书记王云龙、市长薛荣哲和省广播电视厅副厅长续叶琴为微波开通剪了彩。

“七一”前夕，伊侯山、市电视转播台、阳城、沁水、高平、陵川和高平上庄、阳城上白桑八个微波站开通联网，经过一个月的试传，机器运行稳定，传输效果好。微波开通不仅是我市广播电视事业发展的新标志，也是我市人民政治文化生活中的一件新事。它对推进我市的双文明建设有着重要的意义。

省委常委、宣传部长张维庆和省广播电视厅厅长江风为此发来贺电。王云龙书记、薛荣哲市长就微波开通和普及广播电视讲了话。在伊侯山中心站剪彩后，大家来到晋城转播台参加了微波电视会议，举行市县区普及广播电视签字仪式。这在全省地市中尚属首次，眼看着电视屏幕上的自己，又第一次面对着屏幕上和自己讲话的人，各县区领导笑声谑语、欣慰欢畅，感受到普及广播电视工作的迫切与重要。

（王培英）

晋城市新闻图片社开业

拥有第一流设备、第一流技术、第一流服务的“晋城市新闻图片社”在震耳欲聋的鞭炮声中开张营业，1991年1月10日接待了第一批顾客。

坐落在建设路中段（市政府综合办公大楼西侧）的这家图片社是我市目前唯一的专业性彩色照片扩印场所，主要为市直机关及企业、事业单位提供服务，同时对外营业。该社的设备是从日本引进的“柯宝”ML6030型快速扩印系统，属世界第一流设备，全省独此一家。为了向顾客提供一流的服务，该社特邀饮誉省内外的摄影专家、省摄影协会副主席韩宽晨为艺术顾问，聘请我市专业摄影师吴向周、程画梅、赵明生为技术指导。

晋城市老年书画研究会成立

1991 年 4 月 10 日,晋城市老年书画研究会在太行宾馆举行了成立大会。大会传达了省老年书画研究会 1990 年工作会议精神，通过了研究会章程，协商研究产生了理事会、常务理事会、会长、副会长等领导班子,制订了我市研究会今年主要办好五件事的工作计划。市委书记王云龙同志和副书记纪友伟同志于百忙中专程赶到会场表示祝贺并做了热情洋溢的讲话,名誉会长、原地委书记祁英同志就弘扬中华文化、建设社会主义精神文明做了深刻的理论阐述。各县(区)理事纷纷表示要积极工作,热忱为老同志服务,为繁荣我市文化艺术和两个文明建设发挥余热,做出新的贡献。

(王玉成　郭延正)

8 个广播电视微波站全部开通

在纪念建党 70 周年的大喜日子里,广播电视战线传来喜讯:我市普及广播电视首战告捷,到 1991 年 6 月 30 日 21 时,伊侯山、市电视转播台、高平、陵川、沁水、阳城和高平上庄、阳城上白桑 8 个微波站全部开通。从 7 月 1 日起,通过伊侯山中心站向阳城、沁水、高平、陵川电视转播台试传山西广播电视信号。

建设我市广播电视微波工程,是市委市政府去年 4 月讨论决定的,今年又将这项工程列入了我市普及广播电视总体规划。整个工程包括扩建伊侯山工地、架设电源专线和微彼传输设备安装调试三大部分。工程从去年 5 月份开始规划设计,7 月份动工兴建,经过 14 个月的紧张施工,由于各级领导重视,有关部门积极配合,工程进展较为顺利,到 6 月底全部完工。新建的机房、办公房、宿舍、发点机房、锅炉房、蓄水池等全部投入使用,院心扩大,地面硬化,院墙加高。2.5 公里的电源专线投入运行。新架铁塔 3 座,安装微波天线 14 面,微波收发信机、解调机、调制机等 29 部以及电源、分路天馈系统的全部设备。4 月 20 日,全省普及广播电视动员大会后,在省微波管理处的指导支持下,全体工程技术人员,发扬艰苦奋斗、无私奉献、只争朝夕的革命精神,不怕烈暴晒,不怕风雨阻拦,不分上班下班,放弃节假休息,吃在工地,住在工地,一天干十几个钟头的活，大大加快了工程进度，创造了8个微波站，一次性调试成功的新纪录，如期完成了开通任务。

（崔兰英）

1990年山西省好新闻《太行日报》参评作品榜上有名

1990年全省好新闻评选揭晓。在接连10届的评选活动中，唯本届参评单位最多、选送作品最好，在许多方面都有新的突破。

这一届的好新闻评选是1991年6月11日至13日在运城由省新闻工作者协会和新闻学会委托运城报社举办的。《太行日报》选送的《沁水县农村采访札记》（作者王立成、王彬、张晋生）、《他眼含泪花向乡党委书记敬酒》（通讯，作者刘学文），荣获二等奖；《高平城关供销社靠辩证法过关夺隘》（消息，作者王俊义、田振江）《“3毛8”换来“5千元”》（通讯，作者李荣），荣获三等奖；《人与法》（政教版专栏）以及由田振江制作的两个标题荣获鼓励奖。全省503家参评单位选送的272件作品，共有120件获奖。这些作品无论是主题的开掘还是手法的创新都好于往届。就作品内容看，最为明显的特点是：正面报道彰优势，充分体现了中央关于舆论宣传要以正面报道为主的指示精神；务实与务需并重，较好地克服了新闻报道一手硬一手软的现象。本届好新闻作品的主要缺憾是：消息的数量和质量均低于通讯，这也是当前我省新闻写作上的一个令人担忧的思想走向。

（王立成）

晋城市郊区上党梆子剧团唱了一台好戏

晋城市郊区上党梆子剧团于1991年6月30日奉献给观众一部好戏。

该团自1985年建团以来，始终坚持正确的文艺方针和路线，连续推出了现代戏《家庭公案》、《倒霉大叔的婚事》、《风流父子》、《家风》、《母女泪》等。这些戏源于生活，贴近群众，讴歌正义，鞭笞邪恶，既收到积极的社会效益，又受到群众的热情欢迎。如谴责不肖子孙，推崇尊老、敬老、爱老、养老的《家风》一场戏，在演出两年半达180多场的今天仍势头不衰。

新近出台的《难咽的苦果》,演的是久禁不止的赌博风造成的家破人亡的一场悲剧。赌风不禁,苦果难咽。此戏赶在春节前夕排出更有其积极的现实意义。

(王培英)

晋城市少年剑客捧回两枚金牌

通过七天的激烈角逐,省第八届运动会击剑比赛于1991年6月10日下午在进山体育馆落下帷幕,我市选手获得男女花剑团体冠军,为我市捧回两块金牌,一块银牌,三块铜牌。

击剑是我市代表队的强项,男女花剑水平均在全省领先,具备夺魁实力。但在开始进行的花剑比赛中,由于多种因素影响,我市具有夺魁实力的选手均未进入半决赛。花剑团体比赛开始后,我市选手消除了单项比赛失利的心理影响,过关夺隘,男女决赛均打满了九局。决胜局四比四平后,我市选手主动出击,赢得了决定胜负的一剑,摘取桂冠。

在男子重剑团体决赛中,我市选手的体质、技术均不如对手,最后以三比五负于对手,获得银牌。

(杨　斌)

晋城市直机关“三球一棋一牌”运动会闭幕

历时20天的市直机关八大口篮球、乒乓球、羽毛球、象棋、桥牌比赛于1991年6月5日在晋城闭幕,政府代表队夺得篮球冠军,财贸口代表队获得乒乓球赛女团、男单、女单三项冠军,男子团体被政法口代表队摘取。市五大班子的领导为获奖的单位和个人颁发了奖品。

市委书记王云龙作为党群口代表队的一名运动员,在4月25日晚上打完团体赛后,球兴正浓,于是又找市体校乒乓球队毕业的一名队员连打3局,而且比分都很接近。王书记不仅对体育有广泛的爱好,而且经常参与锻炼。他还担任着省桥牌协会副主席、省网球协会顾问的职务。

这次比赛是为配合机关纪律整顿，占领业余阵地，活跃职工文体生活，由团市委、市直工委，机关事务管理局联合举办的。其间，王云龙书记指出，要把市直机关的体育比赛作为全市体育活动的前奏，带动各县区、各大口体育活动的开展。通过比赛要把机关各个单项体育协会和市直体育总会成立起来，使机关体育活动真正有组织、有计划地开展起来。

（曹进堂）

晋城市书协召开理事工作会议

1991年2月1日，晋城市书法协会在太行宾馆召开理事工作会议。书协秘书长朱鉴塘主持了会议，书协主席柏扶疏总结了1990年的工作，副主席李家琪传达了省书协常务理事会精神，副秘书长贾大一介绍了北大书法班学习的情况。会上还通过了一批新会员，增补了5名理事，成立了由16人组成的常务理事会。会议通过热烈讨论，制订了1991年工作计划：一是在5月份举办市书协会员作品展，《晋城市古今书法作品集》同时出版；二是在"七一"前后举办以侯月铁路和历山风景区建设为内容的书法大赛；三是在10月份举办和外省市联办的书法联展；四是在11月中旬举办一期高质量的书法讲习班。

（市书协）

晋城市书法事业有新发展

1991年1月27日召开的中国书法家协会山西分会常务理事会上，晋城市的18位同志被批准为分会会员，至此，晋城市的省级会员由建市初的3名发展到46名，5年内我市有4位同志加入了中国书法家协会，标志着我市几年来书法艺术水平在不断提高。有了这样一批艺术骨干，我市的书法事业将会出现一个更加繁荣的景象。此外，在1月28日举行的山西省首次书法理论研讨会上，我市青年书法家王海鹏同志的论文《浅淡书法意境的表现》，受到与会领导和代表好评。

（市书协）

山西省新闻界“环海杯”羽毛球赛晋城获佳绩

山西省新闻界“环海杯”羽毛球联谊赛于1991年6月11日至15日在太原山西日报社体育馆举行。以太行日报社队员为主组成的我市联队顽强拼搏,夺得男子团体亚军、男子单打亚军和男子双打第五名。本次比赛由省报业协会、省出版局、山西日报社、榆次市委、市政府主办,榆次市环海锅炉厂赞助。省城新闻单位和各地市的12支男队及11支女队参加了角逐,我市未派女队参赛。山西日报社男队夺得男团、男单、男双金牌。女团、女单、女双的金牌由山西日报社和山西省新闻出版局分获。

我队是实力较强的一支队伍,只是由于比赛经验和身体状态等原因未能取得更好名次。

(《太行日报》记者)

京、并艺术家来晋城市观摩指导

在赴京参加中国戏剧界1991年第九届“梅花奖”比赛演出前夕,首都和省城艺术家来我市观摩指导。

5月16日、17日,文化部艺术委员会副主任、“梅花奖”评委李超,中国剧协书记处书记、“梅花奖”评委张书义等来自京、并的艺术家,在我市上党戏剧院第二演出团长治驻地排演厅观摩了演出。以张爱珍、郭孝明为主演的演出团,为艺术家和观众演出了上党梆子折子戏《收书》、《两地家书》、《吴起平乱》和《杀妻》。张爱珍声情并茂,委婉缠绵的唱腔艺术和郭孝明功底扎实、潇洒沉稳、具有阳刚之美的表演给客人和观众留下了深刻的印象。

17日下午,艺术家和我市戏剧界同仁在太行宾馆举行了座谈。

(《太行日报》记者)

晋城市委书记王云龙亲切看望《太行日报》员工

1991年春节前夕，上党古城喜降瑞雪。农历腊月二十九日上午，市委书记王云龙同志冒着刺骨的寒风，踏着薄薄的积雪，健步来到长兴街11号，亲切看望了《太行日报》工作人员。

王云龙同志说，报纸是党、政府和人民的耳目喉舌，报纸工作很重要，很辛苦。近几年晋城变化不小，这与报纸大力宣传党的路线、方针、政策，表彰先进，鞭策后进是分不开的。所以，今天我特意来看望大家，表示感谢！

王云龙同志详细询问了本报的经营、发行等情况，总编辑苗启成一一作答。王云龙同志指出，报纸既要旗帜鲜明，坚持坚定正确的政治方向，又要生动活泼，寓教于乐，让读者喜闻乐见，同时还要搞好多种经营。他希望报社的同志们共同努力，进一步把小平同志亲笔题写报头的《太行日报》办好。

当听取了总编辑苗启成的汇报后，王云龙同志说，报社工作既有长远问题，又有现实困难，譬如南迁、印刷等等，要逐步研究解决。

本报二楼会议室里，充满了春的气息。王云龙同志逐一和在场的编辑、记者、工作人员握手，报社的同志则以一杯清茶招待市委书记。

（《太行日报》记者　霍玉文）

《太行文学》创刊　《热流》告别读者

具有一定影响并获全国首届"乌金刊奖"、我市唯一的文学刊物《热流》与读者告别。根据读者和作者的要求，经市委和上级主管部门批准，《热流》改刊为《太行文学》。

我市经济建设的发展，带来了文学艺术事业的交流和发展。《热流》作为反映我市经济建设和文艺事业的载体以及外地了解本市的窗口，原来的48个页码已不能适应经济建设和文化交流的发展形势，更不能较全面、较深刻地反映开放的晋城市日新月异的变化。在1991年5月召开的中国文联组联工作经验交流会上，部分与会作家、艺术家也提出办一个中型文学刊物，更有利于服务两个文明建设和促进文化交流。市文联正是据此停办了《热流》,改刊为《太行文学》。

改刊后的《太行文学》为112页码,分春夏秋冬4卷,以发中短篇文学作品为主,开设报告文学、企业明星、太行书画、泽州古今文人、太行新苗等栏目。作家田澍中出任主编。

改刊后的首卷《太行文学》刊载了我市中年作家张文德的中篇新作《远嫁》,还有我市文学新秀朱辛等人的作品,将于近日同读者见面。

(王春平)

晋城市北岩煤矿继续教育成果在京展出

由国家人事部、中国科学技术协会和中国继续工程教育协会联合主办的“全国继续教育成果展览会”在京举行,北岩煤矿代表我省赴京展出。

北岩煤矿是我市一家较大型企业,现有专业技术人员148人。为了提高专业技术人员的业务水平,该矿通过多种渠道对他们进行继续教育。先后组织工程技术人员参加了工程师专修班学习,研修了工程技术、技术经济、计算机技术、《工程师手册》等课程,并组织工程技术人员带着问题外出学习取经。该矿自行设计并施工建成的斜糟洗煤厂,一项工程就节约设计费用10万元,减少投资100万元,缩短工期6个月,少占地200平方米,当年净收入232.17万元,经洗选的煤块质量合乎出口标准。

(陈龙祥)

农民冯石明的论文被国家专利局受理

陵川县礼义镇西街农民冯石明于1991年9月接到国家专利局通知,其长达两万余字的论文《自然体和世界的形成》现已受理,并引起有关专家的高度重视。

冯石明今年46岁,初中文化程度,光棍一个,居住在两间破草屋内,平时以做木工为生。也不知怎的,天体的构造和形成竟成为他潜心琢磨的课题。28年来,他查阅资料2000余份,行程5万公里,耗掉5万元收入,草稿装了三麻袋,终于在油灯下写就了惊人之作。

(王勤 秦文)

阳城县30多名歌友举办赈灾义演

“我们有相同的血缘，共有一个家……”一曲曲歌声，一片片情。1991年7月23日和24日晚在阳城县红旗影院举办的义演音乐会，打动了上千名观众的心。

近来，我国18个省遭受了百年罕见的特大洪灾，几百万同胞被洪水围困的消息不绝于耳。阳城县的业余歌手们同全县人民一样忧心如焚，为了支援灾区人民克服困难、发展生产，中国音乐家协会会员郭新顺、阳城县音舞协理事毕家顺等发起了赈灾义演活动，得到了30多名歌友的积极响应。阳城县城关文化站热情予以支持，无偿为他们提供场地。他们顶着高温酷暑，加班加点，紧张地排练出一台精彩的文艺晚会。

这次演出的收入1264元，已全部交县募捐接待处，所有演员没有要一分钱的报酬和补贴。

（白军社）

侯京霞的工笔画在日本展出

阳城县商业局干部侯京霞的工笔画《信徒》、《藏女图》将于1991年7月在日本的东京、大阪等地展出。

侯京霞是位年仅28岁的业余画家，她从小酷爱艺术，1985年起从事艺术创作，曾自费到西藏写生作画，对西藏的风土民情、习俗特点做过许多细致的调研。她反映藏民生活的工笔画《酥油茶》曾展于省两会期间。去年，中国文联在我市召开现场会时，她又以反映西藏文化的《信徒》参展，被中国民间文艺家协会选中，推荐参加今年日本芙蓉工学株式会社筹办的“东方名人书画联展”，同时参展的还有她的近作《藏女图》。

（卢　军）

晋城市纪念“七一”文艺汇演开幕

纪念“七一”群众文艺汇演1991年7月3日晚在晋城影剧院拉开序幕。市直经委、教委、阳城县三个代表队,以丰富多彩的节目为市区观众进行了首场演出。

这次为期3天的全市群众文艺汇演是由市委安排,市委宣传部、文化局主办的。全市6县区、市直经委、教委、财委共选出800多名业余文艺精英参加这次汇演。3天内分3场演出,将上演70多个文艺节目。

(李爱民)

晋城市青联、学联成立

1991年5月下旬,代表全市45万青年和12万学生的186名代表欢聚晋城,经过两天的紧张协商讨论,选举产生了晋城市青年联合会和晋城市学生联合会两个领导班子,正式宣布了两会的成立。

市委、市人大、市政府、市政协有关领导到会向青年和学生们表示祝贺,团省委副书记郭良孝等领导也专程赶来祝贺。

晋城市青年联合会首届一次会议和晋城市学生联合会第一次代表大会,分别听取了和审议了《爱国、团结、奋进,投身“八五”献青春》及《弘扬时代精神,争做四有新人,把崇高的理想根植于社会实践的沃土中》的工作报告。参加会议的委员和代表们在有关部门推荐的基础上,经过充分酝酿、协商,选举产生了以贾承建为主席,阎小林、张炳、罗敏杰(女)、寥军为副主席的市青联首届领导班子。市学联选出的主席单位为晋城一中,副主席单位为晋城师范、晋城二中等9个单位。

市委副书记纪友伟在会上作了题为《团结带领青年学生,为兴泽富民、振兴中华做贡献》的讲话,他要求这两个青年组织必须始终坚持和切实加强党的统一领导,在爱国主义、社会主义的旗帜下,广泛团结广大青年和学生,为兴泽富民、振兴中华建功立业,奋发成才。

(《太行日报》记者)

《新婚之夜》在中央电视台亮相

阳城县农民演出队演出的《新婚之夜》继今年春节期间在山西省第二届“运掩杯”农民演唱会电视大赛夺得一等奖之后，最近又被中央电视台选中，于1991年7月5日赴京在《神州春暖》专题文艺晚会上现场直播。这是我市农民演出的节目首次在中央电视台亮相和广大观众见面，也是我市群众文化工作的一项成果。目前，他们正在加紧排练，由阳城县文化局、文化馆组织，市群艺馆副馆长蔡建民执导。

（霍　霍）

晋城市上党剧院二团进入中南海演出

1991年6月10日晚，我市上党戏剧院第二演出团荣幸地应邀进入中南海为中央首长演出。

夜幕渐渐下垂，北京下起瓢泼大雨，中顾委常委李德生、委员张秀山、强晓初、钟子云、李东冶、马兴元等兴致勃勃地冒雨前来观看演出。张爱珍和郭孝明为首长们演出了《杀妻》、《收书》两折戏，他们的精湛表演博得了长时间的热烈掌声，我市市委书记王云龙在场作陪。李德生同志风趣地说，老区这片土地风水好，专出人才，过去出了一批革命人才，现在又出了一批文艺人才。演出结束后，李德生等高兴地上台接见了演员，连声称赞演得好，你们演的真棒，并与演员们一一握手，点头致意。在热烈的气氛中，首长们与全团演职员合影留念。

（冯来生）

晋城市上党剧院二团赴京演出

1991年5月26日上午，上党戏剧院第二演出团赴京参加第九届“梅花奖”演出动员大会在剧团排练厅召开，市委书记王云龙到会并讲了话，为即将出征的演员们鼓劲、壮行。

王云龙书记首先肯定了剧团的编导、演员们多年来一贯坚持“两为”方向,“双百”方针,编演了许多群众喜欢的好戏,为繁荣社会主义文艺事业做出了贡献,同时告诫大家“艺术无涯”,只有在艺术上精益求精,才能寓教于乐,更好地为人民服务。希望这次赴京演出的演员们要增强自信,遵守纪律,搞好后勤,保重身体,把上党戏打进北京去。

晋城市文化局局长郭振朝、上党戏剧院院长吴宝明分别做了动员。

(《太行日报》记者)

张爱珍专场演出轰动京城

1991年6月6日晚,张爱珍主演的《两地家书》、《杀妻》专场首次在北京人民剧场公演。

著名戏剧家、中国戏剧“梅花奖”评委赵寻、张庚、郭汉城、吴雪、曲润海、刘厚生、阿甲、李紫贵、齐致翔、霍大寿、舒强、严正、曲六乙等,著名音乐家赵沨,《人民日报·海外版》副总编韩钟昆、京剧表演艺术家洪雪飞、张学津光临观赏。剧场观众满座,气氛十分热烈。节目主持人是首届“梅花奖”获得者、河北梆子表演艺术家刘玉玲。张爱珍的专场演出,前后塑造了卓文君、王玉莲两个不同性格的古代妇女形象。她以质朴真切的表演和委婉传情的演唱,震惊了首都观众,尤其是她那脍炙人口的“爱珍腔”更令人叫绝。演出期间,剧场里不时地响起热烈的掌声。当帷幕落下后,掌声仍经久不息。中央人民广播电台进行了演出实况录音。演出结束后,文化部艺术局和中国戏剧家协会领导同志以及在座的“梅花奖”评委上台接见了演员,非常高兴地祝贺演出成功,并与演员合影留念。著名戏剧家李超当场赋诗赠张爱珍。

(冯来生)

晋城市拥军拥政消夏晚会吸引众多群众

为隆重庆祝中国人民解放军建军64周年,搞好“双拥模范城”建设,活跃市区群众文化生活，由市晨光图片社赞助，市委宣传部、市军分区、市文化局、市群众艺术馆于1991年7月29日晚在新市区市委综合办公大楼前联合举办了“拥军拥政消夏晚会”。来自晋城矿务局、城郊两区、市直的28名业余文艺精英参加了这次街头义演，为广大群众献上了20多个精彩的声乐、舞蹈节目，吸引了市区近万名观众。入夏以来，市区像这样规模较大的街头义演活动还是第一次。据悉，他们还将在新市区继续举办。

（李爱民）

晋城市上党剧院二团在京为矿工演出

晋城市上党戏剧院二团应中国统配煤炭总公司和北京矿务局邀请，1911年6月13日晚在门头沟北京矿务局礼堂为职工们进行慰问演出。能源部副部长胡富国、中国统配煤炭总公司韩总工程师和能源部总公司司、局级领导20余人以及北京矿务局负责同志和职工们一起观看了演出。

演出前，总公司和矿务局向演出团各赠锦旗一面。张爱珍和郭孝明分别主演了《两地家书》和《收书》。职工们对来自太行革命老区的剧团感到格外亲切，对古老而陌生的上党梆子非常喜爱，剧场内掌声热烈，观众情绪高涨。演出结束后，领导们上台与演员一一握手，连连称赞演得精彩。薛荣哲市长专程到剧团演出驻地看望了演职员，祝贺同志们在京演出圆满成功。他高兴地说，同志们为晋城市争得了荣誉，市委、市政府和全市人民感谢你们，我们将在晋城欢迎同志们凯旋。近日，剧团即将返晋。

（冯来生）

晋城市企业离退休职工运动会落幕

由晋城市社会劳动保险事业所组织的晋城市首届企业离退休职工运动会，于1991年10月24日在晋城降下帷幕。

来自全市4县2区、市营企业和国省营企业的17支代表队、197名运动员参加了门球、台球、羽毛球、乒乓球等12个项目的比赛。

参加这次运动会的运动员平均年龄63.5岁。这次运动会,将进一步推动我市离退休职工体育运动的发展。

(王玉利　路保良)

晋城市直机关举行迎“七一”歌咏比赛

1991年6月26日上午,晋城市委楼前阳光灿烂,张灯结彩,彩旗飘扬。2500余名市直机关的干部职工,在这里举行庆“七一”歌咏比赛。

这次歌咏比赛的最大特点是领导干部带头,干部职工齐唱,贯穿了俭朴、热烈的方针,带出了一个好的作风。市委书记王云龙同志参加比赛,并担任党群、人大、政协口的合唱指挥,与大家同唱《没有共产党,就没有新中国》、《社会主义好》两首革命歌曲,赢得了热烈的掌声。

为把这次活动搞好,各代表队两个星期前就纷纷组织排练。大家用午休和晚饭以后的时间练习,不但没影响正常的工作,而且练出了好水平。连日来,在市直单位广泛掀起了大唱革命歌曲的热潮。

有意味的是参加这次比赛的十多个代表队所唱歌曲还结合了本职工作。政法代表队唱的《三大纪律,八项注意》威武雄壮;农口代表队一支《军民大生产》,把人们带进了热火朝天的劳动现场;城建代表队则把一曲《咱们工人有力量》唱得气壮山河;实验小学的孩子们,欢快地跑来,向观众表演《认红旗》等节目。有两位观看比赛的老红军目睹此景,激动得热泪盈眶,连声说好。

市教委、市经委代表队分获这次比赛的文艺节目一等奖和歌咏大赛一等奖。

(马　政)

晋城市硬笔书法大赛揭晓并开展

1991年1月16日,泽州饭店展厅内人头攒动,一幅幅苍劲、隽秀、飘逸的硬笔书法作品吸引了众多的书法爱好者。市委常委、宣传部长成保德,市人大副主任郭绍文,政协副主席张行州，省硬笔书协主席田树长，省硬笔书协副主席杨小健和本市主办单位的负责同志为获奖作者颁发了奖品。成保德、田树长同志兴致勃勃地为展览剪了彩。

举办硬笔书法大赛在我市尚属首次，但在短短的20多天内就收到作品1900多件，参赛者上自85岁的老翁，下至8岁的幼童；既有本市的名家，也有崭露头角的新秀；既有身居要职的领导同志，也有广大的工人、农民、学生。我市人民崇尚文化艺术，追求文明的精神风貌由此可见一斑。

这次大赛对丰富我市人民的文化生活，提高全市人民的文化素质，陶冶情操，促进双文明建设必将起到积极作用。

（《太行日报》记者）

晋城市电视台两条新闻获奖

1991年4月下旬，山西省1990年度优秀电视新闻评选中，晋城市电视台选送的两条新闻分别获得一等奖和三等奖。

《酸菜黑圪条如今成了名吃》（作者：徐飞、牛龙飞、田青）通过对“酸菜黑圪条”由家庭餐桌走上市场这一现象的透视，反映出改革开放给人民生活带来的实惠。作品以其报道角度新颖、现场感强，给观众留下了深刻的印象，被评为一等奖。本次评选共设特等奖7条，一等奖10条，其中特等奖全部被省电视台包揽，一等奖省台占了6条，太原台有2条，晋中台和我市各有1条。

我市获三等奖的新闻是《沁水县三级领导干部带头过紧日子》。在这条消息中，作者郭四海对改革会议报道进行了有益的尝试。

（龙　飞）

高平上党梆子剧团新妆迎春

为了进一步振兴上党戏，高平县青年梆子剧团从1992年起更名为高平上党梆子剧团，并将以新的面貌出现在观众面前。

10年前,在高平县青年文艺培训班的基础上,成立了高平青年梆子剧团。如今,当年风华正茂的学员们已经成长为一批具有一定思想艺术水平的演员,并涌现出了以张爱珍为代表的一批优秀演员,在各级调演中也取得了优秀的成绩。为振兴上党戏,促进演员艺术水平的继续提高,经有关部门批准,从1992年起,将高平县青年梆子剧团改名为高平上党梆子剧团。

1991年初,该团调整了领导班子。新班子上任后,团结一致,共同努力,党政一股劲,建立健全了工会、共青团、妇代会等群众组织,调动起了每一个人的积极性,去年共演出420多场,经济收入达到21万元。他们每到一处,都受到观众的热烈欢迎。

为了在1992年更好地活跃城乡文化生活,为建设精神文明贡献力量,他们投资3万多元购置了服装、道具、幕布、音响等器材,排练了《焦裕禄》、《儿大不由爹》,古装戏《滴血情英》等,他们将以新的面貌为上党剧坛增光添彩。

(王春平)

晋城市首届农林科教电影汇映结束

晋城市首届农林科教电影汇映活动于1992年2月25日在陵川县降下帷幕。

据统计,全市汇映放映普及点数为1974个,占应放点数的82%,参加汇映的单位有597个,占放映单位总数的90%以上。这次投放农林科教片节目数为170个,放映场次13257场,受众达4664300人次,取得了明显的社会效益。

这次汇映,强化了兴农意识,克服了重城市、轻农村,重故事片、轻科教片的倾向。全体放映人员在汇映中,真正成为科教电影的开发者、组织者、传播者,并结合各地的实际情况,有目的有重点将科技成果送到了千家万户。

汇映结束后,对汇映中涌现出的先进集体和个人颁发了奖状和荣誉证书。这次汇映活动是由农、林、牧、科委、科协、文化局、广播电视局等11个单位联合举办的。

(李培伦)

电视剧《响水河的故事》在晋城开机

山西省话剧院、山西省环保局、晋城市人民政府联合筹拍的电视连续剧《响水河的故事》,1992年4月5日在晋城正式开机。

这部以晋城市为生活点的电视连续剧,通过一条河水的被污染和被治理,通过人们对环保工作的从无知到认识,通过在新的环境下人的思想情操的纯洁、净化,不仅反映了环保职工的甘苦和美好终将战胜丑恶,也显示了环境意识已在广大人民中得到了显著提高。

该剧组汇集了我省一批优秀演员。几位曾在电视剧《杨家将》中有过卓越表现的演员也参加了这一剧组,由省话剧院青年导演董怀一执导。

据了解,《响水河的故事》将在6月5日前拍成,以向世界环境日献礼。

市委、市政府、市政协领导王云龙、薛荣哲、成保德、李才旺以及省话剧院的领导出席了开拍仪式。

(郑永林　卫永太)

6县(区)"劳动就业杯"文艺汇演降下帷幕

为配合山西省"劳动就业杯"竞赛活动的开展,进一步宣传党的"三结合"就业方针和各项政策规定,更新待业人员的就业观念,促进我市劳动就业工作的开展,全市6县(区)"劳动就业杯" 文艺汇演于1992年3月26日晚在晋城影剧院拉开帷幕,27日晚全部演出圆满结束。

参加演出的6县(区)业余文艺代表队,两天时间共演出两台17个声乐、舞蹈、小戏、小品、曲艺、表演唱等节目。所演节目格调高雅、内容健康、形式多样。大都以反映劳动就业现实生活为题材,热情歌颂了党的十一届三中全会以来全市劳动就业工作的成就和本系统干部、职工的精神面貌和高尚情操,深受广大群众欢迎。国、省、市营厂矿、市直单位的演出将于5月下旬进行。

(李爱民)

晋城市三中培养的音乐人才多

山西省各类艺术院校音乐专业高考成绩揭晓,我市三中16名学生成绩合格,分别获山大、山大师院、运城师专和省艺校音乐专业合格证。其中本科8名,专科9名,中专2名,并有3人各获2份合格证,名列4县2区榜首。

(李　静)

晋城市老年门球赛暨老龄工作表彰会结束

我市首届"重阳杯"老年门球赛暨老龄工作"三奖"表彰会于1992年7月11日举行。

市委书记薛荣哲在会上讲了话。他要求有关方面要继续脚踏实地,多渠道、多形式地开拓、发展具有中国特色的老年事业,社会各界都要支持老龄工作的健康发展,形成一个齐抓共管老龄工作的新局面。

来自全市各县区、晋矿及市直的18支老年门球队的近200名队员参加了角逐,晋矿老干处荣获第一名。

(晋生　甫安)

沁水成立气功协会

沁水县第一个自发的群众性社会团体——沁水县气功协会于1992年7月10日成立。气功锻炼能开发人们智慧、增强人们能力。目前,沁水仅县城习练气功的已发展到三个场地,二百余人。他们中有工人、农民、干部,也有学生;有身强体壮的人,也有体弱多病的人。近一年的刻苦习练,使百分之九十的患者病情有了好转,百分之六十的病人得以痊愈,百分之八十的健康者达到了强身健体、智慧开发之目的,百分之七十的人还能发放外气治病。随着气功协会的成立,气功锻炼必将在沁水更加普及。

(霍树旺　原国胜)

高平有了民间篮球俱乐部

每天下午 6 点以后，高平县第二木材经销站大院里掌声阵阵，吸引着众多的过往行人，原来，这是高平县弦东篮球俱乐部球队正在进行紧张的训练。

这个俱乐部的 12 名队员均是科班出身，全队平均身高 1.81 米，队伍整齐，整体水平较高，有配合默契、善打硬仗等特点。自去年组队以来，已和本市范围内近 30 支球队进行过友谊比赛，均获全胜，在我市已小有名气。

被队员们称为“老板”的经销站经理祁元顺是该俱乐部的头儿。当有人问起他为什么要办这个俱乐部时，他感慨地说：“我是个篮球爱好者，早就想办个俱乐部，但未能如愿。如今条件好了，我愿花这个钱，把县里的好把势们组织起来，多练多打，弥补近年赛事较少的缺陷。”

据悉，这支球队除参加些比赛外，还主动到乡镇、村、厂矿企业等基层单位打表演赛，极大地丰富了城乡居民的业余生活，对该县的双文明建设起到了推动作用。

（牛泽辉）

晋城市煤炭系统第四届老年运动会举行

由晋城市煤炭系统老年体育协会举办的本系统第四届老年人运动会于 1992 年 7 月 17 日在望云煤矿举行。山西省地方煤矿老年体协、市老龄委、市煤管局、长治市煤管局等单位领导及代表队应邀出席并参加比赛。

开幕式上，望云煤矿中老年自发组织为大会表演了太极剑、鹤翔桩、迪斯科等节目。这次运动会将举行门球、羽毛球、网球比赛，百余名老同志进行角逐。优胜者将参加今年 9 月全省地方煤矿老年人运动会。

（苗占兆）

晋城市第二届“康乐杯”象棋棋王赛鸣金

1992年5月2日至6日,在晋城市康乐宾馆举行了第二届“康乐杯”象棋棋王赛。经过9轮激战,市经委代表队的刘建国以6胜3和的不败战绩捧杯,获得团体前3名的队为:市经委、阳城县、市直企业。

(孙尚兵)

晋城市运动员在全国马拉松赛获好成绩

我市运动员,晋城矿务局凤凰山矿的李晋华,1992年4月9日在河南省平顶山市举行的第二届能源城“张弓杯”马拉松邀请赛上,以3小时2分16秒的成绩获得第五名。来自全国22个省、市、自治区的60余名选手,参加了全程为42公里195米的马拉松比赛。

(肖　力)

《山西日报》30名摄影高手在晋城市采拍

《山西日报》举办的四季现场摄影大赛第三章(秋季章)于1992年10月6日在我市拉开战幕。来自全省的30名摄影高手纷纷将改革中的泽州新貌摄入他们的镜头。

金秋10月,正是收获季节,这些参赛队员分赴我市各县区采拍。他们以明快的色彩,反映了人们丰收的喜悦、小康村的富裕和太行山的风情。仅3天时间,就采拍了1万多幅上等图片,代市长田霍卿对此赞叹不已。据悉,市里将利用这些图片于近日举办金秋10月摄影展。

(李前进)

晋城市第一个“彩电村”

窑头村为加强文化建设,于1986年投资30余万元,为全村204户群众每户购买了一台彩色电视机,建起了我市头一个“彩电村”,之后他们又投资10余万元,建起了电视差转台,并充分利用这一宣传工具,播放社教片、法制片和窑头新闻,对广大群众进行思想教育,收到了显著的效果。1992年全村80%的院户成了文明院户,85%的家庭成了五好家庭,人们在生产和生活中,处处表现出崭新的时代风貌。

晋城市中学生文联成立

在市一中、二中、三中、师范、技校、学生会的努力和有关部门的支持下,市中学生文学联合会在晋城师范成立,其成员由各校学生会、文学社推荐。该会将定期召开文学讨论会,定期出一本合刊及组织开展其他活动。

(张　强)

晋城市“希望工程”进度快

经过广泛宣传,充分发动,晋城市“希望工程”——百万献爱心活动得到了社会各界人士的极大关注,现正向纵深阶段发展。

“希望工程”是经过中央书记处批准,由中国青少年发展基金会和各级团组织,通过向社会集资,资助贫困地区品学兼优却因家庭经济困难辍学的孩子重返课堂,逐步改善贫困地区办学条件的一项基础教育工程。

全市的“希望工程”,从宣传发动到组织实施,始终得到了市委、市政府的极大支持。为加快我市的“希望工程”的“施工”进度,共青团市委和市维尔康食品厂将联合举办“赞助希望工程献爱心有奖销售活动”,并通过这一活动,进一步唤起更多的有识之士投身于这项利国利民、功泽后世的伟大事业中,形成人人关心失学儿童、关心贫困地区的良好社会风气,个个为“希望工程”慷慨解囊,添砖加瓦。

沁水县职业教育成绩斐然

沁水县大力发展职业教育,取得显著成绩。

1984 年,这个县创办职业中学,先后设置了果林、农桑等 14 个专业。8 年来毕业生达 1243 名,还培训了 680 多名青年。其中升入高等专业学校的 10 余名,被企事业单位录用 400 余名,尤其是今年的文秘、财会两个班 100 名学员,已被各行业全部录用。目前,这个职业中学有 6 个专业 9 个班级,在校学生近 400 名,有各种试验基地和实验室,基本上实现了教学、实习、科研、生产、服务一体化。

(倪艾君)

丹青大师云集阳城交流技艺

金秋时节,阳城县太行书画研究院举行了一次别开生面的书画艺术交流活动。中国版画家协会主席力群、中国美术馆副馆长杨力舟、省著名书法家姚奠中等 30 余名书画界名人亲临现场参加了这次活动。全国著名书画家、90 岁高龄的董寿平亲自为这次活动题了词和匾。

这次活动是由阳城县太行书画研究院发起的,得到省、市、县政府的大力支持。其目的在于交流书画艺术,并通过这一媒介宣传当地山水风光,促进旅游资源开发和经济发展。著名版画家力群和我市副市长李才旺为这次活动剪了彩。

来自京、津、鲁、豫、川、蒙、皖、海南等 13 个省市的 60 余名书画名流之手的 100 多幅珍品参加了展出,并对太行书画围绕当地风土人情、自然物像等艺术风格进行了专题研讨。名家们还即兴挥毫泼墨,留下了墨宝。

名家们在尽情挥洒之余,跋山涉水前往蟒河进行观赏、写生,并对水帘洞、群猴嬉戏的动人场面赞叹不已。他们争相为各处风景点题词刻石,对开发这一旅游资源提出了宝贵意见。交流技艺期间,他们还参观了清朝文渊阁大学士、《康熙字典》主编陈廷敬的故居“午亭山村”和始建于唐朝的海会寺“姊妹双塔”。

董寿平、力群、杨力舟、王迎春、姚奠中、孙克刚等 6 位名家被“太行书画研究院”聘为名誉院长。

（白军社）

晋城市隆重庆祝"教师节"

1992年9月9日上午，晋城市举行盛大的游行活动，隆重庆祝"教师节"。

9月10日是建市以来，迎来的第7个教师节。建市7年来，我市的教育事业取得了显著的成绩，教育战线的面貌发生了深刻的变化。义务教育稳步推进、发展迅速，已基本完成了普及小学阶段义务教育的任务，入学率达到99.1%。7年中，有3000余名中、小学生被评为省、市"三好学生"；有4万余名学生参加了全国各学科竞赛，获奖人数达1054人，向大、中专学校输送新生逐年增多。建市7年共输送大专生7700余人、中专生11000余人，与此同时，我市的职业教育、成人教育和集资办学等各方面，也取得了显著的成绩。建市初，全市职业中学不足10所，现已发展到95所，在校学生万余名，开设专业20个，培养中、初级技术人员6000余名。我市的扫盲工作经省政府验收，已达到了"基本无盲市"的要求。

在今年的"教师节"这天，我市举行了规模盛大的游行活动，市区13所学校的万余名师生参加了游行，我市领导薛荣哲、田霍卿、赵国发、程延龄等同志走在游行队伍最前头。

（《太行日报》记者）

《泽州》杂志复刊

与全市群众久违了的《泽州》杂志复刊。该刊由晋城市群众艺术馆主办，为不定期文艺综合刊物，立足文艺界，面向社会各阶层，欢迎全市专业与业余作者(含驻市单位)投稿。

（爱　民）

晋城市成立艺术辅导中心

晋城市艺术辅导中心在晋城市群众艺术馆成立。

该中心长期推行艺术专业辅导,设有少儿培训部和成人培训部,不定期举办各种专业的长期或中短期培训班。主要专业有少儿钢琴、电子琴、舞蹈、美术,还有成人舞蹈、编导、成人作曲、声乐、器乐等。招生对象主要是小学和初中的在校生,一般在星期日授课。学习成绩优秀者,该中心将负责向各类艺术院校、文艺团体,企业工会推荐和输送。

(李爱民)

晋城市办起职业一中

晋城市新办的职业一中于1992年7月开始招生,与市直各中学同时开学。

该校位于市公安局对面,即将建成的教学实习楼总面积达5900平方米,总投资250多万元。今年暂先开设汽车驾驶修理、公共关系和美术装潢3个专业班。学生期满合格将承认中专学历,以自谋职业为主。学生找到接收单位后,市有关部门出具相应的招工、分配名额,同时,学校按每年10%的比例择优推荐毕业生参加全国对口专业统考。

为了使学生走出校门即能为社会所用,该校目前已建起或正在兴建装潢艺术实习工厂、汽车修理厂、冶炼实习厂和科技开发实习处。目前已推出太阳神女艺术灯、彩色天花板吊灯花盘和人造大理石等新产品新技术。

(王培英)

晋城市老区建设促进会成立

晋城市老区建设促进会于1992年6月30日下午宣告成立。

祁英、赵连胜当选为会长,平良德、贾培宏、阎志先、吉维善当选为副会长。市里领导薛荣哲、田霍卿、王家俊、赵国发、程延龄等出席了在市委三楼会议室召开的成立大会。

我市是抗日战争和解放战争时期的太行、太岳革命根据地的一部分。促进老区经济发展，不仅有重要的经济意义，而且有重要的政治意义。我市成立老区建设促进会，就是要积极组织老同志发挥余热，利用各自的有利条件，协助老区引进资金、人才和技术，加快经济发展速度。老区促进会还将参与调查研究、宣传教育，为老区人民办实事以及创办经济实体等多方面工作，为促进全市经济工作，发展我市经济积极做贡献。

（《太行日报》记者）

晋矿古书院矿“兰花”文学协会成立

经过月余筹备，晋矿古书院矿“兰花”文学协会1992年成立。该会由晋矿爱好文学的青年自发组织，旨在活跃业余生活，增进友谊，提高文学修养，繁荣创作，讴歌矿山建设。

（立　善）

晋城市文艺工作者纪念《讲话》发表50周年

1992年5月21日上午，晋城市专业文艺工作者隆重集会，纪念毛泽东同志在《延安文艺座谈会上的讲话》发表50周年。

市四大班子领导薛荣哲、纪友伟、程延龄、巢冀迅、李才旺等在主席台就座，并向从事专业文艺工作40年以上的老同志颁发了荣誉证书，向43名优秀文艺工作者和先进集体发了奖。市文联还将建市以来部分作者的作品赠送给领导同志。年逾古稀的、正当壮年的、青春勃发的优秀文艺工作者代表先后热情洋溢地发了言，以自己成长的道路缅怀毛泽东同志《在延安文艺座谈会上的讲话》的光辉思想。

市委副书记纪友伟作了报告。纪友伟在报告中阐述了《讲话》发表的伟大意义，并回顾了在《讲话》的指引下我市文艺创作所取得的辉煌成就。怎样紧紧围绕全市经济建设这个中心，使文艺更好地反映时代，表现人民，更好地服务改革，服务经济建设，纪友伟讲了6点意见。①认真学习领会邓小平同志的重要谈话精神，用谈话精神指导文艺工作和创作实践。②用现实主义的创作方法，反映时代，表现人民，服从服务于改革和经济建设。③

要树立精品意识,重视人才培养,促进文艺事业的健康发展。④我们的文艺工作者必须重视文艺的社会功能,重视文艺的道德标准和社会价值。⑤坚持和完善党对文艺工作的领导,努力创造有利于文艺繁荣的社会环境。

会议结束时,市文联主席郭中群代表参加会议的全体文艺工作者向全市广大文学艺术工作者发出"倡议书",要求为繁荣我市文艺事业、推进两个文明建设做出新的、更大的贡献。

(王培英)

晋城市群文汇报组台演出"精品"数不胜数

市委宣传部、文化局于 1992 年 6 月 1 日联合举办的全市群文展览汇报组台演出轰动了泽州城。

这次演出的节目大都是建市以来全市群文系统赴省以上参赛并获奖的节目。有全国比赛并获奖的双人舞《红河水》,有参加省比赛获奖的民间吹打乐《上党春色》、阳城道情表演唱《新婚之夜》、评书《戴项链的姑娘》,还有准备赴省参赛的小品《爱》、《没想到》等,可谓品种繁多,繁若星河,目不暇接。

参加这次演出单位有晋矿、城区、郊区、高平、阳城、陵川、市直财委等。

(李爱民)

李小猫小说在《当代》发表

中国戏剧家协会会员、我市优秀青年剧作家李小猫创作的 16000 余字小说《恼人的雾》,1992 年 6 月 6 日在我国权威性大型文学刊物《当代》发表(今年第二期)。这是我市目前为止唯一在《当代》发表小说作品的作者。这篇小说以"文革"初期某山村的一些素材为背景,哭诉了人生的艰难和贫困以及愚昧对人性的扭曲,启示人们不要忘记过去,要珍惜改革开放的大好形势。

李小猫是郊区文联编辑、市政协委员,多年来潜心文学创作,已 4 次获省级剧本创作奖,13次获市级剧本创作奖。代表作品有电影《佘赛花》,新编历史剧《皇帝与门官》,报告文学《打扮城市的老哥俩》,小品《公公相儿媳》、《颠来颠去》等。

（程常乐）

《晋城市五年环境质量报告书》编辑完成

晋城市第一部详实反映“七五”环境质量的——《晋城市五年环境质量报告书》,已由市环境保护监测站编撰完成,前不久参加全省各地市环境质量报告书评比,荣获二等奖。

（山　林）

晋城市郊区召开文艺界代表大会

1992年6月上旬,有300多名代表参加的郊区文艺界代表大会召开。这是实行市管县以来郊区召开的首次文代会。会议总结了该区组建以来文艺工作取得的成绩,成立了文学、戏剧、诗歌、曲艺、摄影、音舞、美术、书法等8个协会并选举产生了各协会的理事和主席、副主席,制定了该区“八五”期间文艺工作的发展规划和奋斗目标。

中国作协党组书记马烽、国家新闻出版署秘书长翟富中等30多位中央、省、市的文艺界知名人士向大会发来了贺电、贺信。

（程常乐）

电视系列剧《警钟》摄制完毕

由晋城市劳动局和山西省话剧院联合拍摄的安全电视系列剧《警钟》近日制作完毕,不久将在山西电视台播出。该剧共九集,通过生动的事例,艺术地表现了煤炭生产要坚持安全生产这一主题。

（李子荣）

海峡两岸珠算通讯赛开赛

由中国珠协和台湾省商业会联合举办的海峡两岸珠算通讯赛于1992年6月1日正式开赛。我市2000余名选手分小学、中学、社会大专组在7个赛区参加了竞赛。

(晓红　兴文)

晋城市开通有线电视

晋城市有线电视站1992年10月10日由市委书记薛荣哲等领导同志剪了彩，与此同时剪彩开业的还有晋墨香工艺美术装饰部。

辐射直径可达20公里的大型有线电视系统，其全部传输设备采用美国最先进的优力有线电视系统,图像清晰,色彩逼真。目前可接转山西、晋城电视台,还直接通过卫星转播中央一、二、四台、云、贵、川、藏、新疆台、教育台的电视节目,此外还播出二套自办的电影电视节目,明年还将增加新上卫星播出的多套节目。为振兴晋城经济服务,我市有线电视还将逐步建成具有双向传输、图文传真、通讯等多种功能的系统。

(《太行日报》记者)

晋城市有了旧书市场

位于市区东关集贸市场的精品小屋,1992年8月21日开办了旧书市场。他们采用了以旧换新、折价收购、代理出售、代理交换等方式,使旧书重新进入流通领域,发挥了应有的作用。这是我市第一个旧书市场,“送来您的累赘,带回您的满足”是他们的服务宗旨。

(石　口)

高都镇兴起书画热

高都镇党委和政府为丰富群众的业余文化生活，紧紧抓紧该镇素有的书画剪纸传统,1992年7月11日在全镇掀起了一个书画有奖竞赛活动。这项活动一开展,全镇上至70岁的老人,下至8岁儿童,凡是有此特长的,全部卷了进来。会的积极参与,不会的从头学,跟着学。全镇有5000余人投入了这一活动。他们从中择优选出600余幅作品进行了展览,从而使风靡一时的麻将、扑克热转为书画、剪纸热,推动了全镇的双文明建设。

（李国良）

10名书画爱好者自费举办个人画展

晋城矿务局10名书画爱好者1992年11月7日自费举办了个人书画展。

参加这次书画展的作者兼主办者李海宗、许乐义、孙思光、程耀中、杜登峰、雷玉林、刘俊林、程红军、刘彦文、牛连根等,都是晋局书画艺术创作的骨干,其中一些人的作品曾多次参加过省、市和全国的展览并获过奖。副市长李才旺、政协副主席张行洲、宣传部副部长柏扶疏、市书协副主席李家琪等人的祝贺作品也同时展出。

（培英　连甫）

“孔三传奖”颁奖仪式在晋城举行

中国戏曲音乐国际学术讨论会及中国戏曲音乐“孔三传奖”首次颁奖仪式1992年11月2日在晋城举行。来自全国20多个省市和澳大利亚的70多名专家学者出席了这次会议。

戏曲音乐是我国特有的具有浓郁民族特色和地方特色的音乐形式,而我国诸宫调说唱艺术的创始者、被誉为中国戏曲音乐鼻祖的孔三传,就诞生于一千多年前北宋时期的泽州。中国音乐学会将中国戏曲音乐奖定名为“孔三传奖”,选择在他的家乡举行中国戏曲音乐(山西)国际学术讨论会,并举行首次颁奖仪式。

这次活动由市政府和中国戏曲音乐学会、山西省文联、山西戏剧家协会、山西戏曲音乐学会联合主办。与会者就中国戏曲音乐的地域性、民族性、唱腔流派、乐队构成、演唱方法等进行了广泛而深入的讨论。代市长田霍卿在会上介绍了我市的各种情况,扩大了我市的影响。

(卜　穹)

阳城举办王永禄摄影艺术展览

阳城县委宣传部等单位联合举办的“王永禄摄影艺术展览”于 1992 年 10 月 15 日上午在该县文化馆开展。

王永禄同志从事摄影工作 25 年来,拍摄了大量的新闻照片和摄影艺术作品,为宣传党的路线、方针、政策,讴歌人民群众的创造性劳动,展现祖国秀美山河做出了一定的贡献。他拍摄的 2000 余幅新闻照片和摄影作品,被全国 70 多家报纸杂志登载,并有不少作品入选各级摄影展览并多次获奖,其中新闻摄影作品《洗了个痛快》、《山区修通幸福路》等在全国获奖,多次受到上级新闻单位的表彰奖励。

这次展览共展出王永禄同志的摄影作品 100 余幅,受到了摄影专家和摄影爱好者以及参观者的一致好评。

(张学社)

新编传统戏《闯幽州》与观众见面

山西省上党戏剧院第一演出团推出由葛来保改编、李德生导演的大型历史剧《闯幽州》,已与观众见面。

《闯幽州》原系上党梆子传统剧目。这次改编,根据多年来艺人们的口传本,注重参考传统评书《杨家将》和古典小说《杨家府演义》的有关章节,大胆地从塑造人物、表演技巧的准则出发,进行构思,“拆旧翻新”。几经波折,《闯幽州》赢得了专家与同仁的认可,观众的赞许。

众所周知,《闯幽州》说的是北宋杨继业率领七郎八虎幽州闯营救主、双龙会替主赴宴,金沙滩三英捐躯的一曲腥风血雨的万古悲歌。此剧不仅具有"宫廷生活气息浓厚,忠奸斗争分明,折子戏丰富"的三大特色,而且唱念做打皆为人们喜闻乐见。

(书　香)

胡富国省长与晋城市人民同乐

1993 年 2 月 7 日上午,省长胡富国和省人大常委会副主任光敏等一行数人专程来到我市,与人民群众共度元宵佳节。

胡省长在市五大班子领导陪同下,兴致勃勃地观看了由郊区各乡镇在街头演出的龙灯舞、狮子舞、踩高跷、跑旱船等精彩节目。入夜,胡省长同人民群众一起在市体育场观看了烟火,并饶有兴致地在古矿欣赏了我市著名演员张爱珍主演的《杀妻》。

薛荣哲书记、田霍卿市长向胡省长汇报了我市今年上台阶、建市场、奔小康的思路、奋斗目标和措施,胡省长听了很感兴趣,并再次强调了自己的约法三章:一是少说多做;二是请新闻单位少宣传我个人;三是带头埋头苦干。他说,现在省委省政府的大政方针已定,如果不务实,光说不干,我这个省长不好当,你们这个领导也不好当。能说能干最好,不能说能干也好,光说不干不好,现在关键是要把省委省政府制定的措施落实好,这样我省经济上台阶就大有希望。

(《太行日报》记者)

高平晋光上党梆子剧团成立

素有上党梆子之乡称誉的高平县,1993 年又爆出新闻,该县第一个由个体户创办的专业文艺团体——高平县晋光上党梆子剧团宣告成立,首场演出获得成功。

该剧团是由城关镇城西村村民车垒胜,在县有关部门和文艺界几位老同志的支持下,克服重重困难办起来的。去年 11 月,以照相为业并演过戏的车垒胜,因看到富裕起来的农民对文化生活的渴求十分强烈,戏剧在农村有广阔的市场,便萌发了办剧团的念头。缺少演员,他们分头下乡四方求贤。没有戏装,便到几家农村剧团租借。没有资金,他全家人一合计,将自家的房产做抵押贷款3万元。整个寒冬腊月,他们不知跑了多少路,吃了多少苦。终于,他们的辛苦没有白费,剧团办起来了。在县文化馆和几位老艺人的精心指导下,短短一个半月就排出了《秦香莲》、《赵氏孤儿》、《海棠关》、《夺金怀》等7个剧目。

(车东彦)

葛来保创作出《杨宗英招亲》

我市上党戏剧院编剧葛来保创作的大型历史剧《杨宗英招亲》1993年3月已由长子县落子剧团排出。

长子县落子剧团常年巡回在厂矿、农村演出,为了满足城乡观众对新剧团的需求,在推出《杨宗英招亲》的同时,还排出了葛来保重新整理的传统剧目《杨业归宋》,并移植排练了大型现代戏《孤男寡女》,一些深受观众喜爱的演员在剧中担任重要角色。

(农　茂)

晋城市区元宵节群众文娱活动侧记

1993年元宵之夜,市区张灯结彩,好一派节日的热烈气氛,到处是灯,到处是火,到处是欢腾的民间文艺表演,到处是喧天的鼓乐唱和,簇簇礼花爆放,束束彩绸飘扬。市第四届黄河灯会以霓虹灯大赛为主,市区沿街各单位精心搭制的霓虹灯,形式各异,花色斑斓,令人眼花缭乱。观灯者,人山人海,街多宽,人多宽,摩肩接踵,似涛滚潮涌而来。那条条大街小巷、机关院落的万家灯火也十分迷人,单说那"二龙戏珠灯",所戏之珠是装潢在电扇外周,随着电扇叶子飞快旋转,两条龙张着嘴,欲衔不得,确有股儿"戏珠"的趣味。还有那"孔雀开屏灯",孔雀全身的羽毛,用农作物的皮皮叶叶,编织染画得绚丽缤纷,美丽的双翅不停地一张一合,跃跃欲舞,煞是好看。真是火树银花别样景,金锣银鼓颂太平。

正月十六,市区元宵节文娱活动达到了高潮。郊区精心组织的丰富多彩的民间文艺大军,由新市西街西关影剧院出发,在新市街、泽州路、凤台街边行进边表演。每队都有一辆乐车或乐队前导,威风锣鼓队、民乐队、军乐队,鼓乐喧天;高跷队,行走矫健;旱船、推车、川流不息;抬阁、扛桩、跑驴、大头娃娃各具特色。展现改革开放成果和美好前景的彩车点缀其中。据郊区文化馆的同志介绍说,这些都是郊区先富起来的乡镇、村组织的,都有各自的特色。看那豪迈骄傲的气派,简直是进城“夸富”来了,真是别出心裁,令人不禁拍手称赞:精彩!

(张爱民)

晋矿王台矿文工团演技轰动并州城

晋矿王台矿文工团 1993 年 1 月 21 日在太原市工人文化宫的一场演出,令正在召开省人大会和政协会的代表们大饱眼福,胡富国省长兴致勃勃走上舞台向演员们表示祝贺。

在舞台上多盏各色灯光的映衬下,一台具有浓郁煤矿特色的小舞剧《风雪归矿》推到了观众眼前:大雪漫漫,北风呼啸。一位年轻的矿工起程归矿前夕,新婚的妻子端坐在梳妆台前一针一线为他缝绣鞋垫,新婚蜜意难以分离的缕缕情丝在一针一线中伴随温柔的歌声奔放:“哥哥要登路程,妹妹我好揪心,相思绣在鞋垫里,情意绵绵似海深。”更溶入夫妻情的一幕是:小夫妻久久手拉手在漫天飞雪的路上依恋不舍的双人舞。相互珍重道别时,矿工双手抚托起笑容满面的妻子脸额细细端详,刻画着矿工对矿山的情,对妻子的爱。

整个晚会,节目丰富多彩。青年演员侯孝俊、潘丽苹表演的小品《情暖人间》逗人笑得前仰后合。在去年初,荣获山西省职工家庭音乐会“茂盛杯”竞赛一等奖的阎丽青和她的妹妹阎丽苹也表演了女声二重唱《姑娘生来爱唱歌》。扮演电视剧《裂变》中女主角吉福苹和近两年来先后赴比利时等七个国家演出的文工团歌星李小花也先后上台一展歌喉。

(晋卫群)

市委宣传部部署毛泽东主席诞辰100周年纪念活动

1993年12月26日，是伟大领袖毛泽东主席诞辰100周年。根据中央和省委的部署,市委宣传部召集宣传系统有关单位负责同志会议,具体安排了纪念毛泽东主席诞辰100周年的有关活动。

本着既要隆重热烈,又要节俭朴素,不搞形式主义的宗旨,我市将在进入12月份后进行如下纪念活动:①举办以纪念毛泽东主席为内容的美术、摄影、书法展览。②举办毛泽东主席生平及功绩图片展览。③举办小康文艺汇演晚会。④举办以反映毛泽东思想为主要内容的电影周。⑤《太行日报》将辟专栏刊登老干部及受过毛泽东主席接见的各条战线先进人物的纪念文章。⑥市电视台将举办专门的纪念节目。

有关活动已全面落实到各个单位,资金也已基本落实。纪念活动将从现在起进入积极的筹备阶段。

(郑永林)

晋城市文联举办文学创作笔会

1993年8月,晋城市文联在59753部队举办了1993年文学创作笔会。市委常委、宣传部长吴广隆,副市长安永全,省作协党组书记焦祖尧到会并讲了话。

吴广隆指出,我市的经济发展速度走在全省前列,但只有物质文明不行,要两手硬,这就需要我市的文学作者拿起笔来,写出接近人民,具有时代感,表现服务于社会主义市场经济的好作品,提高我市人民的文化素养。

会议期间,焦祖尧就文学的现状、意义及创作方法给作者讲了课,他说:“文学要走向市场,但又不能商品化,这就需要作家潜到生活的最底层,了解人民写人民。”这次活动,必将对我市文学事业的繁荣起到积极的推动作用。

(《太行日报》记者)

晋城市第二届科技之春宣传月活动展开

由市农委、科委、科协等单位组织的“第二届科技之春宣传月”活动日前在市政府楼前拉开帷幕。市直机关的13名农技人员将奔赴我市今年达小康的14个乡镇进行农科技术的宣传、推广、普及、教育工作。

这次活动是继1991年“第一届科技之春宣传月”活动之后的又一次大型农技推广、普及的宣传活动。全市共有3000名农技人员下乡讲授农科知识，并进行农科技术的示范培训工作。宣传讲授的范围包括小麦、玉米、果树的栽培管理技术；畜禽的饲养技术；沟播、丰产沟等丰产技术。同时，科技人员要与乡（镇）、村、户签订技术合同，把技术推广工作落到实处。

副市长雷振声在宣传月活动开幕式上要求全市各部门互相配合，把宣传工作搞得扎扎实实，富有成效。这次宣传月活动将从1993年3月11日开始，4月10日结束。

（杜　燕）

晋城市开展纪念毛泽东诞辰100周年活动

为了隆重纪念毛泽东同志诞辰100周年，缅怀伟大领袖毛泽东的丰功伟绩，我市1993年将举办系列活动。

一、举办“晋城市首届小康杯文艺汇演”。从12月21日开始，全市24个明星乡镇全部参加组台演出，历时6天，从中选取精华节目于27日再组台演出一场。这次汇演的主题是通过农民自己演自己，充分展示我市人民在齐心协力奔小康中取得的巨大成就和精神风貌。

二、举办“纪念毛泽东同志诞辰100周年电影周”活动。12月下旬开始，反映伟大领袖毛泽东同志生平和中国革命历史题材的20多部影片同时在全市各个影院上映。

三、举办“毛泽东同志生平”图片展览，展览将详细地介绍毛泽东同志在各个时期的珍贵照片，从中可以领略到伟大领袖毛泽东同志的历史足迹。

四、组织全市40多个歌舞厅、30多个录像厅于12月下旬同时播放《红太阳颂》音带和毛泽东同志生平及革命历史题材的影片、电视剧等,让广大人民群众深切缅怀伟大领袖毛泽东同志的历史功绩,更深刻了解中国革命的光辉历程。

(《太行日报》记者)

全国第五届报纸副刊好作品评选揭晓

第五届全国报纸副刊好作品评选1993年6月19日在湖北宜昌揭晓。《太行日报》编辑张治中的文艺评论《永不凋零的证明》荣获三等奖。

这届副刊好作品评选委员会是由中宣部、中国记协等部门领导和《人民日报》、《光明日报》、《解放军报》、《经济日报》等12家报社的文艺副刊部负责同志以及中国报纸副刊研究会负责同志组成的。全国28个省、市、自治区569家报纸的2128篇作品、好专栏、好版面参加了评选。经过评委们的初评、复评、定评三个阶段反复筛选,定评出一等奖24篇、二等奖68篇、三等奖198篇、好专栏14个、好版面15个,同时还评定出一定数量的优秀作品奖、编辑奖。

这届报纸副刊好作品,无论在数量上还是在质量上都有新的突破。

《中国图片报》晋东南代理部成立

新华社《中国图片报》驻晋东南代理部于1993年7月成立。

新华社副总编辑、《中国图片报》总编辑姚云为代理部挂牌。姚云在随后召开的座谈会上介绍了该报的办报方针、报纸特色及发展方向。对晋城、长治两市给予该代理部的帮助,姚云表示了衷心的感谢。

晋城、长治两市有关方面的负责人在座谈会上讲了话,希望《中国图片报》对太行老区给予更多的关注,并表示将采取措施,使《中国图片报》在晋东南拥有更多的读者。

(《太行日报》通讯员)

《太行日报》试行激光照排胶版印刷

经过长期艰难的跋涉,太行日报社终于要走出印刷条件滞后的困扰,从1993年12月1日将告别铅字,试行激光照排,胶版印刷,内容和版式也随之有重大变化。1994年,《太行日报》将以崭新的面貌和的姿态,走进机关、走进企业、走进千家万户。

邓小平同志直接关心和亲笔题写报名的《太行日报》创刊以来,恪守办报宗旨,牢记党和人民的嘱托,为我市和太行老区改革开放及两个文明建设做出了积极的贡献,而且也以其较强的指导性、服务性和贴近性,受到广大读者的喜爱。在报业如林、竞争激烈,报刊发行普遍滑坡的情况下,《太行日报》的发行量每年却呈稳步上升趋势,这也充分反映了各级党委和广大读者对《太行日报》的关心、支持和爱护。

几年来,由于长治、晋城两地办公所带来的种种困难和不便,更由于人力、财力的严重短缺,在各兄弟报社早已实现新闻手段现代化的今天,《太行日报》却还在铅字字盘上艰难的爬行!印刷条件的滞后,严重阻碍了报纸改革的进程。为了扭转这种被动局面,适应市场经济和社会发展的新形势,报社同仁卧薪尝胆,奋力拼搏,决心在市委、市政府的领导下,同广大读者一起,积极创造条件,彻底改变报纸面貌。

改版后的《太行日报》,将沿着求实、创新的主线,朝着服务经济、服务社会、服务读者的总目标,全方位开拓,深层次掘进,在搞好舆论监督、充分发挥导向作用的同时,进一步加强服务性、接近性和可读性。为此,各版将更新和增设一批体现时代精神和本报独特风格的栏目,尽可能满足广大读者的不同要求和欣赏情趣,在更深层次上为读者服务好。

(《太行日报》记者)

山西省第十次地市报协作会在晋城召开

春风拂报坛,泽州议改革。山西省第十次地市报协作会,1993年4月21日上午在我市实习饭店召开。

来自《太原日报》、《雁北日报》、《大同日报》、《朔州报》、《吕梁报》、《临汾日报》、《忻州日报》、《长治日报》、《阳泉日报》和《太行日报》的代表出席了会议。

山西省新闻出版局、省新闻工作者协会和省报业协会的领导到会指导工作。

市委书记薛荣哲、副书记刘焕升出席了今天的会议,薛荣哲代表市委、市政府对来自全省各地市新闻界的朋友们表示热烈的欢迎,并向与会代表简要而生动地介绍了我市悠久的历史、灿烂的文化、光荣的传统、丰富的物产。较详细地介绍了建市以来,尤其是在邓小平南巡谈话和十四大精神指引下,我市靠资源起步,靠科技起飞,加强农业的基础地位,乡镇企业超常规、大跨度发展,农村小康建设取得的可喜成就和全市各条战线飞跃发展的具体成就。他还介绍了今年市委、市政府提出的学理论、抓党建、闯市场、上台阶、奔小康的工作思路和战略目标:实现工农业总产值超百亿元,建成一批小康示范乡(镇),带动农村经济全面发展;突出能源煤化工基地建设,提高能源基地的整体功能和综合效益;大力发展乡镇企业,努力促进乡镇企业上规模、上档次、上水平,促使全市经济尽快登上新台阶。薛荣哲最后对报纸为经济建设如何呐喊、助威、引路,提出了殷切的希望。

市委宣传部副部长庞志孝代表宣传部对与会代表表示欢迎。

省新闻出版局新闻处处长马森彪、省新闻工作者协会副主席贾春太发表了讲话。

按照会议议程,下午各地市报社将进行经验交流。次日在我市参观小康示范村。

(《太行日报》记者)

晋城市三中25名学生高考音专全部合格

1993年市三中25名学生参加全国艺术类专业高考,全部领到大专、大学音乐合格证书,创建校以来最好成绩。

晋城市三中在抓紧学生文化课学习的同时,注重音乐专业人才的培养。在上级和有关部门的关怀和支持下,投资近20万元,建音乐室、购买音乐设备和乐器。从学生中挑出有音乐素养、热爱音乐专业,且有一定培养前途的学生进入校课外音乐活动队,专门进行培训。他们还与中央音乐学院、山西省歌舞剧院及大专院校等单位挂钩,定期选送学员外出深造。为快出人才,提高学生的实际演技水平,他们紧密结合形势,组织学员自编自演节目,参加社会各项文艺演出活动,有效地提高了学员的音乐专业水平。

(李　静)

长治农校喜庆建校35周年

1993年10月5日,长治农校的校友们风尘仆仆返回母校拜会授业恩师,热烈祝贺母校建校35周年。

该校的前身为山西省晋东南农学院,创建于1958年,隶属于山西省农牧厅管辖,从建校至今35年来共为国家培养和输送大、中专毕业生3688人,其中相当一部分人已走上各级领导岗位或成为农业技术骨干。该校现有教职工157人,其中高、中级教师39人,科研著作及成果颇丰,现设有农学、畜牧、蚕果、乡镇企业管理等4个专业。

校友们在听完现任校领导的工作汇报,看到学校为提高教学质量在加强"硬件、软件"建设方面所取得的令人瞩目的成就及现正沿着科教兴农的金光大道奋力开拓的近况后,纷纷为母校建设再上新台阶,解决经费不足慷慨解囊以尽绵薄之力。

这次校庆活动是由部分校友发起,由学校组织的,旨在征集教改良策,密切校友联系。来自全省各地市和外省市的近600名校友参加了校庆活动。

(一　休)

晋城一中提前单独招生

市教委1993年3月30日正式批复了晋城一中今年提前单独招生方案。

这次招生总额为548名。其中招收免试生148名(曾参加市级以上各学科竞赛并获得名次者),城区(含市直各中学)40名,郊区50名,高平、阳城各15名,沁水、陵川各10名,择优录取260名;参加考试的人数按1∶4的比例扩大到1040名;城区(含市直各中学)440名,郊区600名。另外,在中考录取结束后将招收自费生130名。

晋城一中是全市唯一的省首批重点中学,其制度是根据省、市教委的意见,以及新颁布的《中国教育改革和发展纲要》要求,有人才、教学设备、教学手段等方面的优势制订的。

招生考试将在5月中旬进行。

(太行报记者)

晋城市城区教育又有大动作

晋城市城区在近年来“人民教育人民办”初战告捷的基础上,紧紧围绕实现“小康区”这个目标,又拉开了以“三抓”、“三优”上台阶,“三全”、“三特”创一流为内容的“办好教育为人民”的帷幕。

1986年城区组建后,区委、区政府高瞻远瞩地做出了“振兴城区经济首先要振兴城区教育”的决策。他们认真宣传贯彻《中共中央关于教育体制改革的决定》和《中华人民共和国义务教育法》,明确落实“三级办学、分级管理”的职责,多渠道发动筹措教育资金,改善办学条件。1987年在全省率先实现了中小学的教学仪器、图书资料和体育器材三配套。1989年在全省提前普及了九年制义务教育。1992年全区中小学均达到了规范化学校的标准,荣获了山西省人民政府“实施义务教育成绩显著县(区)”的嘉奖。

1992年的目标是:抓办学条件的高标准改善,优化教书育人环境;抓师资队伍的全面建设,优化教师整体素质;抓教育教学的整体改革,优化教育教学质量;使全区的办学条件、师资素质和教育教学质量再上一个新台阶。全面贯彻党的教育方针,创办规范加特点的学校;全面提高师资素质,建设合格加特点的教师队伍;全面提高教育教学质量,培养全面发展加特长的一代新人;争创一流学校,争当一流校长,争做一流教师,争出一流人才。

(郜乐富)

晋城市教育学院加快教育改革步伐

为适应社会主义市场经济建设的需要,1993年晋城市教育学院转变观念,推行“一校两业”的办学模式,加快了教育改革的步伐。

他们首先是在办学上进一步挖掘内部潜力,长期班和短训班相结合,脱产班与在职班相结合。多规格,多渠道、多层次扩大办学规模。其次是成立了太行经济开发公司,发挥优势,将科技与实业结合起来,提高办学效率。第三是在学院内部管理上狠下功夫,推行了5项考核制度,把竞争机制和激励机制引入教学。

晋东南印刷厂激光照排系统投产

晋东南印刷厂利用电脑从事生产的设想，于 1993 年 11 月成为现实。这是该厂建厂以来一次重大的新技术革命，也是告别火与铅，跨入光和电时代的新开端。

这套激光照排及配套印刷系统，具有分辨率高，检索速度快，投工低，图文并茂等特点。它的投产使用，为提高《太行日报》及其他产品质量，处理高难度文稿，缩短印刷周期进而提高经济效益奠定了基础。

（刘红林）

晋东南翻译服务社成立

为适应长治、晋城两市改革开放新形势的需要，晋东南首家以翻译为主要服务内容的长治师惠翻译服务社于 1993 年初在长治正式成立。

该服务社的服务宗旨是为社会各界提供外语翻译服务，现暂开展英汉、日汉、俄汉笔译及口译以及信息咨询等服务项目。该社主要由晋东南师专外语系主任、副教授吴广灿任该社主任，郭文印教授和齐达副译审为该社高级顾问。这家服务社的成立，解决了许多企事业单位"人托人"找翻译的难题，它必将对长治、晋城两市改革开放、经济上新台阶做出贡献。

（王　恒　李元英）

晋城市党校函授教育粗具规模

晋城市党校函授教育自 1988 年创办以来，已培养出大专学员 1200 名。现在注册的学员有 878 名，函授教育已成体系，粗具规模。

1993 年，我市函授教育正在着力贯彻中央党校函授学院"严谨办学，注重质量"的办学方针，实施中央党校《函授教育质量管理章程》。在"统一领导，分级管理"的原则下，我市各级党校都以教学为中心,突出建设有中国特色社会主义理论教育,理论联系实际,努力实现“掌握理论知识,提高党性素养,增强实际能力”的培养目标,不断地完善机构,健全制度,制定措施,检查考核,深化改革。现在,函授面授辅导、作业完成、考试考评、论文撰写与答辩都有秩序地进行。在各级党委的大力支持下,充分调动了教师、学员、工作人员的积极性,发挥着函授教育的特殊优势,为我市经济腾飞培养着更多更好的人才,迎接中央党校函授学院办学质量管理达标的考评考核。

(崔克诚)

晋城市少先队活动丰富多彩

晋城市各级有关部门 1992 年来为少儿健康成长积极创造条件,使少先队活动开展得丰富多彩。

我市共有少先队员 28.9 万人。在全市少儿干部和辅导员的努力下,目前已建成红领巾广播站 3215 个、红领巾小储蓄所 1078 个、红领巾林 1043 个,此外还建成了一批科学实验基地、校外图书室等。各地坚持因地制宜,坚持不懈地对少年儿童进行“有思想、有道德、有文化、有纪律”和爱祖国、爱人民、爱科学、爱社会主义教育,深入持久地开展“小发明、小创造、小制作、小革新”等一系列主题教育活动,取得了明显成效。全市涌现出省级优秀少先队集体 3 个、优秀少先队辅导员 6 名、红领巾事业的热心扶持者 2 名、优秀少先队员 10 名。

(景　波)

长治师范隆重庆祝建校 80 周年

正值 1993 年金秋时节,长治师范的师生、校友日前欢聚一堂,庆祝母校 80 岁高寿的场面令人难忘。

校长的工作汇报后,无不为今天母校的进步欢欣鼓舞。当校领导将省长胡富国同志亲自题写的贺词“桃李满天下,声誉溢三晋”宣读展示后,经久不息的掌声将校庆活动推向了高潮。

（《太行日报》记者）

沁水十里乡办起寄宿制小学

沁水县十里乡沙庄村为减轻农民负担，提高教学质量，对学校的布局进行了改革，1993年下半年起原有三所小学并为一所一至五年级混合型寄宿小学，由复式班变为单式班，由走读生变为寄宿生，使学生舒心、家长放心，教学质量有了明显提高，深受群众欢迎。

沁水职中开设两门新课

沁水县职业中学本着教育为经济建设服务的宗旨，适应市场经济发展要求，满足广大青年学生的愿望，最近新开设了《经济法》、《会计学原理》两门新课。1993年开课以来，深受师生的喜爱和学生家长的赞同。这表明广大群众，尤其是青年学生，法制意识、经济观念普遍增强。

（常春林）

《中国农村教育年鉴》（山西卷）编写工作会议在晋城召开

《中国农村教育年鉴》（山西卷）编写工作会议，1993年1月6日在我市实习饭店召开。省教委有关处、室和各地市教委的同志参加了会议。会议主要是就条目的选题进行论证。我市负责同志介绍了年鉴编写工作的进展情况，受到与会同志的好评。

《中国农村教育年鉴》是一部关于我国农村教育基本情况的权威性资料工具书。编纂工作由国家教委直接组织。

《中国农村教育年鉴》副主编、省教育学院院长陈茂林讲了话,市教委副主任刘新元到会祝贺。年鉴编辑部主任原勤红主持了会议。

(李国英)

晋城市成立关心下一代工作委员会

1993年6月26日,晋城市关心下一代工作委员会在晋城成立。市委书记薛荣哲在大会上讲话,鼓励全社会特别是全市的老干部、老同志积极行动起来,投身到关心、教育、培养下一代工作的潮流中来。

"关工委"的成立是我市离退休干部和广大老同志以及广大青少年生活中的一件大事。它是一个以离退休干部为主体,有各界人士参加的群众组织,"关工委"受党领导,挂靠在市委办公厅。"关工委"在抓好本身组织建设的同时,主要是为全体青少年办好事,办实事,要求委员都要向所在学校、机关、厂矿、街道、农村的青少年进行党的传统教育。所有委员自愿报名后经团委、教委聘请,就近向中小学选派校外辅导员,辅导员有三项任务:一是对学生进行革命传统和形势教育;二是帮助学校开展学雷锋活动;三是帮教后进学生,配合教师做好转化工作。"关工委"还将积极开拓校外活动,协助办好暑期夏令营和家长学校,并帮助青年创办经济实体,为更多的青年就业创造条件。

(马　政)

晋冀鲁豫工运研讨会在晋城召开

1993年10月7日,晋冀鲁豫工人运动研讨会第七次会议在我市凤凰山煤矿召开。会议期间,来自晋冀鲁豫4省各地的工会负责人和工人运动的专家学者,就新形势下工会组织的地位和作用以及工人运动特点的理论和实践等问题,展开了广泛的讨论研究和交流,原全国总工会领导同志蒋毅和山西省总工会副主席田玉凤出席了会议。市委副书记王家俊到会祝贺并讲了话。

(《太行日报》记者)

高平有了游泳池

1993年7月5日,高平市首家商业性游泳池开张营业,从此结束了高平没有游泳池的历史。

这个游泳池位于城区新建路东侧,原城北儿童乐园院内,总面积1900余平方米,总投资6.5万元,分成人、少年两个泳区,可供200余人游泳。

这个游泳池是承包儿童乐园的个体经营者王甫生、王茂生个人投资,在儿童旱冰场的基础上兴建的,盛夏可游泳,严冬可滑冰。

(张晋德)

晋城市郊区水东村开发丹河龙门旅游区

值此"'93山水风光旅游年"之际,郊区水东乡水东村把开发丹河龙门旅游区当做全村经济上台阶、达小康的十件大事之 来抓,目前已投资20多万元,力争赶在今年农历"六月六"当地传统庙会到来之日实现对外开放。

丹河龙门旅游区位于水东村附近的云龙山上,与我市闻名遐迩的国家级文物玉皇庙毗邻,距市区仅12.5公里。这里山清水秀,风景宜人,有龙王庙等明代文物古迹旧址及一系列极具观赏价值的自然山水景观:天然瀑布、天然溶洞、石窟、石缸等。此外,丹河龙门旅游区还蕴藏着不少可供开发的天然资源,如黑金刚矿石、矿泉水、野薄荷、野木耳等。

今年以来,该村自筹资金,不仅改建扩建了龙王庙等文物古迹旧址,开发出自然风光景点20余处,还新建了大、小凉亭,疏通了观光路线。他们还将建成人造湖,绿化云龙山,决心将丹河龙门旅游区建设成我市第一流的游览胜地。

(王新萍)

沁水夺得晋城市迎春长跑比赛团体五连冠

1993年1月5日,我市第八届迎春长跑比赛在晋城降下帷幕。沁水县获团体总分第一名,男女个人及体委主任组的冠军均被沁水选手夺得。这也是沁水县连续五次获团体第一,连续八次获体委主任组冠军。6日,该县五大班子领导到车站迎接载誉归来的体育健儿。这在沁水县也是有史以来的第一次。

沁水虽说是个山区贫困县,既无一块像样的场地,又无足够的体育经费。但是,县委、县政府在抓经济工作的同时,没有忘记发展体育运动,从多方面重视支持体育工作,去年投资十多万元,修建体委办公大楼;四百米跑道、看台灯光球场、训练房、综合服务大楼已列入1993年基建规划,地址已经选定,资金正在筹集,不久即可动工。县体委不等不靠不要,因陋就简,严格训练,公路上、山坡上时常可以看到训练的运动员,各种小型比赛长年不断,群众性的体育活动有声有色地开展起来。在这次比赛中,沁水县以一千一百三十三分的成绩遥遥领先,荣获团体总分第一,男子组的前十名就有沁水九名,女子组的前十名全被沁水选手包揽。县体委副主任蔡振东连续八次夺得体委主任组第一名。

(倪艾君)

晋城市夜总会开业

咱市也有夜总会啦!这家位于市区北环路东段的优雅、高档的文化娱乐场所,是由宏都实业公司首家开办的。

宏都实业公司系由蔬菜批发中心改建而成,是一个集煤炭、生铁、铸件、发运经销、煤能利用等多项经营活动与一身的经济实体。随着市场经济的发展和人民群众生活水平的不断提高,人们在物质、文化等方面的需求,越来越趋向高档次和多样化。为了适应这一新的形势,他们经过紧张筹备,与1993年5月31日办起了这家夜总会。开业以来,吸引了众多不同职业、不同层次的顾客。

晋城市工行召开“两球”运动会

晋城市工行第二届储蓄杯篮球赛、首届职工乒乓球赛1993年5月30日在阳城县落下帷幕。经过4天角逐，高平代表队夺得乒乓球男子团体赛、男子单打和女子单打冠军，广场办事处代表队获女子团体赛冠军，篮球赛冠军被阳城代表队夺走。

（吴乔吉）

芦连堆捐资10万元建舞台

高平县东周乡人大代表芦连堆致富不忘众乡亲。1993年他慷慨解囊，为该乡东宅村捐资10万元修建现代化舞台，解决了该村群众看戏难的问题，受到人们的普遍称赞。

（周全喜）

晋城市首期文秘写作培训班结业

1993年5月10日，由市科教文化开发公司举办的我市首期写作培训班结业。这次培训本着提高文秘工作者的写作水平和办事效率的宗旨，由来自山西大学以及市政府相关部门的领导授课。全市各县区30个单位的34名文秘工作人员参加了这期培训。

（宋安太）

光明图片二社开业

1993年2月10日光明图片二社在市区新市街菜场开业。光明图片社就是郊区泊村煤矿1988年建起的彩扩企业。几年来，他们以质量过硬、服务上乘而备受顾客青睐。二社的开业,既扩大了业务量,又满足了市场需求。

(李前进)

梁乔太书法作品将赴美展出

阳城县书法协会副主席梁乔太的一幅书法作品将于1993年10月赴美国纽约参加由中国书法家南方联谊会和美国纽约美东方艺术协会举办的"中国当代名家国际书画大展"。

近年来,梁乔太同志在抓好全县书法协会的日常工作的同时,临池不辍,陆续有书法作品发表于《人民日报》海外报、《火花》、《书法之友》等报刊,被《中国当代书法名家墨迹》、《中国当代青年书法家辞典》第二卷、《中国当代诗书画人才博览》、《中国硬笔书法艺术家精品》、《中国硬笔书法鉴赏辞典》等大型辞书收录。

(白军社)

初中生牛向晖书法作品赴日参展

1993年7月在太原举行的"中日少年儿童书法交流会"上,晋城市第五中学初一年级63班学生牛向晖的书法作品获行家好评并送往日本参展。

参加这次交流会的有来自我省6个地市的43名小书法家和日本小朋友,牛向晖是我市唯一参加这次交流会的同学。他的书法受到与会领导和专家的一致好评,日本朋友对他的现场人像速写赞不绝口,省委常委、省委宣传部长崔光祖、原省人大常委会主任王庭栋高兴地同向晖同学合影留念。日前,牛向晖的"书趣"、"笔会"等作品已被送往日本参展。

(李国忠)

陵川县棋子山被确认为围棋发源地

经过诸位专家、学者论证,1993 年 1 月认定陵川县棋子山一带为围棋发源地。

棋子山位于陵川县城东 10 公里之处,为商末贵族、古代著名的卜筮家箕子胥余的封地。这是围棋有史以来我国迄今为止发现的唯一一处天然“棋石”的圣地。山上方圆数十平方公里,棋石俯拾皆是。不仅颜色相同于东汉班固《弈旨》一书中关于早期围棋颜色“黄黑阴阳分也”的描述,而且外观也极似现代《围棋辞典》关于“棋石”形状的棋具基本规范。更令人叹服的是:山上有两个古岩洞,一洞中有记载卜筮等内容的石碑,另一洞顶壁保留着古时围棋棋盘的图案,相传为箕子隐居卜筮研棋之所在。这一重大发现是山西省社会科学院助理研究员杨晓国的成果。杨晓国于 1989 年来陵川时发现这一奇特的自然景观及历史遗迹后,先从“棋石”、“箕子”入手,综合运用考古学、地理学、文字学、气象学、易学和历史学的知识和原理,经过三年多的探索研究,获得了一系列有关围棋起源时间、地域及形成原理的重要信息,用大量的论据及无可辩驳的推理写出了《论陵川棋子山与围棋起源》。

论证会是由山西省社科院,省周易学会,陵川县有关单位联合举办的。

(学文 志敏)

首届长治、晋城书画联谊展启幕

首届长治、晋城书画联谊展 1993 年 5 月 23 日至 29 日在我市农业大厦举行。

古潞、泽二州,同为上党。上党山川壮丽,毓秀钟灵,历代文人墨客辈出。书坛画苑,争妍斗奇。为促进长治、晋城二市经济交流,文化携手,特举办此次书画联展。经遴选后推出的百幅书画作品,或诗意盎然,于飘逸中显笔情墨趣;或浑厚古拙,在凝重间现雄健深沉。书画联展百花齐放,异彩纷呈,作品质量普遍高于往年。此次书画联展先在长治展出 10 天,受到观众热情赞誉。

(《太行日报》通讯员)

晋城市电视台改为每周七次播出

晋城市电视台从1993年12月26日起改为每周七次播出，节目的内容和质量也将有新变化,播出频道改为17频道。

成立四年多的晋城市电视台,一直是每周两次播出电视节目,随着我市电视事业的发展,两次播出已远远不能适应群众对电视事业提出的新要求,要求增加电视节目的呼声日高。我市经济的迅猛发展,也要求增强电视宣传的力度。

晋城电视台改为每周七次播出后,将在以下几个方面做出相应的改革。一是电视节目上将有改变。在取消一些原有栏目的基础上,增设法制纵横栏目。热线223822栏目,是电视台为贴近群众、贴近生活,加强舆论监督而设置的。通过这一栏目将增强市电视台的城市特色,力求做到上情下达,下情上达,为群众排忧解难。四点透视栏目,将通过对社会上热点、疑点、难点、焦点问题的透视,解剖社会深层次问题。同时,还将设立几个不定期栏目,包括乡镇时间,重点配合全市经济战略总体思路,介绍一些乡镇的改革风潮,体现乡镇的优势和名优产品,经济发展状况等。泽州华彩,将展示我市悠久的历史和文化等。科技来风,是一个信息服务性栏目。一月要闻回顾,是将一月来发生的重要事件集萃编排。心诚点歌台,增强娱乐性。少儿节目也将正式推出。改革后的节目,将力求贴近生活,增强群众的参与意识和参与能力,增强宣传力度、范围和内容,把电视台整体节目水平推上一个新台阶。

这次变七次播出后,电视节目播出质量将有明显改观。

(杜　燕)

晋城市新华书店积极发行《邓小平文选》第三卷

1993年11月初,在党中央做出学习《邓小平文选》第三卷的决定后,晋城市新华书店立即组织人员,集中力量抓征订发行工作。当时,首批书供到省城书店,他们不等不靠,副经理汪惠芳亲自向省及各大城市联系,在新华书店总店答应给书后,又连夜带人进京,于11月8日购回1000册,成为全省首家到书的地市级店。经理韩富云正在太原老家为母亲看病，闻讯后迅速返回晋城，一方面派出精干人员分路购书，一方面动员全店干部职工，顶风冒雪分头深入机关、厂矿、农村、学校订书、送书。近日，已将15000册《邓小平文选》第三卷送到干部群众手中。市委的领导同志说：我们市学习《邓小平文选》第三卷之所以行动快，声势大，劲头足，多亏了新华书店的同志们及时送来书。

（裴余庆）

县长捐书

1993年11月4日，沁水县县长刘晋英把自己的100册图书捐给了张毅青少年家庭图书馆，为全社会关心下一代健康成长起到了带头作用。

刘县长非常关心下一代。她专程参观了张毅青少年家庭图书馆后深受感动，认为这是开辟青少年第二课堂的新途径，可从不同角度开发青少年智力，增长知识。她决心用自己的言行带动全社会都来关心下一代，于是就把自己家中有关青少年的书籍全部捐献给张毅青少年家庭图书馆，不仅为该馆增添了新书，而且为促进良好社会风气的形成带了个好头。

（张旭明）

巴公镇文化建设方兴未艾

1993年，郊区巴公镇党委和政府注重农村文化建设，在经济建设迅速发展的同时，小康文化建设亦空前活跃。

镇党委和政府首先从文化网络的建设入手，先后办起了镇文化中心和32个村文化室，其中镇文化楼、东四义、二村、南山文化楼投资均在100万元左右，各村都配备了文化专职人员。二是充分利用图书馆、闭路电视、有线广播等文化载体，对农民进行科学、文化知识教育，从根本上提高农民的文化素质。三是制订文化政策，加强对文化市场的管理。目前，全镇共有文化专业户220家，为群众提供了积极向上的精神食粮。四是开展文明创建活动，全镇已涌现出25个文明村，2100个文明户，其中东四义、北板桥村被命名为省级"文明村"。五是举办了"文化搭台、经济唱戏"的活动。如农民艺术节,武术节等,使经济建设与文化建设协调发展。

(王来红)

3万门程控电话在晋城市落户

建国以来我市邮电史上最大一个引进项目——利用国外贷款引进西德西门子公司和西班牙西萨公司生产的程控电话3万门交换设备合同已经敲定,从1993年12月底开始到明年底将分期分批在高平、阳城、晋城安家落户。

这批利用国外贷款由省政府贴息引进程控电话交换机总容量共3万门、长途2600线,其中:高平、阳城利用外资贷款引进西德西门子公司生产的EWSD程控交换机各6000门,长途各300路端,总投资3524万元人民币(外汇198万美元);晋城利用外资贷款引进西班牙西萨公司生产的S—1240程控电话交换机1.8万门,长途2000线,总投资6000万元(外汇360万美元);全市第二次引进程控电话共利用外资贷款558万美元,国内配套设备4632万元人民币,是我市邮电利用外资引进程控交换设备规模最大、金额最多、投产点最多的通信建设项目。我市已利用国内外贷款两次引进国外程控电话交换设备,第一期1991年利用国内贷款(省政府贴息)102万美元;引进程控交换机7000门,已于今年9月份全部开通投入使用,今年第二期利用西德和西班牙政府贷款558万美元,引进程控电话交换机3万门,用于晋城、高平、阳城三个县市。该项目目前已陆续开工,11月份起分批到货,1994年全部开通,至此,我市除陵川外将全部实现电话交换程控化。

(李培生)

"大哥大"在晋城市投入使用

我市900兆移动电话(俗称大哥大)于1994年元旦前夕投入使用。这是继7000门程控电话开通之后,我市电信发展史上的又一个重要里程碑。

900兆移动电话是引进美国摩托罗拉公司生产的目前世界上较先进的移动通信系

统，总投资1400万元。这是一项新兴的通信业务在移动中进行通信，具有高度机动性和实用性，在覆盖区内使用不受时间、空间限制，可随时随地进行国内、国际电话直拨，具有程控电话所有功能。这次我市引进的900兆移动通信交换系统，将覆盖以晋城、高平为中心的25公里范围，实现太洛公路全省移动通信漫游，以后还可实现全国漫游。它的开通，标志着我市基础设施建设步入一个新的阶段。

（《太行日报》记者）

晋城市退休职工活动中心建成

晋城市企业离退休职工活动中心于1993年8月建成开业。该中心是晋城市目前规模最大、功能最全的活动中心，设有阅览室、健身房、歌舞厅、医疗门市部等。

'94晋城中英农村妇女发展研讨会召开

为了迎接1995年世界妇女大会在北京召开，为非政府组织论坛做准备，'1994晋城中英农村妇女发展研讨会于1994年10月25日至27日在晋城金辇大酒店召开。

这是晋城市第一次大型中外农村妇女专题研讨会。会议期间，市政府副市长郭树珍代表市委、市政府发表了讲话，市妇联主席王素英介绍了我市农村妇女发展概况，英国理丁大学系主任高福斯，荷兰、泰国女士分别介绍了本国农业及农村妇女发展情况。与会者围绕世界妇女大会"平等、发展与和平"的主题和"就业、保健与教育"的次主题，就"妇女对经济发展的作用；富裕地区与贫困地区妇女的交流与互助；对农村妇女发展提供资助的有效途径"三个议题，从不同侧面进行了分析阐述并就农村妇女的出路、发展途径进行了探讨。

（《太行日报》通讯员）

晋城城区创建太行国画院

由晋城城区创建的太行国画院于1994年元旦宣告诞生。该院聘请河南开封大河画院院长孙玉明为院长,建院伊始展出了省内外著名书画家的180余幅作品,省、市领导胡富国等为画展题了词。

(《太行日报》记者)

晋城市委宣传部调查研究出成果

晋城市委宣传部紧紧围绕以经济建设为中心,坚持理论学习并与实践相结合,勤于调查研究,不断提高宣传干部的科学决策水平和驾驭市场经济的工作能力。

近年来,随着市场经济的深入,新情况、新矛盾日益增多,市委宣传部领导干部及时做出了深入开展"学理论,勤调研"活动的决策。1994年以来,积极组织干部深入农村、工厂、学校,采取上门走访、开座谈会等形式,针对群众中的"热点"疑点问题把握舆论导向,做出正确的回答和解释。同时,坚持每周集中学习制度,紧密结合本部实际,写出调查报告和心得体会,定期进行汇总交流,考核学习情况,写出了《晋城经济上新台阶思路与对策》、《晋城市按系统工程建设村镇》,写出、拍摄了《晋城人民奔小康》、《小康城的诞生》等30多篇(部)理论文章、调查报告和专题片,其中有10多篇(部)理论文章、专题片在中央、省、市电视台及理论刊物上发表,为全市的经济建设提供了良好的舆论环境和正确的决策依据。

(石少平)

晋城市直机关象棋赛鸣金

由晋城市体委主办的"市直机关象棋赛"1994年10月中旬在晋城市物资局举行。经过两天的角逐,巴公化肥厂夺得团体冠军,市物资局获得亚军,王武跃、赵安贤、李永红、关建宾、郭存保、李占军分获个人赛前 6 名。

（王贵田）

电视剧《路》创作组上路

以反映陵川县锡崖沟人艰苦奋斗、开凿公路为内容的电视剧《路》（暂定名）将于 1994 年国庆节期间在中央电视台播出。

锡崖沟人在三任党支部带领下，艰苦奋斗 30 年，终于用钢钎、炮锤在悬崖峭壁上凿开了一条通往外界的路。1994 年 6 月 22 日，《人民日报》在头版头条报道之后，首先在人民日报社内引起了强烈反响。人民日报社事业发展局崔文玉、谷家旺二位局长学习之后，23 日便召集人民日报社华闻影视制作中心主任邵山、制片主任赵志君，指出，锡崖沟险恶的条件并非普遍存在，但他们那种自力更生、艰苦奋斗精神和百折不挠的意志，却有着普遍意义。他们 30 年艰苦奋斗的历史，就是中国共产党领导中国人民奋发图强，排除万难，建设具有中国特色社会主义的缩影，我们的任务就是以最快的速度将其搬上屏幕，让这种精神进一步发扬光大。他们当场确定了领导机构，由人民日报社华闻影视制作主任邵山任制片人，赵志君任制片主任。

军令如山，一干人立即停下所有的工作，全力投入《路》剧筹备。24 日，便请到了荣获第 41 届柏林电影节特别奖的《大太监李莲英》的著名剧作家郭天翔任编剧。

27 日，制片主任赵志君、编剧郭天翔、剧务主任张福生等一行 6 人即从北京出发直抵陵川县锡崖沟采访、选景。

根据赵志君主任介绍，这次人民日报社是下了决心要把这部片子搞好的。小片子大动作，全部采用电影表现手法，他们计划来个重点大突破，即聘名编剧，请名导演，选名演员，三合一打出去。

《路》剧上下两集，约 100 分钟，用陵川县、锡崖沟、支部书记宋志龙真实地名、姓名，预计 8 月初开镜，8 月 15 日左右停机，国庆节期间在中央电视台播放。

目前，他们已选定了锡崖沟、陵川县城等拍摄外景。

（刘学文）

晋城市筹建有线电视台

晋城市有线电视工程总体规划和技术方案上月末在太原通过论证并报国家广电部审批。到1994年全市已建成卫星电视广播地面接收站1200个,已建不同规模的有线电视站和共用天线系统270个。市区有线电视用户达3万个。为了适应我市有线电视的发展,加强有线电视的行业管理,保证有线电视节目传输渠道,市区联网势在必行。

规划的近期目标是,根据广播电影电视部"一地一网"的技术政策,市广播电视局将组织城、郊两区广播电视局(管理站)首先在市区实施光缆联网,同时筹建晋城市有线电视台。联网后,市有线电视台、城区有线电视台、郊区电视台3套节目将各占1个电视频道,同时和中央、省、市电视台节目共网共缆传输,即实行"三合一网"的模式组网建台。

市区有线电视联网工程是一项高技术、大规模的系统工程。光缆联网工程竣工后,市区3万用户将会收看到25—31套高质量的电视节目。收听到7—10套调频节目。

规划的远期目标,将通过宽带微波将黄河电视台、市电视台、市有线电视台和市电台的广播电视信号送到各县(市),在全市范围完成有线电视联网。

(史光基)

晋城市5900名中小学生重返校园

1994年,晋城市市、县两级"两基"督导评估领导组采取行之有效的措施,使全市5900名中小学生顺利返校就读,解决了全市教育工作中学生流失的突出问题。

由于受家庭问题、读书无用论、教学水平低、管理跟不上等因素影响,造成了我市中小学生有8745名流失,流失率达10.25%。针对这一问题,市、县两级政府掀起了声势浩大的《义务教育法》宣传活动,严肃查处了招用童工和强迫子女退学的有关单位和个人。与此同时,督促各中小学根据农村实际和农民要求,推进教育改革,制订方案,实施"希望工程",开展"人人献爱心,援助山里娃"捐资助学活动。其中阳城县实行了干部包入学、校长包巩固、教师包提高的"三包"活动,有效地制止了学生辍学、流失问题。

(泽　辉)

《沟里人》元旦与观众见面

反映锡崖沟人筑路精神的电视剧《沟里人》(暂定名）元旦期间就要与观众见面了。1994年12月6日,代市长李拴纣带队,我市五大班子领导吴明东、王天智、程延龄、谢贵荣、马巧珍、雷振声等前往锡崖沟看望了正在紧张工作的演职员。《沟里人》电视剧是由省委宣传部、省广播电视厅和晋城市委联合拍摄的。该片以我市著名作家崔巍、郭国元创作的电视剧本《锡崖沟》为蓝本,以锡崖沟人为改变自己命运,几十年开山筑路,浴血奋斗的真实故事为背景,力求从电视艺术的高度反映山里人不屈不挠,奋发向上的时代主题。这部电视剧由全国十佳导演之一,曾导演过《杨家将》、《三国演义》等重大题材,多次获奖的全国著名导演、山西电视台副台长张绍林亲自执导,省电视台电视剧部主任徐重民担任制片,来自河北、内蒙古、北京、新疆、山西等5个省和自治区的优秀演员在此片中出任角色。

慰问期间,我市五大班子领导与剧组成员亲切交谈,问寒问暖,并送上从城里带去的慰问品。当了解到演员们为赶着拍戏,一个月从未睡过一个安稳觉,没有按时吃过一顿午饭时,李拴纣代市长说:“你们不辞劳苦到深山里拍戏,实在是太辛苦了,我代表市五大班子对你们表示感谢。”李拴纣代市长还勉励摄制组要发扬锡崖沟精神,拍好电视剧。全体演职员则表示一定不负厚望,以一流的拍摄质量,再现出锡崖沟人的创业奇迹。

慰问中,我市五大班子领导还停车驻足,向为修路献身的两位筑路英雄董怀跃、宋双保敬献上花圈。

（王新萍）

晋城市小学生书法竞赛揭晓

1994年11月13日,晋城市教委组织举办的全市小学生书法竞赛揭晓,团体名次和个人获奖名次已各有得主。阳城县实验小学,城区三小获得团体一等奖,郊区周村小学,市实验小学,高平东方红小学各获得团体二等奖,晋师附小,城区二小,陵川实验小学,阳城二小,晋城矿务局凤矿小学分别获团体三等奖。

个人获奖的佼佼者是:三年级的一等奖为郊区周村小学的陈向伟,阳城实验小学的王婷婷,城区三小的王炳娟。四年级一等奖为高平东方红小学的阎宇梅,李毅杰,晋城矿务局王台矿小学的赵瑞。五年级一等奖为阳城实验小学的阎宇博,市实验小学的王晶,晋城矿务局机关小学的王晨。二、三等奖的获得者也分别得到奖励。

这次书法竞赛活动旨在推动全市小学阶段的素质教育向纵深发展,推动学校第二课堂的开展。

(张买相)

晋城市召开教师节表彰大会

1994年9月10日上午,晋城市泽州会堂门外鼓乐喧天,市直学校千余名教师和来自6县(区、市)的模范教师怀着喜悦的心情,步入会堂,参加市委、市政府召开的庆祝第10个教师节表彰大会。

副市长郭树珍主持了大会。市委副书记刘焕升讲话。刘换升首先代表市委、人大、市政府、市政协向全市广大教师和教育工作者致以节日的祝贺和亲切的慰问。接着回顾了我市10年来教育工作所取得的成绩,肯定了教师在教育工作中的主导作用。

刘焕升在讲话中强调指出,要坚持每年为教师办几件实事的制度,引导和规范各个部门、各条战线、各行各业满腔热情、积极主动地关心和支持教育工作,尊重教师的劳动,维护教师合法权益,进一步弘扬全社会尊师重教的良好风尚。

刘焕升希望每个教师和教育工作者以“教书育人,为人师表”的信条自勉自律,进一步发扬“红烛”精神,呕心沥血,无私奉献,要不断提高自身修养,要积极参与教育教学改革,争做教育改革的排头兵。

会上,市五大班子领导为受市委、市政府表彰全市100名模范教师和先进教育工作者颁发了证书和奖品。

9月9日晚上,市教委在泽州会堂还举办了文艺晚会。

(李国英)

市区歌舞厅进行检查整顿

为加强文化市场的管理,1994 年 9 月 26 日至 29 日,市委宣传部、政法委组织有关部门,对我市的文化市场,特别是歌舞厅进行了一次突击检查整顿。

此次检查整顿之后,将提出整改意见,最后进行验收评比。一个时期以来,我市的歌舞厅发展较快,成为人们消遣娱乐的重要场所。它丰富了人们的文化生活,对提高城市整体素质和市民素质是大有好处的。但一些从业人员本身文化素质不高,加上文化管理部门管理经验不足等原因,造成一些舞厅单纯追求经济效益而忽视了社会效益,一些舞厅经营者法律意识薄弱,对社会治安形成干扰。因此,加强管理势在必行。这次检查的主要内容是证件的完备程度,主要是文化经营许可证,特种行业许可证,消防安全合格证、营业执照及物价收费许可证是否齐全。其次是检查场地、设备是否符合经营标准,经营秩序,管理制度是否规范等。经过 3 天的突击检查整顿,对市区歌舞厅进行了一次详细的调查摸底,为下一步整改工作打下了基础。

(《太行日报》记者)

晋城一中评出"十佳青年教师"

进入 90 年代,晋城一中师资青黄不接的现象日益突出,一些青年教师还出现了"跳槽"现象。为了稳定教师队伍,完成 90 年代教师队伍的新老交替,解决当前教育"断层"问题,1992 年秋,该校新的领导班子决定在校内选拔一批青年教师作为骨干和学科带头人进行培养,并拨出专项经费,用以资助他们成长,同时做好与国家"跨世纪优秀人才计划"的对接工作。

经过一年多的听课、考察、选拔,1994 年首批"十佳青年教师"评选揭晓。他们分别是:政治组的路永法、张向卫;语文组的朱根林;英语组的崔巧凤、施继平;数学组的李坤明;物理组的陈恒庆、阎月平;化学组的马星胜;生物组的崔松亮。

(郭新氏)

“太行万里行”采访出发

《太行日报》的“太行万里行”采访活动于1994年6月21日上午拉开帷幕。

本次采访活动的任务将主要由本报摄影记者李前进承担，他将用一年左右的时间，骑摩托车对全市的121个乡镇的两千多个村进行采访，通过图片、文字报道，反映市管县10年来我市农村改革取得的辉煌成就，同时对革命老区、小康村镇、旅游景点、风土人情以及农村党建、模范家庭等进行全方位的报道。

本次“太行万里行”采访还是为了纪念邓小平同志为《太行日报》题写报头10周年而组织的一次活动，市长田霍卿特为本次活动题了词。

(《太行日报》记者)

晋城市区一日游开始迎客

自1994年5月，旅游部门推出市区一条山水文物观光旅游线，游客一天时间即可全面地游完市区范围的旅游景点。

一日游全程63公里，包括文笔峰塔、青莲寺、珏山、二仙观、娲皇庙、龙门口、关帝庙、玉皇庙共8个景点，基本包含了我市市区的山水文物精华。

旅游部门负责人告诉记者，随着我市旅游资源的不断开发，今后还将在全市范围内发出多条一日游旅游线路，以使全市风貌一览无余地展示于游人面前。

(《太行日报》记者)

中原地区党报联谊会成立

旨在加强报业协作、沟通信息往来、促进中原经济协作区改革开放、发展、稳定的中原地区党报联谊会，日前在河北省邯郸市成立，1994年5月25日，在邯郸日报社举行了首届年会。

中原地区物阜地广、交通便利、城市密集、商贸发达,各市、地之间经济文化交往由来已久。增强这一区域的协作和沟通,推动经济、文化的交流和发展,各新闻单位责无旁贷。为此,晋、冀、鲁、豫接壤地区的《长治日报》、《太行日报》、《邯郸日报》(并《邯郸晚报》)、《邢台日报》(并《牛城晚报》)、《聊城日报》、《荷泽日报》、《焦作日报》、《新乡日报》、《安阳日报》、《抚阳日报》、《鹤壁日报》等4省11家市地党报,成立了这个联谊会。各报社长、总编参加了联谊会成立大会首届年会,通过了会议章程,选举了领导机构。

(《太行日报》记者)

山西省委副书记梁国英为“太行万里行”题词

1994年7月29日,在锡崖沟视察工作的省委副书记梁国英遇上了《太行日报》“太行万里行”记者李前进。他听了田霍卿书记和记者讲了“太行万里行”的目的、意义和活动情况后,表示了极大热情,他欣然提笔为“太行万里行”题词:“走进千家万户,反映大众呼声”,并殷切嘱托记者:“一定要坚持到底。要把镜头对准百姓,多反映老百姓的疾苦。”

(《太行日报》记者)

晋城市职工交谊舞大赛降下帷幕

晋城市总工会为活跃职工文化生活而举办的首届职工迎“五一”信托投资杯交谊舞大赛降下帷幕。

市职工迎“五一”信托投资杯交谊舞大赛,从1994年3月下旬开始,历时一个月,各县(市区)及市直属工会从近500对选手中,经过初赛选出54对,于4月28日参加了华尔兹、探戈、自选舞等3个舞种的复赛和决赛,从中评选出10对选手获“泽州舞星”称号。

(郭书根)

晋城市举行宣传干部演讲赛

由晋城市委宣传部组织的全市宣传干部演讲赛,以“重事业,淡名利,爱岗位,勇奉献”为主题,1995 年 11 月 7 日在泽州饭店隆重举行。

来自全市宣传战线各单位的 27 名参赛者,紧紧围绕讲主题,满怀深情回顾自从事宣传工作的经历,畅谈在敬业奉献中实现人生价值的真谛。他们热情洋溢、声情并茂、催人奋进的演讲,不断激起场内热烈的掌声。

10 位评委对参赛者的演讲,从主题、材料、结构、表达诸方面严格按标准评分并当场亮分,宣布结果。

经过一天紧张角逐,下午 5 时许比赛落下帷幕。4 位参赛者获最佳演讲员奖,他们是市文化局副局长张红军,沁水县委宣传部副部长李荣枝,阳城县文化局副局长王香果和郊区广播局科员姚抒夏。获演讲比赛一等奖的 10 名参赛者是李香玉、郭拥车、魏七一、王晓霞、张启才、司芳琴、裴高宏、王银娥、谢红俭、侯素萍。有 13 名参赛者获优秀奖。

沁水县代表队获先进集体奖。

市委领导田霍卿、刘焕升、吴广隆出席演讲会并分别向获奖集体和个人颁发了锦旗和荣誉证书。

(《太行日报记者)

晋城市纪念抗战胜利 50 周年活动丰富多彩

在抗战胜利 50 周年之际,我市各地开展了丰富多彩的纪念活动,牢记过去、珍惜现在、开创未来的意识,正在日益深入人心。

1995 年 8 月 14 日,市委宣传部召开座谈会,邀请部分老红军、老八路以他们的亲身经历,讲述了日本帝国主义的暴行和我国人民抗击日寇的英雄事迹。4 月 10 日是陵川县解放 50 周年纪念日,该县在烈士陵园举行了有 5000 余名各界人士参加的报告会,参加过抗战的老干部现身说法,讲述抗战历史。百余名青年加入了中国共产主义青年团并举行了入团仪式。阳城县组织了抗日英雄事迹报告团,深入全县各乡镇、单位和中小学校进行巡回宣讲，受教育人数达8万人次。此外，他们还举办了抗战胜利50周年电影周活动，郊区组织机关干部、中小学生到土岭、乾棠等革命历史纪念地参观，凭吊先烈，进行爱国主义教育。城区在纪念活动中，除召集老红军、老八路座谈，回忆自己在抗战期间艰苦的斗争外，还在各乡镇举办书画展。

全市新闻出版单位，充分发挥其舆论阵地的作用，分别开辟专栏、专题和专辑，回顾历史，缅怀先烈。《太行日报》开辟“历史的回顾”、“荣泽杯”有奖征文专栏，刊发纪念文章20余篇，市电视台开设“周末影院”专栏，连续播放爱国主义教育影片；市文联主办的《太行文学》杂志和郊区文联的《吐月》杂志分别以各种体裁，从多侧面反映了中国人民艰苦卓绝、浴血奋战，争取民族独立和解放的历史。此外，市委宣传部现正积极筹备纪念抗日战争胜利50周年歌咏比赛，届时，纪念活动将进一步掀起高潮。

（郭彬　朱莉）

晋城市直宣传文化系统举办论文写作比赛

为了适应改革开放和现代化建设对宣传思想工作的要求，不断提高广大干部的整体素质，1995年7月6日市委宣传部组织市直宣传文化系统的百余名干部进行了一次题为“做一个合格的宣传思想工作干部”的（硬笔书法形式的）论文写作比赛活动。

这次比赛，既是一次岗位练兵活动，也是对市直宣传系统干部素质的一次集中测评，更是对今后继续做好我市宣传工作的有力推进。类似这样的活动，市直宣传系统以后每年都要举办几次。

（康俊国）

《晋城百科全书》进了中南海

晋城市党政领导亲赴北京，把1995年新出版的《晋城百科全书》送进了中南海，赠给了中央领导同志及中央和国务院办公厅的工作人员。

《晋城百科全书》是一部系统反映我市政治、经济、文化的工具书。通过它不仅可以了解晋城的历史、现实、人文、自然资源状况,还可以全面地了解改革开放以来晋城的发展状况。

我市党政领导表示:我们把《晋城百科全书》送给中央领导,目的在于让中央领导了解晋城,熟悉晋城,支持晋城的经济发展,使我市的经济更快地走向全国,走向世界。

(永　林)

晋城市举办“国魂颂”抗战歌曲大赛

1995年9月4日下午,泽州会堂歌声嘹亮,座无虚席。激昂的抗战歌声把人们带回了那血与火的抗战年代。晋城市纪念中国人民抗日战争、世界反法西斯战争胜利50周年“国魂颂”歌咏大赛正在这里举行。

参加这次歌咏比赛活动的有各县(市、区)、市直各工委、武警支队共10支代表队,老战士、老干部代表队为比赛领衔表演。

田霍卿、李拴纣、赵国发等市五大班子领导观看了今天的比赛。

首先上场的老战士、老干部代表队由抗日老战士、老民兵、离退休老干部组成,年龄最大的已有81岁。他们胸佩勋章,精神饱满,《大刀进行曲》、《游击队之歌》、《保卫黄河》这些曾激励着他们奋勇杀敌的战歌,今天又一次使他们精神焕发,斗志昂扬。

50年前的歌声,曾鼓舞着一代人为反抗侵略、争取自由而抛头颅、洒热血。在50年后的今天,各代表团唱来,依然使人热血沸腾,心情激愤。歌声中,人们记起了从前的耻辱;歌声中,人们更加增添了珍惜今天,建设今天的豪情。

《红军不怕远征难》、《在太行山上》、《军民大生产》……这些似乎已经久远的歌声,震撼了人们的心。闷热的泽州会堂中,唱者感情投入,精神饱满,气势磅礴。听者专心致志,心与歌行,情绪热烈。赛场上不时爆发出一阵阵热烈的掌声,台上台下融成一片。

市直工委代表队、阳城代表队、武警支队代表队、城区代表队分别获得了本次大赛的一等奖,郊区代表队、沁水代表队、企业工委代表队、高平代表队、陵川代表队各获得了二等奖。为了表示对老战士、老干部英雄的敬意,特别授予了他们“特别奖”。

市五大班子领导现场将写有“壮我国威”大字的锦旗分别授予各个代表队。

歌咏大赛于下午6时30分胜利结束。

(《太行日报》记者)

第四届"山西新闻奖"评选揭晓

历时4天的第四届"山西新闻奖"评选于1995年4月14日在晋城市揭晓。《太行日报》选送作品的受奖面和获奖等级,在全省地市报中独占鳌头。

本届"山西新闻奖"共收到参评作品208件,经过评委们认真负责的评选,共计有138件作品获奖。其中一等奖25件,二等奖40件,三等奖68件,荣誉奖5件,受奖面占66%。评委会认为,本届"山西新闻奖"较之往届质量进一步提高,充分反映出我省新闻界积极进行新闻改革,狠抓新闻队伍的思想、作风和业务建设,坚持新闻事业为社会主义服务、为人民服务的方向,坚持以正确的舆论引导人,取得了丰硕的成果。

《太行日报》选送的5件作品全部获奖,受奖面达到100%。其中,一等奖1件,二等奖4件。报道国家重点工程——阳城电厂建设的通讯《凤凰涅槃》荣获一等奖。系列评论《大力抓好税收工作》、讴歌锡崖沟人艰苦筑路走出大山的通讯《天堑变通途》、介绍郊区山耳东村与沁水县石室村共同驱穷致富的经验的调查报告《富贫联姻,齐奔小康》、系列照片《太行万里行》分别获得二等奖。

(霍玉文)

电视连续剧《沟里人》举行首播式

观众翘首以盼的4集电视连续剧《沟里人》于1995年4月4日在市委综合办公楼三楼会议室举行首播式。这部电视剧以其鲜明的创业主题和撼人的艺术魅力,一问世便引起社会的广泛关注。

《沟里人》电视连续剧取材于陵川县锡崖沟人真实的修路故事。全剧通过沟里人30年如一日用汗水、鲜血和生命劈山筑路的动人事迹,反映了沟里人坚韧不拔、奋发向上的创业精神。该剧凝重,深沉,悲壮,源于生活,高于生活,具有强烈的震撼力。

这部电视连续剧由市委、市政府和中央电视台影视部、山西电视台联合摄制。编剧为我市著名作家崔巍、郭国元,制片人由市文联主席郭中群担任。市委书记田霍卿,市长李拴纣,市委常委、宣传部长吴广隆等也分别在此片中担任监制和策划工作。陵川县委、县政府及我市北岩煤矿、太行印刷机械厂、市煤炭运销公司等单位协助拍摄了这部电视连续剧。

市委书记田霍卿在首播式上讲了话。他说,这部电视剧拍出了锡崖沟精神,看后令人感动,很有教育意义。沟里人不怕困难,百折不挠,战天斗地的英雄气魄是我们各行各业学习的榜样。他们前仆后继30年修成的是一条走出大山的路,是一条脱贫致富的路,是一条希望之路,沟里人朴实憨厚的外表下蕴藏着崇高的思想境界,他们心灵深处闪耀着真善美的光彩,永远是我们学习的榜样。

田书记还要求,在全市范围内要组织收看、讨论这部电视剧,要通过这部电视剧把学习锡崖沟精神的活动引向深入并推向一个新高潮。同时,还要以锡崖沟精神打好“五大战役”、实现“十项目标”,要把《沟里人》电视剧作为一部爱国题材的好片,使人民群众更加热爱社会主义,热爱家乡,建设家乡。

市长李拴纣也在首播式上讲了话。宣传部部长吴广隆主持了首播式。我市五大班子领导,市直各部、委、局、办负责人,赞助单位代表以及新闻界人士参加了首播式。

(王新萍)

现代戏《走出大山》在晋城市巡回演出

1995年隆冬时节,北风呼啸,寒气逼人。剧场内外,大街小巷,一股看戏、评戏的热潮正在泽州大地上涌动着。按照市委、市政府的指示精神,我市上党戏剧院第二演出团《走出大山》剧组,近日赴各县(市、区)进行巡回演出,每到一地,都引起了社会各界和广大群众的极大兴趣和一致好评,纷纷称赞该剧本子好、音乐好、演员好,是近几年来我市文化艺术战线涌现出的一部具有较高思想性和艺术性的、不可多得的佳作。

《走出大山》是一部反映锡崖沟人民三十年开山凿路英雄事迹的大型现代戏曲。为了进一步宣传好锡崖沟人民可歌可泣的英雄事迹,弘扬艰苦奋斗、改革开放的时代精神,以锡崖沟人为榜样,把我市的各项工作做得更好,市委宣传部、市文化局日前曾专门发文,要求《走出大山》剧组赴我市各县(市、区)做巡回演出。演出第一站定在陵川县,广大群众以前所未有的热情欢迎剧组的到来,原定演出两场的计划远远不能满足观众的要求。最后,应观众的强烈要求临时加演一场。广大群众为剧情所感动,为锡崖沟人的精神所感动,更为锡崖沟这一先进典型出自陵川本乡本土而感到由衷的骄傲和自豪,他们看得亲切、动情,热泪盈眶,可谓“台上台下同‘修路’,戏里戏外一家人”!通过看戏,他们真正领略和体会到了锡崖沟精神实质之所在,认识到了自力更生、艰苦奋斗的重要性,也更加激发了热爱家乡、建设家乡的豪情壮志。县里有关部门还就此次观摩,专门召开了座谈会,大家畅谈体会,抒发胸襟,力求把精神变为动力,深化到各项工作中。剧组在高平、沁水以及城、郊等县(市、区)的演出,也都受到了县(市、区)领导的高度重视。高平市委书记徐治业亲自过问剧组的演出事宜并要求通过看戏,进一步学习和发扬锡崖沟精神,推动各项工作再上新台阶。城、郊两区热情接待,领导带头看戏,使剧组备受感动。沁水县还把此次演出与本地区三项建设结合起来,找差距、比贡献、树楷模、争一流,有力地推动了全县各项工作的顺利开展。

《走出大山》剧组已接受过长治市的沁源、长子、潞城、屯留等县(市)的邀请做慰问演出,反响极为强烈,现在,仍有一些县(区)向他们不断发出邀请。

(晋文艺)

晋城市娱乐业实行“两证一卡”经营制

为促进我市文化娱乐市场的健康发展,近期市文化局、文化市场管理办公室,在普查营业性歌舞娱乐场所的年审换证、注册登记中,与市公安局、物价局、工商局又联手推出治理公共娱乐场所混乱的得力措施方案,于1995年10月8日在晓光大厦召开市区各歌舞娱乐场所经理会议,签发《关于加强营业性歌舞娱乐场所价格管理及有关制度的规定》文件,部署经营单位实行“两证一卡”经营制。一是继续执行办理《文化经营许可证》及年审换证注册登记,对符合文化管理制度条例的,确认其经营资格并保障其社会权益,注销并严肃查处无证非法经营者;二是恢复门票制度,经营单位必须到市物价局申领《山西省收费许可证》,建立健全票务制度,方可正式营业,以此杜绝因经营者擅自取消门票,凭点歌高价索金、牟取暴利造成的相争、斗殴、酗酒寻衅乃至凶杀现象;三是娱乐场所工作人员一律凭身份证、居住证、就业单位介绍信到市文化市场管理办公室办理统一岗位卡,实行佩卡上岗监督服务制;四是查禁、取缔娱乐场所卖淫、嫖娼的色情服务以及变相地传播淫秽、暴力等不健康音像制品,以加强社会道德建设。

(陈桂花)

上党梆子《走出大山》在长治彩排

1995年9月17日晚,省委常委、省委宣传部部长崔光祖和省委宣传部副部长、省文化厅厅长温幸,在市领导刘焕升、吴广隆等陪同下,在长治市观看了上党戏剧院试演的上党梆子戏《走出大山》并于次日进行了专门讨论。崔光祖及其他省市有关领导和专家对该戏所具有的积极意义给予了充分肯定,同时提出许多修改意见。

该戏取材于陵川县锡崖沟人民数十年劈山修路的动人事迹,旨在反映我省干部群众全民义务修路的崇高精神,以鼓舞人民群众继续高举改革开放和艰苦奋斗的两面旗帜。该戏投入创作以来,省、市领导都给予了极大的关注和切实的支持。上党戏剧院经过仅1个月的紧张排练就初见成效,表现出了强烈的责任感。

在讨论中,我省著名作家、省作协主席焦祖尧,剧作家华而实、梁枫等专家和有关人士,做了认真发言。他们一致认为,该戏主题鲜明,折射出了时代精神,但在编剧和表演方面,尚有不少须改进的地方,应精益求精,更上一层楼。

温幸讲话指出,这部戏能有这样一个基础,很不容易。近年来,省里把修路和引水当做千秋大业来抓,承担了压力和风险,我们应该给予深刻的理解。我们如果在这方面不能给子孙后代留下一笔宝贵的精神财富,就是一种失职行为。所以,我们一定要把这部戏改好、演好。

崔光祖在做总结发言时说,这部戏一直放在我心上,因为它意义重大。一是可以反映山西这样一个中西部省份怎样走出大山;二是可以教育山西人民更好地坚持改革开放,坚持艰苦奋斗。三是可以启发各行各业努力工作,创造条件,走出大山。大山不仅是指"大山",大山是一种比喻,走出大山,就是走出封闭,走出贫困,走向开放、富裕、繁荣。不出大山不行,要出大山不艰苦奋斗也不行。

崔光祖进一步评价这部戏说,一、总的感觉是行;二、总的不足是情;三、总的办法是挖。他着重指出:我们的目的是要把《走出大山》搞成一部艺术精品,使它既是一部戏,又是一部教材。让人们在得到艺术享受的同时,受到深刻的思想教育。但目前这部戏还比较粗,还须下许多功夫,特别是演员要感情投入,以切实影响和感染观众,并要把握好戏中的几个关系。现在,国庆节就要到了,省里要在阳泉进行太旧路(东西两段)开通剪彩,《走出大山》作为献礼演出,时间很紧迫。要先把比较容易修改的地方好好修改一下,争取在阳泉一炮打响,这是第一步。第二步,在今年国庆节后,进一步下功夫修改,挖掘内涵,真正改出深度和厚度来,力争把该剧推向全国。

市委常委、市委宣传部部长吴广隆最后做了表态发言。其他有关方面的负责同志和该戏的主要演员也纷纷表示,要同心协力,改好、演好这部戏。

(《太行日报》记者)

晋城市宣传系统掀起学习东四义、神南热潮

晋城市委宣传部邀请神南党支部书记李揪呆作了报告,在全市宣传系统掀起了学习东四义神南热潮。

李揪呆结合本村的创业史,就共产党员如何对待金钱、如何对待困难、如何对待享受、如何带领群众走共同富裕的道路等问题,给大家作了一场生动感人的报告,市委常委、宣传部长吴广隆在报告结束后总结时强调指出,在改革开放的新时期,在社会主义市场经济逐步建立的过程中,我们党的各级领导干部,尤其是党的宣传干部一定要处理好苦与乐、奉献与索取的关系,树立正确的人生观、世界观和价值观,要甘守清贫、一心一意为党的宣传事业做奉献。吴部长说,今后一段时期,要紧密结合学习贯彻党的十四届五中全会精神,进一步弘扬东四义和神南精神,为实现十四届五中全会为我们描绘的宏伟蓝图,为晋城经济的腾飞而努力奋斗。

1995年10月24日,市委宣传部还将和市直工委在泽州会堂,请东四义村党支部书记田真炉、神南村支书李揪呆为市直机关干部作专场报告。

(王富林　冯裕民)

晋城市记者团赴东四义集体采访

由晋城市委宣传部组织的市直新闻记者团,赴郊区东四义村进行为期7天的集体采访活动。这是继记者团采访阳城神南村之后又一集中行动。

东四义村早在50年代初就是闻名全国的卫生模范村，曾受到毛主席、周总理的赞

扬。实行改革开放以来,东四义人民高举改革开放、艰苦奋斗的两面旗帜,坚持两个文明建设一起抓,从文明村到小康村,走出了一条光辉的道路,40年红旗永不到。这次采访活动,就是要全面总结、大力推广东四义村在新的历史条件下,坚持党的基本路线不动摇,坚持以经济建设为中心不动摇,坚持发展壮大集体经济不动摇,坚持两手抓,两手都要硬的先进经验,大张旗鼓地集中宣传报道东四义这个先进集体典型,为完成市委、市政府提出的"五大战役"、"十项目标"创造一个良好的舆论环境。

(刘家宴　商浩珲)

孙文盛为锡崖沟希望小学挂牌剪彩

1995年7月7日,省长孙文盛在我市领导田霍卿、李拴纣等人的陪同下,风尘仆仆地来到陵川县古郊乡锡崖沟村,为这里刚建成的希望小学挂牌剪彩。7日上午,在希望小学的落成典礼仪式上,康杰南副市长首先宣读了省委书记胡富国写给锡崖沟小学的贺信和贺词。胡富国在贺信中说,在过去的岁月里,你们几代人自力更生,艰苦奋斗,劈山开路,创造了鼓舞全省人民斗志的锡崖沟精神。今年,希望你们继续发扬锡崖沟精神,一件一件地把自己的事情办好,尽快脱贫致富奔小康。希望孩子们好好学习,天天向上,学好本领立大志,爱家乡,把锡崖沟建设得更加美丽富饶。他的题词是:"学本事,长志气,建家园,奔小康。"

孙文盛在落成典礼上说,早就想来看看锡崖沟,这次来,我看到陵川的庄稼长得好,绿化得也好,老百姓们很艰苦,很努力。特别是看了锡崖沟修的7.5公里路,感想很多。锡崖沟人创造了锡崖沟精神,就是自力更生,艰苦奋斗,百折不挠,前赴后继的精神。看过《沟里人》电视剧,又看了你们修的路才知道,什么叫不怕苦,不怕死,艰苦奋斗,前赴后继。你们现在出了名,但同时要牢记,修路是为了什么。有了这条路,可以引进外面的信息、技术,使自己富裕起来,这才是真正的目的。自己的经济要发展,生活要改善,重要的一点是把学校办起来。培养后备人才很重要,希望你们的小学既是培养学生的学校,又是培养锡崖沟成年人的学校。办一所学校,要富一个村庄,县、乡、村都要研究把学校办好。现在锡崖沟的村出名了,路出名了,希望小学也要出名,要在全省55所希望小学中出名。全社会都要来关心锡崖沟小学。

市委书记田霍卿代表市委、市政府向锡崖沟小学表示祝贺。他希望锡崖沟人团结一致,励精图治,振兴教育,把锡崖沟精神发扬光大,早日走向富裕。

孙文盛、李拴纣等省、市、县领导为学校剪彩挂了牌。锡崖沟希望小学还正式与城区二小结成"手拉手"结对友好学校。

晋城矿务局向锡崖沟希望小学捐赠人民币5万元,《童话大王》杂志社、省煤炭厅、市文联等单位也捐钱或赠送了儿童书籍。

典礼后孙文盛与村民座谈,并为锡崖沟村题词:"艰苦奋斗,劈出大山,改革开放,脱贫奔小康。"最后,孙文盛向筑路英烈董怀跃、宋双保同志墓前献了花。

(《太行日报》记者)

晋城市党政领导赴京和《晋城百科全书》编审出版人员座谈

1995年4月22日田霍卿、李拴纣、殷理田、闫思贤等市委、市政府领导,专程到京和《晋城百科全书》的编审、出版人员座谈,共庆该书的顺利出版。

《晋城百科全书》的总策划兼总编审翟富中、总编辑王樵裕、特约编审金常政、黄鸿森、张慈中、赵建山及该书的出版单位中国奥林匹克出版社的工作人员30余人参加了座谈。

座谈会在山西大厦举行。

市委书记田霍卿首先代表市委、市政府向《晋城百科全书》的编审、出版人员表示感谢,他希望大家今后对晋城市的文化基础建设工作多给予支持,并邀请各位在方便的时候到太行山来看一看。

原国家新闻出版署副秘书长、中国大百科全书出版社副社长翟富中说:"俗语说'盛世修典',以这句话来理解《晋城百科全书》并不过分。从这本书中,我们可以看到晋城市改革开放10多年的巨变。"他说,"作为晋城籍人,在离开家乡50年后,能够为家乡做一点事非常高兴。相信这部书的出版,将一定能为晋城市的经济、文化发展有所帮助。"

座谈会气氛热烈,中国奥林匹克出版社社长、总编辑王樵裕,著名书集装帧艺术家、中国大百科全书出版社编委张慈中,中国大百科全书编委黄鸿森、赵建山等纷纷发言,阐述了《晋城百科全书》出版的意义。

据专家介绍,《晋城百科全书》是我国地市一级编辑出版百科全书的第二本,是中国百科全书向一个更新的层次延伸的先头兵。

市委、市政府领导分别将《晋城百科全书》和新近出版的《晋城》画册赠给了各位编审、出版人员。

市委宣传部副部长韩宽晨、原市委党校校长王守信参加了座谈会。

(郑永林　郭世先)

晋城市环保系统举行体育运动会

1995年10月上旬,晋城市环保系统首届职工体育运动会在阳城县举行。市环保局、各县、区环保局、晋城矿务局环保处等210余名干部职工参加了运动会。运动会共设篮球、乒乓球、羽毛球、拔河、第二套广播体操表演等比赛项目。

这次运动会进一步增强了全市环保系统干部职工的凝聚力和集体主义观念,在社会上树立了环保执法队伍的良好形象。同时,通过组织运动员游行、布置环保板面、标语和各项赛事,使人民群众接受了不同程度的环保教育,环境意识有所提高。

晋城市开展体育宣传周活动

1995年9月25日至29日,全市开展了一次规模宏大的体育宣传周活动。这次活动以宣传10月1日起施行的《体育法》以及《全民健身计划》、《实施"全民健身一二一工程"的意见》为主要内容。采取设点咨询,张贴布告、标语和流动宣传车等多种形式,大造舆论,对推动全民健身运动和我市体育事业的发展,起到了积极的促进作用。

(谢可芳)

晋城市教师节喜事多

1995年9月8日上午,泽州会堂里鼓乐阵阵,喜庆气氛热烈。晋城市庆祝1995年教师节暨表彰大会正在这里举行。李拴纣、赵国发、王天智、吴广隆、马巧珍等领导同志都来到会场向教师祝贺节日。

上午9时许,高昂的国歌乐曲拉开了会议的序幕。几百名少先队员手持花束涌进会场,向哺育他们成长的教师们献上了亲切的贺词。

市委副书记、市长李拴纣做了讲话。他说,建市10年来,我市的教育事业取得了辉煌的成就。城区和阳城县已基本普及了9年义务教育,职业教育也取得了长足进步,全市职中在校生已达5000多人。成人教育网络基本覆盖了全市的各行各业。我市1995年的高考升学率再创历史最高水平。

他说,建市以来,我市各级党政领导一直把教育放在重要地位,从根本上改善了各级各类学校的办学条件。各级政府尽管财政紧张,仍把教育投资放在第一位。1994年,全市教育支出达1.23亿元,占到当年财政总支出的27%。从今年起,我市实行了教育一票否决制。对抓教育不尽力的党政领导,不评模、不重用,还要通报批评。市政府还要为教师办三件实事,以激励教师们为国家培育出更多的人才。

李拴纣指出,今后要从思想上把经济建设的重点放到科技进步上来,放到提高劳动者素质上来。各级党政部门要为教育办实事,要在全社会形成尊师重教的好风气。

他要求教师们要树立敬业、奉献的精神,在平凡而崇高的岗位上体现个人的人生价值。要注意提高自身素质和教学艺术,形成自已的教学风格。

他说,今天表彰的300名国家、省、市级优秀教师、优秀中小学校长、先进教育工作者,是全市教师的精英和楷模。全体人民教师都要以他们为榜样,全心全意地把我市的教育事业搞上去。

优秀教师代表在会上发了言,表示要继承中华民族历代教育家的优秀传统,把自已的毕生精力献给人民教育事业。

最后,李拴纣等领导同志向受表彰的300名优秀教师颁发了荣誉证书。

(永　林)

晋城一中隆重纪念建校50周年

1995年10月7日,晋城一中隆重集会纪念建校50周年。市五大班子领导李拴纣、刘焕升、吴明东、吴广隆、王天智、程延龄、雷振声、成育廷、张和先等参加了纪念活动。市长李拴纣代表市委、市政府做了讲话。

50年前,晋城一中在原崇实中学的旧址上诞生。50年来,晋城一中始终以为高等学校输送英才和为晋城经济腾飞培养后备力量为己任,教师兢兢业业教,学生扎扎实实学。以“学风浓、教风严、校风正”而享誉省内外。目前已有两万多名初高中毕业生从这里走向高等学府、走向社会、走向世界。现在,晋城一中正以崭新的姿态为跨入全国1000所重点中学行列而努力奋斗。

(王培英)

晋城市中学校长汇集阳城取真经

旨在加强全市教育工作力度,提高中学教学质量,学习借鉴阳城的中学教育经验的全市中学校长工作会议,1995年12月10日在阳城召开。

会上介绍了阳城各中学真抓实干,围绕全面提高教育质量这个中心,大力强化内部管理经验。他们的主要做法是:(一)全面推行校长负责制、教职工聘任制、岗位责任制和考核奖惩制,在完善内部机制上做文章,调动广大教育工作者的积极性。(二)狠抓教师的思想政治、职业道德、文化进修、业务水平等方面建设,提高教师的整体素质。(三)推进应试教育向素质教育的转轨,提出“办规范加特色学校、育合格加特长人才”的奋斗目标,建立全面的质量考核机制,加强和改进学校的德育工作,注重非考试学科的教学,使学生德智体美劳全面发展。

与会的各中学校长纷纷表示,这次会议开得及时,阳城一中、南关、北城等中学为我们树立了榜样,我们要迎头赶上。

(郭志军)

晋城市围棋段位赛、棋王赛结束

由市体委和市围棋协会主办的“神利杯”围棋段位赛和“华光杯”围棋棋王赛于1995年12月26日拉下帷幕。来自晋城矿务局的棋手赵军荣获“棋王”称号。

这次赛事自10月中旬开始,历时两个月。来自晋矿及市直等处的70多位棋手进行了角逐。在棋王赛中，赵军以不败的纪录获得冠军，市直单位的聂利民获亚军。山西著名女棋手陈慧芳5段专程从太原赶来参加了闭幕式。陈慧芳为与会棋手做了精彩的棋局讲解，并进行了一对十二的多面打，将历时两个月的比赛推向了高潮。

此次赛事由神利通讯器材公司和华光灯具厂协办，这也是我市围棋活动首次赢得社会赞助。

（聂　尔）

山西省晋城诗词学会成立

山西省晋城诗词学会成立大会于1995年12月7日上午在金叶宾馆召开，宣告了我市这个诗坛群众学术团体的诞生。

中华诗词学会副秘书长、《中华诗词》副主编王澎，山西诗词学会副会长兼秘书长、《难老泉声》主编马斗全，副会长、社科联秘书长时新，中华诗词学会常务理事、晋东南师专教授宋谋玚等专家、学者应邀到会祝贺并讲学。

大会通过了《山西省晋城诗词学会章程》，选举13人为学会理事。在首届理事会上，柏扶疏当选为会长，李慧英、刘伯伦、王立成、李世钧、段永贤当选为副会长。

学会聘请王澎、李才旺（原副市长、现任省政府副秘书长、办公厅主任）和宋谋玚为名誉会长。

市委常委、宣传部长吴广隆到会并讲话，他希望我市新老诗人要坚持“双百”方针和“二为”方向，繁荣诗词创作，深入生活，高扬主旋律，反映人民群众的喜怒哀乐，表现、颂扬和反映改革开放的时代精神，创作形式力求为人民所理解和接受，真正体现诗词创作的艺术价值和社会效益。

与会专家、学者发表了热情洋溢的即席讲话，下午为与会的50多人讲学，受到热烈欢迎。

（《太行日报》记者）

晋城市电话号码升为7位

1995年12月14日上午，市邮电局召开实现本地电话网、电话号码升位新闻发布会,宣布从12月17日零时起,我市电话号码全部升为7位。市领导刘焕升、程延龄、康杰南等到会祝贺。

具体升位方法是:晋城本市原22局、33局的电话号码,在首位数字后插“0”;原晋城矿务局电话号码(6字打头)和晋城郊区乡镇电话(8字打头),在首位数前加3”;阳城电话号码首位数前加“4”;高平电话号码首位数前加“5”;陵川电话号码首位数前加“6”;沁水电话号码首位数前加“7”。

实现本地网后,我市1市4县(市)将统一使用0356一个长途区号,取消原4个县(市)的长途区号(03644、03645、03646、03647)。从市区往4县(市)打电话时,可直拨其7位号码即可打通。

与此同时,我省大同、阳泉、长治、晋中、忻州、运城等6地市也将从今年12月17日零时起,实现本地网,电话号码升为7位,6地市均只保留一个长途区号并取消各所辖县的长途区号。

（王新平　张建华）

省级“爱国主义教育基地”在晓庄村挂牌

1995年6月27日,由省委、省政府颁发的山西省“爱国主义教育基地”铜牌在城区晓庄村挂起。

市委宣传部副部长张汉良受省委宣传部委托,参加了挂牌仪式并讲了话。他说,近几年来,晓庄村在村党总支领导下,双文明建设取得了突出成绩,勉励他们要把爱国主义教育作为光荣义务,组织接待好青少年的参观学习活动。

在省委、省政府确定的全省100个爱国主义教育基地中,我市有5个,晓庄村是其中之一。

（李继东）

山西电视台晋城记者站挂牌

山西电视台晋城记者站于1995年11月6日正式成立。我市领导田霍卿、刘焕升、吴广隆等出席挂牌仪式并讲话。省、市新闻界同行亲临致贺。

该站是山西电视台的派出机构，在业务上接受省市双重领导。主要任务是为省电视台提供新闻并组织协调一些电视活动。

市里领导在挂牌仪式上讲了话。他们指出，电视是宣传党的政策和反映群众呼声的重要阵地，有着广阔的发展前景。新闻工作者要不断提高素质，创造性地开展工作，为把晋城建成全省的经济强市多做贡献。

（欣　平）

“舜王坪山顶公园”隆重剪彩

1995年8月1日，沁水县下川乡在孙文盛省长题写的“舜工坪山顶公园”石碑所在处——历山舜王坪，举行了隆重的剪彩仪式。

市委书记田霍卿、市纪检委书记吴明东、市政府秘书长闫思贤、沁水县委书记周海德出席并为“舜王坪山顶公园”剪彩。

市委书记田霍卿发表了热情洋溢的即席讲话，他希望沁水县、下川乡从改革开放、发展经济的战略高度出发，充分开发和利用旅游资源，促进经济发展。他还为下川乡党委、政府题词：“开发旅游资源，为山区经济建设服务。”

剪彩仪式结束后，市、县党政领导和三千多群众游览了山顶公园的蒙古村、南天门、斩龙台、龙翻山等景点。

（《太行日报》通讯员）

晋城市泽州公园开工建设

1995年7月13日上午,全市人民渴盼已久的泽州公园正式开工!市委书记田霍卿以及程延龄、马巧珍、巢骥迅、张和先、成育庭、张天奎等领导为公园挥土奠基。

泽州公园建设是市委、市政府为适应改革开放和经济建设的需要,改善城市生态环境,满足和丰富人民群众的精神文化生活而确定的我市“八五”期间城市建设的十大工程之一,也是今年市政府为城市人民办的十二件实事之一。这是一项得民心、顺民意的大好事、大实事。

根据城市总体规划,泽州公园位于凤台街以北、红星街以南、太行路以东、东环路以西。公园四周环路、地形高低起伏较大。整个公园占地面积775亩,有裸露的岩石,有低洼的河沟,其间有两个突起的小山包,上面平坦而开阔,站在山顶看市区,景观尽收眼底。整个公园基本处在丘陵地区,未占大量良田。在日后的建设中也力求依山就势,尽量少动土方。初步构想,公园绿地面积将占总面积的88.6%。公园建成后将形成一个集游览、休闲、文化、娱乐、服务于一体的综合园地。

经过招标,泽州公园由太原市园林建筑设计院中标承担规划设计。市政府要求今年完成公园建设的一期工程,即征地拆迁、修建南大门和部分水电路工程。市政府已责成各有关部门完成公园的各项前期准备工作,并希望各方加强协调,密切配合,克服困难,高标准,严要求,力争将泽州公园建成全省乃至全国一流的现代化公园。

(《太行日报》记者)

南艺装潢美术学校在高平成立

经国家教育部门审批,南艺装潢美术学校于1995年11月10日在高平成立。该校属社会力量办学单位,是一所培养既有全面高级工艺又有理论修养的装潢书法美术人才的艺术专业学校,师资力量雄厚,开设有实用工艺美术、书画装裱、书画篆刻、室内外装饰、现代广告设计等5个专业。

(周广学)

晋城裕智国际学校成立

晋城市首家寄宿制学校——晋城裕智国际学校于1995年4月13日在市经济技术开发区成立。该校具有一流的师资、设施和质量，它将为缓解我市学生上学难做出积极贡献。

该校为山西省煤炭局和山西裕智国际科技文化交流中心合资创办，实力雄厚，投资充足。目前只设小学部，以后还将设初中部和高中部。他们将采用现代化教学手段，实行开放式教学、封闭式管理，着重于素质教育，使学生不仅学好课程，还将具有身体、心理、思想等方面的良好素质。

该校是自费学校，机制灵活，将于今年9月1日正式开学。在4月9日的招聘面试现场，记者看到，来参加面试的人十分踊跃，达300多人，远远超过招聘50人的名额，其中有不少是大中专毕业生或在职教师。一对参加面试的夫妻对记者说："我们在县里工作，一个是小学教师，一个是搞教育行政工作的。本来日子过得也不错，但现在的应试教育管得人太死，办学条件又差，不能发挥所长。我们觉得这里的办学思想好，设施先进，可以干一番事业。"

（《太行日报》记者）

《阳城县志》正式出版发行

由阳城县志编纂委员会编，刘伯伦任主编的《阳城县志》，1995年7月7日由海潮出版社出版发行。

这是我市继《沁水县志》、《高平县志》出版之后，出版发行的第三部社会主义的新县志。

新编《阳城县志》共97万字，首设"综说"与"县情基本数据表"，尾设"大事年表"与"文征"。正志分"地理"、"经济"、"科技"、"政治"、"军事"、"文化"、"社会"、"人物"、"要记"、"丛谈"等10编。以新的观点、新的方法和新的资料修纂，从内容到体例都大大突破旧志的框框，体现了社会主义新方志的时代特色和地方特色。

（《太行日报》记者）

文化视点

1991 年

农村文化生活忧思

冯末旺

近年来,在部分农村,物质生活得到改善,文化生活却依然相当落后和匮乏。

其突出表现是:一些乡镇文化站徒有虚名,挂起牌子,搞了点形式,仅仅是为了应付"检查、参观",实则是"聋子的耳朵",并未开展任何文娱活动;一些边远山区的农民一年只能看几场电影,而放映的片子大多是些旧片、断片。农民为了打发那难熬的漫漫长夜而买上了电视,但"雪花飘飘"的电视屏幕,也只能看个大概,还有一些农村农民由于看不到电视、报纸,听不到广播,对外界一无所知,其愚昧程度,简直让人可笑而又可悲。枯燥乏味的生活,使一些农民的精神世界极度空虚,为了寻求刺激,一些农民染上了赌博、打架斗殴等恶习,封建迷信活动沉渣泛起。这都成为造成社会不安定的重要因素。因此,改变农村文化生活贫乏落后的状况,不仅是加强社会主义精神文明建设的需要,而且也是广大农民的愿望和要求。

搞社会主义建设,不仅是建设物质文明,而且要建设精神文明,二者缺一不可。但在一些地方,一些领导却只重视物质文明建设,不重视精神文明建设。据了解,哪里的文化生活贫乏,哪里的"一手硬、一手软"的倾向就十分严重。解决了这个问题,就解决了因农村文化生活匮乏而产生的一系列问题。除此之外,乡镇文化站要建章立制,把开展文娱活动落到实处,真正发挥文化站文化宣传的主导作用和辐射功能;建立以行政村或自然村为单位的文化活动场所,经常组织开展一些有益的文体比赛;文化主管部门和文艺战线的同志要树立"农业、农村、农民"的意识,深入农村指导文娱活动的开展,生产农民喜闻乐见的"土特产品",千方百计丰富农村文化生活。

"扫黄"斗争要常抓不懈

《太行日报》评论员

"黄毒"是旧社会长期存在的一种丑恶社会现象。新中国成立以后,受到有力打击,得到有效遏制。近几年来,由于资产阶级自由化的影响,"黄毒"死灰复燃,其恶果令人触目惊心。在全国开展"扫黄"斗争以来,取得了众所公认的可喜成绩。一是刹住了"黄毒"泛滥趋势,收缴销毁了一批"黄毒"制品,取缔了一批"制黄""贩黄"窝点,惩办了一批犯罪分子。二是加强了对文化市场的管理。三是积累了一些有益的经验,一手抓"扫黄",一手抓繁荣。同时城乡人民"扫黄"意识有了进一步提高。

尽管如此,我们还必须清醒地看到,"扫黄"斗争远没有结束,我市和全省全国一样,仍存在着不容忽视的问题。其一还有"死角"和薄弱环节。其二"贩黄"问题严重存在,他们变换手法,由公开转入隐蔽。其三,利用娱乐场所进行赌博和偷看黄色淫秽录像等现象时有发生。也有一些同志对"黄毒"产生的思想影响和社会影响认识不足,对"扫黄"斗争的长期性、复杂性认识不足。

"扫黄"是党中央的一项重大决策,是一场腐蚀与反腐蚀、演变与反演变、渗透与反渗透的严肃的政治斗争,是一定范围内阶级斗争的反映。阶级斗争的长期性,决定了这场斗争的长期性。当前,市委、市政府决定今春一至三月份在全市范围内再组织一次"扫黄"集中行动,这是一次重要战役。作为一次战役是有一定期限的,而整个"扫黄"斗争,则是长期的。这里我们告诫那些"贩黄"、"制黄"、"传黄"和"嗜黄"的人们,"黄毒"一日为害,"扫黄"永无休止。

我们认为,只要宣传文化、新闻出版、公检法、工商、工青妇及有关方面,都抖擞精神,采取行动,齐抓共管,协同作战,广大群众坚决抵制"黄毒"之害,何愁不除!

“扫黄”战役长打不间断

文　宣

1至3月，全市将再组织一次“扫黄”集中行动。

元月15日至16日，市委、市政府召开全市“扫黄”工作会议，传达了全国、全省“扫黄”工作会议精神，总结了过去一年多我市扫黄工作的成绩和经验，并就如何进一步引深我市“扫黄”工作进行了安排部署。市委常委、宣传部长成保德、市政协主席李天昌、市人大副主任巢骥迅、副市长李才旺等领导同志参加了会议。

在过去的一年里，我市的“扫黄”工作由于领导重视，各方齐抓共管，“扫黄”工作和“除六害”斗争紧密结合，注重宣传教育和严格政策界限，取得了较好的成绩，同时也促进了文艺的繁荣。在一年多的“扫黄”中，全市共出动检查人员近1500人次，清理书刊、音像网点140个，缴获黄色书刊214种18464册，查封黄色录像带270盘、录音带800盒，没收录音带1610盒、唱片18张，取缔娱乐点8个。同时对文化市场普遍加强了管理，“扫黄”影响逐步深入人心，城乡人民的“拒黄”意识正步步提高。但同时，还存在着一些死角和薄弱环节。就我市来说，一些贩黄、传黄分子也变化了手法，他们由地上转入地下、由公开转入了隐蔽，仍然在肆无忌惮地“传黄”、“贩黄”，危害人们的精神健康。

因此，市委、市政府决定今春1到3月份在全市范围内再组织一次“扫黄”集中行动。这次行动的主要任务是：1.坚决打击重新出现的“制黄”、“贩黄”活动和非法出版活动。2.进一步清理书报刊和音像市场，加强薄弱环节，清除“死角”，深挖犯罪窝点。3.依法严惩“制黄”、“贩黄”分子，对发现的犯罪团伙和窝点要一查到底，要及时、尽快审理一些犯罪案件，依法处理。4.认真搞好音像单位的压缩整顿工作。并要求加强领导，组织一支队伍；通过各种舆论工具，加强宣传教育工作；各部门要协同作战，搞好综合治理；要严格区分“黄”与“非黄”的界限。会议强调指出，这次行动，要加强党的领导，把“扫黄”与除“六害”相结合，清理整顿与抓好繁荣相结合。

16日下午，市有关部门还公开在市区运动场销毁了一批黄色、淫秽的书刊、音像制品。

上党戏——扬起你骄傲的旗帜

张治中

以吴国华、张保平领衔的市上党戏剧院第一演出团,即将于1991年10月底赴京参加今年全国一年一度的戏剧"梅花奖"评比演出。成行之前,市里特邀来自首都、省戏剧界专家及文化界有关领导进行观看、指导。作为中国戏剧家协会书记处书记、"梅花奖"评委的张书义,成了我采访的主要对象。瞄准这位专家的原因还在于,他是继数月前张爱珍、郭孝明一行赴京参评后,第二次应邀踏上上党这块土地的主要领导及专家。人,好极了。该说是在壮年,精神得很,从思维到言辞都异常的敏捷,这是他留给我的深刻印象。

由于活动日程安排得较紧,10月11日上午,首都专家一行从太行宾馆启程回返京城的前半点钟,在他的下榻处,我与之做了一番匆促的交谈——

记　者:张书记,为上党戏,您是二度亲临上党了,能否谈谈这两次您对于上党戏的总的感受?

张书义:好。上党戏是个有着300多年历史的古老的剧种,有着灿烂悠久的艺术传统,是我们中国很多民族戏曲的源头或祖宗。就声腔来说,我国戏曲的"昆、梆、罗、卷、簧"等五大系统,无不吸收了上党梆子的优点。今天这个古老的剧种,经过这里一代老艺术家的精心培育,有了生机,以其崭新的面貌出现在世人面前,张爱珍、郭孝明、吴国华、张保平就是上党梆子舞台上的代表人物。他们既继承了以往的传统,又具有独特的创新;既为老观众所能接受,又具有现代观众审美的要求;在重视唱腔表现的同时,又注意了塑造人物,这是十分可贵的。

记　者:恕我不懂戏剧,我以为上党戏这个地方小剧种,目前并不为我国更多观众所了解和接受,从普及的范围或观众的影响上,它要同京、豫、越等一些大剧种比起来是否会难以抗衡呢?

张书义:首先,上党梆子并不是一个小剧种。看一个剧种的大小,不能仅看它的观众覆盖面大小,而应着眼于它的历史地位。上党梆子在我国戏剧史上占有很高很重要的地位。它是独树一帜,别具一格的,有着很强的征服力。不久前张爱珍轰动京城观众,足见上党戏是高层次的,相信它不光会打到北京,还要打到东南亚,打到世界上。

记　者:既然上党戏有着那么高的历史地位,何至于观众覆盖面会低于其他几个名剧种呢?

张书义:关键在于长期以来它的自身发展,自我完善不够,没能很好地吸收其他剧种的长处。当然还有个"宣传"。

记　者:我市数月才送走两位演员赴京参评,现在又要送走两位,一年送四个,您以为是不是多了些?另外,今次选送的五个剧目中,哪一个剧目更有竞争力?他们四人获奖的把握性大吗?

张书义:选送的演员越多,越证明我们戏剧事业的繁荣,去年全国选送的演员就有80多位。就上党选送的这四位演员来看,他们各有特点:张爱珍以唱腔取胜,京城赞誉为"爱珍腔"。吴国华则很全面,刀马、小旦、青衣、小生均可为之,手眼身法步、唱念做打的功法扎实。如果说张爱珍是个大青衣,善以声腔塑造人物形象,那么吴国华则是通过多种手段塑造舞台形象,相信他们在北京舞台都会受到欢迎的。

至于两个演"老生"的男演员,很难得。在目前戏剧界表现为"阴盛阳衰"的情况下,具有一定的竞争力。他们声音特别优美,高音昂然,低音扎实,大段演唱富于激情,有很强的表现力。说到这次选送的五个剧目,我以为编排都有新意。比较起来《寻夫》、《借粮》、《三关排宴》更好一些,其次是《杀庙》、《杀惜》。《三关排宴》是一出优秀剧目,赵树理很会写戏,剧情十分严谨,人物形象很生动、突出,但我建议演到第三场就打住,那是全剧的高潮。当然以上只是我个人的看法,其他评委都是全国戏剧界最具权威的,相信他们做出的评价是客观公正、可以信得过的。总之,不管评上评不上,上党戏推出的四位演员都是难得的,他们是全国的财富,是国家的宝贝。另一方面讲,也不管评上评不上,能推陈出新,使古老的上党戏流传下去,赢得更多观众,也才是他们应该珍惜的。

记　者:张书记,您讲得太好了,能否再谈点其他什么?

张书义:上党戏现已拥有一支以张爱珍、吴国华、郭孝明、张保平为代表的阵容整齐的演员队伍,也出现了如葛来保、张宝祥等一些好的剧作家,这是上党戏的希望所在,是可喜可贺的!希望领导要珍视他们,爱惜他们,更好地为他们创造良好的发展条件,以求更多更好的塑造舞台艺术新形象和写出更多更好的戏,特别是要能多写出些好的现代戏来。

上党戏很值得骄傲,上党戏大有可为!

浅议经济对文化发展的制约

李锁江

马克思主义哲学告诉我们，经济是文化发展的基础，经济状况制约着文化事业的发展。这种制约主要表现在以下几方面：

第一，经济是文化发展的基础，经济对文化的发展具有决定的作用。这表现在一方面经济的发展水平决定着社会对文化的需要，人们对文化需要的不断增强是文化发展的动力。另一方面，经济的发展，劳动生产率的提高，为文化事业的发展创造出更充分的物质条件。十一届三中全会以来，我市闻名于全省的阳城县北留镇文化中心和郊区巴公镇农民公园以及全市乡镇文化中心、文化站都是在经济发展的基础上建立起来的。其建设速度的快慢、活动场地的大小、项目的多少、质量的高低，都是由各自的经济条件决定的。实践证明，文化事业不能不依赖于经济的发展，文化事业的规模和速度不能不受经济条件的制约。

第二，经济不是决定文化发展的唯一因素。恩格斯曾明确指出："政治、法律、哲学、宗教、文化、艺术等的发展，是以经济发展为基础的，但是，它们又都互相影响，并对经济基础发生影响。并不是只有经济状况才是原因，才是积极的，而其余一切都不过是消极的结果。这是在归根到底不断为自己开辟道路的经济必然性的基础上的互相作用。"因此，不能把经济对文化的制约看成是单线的唯一的因果联系，政治、教育、传统习惯等对文化的发展也有很大影响。一个国家也好，一个地区也好，政治是否安定，政府或各级领导对文化事业采取什么样的政策和态度，人们的教育程度和传统习惯，受大文化制约的人们的价值取向和对文化的观念、民族的传统、地方的习惯及其对各种文化事业的爱好程度，这些都在不同程度上影响和制约着文化事业的发展。

第三，经济以外的其他因素。如政治、教育、传统等对文化的发展有很大影响，但经济条件归根到底是有决定意义的，它构成一条贯穿于全部发展过程并唯一能使我们理解这个发展进程的红线。与意识形态中的其他领域相比，文化受经济条件的约束更强，当然它也有自己的偶然性，但文化事业发展的曲线与经济发展的曲线更相似，二者的中轴线更平行。建国四十年来我国文化事业的发展历史和我市近几年来群众文化发展的实践，都充分证明了这一点。

第四,经济对文化的制约,并不是一种僵死的,机械的如影随形的对应关系,而是具有相等弹性的多元对应关系。经济条件只是为文化事业的发展提供了环境和条件。按照马克思、恩格斯的观点,大文化观的哲学基础是自然——人——社会,自然是基础环节,人是中介环节,社会是发展环节。人应当是自然的主人,是社会的主人,是自身的主人。由于人们主观努力不同,文化事业的发展水平也会出现很大的差异。尽管我们国家人口多,经济发展水平不高,当前经济面临着一定的困难,今后几年还必须坚持过紧日子的方针,文化事业也和其他事业一样,无论是来自国家的拨款,或是来自社会筹集的资金,都很难有明显的增长。但是我们文化事业发展战略正确,政策、措施、方法得当,再加上各级领导的充分重视和广大人民群众的参与和支持,来自经济制约的消极因素就可能克服或缓解,使文化事业在困难的条件下有一个新的发展。

阳城一中利用广播开展思想教育

白军社　许彬斌

阳城一中利用校办广播开展经常性的爱国主义和社会主义思想教育,取得较好的效果。

该校有2000多名学生就读。他们针对学生看电视新闻少、听广播少、了解形势少的实际,从去年初办起了"校园之声"广播节目。节目在三餐时间开播,每次30分钟,有新闻节目,有专题节目,还有文艺节目。广播站配备了编、播人员,班班成立了通讯组。两年来,"校园之声"先后播放了爱国主义系列讲座《万代长飘爱国旗》、《人格与国格论》等17篇文章,播出了《世纪行——四项基本原则纵横谈》,《社会主义祖国在前进》等电视政论片的录音,组织学生自编自演了4幕广播历史话剧《戊戌悲歌》,播放了全套《中华大家唱》革命歌曲,举办了"祖国在我心中"、"共产党好"、"书籍·理想·人生"广播演讲赛等,还播出了学生的体会文章3800余篇。

广播教育具有辐射面广、感染力强的特点,在学生中产生了一呼百应的效果。学生们津津有味地收听,踊跃投稿,蔚然成风。据统计,今年以来,"校园之声"平均每班每月投稿都在70篇以上。广播作为桥梁和纽带,带动了学生的自我教育,促进了全校德育工作的加强。全校涌现出50多个学马列、毛泽东思想小组,62名学生主动递交了入党申请书。全校学生增强了刻苦攻读,振兴中华的使命感和责任感,形成了热爱集体、乐于助人、勤奋学习的良好校风和学风。去年以来共涌现出各类好人好事1200余件。教学成绩连续两年在全市名列前茅。该校还被省教委命名为德育教育先进集体。

浅谈科技是第一生产力

乔随根

生产力是指人类对于自然界的认识、支配和控制的能力，是生产方式中最活跃、最革命的因素。那么如何理解"科学技术是第一生产力"呢？我认为应从以下几方面来认识。

一、从发展的眼光来认识。辩证唯物主义认为，任何事物都是变化发展的，作为马克思主义重要组成部分的生产力理论，也必然在实践中不断丰富和发展。随着社会的进步，在生产力的物的因素和人的因素的发展变化中，科学技术起着重要作用。原始人的生产初期主要靠人的力量来征服自然。人类的第一个生产力就是劳动者。但是随着社会的发展，特别是第二次世界大战以后，越来越明显地表现出科学技术在生产力发展中的决定性的先导作用。究竟是科技第一还是人的因素第一，我们不能非此即彼简单地回答这个问题。科学技术是第一生产力，是就科学技术在当今社会中的地位和作用而言的。

二、从科学技术的能动性来认识。首先，自然科学的理论是人民从生产实践和科学实践中总结出来的系统经验。劳动者懂得科学技术和知识越多，就越能提高劳动技能，从体力型经过文化型向科技型转化，越能创造出新的劳动资料和工艺方法，推动生产不断地发展。其次，科学理论和知识凝结、物化于生产资料中就能使其性能和功率越来越高，使材料的品种越来越多，质量越来越好，从而使劳动生产率大幅度提高。科学技术对于提高劳动者的素质和劳动资料、劳动对象的效率具有决定作用。而且社会生产力愈是发展，现代科学技术的成果就愈来愈转化为直接的生产力，变成人类征服自然的强大物质手段。

三、从现存生产力水平来认识。长期以来我们的经济发展走的是一条投入多、产出少、耗费大量资源的路子，迄今还没有完全扭转到依靠科技进步上来，我们的体制还存在科技和经济"两张皮"的弊端。这就严重妨碍了科学技术的推广，阻碍着生产力的发展。科学技术是第一生产力正是要唤起人们重视科学技术的责任感和紧迫感。

"经济建设必须依靠科学技术，科学技术工作必须面向经济建设"。大力发展科学技术，既是经济问题，也是政治问题。这就要求我们必须进一步提高认识。首先各级领导要增强科技意识,当好科级的"后勤部长",为发展科学技术办实事,解难题。其次要抓好教育,从基础教育到高等教育全面加强,长期坚持。第三,要注重保护科技人才。解除科研人员生活、科研两副重担一肩挑的负荷,为他们创造一个能够最大限度地发挥聪明才智的良好环境。第四,要提高广大农民的素质。农村经济发展水平的差别,归根到底是劳动力素质的差别。所以对贫困地区的扶贫,必须把治穷和治愚结合起来,要切实加强乡镇企业科技队伍建设,努力提高职工素质,通过各种渠道引进人才,把技改重点放在推广新技术,采用新工艺,开发新产品,提高产品质量和档次上,靠科技进步振兴乡镇企业。

校长“五难”

陈有瑛

学校大小事,处处在管理;管理怎么样,关键在校长。但是,要当好一个校长,真是困难重重。各种力量(包括不正之风)都在冲击和干扰校长的工作,常常使校长一筹莫展,工作难以开展。难在何处呢?

一是教师难带。随着改革开放的深化和商品经济的不断发展,广大教师队伍的精神面貌和思想观念发生了深刻的变化,但同时也不可避免地受到了来自客观外界的各种不良影响,其心理状态和思想认识上出现了一些迫切需要解决的实际问题。如:自卑的软弱心理,强烈的平衡心理,消极的逆反心理,盲目的开放心理等等。这些问题一时又得不到解决,因此,他们就事业心动摇,想弃教改行,要求增加收入超前消费,工作讨价还价不求进取,盲目追求开放,误认为改革就是“西化”,开放就是“自由”,不遵守纪律,不服从领导,极端民主,我行我素。尤其是平均主义的“大锅饭”,使一些教师认为干多干少没分别,教好教坏一个样,工资照常发,奖金一般多。这样更增大了对教师管理的难度,校长普遍认为,教师不像50年代那样一号召就起来,让干什么就干什么。

二是学生难管。当代小学生的心理是一个多层次的复杂系统。其丰富的内涵不仅由自身的特殊性所决定,而且极易受社会、家庭等因素的影响。我们曾对中小学生的思想行为作过一次调查,结果表明:18.4%的学生认为学不学马列主义无所谓;7.5%的中学生不愿加入党、团组织;5%的学生赞成发达的资本主义社会;12.7%的学生有早恋行为;男性中学生有抽烟、喝酒、赌博、打架斗殴行为的竟占到76.5%;还有40%的学生不尊重师长;69.9%的学生说脏话、假话;尤其是还有11名男学生以大逼小索钱要粮票。由此可见,当前的学生确实是难以管理的。

三是好事难做。作为一个校长都想给教职工做点好事,解决些具体问题,解除教职工的后顾之忧,以调动广大教职工的工作积极性。但往往事与愿违,由于各种力量和不正之风的冲击和干扰,什么事情也办不成,如子女就业,农转非,住房等等,从内部来讲,如提工资、评职称、评先进、评劳模、评救济,应该说都是好事,可是校长最怵头,最难做。有的校长说:“评一次劳模,提一次工资,我就像经历了一场‘文化大革命’。”有的老师半夜去敲校长的门,天不明就在门口骂人,校长难啊!

四是赏罚难施。学校订了制度,本应该严格执法,赏罚分明。可是怎么样赏?怎么样罚呢?在具体实施中,赏也不好赏,罚也不好罚,罚了对你有意见,赏了说你不公平,难呀难!

五是校长难当。校长既得抓德、智、体、美、劳;又得管吃、喝、拉、撒、睡。所以,校长既是上级领导的勤务员,又是学校人事安排的调度员;既是师生的服务员,又是学校人事纠纷的调解员,校长确实难当。

吁请社会各方,多为校长解"难"。

市电大教育前景广阔

杨　斌

广播电视教育对我市社会发展的作用日趋重要。10年来，电大晋城分校先后毕业、结业学员近8000人，他们遍布我市各条战线，渗透在我市社会生活的各个方面，发挥着越来越重要的作用。

我市组建以来，管理人才、技术人员、熟练工人一直严重不足。但我市至今无一综合性的大学，近期也无创办的可能，历史和现状把电大推到了社会生活的前台。我市“八五”计划中提出要把电大办成全市科学技术、管理干部和职工的培训中心。

与普通高等院校相比，广播电视大学有其独特的优势，凭着这些优势，电大晋城分校建校以来，已培养出1472名毕业生和6500名结业生，他们在我市经济和社会发展中大显身手，有的已担任正科级领导职务。

对企业而言，无论是减轻经济负担还是解决人才急需，电大都是最好的途径。与普通大专学生相比，电大学员学习目的明确、自觉性高、专业对口、毕业后安心在企业工作。开办电大教育前，阳城缫丝厂、晋城纺织厂送一名职工到外地大学培训需要4年时间，投资2万元。去年这两个厂38名电大学员经过3年业余学习达到大专水平，但工厂投资仅为3万余元。

电大学员毕业前都要进行毕业论文答辩，在全国大专学校中独树一帜。91届学员即将毕业，6月21日至14日，电大晋城分校市直毕业班的88名学员进行了毕业答辩；他们的毕业论文接受了市学术界、经济界名流担任的答辩委员的审阅、考核。李才旺副市长对学员的顺利完成学业表示祝贺，鼓励他们在生产实践中大显身手，与正牌、名牌大专学校毕业生一决高下。

日本朋友赞扬尉迟村文明可爱

绍绪　天明　晓和

人民作家赵树理的故乡沁水县尉迟村继承和发扬赵树理精神,重视学校教育,活跃群众文化,净化生活环境,处处呈现出文明向上的新气象,受到日本朋友的称赞。

改革开放以来,国际友人到尉迟村参观的络绎不绝。党支部、村委会始终把弘扬赵树理精神作为传统教育的重要内容来抓,在集中精力搞经济的同时,从不放松文明建设。他们先后投资50万元,新建了学校和幼儿园,办起了农民技术夜校、文化活动室和老年活动中心,建起了地面卫星接收站,安装了闭路电视和自动电话,铺设和美化了街道,家家用上了自来水。城里人可以享受到的文化、教育生活,老农民也享受到了。日本汉语言学教授、赵树理学术研究专家荻野修二先生参观以后,最近来信说,尉迟村变化很大,美丽的令人瞠目,处处体现着赵树理精神。

受赵树理精神影响,尉迟村形成了两种好的社会风尚。一是无论穷家、富家都重视对孩子们的智力投资。学校教育质量名列全镇前茅,近年来共有18名学生考上了大中专,还出了一名博士研究生。二是群众性的文化体育活动搞得十分活跃。村里购置了摄像机,办起了演播厅,每逢重大节日,家家户户出节目,男女老少齐参加,自编自排自演,通过闭路电视传遍全村。八音会、体运会、联欢会经常举办,有时还邀请邻县、邻村参加。到过尉迟村的人都说,赵树理故乡的人就是比别的地方人文明活泼。

中学教师继续教育势在必行

秦春溪

教师的继续教育在国际上是十分重视的。1966年10月,联合国教科文组织在法国召开了关于教师地位问题的特别会议,通过了《关于教师地位的建设》的文件。建议各国政府采取措施,加强在职教师的继续教育。1975年召开的第三十五届国际教育会议,提出继续教育在教师教育过程中是不可缺少的组成因素,应该在所有的教职员工正规地有发展地予以实施。美国《卡内基教育与经济论坛》刊文指出:"在严重挑战的竞争中,美国的成功取决于更高的教学质量取得成功的关键是建立一支与此任务相适应的专业队伍——受过良好的教育的教师。没有这样一支具有高智能和远大抱负的专业队伍,任何改革都不能持久。"可见他们对教师继续教育重视的程度。

十一届三中全会以后,教育列为社会主义建设事业的重点之一,师资队伍建设问题重新被列入党和国家重要议事日程。1987年12月15日,国家教委、科委、劳动人事部、财政部、中国科技协会联合制订《关于大学后继续教育的暂行规定》,这一决策对"七五"期间的继续教育工作起着积极推动作用。以上海市为例,"七五"期间成人高校教育结构的改革,专门提出了继续教育系列的成人高校承担三种类型的任务:提高继续教育;完善继续教育;滚动型继续教育。

目前就以我市中学教师状况而言,教师呈现年龄老化、中年断代、骨干力量薄弱,学科带头人不足,部分人专业思想不够稳定。为此,要积极开展"适应性"、"补课性"、"科研性"、"通用性"、"开发性"的继续教育,全面提高教师素质,提高教育质量,适应新形势的需要,确是十分紧迫,势在必行。

李树谦谈对山西、晋城文化工作的印象

《太行日报》记者

李树谦,61岁,著名文艺理论家。辽宁省文联副主席,党组书记,中国作协会员。《艺术广角》主编。笔者曾有幸拜读过他的文艺理论专著《文学概论》受益匪浅。

李树谦讲,他最初对太行山的印象源自著名的抗战歌曲《我们在太行山上》。很早就向往赵树理的故乡。此次来到晋城,可说是不虚此行。晋城市的富庶、文明和突出的文艺工作成绩给他留下了很深印象。尤其是落实文联组织建设以及市县镇一条龙给辽宁省提供了很好的学习经验。反映了市委、市政府的文化意识和高度认识。山西省的文艺成就,说明只有沿着毛主席《讲话》的发展方向,文艺才能真正繁荣。他认为《讲话》的个别论断不一定都适合今天的情况,但毛泽东提倡风格流派多样性,提倡独创性,很明确地主张"百花齐放,百家争鸣",给文学艺术家的创作提供了广阔的天地,基本思想是正确的。自由化不是解放思想,而是一种新的束缚,名义上是探索出新,实际上是照搬和模仿。文艺不可能脱离政治,不可以推卸为社会主义服务,为现代化服务,反映时代精神,反映人民的要求和希望的职责。山西之所以有好的电视、小说、戏剧、舞蹈,正是基于这个原因的结果。晋城市的文艺成就也正是在市委、市政府正确引导下创造出来的。

李树谦认为大会开得出乎意料地成功。

方兴未艾的阳城职业技术教育

李庄生

阳城县虽然是一个山区小县，但在抓教育方面却很有特色，取得了令人刮目相看的显著成绩。其中一条重要的经验是“三教统筹”。他们不仅花大力气抓基础教育、普及教育，而且同样重视职业技术教育和成人教育，起到了互相促进的作用。

阳城县委、县政府历届领导，都非常重视职业技术教育和成人教育。1988 年，以县人民政府文件的形式下发了《关于加强职业技术教育的意见》，他们首先肯定了职业技术教育是教育事业的重要组成部分，是把科学技术转化为生产力的最直接、最重要的环节，是深化教育改革，促进商品经济发展、振兴阳城经济的重要途径。并明确指出，职业技术教育要结合我县经济建设的需要，把教育的“燎原计划”、农村科技的“星火计划”和农业生产的“丰收计划”统筹起来，着眼于提高劳动者的素质和职业技能。

县政府还成立了职业技术教育领导组，由分管教育的副县长任组长，和计委、科委、教育、财政、劳动等 17 个部门的一名重要领导共同组成领导组，下设办公室。由政府统一领导，分级办学，归口管理。各乡镇要办好成人教育中心，由乡(镇)长任职业技术学校的校长。使职业技术教育有了组织保证。

在经费上，县财政局每年划拨 2 ~ 3 万元用于职教专项费用。另外实行“谁办学，谁投资，谁受益”的原则多方筹集，从而保证了职教经费的可靠来源。

长期以来，普教、职教、成教相互割裂，各自为政。为了改变这种状况，他们对三种教育的管理进行了改革，实行了“五统一”，从而形成了普通基础教育、职业教育和成人教育协调发展、互相渗透，紧密衔接的良好势头。

所谓“五统一”，即统一领导，统一筹措经费，统一聘用教师，统一利用设施，统一考核工作，有效地克服了三教中厚此薄彼的现象。

另外，他们还实行了一系列行之有效的制度。如岗位技术合格证，实用技术结业证等证书制度；推行技术培训不合格不能上岗的劳动就业制度；建立和完善学籍档案、严格学籍管理制度。

企业招工时实行“办厂先办学，招工先招生，上岗先培训”的制度。

阳城县的职业技术教育把着眼点放在近期经济发展战略和较低层次的需要上，重点培训中初级技术骨干和管理人才。

从 1984 年以来，根据社会需要，全县的职业技术教育共开办过农技、蚕桑、林果、医卫、兽医、采煤、冶炼、企管、工民建筑、家电维修、食用菌、幼师、体育、书画、戏剧、文秘、财会、机电等 20 个专业。

在设置专业之前，首先进行社会调查和摸底，了解社会和用人单位对人才需求的“品种”和数量，以免毕业后找不到出路，造成人才浪费。

他们还在许多地方办了“3+1”班，即在初中三年级的基础上，再加一年(或一段时间)的职业技术教育，使学生具有一定的生产本领。3 年来已有 35 个“3+1”班结业，对深化农村教育改革，提高教育质量，提高人口素质，服务经济建设，起到了一定的作用。

由于专业设置和社会需要对路，许多毕业生成了社会的“抢手货”，甚至有的学生还没有毕业，就被用人单位“订购”了去。

职业技术教育的生命力，在于教学质量，即能否培养出适应经济建设需要的各种人才，阳城县的职业技术教育用生动的事实做了肯定的回答。职业教育所展示的社会效益和经济效益给阳城县注入了新的活力，他们在治穷致富，科技兴农，发展乡镇企业，广开生产门路以及社会服务等方面的生动事例和详实内容。蚕桑专业，是职校的拳头专业之一，共培养了 500 多蚕桑技术员。这支技术队伍遍及全县各个乡镇以至村落。该县的蚕桑业所以有今天，是和他们的努力分不开的。

农机班有 600 多名毕业生，他们活跃在各条战线，成为一支重要的技术力量。

煤炭班的毕业生，充实了各乡镇小煤矿，担任技术员，成为乡镇煤炭企业的一支骨干力量。

写作班的学生，在省市各种报刊上发表了 350 多篇文章，其中有 20 多篇获了奖。

晋城市科技兴市出现可喜局面

晋 宣

自实行市管县以来,我市有效地促进了全市社会经济的发展,科技工作出现了可喜的局面。

技术成果商品化观念已基本树立。通过开展多种形式的技术交易活动,加速了科技成果商品化的进程。仅高平、陵川两县就有 87 个单位的 2300 多个项目参加了交易会,签订了各种技术协会、意向书和技术合同 120 多项,总成交额 1800 多万元。全市还有 20 个单位 52 项科研成果参加了全国首届科技成果交易会和“七五”全国星火计划成果博览会。

组织实施科技开发项目效益明显。由于拨款制度的改革,不仅将有偿使用的三项费用委托金融部门代放代收,而对各级组织实施的“星火”项目投资都签订了长期偿还合同。4 年来,全市共组织实施“星火计划”和攻关项目 298 项,现已完成 158 项,有一半以上通过验收和鉴定,已创产值 32633 万元,实现利税 6328 万元,外汇 3640 万美元。并开发出 42 个名优特产品,成果推广应用率由过去的 20%提高到目前的 40%左右。

科技兴厂促进了科研与生产的紧密结合。全市有 28 家科研单位讲入企业或企业集团,形成了 24 个紧密型的生产联合体。600 多个中小企业和乡镇企业与 16 个省、市的 50 多个科研单位、大专院校建立了多种形式的联合,普遍建立了厂科研机构和技术开发基金,从而推进了企业的技术改造和技术进步。

专业技术人员由 1984 年的 16519 人增加到 1990 年的 24646 人。民办科研机构发展到近百个,拥有农民会员 15000 名,自筹研究基金 171 万元,研究范围涉及种植业、养殖业、果林、农副产品加工以及矿业等 20 多个门类、240 多个技术项目,现已获得 460 多项成果。

多种形式的技术承包出现了新的局面。据不完全统计,1990 年以来,农村科技服务组织已发展到 848 个,其中县级 34 个,乡镇级 248 个,村级 565 个。技术承包工程 166 个,其中集团承包 34 个,集体承包 15 个,个人承包 117 个。技术承包人数 1920 名,技术承包协议书 1182 份,技术承包面积 121.74 万亩,经济效益 4417 万元。去年获省级农村技术承包奖 10 项,总数居各地市之首。

科学技术决策机制的改革,推动了各级政府部门决策的进程。近几年来,全市通过软科学研究,先后组织了对 2000 年科技与经济社会协调发展的 10 多个课题的研究,提出了一批具有参考价值的报告。

“土生土长”不能概括赵树理的艺术之路

晋文　石升

长期以来,研究者只强调赵树理的土生土长,不去探讨他与“五四”以来新文化新文学的关系。在我看来,这是赵树理研究中的一个重大缺陷。

赵树理1925年离开家乡以前一直生活在农村封闭的、封建的环境之中。可以想见,在这样的环境中,他最多只能成为一位打着传统印记的土著艺术家。他的人生新路是从1925年进入省立师范学校读书开始的。在那里,赵树理一接触新文化便产生了认同心理。这是因为新文化从根本上说是为了解决人的生存问题,解决社会问题,他觉得新文化所提倡的对于他以及像他的父老乡亲一样活着人们更有实际意义。新文化对他的思想来说,既是启蒙,又是转换与重建。他确实发现了新文学与一般农民不相融合的一面,他推荐回去的新文学作品,只能像皮球击在岩石上一般。然而,已被新文学启蒙了的赵树理,绝不会因此再向后转,退回到父老乡亲们一边。他要寻找一条在不牺牲新文学精神的前提下如何使新文学变得容易为农民接受的路,这条路就是后来他走的:用大众化的方式,用新文化的思想去走大众化的路。因此,我们只能说赵树理对新文学的扬弃,是在全面接受了新文化、新文学基础上的扬弃,是对新文学与农村农民缺乏联系的缺陷进行改造、弥补,实质上是对新文学的新创造、新发展。因此,决不能一说到赵树理,马上就想到土生土长、土里土气,甚至把他和“五四”新文学对立起来,赵树理是土生土长以后,在新文化的熏陶中获得全面更新和脱胎换骨,又重新扎入中国农村土地的人民作家。

1992 年

并蒂梅花报春来

成葆德

“雪里已知春信至，寒梅点缀琼枝腻。”正值寒潮已尽，梅花吐艳的早春时节，从首都北京传来了令人兴奋的喜讯——市上党戏剧院第一演出团吴国华、第二演出团张爱珍双获中国戏剧第九届梅花奖。为我市争得了荣誉，为上党梆子争得了史无前例的光彩。这是戏剧事业贯彻落实党的基本路线，坚持走改革开放之路的结果，是我市戏剧界几代人努力的结果。

一年一度的“梅花奖”，是我国的戏剧大奖，很受党和国家领导人的重视。每年评选结束，党和国家有关方面领导人都要为获奖人员颁奖。前八届“梅花奖”中，我市上党梆子剧团由于有别的活动，根据省文化厅安排未能参加。1991 年，市委、市政府和省剧协、省文化厅联合推荐，两个演出团先后晋京。张爱珍演出的《杀妻》、《两地家书》专场，吴国华演出的《借粮》、《三关排宴》、《寻夫》、《杀惜》专场，均取得了良好的效果，得到了专家评委们的高度评价，受到首都观众的热烈欢迎。许多中央首长和各界人士观看了她们的演出，并接见了演员。中顾委副主席薄一波等为演员题了词。中央电视台、中央人民广播电台为她们录了音像。张爱珍《两地家书》的录像、吴国华同马少波、杨春霞、魏喜奎、李二娥等专家名流谈戏剧的录音，均多次向全国播放。这一切都说明我们的上党梆子，我们的演员的艺术水平，塑造人物的功力达到了一定的高度。吴国华、张爱珍双获殊荣，确实名副其实。

“梅花奖”是国家级戏剧大奖，越来越受到全国三千多个剧团，十万余戏剧队伍的重视，参赛的单位一年比一年多，竞争十分激烈。1991 年，参赛的剧团就有一百多个，好戏连台，高手如林，竞争十分激烈。而获奖名额只有 31 个，戏曲名额比例最大也只有 18 个，我们上党梆子是活动范围很小的地方剧种，一个地市级剧团能在一次角逐中获得两个名额，在举办的第九届“梅花奖”中更是很少有的，真可说是“占尽风情向小园”啊。这既是获奖演员个人努力的奖励，也是对我市戏剧事业的最大褒奖。

“宝剑锋从磨砺出，梅花香自苦寒来。”吴国华、张爱珍两同志成功的因素很多，首要的是她们刻苦努力、勤学苦练，在事业上孜孜不倦地追求的结果。张爱珍的唱腔艺术，在山西省戏剧界也是有代表性的，去年 6 月在北京演出后，不但戏曲专家们赞赏不绝，连搞歌剧的专家们也非常赏识。她歌喉嘹亮,音色甜美,唱腔委婉,情感真挚。她在《杀妻》、《两地家书》中的演唱,常常是台上一板唱,台下泪千行。她这一手高超的演唱艺术是怎么来的呢? 是夏练三伏、冬练三九、虚心求教、博采众长得来的。

北京的专家们说,张爱珍把上党梆子的唱腔艺术推上了一个新阶段。吴国华是个艺术全面、多才多能的演员。在旦角中青衣、小旦、花旦、刀马旦均能应工,还曾反串小生。她戏路宽,基本功扎实,适应性强,唱念做打,四功皆佳。她的唱腔刚柔相济,自成一派,表演细腻洒脱,风格清新,是个高品位的演员。11 月她在北京演出的《借粮》、《三关排宴》、《寻夫》专场,博得专家们交口称赞。她这一身功夫是从在戏校起就刻苦勤奋打下的基础。天道酬勤,造物无私。她们的艺术成长史和成就,对从事戏剧艺术的中青年来说是一个重要启示,莫言大道人难得,自是功夫不到头。要想出成绩,创优秀,必须从一招一式、一字一腔练起,坚持不懈,勤奋不辍,才能到达一个较高的境界。

各级党政领导对国华、爱珍的成长,给予了很大关怀和支持。特别是在党的十一届三中全会以来,坚持了"出人出书走正路"的方针,重视对青年演员的培养。原地委领导曾提出"出点子、喊号子、壮胆子、给票子"的口号,支持剧团在培养人才上下工夫。市管县后,我市党政领导更把搞好戏剧事业,培养尖子人才作为一项重要的工作来抓。对他们的每项重要活动,都是经济上支持,政治上关怀,生活上关心。对他们每取得一分成绩都给以肯定,并为她们记功受奖,鼓励他们继续努力,不断前进,争取更大光荣,为晋城市人民争光。剧团的主管部门加强了体制改革和艺术改革,进一步在解放生产力上下功夫,为争创第一流先进院团做出了很大成绩。1986 年他们在省里参加青年团调演,获得省文化厅"综合治理奖"第一名,全省 10 块金牌,吴国华、张爱珍、郭孝明、张保平 4 个演员就拿了 4 块。1988 年,山西省振兴上党梆子演出,吴国华、张爱珍、郭孝明、张保平、刘晋苗、侯聪悟再次获主演金牌和配角金牌,获奖总数为十五个参赛单位的三分之一。他们这些成绩的取得是和市委、市政府的关怀支持分不开的。为了夺取"梅花奖",市委、市政府专门进行了研究部署,并责成有关部门具体组织实施。市上党戏剧院为市县预期的获奖节目,一年来具体主持两团的业务和宣传舆论工作,全院同志进行了不懈的努力和忘我的工作。两团进京前,市委书记王云龙、副书记纪友伟分别代表市委、市政府为他们鼓励、壮行。在京演出期间,王云龙书记、薛荣哲市长、纪友伟书记分别到剧团看望鼓励演职员,陪中央首长观看演出,两次进京都有一位市委常委带队。市委宣传部、文化局、上党戏剧院更是全力以赴,进行组织领导,坐镇现场指挥,从而保证了夺取"梅花奖"演出的顺利进行。省文化厅、省剧协对我市戏剧事业也给了很大支持,两团赴京演出他们出了很大力,做了许多工作。

“要识梅花无尽藏，人人襟袖带香归。”吴国华、张爱珍两同志的成绩的取得，凝聚了上党梆子几代人的心血和希望。多少年来，上党梆子老一辈艺术家们为把上党梆子推向全国做出了不懈的努力和牺牲。他们把希望寄托在青年一代身上。历届文化部门的老领导对青年同志关怀备至，许多老演员，对青年同志言传身教，多方扶持，在台上甘当配角，甘做人梯，在台下诲人不倦，为培养红梅甘做花泥，倾注了无限的热情和厚爱。创作人员和两个团的全体演职员同志们，识大体，顾大局，团结奋斗，为了上党梆子事业的兴旺发达，为使梅花开上党，承受了很大压力，付出了艰苦劳动，做出了突出贡献。

通过这次“梅花奖”演出，使我们认识到，一个艺术团体没有自己的尖子演员是可悲的，正像一个民族没有自己杰出代表人物是可悲的一样。但是没有整体的优异的艺术素质，没有包括勤杂人员在内的整体力量也是不可思议的。大地需要梅花，梅花离不开沃土。吴爱国、张爱珍二同志获得荣誉是个人的，也是集体的，是晋城市人民的。

还应该特别指出的是，吴爱国、张爱珍艺术上能取得这样的进步和成绩，确实是改革开放的结果。由于历史的和地理的原因，上党梆子与其他剧种很少交流，唱腔守旧，程式落后，粗犷有余而委婉不足，激越有余而低回不够，“高、尖、响、炸”的发音和震耳欲聋的音乐，使观众越来越少，只成了农村中老年人的享受。正是坚持了大胆的改革，大胆地吸取了京剧、豫剧、蒲剧，甚至吸取了地方民歌和流行歌曲的长处，为我所用，才有了现在的圆润甜美，清脆婉转，才有了现在的浓厚的地方味和现代气息的结合。同时，几年来，不断地邀请戏曲名家来帮助排戏导戏，对吴国华、张爱珍艺术上的提高，起了至关重要的作用。全国著名导演马科、李紫贵，北方昆曲院副院长丛肇桓、中国戏剧学院表演系副主任赵景勃等一流专家的指导，使一招一式，一吐一唱，顿见长进。使行腔吐字，举手投足，一脱粗俗。不但本地观众感到耳目一新，而且首都观众也认为超过一般地市剧团的水平。实践证明，打好基础、练足内功和名师指导、扩大交流的结合，就是成功之路。发展戏剧事业是这样，其他事业也如此。

几年来，两个团的同志和吴国华、张爱珍，憋着一股劲，要到首都显身手，要到大舞台上展英姿。他们成功了，胜利了，这是成功者、胜利者应有的成功和胜利。人有大志在，自然能翻飞。这对于那些无所作为，自己瞧不起自己，不敢走出去、冲上去的人来说，无疑是极好的教育。人应该有一点精神，有一点志气。发展戏剧事业需要精神和志气，任何事业都需要精神和志气。

吴国华、张爱珍两位同志还很年轻，要看到自己的差距和不足，要懂得学海无涯，艺无止境,天上有天,人外有人,要戒骄戒躁,不怕吃苦,不懈努力,继续发扬苦学苦练精神,虚心求教,勇攀高峰。要树雄心,立大志要把荣誉当动力,莫在荣誉面前踯躅不前。还要多读书,提高自己的文化水平,加强艺术修养,争当名副其实的第一流表演艺术家,把上党梆子艺术推向一个新高峰,开一代先河,领一代风骚。革命事业需要的不单是几朵供人争艳吐蕊的红梅,而是上党梆子锦绣前程所依赖的一支主力军。

"梅花奖"的获得,无疑是上党梆子发展史上的一个重要里程碑,荣誉来之不易,保持荣誉使之发扬光大更不易。我期望吴国华、张爱珍两位同志更谦虚、更谨慎,尊重老师,团结同志;剧团要加强团结,上下齐心;主管部门要进一步搞好管理,加快改革步伐,要把荣誉当做推动工作的动力,使我市戏剧工作更上一层楼,争取更大光荣。

职业技术教育——城市教育改革的重心

陈有瑛

城市是政治、经济、教育、文化、信息中心。城市教育改革对实现整个国民经济和社会发展的第二个战略目标,有非常重要的意义。如何进行城市教育改革呢?笔者以为,在狠抓教育综合改革的同时,要把重心放在职业技术教育上。

职业技术教育是近代工业化和商品经济的产物,是教育与经济的一个重要结合点,是把人力资源转化为智能优势,把智能优势转化为现实生产力的重要桥梁,是推动科技逐步实现第二步战略目标并为下世纪经济和社会发展奠定基础的重要保证。职业技术教育的规模和水平影响着产品质量、经济效益和发展速度。因此,我们在城市教育改革中,要以发展职业技术教育为突破口,为初步建立起适应社会主义商品经济与社会发展,适应世界新技术革命挑战和21世纪需要的具有中国特色的社会主义教育体系积极探索,大胆实践。

职业技术教育是整个教育的组成部分。它的发展状况如何,第一取决于全社会,特别是领导部门对教育和人才的重视程度;第二取决于经济发展水平和各级领导的战略观念、质量意识和效益意识;第三取决于教育内部的思想转轨,认识职业教育在为地方建设服务的重要作用,从而进一步明确职业教育在四大块教育中的作用和应有的地位。因此,在城市教育综合改革中,我们要把职业技术教育放在重要的位置,采取措施,保证发展职业技术教育所需的人才、钱财、办学条件,重视教育和教学改革的研究,不断提高教学质量。

从我市职业技术教育的数量、规模和质量来看,都还远远不能适应经济建设和社会发展的需要,每年都有一千余名初、高中毕业生毕业后无处接受继续教育。社会上乃至一些部门和单位的领导及群众中还存在着鄙视职业技术教育的现象,加之职业技术教育的有关法规和配套政策不健全,管理体制不顺,投入甚微,办学条件差等因素的制约,给职业技术教育的发展造成了很大困难。因此,我们在城市教育综合改革的同时,要认真贯彻落实《国务院关于大力发展职业技术教育的决定》进一步提高对职业技术教育的战略地位和作用的认识,处理好以下几个关系:

一是要处理好“依靠”和“服务”的关系。少数同志和部门至今对教育的依靠还不是那么自觉和积极,而教育在为经济和建设服务还很不够,因此,教育行政部门和广大教育工作者要了解当地经济建设全局,强化服务意识,深化教育和教学改革,以“用社会主义思想和现代科学文化去武装千百万劳动者及其后备大军”为己任,在为经济和建设服务方面开拓出更加宽广的道路。经济部门的同志也要了解教育,强化依靠教育的观念,共同建立起科教促经济、经济促科教的良性循环机制。

二是要处理好职业技术教育和地方经济建设的关系。职业技术教育必须为地方经济建设服务,地方经济建设也必须依靠职业技术教育的发展与巩固。职业技术教育的办学要针对当地经济建设的实际需要,切莫与当地经济建设脱节,盲目发展,追求速度,致使职业技术教育没有生命力。

三是要处理好职前教育与职后教育的关系。必须建立完整的职前到职后的初、中、高级职业技术教育体系,只考虑职前教育,不考虑职后教育,只抓职后教育,不进行职前培训,都是片面的。因此,建立起完整的接力科学的体系,必须建立一个教育、科技、生产、产品完整的生产方面体系。

四是要处理好职业教育和普通教育的关系。人们往往重视普通教育,轻视职业教育,尤其是中小城市表现更为突出。普通教育应包括职业教育,把职业技术教育渗透在普通教育之中,要使中小学生从小就养成良好的习惯,诸如劳动习惯、纪律习惯、讲效率的习惯等等。同时,职业教育还要和普通教育不能脱节,科学地衔接起来,协调一致,分工合作,各自发挥其功能和优势。

总之,城市教育改革要使教育与经济互相交融起来,形成一个协调、配合的运行机制,建立起一个合适的管理体制,统一安排,综合治理,全盘皆顾、协调发展。只有这样才能使城市教育有效地为城市的建设服务,才能得到社会各方面的大力支持,城市教育才有活力,城市教育的综合改革才大有希望!

靠科技铺设明星之路

赵学梅　毋均珠

我们南村镇1987年以来，以产值、收入一年一个新台阶的累累硕果，先后被市里命名为“文明镇”、“明星镇”、“亿元镇”，1990年被国家授予“中国乡镇之星”光荣称号。回顾我们几年来的工作，其经验主要是依靠了科技。

一、扭住经济发展的“牛鼻子”使决策科学化

由于历史原因，我镇的经济结构主要是煤炭资源型，整体经济活动采用简单的采掘、冶炼、粗加工方式。1988年我们提出“地转上、黑变绿、重转轻、粗变精、旱变水”的经济发展方针，立足现实，利用资源，发挥优势，千方百计扩大规模、提高效益。1991年工业企业产值增长到18622万元。成绩面前我们并没有止步，接着镇党委又提出了科技治镇的战略决策：工业以铸造行业为突破口，全面进行技术改造，从而把地面产业的规模和产品质量提高一个档次。农业以建设高产高效农田和无公害蔬菜为突破口，进行绿色革命，从而把粮食生产和农业机械化提高一个台阶。以镇办党校和职工技校为基地，进行教育改革，把农村基层干部技术人员的思想、观念和技术水平进行升华。村镇建设，以水、电、通讯、街道配套为主体进行旧村改造，实现乡村都市化。

二、依赖于科技神力，全方位开发农村经济

科学技术是第一生产力，我们在实施战略决策的过程中，狠抓了“三个基地”和“三个系列”建设。围绕建设粮食基地，首先，建立了植物医院，并以此为依托，实现了技术联产合同服务体系，把全镇的粮田以户进行技术承包，变行政干预为技术指导，靠科技促进农业生产。与此同时，狠抓了以小农场为基地的高产田开发。在经济条件较好的孔匠、西峪村建成吨粮田1000亩，实现农业科技和农机化的全程服务。围绕建设蔬菜基地，我们先开发20个日光大棚和千亩菜园，使蔬菜生产做到了集约化、效益化、合理化。围绕建设果树基地，在北西、马匠等8个行政村建成了千亩葡萄园，在北西等村建成了300个百亩跨世纪品种的苹果园。在镇村企业方面，我们在开发氧化结构陶瓷，耐火材料系列产品的同时，重点抓好高档铸造系列产品的开发。采取引进吸收、移植嫁接的办法，实行工艺改革。浪升总厂研制出了球墨铸件，产品质量显著提高，市场竞争能力大大增强，他们的汽车配件,已占领晋豫两省主要市场。在质量、品种、效益年活动中,浪升铸造机械总厂,段匠铸造厂,获得了市级明星企业称号。镇办机械厂研制出了离心铸管机,且系列阀门获得省优质产品证书,打入京沪市场。

三、适应科技发展,多渠道抓科学技术培训

明星乡镇能否再上新台阶,关键是人才。对此,我们对农村基层干部和广大农民,进行教育培训,其一是送出去教育。首先由主要领导带队,组织农村干部230人次赴山东、河南、京津等地进行学习,接受现实教育为开发大农业,实现大生产,发挥大效益,奠定了思想基础。其次,经过推荐选拔,推选出40名具有一定文化程度、实践经验、技术素质的生产技术骨干,到北京农业工程大学进行系统的培训,提高他们的知识层次。同时,根据全镇的高中毕业生自己的专业选择,送往大学进行半年至一年的正规培训。其二是请进来传授知识。先后聘请北京农业工程学院教授付泽田,区高级农艺师孙德寿,天津大学,山西矿院教授,英国专家彼特等几十名专家教授开办了多种形式的培训班,共培训学员2300名。

(作者系南村镇党委书记、镇长)

建设企业新文化　促进企业上台阶

张高陵　常中平　李　丽

奥林匹克运动之所以风靡全球，根本秘诀在于它的精神为世人所敬仰，国际奥委会主席萨马兰奇将它高度概括为五个字："体育加文化。"市工商银行党组书记、行长曹耕夫说，一个企业要想求得真正的发展，保持长盛不衰的生命力，也必须具有独特的企业精神，从我们工商银行来讲，这种精神也是五个字"工作加文化"。

文化作为一种广泛的概念，可以囊括人类发展的全部精神文明成果。作为企业文化，应有自己的特色。我们工商银行建设企业文化是从下述几方面着手的：

首先，建立重大节日庆贺制度，使企业文化的建设经常化、氛围化、群众化。银行干部职工的工作，业务性强，责任心强，长时间工作很容易使人疲乏，觉得单调，枯燥无味，直接影响服务质量和工作效率。根据这种情况，市行党组制定了节日庆贺制度，每逢职工过自己的节日，行里都要开展各种活动以示庆贺，这不仅是对他们的尊重和理解，也是一种鼓舞和激励。这种活动本身就包含着一种深层次的文化素养，理应属企业文化的范畴。这种活动形成一种制度具有经常性确定性的特点，便于企业文化氛围的形成；这种活动的主体对象，既有针对性，又是某一层次的整体，群众化程度高。

其次，将各种庆贺活动和培养职工高尚情趣，加强职工文化素养，丰富文化知识有机结合起来，使企业文化活动情趣化、通俗化、知识化。譬如，今年"七一"，是建党七十一周年纪念日，为了隆重庆贺这个节日，市行开展了多种活动：(1)掀起"双学热潮"，在全市范围内广泛持久地开展了"学雷锋、学焦裕禄"活动；(2)进行革命传统教育，请市委讲师团的同志讲党史，讲优良作风，组织职工收听收看建党七十年的光辉历史录像带；(3)举办党史知识抢答赛，重温共产党成长壮大的历程；(4)开展"学红歌、唱红歌"活动，以支部、党小组为单位大唱"没有共产党就没有新中国"、"社会主义好"两首歌曲；(5)开展党员办实事活动。市行还在高平支行举办了"党在我心中"青年干部职工演讲会。九九重阳节，市行组织全行离退休职工召开座谈联欢会，曹行长即席发表热情洋溢的讲话，并向他们通报了新班子组建以来的工作进展情况，诚恳地请老同志们献计献策。随后，大家一起进行了丰富多彩的趣味游戏活动。两天下来，老干部老职工精神焕发，激发起"老骥伏枥，志在千里”的雄心壮志。

第三,适时与行外部门“联姻”,使企业文化发展社会化,增强影响力和感染力。去年9月份,我行业余宣传队借储蓄存款和对公存款双双突破5亿元大关之际,深入各县区进行巡回演出;去年国庆节期间,我行同市委宣传部、市文化局、市总工会联合举办了“晋城市首届国庆工行储蓄杯交谊舞大赛”,穿插举办了储蓄知识有奖问答,既推动了我市文艺活动和企业文化活动的开展,也增加了人们的金融知识。去年,我们还与各专业银行开展了职工篮球、乒乓球、羽毛球三球大赛,使工商银行的精神面貌一展于社会,使整个泽州重新认识我们的企业文化,达到墙里开花墙外香的效果。

第四,就地聚才,就地取材,使企业文化发展自然化、健康化。不了解内情的人往往以为,工商银行企业文化之所以搞得红红火火,主要是有钱,其实不然。我行兴办企业文化的一个基本原则,就是立足自身,立足实际,从职工健康的爱好兴趣出发,从职工队伍中挑选人才、培养人才,活动场地、设施也是因陋就简,不借企业文化之名瞎要钱,乱花钱。我们组建的银苑文艺宣传队,没有高薪聘请一个外来演员。每周五下午举办的职工舞会,舞厅是一个大会议室。“五一”、“五四”期间,我们组织了青年职工进行扑克、拱猪升级比赛,以及书法、绘画比赛,这些活动基本不花钱,且与大家平日的业余活动紧密相关,大家的兴趣大、劲头足。

对城区深化教育内部改革的调查

陈有瑛

长期以来，学校内部不合理的人事、劳动、工资制度，严重阻碍着教育事业的发展。近年来，城区教委在改善教育外部环境的同时，积极深化教育内部改革，逐步建立起充满生机和活力的学校管理运行机制，提高了办学效益，增强了教育为经济建设服务的功能。

1989年，该区在部分中小学、幼儿园试行了劳动、人事、工资三项制度改革，实行校长选任负责制，教师党委聘任制，校内结构工资制。这对于调动广大教育工作者的积极性，提高教育质量起到了很大的促进作用。

实行校长选任负责制，深化干部人事制度改革，充分发挥了办学的自主权。为了解决这些年来干部制度上存在的"一朝在位，终身为官"的问题，他们首先搬掉"铁交椅"，从这个老大难问题上开刀，本着选贤荐能的原则，把德才兼备的教学第一线教师选任充实到领导岗位，以管理水平、工作实绩定岗、定责、定待遇，使其手中有权利，肩上有压力，工作有动力。既扩大了办学的自主权又增强了干部的责任心，保证了干部队伍的质量，为深化管理改革提供了可靠的组织保证。

实行教师岗位聘任制，深化人事制度改革，加强了学校对教师使用管理的主体地位，使学校在国家计划和政策指导下，真正有了管人用人的权力。同时，也加强了教师的主人翁地位，使教师真正拥有选择岗位的权利。实行双向选择，定岗定员，进行动态优化组合。这就既解决了一线重、二线松、三线肿的问题，也克服了编制无定员、工作无定量，干好干坏一个样的现象。形成了好教师争着聘、抢着聘、登门聘，差教师请求聘、等着聘、没人聘的局面，这样一来，使每个教师都有动力和压力，形成了一个自我约束、自我发展、积极向上，无私奉献的运行机制。

实行校内结构工资制，深化分配制度改革，严格实行按劳分配，把个人收入与个人的劳动态度、技术水平、贡献大小挂起钩来，教师工作的好坏，直接影响工资的收入，教师之间工资收入的差异明显，打破了工资分配上的平均主义，改变了长期以来中小学实行的"大锅饭"工资制度，进一步体现了按劳分配的原则。这就成为激励教师努力工作，提高工作绩效，多做贡献的又一动因。

深化教育内部改革,有效地遏制了学校管理上的混乱状况,惩治了那些懒散不干活的人,触痛了那些能力差、素质低的人,调动了多数人积极性,使教师的潜在"热能"得到最大限度的释放,增强了危机感、紧迫感和竞争意识,形成了一个充满生机和活力的局面。但是,在深化教育内部改革中,必须注意解决好以下几个问题:

一是要认真做好深入细致的宣传和思想工作,使社会上都能理解,大力支持,使教师能承受,乐参与,尤其要做好编余和聘余教师的思想工作,安排好老弱病残教师的生活。

二是各级党政领导转变职能,大力支持学校的改革,真正交给校长责、权、钱。既要亲自转、具体管,又要放手让校长负责,对学校内部的聘任工作,多支持,少干涉,多服务,少打扰。

三是在改革中既要敢于碰硬,冲破阻力,动真的,抓实的,大胆改革,又不能盲目蛮干。必须注意工作步骤和方法,做好过细的思想政治工作。

四是改革要始终坚持以提高工作效率和效益为目的,最大限度地提高教育质量,培养"四有"人才,防止出现专权等不良倾向。

五是深化教育改革不要虎头蛇尾,而是要持之以恒,持久地进行下去。还要善于总结经验,及时发现问题,勇于坚持,善于坚持。

发扬《讲话》精神推动文艺改革

郭中群

毛泽东同志《在延安文艺座谈会上的讲话》是繁荣文艺的指路明灯。在革命战争年代,《讲话》指引了革命文化的方向;利用文艺教育,凝聚了整个民族的团结抗争精神,为夺取抗日战争和解放战争的全面胜利建立了不朽的功勋。在社会主义建设时期,又是《讲话》激励和哺育了新一代社会主义的文艺工作者。他们坚持文艺为社会主义服务,为人民服务的方向和百花齐放、百家争鸣的方针,利用文艺启迪和唤起了整个民族共同遵循的人生观、道德观和价值观,为确保社会主义建设的航船不偏离方向,发挥了无可替代的作用。半个世纪以来,在我国的文艺发展史上也曾出现过跌宕,有过风风雨雨。但是,无数的历史事实反复证明,遵循《讲话》精神,文艺事业就繁荣、就前进,背离《讲话》精神,我们社会主义的文艺事业就遭受挫折。这是因为《讲话》的精神不仅仅是个思想方法和创作技巧问题,更重要的它是科学、是马列主义文艺观的集中反映。因此,我们纪念《讲话》绝不只是简单的怀旧。我们的根本目的在于,通过纪念、重温《讲话》,进一步推动我市的经济建设。这也充分说明了文艺需要改革、改革需要文艺。当前我国的改革又出现了新的爆发点,这又为我们文艺的改革提出了新的课题和任务,这就是我们的文艺必须服从于和服务于经济建设这个中心。通过文艺的改革,为经济建设的全面改革注入新的生机和活力。

我市位于太行太岳老区。这里不仅有优秀的民族文化传统,也是革命文化的策源地之一。当代世界著名的文学大师、伟大的人民作家赵树理,就是集民族优秀文化和革命文化于一身的杰出代表。他高举《讲话》旗帜,为我们开创了革命文艺的先河,也为我们后来的繁荣与发展创造了可资借鉴的宝贵经验。我们学习《讲话》就是要像赵树理那样,敢于挣脱封建枷锁,通过自己的辛勤劳动,唤起民众的改革意识,以实现文艺的自身改革推动整个社会改革这一宏伟目标。

文艺改革同样有个机遇问题。目前改革的机遇已经形成。一个中心两个基本点的基本路线正在深入人心。实现全面改革依赖于科技进步和劳动者素质的提高,已经成为全民众的共识。随着物质生活水平的不断提高,对精神文化生活的需求也日益增长。这都说明历史在呼唤着文艺的改革和改革的文艺。因此,我们必须抓住当前的有利时机,进一步解放思想、投身改革洪流,在改革中解放文艺的生产力。要改革,就要像邓小平同志讲话的那样胆子要大一些,看准了的就大胆地试、大胆地闯,没有一点闯的精神、没有一点“冒”的精神,就走不出一条好路,走不出一条新路来。毛泽东同志《在延安文艺座谈会上的讲话》为我们指引了文艺的发展方向,邓小平同志南巡重要谈话为文艺改革撑腰壮了胆,我们又有市委和政府的坚强领导,可以预见,我市的文艺改革一定能够成功、改革的文艺也将会推动我市的经济建设生机勃勃健康发展。

提高农民素质势在必行

吉榜奎

农民是农村经济建设的主力军，农村经济发展速度的快慢和经济效益的高低关键取决于农民素质的高低。党的十三届八中全会指出：要把农业发展转移到依靠科技进步和提高劳动者素质的轨道上来，这一科学论断，充分表明了提高劳动者素质已迫在眉睫，成为发展农村经济的当务之急。

党的十一届三中全会以来，党在农村的各项方针政策，为农民脱贫致富奔小康创造了良好的基础，多数农民摆脱贫困，解决了温饱问题。但是，由于农民科技文化素质与农村经济发展的"错位"，致使绝大多数农民文化素质仍然处于较低层次。经过近几年的努力和实践，他们的素质虽有不同程度的提高，但与新形势下农村经济的快速发展还很不适应。小富即安、文化素质、科技素质、经营管理素质低劣，部分领导干部缺乏长远的规划，对周期性长、见效慢的"软投入"重视不够，农民群众对智力投资缺乏新的认识，社会化服务体系跟不上，导致了投入产出的不协调，阻碍了农村经济的发展。

要从根本上解决农民素质与农村经济发展"错位"现象，首先，领导干部要开动脑筋，努力改进工作方法和工作作风，从思想上动一次"大手术"，解放思想，开拓思路，树立长远的观念，真正把提高农民素质列入议事日程，常抓不懈。其次，农民群众要正确认识自己，改造自己，发展自己，武装自己，克服小富即安的思想和小农生产观念，从根本上努力提高自己的科学文化素质。第三，开设一些专业对路，农民易学好懂，适合农民口味，土洋结合的实用技术学习班。以"农民夜校"，"青年之家"，"妇女活动中心"等活动场所为阵地，对年满 15 至 45 岁的农民群众，利用 3～5 年时间进行专业技术培训，使他们掌握一门或多门技术。第四，在各种专业户的带动下，巩固、提高和发展一批"文化专业户"，使"读书热"、"科技热"遍及乡村院户。第五，注重智力投资，可采取"以工补文"，"以文养文"的办法，适当增加农民文化教育活动经费。第六，各级领导干部要增强服务意识，完善服务功能，提高服务质量，为农民群众提供技术培训、技术咨询等服务。

沁水教育的新崛起

李喜枝

今年高考以后,沁水县传出一条好消息:专科以上达线人数比去年翻了一番。熟悉内情的人都知道,这是他们大打教育质量翻身仗取得的成果之一。

近年来,沁水县的教育事业真可谓日新月异。经过努力,全县学风、教风、校风有了明显好转,涌现出文明学校249所,有3所学校被命名为市级“德育工作示范校”。他们努力把普通教育和职业教育结合起来,涌现出了一批综合型的复式小学、集中型的寄宿制小学、技术型的乡镇初中和农民技术学校。教育改革促进了教学质量的提高,全省复式教学经验交流会在该县召开无疑是对复式教学成就的肯定。沁水中学、实验小学被评为省级体育工作先进单位,全县体育达标率名列全市前茅,今年高考在全市取得好名次,中小考也大大好于往年。

这一切都标志着沁水教育新的崛起。

1989年,新调整的县教委领导班子上任后,明确提出了全面贯彻党的教育方针,大打教育质量翻身仗的总目标。他们首先从转变机关作风入手,进行了整顿,其次是对全县34名乡镇教委主任和中学校长进行了调整,同时要求全县教师强化教学为中心的观念和努力为当地经济建设服务的观念。群众盖好了“庙”,我们要当好“神”,成了全县广大教师的共识。县教委为尽快提高全县的教学质量,教委领导经常到第一线指导教学,教委机关的同志每星期四都要到县城学校去工作。全县教育系统形成了大打教育质量翻身仗,人人齐上阵的局面。

为了真正调动广大教师的积极性,他们把竞争机制引入学校,实行优化组合,同时全面推行结构奖金制,奖金由乡镇学校统一使用,设立教学奖。这些措施,解决了县城学校长期存在的“好教师进不来、差教师出不去”的问题,许多乡镇教师选校长、校长聘任教师也收到了良好的效果。针对教师队伍素质差的问题和过去民办教师转公办问题上的不正之风,县教委经过考察,辞退了一批不合格的代课教师,为民办教师建起了档案,真正把教学成绩优秀的民办教师转成了公办教师。

针对复读生屡禁不止的现象,他们在招生中实行了招生政策公开、办事过程公开、录取结果公开,发动群众民主监督。去年对群众检举的122名考生一一查证落实,公开处理结果。另一方面进一步完善了管理制度。在全县建立了义务教育档案,对学生实行了学号制。

沁水县教育质量翻身仗的告捷,使在低谷中徘徊的沁水教育发生了飞跃。但沁水县教委的领导却清醒地认识到:这仅仅是第一次飞跃。

继续当我的“杂家”

李小猫

记得我参加文艺工作时的第一课便是学习《讲话》,她的精神指引着我走过22个春秋。

我本来是“专家”中国剧协会员、省剧协理事。一提《皇帝与门官》、《佘赛花》、《儿女情》等戏,大家便会提到我。近几年,我变成了一个名副其实的“杂家”。涉足了小说、报告文学、小戏、小品、电教片、专题片、诗歌、通讯、宣讲材料、视察报告、歌曲等,涉及领域有党、政、工、团、工业、农业、商业、文教、计生、环卫、土地、就业、社会风气等30个专题,几乎是无孔不入。

我写小品,适应了群众观赏趣味的转移,也迎合了各行各业选场。省电视台播放了《粮倒》、《公公相儿媳》、《合庙》、《颠来倒去》等。

我写报告文学,歌颂了一批改革新人、弘扬了时代精神。把生活中那些众口皆碑的、为党和人民的事业鞠躬尽瘁、默默无闻的优秀党员干部变成了文学形象。阎小邦、张永福、王恩惠、阎金贵、申如珍等,至今仍在读者中传诵。

至于党教片、专题片、视察报告等,则更是直接为党、政部门服务的宣教作品了。“专家”们对此是不屑一顾的。只能有我这一类“杂家”来干了。

去年到鲁迅文学院进修,我开始了写小说,处女作《恼人的雾》在国家级大型文学刊物《当代》(1992年2期)发表。小说的背景是“文革”初期一个贫穷的山庄,我在哭诉人生的艰难和贫困、愚昧对人性的扭曲。意在使大家不要忘记过去而应倍加珍惜改革开放的成果。

《讲话》指明了“二为”方向,社会和群众需要我当“杂家”,我就继续当我的“杂家”。

作家应如安泰

宋贵生

在古希腊神话中,我最仰慕巨人安泰。他的双脚牢牢地站在大地母亲的怀中,因此力大无穷,不可征服。神话亦是人化,我曾不止一次地譬喻,作家应如安泰。

何为大地母亲?就是人民。作家唯有虔诚地俯首胼足地作为人民的儿子,把双脚牢固地踏在大地母亲的怀里,吮吸乳汁,滋润心田,方能下笔有神,才华横溢地把华夏大地上人民的形象有血有肉地塑造出来,成为弹动心弦的作品,这是毛主席《讲话》的精髓。在太行山区这块热土上,我辛勤笔耕了30年。一刻也没有离开过大地母亲的怀抱,忠实地做她的儿子,诚恳地为她呕心沥血地写作。

甘泉在《文艺报》上评论拙著《冲浪集》说:"一方水土养一方人,太行山的小米和甘泉哺育了这位乡土作家。"我实不敢大言不惭,乡土一次,真实入我肺腑。太行母亲用小米和甘泉把我从襁褓中哺育成乡十文人,我的命运已经和他们的命运紧紧地拴在了一起。尤其是三中全会以后,1985年以来,当改革的浪潮迅猛地冲击我脚下的这块黄土地时,我发现乡民们的改革意识和与传统观念决裂的锐气,是那样的迅猛,我再也不能维持写小说的那种平静,迫不及待地拿起报告文学之笔,为黄土农民讴歌,为黄土农民鸣锣,也为黄土农民撑腰、鼓气,甚至和他们一道苦搏。"严寒酷暑无所谓,甘为农民写春秋"。6年时间,我笔耕了60万字,30多个乡土人物在我的笔下露过头角,展示风采,字里行间都凝聚着我与乡土人民同呼吸共命运的苦搏,更饱尝了同重重风浪搏击的凄风苦雨。为此,1990年7月,当北岳文艺出版社给我出版第一个报告文学选集时,我便将此书命名为《冲浪潮》。

最后,我要虔诚地说一句:作家应如安泰,把双脚牢牢地踏在大地母亲的怀里吧!

生命的潜流

卓 然

坐在窗下,我将一直珍藏在书架上的那厚厚的64开的袖珍书,从结实的封套中取出来,把毛泽东同志《在延安文艺座谈会上的讲话》翻开,摩挲着,然后是一行行细心地研读着那些闪动着璀璨之光的文字。渐渐地意识到自己对社会、对时代的责任感和使命感,更多地想到,作为人民用乳汁养育成长起来的作家,怎样才能写出"使人民群众警醒起来、感奋起来,推动人民走向团结和斗争,实行改造自己的环境"的好作品。

不是赶时髦,也并非拉大旗。其实,那实实在在就是我们的旗帜。我曾经熟悉它的每个章节,理解它的每个观点。不管你承认不承认,只要它打动过你,浸润过你的灵魂,就如把你规矩定了一样,你便摆不脱,也难蜕化。无论有人说你陈腐也好,守旧也罢,或者被顽固地羁绊着束缚着禁锢着还是封闭着,你都会毫不在乎。因为,你真正理解过它,你的灵魂真的被它融化过。

我曾经有过《小雨》、《火狐》、《卖豆腐老汉》、《我想姑姑》、《豆叶菜奶奶》和《老槐》……

那是我曾经理解过它,然后才有的果实。

如果说稍有一点成绩,那也只是我多少年来具有这种自觉的证明,是我生命的潜流所具有的内驱力。

不过,我的确常常感到我的这种自觉还不够,那主要是我对它理解的还不够深刻。

所以,我每年都要在纪念这个神圣的日子的时候,再阅读它,再理解它。

每读一次,我都有自己新的理解,那是因为我们的时代在发展。

时代无论怎样发展,它都永远是我们前进的指南。

我的感情属于你

田澍中

我爱你！——这一声发自肺腑的呼喊，注定了我的一生与你不可分离，相依为命。你那坚硬的脊梁，支撑着九百六十万平方公里的蓝天；你那黧黑多皱的脸上，写满苦难与沉痛，纯朴与真诚。你的血汗哺育了我的肉体，又滋润了我的笔尖，使我这个山里的孩子，挤进了文学的殿堂——唱不完对你的赞歌。

然而，我的歌喉格外喑哑。你固然可亲可爱，却又狭隘、愚昧。即使是西装革履，也透不出你特有的气质来。于是，我不恭了，揭露、抨击、嘲讽，恨铁不成钢的种种急办法统统拿来。每逢这时，笔杆儿格外沉重，泪水打湿了稿纸……

我看你的现在，又不忘你漫长的过去与遥远的未来。过去的苦难，唤醒了你的现在；现在痛苦的蜕变，正是塑造你未来光彩夺目的形象；只是你形象的重塑，才是中华民族强大自立的希望。

你——中国的农民，我的祖宗、父亲、兄弟、姐妹，永远是我扎根的土壤、创作的源泉。——我的感情属于你！

农村文化建设不容忽视

翟张社　姬潞红

农村改革在经过十四个年头后的今天,其发展的主旋律已由过去的解决温饱变为奔小康。然而,一些村在创建小康村过程中,忽视了文化建设这一因素,结果,经济指标上去了,却依然不能进入“小康”村的行列。

有一则春联写道:“治穷不治愚,穷何能治?防变若能防腐,变自可防。”这里说的“愚”,只有通过文化建设方能得“治”。

农村文化的核心内容,就是要通过农村文化建设来提高农民的思想文化素质,从而促进农业生产的发展,以实现小康的经济目标。而农业生产的发展,反过来又为农村文化建设提供了必要的条件,以实现小康的社会目标,二者是相辅相成的。

因此,在小康村建设中,我们必须对农村文化建设给予应有的重视。具体讲,必须做到三个同步发展,即农村文化建设与农业生产同步发展,农村文化建设与改革开放同步发展,农村文化建设与科学管理同步发展。从而在优质高效地发展农村经济的同时,造就“四有”新型农民。

1993 年

必须把教育摆在优先发展的战略地位

成育廷

江泽民同志在党的十四大报告中指出:“我们必须把教育摆在优先发展的战略地位,努力提高全民族的思想道德和科学文化水平,这是实现我国现代化的根本大计。”在我国改革开放和现代化建设的新的历史阶段,党中央再次强调了教育的战略地位和作用,这是党中央的战略决策,对于加快教育事业的改革和发展,推动社会主义现代化建设事业的进程,具有极其重要的意义。

一、把教育摆在优先发展的战略地位,是我国社会主义现代化建设的需要

党的十一届三中全会以来,党中央一再强调教育在社会主义现代化建设中的战略地位,这是我们党对教育认识的一个飞跃,是我们党在经济建设指导思想上的一个重大发展。90 年代,是我国社会主义建设的关键时期,我们不仅要实现第二步战略目标,使人民生活从温饱达到小康水平,而且还要为下世纪中叶实现第三步战略目标奠定物质技术基础。因此,我们党和国家工作重点转移后,就明确指出,把经济建设转到依靠科技进步和提高劳动者素质的轨道上来。这几年来,在社会主义建设中的实践证明,坚持把教育摆在优先发展的战略地位,努力提高全民族的思想道德和科学文化水平,把沉重的人口负担转化为人力资源优势,依靠教育和科技,推动经济发展,是一条符合我国国情的发展社会主义的正确道路。从城区经济建设迅速腾飞的经验,更使我们感到教育对建设社会主义现代化的战略地位和巨大作用。

二、把教育摆在优先发展的战略地位,是加快我国改革开放的需要

小平同志说过,改革经济体制,最重要最关键的是人才。他还说:“我们国家,国力的强弱,经济发展后劲的大小,越来越取决于劳动者的素质,取决于知识分子的数量和质量。”这就告诉我们,人才的极端重要性决定了教育在改革开放和现代化建设中的战略地位和作用。90 年代经济增长的特点是由粗放经营向集约经营转变。因而经济的增长不仅仅是产品数量的增加,更重要的是质量的提高,结构的优化和效益的增进。从我们城区的企业来看,随着经济体制改革的深化,都在转换经营机制,要使企业在市场竞争中得到发展,就需要一大批懂经济、懂经营的“当家人”、“理财人”,也就是厂长、经理、工程师、经济师、会计师等。因此,我们必须加快教育的改革和发展,培养大量的合格人才,使教育适应社会主义市场经济体制建设的需要,更好地为经济建设服务。

三、把教育摆在优先发展的地位,是迎接21世纪新技术革命挑战的需要

国际综合国力的竞争是经济的竞争,经济的竞争是科级的竞争,科技竞争是人才的竞争,而人才的竞争说到底是教育的竞争。哪个地方教育发展,哪个地方有了人才,就能在激烈的竞争中取得战略主动地位。因此,教育发展的程度在一定意义上说,决定着一个国家的经济实力,决定着一个国家在国际竞争中所处的地位。当今,世界上正面临着新技术革命的挑战,不少国家和地区都在紧张地研究对策,其中具有战略意义的对策就是强化教育地位,发挥人才优势。为了夺取21世纪的战略主动地位,我们就必须把教育摆在优先发展的战略地位,培养高质量的人才,为迎接21世纪新技术革命的挑战奠定坚实的人才基础和物质技术基础。

晋城一中重视培养青年教师

郭新民

近几年来中学普遍存在着人才“断层”问题，晋城一中尤为突出。五、六十年代参加工作的老教师大部分“解甲归田”，在教学一线的教师108名，老年教师仅存11名，占10%；中年教师仅有16名，占15%；青年教师拥有81名，占75%。这个数据表明中学力量面临着严重人才“断层”问题。

中学教师“断层”，是当前教育工作应认真对待和亟待解决的一个重要问题。经过几年的努力，晋城一中有了良好的转机。该校不论资排辈，采取一系列措施优化青年教师成才的环境，一批青年教师脱颖而出，成为教学工作的骨干。他们的主要做法是：

1. *举办新教师进岗前培训班*。该校每年都举办一期新教师“进岗前培训班”，每期为半年。重点学习邓小平同志建设有中国特色的社会主义理论；学习有关教育法规、文件，熟悉教育教学规程；学习该校制定的“三定”、“四过关制度”，即定培养目标、定指导教师、定培养期限；过上岗前的试教关、过年终的评议检查关、过年底的汇报考核关、过满一年后的转正定级关。进行职业理想和道德教育，介绍该校教育教学改革形势，请优秀教师介绍怎样备好课、上好课，请优秀班主任介绍管理经验等。

2. *以老带新，岗位培养*。以老带新的基本做法是：新老搭配，边干边学。即每一个年级的每一个学科确定一两个学科带头人，同时安排几个新手，并以结对子的形式明确师徒关系。包保新教师进入角色。对老教师提出双重任务，就是既要教好学生，又要带好徒弟。工作中要老教师做到三个在前：挑重担在前，出主意在前，堵漏洞在前。对新教师，该校领导做到两个结合，即大胆使用和具体帮助相结合，严格要求和给予支持相结合。还鼓励青年教师勇于创新，勇于后来居上。

3. *举行三种公开课*。即老教师观摩课、中年教师教改实验课、青年教师邀请课。通过公开课的观摩和评议，达到取长补短的目的。一些原来以为自己满不错的青年教师看到老教师的板书、教态、手势、语言等一招一式见功夫，认识到“以老带新”大有必要。同时，老教师也发现了不少初出茅庐、崭露头角的新秀。他们的基础知识扎实，思路清晰敏捷，富有激情和活力。特别是他们和学生之间有着更多的共同语言和感情，也是一些老教师所不及的,正所谓后生可畏。这就赋予了“老带新”以新的活力和内容,从而缩短了新老之间的差距,也加速了培训的进程。

4. 开展青年教师“三个一”活动。为了防止优秀教师被压抑和埋没,该校在青年教师当中开展“三个一”活动。即在一个学期内,要求每一个青年教师写一份好教案,讲一堂好课,总结一篇好经验。对他们的好教案、好经验除装入本人业务档案外,还选其优秀者向报刊推荐。到目前为止,在全国、省市报刊发表论文100余篇。由于平时注意青年教师的培训,他们当中被破格评为高级教师的4名,全国优秀教师的1名,全国优秀班主任的1名,省人大代表的1名,省教书育人先进个人的1名,省级教学能手的6名,市级教学能手的15名。

5. 实行见习班主任制。见习班主任制规定:凡新分配来的教师必须担任一个班的见习班主任,无此经历将延长或不给予转正定级。

6. 开展“青年教师十佳”评选活动。近两年该校开展了“青年教师十佳”评选活动。活动历时一个学期,最后评出十名优秀青年教师。将他们的事迹、材料在该校进行公开介绍,并定为青年教师进岗前必读材料。目前,这批“十佳青年教师”都已成为该校的骨干。

突破陈旧教育模式　努力适应市场经济

李喜枝

党的十四大提出在我国建立社会主义市场经济。教育如何适应这场大变革，这是摆在广大教育工作者面前的一个重大课题。目前，我们教育改革的步子之所以迈不开，其主要原因就是没有从根本上突破传统的认识观念和陈旧的办学模式。

突破教师管理上的旧模式。铁工资、铁饭碗是制约教育事业发展的最大障碍，目前的教师队伍管理仍然没有摆脱这些铁东西的束缚，干不干一个样、干好干坏一个样、干多干少一个样的状况尚未从根本上得到改变。城镇学校的教师人满为患，偏远山区的教师青黄不接。这些问题不解决，进一步发展教育事业只能是纸上谈兵。如何解决，首先要从改革人事制度入手，实行定编、定员、定任务和人员聘任的"三定一聘"管理办法，建立教师交流中心以解决教师落聘和教师缺少问题，改变过去那种单纯的组织委派制。二是建立激励机制，调动教职工的工作热情和工作积极性对于站讲台和不站讲台的教育工作者在工资上要区别对待，对在条件好的学校的教师和在条件差的学校的教师在奖金和山区补助上要区别对待。实行结构工资，拉开工资档次，打破铁工资，打破平均主义，优惠教学第一线教师、偏远山区教师和教学工作取得显著成绩的教师。

突破选拔校长上的旧模式。办好一所学校，教师是主体，校长是关键，二者相辅相成，缺一不可。改革使校长的责任越来越大，权利也越来越大。若校长素质不够高，则学校受害无穷。因此，下功夫选好校长。突破过去那种少数人关起门来定校长的旧模式，要让群众参与要让群众选，要有公开性，要有透明度。校长要能上能下，能进能出，打破过去那种当过校长就不能再去当教师的旧观念，干得好就干，干不好就让。不管资格有多老，靠山有多大，关系有多广，干不好工作的就要下。

突破人才培养上的旧模式。不突破长期以来有碍于人才培养的封闭式教学，就培养不出适应社会主义市场经济的应用型人才。应该从思想上突破长期以来单一的应试模式。确实改变基础教育升学化的错误倾向，要让学生在学好文化课的同时，紧密结合当地实际，打开四堵墙，走向大社会，变封闭式教学为开放式教学，让学生在社会实践中开阔事业，丰富知识。通过多种形式的第二课堂活动，从中发现每一个学生的兴趣、爱好、特长,为社会主义市场经济培养多层次多方面的应用型人才。这就要求作为一名教师也要学技术,也要有特长,还得有不断更新的教学方法。这样才能强将手下无弱兵,担负起教育后一代的责任,为社会主义市场经济培养出更多更好的人才。

突破人才评价上的旧模式。在落后的思想意识里,大学生才是响当当的人才,没考上大学就是一块不合格的"料"。多少年来,由于社会不公正的裁判,人才观的偏颇,中国的教育一直没走出误区,数以亿计的热血青年做了不应该的牺牲品。文化知识是一切技术的基础,要求学生认真学好文化知识,这一点无可非议。但如果把文化知识方面相对差一些的学生视为不是人才之列,不注重培养和教育,这就未免有些绝对化。这种划分的历史背景,从现实看不能不说他与片面追求升学率有着直接的关系,从历史渊源及人们的实际想法看,不能不说它受着"学而优则仕"、"为上智与下愚不移"等旧的教育思想的影响。社会需要的是各级各类人才,一个人不可能把所有的才能都集中在自己身上。这就要求每个教育工作者,要全面地、辩证地、发展地看待学生,不能单以分数论英雄。有些同学在文化知识方面好一些,但他也可能在其他方面就差一些,有些同学尽管榜上无名,但他在社会上却大有作为,这种例子可谓举不胜举。所以我们在人才评价上,不能仅仅局限在文化知识这个范围之内,应该树立起正确的教育观念和新型的人才观念,致力于发展、培养学生的长处,不求人人升学,但求个个成才,为经济建设培养出大批合格人才。

突破办学形式上的旧模式。在办学模式问题上,统得太死不行,要从统得太死的状态中解放出来,改变长期以来习惯了的办学模式,把学校推向社会,调动各个方面的办学积极性,根据当地人才要求,设置专业,允许学校与集体、个体企业挂靠,非学区的学生可以多收费。这样水平高的学校就可以自筹到经费,上级部门和政府也可集中精力和财力整顿、扶植一些薄弱学校,促进教育发展。要允许个人办学,社会办学,建立私立学校。同时上级主管部门应该给学校一些政策,放权给校长,强化校长负责制,有组阁权、聘任权,可以任命副校长,可以聘任好教师。

教师与社会

程 红

“国将兴,必贵师而重情;国将衰,必贱师而轻情。”人民教师历来就深受人们的赞扬、尊重。从文化先圣孔子算起,中国历史延续至今已达三千多年,曾有多少先师们呕心沥心,诲人不倦,以无私奉献的美德,铸就了中华民族光辉灿烂的文化。但是现在的一些现象不能不令人深思。当前,经商的浪潮,引起了人们包括教师在内的思想观念、价值观念的急剧变化。教师作为一种社会职业,也受到了较大的挑战和冲击。某一教师,大学本科生,才华横溢,知识渊博。但二十八九了婚姻大事还迟迟未能解决,女方的理由是他如果不是教书匠就好了。于是他倾多年的积蓄四处走后门,拉关系。功夫不负有心人,他脱离了讲台,开始谱写新的乐章。说来也巧,刚调走一个月后,就听到关于他和新交女朋友非常融洽的消息。某报上刊登了这样一则报道:某一教师与布匹和服装加工店的老板混得火热,谁也看不出这“一混”能混出什么名堂,可他的心中有底。他是班主任自然有他的优势,每个学期他都指使学生们以统一制作校服、班服、节日服为由向家长要钱,然后把学生的钱集中起来买上一般普通布料,加工成衣服,从中谋取利润,所得“油水”竟胜过所得工资的几倍。用他的话来说,每个家长掏一点钱其实也算不了什么。

在新形势下,人民生活确实提高了,值得骄傲的是,一大批教师不为金钱所动,仍在兢兢业业培养人才。但是随着有些人人生观、世界观的改变,教师也在注视着这个突飞猛进、迅猛发展的世界。

三百六十行,行行都有用。教师守着学生,学生都有家长。一教师的家庭备忘录上记载着学生家长的名字、职业、籍贯、家庭经济收入数据,还有更详细的社会关系,干什么事哪个家长最顶用。还有一些教师接受家长的送礼,来者不拒。殊不知这会给学生带来什么后果?师生可谓濡沫相随,近朱者赤,近墨者黑,何况还有潜移默化的作用呢!而且通过学生还会影响到他们的家庭成员,影响到社会关系,影响到整个民族!

教坛是神圣的,不容半点玷污。为了孩子们的未来,为了国家大业的繁荣昌盛,我们不能容忍教坛的邪风。

三晋漫谈

陈世刚

三晋是华夏文化的一方沃土。尧天舜地开创出东方文明源远流长,时近明清,晋地的乌金被发掘,促进了冶铁业的大发展。晋盐是天赐白银。中国历来是盐铁官营,成为朝廷的主要财源。盐铁两业的发展为破产农民提供了大量的就业机会。人口集聚带来商业繁荣,流通顺畅诸业兴旺:饮食业、运输业、建筑业。三晋可称得上是中华古建筑博物馆,生动地展现出东方建筑的艺术风采。

晋人创业曾有过历史的辉煌。史载,“晋俗”以商贾为重,非弃本而逐末,土狭人满,田不足耕也。又据康基田的《晋乘搜略》:“太原以南多服贾远方,或数年不归……”劳力过剩的压力迫使晋人另辟蹊径,一批批背井离乡的创业者,初始为学徒、伙计,忍辱负重,备尝艰辛,惨淡经营,积累渐进,有少数人成为巨商富贾,有的客死他乡抛下了妻儿老小度日凄凉。晋人的创业史造就出无数的节妇烈女载入方志。晋地古往今来多有巾帼慷慨壮烈之士,有道是:“一方水土养一方人。”

晋商首创“号票”,信局汇兑为异地结算提供了便利,促进流通顺畅。晋商的皮张、药材、烟草、陶瓷、缎子(潞绸驰名全国)行销大江南北、长城内外。尤其晋的酿造业与建筑,乾隆年间已达到村村普及的程度。山西所保留的舞厅、戏楼和丰富的地下发掘,为中国戏曲研究提供了珍贵而可靠的依据。三晋的文化沃土培育出一批杰出的戏曲作家。中国的莎士比亚——关汉卿(出生于解州),晋中的白朴、乔吉、李务、李寿卿等人都是文采斐然的戏曲作家。三晋的四大梆腔(蒲州、中路、北路、上党梆子)为发展完善后来的京剧注入了滋养。京剧移植晋剧本颇多。“苏三离了洪洞县”唱得中国大地家喻户晓。据说东北二人转是源于繁峙“蹦蹦”。除戏曲之外尚有道情系列、秧歌戏、碗碗腔、二人台,锣鼓系列称得上是繁花似锦、姹紫嫣红过榆关,辽吉造酒业几被晋商垄断。汾酒享有“甘泉佳酿”之誉。晋商于京师颇具经济实力;晋人的钱庄遍布南北各地。晋商所及,西南到云、贵、川,东北至满、蒙、俄罗斯。晋商四处建山西会馆作为沟通乡情的桥梁,联谊的纽带。

三晋是中国戏曲文化摇篮之一:中国拥有剧曲365种,山西占有50余种,堪称中华艺苑之巨族，这些彩色斑斓的艺术之花都深深扎根于高原厚土，为广大民众所喜见乐闻，历来村村有“自乐班”的文化传统，每当年节、社日，丰富多彩的社火、社戏都增添了山乡的欢乐气氛，活跃了文化生活。

具有中华优秀文化和革命传统的三晋人民，将为走向未来的中华新文化创造，重振雄风，再展宏图。

我的师德“清苦”观

赵玉龙

夸美纽斯说过:“太阳底下再也没有比教师这个职业更高尚的了。”

作为一名教师,我认为在社会主义初级阶段的我国,高尚的实质在于全面坚持“清苦”这个职业道德。如果放弃这个道德规范,那就不能算高尚的教育工作者,也就玷污了教师这个“高尚”的职业了!

近几年来,有的学校错误地改变了学生勤工俭学、社会捐资助教的性质,巧立名目,广开“渠道”,向学生家长和社会收取各种学杂费,把征税机制和强迫手段引入校园,引起了社会强烈反响和学生家长的不满。这不能不使我们每个具有高尚“师德”的校长、教师感到愤慨和脸红!

我国老一辈教育家陶行知先生说:“教育者应当知道教育是无名无利而且没有尊荣的事。教育者所得的机会,纯系服务的机会,贡献的机会,而无丝毫名利尊荣之言。”我们从事教育事业的同志,应该牢记这段至理名言,用“高尚”的师德正己,坚持为人师表,尽心竭力地去教育和培养有社会主义觉悟的、德智体美劳全面发展的劳动者,这就是我们的天职。

我要说明的是,我并没有把“清苦”理解为“苦行僧”。党和政府近几年来多次采取各种措施,尽力改善各级各类学校的办学条件和教师的待遇;不少学校也紧紧围绕教学这个中心,通过各种合理合法的途径,增强自身的办学经济实力,进一步改善了教学条件和教师待遇,这些都是无可非议的。

我理解的“清”,是坚持社会主义的权力观、金钱观、发展观,不断地深化教育改革,致力于社会主义的教育事业;我理解的“苦”,是不息地去提高精益求精的解惑功力和深情厚爱的全面培养学生的师德、校风,舍此而不为!

夸美纽斯在“太阳底下”这么大的空间和人世间各行各业的职业道德中,突出提出教师的职业道德是“再也没有”的高尚。我们每个教育工作者都应该珍惜、爱护“清苦”的师德,并引以为荣。

办有特色的学校　育有特长的人才

李志智

教育如何适应社会主义市场经济这一重大变革而为经济服务，这是当前摆在教育工作者面前的一个重大课题，必须重新考虑办什么样的学校，育什么样的人才，做什么样的教师。结合城区教育工作的实际，我们的思路是：树“三全”观念，办“三特”学校。即全面贯彻党的教育方针，办规范加特色的学校；全面加强教师素质建设，做合格有特点的教师；全面提高教学质量，育全面发展并有一定特长的人才。

到去年底，城区学校规范化建设已基本完成，今年的任务就是要在规范上加特色，各校都要从本校的实际情况出发，办出自己的特色。所谓有特色，就是在某方面特别出色，高人一等，出类拔萃。

要办有特色的学校，就必须有有特色的教师。办学校，教师是关键。近几年来，我们在抓学历教育的同时，狠抓了继续教育，坚持不懈地进行理论学习和专业思想及师德教育，教师的思想政治素质大为改观。但是，为适应社会主义市场经济的新形势，教师的思想政治素质、教学业务素质和文化知识素质，还必须继续全面提高。最重要的是要更新教学观念，彻底摆脱“升学教育”的束缚，转变到提高全民族劳动者素质上来。这就是说，要为社会主义市场经济培养各种有用人才。而培养什么样的人才，就需要什么样的教师，这就要求教师在思想、文化、业务素质全面合格的基础上，根据教学工作的实际需要和个人的素质优势，充分发挥自己的特长，做全面合格而又有显著特点的教师，这是形势发展对教师提出的新要求。

所谓全面提高教育教学质量有两个含义：一是要面向全体学生，着眼于全民族素质的提高；二是要使每个学生全面发展，德育为首，五育并重，不可偏废。要使每个学生都成为有用之才，就必须树立正确的人才观。什么是人才？人才就是人尽其才，各尽所能。每个学生都要在德、智、体全面发展的基础上，根据个人的兴趣、爱好、家庭环境及社会需求等条件，学会一技之长。使学生学有所长、长有所用，必须从小培养。邓小平说“计算机要从娃娃抓起”，其他技术、本领，又何尝不是这样呢？这就是我们提出学生要全面发展加特长的原因之所在。

市场经济给教育带来的新课题

陈有瑛

新课题之一:市场经济对人才的多种需求与以升学为目标教育不相适应。

新中国成立以来,我国的教育存在的问题基本上是教育与经济脱节,教育与科技脱钩。尤其是基础教育长期受追求升学和按分择优的影响,加之社会上传统观念长期对人们思想的禁锢,中小学教育一直难以摆脱各种片面导向因素的制约,不能突破单纯升学的教育模式。

所以说,教育要面向市场必须打破陈旧的教学模式,经济工作也要切实转到依靠科技进步和劳动者素质的轨道上来。只有双向结合,相互合作,才能适应市场经济对人才的多种需求,教育才能出现彻底转轨。

新课题之二:市场经济体制中日益增长的知识需要与目前的教学内容和方法不相适应。

反思我们的教育,主要存在两大弊端,一是教学内容陈旧;二是教学方法不相适应。教学内容陈旧表现出来的,是学生学无所用,无一技之长,更不懂经济和市场,这就很难避免教育与经济建设脱轨,也很难发挥教育更好为经济建设服务的作用。教学方法不相适应表现出来的是学生无个性,无特长,故步自封,安于现状,缺乏开拓创新精神。面对市场经济体制中日益增长的知识需要,教育必须首先承担起改革的职能,主动走在改革的前面。一是要进一步调整教育结构,要把基础教育的着力点放在提高国民的整体文化素质和综合能力上,加大职业技术教育比重,把更多的人力财力用来办职业技术教育、社会教育等;二是要根据当地实际,编写乡土教材,增加市场经济的有关内容,引导学生学习与市场经济的有关的基本概念和基础知识。从小就培养学生的市场经济意识;三是在教学方法上,要变封闭式教育为开放式教育,给学生不仅“授之以鱼”,而且要“授之以渔”,注重学生非智力因素的培养,重在开发学生的社会承受能力和勇于开拓的精神和社会责任感。只有这样,才能提高学生的整体素质,教育培养的人才才能适应社会主义市场经济的需要。

新课题之三:市场经济中日益强化的物质利益观念,同学校思想道德教育的不相

适应。

随着社会主义市场经济的发展,物质利益观念在不断强化,这一股社会潮流也不时冲击着校园这块圣洁的土地，致使一些学生的行为越来越明显地受到物质利益的驱动。开口谈钱闭口讲钱,拜金主义现象日益滋长,集体主义观念淡薄,奉献精神被抛弃,面对这一现状,我们传统的思想道德教育已不能适应。因此,如何因势利导,经常加以正确灌输进行正面引导,把少数学生一味追求物质利益所带来的消极因素降到最低限度,已是一个新的课题。另一方面,要加强中小学生的思想品德教育,认真学习法律知识,强化法制观念,帮助青少年逐步树立正确的人生观和价值观,使他们在复杂的商品经济大潮中分清是非,识别美丑,真正发挥出教育为社会服务的功能,为未来的经济和社会发展造就大批的合格人才。

愿安静轻松地过年

张菊生

记得在孩提时代,我总是天天盼过年。那是因为当时物质文化生活太清苦,人们太贫穷的缘故,只有碰上过年,才能填饱饥肠,才能尝上鱼肉,才能得到大人赏赐的压岁钱,才能痛痛快快地玩上十天半个月。所以,在那时过年的日子里,无论是大人还是小孩,都是全身心的欢愉,全身心地快乐,全身心地轻松。

而今不一样了。随着物质文化生活的大大改善,人们的年过得越来越乏味。先说"嘴上之功"吧。中国人最重视吃了。从腊月二十几,有的甚至更早,就开始穿梭于大街小巷,开始买鸡、买鱼、买海鲜、买佐料、买水果,直买得把冰箱堆满,在伙房堆垛,才告一段落;从腊月二十四到正月十五,家家户户使劲浑身解数,烹炒煎炸,中餐八九个菜,晚餐十多个菜,只恨饭桌太小摆不下。结果呢,主妇主男被油烟熏得没了食欲,前来光临的批批"食客们"也被整天丰盛的酒菜腻住了胃口,散席之后,那剩饭,那全鸡全鸭,全鱼全鸟,照常摆着,压根儿没动筷儿。对这些"陈列品",节俭点儿的只好轮流吃,大方一点的都孝敬了垃圾桶。再说"腿上之功"吧。从大年初一到十五要去拜年:不管路远路近,人大人小,亲友之间要拜,同事战友之间要拜,干群之间要拜,直拜得腰酸腿痛,头昏眼花,无精打采,这才体现关系融洽,友情亲密。还有"炸雷之功"。从大年三十晚上吃团圆饭开始到正月十五元宵之夜止,那大小不一,长短不同,各种各样的鞭炮一齐炸响,直到把你的耳膜震得疼痛难忍还不肯停息。据1990年京津沪等十大城市统计,过年因燃放鞭炮伤人致残就达6000余起,仅北京市就有11人眼球被摘除。如此等等,我怕极了,一到过年,就不免心惊胆战。眼看现在又要过年了,我一直在默念:不要这多"礼",不要这多"响",轻轻松松过年,安安静静过年。

城区教育事业蓬勃发展

白成功

1985年以来,坚持党的基本战略,全区教育事业在改革开放中蓬勃发展,取得了显著的成绩。

一是基础教育进入了依法治教的轨道。截至1991年底,全区乡(处)政府依法宣布普及了九年制义务教育。学龄儿童入学率、毕业率和普及率均达到99%以上,超过了国家教委和省教委规定的标准。同时,区教委还对弱智儿童逐一进行了摸底,逐一落实入学,使弱智儿童也受到义务教育。

二是职业技术教育从无到有,从小到大,初具规模。区教委改建职业中学一所,三乡各建了一所初级职业中学,在校生达750余人,和普通中学在校学生之比为5:1。区政府还建立了农科教统筹机构,三乡四处正尝试教育整体改革试验,“三加一班”在三所乡中推广施行,彻底改变了教育结构单一化的局面。

三是成人教育发展较快,步子迈得较大。全区青壮年脱盲率一直稳定在98.5%以上,1991年被省政府验收命名为无盲区。现已建成各级各类农技校14所,培训厂矿、农村劳动力79000人次。厂矿农村青壮年培训率达85%,干部职工培训率达95%以上,全区还创建了32所社会力量办学校(班),发展了两个社会力量办学点。

四是办学条件得到了极大的改善。城区组建以来集资办学款项达8100余万元,人均达上千元,新建改建校舍96所,建筑面积达124600平方米,其中教学楼占到70%以上。到1992年底全区百所中小学基本上建成了“四化”、“五新”、“六达标”的规范化学校,区政府还为这些达标学校颁发了“标准化小学”牌匾。该区连续3年受到省政府“改善办学条件”、“普及义务教育”先进县区的嘉奖。

五是合格的师资队伍建设正在加强。全区现有中小学教师1400余人,几年来为1350名教师评定了专业技术职称,表彰奖励国家、省、市、区级先进教育工作者和优秀教师238人,中小学教师的各项福利待遇全部落实,政治经济地位不断提高。全区中小学教师岗位合格率达到初中74%、小学99.8%,初步形成了结构合理、学科配套的教师队伍。

高品位的文化艺术才拥有明天

文华平

《圆了人们心中的梦》这篇现场写真，虽然只是从一个侧面反映了梦圆舞厅的经营方略和社会效应，但它却以较高的视角向人们揭示：市场在发育，文化消费者在成熟，只有高品位的文化艺术，才会拥有灿烂的明天。

当前，在改革开放的大背景下，形形色色的歌舞厅、卡拉OK相继涌现，成为一种社会时尚和新的文化现象。整个文化市场繁荣与粗俗并存。不少舞厅经营者，在高雅的装束与文质彬彬的笑脸的掩饰下，表现出招徕与迎合的浅薄。

如何解决这些问题，使我们刚刚兴起的文化娱乐市场更好地为发展经济，提高人们的生活质量服务？梦圆舞厅做了一些有益的尝试。对此，我们表示首肯和赞赏！同时，我们也希望文化市场的管理者、经营者，以及有关职能部门，能够未雨绸缪，多在增加文化内涵、创造优美和谐、文明健康的文化氛围上做做文章。文化市场的品位提高了，低级庸俗甚至违法乱纪的东西，自然就会逐渐减少和绝迹。

1994 年

坚持摄影艺术为人民的方向

程画梅

在纪念毛泽东同志诞辰 100 周年的日子里，我作为一个摄影工作者，很自然想到了《在延安文艺座谈会上的讲话》。在我二十多年的摄影创作中，我深切地体会到，讲话为文学艺术创作指出的方向，不仅是无产阶级革命的需要，而且也是文学艺术发展历史长河中的航标。仅就摄影艺术而言，便足以证明此点。

艺术的生命力首先在于真实，只有真实反映客观世界的艺术，才能像客观世界那样永存。人类社会发展的历史本身，便是一部永存的艺术作品。摄影艺术是造型艺术的一个分支，主要反映现实生活中实际存在的客观事物。通过直接面对被摄对象进行拍摄，采取纪实性的抓拍手法，以作品高度的生活真实感，唤起人们对生活现象特有的审美视觉感受，从而达到一定的艺术真实。一件传世之作，必然是世世代代都能唤起人们对历史真实生活无尽回忆的作品。人民群众是历史的主人，是历史画卷的主要描绘者。那些真实记录人民群众生活中的典型现象的镜头，必然会成为不朽之作。

本世纪上半叶，美国摄影界出现了一位以揭露黑暗、表现劳动者尊严而著称于世的摄影家。他的作品被人们称为“新大陆 20 世纪的史诗”，他本人也被人们称为以照相机为史笔的社会学家。他就是路易斯·海因。他用自己的照相机热情地赞颂工人的劳动，表现劳动者伟大的创造力量和尊严，从而使他的作品成为美国整整一个时代的精神体现。

在我国的革命战争年代里，艰苦的岁月和纷飞的战火锤炼和造就了一批著名的摄影家，也产生了一批不朽的摄影艺术作品。如雷烨的《塞外篝火》，沙飞的《战斗在古长城上》，吴印咸的《白求恩大夫》，江波的《黎明的钟声》，石少华的《白洋淀上雁翎队》等，都给后人留下了无尽的感怀和遐想，其艺术感染力是极其巨大的。

当今世界上有许多的摄影艺术派，诸如自然主义摄影派，纯粹主义摄影派，纪实主义摄影派，超现实主义摄影派等，在各种流派中，都不乏著名的摄影大家和上乘之作。但是，只有把摄影艺术作为反映社会，推动现实，歌颂光明，暴露黑暗，匡正时弊，维护正义的手段和工具，在艺术创作中严格遵循按照生活本来面目反映生活的原则的纪实主义摄影派，能够在众多的流派中独领风骚，以其强大的生命力和不断产生的传世之作，并在摄坛上占据主导地位。

艺术创作的源泉首先在于生活。人民群众的现实生活是绚丽多姿的,其间蕴藏着取之不尽的创作素材。艺术家的灵感,艺术家的想象力和创造力,离开了广大人民群众的生活,就会逐渐衰竭。人民群众的喜怒哀乐,会拨动艺术家的心弦,触发艺术家的胸怀,变换艺术家的视角。只有置身于人民群众的生活之中,同人民群众一道去拥抱大自然和人世间,才会有永不枯竭的艺术创造力。脱离人民群众的生活,躲进自家小屋苦思冥想,无论想得如何超凡脱俗,其作品绝不会有震撼心灵的感染力,充其量只能是昙花一现。

抓拍是摄影创作的基本手法,纪实主义摄影派所崇尚的就是不干预被摄对象,在其无所觉察,保持自然进程中所具有的真切生动的形态时,通过出其不意地抓拍以获得逼真、感人的摄影形象。法国出生的著名摄影家布勒松,是纪实主义摄影派的最有权威的代表人物。他特别善于发现和捕捉一些不常被人注意的现象和瞬间,使照片既有浓厚的生活气息和自然情趣,又有使人蓦然回首,恍然大悟的审美快感。但是,他的抓拍绝不是浮光掠影,信手拈来。他是在丰富的生活积累中,形成了及时发现和捕捉反映事物本质特征的决定性瞬间的观察能力。因此,他既是位摄影家,又是一位思想家。1949 年他来到中国,拍摄了大量珍贵的历史性照片,并把它们编成一本《从一个中国到另一个中国》的画册,真实生动地表现了旧中国灭亡,新中国诞生的历史发展趋势,从而赢得了中国人民对他的爱戴。

近些年来,有人对文学艺术为人民大众的方向表露出不以为然的情绪,甚至颇有微词。我想,这只能说明他们对文学艺术创作历史的无知,也只能说明他们对文学艺术理解的肤浅。一个希望给后人留下点什么的艺术家,必须沿着为人民大众的方向坚持走下去。

记在改革中前进的晋城市一中

王培英　朱根林

我市唯一的省首批重点中学——晋城市一中,如一颗镶嵌在泽州盆地熠熠闪光的宝珠,五十年来为国家培育了数以万计的栋梁之才,曾多次被评为全国、全省教育先进集体,受到过毛主席、周总理等中央首长的接见,特别是十一届三中全会以来,这块育人的一方沃土,目前已发展成为一所师资力量雄厚,教学设施完备,教学手段先进,具有 30 个教学班的高级名牌中学。

一、学“特色”理论　育“四有”新人

历史的年轮进入 80 年代后,改革的大潮呼啸而来。面对机遇与挑战,一中人用邓小平建设由中国特色社会主义理论武装自己。他们把《邓小平文选》作为行动的指南,把《中国教育改革和发展纲要》作为努力的方向,把贯彻落实《中华人民共和教师法》作为自己的法律保障,定时间、定地点、定人员、定内容、定主讲人,采取“边学边议”,推广北京“愉快教育”和上海“成功教育”等新观念,认识到了“应试教育”向“素质教育”转变的紧迫性。

思想认识的提高立即产生了巨大的行动效应，晋城一种立即推出了校长负责制、教师聘任制、干部岗位责任制,建立起了竞争激励机制,将年富力强的中青年骨干教师提拔到领导岗位上来,实行了教学目标、岗位目标制,形成了教学人员参与管理,管理人员深入教学的良好格局。广大教师的改革意识、参与意识不断增强,教学改革方兴未艾,“读、理、练”、“点拨式”、“学、议、讲、练”等启发式教学法相继在一中的老师中诞生,教学成绩硕果累累。1983 年全国中学生数理化竞赛得奖人数、学校均分和个人成绩均名列全省第一;1984 年 257 名学生参加高考,有 223 名被大专院校录取,其中全国一类大学就录取了 114 名，学生白永胜荣获全省理科总分第一名;1983 年至 1987 年高考升学率均保持在 70%以上;1986 年高考学生王欣丽又荣获全省文科总分第一名的桂冠，学生伍永安 1985 年破格被中国科技大学录取……

二、立足市场经济　加强德育工作

“德育为首,教学为主,育人为本”,这是校长陈铁补和老书记秦凤俊反复强调的。在当前市场经济的强大冲击下,德育尤其显得重要。晋城一中首先确立的是要由上而下组成德育工作队伍,形成党政工团齐抓共管的良好格局。为了确有成效,他们建立了五条工作线:一是由党总支牵头,由党、团、工、妇及党团员组成政治思想工作线;二是由分管校长牵头,由政教处、保卫科、班主任、学生会、学生干部组成管理育人工作线;三是由分管校长牵头,由教务处、科研组、任课教师组成教书育人工作线;四是由分管校长牵头,由总务处对学生进行爱惜粮食、爱护公物、节水节电教育的服务育人工作线;五是由音体美组、广播站、文学社、图书阅览管理员等组成的寓德育于丰富多彩的课外活动的环境育人工作线。其次,该校实行分层次教育。根据青少年不同年龄、心理,分成基础教育、成长期教育与发展期教育,并将爱国主义教育作为核心贯穿全过程。另外,他们还走出一条开放式的育人之路。该校先后建立了革命传统、社会实践、爱国爱家乡、科技、国防、法制和家庭七大教育基地。和部队、民政、老区、农村、厂矿等社会有关部门联合,或请进,或走出,对学生进行传统教育、爱国主义教育、国防教育、法制教育和奉献精神教育。目前,在一中助人为乐蔚然成风,好人好事层出不穷。据不完全统计,近两年学生做好事达5000余人次,涌现出国家级先进班集体1个,省市级先进班级5个,文明宿舍20个,三好学生240人,优秀团员90人,优秀班团干部137人。昔日饭菜随处倒,水、电只开不关等现象销声匿迹,学生违法犯罪现象早已绝迹。

三、站在时代高度　推进两项改革

随着时代的步伐,教育改革也在逐步深入。进入90年代,普教工作的重要举措就是贯彻实施普通高中的“两项改革”,即调整普通高中教学计划和实行高中毕业会考。按照国家和省普通高中教学计划调整方案,结合本校和当地的实际情况,晋城一中先开设了必修课,增设了选修课、活动课。他们本着升学与就业的需要,突出加强德育和发展学生个性特长的原则。先后开设了区域地理、人口教育、生物与环境、文学欣赏、实用文体写作、数学史讲座、电机常识等选修课程,成立了泽英文学社、校园之声广播站、歌舞队、电声乐队、摄影书法绘画小组、数理化兴趣活动小组、土壤分析小组等,举办了养鸡技术讲座、英语书法比赛、卡拉OK歌舞比赛,并将这些活动课与第二课堂活动、劳动技术课中的“裁剪缝纫技术”、“工程识图常识”、“食用菌种”、“农机修理及维修”、“养花种植技术”等课程相结合,不仅拓宽了学生的知识,而且培养了学生的动手能力。在资金十分紧张的情况下,他们开辟了台球室、乒乓室、棋艺室、书画室等,投资近万元添置了篮球架、单双杠等体育设施,他们还多次举办了校园文化艺术节。

为使两项改革顺利实施,他们在教学管理上推出了三大举措:一是建立健全教学管理系统,包括教学指挥系统和信息反馈系统;二是实行了全员教学管理;三是加强了全程教学管理,实行了教学工作分段把关制和质量验收制,使教书育人、管理育人、服务育人的任务真正到位。在办规范加特色学校,育优秀加特长人才的思想指导下,近年来,一中每年考入大专院校人数均保持在400人左右。学生宋永红、张建斌分别取得1992年和1993年高考数学成绩全省第一名的好成绩,荣获任之恭奖学金。同时参加各种竞赛活动获奖人数逐年增多。如有5名学生的作文被收入《全国名校作文大观》,6名学生获华夏杯征文奖,13名学生在全国数理化竞赛中获奖,参加市级以上体育比赛获金牌10块,银牌7块,铜牌12块,为高等学校输送体育合格新生17人,艺术类新生11人,93.2%的学生已达到《国家体育锻炼标准》。该校除在一年一度的省教委督导评估检查中受表扬外,仅去年一年就先后被授予"爱国卫生先进单位"、"治安安全合格单位"、"艺术教育先进单位"、"社教工作先进集体"、"群体工作先进集体"、"花园式单位"和"教书育人先进集体"等荣誉称号。

四、高瞻远瞩　构筑"希望工程"

"振兴民族的希望在教育,振兴教育的希望在教师。"江泽民总书记最近在全国教育工作会议上又一次特别强调。晋城一中认准了这一点儿,为培养一流的教师下了大功夫。一中在职教师113人,其中45岁以下的中青年教师就占75人,5年教龄以下的青年教师有32人,占实际任教人数的29%,承担着学校50%的教学任务。提高他们的政治和业务素质是当务之急。该校构筑了"357希望工程",即向青年教师提出:3年内力争成为学科胜任教师,再过5年努力成为经验型骨干教师,再过7年成为学者型的省市学科带头人。为了实现这一目标,该校成立了青年教师培训班,采取岗前培训、以老带新、搭擂赛讲、离职进修、在职进修等扎实措施。目前,一中93%的教师取得了中学教师专业合格证书。青年教师崔巧凤、闫月平、李坤明、张向伟被评为省级教学能手;路永法、崔松亮、朱银林、施继平、陈恒庆、马星胜等被评为十佳中青年教师;张全魁、王德生被评为全国优秀教师和德育工作者,获育人杯奖。青年教师中被选为省人大代表的1人,省级以上劳模4人,市级优秀教师、优秀共产党员45人。

50年沧桑岁月,晋城一中始终没有停下前进的脚步。如今一中人正踏着改革的鼓点,在那方育人的沃土上,精诚团结,以满腔的热忱和激情争创规范加特色学校,培育优秀加特长的跨世纪人才,奋力托起着我们共和国明天的太阳。

重人才则事业兴

刘武彦

1989年组建市电视台,前不久由周二播出改为每周七天播出,为此,他们公开招聘了一批人才。笔者走访了电视台台长沈人鹏。沈台长西装革履,面带红光,在办公室里一边接电话一边签字,一边还得招呼参加应聘的人员,正忙得不亦乐乎。

“为什么要用招聘的办法解决人才短缺的问题?”

“这是电视事业发展的需要。”沈人鹏详细介绍说,“说到汇聚人才,我们经历了三个阶段。第一阶段是建台初期我们调入了一些虽未搞过电视但却在相关行业中出过成绩的有经验的同志。第二阶段为了增强发展后劲,接受和‘挖’了一些家在晋城的全国重点大学的高材生。第三阶段就是实行招聘,目的在于引入全新的竞争机制,在电视台形成人才追赶的局面,这样做也可以实现人才合理配置,大家可以取长补短,共同促进。”

“这样做很得人心!”

沈人鹏面带难色地说:“由于旧体制的束缚,起用一个人才难得很呐!首先要得罪个别平庸之辈,但只要是人才,我们就要招聘,挨骂挨告也认了!从长远看,绝对有好处。”他坚定地说,眼睛里透出刚毅的目光。

有位同志前来询问应聘事宜,沈台长逐项解答,沈人鹏采取聊天、现场改稿和实际操作的办法,以考察应聘者的综合素质,唯才是举、年龄放宽、学历放宽、职别放宽,即使农民亦照样选用。王屋山侧有一农民在乡级广播站工作,气质不错,文字功底也好,曾在省级刊物发表过作品,但在业务上一直没有提高的机会,她来应聘,沈人鹏当场拍板决定试用。该同志感激得热泪盈眶,但她的上级领导知道情况后说:你是一个人才,应当为县里工作,并答应在县里给她解决一个招工指标,安排在县广播电视局。前几年一位大学毕业生来到台里实习,外面有的人吹冷风,说他什么也不懂,沈台长深信该同志是一个人才,没有听信闲言碎语,经过逐步培养使他成为台里的一名骨干。在电视台创业之初,沈人鹏就大胆起用人才,把非常艰巨的工作交给年轻人办。

不到半小时,沈台长了解了应聘者的简况说:“你在新闻播音上还是栏目上竞争?”“栏目上。”“好。你得将过于生活化的蓬松型发型变成精干型,走进电视台,你就不再完全属于你,你已经成为社会的人,对你最重要的是:你要想法叫观众满意。”

沈人鹏倒了一杯茶水,感慨地对我说:“对于用人问题,一是用人的路子太窄。其实,农村和企业里有许多苦苦奋斗的人才,他们努力工作就像钟摆一样不会停止,选拔上来肯定是事业型的人。二是用人的胆子太小。”

电视台总编室负责人和记者陆续进来汇报当晚新闻播出的情况,他们谈到电视台披露某县收购粮食资金不到位等于给农民打白条问题,得到及时解决,抓赌禁盗以及中亚商场连续报道,沈人鹏一一审定。电视台利用电视这一形象、直观的重要舆论工具,为农民、职工说话,给市民们播出高质量的电视节目,在两个文明建设中起了导向作用。全台人员在反腐倡廉、经济秩序整顿、市场建设等重大报道内容上以及全国城镇小康建设现场会、全省小康建设研讨会等重大活动中不断加强报道力度,仅去年一年,就被省台采用300余条,中央台采用近10条,在全省评奖活动中,新闻类6条消息获奖,专题类有3个作品获奖,文艺作品类有4个作品获奖,在全省名列前茅。

沈台长端坐在橘黄色的写字台前,稍稍停顿了一下,继续说:“领导就是一种驭人之道,使命是搞事业。当然,我们的电视事业,得到了市、局领导的大力支持。从电视台内部来讲,我们是非常重视人才的。古人讲,识拔人才,不拘微贱。这对我是刻骨铭心的。我佩服唐太宗能求贤纳谏,从善如流。三国时期的魏国选才就不计较门第、贫富、名望、身世、家庭,这是古人可取的一面。要爱才、识才,才能善用人才。优点突出的人往往缺点明显,一边使用,一边培养,给他们发挥特长的机会。电视事业需要一个全新的用人机制!”沈人鹏语调铿锵,声音在房间里回荡。

重人才则事业兴。沈人鹏走活了用人这一盘棋。相信我市电视台必将出现一流的电视节目,一流的编辑、记者,走出一条全新的用人之路。

突出主旋律 发展多样化

郭国元

在毛泽东同志《在延安文艺座谈会上的讲话》发表五十二周年之际,重温《讲话》精神,对于繁荣社会主义文艺,建设社会主义精神文明具有重大而深远的意义。

半个多世纪以来,《讲话》的文艺思想曾给予我党领导的文艺工作和我国文艺事业的繁荣与发展以有力的指导和影响。在新的历史条件下,《讲话》仍然是我们推进社会主义文艺事业的指导方针。《讲话》中所论述的"艺术上的政治立场问题"、"文艺为谁服务的问题"一直是我党要求文艺工作者首先要明确的问题。邓小平同志一再强调:"我们的文艺应当在描写和培养社会主义新人方面付出更大的努力"、"要通过有血有肉、生动感人的艺术形象,真实地反映丰富的社会生活,反映人们在各种社会关系中的本质,表现时代前进的要求和历史发展的趋势,并且努力用社会主义思想教育人民,给他们以积极进取、奋发图强的精神。"江泽民同志响亮地提出:"爱国主义、社会主义和集体主义应当成为我们社会的主旋律。"因此,作为社会生活能动反映的文学艺术,应当努力突出主旋律,发展多样化,创作出无愧于伟大时代和伟大人民的优秀作品,为经济建设和改革开放提供强大的精神动力,帮助群众推动历史的前进。

突出主旋律,发展多样化,不仅与"二为"方向、"双百"方针是根本一致的,而且它是贯彻落实"二为"、"双百"的具体保证。十三届四中全会以来,文艺战线"一手抓整顿,一手抓繁荣","高扬主旋律,发展多样化",取得了明显的成果。重大革命历史题材电影创作的大丰收,反映社会主义现代化建设和改革开放的报告文学的大丰收,就是具体明证。实践证明,这个方针是正确的,是促进社会主义文艺全面繁荣的有力的思想武器。那种断言突出主旋律,必然导致题材的狭窄化的观点,是没有根据的。

在改革开放,发展社会主义市场经济的条件下,突出主旋律,发展多样化更具有迫切的现实意义。商品经济的发展,促进了人们的观念变革,带来了人们竞争意识,效益意识、创新意识、开拓意识的增长,同时,也不可避免地把商品交换关系渗透到人际关系以至党内关系中来。目前,意识形态领域的状况比任何时候都复杂得多。越是发展商品经济,越要加强爱国主义、社会主义和集体主义的思想。没有主旋律,就要患精神上的阳痿症。面对多成分的意识形态，不论站在什么立场上，都不可能对一切东西采取一视同仁的态度。有人不赞成社会主义文艺应当有主旋律，却认为“世界文艺”是有主潮的。现代主义、后现代主义，就被一些人宣传为当代世界文艺的主潮。这说明，否认主旋律，实际上是虚伪的。社会主义的文艺工作者应理直气壮地高举爱国主义、社会主义和集体主义的旗帜，理直气壮地突出主旋律，发展多样化。

突出主旋律，发展多样化，是新时期党赋予我们文艺工作者光荣而沉重的使命。我们一定要增强使命感和责任感。积极投身改革和经济建设的主战场，深入火热的生活，正确地认识客观世界，把握生活的本质，提高创作的力度和深度，增强精品意识，创作出更多反映时代精神的好作品，为繁荣和发展社会主义文艺事业作出应有的贡献。

深入学习邓小平文艺思想
推动文艺生产力健康发展

郭中群

毛泽东同志1942年5月23日《在延安文艺座谈会上的讲话》,是我国文艺事业半个多世纪的指路明灯。邓小平同志结合我国改革开放的实际,继承和发展了毛泽东同志的文艺思想,赋予它新的时代内容,把它推进到新的历史高度。

"文艺为人民服务,为社会主义服务",这是邓小平同志在新的历史条件下提出的,其中坚持了毛泽东同志提出的文艺"为人民大众"的根本原则,有着丰富的理论内涵。首先,"两为"概括了我们文艺的根本性质和根本目的,同时指明了文艺发展的根本道路和广阔天地,丰富和发展了马克思主义关于文艺与人民的关系的理论。

"精神文明重在建设" 的方针是邓小平同志根据文学艺术的特征和发展规律提出来的,旨在"纠正"二十年"左"的错误,特别是吸取《文化大革命》经验教训的总结,指出现阶段我国社会的主要矛盾已经不是无产阶级和资产阶级的矛盾,而是人民日益增长的物质文化需要同落后的社会生产力之间的矛盾。这个方针对文艺工作来讲,主要有两方面的要求,一是我们的文艺重在促进社会主义现代化建设中,特别是人民的灵魂建设。二是文化工作应从繁荣社会主义艺术生产特别是繁荣社会主义文艺创作为中心环节。既要满足群众多方面的精神需要,又要不断提高群众的精神境界,既要继承民族优秀文化传统,又要通过新的创造把它发展到新的时代高度。

"努力描写和培养社会主义新人。"邓小平同志多次强调,物质文明和精神文明都搞好,才是有中国特色的社会主义。不加强精神文明建设,物质文明的建设也要受破坏、走弯路。我们"建设社会主义的精神文明,最根本的是要使广大人民有共产主义的理想,有道德,有文化,有纪律。毫无疑义,培养社会主义新人是社会主义精神文明建设的根本目标,对建设有中国特色社会主义宏伟大业具有举足轻重的战略意义,关系到我们党和国家的命运和前途。"把如此伟大而崇高的历史重任托付给文艺工作者,是我们的无上光荣。我们应当由此深刻认识自己的历史责任,通过不断地学习和实践,努力成为名副其实的"人类灵魂工程师",通过自己的创作提高人民的精神境界。

“要把社会效益放在首位”,以此为前提正确处理精神产品的社会效益和经济效益的关系。这是邓小平同志文艺思想的重要组成部分。邓小平同志明确指出:“思想文化教育卫生部门,都要以社会效益为一切活动的唯一准则。”他尖锐地批评那种一切“向钱看”,把精神产品商品化的歪风,指出:“对人民负责的文艺工作者,要始终不渝地面向广大群众,在艺术上精益求精,力戒粗制滥造,认真严肃的考虑自己作品的社会效果,力求把最好的精神食粮贡献给人民。”

邓小平的文艺思想是建设有中国特色社会主义理论的一个重要组成部分,是社会主义改革开放时期的马克思主义理论,对我国文艺的发展具有重要的指导意义。邓小平同志一贯强调从实际出发,在全球发展的背景下解决中国的问题,为我们研讨我市文艺的发展提供了原则与依据。只有认真贯彻邓小平同志提出的“双为”方针,坚持社会效益第一,同时注重经济效益,加速文艺体制的改革与立法,保持文艺政策的连续与稳定,才能确保文艺生产力的健康发展。

直挂云帆济沧海

《太行日报》编辑部

光阴似箭,十年转瞬即逝。十年前的今天,由老一辈无产阶级革命家、中国改革开放的总设计师邓小平题写报名的第一张《太行日报》,散发着油墨的芳香问世了。在这之后,她作为中共晋东南地委和中共晋城市委的机关报,历经风风雨雨,走过了十年的光辉历程。在这抚今追昔的日子里,我们——太行日报全体同仁,谨向广大读者致以亲切的问候!向曾指导、关怀和支持过《太行日报》的各位领导、朋友和通讯员表示衷心的感谢!

十年在历史的长河中只是短暂的一瞬,可对《太行日报》来说却是一番不寻常的经历。十年中,我们怀着对老一辈无产阶级革命家的敬意,肩负老区人民的重托,在市委、市政府的领导下,忠实地宣传党的路线、方针、政策,及时地把市委、市政府制定的改革开放和经济建设的方略传播给广大干部、群众,生动地报道了我市各条战线、各个行业涌现出的新事物、新成果、新经验、新人物、新风尚。我们为农村奔小康鸣锣开道,为经济上台阶呐喊助威,为两个文明建设大造舆论。十年中,我们克服了两地办公的极大不便,不断提高办报水平,赢得了广大读者的信赖和厚爱。十年的收获,是拓荒者的期盼,是对耕耘者汗水与心血的回报。当然,我们也时常为自己的失误而内疚,每当此时,各级领导和广大读者善意的批评帮助又鞭策我们继续前进。

总结过去,是为了开辟未来。从现在起到本世纪末,是我市建立社会主义市场经济体制,实现兴泽富民战略目标的关键时期,新的形势和任务对《太行日报》提出了更高的要求。

我们将大兴学习之风,用邓小平同志建设有中国特色社会主义理论武装自己,认真贯彻落实江泽民同志《在全国宣传思想工作会议上的讲话》精神,真正做到"以科学的理论武装人,以正确的舆论引导人,以高尚的精神塑造人,以优秀的作品鼓舞人"。

我们将大兴调研之风,深入基层,深入经济建设第一线,掌握新情况,发现新问题,思考新对策,以经济建设为中心,为两个文明建设鼓与呼,为新时代的新人、新事、新风尚大唱赞歌。

我们将继续坚持新闻改革的正确方向,努力提高办报水平,使之更有深度和力度。做到开阔视野，改进文风，生动活泼，健康向上，坚持在实践中逐步形成的自身特色——突出指导性，着眼服务性，扩大社会性，增强思想性、知识性、地方性和可读性，真正办成党和政府的喉舌，群众的良师益友。

“长风破浪会有时，直挂云帆济沧海。”我们的事业是充满希望的事业，有市委、市政府的催领导，有广大读者的鞭策鼓励，我们将全力把《太行日报》办出自己的特色来，为晋城市的改革、发展、稳定，为实现兴泽富民的大业，做出自己的贡献！

大力宣传十四届四中全会精神

刘家宴　冯裕民

市委宣传部发出通知,要求全市宣传思想工作应把宣传十四届四中全会精神作为一项重要任务来抓。

《通知》说:党的十四届四中全会通过的《中共中央关于加强党的建设的几个重大问题的决定》,是新形势下加强党的建设的纲领性文件,必将对提高党的领导水平和执政水平,推进改革开放和社会主义现代化建设产生重大而深远的影响。省委将于10月下旬召开六届八次全会,专门讨论我省贯彻四中全会精神的实施意见,市委也将对我市如何贯彻《决定》和省委的实施意见,作出具体的安排部署。当前和今后一段时间里,宣传思想工作应把宣传《决定》作为一项重要任务,为全市各级党组织贯彻全会精神提供有力的理论支持和思想保证。

《通知》要求,全市各级党组织都要作出安排,集中时间组织每一个党员进行学习,各级党委中心组至少应安排集中学习一次四中全会精神,各级党校也应把《决定》作为必学的内容。要深刻领会和全面把握《决定》的基本精神,密切联系自已的思想实际和工作实际,尤其是要联系本人和单位在工作中存在的问题,制定出改进工作和落实《决定》的具体措施。各新闻单位要组织力量,及时宣传报道我市贯彻中央《决定》、省委六届八次全会精神以及市委贯彻落实《决定》的意见的情况。要加大宣传力度,着力宣传好各地贯彻中央和省委的两个全会精神所采取的措施和取得的成效,要少而精地宣传一批民主集中制执行得好、基层组织建设得好、干部路线执行得好的先进典型。

《通知》最后指出,近年来党的组织建设遇到了不少新的情况,一些同志的思想上产生了不少糊涂认识。要根据《决定》精神,加强党的组织建设的理论研究和言论引导工作,新闻单位要根据干部群众的思想实际,有针对性地组织一批言论,加以引导,为贯彻全会精神提供智力支持,排除思想阻力。

城区凤台小学开展艺术教育的调查

傅克瑞　程云峰

如何实现由应试教育向素质教育的转变,使学生在德、智、体、美、劳诸方面得到和谐发展?几年来,城区凤台小学在这方面进行了有益的探索。这个学校从1990年建校开始,就把加强艺术教育作为学校工作的主旋律,作为实施素质教育,提高教育质量的重要途径,并以此为突破口,带动了教育思想、教学观念、教学内容、教学方法等一系列改革,逐步形成了坚持全面发展,艺术教育见长的办学特色,取得了令人可喜的成绩。

一、转变观念,坚持艺术教育

为使艺术教育能开展起来,坚持下去,卓有成效,这所学校注意从转变教育观念,增强改革意识入手,终于使大家形成了一个共识:只有智育,没有美育是不完全的教育。艺术教育在陶冶学生情操,培养审美能力,拓展思维,发展个性方面有其独特的不可替代的作用。学校开展艺术教育是充实和完善德育工作,强化素质教育,全面提高教育质量的重要途径。

二、以点带面,发展艺术教育

凤台小学围绕“五育并重、内外结合、普及提高”的原则,大胆改革、重点突破,全方位实施艺术教育。

“点”上深化,一是抓出重点项目,先在一个班的45名学生中搞乐器演奏试点,让学生学吹牧羊笛起步,经过半个月的训练,在全校进行了示范演奏,效果明显,得到了全校师生的认可。随即,又组建了由80人参加的校管弦乐队,定时间、定内容进行专项训练,以此为“龙头”带动了全校艺术教育的开展;二是抓好骨干队伍,组织了一批受过一定训练、有艺术特长的教师作为艺术教育骨干队伍,把他们充实到音、美课教学一线,让他们具体承担艺术教育项目,为他们创造一定条件,充分发挥其组织能力和辅导才华,以他们为中坚力量推动艺术教育广泛发展。

“面”上扩展,抓好两条渠道。一是抓好课堂教学,在课程设置上,适当调整了音乐、美术课的教学时间,根据教育需要和学生实际,改革了教学内容,如美术课除完成教学大纲的要求外,还在低、中、高年级分别安排了硬笔书法和毛笔书法;音乐课增加了五线谱教学和表演、发声训练等;并重点在中、高年级实行“乐器进课堂”。与此同时,强调全学科渗透艺术教育内容,如语文课的“课本剧”表演,体育课的“艺术体操”,数学课的“看图做游戏”等。二是抓好第二课堂活动,将课外活动纳入教学计划,把艺术教育推向全方位开展。

三、拓宽渠道,完善艺术教育

艺术教育是一项系统工程,需要多种因素的结合促使其发展和成熟。因此,凤台小学注重积极创造条件,努力拓宽渠道,不断促进艺术教育的完善和提高。

多形式壮大师资队伍。凤台小学抓住开展艺术教育的关键,采取了“一培二聘三发挥”的办法充实,壮大艺术教育师资队伍,学校制定了长期和短暂的培训规划,每年都要组织教师外出参观学习,并定期请专家来校讲解进行集中培训,还开展了多种形式的唱歌、野外写生等比武活动,促使教师队伍尽快提高其业务水平。

注重生活质量　促进双文明建设

李庄生

生活质量是指人类物质生活和精神生活的水平。生活质量与人们的生活直接相连，至少可以包括以下一些内容：1. 人际关系质量；2. 生存环境质量；3. 商品使用质量；4. 国民素养质量；5. 社会治安质量。

人际关系内容很多，这里只说说上下级关系，处理好上下级关系是实现心理平衡、保持社会稳定的重要因素。笔者认为，在充分发扬社会主义民主、健全社会主义法制的前提下，做到“上下有序、全司其职”是至关重要的。

生存环境与人的生活息息相关。由于环境恶化导致生活质量下降已是不争的事实。今后应在保护环境、治理“三废”、保持生态平衡等方面，继续作出努力，力争为人们创造一个优美、清洁、舒适的生存环境。

随着商品经济的发展，每个人时时都在和商品打交道。假冒伪劣商品的泛滥，给人们带来诸多烦恼和不便，对伪劣商品简直防不胜防。商品质量不高，直接影响到人们的生活水平和健康水平的提高，甚至危及人们的生命和生产的发展。

全民素质包括人的身体素质和受教育的程度即科学文化水平。人的素质既直接影响生活质量，又影响生产的发展，同时还影响人际关系。一个有知识有教养的人，不仅会很好地处理上下级关系、同志关系，也会恰当处理家庭成员之间的关系。

社会犯罪率和居民安全感，是衡量社会治安状况的重要指标。加强社会治安综合治理、提高破案率是抑制犯罪的有效措施。现在不少地方人们感到缺乏安全感，这必然影响人们的生活质量，造成不必要的心理压力。

一些发达国家，非常重视社会生活质量的提高，由过去的生产型国家、变成了今天的所谓生活型国家。其实两者并不矛盾，而是相辅相成的。只要人的生活质量提高了，人际关系融洽了，人们就会全力以赴把精力用到学习和工作上，推动生产的发展和社会的进步。这和邓小平同志提出的两个文明建设一起抓是完全一致的。

衡量一个地方的工作实绩，不能只看产值产量，还要看效益，更要看人们的生活质量提高了没有，即人际关系是否融洽；环境保护是否卓有成效；假冒伪劣商品是否得到遏制，市场是否井然有序；教育面貌是否改观，教师地位是否有了较大提高；社会治安状况是否良好等等。也可以和计划生育一样，采取一票（项）否决权，这也是防止经济生活中浮夸风再度蔓延的有效措施。

晋城市区居民娱乐消费简析

尚红梅

随着社会经济的发展,人们的物质生活水平日益提高,家庭现代化、文化娱乐已成为人们生活中不可缺少的部分。人们已不仅仅满足吃、穿、用的消费,茶余饭后的闲暇时间里,根据不同的兴趣爱好,各自选择参加自己喜爱的文化娱乐活动,汇成一支五光十色交响曲,体现了现代家庭的精神风貌。

一、娱乐消费队伍迅速扩大,文娱费支出大幅度增长

不久以前,我市娱乐消费的主体还是男女青年,现在则从学龄前的幼儿,到六七十岁的老人;从家庭主妇,到离退休职工都涌入了娱乐消费者行列。对于大多数人来说,参加健康向上的各种文娱活动,可以消除紧张工作带来的疲劳、广交朋友,陶冶情操。据对我市城镇居民家庭抽样调查,今年1月至8月份,我市人均文娱费支出比去年同期增长49.1%。文娱消费的发展,是居民物质文明和精神文明同步发展的价值表现,是社会生活进步的重要标志之一。

二、娱乐场所增多,娱乐活动丰富多彩

曾几何时,从外地繁荣闹市出差返晋城的同志还在羡慕人家的不夜城。而今,五彩缤纷的彩灯、霓虹灯、立面反射灯,交相辉映,把个"夜晋城"装扮得分外妖娆,泽州大地的文化娱乐场所建设有了长足的发展。如果您想翩翩起舞。尽可以去遍及市区的各等舞厅,一展您的婀娜多姿的舞姿;如果您想引吭高歌,卡拉OK歌厅使您当一回歌星的梦成真。娱乐场所的增加,大大丰富了居民的文化娱乐,娱乐格调的提高,刺激了居民的文娱消费,改变了居民看看电影听听戏,逛逛公园上上街的单调娱乐生活。

三、家庭已成为我市居民业余文化生活的重要场所

随着电视机、录音机的普及,影视、戏剧、音乐等视听艺术的欣赏,逐步从公共场所进入家庭,而书法、绘画、种花、养鸟等又增加了家庭业余消遣的内容。据推测,随着录像机、钢琴等高档文娱机电消费品普及程度的进一步提高,家庭娱乐将成为居民文化娱乐的主要方式,这方面的投资也会越来越多。

《太行日报》走过十年光辉历程

社 评

9月1日是邓小平同志为《太行日报》题写报名和改刊10周年纪念日。

10年来,《太行日报》作为市委、市政府和全市人民的耳目喉舌,始终站在改革开放的第一线,坚持为社会主义服务、为人民服务的方针,全面、准确地宣传党的路线、方针、政策;报道全市各条战线在"两个文明"建设中出现的新情况、新经验、新风貌;反映广大人民群众的意见、呼声和愿望;坚持新闻改革的正确方向,努力开阔视野,改进文风,拓宽内容,活跃版面,做到文图并茂,雅俗共赏,逐步形成了自己的特色。即:一版(要闻版)突出指导性;二版(经济版)着眼服务性;三版(政教版)扩大社会性;四版(副刊)和"周末版"增强思想性、知识性、地方性和可读性。

《太行日报》同仁爱报敬业,勤奋笔耕,发挥聪明才智,在新闻报道中取得了可喜成绩。从1984年至1993年的10年间,在参加全省好新闻评选活动中,荣获一等奖6个,二等奖14个,三等奖18个,获奖率为选送作品的76%。《新风短笛》、《太行小议》专栏除获得省好新闻一等奖外,还被推荐参加全国好新闻评选。《热门话题》专栏荣获全省好新闻一等奖和全国地市报好专栏奖。另有6篇副刊作品在参加全国报纸副刊好作品评选中获奖。

报社在搞好宣传报道的同时,积极参与党的各项中心工作,为社会各界提供服务,获得好评,1986年被省政府命名为"计划生育先进集体";1987年被省政府、省军区授予"为军人安心服役办好事活动模范单位"称号,被省劳动竞赛委员会荣记二等功;1988年被省军民共建共育协调委员会授予"军民共建共育活动先进单位"称号;1991年被省绿化委员会授予"绿化先进单位"称号。

10年来,《太行日报》在各级党委、政府和广大作者、读者的关怀和支持下,继承和发扬太行革命根据地新闻工作者的"实事求是,调查研究;联系群众,艰苦奋斗;点点滴滴,精雕细刻"的优良传统和作风,在编采人员少,报道任务重,两地办公条件十分困难的情况下,圆满完成了市委、市政府交付的各项任务,取得了可喜的成绩。

根据国家关于报社"办公场所应与主管部门、主办单位同在一地"的规定,报社以着手筹备南迁工作,目前面临许多困难,尚需各有关方面的大力支持和帮助。报社同仁有决心克服困难,为繁荣我市的新闻事业,推动我市"两个文明"建设,竭忠尽智,发光发热!

农民办旅游大有可为

王新萍

全市发展旅游奔小康现场会于本月20日在郊区水东乡水东村召开。会议高度评价了水东村村民自力更生办旅游业的创业精神,并号召全市学习水东经验,走发展旅游奔小康的新路子。

丹河龙门口风景区是水东村村民自力更生、因地制宜兴办的一个新型旅游区。一年前,这里还是一片荒无人烟、乱石横地的河滩。该村党支部和村委会坚持从实际出发,大胆调整产业结构,将开展旅游资源,发展旅游事业当做一条带领群众奔小康的新路子,经过反复勘察,积极论证,筹集资金80多万元,开始了开发丹河龙门口风景区的建设工作。经过一年的艰苦奋战,将丹河龙门建设成了集自然景观和人文景观于一处,日均接待人数达300人次以上的游览胜地,受到游客的好评。

现场会议指出,水东村的经验和做法为我市发展旅游奔小康指明了方向。为村办旅游和农民集资办旅游开了个好头。会议要求各级各地要向水东学习,在有条件的地方积极发展旅游业,要把旅游业当做农村经济发展的一大产业和农村奔小康工作紧紧联系在一起,为开创我市旅游业新局面作出积极贡献。

晋城市新闻事业加快发展

裴余庆

新闻宣传系统在去年一年中,在市委、市政府的积极支持和市委宣传部的精心指导下,团结奋进,真抓实干,一年办成五件实事。

1. 提前完成了省委、省政府部署的普及广播电视任务。全市山西广播电视的覆盖率达到93.2%,中央广播电视覆盖率达到75%以上,市电视转播台新安装36频道1千万发射机一部,已开始转播黄河电视台节目。

2. 积极完成了筹建晋城人民广播电台的工作,经过5个月的努力,目前已基本完成了开播前的主要筹备任务,可望近期开始试播。

3. 市电视台由过去周二播出增加为每周七次播出,实现了天天播,并新增了两个栏目。郊区广播电台把三次播出改为全天滚动式播出,从而增加了信息量,提高了时效性。

4. 市广播电视系统集中力量,集中时间,重点加强了市县140个有线电视台、站的检查管理和全面规划,使全市迅速兴起的有线电视联网开始向健康稳步的方向发展。

5.《太行日报》采用了激光照排的新工艺,提高了办刊印刷质量。与此同时《太行日报》还对内容、版式实行了重大改革,受到了读者的普遍欢迎。

1995年

关于城市、书市、夜市的话题

郭治琛

曾经流行一时的《基督山恩仇记》最后一句话是:等待和希望。我此刻对于所生活的城市也是这样想。

搞这次有关城市管理征文的目的,是为了增强我市城市居民的城市意识,法制意识,加强城市管理,提高管理水平,这想法是令人鼓舞的。好建议、好思路即使如泉涌出,也不见得立马就能生效,但希望所生活的城市真正城市化,生活在城市里的人不负"城里人"称谓,确是真心实意的。我默默地等待着。

此时此刻谁都说我们生活的城市变化大,这不假。高楼林立,道路宽广,市场繁荣,交通发达,与解放初期"一条马路一盏灯,一个喇叭全城听,一个警察管全城"的旧貌相比,泽州古城确实发生了翻天覆地的变化。但用发展的眼光看,用现代化城市标准要求,尚有不尽如人意之处,特别是人们在物质生活超水平享受的同时,对全世界的营养品——书的漠视程度令人忧虑。市内星星点点几家书店,档次不高,营销艰难,如此现状与现代化城市要求相差甚远,也与城市发展不相适应,如若放在世界先进都市所拥有图书市场的参照系里,我们的城市充其量只达到"乡村化城市"的水平而已。一个城市没有个像样的书市,终是缺憾!

于是想建议我们所生活的城市建一条有各种书籍"小卖部"的书店街。这里有卖大路货的综合书店,也有卖"小菜"的专业书店,比如音乐书店,信息科学书店等等。还有旧书店、旧书籍,这是精神世界的"房屋交换中心"。在一方一本毫无用处的破书,也许正是另一方踏破铁鞋找不着的"珍品"。再就是租书,过去也提倡过租书,每天花几毛钱,租读几本书,太好了。租书是传播知识的一种方法,特别是在因特网不发达的时候。

提到建书店街,我神往于一个现代规模的书市,让人们买书像买菜一样方便,爱书像爱生命一样宝贵,真正感悟到生活里没有书就像没有阳光,感悟到书是我们时代的生命,是人类进步的阶梯。现代人不读书生活得空虚,现代化城市找不到书市显得单调冷清,书既展现着昨天的历史文明,又展现着今天的现代文明,书是传递文化的使者,有了文化,然后才有文明。城市书市建设是实现城市现代化必不可少的条件之一。虽然我赞同城市管理要严一点,但对于发展书市,却希望多一点宽松的环境,不能“就城管论城管”,要寓管理与发展中、繁荣中。若此,对于提高我市公民的思想文化素质,提高生产力的发展水平,促进全市经济发展都是密切相关的、大有益处的。

再说夜市,城里有好几处,“游人如鲫”。我也就进去过两个地方,其实说明白些就是“夜吃市”。这使我想起书摊可否也来点夜市?晚来无事,既不跳迪斯科,电视又看烦了,逛逛书市风采,不也是一种美的享受? 这也许是奢望了,可我还是等待着。

我的希望,说到底很平凡,无非是想让所生活的城市更像城市,这城市里有书市,夜市里有书市,使人们在享受物质文明的同时,也感受一下精神文明的成果,借以得到消闲、保健、益智修身的目的。我的希望,就是我的等待,虽然这设想落实起来有不少困难,并不简单,但也绝不是没有希望,我真诚地等待着。

21世纪的中小学教育要社会化

陈有瑛

积极探索面向21世纪的基础教育新模式是每个从事中小学教育工作者的神圣职责和义务。学校教育社会化,是为了顺应时代的变革,是21世纪对教育的呼唤,也是教育要适应改革开放的形势,迎接21世纪的挑战而面临的战略选择。只有形成学校教育社会化的"大教育",才能实现教育现代化。

学校教育社会化,就是社会、家庭对学校教育的参与,学校教育要为促进社会文明和进步服务。但是,从目前学校教育自身和所处的社会大环境来看,确实亟须要来一次适应时代的"裂变"。因为教育在社会分工以后,就成为社会一个部门,其他部门的绝大多数人对教育职能逐渐淡化,片面地认为,教育只是学校和教师的职责,与其他部门的人无关,从而使教育,尤其是学校教育与社会教育逐渐分离,家庭教育也逐渐淡化。加之现代科学技术的高速发展,社会日趋信息化,人从出生之日起,就无时无处不受着来自学校以外的影响,学校、课堂、书本已不再是进行教育的唯一渠道,因此学校教育必须进行自身的改革与开放。改革与社会发展不相适应的教育内容,改革压抑学生个性发展的教育模式,使学校教育面向社会,面向全体学生和家长。

学校教育要走出封闭,学生要广泛参与社会,必然要受到来自正反两方面的"磁化"。因此,必须加以正面引导,有选择地了解社会,创建一种有保护决不封闭,有指导决不包办,有选择决不放任的育人环境,逐步形成学校、社会、家庭三结合的教育模式,做到注重学校教育,指导家庭教育,联系社会教育,而三者对学生的教育和要求必须一致起来,就是要瞄准素质教育的总目标,使学生在全面发展的同时,还具有鲜明的个性和特长。只有这样,才能使学校教育逐步社会化,才能逐步适应改革开放的需要。

晋城市宣传思想工作成绩不凡

朱莉　郭彬

全市的宣传思想工作紧紧围绕市委、市政府"五大战役、十项目标"的中心工作，学理论，抓导向，树典型，出作品，取得了可喜的成就。

一、理论学习有了新收获。今年我市的理论学习又一个明显的特点，就是紧密联系工作实际，在完善决策、指导实践上下功夫。年初，为了科学地制定出今年我市经济工作的目标和任务，市委、市政府班子成员在学习《邓选》三卷和邓小平同志关于小康建设的有关论述后，深入基层，调查研究，制定了符合我市实际的"五大战役、十项目标"的工作目标和任务，调动了广大干部群众投身改革和建设的积极性，各县（市、区）都结合实际，认真组织理论学习，促进了当地的经济建设。

二、围绕经济抓宣传有了新突破。今年的宣传工作突出体现了围绕经济抓宣传的新特点：一是发挥舆论工具的作用，全力以赴宣传我市的经济战略目标。《太行日报》开辟《五大战役十项目标》专栏、晋城电视台开设《五大战役擂台赛》专题，市委通讯组采写的一批稿件，分别在《山西日报》、《山西经济报》发表，比较集中地反映了我市在经济建设中的好经验、好做法，收到了较好的宣传效果，二是抓住经济工作中的主要矛盾展开宣传。高平市委宣传部就全市税收问题严重的实际，协同税务局等有关部门，大张旗鼓地开展税法宣传、税法知识竞赛，使广大群众特别是个体户，进一步懂得了国家税收的重要意义，由躲避交税变成了主动纳税。三是树立了一批我市经济建设中涌现出来的先进典型。

三、思想政治工作有了新探索。宣传部门在把太铁全方位思想政治工作法向机关、厂矿和学校推广的同时，重点抓了农村小康建设中的思想政治工作。市委宣传部在每个县区选出 3 至 5 个先进典型，总结推广了他们的经验，推动全市的小康建设。他们还利用插挂、升挂国旗活动，在全市开展了爱国主义教育，使市委年初下达的爱国主义教育 33363 工程得到落实，建立了爱国主义教育基地 43 个，向省、市两级政府推荐了一批在这一活动中涌现出来的先进集体和先进个人。

四、精神文明建设有了新进展。今年，在做好我市第一批省级文明单位复查验收工作的基础上,注重抓好向省文明委推荐的我市第四批省级文明单位和全省精神文明建设十大标兵单位的检查、指导、总结经验工作。经省里检查验收全部合格,并给予了较高的评价。同时,在文学艺术方面,推出了以电视剧《沟里人》为代表的一批品位高、质量好的文艺作品,获得较大反响。为全市的精神文明建设发挥了积极作用。

晋城市体育工作的现状与出路

畅存库

晋城市建市以来,经济建设高速发展,各项事业蒸蒸日上。体育事业虽有发展,但与全市经济发展的形势很不相称,同全省各地市相比,也有相当大的差距。要改变这种状况,必须切实重视和加强体育工作,通过改革建立适应社会主义市场经济的体育体制。笔者就目前体育工作的现状和存在的问题,提出一些粗浅的看法和设想。

一、我市体育工作的现状

全市各级体委现有人员仅102人,其中市体委47人。体委的3大主要业务科室共有4人,有的还长期不在岗。市体校办学条件差,体育设施和教学设备不配套,陈旧落后。教练员和文化课教师严重短缺,组织机构不健全,管理措施不力,严重影响和制约着体校的正常训练和教学质量。

全市6个县区没有一所业余体校,体育后备人才的培训、业余训练工作处于瘫痪状态。

全市目前约有15%的人口经常参加体育活动,也有7%的中小学校积极贯彻《国家体育锻炼标准》,约有三分之一的职工经常参加体育锻炼,社会体育也十分活跃,共成立各种体育社团和协会12个。我市的体育活动出现了全面活跃发展的新势头。

1985年以来,我市运动员在参加省级以上各项比赛中,共获得亚洲比赛前6名2个,全国冠军18个,全省冠军104个,有2人2次破世界纪录,10人13项(次)创造和打破省记录。截至1994年底,我市共培养出等级运动员1066名,其中运动健将6人,一级10人,二级102人,三级948人。

当前我市体育工作存在的主要问题,一是体育改革和体育宣传的力度不够;二是体育场地建设发展缓慢,数量少,质量低,尤其是市级至今没有一个标准的体育场馆;三是体育经费拮据;四是体育后备人才缺乏。业余训练体制不健全,三线队伍建设薄弱,从我市参加近三届省运会的成绩看,1986年第七届省运会我市夺得金牌13枚,居全省第6名;1991年第八届省运会获得金牌10枚,居全省第9名;1994年第九届省运会只获得金牌3枚,在全省处于落后状态。

二、影响我市体育发展的主要因素

从调查的情况看,当前影响和制约我市体育工作发展的主要因素有三个:一是经济发展水平,二是干部素质,三是领导重视程度。

1. 经济发展水平不仅决定着政府对体育资金的投入量,而且影响着群众的体育意识和普及程度。任何一个地区体育事业要进入持久的良性发展轨道,都需要经济和需求的双层驱动。从我市的情况看,全市体育事业费用与经济增长不同步。我市经济发展的水平在全省名列前茅,而体育事业的发展却处于落后状态。目前全市没有一个县区具备“四大件”,即国家规定的“两场一池一馆”的硬件要求,市级没有一个标准的体育场馆。有的县区解放40多年来,体育基础设施没有从根本上得到改善,体育经费拮据,有的县区已经开始断奶,使本来就比较困难的体育工作基本瘫痪。当然,我市是一个新建市,各方面工作都需要投入,这是客观因素,但从主观上讲,应当说还没有真正对体育工作引起重视,对体育还缺乏正确和深刻的认识。体育工作和经济工作一样,没有投入,就不可能创造好的成绩,就不可能有大的突破。

2. 由于我市体育事业的起点低,基础差,加之社会上对体育工作存在着某些偏见,给开展体育工作带来一定的困难。因而,体育干部的事业心和责任感对于体育工作成效影响也是很大的。目前,体育干部的思想观念,管理办法,还停留在计划经济的模式里,对市场经济下的体育工作还极不适应。

因此,要做好体育工作,体育干部不仅要有吃苦耐劳、艰苦创业的精神,还要有强烈的改革意识。尤其是领导干部的整体素质、业务水平、管理能力、团结状况、改革意识、创业精神和开拓精神,都有待加强和提高。

3. 我市的体育社会化刚刚起步,体育自我发展能力较为薄弱,再加上与社会主义市场经济体制相适应的体育工作新的管理体制和运行机制还没有形成,这就需要各级党委和政府一定要加强对体育工作的领导,广泛动员和组织社会各方面的力量来关心和支持体育事业的发展。要把体育工作列入各级党政工作的议事日程,定期听取汇报,掌握情况,体察实情,尽可能地解决体育工作中存在的实际问题和具体困难。尤其是在全面贯彻落实《全民健身计划纲要》和《体育法》的活动中,更需要各级政府部门的组织和引导,各级领导的关心、带头和支持。

三、我市体育工作的出路

体育是社会主义精神文明建设的重要组成部分,一个市体育发展的快慢,搞得好坏,反映出一个市的综合实力。根据上述情况分析,笔者认为振兴我市体育事业应着重抓好以下几方面的工作：

1. 深化体育改革，建立适应社会主义市场经济的体育体制。在体育的管理和运行体制上，首先要抓好竞赛体制的改革。主要是改革长期以来体委独家办体育的状况，逐步理顺体育行政部门同行业系统抓体育的关系，成立相应的组织机构，负责各项活动的开展。体委主要搞好协调、配合、指导工作，集中精力抓好业余训练、群众体育的普及和后备人才的培训工作，逐步形成“体委管体制，体总办体育，协会干体育”的新格局。其次是抓好训练体制的改革。主要从拓宽业余训练路子着手，提倡国家、集体、个人办体育，用科学方法和技术强化业余训练。每个县区应办好一所业余体校，把县级业余体校纳入普教系列，切实加强领导。抓好传统项目学校的布局和训练，搞好市重点体校的建设与发展。其三是抓好体育产业的发展，开发体育市场，增强自我发展能力。其四是抓好体育科技的发展，办好各类体育咨询、指导中心、站、点，服从和服务于全民办体育。其五是积极抓好学校体育，搞好职工体育，大力扶持和发展乡镇体育，加快体育社会化的发展步伐。

2. 加大体育宣传力度，增强全民健身意识。要在全市掀起一个学习、宣传、贯彻、落实《全民建设计划》和《体育法》的热潮，以法制体。要以抓两头、带中间为重点，认真研究群众体育发展的战略和工作方法，探索和发展最能吸引群众、方便群众锻炼的社会体育组织形式，在全社会形成一个群众爱体育、办体育的网络。

3. 加强各级体委领导班子和队伍的建设，要选拔一批事业心强、善管理、有闯劲、能打开新局面的人充实到体委班子中。抓好运动员、教练员和体育教师的管理培训和建设，建立一支合格稳定，事业心强，有吃苦耐劳和奉献精神的教练员和体育教师队伍。

4. 各级党委、政府要切实加强对体育工作的领导。要把体育工作列入议事日程，定期听取汇报，掌握情况，体察实情，尽可能地解决体育工作中存在的实际困难和问题，要广泛动员、组织社会各方面力量关心支持体育工作。

5. 加快体育场馆建设，尽快建成我市体育活动中心。要采取多方集资的办法，鼓励发动社会团体，事业单位、个人对体育事业的捐赠赞助；要广开财路，实现体育事业费用的来源多元化，要动员社会力量为促进我市体育事业的全面发展做贡献。

晋城市委讲师团十年回顾与展望

高 华

金秋的泽州大地,阳光艳丽,在市委讲师团成立十周年的喜庆日子里,全省理论工作座谈会暨讲师团团长联席会在我市隆重召开,对晋城市讲师团十年的工作进行了一次总结。回首历史前尘,展现现实成就,纵观未来发展,晋城市委讲师团可说是业绩喜人,前程辉煌。

艰苦拼搏、成绩显著的十年

在已经过去的十个春秋中,市委讲师团围绕我市改革开发放和经济建设的中心,坚持以科学的理论武装人。在理论教育、理论研究、理论宣传上做了大量卓有成效的工作,曾先后7次获得省委和省委宣传部、省委讲师团的表彰奖励,也曾受过市委和市直工委的表彰奖励。

在理论教育方面,讲师团出色完成了全市在职干部正规化理论教育工作。1985年到1989年,组织全市在职干部,比较系统地学习了马克思主义哲学、政治经济学、科学社会主义和中国革命史四门基本理论课程,为10151人颁发了结业证书,先后9次组织全市副县级以上干部和一般干部107500人的理论考试。对市委中心组的学习做了大量服务性工作,包括学习规划的制定、学习材料的编发,讲课辅导及中心学习组的学习报道和经验总结等。同时重点抓了县级干部和理论骨干的培训,10年来,先后举办县级干部培训班18期,约3500人次,理论骨干培训班8期,1120人次,协助各县区举办培训班13期,4700人次,为市直单位、各大厂矿、乡镇、农村、学校及其他行业部门举办各类培训班百余期,听众数万人次。从而提高了我市广大干部理论素质,有力地推动了我市改革和经济建设的步伐。

在理论研究方面,讲师团注意向理论的深度发展,每年都结合宣传部和省委宣传部讲师团布置的学习任务,针对新情况、新问题进行较为系统的研究和课题攻关。先后组织主办了社会主义市场经济研讨会,晋城市经济改革与发展战略研讨会,晋城市生产力标准化讨论会等。多次派员参加了省委宣传部、省委党校、省科协、市人大、市统战部、市妇联等部门的学术研讨会,有的获取了论文奖。讲师团成员曾先后在《光明日报》、《中国青年报》等省级以上报刊上,发表学术论文和理论文章30多篇,其中在7篇获奖论文中,有全国二等奖、三等奖,有全省社科论文二等奖,还有一篇被译成几种外文在国外发行。10年来,市委讲师团先后出版了6本书,近1000万字,参加编写过各种教材和教学辅导书20余本、约50余万字。

对晋城市文化滞后的思考和建议

王毓霞

一

基于热爱家乡、建设家乡的热切之情，笔者用了近一个月时间，对全市文化市场进行了调查，结果看到的现象令人吃惊。图书馆、博物馆等文化设施没有一个；文化活动中心如凤毛麟角；书店分布不均匀。总体感觉是眼前利益、功利主义较重，缺乏长期性、发展性。形势是非常严峻的。

（一）图书馆情况。全市至今没有一个公共图书馆。就市区而言，现在有据可查的有两个图书馆：一个是城区文化局图书馆；另一个是郊区文化局图书馆。城区文化局图书馆是把原来晋城县的图书馆接管过来的，馆内藏书仅5万册左右，但由于种种原因，并不对外开放。郊区文化局图书馆属于新组建单位，现有图书仅700册左右，工作人员五六个，基本处于瘫痪状态，形不成规模。另外，社会上个人办的租书点、书屋有十多家，经济效益较好，但所出租书的种类较少，大多是武侠、言情小说，有的甚至是色情书籍。

对于一个城市来说，它的功能应该是多种多样，文化功能则极为重要。公共图书馆在丰富人民业余生活，提高人民素质方面有着不可低估的作用。因此，它的存在是极为必要的。

（二）博物馆。我市目前尚无一座博物馆。博物馆对于城市，犹如一面镜子，可以览古阅史，借鉴历史，展望未来。我市有着悠久的历史文化，更需在市场经济大潮中发挥其现代作用。

（三）书店情况。笔者曾作了一专门统计，目前，全市共有大大小小的书店、书亭、书屋、书摊等30余个。其中最大的是南大街新华书店；新建泽州路新华书店专业性不强，其房屋大多被出租转让，用作他途；售书种类少，数量少，很难发挥其作为大型的正规书店的作用。数量最多的是面积几平方米的书亭，书屋。这类书店占本市书店的80%左右。另外一部分则是充斥于街头巷尾、广场、车站和商业区的书摊。

书的类型、层次高低最能反映一个城市一个地区市民的素质。为此，笔者在调查中特别注意了书的种类。总的来说，售书类型较齐全，严肃高雅的文艺类书约占28%左右，生活、生产、科普用书为20%左右,再者则是一些内容稍俗,质量偏低但又不乏读者的通俗图书,这类书约占30%左右,其余则是中小学生用书和工具书等,约15%;仅有7%左右的书为学术、科研类,而且仅在新华书店很小境地出售。

引起笔者注意的是这么多书籍中,除去中小学教学用的英语书及普及用书外,全市竟无一本专门的英文或其他外文出版物。

二

没有系统配套文化设施的城市,是一个瘸子城市。我市这几年经济发展较快,但在经济大潮喧腾之下的人们还是需要一片陶冶精神的文化绿阴,更不用说文化对于提高人民素质不可低估的作用。在城市经济发展中,如果文化设施找不到与经济发展相适应的位置,那它将会制约经济的发展,有时甚至会带来更为严重的后果,如我市产业结构比较单一,以至形成了"文化素质低——挖煤炼铁——视野狭窄、容不下有文化技术之人——只能挖煤炼铁"的恶性循环。

所幸的是,我市各级政府,各级领导都在为产业结构调整大作努力。但是,如果文化设施不配套,人民群众达不到新产业的要求,还将会有一段较长的弯路。所以,城市文化设施的完善,对于一个城市的发展具有较为重要的作用。

三

基于以上认识,笔者认为,应该改善这种状况。

首先,政府要从长远利益出发要从城市建设出发,要从人民生活需要出发,建设一批或者要有指导性地督促建设一批图书馆、文化馆、报林、博物馆等设施,为我们的城市增添一些文化气息,创造一种文化氛围,形成一种浓厚的学术风气,以吸引或留住更多的建设者,共同参与我们的城市建设。

其次,文化主管部门应该有种艰苦奋斗的创业精神,发扬锡崖沟精神,创造条件地建设一批有偿服务性图书馆、阅览室、青年宫、少年宫等文化设施,积极开展一些群众性的文化活动,培植起市民爱市建市的主人翁的责任感。

第三,书店经营者应照顾到读者层次,多出售一些内容健康、情趣高雅的书籍。形式多样地开展售书活动,如旧书、积压书折价出售、有奖售书等,调动顾客的积极性;也可将部分受读者喜欢却又无力购买的书进行出租，租售并行，解决由于收入与书价的矛盾而造成的“只看不买”，望书(价)兴叹的问题。这样，售书者读书者、各得其所，提高了精神投资的质量，何乐而不为哉！

“科教兴市”果实累累

建市十年来,我市紧紧围绕“科教兴市”的各项任务,以深化科技体制改革为动力,以引进、吸收新技术为先导,认真抓好科技项目的实施和科技示范基地的建设,使全市科技实力不断增强,科技水平明显提高,科技进步的舆论环境和政策逐步改善,为我市经济上台阶、农村达小康做出了积极贡献。

——科技意识明显强化。早在1987年,市委、市政府就制定并实施了“科教兴市”战略。1992年初,市人大二届二次会议又作出了《科教兴市的决定》。随着“科教兴市”战略的实施,随着《科技进步法》、《技术合同法》、《专利法》等科技法规的宣传和普及,“科学技术是第一生产力”的伟大战略思想日益深入人心;全市广大干部群众的科技意识逐步得到了强化;“尊重知识、尊重人才”渐成风气;学科学、用科学、爱科学形成热潮;“靠资源起步,靠科技腾飞”正在形成人们的共识。全市有10个乡镇,被省政府命名为“科技工作先进乡镇”,阳城县被评为全国110个科技综合实力强县之一。

——科技兴农有了新突破。十年来,我市狠抓农村适用技术的普及和推广,坚持农科教结合,全市农科教结合示范基地,已初具规模,效益显著。目前科技示范户已发展到3万多户,县乡村农民技术学校997所,每年参加学习的达20万人次。初步形成了以市为指导,县为中枢、乡为骨干、村为基础、科技示范户为桥梁的农村科技推广体系。

——科技兴企有了长足进步,以科技攻关、星火计划、火炬计划和成果推广等项目开发为主要形式,狠抓了传统产业的技术改造和新技术的推广。开发出了具有我市特色的煤炭加工转化、化工、新型建材、冶金机械、功能食品等名优新特新产品60多种,共实施技改项目360项次,推广新技术、新工艺277项,总投资近4亿元,新增产值4.3亿元,新增利税1.2亿元。

——科技项目实施成效明显。据统计,全市共实施各类科技项目331项;科技总投资22959万元,实现产值47865万元,利税14910万元。在已验收和鉴定的项目中,荣获国家级、部委级金奖和银奖39个,获省级星火奖69个,市科技进步奖590多个,有70多项获国家专利。

——乡镇企业的科技进步迈向了新层次。十年来,全市乡镇企业依靠科技进步上规模、上质量、上水平、上效益,形成了一批区域性的支柱产业。据统计,全市乡镇企业新上的项目中，精加工项目占到10%，新产品开发项目占到30%，科技含量高的项目占到10%,促进了我市乡镇企业由单纯量的增加向质的提高转变。

——深化科技体制改革,强化和完善了科技领导服务体系。十年来,我市根据"加强完善县一级,充实发展乡一级,强化建立村一级"的基本思路,逐步建立和完善了四位一体的科技领导服务体系。各县(市、区)均配备了科技副县(市、区)长,半数乡(镇)配备了科技副乡(镇)长,1229个村配备了科技副村委主任,多数企业都有负责科技开发的副厂长(副经理)。全市比较好的科技服务组织有250多个,民办科研机构有70多个,有力地促进了科技成果的推广和应用。

——六个高新技术试验示范区呈现良好的发展势头。南村农业新技术试验示范区、城区西街、高平城关、阳城东部、沁水沁河流域、陵川城关等六个高新技术开发区,广泛引进吸收高新技术,实行农科教一体化,不断取得新的进展。

教育兴市　师范任重

杨志栋　闫书广

全市教育工作会议,确定了教育兴市的发展战略。如果说在全局上要牢固确立优先发展教育的战略,那么在教育内部则应牢固确立优先发展师范教育的战略思想,用现代化教育观念构建新型师范教育的大厦,培养造就适应社会主义现代化建设中需要的"合格加特长"的中师生。

首先,要破除陈腐的师范观,树立新的师范观。一是树立大师范教育观。按照这种观念,师范教育不再是单一的职前教育、封闭的体系。它不仅仅要承担教师的职前教育,也要考虑教师的继续教育和终身教育;不仅要培训教师,也要考虑培训学校的行政管理人员、教辅人员。师范学校不仅是一个城市与地区的师资培养、培训中心,也应该成为该地区小学教研、科研、信息资料和教育技术推广中心。二是逐步建立现代师范教育的新模式。迄今为止,师范教育仍是以传授知识为主导的认知教育模式,而师范生的教育能力、教育感情、人际关系、技能、创造精神等,往往被忽视。要借鉴国内外师范教育实验的成果,逐步形成以认知为基础,以能力和感情为主导的师范教育新模式,培养创造型人才。三是树立师范教育的发展观,现代发达国家和地区,小学教师已具有大专以上学历。国内部分经济发达地区也提出了这一目标,而我市小学教师中达大专以上学历的仅占总数的百分之一二。今年省已确定我市开始"三加二"(中师三年加专科二年)的试点,我们应抓住机遇、搞好试点、积累经验、稳定过渡。四是树立师范教育的素质观。基础教育由应试教育向素质教育转轨已成为一种必然趋势。为基础教育培养师资的师范教育必须顺应这种变化,要认真研究师范生的素质教育及其培养方法及途径,使师范毕业生成为具有较高素质又懂如何进行素质教育的新型教师。

第二,破除陈旧的人才观、教学观,确立新型人才观、教学观。

在人才观方面,首先要面向21世纪,培养高规格、高素质的小学师资。在整体水平上表现为思想认识较深、师德优、知识面宽、能力强、兴趣广、身心素质好、发展潜力大。在专业能力上,有独立处理、把握小学教材能力;有组织实施小学教学的能力;有良好的教书育人、班主任工作能力;有一定课题研究、教改实验能力,有必要的社会交往、组织活动能力;有辅导学生的能力;有基本运用现代化教学设施的能力;有初步的小学教育科学管理能力。在综合素质上,与现职小学教师相比,应体现较高起点的全面素质。思想素质上,强化思想认识,师德修养、行为习惯、心理品质、职业道德;文化素质上,优化知识结构,加强思维方法,认知能力,操作技能的训练和培养,使之勤奋好学,知识广博,基础扎实,能力全面,手脑并用,学以致用;专业素质上,达到刻苦钻研,一专多能;教书育人,求实创新,锐意改革;身心素质,达到积极锻炼,身心健康,思维敏捷,积极向上,不畏挫折,坚韧不拔;艺术修养上,注重审美情趣,鉴赏能力、美的创造和表现、美的心灵和情操等的引导和熏陶,达到兴趣广泛、有所特长,情趣高雅、个性优化、仪表端庄、注重礼节。

在教学观方面,打破以“课堂为中心、教师为中心、书本为中心”的教学模式,变封闭式教学为开放式教学,力求做到三个有机结合。即课内与课外相结合,实行多渠道施教;主导与主题结合,坚持学本位观念;知识与能力结合,倡导理论与实践相统一。实施过程注重“必修、选修、课外活动、教育实践”四大板块有机结合、相互渗透,切实打好知识与能力的基础;“综合培养,分科培养”互补趋向、相得益彰,着眼培养思想过硬、素质全面、专长明显的新型师资。

第三,克服教育投入师范靠后的偏向,集中财力、物力搞好师范标准化建设。要在各方面省一点、挤一点,把关心未来关心千家万户的师范教育的事情办好,力争用三五年时间实现师范建立的标准化。为兴泽富民,造福子孙做出应有的贡献。

晋城市教育事业的长足发展

新　宣

建市10年来,我市教育事业取得了令人鼓舞的成绩,有了长足的发展。

思想政治工作大大加强。全市各级各类学校紧紧围绕思想政治教育的目标和内容,对广大师生积极进行党的基本路线、爱国主义、集体主义、社会主义教育。10年来,全市累计表彰"三好学生"4100余名,优秀学生干部700余名,先进班集体500余个。

管理体制基本理顺。10年来,教育体制的不断改革和发展,基本上理顺了政府、社会、市场、学校之间的关系;明确了政府和学校在办学与管理上的权利和义务、利益和责任;保证了教育经费逐年有所增长;调动了地方政府办学的积极性;形成了国家、社会、个人广泛参与,多渠道投资办教育的运行机制;逐步实现了"三级办学、两级管理、以县为主、首长负责"的教育管理体制。

基础教育进展顺利。到去年底全市4~6周岁幼儿入园(班)率达到61%,超过了全省平均水平;普及小学阶段义务教育地区的人口覆盖率达到100%;普及初中阶段义务教育地区的人口覆盖率达到85%;小学生升入初中占应届小学毕业生的93%;中、小学生流失率分别控制在2.4%、1%以下;所有的合格小学毕业生基本上做到了就近升入初中。

职业教育健康发展。我市的职业教育虽然起步迟,但发展较快,10年来,全市先后建起市职业中学1所,县(市、区)职业技术学校14所,共培养中级技术人才1万余名。

成人教育成效显著。10年来,累计培训农民200万人(次),发展县级农民文化技术学校188所(含乡镇企业举办的职工学校),村级农民文化技术学校2385所,录取成人大中专生13000余名,全市非文盲率达99.4%。

教师素质明显提高。到去年底全市各类教师合格率高中、初中、小学、幼儿园分别达到28.1%、49.3%、80%、74.4%,比1985年分别提高了8.4、35.6、59.3、31.4个百分点。

教育经费稳步增长。全市教育经费由1985年的2732.43万元,提高到1994年的12344万元,增长了3.5倍。开征了城乡教育费附加,共征收2351.5万元。10年来,全市人民慷慨解囊共集资近3亿元,勤工俭学收入达945万元。

教学改革成绩斐然。10年来,在教学领域内进行"目标教学"、"主题实验"、"说课"、"JIP"实验和"评教创优"活动的推广,义务教育新大纲、新教材的培训,优秀电教课的评选,学科带头人的培养,使全市的教育质量大大提高。

晋城市理论教育有声有色

裴余庆

去年以来,市委把理论学习作为全市工作的重中之重,积极组织全市党员干部学习《邓小平文选》,全市理论教育工作搞得有声有色。

市县两级党委中心组的理论学习在与改革实践的结合上不断深化,市委中心组"学习理论,调查研究,完善决策"的经验受到省委的肯定。去年冬季,由市委中心组成员带队,在全市开展了为期两个月的千人大调查,在摸清市情,熟悉民情,深入研究,多方论证的基础上,于今年年初出台了《关于全市经济和社会发展纲要》、《晋城市 1995—2000 年改革开放总体规划》以及工业发展、小康建设、城市管理、精神文明等 10 个方面的具有宏观指导意义的重大决策,为全市改革开放和两个文明建设绘出了宏伟蓝图。一年间,市委中心组集中学习 6 次,26 名中心组成员共记读书笔记 200 余万字,为县区中心组和全市党员干部理论学习带了好头。全市 500 余名县处级干部,2000 余名科级干部在市、县两级党校参加了学习《邓小平文选》第三卷的集中培训,14000 余名党员干部参加了全市的干部理论考试,学习和应用邓小平同志建设有中国特色的社会主义理论已形成气候。

理论宣传形式多样,生动活泼,力求入脑入心。《太行日报》、市电视台紧密配合市委的中心工作,针对人们学习中的难点疑点,进行解疑释惑,收到了较好的效果。市县两级组织干部理论演讲赛、市场经济知识答卷赛、青少年学习邓小平理论知识竞赛等 20 余场,参加者 10 万余人次。理论宣传日益深入人心。

理论研究有所突破。市委书记田霍卿撰写的《以"一区两带"为重点,按经济区域连片推进小康建设》、《吸引农民参与城市建设,加快新型城市发展步伐》等理论文章在国家级、省级报刊上发表,在指导我市的改革开放与经济建设上发挥了重要作用。市委一班人在省级以上报刊发表的理论文章共 20 余篇。市委宣传部理论研究课题组完成的《山西经济上台阶对策与研究》一书中《区域经济篇》晋城部分等课题研究,分别获得了全国、全省"五个一"工程奖和省首届社会科学研究成果推广应用奖,市委宣传部理论科被评为山西省首届社科研究成果推广应用科研组织先进单位。

我心中的泽州城

冯裕民

每个人对于自己居住、工作和生活的城市都有一种特殊的感情,尤其是对她身上一点一滴的变化则更会洞察秋毫。

十年前,当我第一次来到泽州城时,记得当时的火车站还是五、六十年代的旧样式,连接车站与城区的道路是一条坎坷不平、刚刚开出路基的土马路。城里狭窄的街道两旁的商店也都是六七十年代的老面孔。当时的市委、市政府,几十个单位全都挤在新市街东头的一个大院里。后来稍好一点,市委机关搬到现在的单身楼办公,但是因为周围没有服务设施,生活很不方便。比如理个发就得骑车跑到广场,至少得花上半上午时间。那时的泽州路和凤台街,两边没有绿化带,没有农贸市场,更没有大商场和高层建筑。想逛商店,就那么几个,批零、百货,用半个小时就能跑完。城里根本没有出租车,尤其是城市出口太小,千军万马都挤在一条太洛路上。在市委工作的人大概都记得,那时周末回长治,中午吃过饭就得去赶车,太阳下山能回去就算不错了。记得两年前,人们议论最多的,是说泽州人的城市意识太差,过马路不管红绿灯,如此等等……

而如今,这一切似乎都成了记忆中的往事。随着晋长二级路的通车,环城路的修建,城市出口在逐渐增多,交通面貌已大大改善。出租车、招手停,随处可见。去趟长治,也只需两个来小时。如今,泽州城里有三多:一是商场多,二是舞厅多,三是摩托车多。那一座座仿佛一夜之间从天外飞来的由农民自己兴建的九天公寓、中亚商厦、晓光大厦、白云商场、西巷游泳场、金犨大酒店……好像一座座丰碑,在向过往的行人展示着泽州人的实力和智慧;随处可见的娱乐城、美食宫、美容店、商品店,也似乎在向人们证明着泽州第三产业的发达;许多人手里拿着的大哥大,腰里挎着的BP机也在向世人昭示着:现代通讯的电波已经把古老的太行山和世界联系在一起……现在,如果您是第一次来泽州,当您站在山西第二宽的泽州路上,看着往来穿梭的车流以及街道两旁鳞次栉比的高楼大厦,您是绝对想象不出泽州城十年前的模样的。即使您是泽州人,如果您偶尔出趟差,走个十天半月,猛然回来,您一定会惊喜地发现:泽州城突然间似乎变美了,甚至变得您有些不认识了,这时候一种作为泽州人的自豪感便会油然而生。

是的,作为一个泽州人,对自己的城市寄托的希望总是很高的。但是,希望越高就越知道她的差距和不足。比如,何时才能修通晋焦高速公路,使泽州这只太行山上的猛虎,更快地冲向中原。何时才会有我们自己的飞机场、体育中心。怎样才能迅速全面地提高泽州人的整体素质,更好地改善投资环境。还有如何保护环境、合理工业布局、发展地面产业等等……

的确,每个泽州人的心中都对泽州城寄托了太多的希望、太多的理想。可正是因为这太多的寄托,我心中始终挚爱着的泽州城就一定会变得更美、更漂亮的!

红花还需绿叶扶

——浅谈中国书画与装裱艺术

郭秋林

近几年,社会上荡起一股书画热,收藏书画已由豪富人家的闲情逸致变为黎庶平民的集美益智活动。书画热的掀起,是人们对安居乐业生活的一种愉悦反映,也是对高雅娱乐消遣的追求,加之名家书画的价值往往与日俱增,故而愈来愈多的人乐此不疲。

中国画——包括工笔山水、写意山水、工笔人物、写意人物、写意花鸟等。书法有篆隶真草等书体,除了作为传达语言的工具外,还有独特的欣赏价值。

中国画和书法都是以毛笔为主要工具,以线条和墨色的多变来表达人们要描写的画卷,或淡雅成趣,或厚重藏神。这就是我国具有两千多年历史传统的书画艺术。但是,衬托中国书画的另一种工艺形式也不可忽视,那就是装裱艺术。

我国的装裱艺术起源甚早,至今已有一千七百多年的历史。历代书画家、收藏家都十分重视装裱。人们把装裱和书画比作绿叶之配红花。宋代大书画家米芾、米友仁父子,就经常与裱工研究装裱款式与设计,并发明了古绢、古纸冲洗补全套技法。

一个有经验的装裱师,在他要装裱一件艺术品时,首先要面对画卷和书体内容作一番研究,而后做颜色的匹配和下料。如在装裱一幅山瀑下泻,岚光升腾的山水写意画时,配色不当,用绫杂乱,便会使画面减色,效果不佳,俗话说"好花还需绿叶扶",为了把此画装裱好,更能体现山的巍峨和水的深远,可用蓝花绫装裱,用浅米色瓷作轴颈,使画面给人以大方、庄重、文雅、朴厚的美感。

在一幅题为"雨如烟、行人断、房舍茫茫有无间,细雨雾青山"的水墨山水画中,清淡的墨色,使绕山的小路若隐若现,树重重、山朦胧,使人神往。如果采用浓厚的青花锦装裱,就会使画面更开阔,达到了更理想的效果。

一幅描绘太行秋景的大横幅画,画面近处岩山峥嵘,红叶点点,古松远近交错,在红的大色调中又有丰富变化。为了达到整体效果的统一协调,可紧靠画面加上半公分白边、然后用赭石色的锦绫装裱,这样会显得更和谐,更稳重更开阔。

再如:人们在祝寿时,爱送一幅书法作品,或大篆、或草书、或楷书的"寿"字,大篆寿字给人以端庄、大方、刚健之感;而草书则别是一番情趣,它呈现给人以奔放多变、生机盎然、洒脱有致、妙韵横生之神采。在装裱时要考虑到,它是向老一代长者所寄予的美好愿望,祝愿他们健康长寿,因而用色要热烈而又温和,明快而有生机,多变而不失庄重,调子统一而不呆板,所以用花紫红色装裱,加金黄色边距,或用橙红色装裱,加重金色边距,都为适宜。

以上所谈几例,说明在装裱书画以前,首先要研究书画的主题,围绕着书画所要表现的物象,加以配料,增加书画本身的表现力。

泽州广告潮

路爱民

改革开放催动中国广告潮。广告是现代企业经营战略的重要一环,靠广告宣传,可以使企业生命之树常青。

有道是"酒好不怕巷子深",其实酒好更怕巷子深,得把酒抬到巷子外面的大街上去卖,因为现在是竞争激烈的市场经济时代。

刚刚建市十周年的晋城市,广告业于近年来以突飞猛进的姿态,活跃在泽州大地上,在泽州大地上形成一种新的景观——"广告战"。

街头广告牌

晋城的广告业是近几年才兴起的,最早出现的广告是街头广告牌。

晋城市的街头广告牌主要集中在两个地段:一在繁华的广场闹市区,一在新市街与泽州路交叉口处。林林总总的广告牌,大都设计新颖,引人注目。这些广告牌主要介绍晋城本地产品和商场等,气派不凡,致使越来越多的企业把广告列入经营战略。

路牌广告

路牌广告于去年才在晋城街头兀然耸立。路牌广告高一米多,成立体状。晋城市的主要街道路牌由晋城市农行、建行等金融单位做广告。这些路牌广告融路标与广告为一体,广告效应奇特,令人关注。

电脑广告荧屏

电脑广告荧屏今年傲然耸立繁华闹市区,创造了良好的商业效应。市内电脑广告荧屏有三处:一处在市国营百货大楼顶部;一处在太洛路与新市街交叉口新星饭店顶部;另一处在新市街与泽州路交叉口九天购物中心北侧。电脑广告荧屏投资大,广告内容定时变换,受到了越来越多的厂家青睐。

其他广告

晋城现在有着一种浓厚强烈的广告氛围。泽州广告意识日渐浓厚,且大有“青出于蓝胜于蓝”的发展势头。

泽州广告形式多种多样。

车身广告。当你看到穿行于街道上的公共汽车公司的客车时,为它那美妙的车身广告所吸引,更为奇特的是晋城市锦绣出租公司的出租车,在其车身上标有“招手即停”等字样,且明码标价,创造了良好的广告效应。

霓虹灯广告。一到晚上,整个泽州城流光溢彩,街头所有的霓虹灯全部开放。既装点了城市的夜晚,又起到了广告作用。

流动广告。在晋城,不经意时处处可见广告的风景。在这里,最省钱,流动性最强的是人身上的广告。广告衫即为其中的一种。小伙子身着“东风水泥,顶天立地”潇洒从街头走过。广告袋给人一种美的感觉,白云商场赠送购物袋“白云带给你好运气”。这些流动广告无意间创造了广告效应,给企业带来了无可比拟的效益。

《太行日报》、晋城广播电台、晋城电视台、街头赠送广告单等创造的广告效应,在泽州大地掀起了一场广告战。

今天的泽州,几乎无处不广告。广告不是万能的,但企业的崛起没有广告的支持却万万不能。广告是商品经济的产物,一个新的商品要推向市场,让消费者承认,必须借助于广告的力量。

泽州广告潮为泽州经济腾飞插上了翅膀。

创作中的浓与淡

曾耀农

浓与淡是艺术创作中的一对矛盾。所谓浓,指绚丽丰繁,浓墨重彩;所谓淡,指浅笔淡写,逼似自然。

从读者来说,审美是“淡妆浓抹总相宜”,疏影横斜的梅花以其幽香为人所喜爱,国色天香的牡丹以其浓丽被人称颂,它们各有其审美价值与读者群体。但从审美发展来说,清淡质朴常常代表一种更高层次的美学理想。清淡——浓郁——清淡,似已成为一种创作发展规律。

庄子在他的《齐物论》中,曾经把声音之美分为三类,即“人籁”、“地籁”、“天籁”。人籁是由人奏出的籁管之类的声音;“天籁”则是大自然自生的,不受任何影响的声音;“地籁”是风吹窍穴发出的声音。庄子以为,这三类声音中,最美的是“天籁”,最下乘是“人籁”。与此相关,古今中外杰出的艺术家都追求清单朴素的境界。惠特曼说:“艺术的艺术,表达的光辉和艺术的光辉,都在于质朴。没有什么比质朴更好的了。”《傅雷家书》中说:“理想的艺术总是行云流水一般自然,即使是慷慨激昂也像夏日的疾风猛雨,好像是天地中必然有的也是势所必然的境界。一露出雕琢和斧凿的痕迹,就变为庸俗的工艺品而不是出自肺腑,发自内心的艺术了。”老舍则说:“不用任何形容,只是清清楚楚写下来的文章,而且写得好,就是最大的本事,真正的功夫。”老舍的写景散文就以清清楚楚的“白描”为主,偶尔加以轻轻的点染,呈现出一派清淡朴素的自然之美,且看他笔下济南的秋天:“济南的秋天是诗意的。设若你的幻想中有个中古的老城,有睡着了的大城楼,有狭窄的古石路,有宽厚的石城墙,环城流着一道清溪,倒映着山影,岸上蹲着红袍绿裤的小妞儿。你的幻想中要是这么个世界,那便是济南。”如对人叙谈家常,朴素自然。

淡,不能如喝白开水那样寡淡,而要如嚼橄榄,越嚼越有味道。“凡作清淡古诗,须有沉重之语,朴实之理,以为之骨,乃可不朽,非然,则山水清音,易流于薄……(施补华《岘佣说诗》)陶渊明的诗歌,是质朴自然的,但同时又包含着丰富的思想内容。古今优秀的民歌常常没有斑斓绮丽的文采,没有刻意求工的修辞,词语清丽,风姿朴素,但又表现出含蓄深邃的内涵。

风格清淡的作品，似乎是作者不假思索的结果，实际上是经过艰难的艺术构思。王安石说：“看似寻常最奇崛，成为容易却艰辛。”王士祯认为“生香真色人难学”。华绮丽色好学，清淡浑朴难摹。因为天籁之声大都咏自肺腑，出自真挚，长期酝酿，最终水到渠成，脱口而出。袁牧说：“诗宜朴不宜巧，然必须大巧之朴；诗宜淡不宜浓，然必须浓后之淡。”先浓后淡方能写出感情诚挚的作品。

我们在提倡艺术应该清淡的同时，也不能一味地反对浓郁。只要有内容有情致，即使描写得比较华丽丰赡，也不显雕琢和涂饰。像朱自清的《荷塘月色》，可谓是“模范的美文”，不仅感情美意境美，而且文字美。作者对于每一件事情，不论是出现在画面上的一叶、一花，还有想象中的“高楼”、“歌声”；不论是叶间出现的“波痕”，还是叶子底下的“流水”，作者都加以工笔细描，彩色渲染，却没有给人以雕饰之感，故浓淡皆有其度，淡中有浓，浓中有淡，有浓有淡，浓淡相宜，方为成功的艺术作品。

文史钩沉

1991 年

《小二黑结婚》在挪威

张文君

早些年,就听说一位挪威人把赵树理的小说《小二黑结婚》翻译成挪威文字出版后,受到了挪威读者的好评。随着《小二黑结婚》在挪威的广泛流传,译者还把潘保安的《老二黑结婚》做了介绍。想不到在沁水召开的国际赵树理学术讨论会上,我却与这位译者不期相遇,才知道是一位女教授。当我在沁水提出要认识并采访她时,负责外事的同志说:"多弟女士表示不接受任何人的采访。"

是真的吗? 为什么呢? 这更加深了我要会一会这位女士的决心。我在随时观察她的行动。机会终于来了。两天后,在运城黄河大厦 9 楼,我看见她打电话,等她放下话筒,我靠近她说:"多弟女士,我很想和你谈一会儿,可听说您不接受任何人的采访,是真的吗?"

她立即打手势说:"不会的,不会的,我很喜欢同记者交谈的。请到我住的房间谈好吗? "于是,我和她一块来到 10 楼她的下榻处。

进房后,她首先给我 支好像是"摩尔"牌的香烟。我说:"谢谢,我不会吸烟。"她又伸手拿起一块巧克力递给我,把那支香烟叼到自己嘴唇上,然后在口袋里摸出打火机,点着香烟,很有滋味地吸着。

她叫赛德·布里特·多弟,已是不惑之年,高挑个儿,长型脸庞,下颚较尖,两只大眼珠深深地镶嵌在眼眶里,颧骨高高的,把棕色的头发披在肩上(白天她是梳一个辫子),穿花格上衣,黑色折子裙,扎黑色宽腰带,把腰部束得细细的,很有点欧洲贵夫人的风姿。她现任挪威一个学校的教授。她说:"你想说什么? 请直率地谈吧。"我提出想请她谈谈赵树理作品在挪威的影响和她是如何翻译《小二黑结婚》的。

她说:"我是研究中文的,对中国的文学作品很感兴趣。1984 年挪威出版了一本书,其中有对赵树理的介绍,我读后,就翻译了小说《小二黑结婚》,成为挪威人了解中国的一个窗口。读者认为赵树理的作品是非常好的。

"翻译赵树理的作品相当难。他的地方话写得相当好,只是民间话多,普通话少,造成了空间隔离,所以翻译很困难。我首先对赵树理的作品进行了分析和推敲,决定用挪威的地方话翻译。比如'二孔明'是什么? 中国人都知道,但挪威人不知道,也不懂得什么是诸葛亮?‘三仙姑’也是如此,我就把二孔明翻译成挪威人都知道的引人发笑的一种自为先知先觉却往往啥也搞不好的人‘干不岂’。三仙姑,在中国是对一些装神弄鬼的不正经女人说的,在挪威也有巫婆一类的人,我就比喻式的用了挪威人能懂得的地方语言,又贴近赵树理作品里的人物形象,所以效果非常好,挪威读者都喜欢看,看了往往要笑起来……”

在与赛德·布里特·多弟的简谈中,我感觉到对赵树理的研究已日益成为一种国际性现象。我们为能产生这样一位具有世界影响的作家感到骄傲。

谈到这里,突然停了电,我只得与多弟女士握别,摸着墙壁走出她的房间。

“曲艺”一词是赵树理创造的

一　丁

1949年以前,中国的文化艺术词汇中没有曲艺一词。翻阅1949年以前出版的《中国文艺大辞典》、《辞源》、《辞海》以及各种语文词汇,也都没有曲艺一词的记载。

曲,在过去多指谱而言,即曲谱。如唐教坊曲、元曲,把所唱的腔调划归几种定型的曲调,如“一剪梅”、“满江红”、“清平乐”、“浣溪沙”等,然后以曲形式填词。后来人们又逐渐把唱小曲的、唱花鼓的、说大鼓的、说评弹的、说鼓书的统称为唱曲的或说书的。即便是把剧和曲统一叫起来,也只称曲剧或游曲,却从来没有人叫它为“曲艺”。赵树理创造曲艺一词的知情人、见证人、著名作家苗培时同志告诉笔者:1949年我国第一次文代会在北京召开,在会前准备过程中,中央和周扬同志曾指示赵树理等筹建有关这方面的研究会。赵树理想把唱曲的——泛指说书的、说大鼓的、说评弹的、打莲花落的、说快板的、说数来宝的、说山东快书的、卖艺的——泛指搞杂耍的、耍把戏的、拉洋片的、街头卖艺的组织起来。后来又把说相声的也列入此行。这个组织应叫什么名字呢?初次参加研究会的有关人员有苗培时(老北京、号称延安四大鼓之一)、王尊三(老说唱家)、王亚平(诗人)和赵树理等四人。

他们四个人在北京的一所房子里研究了半天,最后还是赵树理说:“我看这样吧,咱们要组织的这个协会多指唱曲的、卖艺的,就叫‘中国曲艺研究筹备会’,把所有唱曲的、卖艺的统统组织到曲艺研究会里,这个会就成为他们的家,给他们指方向,提供演唱材料,解决实际困难,你们看行不行?‘曲艺’这种叫法对不对?”

著名作家苗培时,曾在太行山区任随军记者,他是第一个报道石圪节煤矿起义的记者,也是解放潞城时第一个冲向城头的记者,早在40年代初就认识了赵树理,又是第一个写文章评论赵树理的著作的。是赵树理的亲密文友。他首先称赞赵树理富有诗意的创造出曲艺一词,并说“文化是人们创造,曲艺一词很好,它包括了各方面的艺人,我赞成。”王尊三、王亚平也同意这个叫法。从此,曲艺一词诞生了,中国丰富的词汇海洋中就有了曲艺一词,中国的文学艺术大军中就有了曲艺这支劲旅。

曲艺名称定好后,四个发起人进行了分工,王尊三在曲界资历深,资格老,出任主席,赵树理任书记,苗培时、王亚平为成员。

曲艺研究会成立后,第一件事就是深入北京街头,了解掌握曲艺界的活动、人员、曲种,为了使这支曲艺队伍从传统的说唱时为迎合部分听众的兴趣,常带些庸俗、低级的不健康的东西中走出来,就得先给他们提供说唱材料。在赵树理发动下,接着产生了中国的第一个为曲艺人员提供资料、发表作品的曲艺刊物《说说唱唱》,赵树理、李伯钊出任主编,编委中除赵、李外,有王春、王亚平、章荣、田间、康濯、凤子、苗培时、马烽、端木蕻良,不久,老舍回国后,接替了端木蕻良。《说说唱唱》的执行编委是王亚平、苗培时,又增加了马烽,先后共出了78期,因故停刊。当时研究会的党组成员是赵树理、康濯、苗培时、王亚平、王尊三。

《说说唱唱》停刊若干年后,赵树理又创办了大型刊物《曲艺》并任主编。

赵树理创造曲艺一词后,曲艺的范围就广泛起来,他把具有浓厚的地方色彩和民族风格的群众喜闻乐见的相声、评书、板话、鼓书、弹词、小曲、双簧等曲种都列入在内,形成了一支各族人民欢迎的曲艺大军。

黄围纪事

王勤 建国

洞天福地

巍巍太行,千峰耸立,万仞竞秀。

在太行山南麓,陵川县境内,有座黄围山,它巍峨奇秀,孤峰插天。山之周围,峰峦迭起,山岭连绵。半山有洞,曲径通幽。陵川八景之首——"黄围灵湫"即在此地。

登上观望台纵目东望,黄围宫院,历历在目。走下观望台,再涉过一条小溪,即可到达黄围宫院。这座宫院号称"洞天福地",它坐北朝南,背山面水,楼阁辉煌,殿宇迭出,依着山势,建有七个大大小小的院落。上宫院的南面建有一座清朝乾隆年间的"藏经楼",它正好立足于紫府洞上,是一个极为精美的艺术佳作。穿过殿宇,即入灵湫洞。洞内有多深,神鬼莫测,相传可与壶关紫团翠微洞互通,深入四、五里,即被一条上架朽木小桥的横河所阻,故难测也。

灵湫洞是一座天然的艺术宝库。进入洞内,首先映入眼帘的是天生五祖像。在黄栌火把的照射下,可以看到神井、天门、石桥、石伞、石人、石门、石马、石鸽、石塔、盘龙石、卧虎石、彩云坡、清风洞、钟鼓洞、老龙窝、黍米山、蛇蝎山、核桃山、玉茭山等等。个个惟妙惟肖,神态逼真。尤其出奇的是洗眼池,它的容积虽只有一个酒盅大小,但里面所盛的水却永远不枯竭,且保持着一定的水位。

走出黄围洞,从宫院背后,沿着崎岖曲折的山间小径,穿过浓密碧绿的灌木林,再抓住铁索爬越 200 余个惊险陡峻的石阶,就可到达黄围顶峰(祖师顶),环顾四周,白云袅袅、松涛阵阵,令人赏心悦目,心旷神怡。更为引人注目的是那些小巧玲珑的古庙,什么祖师殿、说法台、二十八宿、十二群星、玉皇庙、武当庙、五祖圣母坟,等等,整整排列了四十二座玻璃小庙。这些古建筑虽然并不高大,但建在高插云端的山巅之上,却显得格外宏伟庄严,每年正月初二至四月初八这段时间,成千上万的善男信女和文人墨客来这里朝拜进香,游山玩水。这正是:草木葱茏秀色堆,亭台楼阁古洞埋。孙猴若是有灵知,澄清妖魅定前来。

三度浩劫

如此壮观的胜景,在历史上也曾经历过几度兴衰,几番浩劫。抗日战争前夕,这里曾显得格外热闹。1940年初,12月政变后,为了顾全大局,根据党中央和太南特委的指示,陵川县牺盟会和党政军一道,退至壶关、平顺一带,从此,陵川沦为阎匪之手。日寇动用大部分兵力扫荡陵川时,国民党军走投无路,逃至黄围一带,日军跟踪而至,第一次对黄围进行了劫掠。1943年4月30日,日寇第五次扫荡陵川,疯狂的日寇连山头都不放过,黄围山第二次遭到浩劫,仅存的几座殿堂庙宇被日寇一把火化为灰烬。更令人愤慨的是,在十年浩劫中,一些别有用心的人打着"破四旧立四新"的旗号,对黄围进行了第三次浩劫。他们捣毁石阶,砍掉古树,卖掉用来攀登祖师顶的铁链,连同残留在断壁上的几幅珍贵的字画也被他们掠去。黄围山仅剩下一片残垣断壁和几棵在寒风中瑟瑟发抖的小草。

黄围山在乌云下哭泣,在长夜中熬煎……

前景昭然

"莫道浮云终蔽日,寒冬过尽绽春蕾。"十一届三中全会后,县委县政府本着"保护文物就是保护文明"的精神,对黄围进行了多次修复。黄围山又以它特有的风姿吸引着无数中外游人,太行国家级公园顾问聂影在参观了黄围后,无限感慨地说:"陵川几乎村村有庙,且庙和戏台连在一起,这在世界建筑史上是罕见的。特别是黄围。更具有游览和考古价值。"他还指出,陵川山水比之作为国家公园的河南小北底、沁阳等地来更胜一筹。如果能把这些古建筑维修保护好,对促进祖国旅游业和振兴陵川的意义将是很大的。

我们深信,"黄围灵湫",作为著名的游览胜景,在不久的将来,一定会焕发出比以前更加迷人的光彩。最后,让我们以一首诗来自慰:

名山欲与赛风姿,
可待林霏半散时。
评委若增香客座,
桂冠谁摘颇难知。

“夫人城”掠影

张道德

前些时候下乡搞调查，天近黄昏来到历史上有名的“夫人城”——沁水县加丰镇窦庄村。

窦庄，坐落在沁河之畔的巍山脚下。这座古垒式的村落，依山傍水，风景秀丽。一栋栋建筑仿佛是一件件古文物叙述着对民族和历史的深深眷念。它呈现出来的古朴、典雅、沉静之美使人震慑。那斑斑驳驳的城墙，狭窄的街道两边低矮的木屋，石门楼、斗拱、石雕、飞檐、脊兽包容着无限的内涵。

晚饭后，我踏着朗朗月色，爬上西山坡，鸟瞰夜色下的窦庄村。这时星斗满布长空，苍穹深邃无际，我的思绪一会儿被带到银河岸边，一会儿又坠落下来，落在眼前黑压压一片瓦房上，远处巍山松涛阵阵，暮色浓浓，景物朦胧显得静谧、神秘；村边蜿蜒的沁河，银练似的折射着皓月淡淡的青辉，泛着粼粼银光。

从窦庄古堡般的山野村落，我忆起了它的历史。

窦庄是沁水历史上有名的“风水宝地”，历代在朝中穿蟒袍、戴过乌沙的显赫达贵就有数十人。明万历年间朝廷重臣张铨，一家三代连中进士，均在朝为官。其父张五典在明天启年间曾任兵部尚书，其长子张道浚也在朝任过要职。关于窦庄村成为“夫人城”的来历，在《中国历代名人传》中是这样写的：“张铨出按辽东，天启元年殉难。其父张五典度海内将乱，筑所居窦庄为堡甚坚。崇祯四年，流贼至，独铨妻霍氏在，众请避之。霍语其次子道澄曰：‘避贼而出，家不可保，出而遇贼，身更不保，等死耳。’乃率僮仆坚守，贼环攻五昼夜，不克而去。名其堡曰：‘夫人城’。”

翌日，我在这所300多年的古堡街上浏览，寻觅历史的踪迹。坚实的特大砖砌城约五米多厚，虽已残墙断壁，依然可见当年这个城堡的威严和风姿。那古建筑的残垣颓壁，那牌楼、石碑以及一根根古朴的方的、圆的、多角的雕龙刻虎的石柱，无不充满着神奇和奥秘。

窦庄这座“夫人城”是张铨之妻霍氏守城数昼夜没被“盗贼”攻破而当时名传天下。霍氏系窦庄对岸曲堤村人，两村只隔一条沁河。据史书载，张铨之父张五典为万历二十年进士,官升至兵部尚书,在他任职其间,正处于明朝末年,各地不断发生农民起义,他便在家乡修建城堡为防,颇有"北京城"的风姿,所以,几百年来当地一直流传着:弯弯曲曲的沁河水,威威严严窦庄城;窦庄城,小北京,九门九关九宫廷。

张铨为1604年进士,曾任江西巡按、御史等职。天启元年(1621年)他出按辽东,任监军之职。刚到辽东,立足未定,清军兵临城下,包围了辽阳。张铨率领三军坚守三昼夜。城破,8月22日,引颈挥剑自刎。

张铨为官清正廉明,体察百姓疾苦,处处为民众着想,数百年来他的美名久扬不衰,列入史册流传下来是有道理的。

春节习俗琐谈

马甫平

春节是我国人民十分重视的一个节日。辛勤劳动了一年的广大城乡居民在这冬去春来,新的劳作即将开始的难得的闲暇中,欢欢喜喜地娱乐、休息几天。从腊月开始,人们就逐渐开始购置年货。农村人进城购买年货者骤增,大家都在准备衣服和食物。过去的穷苦人家,虽然缺衣少食,但过年也要打扮得整齐干净。腊月十五以后,理发就是较为要紧的事。俗话说“有钱没钱、剃头过年”,就是指此。腊月二十以后,户户做泡麦面蒸馍,为春节食用或作为走亲访友的礼品。腊月二十五以后,家家室内大清除,人们相见就问:“准备好了吗?”这句话成为年前常用的礼貌用语。除夕这天打扫庭院、担满水缸,调煤,贴春联,挂年画,备年饭,剁肉之声不绝耳。晚饭称守岁饭,多食面条或饺子。正月初一凌晨先开门放炮,人们穿新衣早起,儿童最为雀跃。行见柴火熊熊,时闻鞭炮阵阵。家人团聚,食饺子,多不外出。强调和睦,忌生口角,儿孙向长辈拜年,长辈给儿童“压岁钱”。从初二起开始串亲戚、访好友。路上行人熙熙攘攘,一直到正月十五元宵节后才渐渐结束。

我们晋城市位于黄河流域,是中华民族的发祥地,存在许多古老淳朴的传统风俗。这里又是老革命根据地,有着光荣的革命斗争传统。随着破除迷信移风易俗,许多封建陋习已经消亡。像过去腊月二十三的祭灶(祭祀灶王爷)、供奉家堂、灶王、财神、门神等民间诸神,以及年三十晚和正月初一早起的大肆迎神祭祀活动,还有正月初七(传统称为“人日”,即人的生日)入夜点燃七盏明灯祭“七星”等。解放以后,给春节赋予了新的内容。需要特别提到的是“拜年”这一习俗。过去,在大年初一早上,村里的年轻人常常按辈分排行三五成群,走家串院,给老年人磕头拜年。解放后,一些在外工作的干部回乡过年时,也要参加拜年活动,只是他们认为磕头属于封建礼仪,故改为行鞠躬礼。拜年的习俗是一种尊老敬老的活动,是中华民族传统美德的体现,可是在“文化大革命”开始以后,这种习俗也随之消亡了。

阳城沁河津渡考

尹保林

王村渡也为古官渡。据清雍正十三年(1735 年)七月十五日王村西山顶蒿峪东岭庙碑载:“蒿峪岭为东西通衢,往来商贾络绎不绝。”民国年间有船两只。村东有卫福全负责,村西有曹进宝负责,每船有船工 10 余名,两船互换位置,摆渡行人。因无具体管理制度,收费由船工头制定。根据水势大小,水涨时每人每次可收 100 文制钱,水落时 30、20 文制钱不等。

解放后,船工互助造船,谁渡船谁收费。因无管理机构和制度,1957 年 7 月河水涨超载沉船,淹死 7 人。现有个体户置小船一只,以渡行人。船费一般以二角三角不等,也要随行就市。王村渡原也备有桥木所房,1943 年因涨水冲毁。

上佛渡为古民渡,今查村西古青砖拱大圈上书“古道淳风”四个大字。村东有经鸡架岭通往中庄的石道古坡,系明代监生赵志捐献五百两银子修治。

现存明万历三十三年(1554 年)在下佛狮口院墙有《重义桥碑记》中,详细记述了古义桥,“九月内搭盖,越岁四月内拆毁”的遗风为我们研究上佛古渡的历史提供了考据。

又据清雍正七年《重修桥木所记》载:“从来建功者无坚碣以记诗其事也。桥木之始,无从稽考。康熙二十五年(1686 年)河水肆虐、汹涌弥漫,桥为之漂刮无存,其年首事诸长者,整理如宿,理桥之余,遂置此房,为堆积之所,年来风雨摧残、几至崩圮,于是募资而为重修计,吾昂人乐善,不日告竣,谨列序其由,刻于输财效力者之曰,实所以劝善者云尔。”

从古渡及古道资料记述和实地考察,又据孔祥东所写的《泽州商人阳城帮》中说“泽潞豪商大贾甲天下,非数十万不称富”,说明当时贸易之盛。明清时代至民国年间上佛渡的兴盛可与王村古渡比美。

1940 年夏,八路军朱总司令曾在此渡由张金荣(下佛人)等船工摆渡过河,现仍有老船工张金荣自置木船一只,为煤矿工人、邻村人行及其他往来行者摆渡,此渡同样不征税款。此渡古时也传有上佛桥,下佛船之称。

张阁老药配姻缘

董建玉

相传，晋城城区钟家庄乡二圣头村在京城做官的张阁老，在不惑之年，大驾光临凤台城。一日，他闲游城内黄花街一家药铺。见铺内柜台后站着一位妙龄女郎，衣着朴素却不失其俊俏。阁老一看，暗暗称绝，心想，难得这市井人家，竟有如此绝色闺秀。因而暗中起了爱慕之心，想试一下这女子的才学如何？张阁老上前施礼道："请问小姐，欲买几味中药，不知贵店药物齐否？"女郎欠身还礼答曰："敝店虽小，药物倒还齐全，不知贵大人要买何药？"阁老要过纸砚，提笔写道：

宴罢客人 夜不迷途

牡丹花婢 出征万里

百年貂裘 昭君出塞

蝴蝶穿花 芒种时节

这女子见了药方，不加思忖，很快把这八味药称齐包好。张阁老连连拍手称妙，付过银子，感谢而去。这女子称的八味药是：当归、熟地、芍药、远志、陈皮、王不留、香附、半夏。其解是：宴罢客人，应"当归"家；夜不迷途乃"熟地"也；牡丹花婢，是"芍药"乎；昭君出塞，王（皇帝）不留了；蝴蝶穿花，是"香附"籽；芒种时节，乃"半夏"之日。

张阁老回到家里，向二老双亲禀明，想娶女郎为妻。二老同意，便向药铺主人女儿求婚。店主人深知张家为人，便答应了这桩婚事。时隔不久，便选定了黄道吉日。张家张灯结彩，锣鼓喧天，笙道三班，宾朋满院，迎娶新娘子。在华灯月下的婚礼宴上，新娘子出联请郎君对曰。新娘子出曰："玉叶金花一条根。"新郎对曰："冬虫夏草九层皮。"巧妇人出曰："天南星半夏日日有。"郎君对答如流曰："地骨皮天冬回回来。"俊媳妇想了想复出曰："一陈孔香知母至。"好男儿不假思索地对道："半客故纸防风来。"新娘十分高兴，随即又撰出一联："水莲花半支莲白花照水莲。" 如意郎君当场挥笔而就："珍珠母一粒珠玉碗捧珍珠。"新娘见难不倒新郎，就又复出一难联："白头翁牵牛耕熟地。"新郎出口成章："天仙籽相思配红娘。"女郎出联句句不离本行，新郎应招对句，联联都合中药。在场满门家族豪绅，文武百官，都双双举手称赞，天生一对，地造一双，这可是张阁老的知心人呀！

上党梆子命名溯源

李近义

上党梆子这一古老剧种,诞生于明末清初。在清乾隆年间便有了班社活动的记载,晋城一县就出现了鸣凤班、金泰班、金盛班、永兴班、麟凤班等十多家戏班。到了嘉庆时期就逐渐多了起来。这个时期仍称班社名,无剧种名之称。

清咸丰元年(1851年)泽州府五聚堂立"纪德碑",记载了清道光三十年泽州府九个戏班联合恳请裁减官戏,经府县核准事。碑文中称其所管辖的戏班为"土戏"。据查,九个班社都是演唱上党梆子的。清道光年间,潞州一带才有了上党梆子演出的题壁,咸丰、同治年间才多了起来。"上党大戏"一名,也只有在这一时期才能形成。当地人多称"大戏"。

所谓"大戏",是与秧歌"小戏"相区别的,它属昆梆罗卷黄之多声腔者,演唱的是朝代大戏。旧时讲究非大戏不能敬社神,秧歌小戏是不登大雅之堂的。

"上党大戏"之名一直沿用至民国年间。以"宫调泰斗"赵清海为首的一批名演员,组建了"泽州演员赴并公演团",于民国二十二年(1933年)正月首次在太原公演。演出前由省教育学院院长郭象升为上党大戏命名为"上党宫调"。其含意是,上党梆子发源于泽州,流行于上党,泽州孔三传首创诸宫调与戏曲艺术有关,故命名为"上党宫调"。

自此,有称"宫调",有称"大戏","宫调、大戏"两者并存。解放后,戏班归政府领导改为剧团,这时才统称"上党宫调"。

上党宫调虽包括五种声腔,解放后仅剩梆子、皮黄两种。梆子腔剧目多,唱腔丰富,又有雄厚的群众基础,稳居于五种声腔之首,改革创新发展变化很大,与山西的中路梆子、蒲州梆子、北路梆子居于同等地位。故在1959年,山西各大剧种的戏曲团体赴福建前线慰问演出时,由省文化局副局长寒声同志指出,更名为"上党梆子",统属于山西四大梆子之一。

记著名戏剧家墨遗萍为上党戏书写的一副对联

吴向周

著名戏剧家墨遗萍，在1946年从革命圣地延安调到太岳解放区文联任剧协主席后，曾在岳北革命根据地的屯留县蹲点，帮助开展文化工作。在屯留县绛河剧团指导工作，编演新戏，排练节目，随剧团下乡巡回演出，进行调查研究，结识了不少上党戏艺人和晋东南的新文艺工作者，和他们交上了朋友，成为至交。大家都亲切地称呼他墨老师。从此，他和上党戏结下了不解之缘。

1952年的国庆节刚过，屯留县绛河剧团应省城文化界和太岳区老同志的邀请，到省会太原演出，第一次把上党落子这个在太行山区、浊漳河畔土生土长的民间戏曲剧种，介绍给省城观众。同时，也是上党戏在建国后第一次上太原演出，登大码头（解放前的30年代，上党梆子曾两次到太原演出）并带来了许多新戏（现代戏），受到了省城各级领导、文艺界同行、太行太岳老战友的热烈欢迎。市中心的大中剧院内连日客满，盛况空前，一时传为佳话，大有“满城争说上党戏”之势。这次到省城演出，为上党戏对外交流，开创了先例，是上党戏发展史上的突破点。随即在1953年以后，就有专区胜利剧团、长子县新生剧团、武乡县大众剧团等，带着上党梆子、上党落子、襄武秧歌等上党戏各剧种到太原演出。

墨遗萍同志在1952年初政治上受到了挫折，正在省艺干校闭门思过。绛河剧团到省城来，给了他很大的安慰。他仍和过去一样，为剧团安排剧场，书写海报，组织座谈，联系演出忙个不停。并以蒲剧学社的名誉，赠给剧团一副对联，亲自书写在米黄色的幕幔上，悬挂在舞台两侧，观众争相诵读，为演出增色不少。对联原文是：

宋泽州孔三传开创诸宫调八百载遗风未坠；

清黎城老四虎提炼落子腔九十年余韵翻新。

这副对联，对仗工整，结构严谨，用典适当。剧团演出到哪里，就挂在哪里，影响之大，流传之广，可见一斑。至今卅多年过去了，人们还在传抄。

荆浩的《画山水诀》

王之元

荆浩,唐末五代沁水人,著名画家,为山水画的开山鼻祖。近日偶翻旧《沁水县志》,见“艺文”一章载其《山水节要》,现抄录于下,以飨专业爱好者。

凡画山水,意在笔先,丈山尺树,寸马豆人,此其法也。远人无目,远树无枝,远山无皴,高与云齐,远水无波,隐隐似有,此其式也。山腰云塞,石壁泉塞,楼台树塞,道路人塞。石分三面,路分两歧,树看顶梢,水看岸基,此其诀也。凡画山水,尖峻者峰,平夷者岭,峭壁者崖,有穴者岫,圆形者峦,悬石者岩,两山夹水者涧,夹路者壑,水注川者溪,泉通川者谷,路下平土山者坡,似土而高者阪,若能辨别乎此,则知山水之仿佛也。观者先看气象,后辨清浊,定众峰之揖拱,列群山之威仪,多则乱,少则慢,不多不少要分远近。远山不得连近山,远水不得连近水,山要回抱,水要萦回,茂林古寺,楼观可安。断岸颓堤,小桥宜置,有路处人行,无路处林木,岸绝处古渡,山绝处荒林,水阔处征帆,林密处店舍。悬崖古木根露而藤缠临流,怪石嵌空而水痕凡作,林木远则疏平,近则森密,有叶者枝柔,无叶者枝硬,松皮似鳞,柏皮缠身,生于土者修长而劲直,长于石者拳曲伶仃,古木节多而半死,寒林惨淡而萧森。凡画山水须按四时,春景则雾锁烟横,树林隐隐,山色堆青,远山拖蓝。夏景则林木蔽天,绿芜平陂,倚云瀑布,近水幽亭。秋景则水天一色,霞鹜齐飞,雁横烟塞,芦渚沙汀。冬景则积地为雪,水浅沙平,冻云匝地,酒旗孤村渔舟倚岸,樵者负薪。风雨则不分天地,难辨东西,行人伞笠,渔夫蓑衣,有风无雨,枝叶斜披,有雨无风,枝叶下垂,雨霁则云收天壁,薄霭依稀,山光浅雾,日晒斜晖。晓景则千山欲曙,轻雾霏霏,朦胧残月,气象熹微。暮景则山衔落日,犬吠疏篱,僧投远寺,帆卸江渊,行人归急,半掩柴扉,或烟斜雾横,或鹿逐岫归。笔法布置,更在临时。山形不得一致,树头不得整齐,树藉山以为骨,山藉树以为衣,树不可繁,要见山之秀丽,山不可乱,要显树之光辉,若能留意于此,顾心会于精微。

1992 年

《三关排宴》从舞台到银幕

栗守田　吴向周

上党梆子《三关排宴》是经过赵树理同志“协助整理”才搬上银幕的。赵树理与《三关排宴》有极为密切的关系。笔者当时曾参与这一工作，时隔30多年，至今记忆犹新。

1956年，长治专区组织“赴京汇报演出团”（包括梆、落、秧歌三个剧种）赴京演出。在准备剧目时，赵树理曾提出过包括有《忠孝节》（又名《忠节义》）在内的几个传统剧目，但没有引起人们的重视。在京演出期间，赵树理让剧团内部演出几个传统剧目，还请来几个戏剧专家帮助审议。大家一致认为《忠孝节》是个好剧目，有加工前途。当时又考虑到剧名不好，经大伙确定，根据传统戏称呼的场名，改名为《三关排宴》。

经过初步整理，在1957年山西省第二届戏剧会演中，获得了好评。从此，这个剧目就受到各级领导与专家的青睐。

1959年初，省里组织为国庆十周年献礼晚会的节目时，要求四大梆子都要创作、排练出优秀剧目参加。晋东南专区又拿出《三关排宴》，程联考、牛刚、李春枝、梁允恭等人组成了创作组，赴省城在省委宣传部、省文化局直接领导下进行修改，然后组织专区梆子剧团修改排练，经全省第三届戏剧会演选拔确定为山西省向建国十周年献礼剧目。1959年春节，专区梆子剧团，以山西省赴福建前线慰问团第四分团的名义在东南沿海前线为解放军广大指战员演出了《三关排宴》，多次受到热烈欢迎。1960年参加山西省青年演员会演时，将演上党落子的名演员郝聘之等人抽调到青年梆子剧团，重新对《三关排宴》进行了加工排练。随后，《山西文化》、《剧本》杂志先后发表了《三关排宴》剧本。剧作家吴祖光又改编成京剧《三关排宴》在京演出，使这个优秀剧目在全省和全国都有了一定影响。

长春电影制片厂导演张辛实看了《三关排宴》后，建议长影搬上银幕，并于1960年9月派专人来山西接洽，剧团当即赴长影。路经太原时演出了三场，省里领导看后，认为剧本尚需加工。在年底又将省文化局副局长、戏剧家寒声改编的剧本和王中青副省长的“修改意见”一并送长影选定。长影以“剧本尚未成熟”为由，让剧团回晋，声称“剧本改好了一定拍”。长影曾提出剧本在处理杨四郎死的情节时，可改“在杨家祠堂处死”的意见。省委宣传部领导，也曾有“按长影意见修改”的指示，但对杨四郎的死如何处理，意见很不一致,也无法动笔。

1961 年 2 月,赵树理从北京来长治后,地委宣传部、专署文化局、上党戏剧院向他介绍了长影和省里对《三关排宴》的修改意见,赵树理觉得对杨四郎的处理与其在杨家祠堂里还不如就在三关妥帖。上党戏剧院随即向长影和省委宣传部发电,陈述了赵树理的意见。长影来电希望赵树理着手修改,并称“他改成什么就拍什么”。省里也要求赵树理根据他的意见修改。赵树理写出初稿后,于 5 月下旬亲赴长春,同年 8 月,赵树理与专区上党梆子剧团同时重赴长影,对剧本再次作了修改,9 月份定稿后,立即进行排练。赵树理认为,不少同志参加过该剧的整理、改编工作,为尊重别人的劳动,故在署名时坚持用:“剧本整理:上党戏剧院,赵树理协助整理”。从 11 月份开始录音,然后入棚拍摄,历时半年,直到 1962 年 3 月才摄制完毕。

剧团在 1962 年 4 月由长影返长治途中,先后在北京、太原演出了十数场。特别是在中南海国务院小礼堂演出时,敬爱的周恩来总理、朱德委员长都莅临现场观看。罗瑞卿、李先念、乌兰夫三位副总理和赵树理同志,在演出后上台接见了全体演职员,并合影留念。

赵树理是政协代表并参加了开国大典

一 丁

人们都知道赵树理是著名作家、语言大师、全国人民代表大会代表(河南省选举的),但知道赵树理还是全国政协代表(当时不叫委员)的人就不多了。这里,把我知道的赵树理出席全国新政治协商会议的情况记述如下。

1949年1月31日,北平和平解放。3月13日以后,党中央及政、军、群、团相继迁入北平。3月15日,赵树理任职的新华书店和《新大众》报社迁入北平,《新大众》报更名为《大众日报》,赵兼任编委。3月22日,赵与郭沫若、周扬、茅盾等37人组成筹委会,筹备召开全国文代会。4月初,赵携女儿广建抵平。4月23日出席工人写作问题座谈会,并做了热情洋溢的发言,5月5日《北平解放报》对他做了报道。同时,华东新华书店出版了他的《赵树理短篇小说选集》,北平发行数万册,几日内全部销完。5月14日,小说《田寡妇看瓜》在《大众日报》发表,轰动一时。6月2日,《文艺报》报道赵树理的长篇小说《李家庄的变迁》译成俄文在苏联出单行本。7月2日,出席全国首次文代会,被选为大会主席团成员,在会上做了《我的水平和宏愿》的发言,引起强烈反响,《光明日报》做了报道。在这次会议上,赵被选为全国文联委员和常务委员会委员。7月15日,《大众日报》改为《工人日报》,赵树理任记者。这一天,工人出版社成立,赵树理出任社长。7月17日,赵与多人联名发起组织"中苏友好协会"……赵树理在北京及全国名声大震。

9月21日至30日,赵树理以文艺界代表的身份,出席了在北平举行的中国人民政治协商会议(为了区别解放前夕在重庆召开的政治协商会议,当时亦称新政协),参加了商讨成立中华人民共和国的大事。在会上,赵树理以他幽默、朴实、生动、风趣的大众化语言发了言,博得了与会代表的赞扬,受到党的领导人的重视。在9月30日出版的《人民日报》上发表了记者荣安采写的长篇访问记《人民作家赵树理》,并详细介绍了作家赵树理的品貌、情怀及他献身于文艺大众化事业所经历的坎坷道路。也就在这一天,赵树理接到全国政协让他上天安门城楼上参加开国大典的通知。

当时,赵树理激动得彻夜难眠。44岁的他,竟像孩子似的热泪盈眶——一个贫苦农民的儿子,一个旧社会受压迫的流浪汉,一个穿大掌鞋、粗布衫的山里人,竟然要登上过去只有帝王将相才可以上去的天安门城楼参加开国大典,真的是世道变了啊!他兴奋地对同室的同仁说:“我明天是双喜降临,第一,我要上天安门参加开国大典。”同仁问他:“第二呢?”他笑笑,神秘地说:“我计算着我老婆今天要给我生个儿子。”(不几天后,赵树理果然接到家信,知三子赵三湖于9月30日在故乡出生。)

“雄鸡一唱天下白”,划时代的10月1日,太阳升起来了,北平城被镀上一层金色。赵树理早早起床,梳洗整装,随着人流,登上了天安门城楼。他看到了广场上站起来的中国人民,也认识了新中国一个作家的价值和使命。他欢呼,他雀跃,他唱起了上党梆子……在共和国第一任国家主席毛泽东接见他们时,赵树理激情满怀地说:“我一定要写出农民喜闻乐见的作品!”

会后,他于10月10日与苏联作家法捷耶夫进行座谈,10月15日他主持了“北京大众文艺创作研究会”并被选为执委会主席,“农民喜闻乐见的作品”在他的铁笔圣手下源源不断地推出。

赵树理写“山”

杜如湘

古往今来,有多少写“山”的篇章,但同样是写山,同样写山的可爱,试读一读赵树理的作品,其情趣差异之大便显而易见了。

赵树理写山,不是纯粹的对自然美景的欣赏,也不是把它当做归隐避世的所在来歌唱,更不是思乡游子对关山阻隔的感叹,而是将社会大众化、通俗化、典型化的具体体现与其思想糅合而产生的一种具有民族性的独特的写作风格。他在《开渠》里写的主人公韩金山的唱段是这样的:

这是个好地方难拣难挑。
到山头你能把娘家忘了,
山腰里地势高屋里不潮。
有棘针到秋天能吃酸枣,
长下了荆蓬垈不缺荆条。
有烂草咱把它沤成肥料,
干蓬蒿刨起来能当柴烧。
到夜里关住门不怕狼叫,
吓麻雀灭野兔全凭老雕。

他一边向妻子述说着山的美处,而且还表述了他对山的理想:

这片坡修边堰能淤平了,
这凹里修梯田步步登高。
这一边栽下了柿子梨枣,
这一边再栽些苹果核桃。
岭头上栽松柏能长木料,
沟岸上栽上些桑树柳条。

他用平凡的语言,无修饰的描述,把北方的山描写得淋漓尽致,使人听了倍感亲切。仿佛这山就在眼前,自己则置身在其中。这种写法朴素、明朗、扎实,既不生硬也不乏味,富有想象力。无论是谢灵运、陶渊明或是李白、杜甫,他们来到这里绝不会这样看山的。即使是现代作家表现不同的题材,所写的山也不会是这样的。赵树理笔下的山,可真是农民眼里的山。在农民看来,自然界只有同劳动生产连起来,能够为人类创造财富,它才是美的。因为地里有稻麦菽黍,山上有果木牛羊,地才显得秀美,山才显得壮丽。一种大自然朴实的美。所以赵树理笔下没有春牡丹夏芍药秋菊冬梅的写照,却描绘了满地的茄子、辣椒、白扁豆,金黄的金针花,喷发着香气的甜瓜……他觉得这也是美,一种朴实无华的美,一种从农民的劳动生活中培育出来的美感。他的作品同样做到诗中有画,画中有诗。写自然美的句子少,却写出了劳动创造的理想和对社会主义新农村、新生活的向往。写出了生活美景。敢于写实、善于写实,这才是赵树理的独到之处。

中国赵树理研究会成立大会简记

张文君

1992年11月2日,北京文采阁,中国文学基金会的会议厅内,笑声朗朗、生气勃勃。来自全国各地的60多名专家、学者在这里集会。中国作家协会办公厅秘书长杨宗主持了会议。

在现代中国小说史上,赵树理是第一个把小说从知识分子圈圈中解放出来,交给广大人民群众的。他的功绩是空前的、伟大的。

当赵树理的老战友、著名文艺评论家、作家、首先提出并著文《向赵树理方向迈进》、中国赵树理研究会会长陈荒煤登台讲话,指出成立赵树理研究会的历史意义时,受到与会者的热烈鼓掌。他说赵树理的精神包括他的作品的核心就是说真话、实事求是地反映生活。他完成了他的前辈小说家所没有完成的任务。

著名作家冯牧讲话中回顾了他第一个把赵树理的作品介绍到延安时的情景;第一个著文评论赵树理作品的著名作家苗培时介绍了当年他同赵树理在太行山区结下的战斗情意,回顾了赵树理为文为人的榜样作风;著名书画家力群在发言中指出在毛泽东延安《讲话》以前,赵树理就拿出了人民群众喜闻乐见的大众化作品,赵树理的作品丰富了毛泽东的文艺思想;著名诗人阮章竞,女作家梅娘等的发言,都谈到中国赵树理研究会的成立是非常必要、非常及时的。赵树理功不可没,他将流芳百世。

作为赵树理的同乡、赵树理研究会的一名理事,我很高兴地出席了这次会议。聆听了各位老前辈对赵树理的回顾、讲话,使我对这位被迫害早逝的铁笔圣手、语言大师更加敬仰,更加崇拜,进一步认识到他的作品对中国革命所起的现实意义和深远的历史意义,同时也给我们进一步研究赵树理和研究赵树理文学提供了课题和方法。

中国赵树理研究会的成立,是中国大众化文学的光荣,是太行山的光荣,是沁河水的光荣!

梁兴本是太行人

左 言

为了揭开《水浒传》的成书过程及其作者罗贯中的行踪之谜，最近，山西省科学院孟繁仁副研究员再次到太行山地区进行学术考察。在阳城县志办公室刘伯伦以及尹保林等同志协助下，在晋城市周村镇大庙发现记载南宋时期著名的“太行忠义社”首领梁兴情况的碑记一块，初步揭开了这位民族英雄的籍贯之谜。

宋、金之际，北方金源女真部族南侵中原，淮河以北的半壁河山沦陷于异族的铁蹄之下。黄河以北太行山人民不堪忍受亡国之辱，纷纷起义反抗，在“太行忠义社”首领梁兴等人领导下，在泽州、阳城、沁水等地建立山寨据点，开展敌后武装斗争。南宋绍兴四年，梁兴下太行，南渡黄河，与当时主持北伐大计的岳飞联系，以后，梁兴又受岳飞派遣返回太行山区，率领“太行忠义社”豪杰义士，在垣曲、沁水、济源等地大败金兵，有力地配合了岳飞的北伐。岳飞被害以后，梁兴没有再回南宋，但下落不明。

关于梁兴的籍贯，有关正史及地方史料都没有明确的记载。这次发现的《泽州周村镇重修庙祀记》刻写于明代隆庆四年九月。据碑文记载：“宋岳武穆义旗北指，镇之梁兴筑崖响应。人心敢于叛金者，乃不忍变夷也。”这篇碑文由本镇人梁采撰写，由梁仲秋篆书碑额。在功德名单中记有梁杠、梁策、梁一桂、梁清等梁姓人物多人。又据了解：周村镇北面有“上场”、“下场”两个村名，原来是“太行忠义社”的练兵场。而镇西的大树村则是“太行忠义社”的屯兵之地。这些情况，足以证明民族英雄梁兴确实是晋城周村镇人无疑。

梁兴又名梁青，号梁小哥。由于他奋起抗金的正义之举深得民心，感人肺腑，因此，他的英名在太行山地区广泛流传。到元末明初罗贯中续写创作《水浒传》时，采摘他的部分故实传说，成功地塑造了“浪子燕青”小乙哥的艺术形象，使他的英名借《水浒传》的广泛流传，得到了永生。

大阳村正月习俗剪趣

焦代祥

牲畜出行

大年初一拜年后，各家把牲畜牵到村外开阔地做抖风仪式谓出行。出行的牲畜头部都贴着红纸写的“春”字，成群结队地聚集在村外的田野里。主人拿着用谷草点燃的火把，在牲畜周围绕圈，而后便鸣鞭放炮，以此来祝愿牲畜在一年的耕作中尽如人意。初一早晨的旷野炮纸满地飞卷、烟火缭绕，驴叫马嘶，织成了一幅古老的春节牲畜出行野趣图。

人日集会

初七人日，村民抬着腰径一米多的大乐鼓在古塔下集会。浑厚、旷达的鼓声为民间所有鼓乐所不及。穿着新衣的人们或听赏说唱，或登塔远眺，或点燃各式花炮。尽兴尽致，一冬偎炉之郁在此荡涤无遗。入夜，是铁花晚会。铁花纷飞蔽天、茫茫夜空绚丽辉煌。人们可尽兴于火树银花不夜天的佳境。

同济桥丢病

大阳村南造型酷似城区景德桥的同济桥，属元代建筑。往昔夏日汛期，河里流水汤汤，桥似长虹卧波，蔚为壮观。每年正月十六，村民们都要在上观光，并把钱物掷至河中，谓之丢病。由之可驱祛一年的病灾，换来吉祥。这虽属荒唐，但从古至今，相沿成俗。古老的习俗实际上蜕变成人们对生活希求的祝愿。现在的正月十六，桥头旧址依旧彩灯高挂，是一年一度村民闹元宵、观红灯的场所。正月十六上午，就人头攒动，人们争相嬉于同济桥畔。不过村民之意已不在丢病免灾，而在加强联系、互通信息上了。

四上北京城　三进中南海

栗守田

据说,清朝,上党梆子壶关县大河口乐意班(俗名“十万班”)曾在北京演出,朝廷还赐予金字招牌,可现在尚未查到实据。解放后,上党梆子四进北京城,三入中南海,却是事实,是上党梆子发展史上的佳话。

1954年,长治专区建立了人民剧团,下分两个分团:一分团是上党梆子,二分团是上党落子。1956年,以这两个分团为主,邀请了各县的一些演员(晋城有申银洞、赵德俊、曹二土、晋德山、阎发生等,陵川有李不旦、贾三马,阳城有胡全荣),组成了长治专区赴京汇报演出团,7月份在北京上演了23场,演出剧目30个,其中有《两狼山》、《徐公案》、《皮秀英打虎》等19个上党梆子剧目。《人民日报》、《戏剧报》等报刊发表了评介文章。特别是一些专家认定,《三关排宴》是一出好戏,值得认真加工,大大鼓舞了上党梆子攀登高峰的士气。

1962年4月,晋东南地区上党梆子剧团在长春电影制片厂拍摄电影《三关排宴》返晋途中,曾在北京作数场演出,中国戏剧家协会专为此次演出召开了座谈会。《戏剧报》发表了上党梆子《徐公案》的彩色剧照。并应邀在国务院小礼堂演出了一场《三关排宴》。敬爱的周恩来总理、朱德委员长到场观看。罗瑞卿、李先念、乌兰夫三位副总理,包尔汉副委员长,中共华北局李雪峰书记和赵树理同志在演出后上台接见全体演职员,并合影留念。

为了获得戏剧界的最高荣誉“梅花奖”,1991年上党戏剧院第二演出团于6月,第一演出团于11月,分别进京演出。第二演出团由张爱珍、郭孝明主演了《两地家书》、《收书》、《杀妻》、《吴起平乱》,第一演出团由吴国华、张保平主演了《三关排宴》(选场)、《杀楼》、《寻夫》、《借粮》、《杀庙》,都获得了专家和观众的交口称赞。《人民日报》、《中国戏剧》等报刊分别发表了介绍吴国华、张爱珍的文章。《中国戏剧》先后在封面上刊出了张爱珍、吴国华、郭孝明和张保平的戏装照。应中顾委之邀,第二演出团在6月10日,第一演出团于11月3日,分别进入中南海演出。中顾委常委李德生等观看了演出。评委评选结果,吴国华、张爱珍双获“梅花奖”,成为上党剧坛的盛事。

“孙老殿”在晋城

朱国胜

“孙老殿”是指1928年盗清东陵的孙殿英。案发后,全国报纸纷纷登载消息,要求严惩“孙老殿”。孙殿英走投无路,遂投靠时任平津卫戍司令的阎锡山。

1930年,蒋、阎、冯中原大战开始,孙任第四方面军第五路总指挥兼安徽省主席,在皖北布防,司令部驻扎亳州。

阎、冯失败,张学良入关占领平津,山西军队统归张指挥,“孙老殿”也率军退驻晋城,被编为第四十师师长(“九一八”事变后改为四十一军)。孙把师部设在晋城,部队分住阳城、晋城等地。为了扩张实力,他一面派人在河南招兵买马,征集壮丁;一面在晋城设立修械、制造、印刷三个局,制造武器,筹措军饷。

修械局是专门制造武器的机构,孙派兵抢来钢轨作材料,招收太原兵工厂的一部分工人,主要制造步枪。曾造有一种号称“孙老殿”的枪支,“六五”口径,枪和刺刀连在一起。孙部过去枪支式样很杂,在晋城装备这种枪后,很感得意。

制造局是专门制造烈性毒品的机构,设在阳城。孙在太原、包头、西安等地设有办事处,专门用来收购烟土和销售海洛因、金丹等烈性毒品。这些毒品大量行销河南、陕西、河北、山西及平津等地,使不少人倾家荡产,沦为乞丐。孙制造贩卖毒品,几近公开,军队押送,无人敢问。当时的山西禁烟督办马君图(原晋城县人)的一个部下,不知内情,从孙设在太原的办事处查获一批毒品,并把孙的一个副官扣押。马君图知道后,情知事关重大,马上下令连人带货一齐放出。但“孙老殿”在晋城知道后仍不罢休,以马的母亲吸大烟为借口,将其拘捕,以作报复。

由于与阎锡山有矛盾,1933年阎以抗日名义把孙送出了山西。

孙在晋城的两年多时间里,有时到北平和张学良联系,有时到太原和阎套近乎。更重要的是他骚扰百姓,使晋城人民深受其害。

1993年

写在孔子回车处

卓 然

晴岚暖翠,山是愈远愈苍茫了。

就在那山与山排山倒海一样的阵势中,一条羊肠古道似有似无若隐若现地从豫中平原的北边,从太行山的脚面上,一直爬上太行山的崇山峻岭。好费劲好吃力的爬法哟!风吹草茎呜呜,仿佛听得见那老牛车累得喘气声声。绕山转岭,似乎得见魏武帝的鞭影尚在。只是那逼仄的车辙已叫风雨岁月咬成了断断续续。在那若有若无的鞭影辙痕旁,一道粗犷的石崖峭然立着,“古羊肠坂”四个老字,缀满了久旷人世的苔藓,暗蕴着悠悠中原文化的古老沧桑,也隐约透露出一丝半缕未曾被日月剥尽的往昔的苦寒。

在那日见远去的羊肠古道上,除了曹孟德北征高干留下的一道“武辙”,其下还覆着一道已尘封两千五百多年的“文辙”,那也可以说是孔老夫子周游列国讲学布道时留下的一种纪念。

一条羊肠坂上,深深地印着历史上一文一武两道古辙,证明着我们的前人为了统一祖国,为了弘扬我们的民族文化,不畏风雨霜雪,不怕万种艰辛,在荒蛮的山涧溪谷之中跋涉,在碎石累累的羊肠小道上颠簸,他们的业绩,他们的功勋,已铸就了中华民族历史的辉煌。是此,正在于其精神的不可泯没。

那就是我们的民族精神呵!

而在我们,在我们晋城人的心灵史上,略有些遗憾的是,在孔老夫子风尘仆仆爬上羊肠坂,爬上太行山巅的时候,他老人家没有在我们的门口歇歇脚,甚至连口水也没喝,就叫我们的小顽童项拓把他的车子给挡回去了。

项拓拦了孔夫子的车,如果说情有可原的话,那是因为项拓年纪尚小,不懂事,最多也只能说我们的家教不够。然而不能原谅的是,我们的成年人又去孔子回车处竖了一幢大碑,还有不知哪个嫉贤妒能的“文化武大郎”,在那石碑上写了四个大字:孔子回车。从此,讥嘲孔子没能耐的笑话就编出了好几个,宣传了两千多年。孔子回车处也成了晋城四大景观之一。这对孔老夫子来说,无疑是带一种很重要的鄙薄意味。那时候,孔夫子大概也有点受不了,所以心情就过于沉重。要不,他回车时的辙痕就不会压得那么的深。当然,那车辙也并不排除是晋城人后来专门拓出来的可能。拓出那两条辙痕的目的，只不过为了据此为光荣，引以为骄傲吧。值得光荣与骄傲的无异可成为人类的不朽之举。然而这一光荣与骄傲实在付出的代价不小。闭关锁国，故步自封，夜郎自大而不自觉竟长达两千数春秋。

果然不朽。

不朽的遗憾。

仅仅是一种遗憾，倒也罢了。

这是晋城人的悲哀，也是一种历史的悲哀。

……山风徐徐吹过，一茎茎野草在山头低鸣。是啜泣还是哭诉？是忏悔还是怨恨？也许是对沉睡的太行山的呼唤吧。

沉睡的太行山啊，你几时才能从酣梦中警醒呢？

哦，"东方风来满眼春"，太行山确是醒了，太行山人是很清醒地认识自己了。关在家里看自己，怎么看都有些卓然不凡。站到外地看自己，就显得很有些儿捉襟见肘了。别的地方不讲，说山东吧，孔子的老家。山东、山西，只一山之隔，同一样蓝天，竟何又差距之遥呢？

历史焉？地域焉？

而更重要的，是山东人以现代人的现代意识对传统文化的开发。诸如纺织、陶瓷、煎饼、孔子，还有蒲松龄等等。

对传统文化的保守，能窒息一个国家；

对传统文化的开发，可崛起一个民族。

意识到这一点，晋城人才坐不住了。1992年的中秋节，等不得把饺子咽下嗓窟窿眼儿里，晋城市城区区委、区政府就把自己的数百名干部拉到山东，把党校办在淄博市。按区委书记成育廷的说法，就是派出自己的干部，到齐鲁大地孔子门前恭恭敬敬地"拜师、取经、交友、结亲"。

从"孔子回车"到"拜师山东"，说明了什么呢？

当然，这不仅仅是晋城人对历史的检讨。

当"三千弟子"冒着鹅毛大雪，顶着送灶神的爆花，从山东归来的时候，答案是再明确不过了。

"取外地之长，补城区之短；以城区之长，取天下之利。"

好气魄；心胸和眼界大不一样了。

“团结实干,争先创新。”

作为城区精神,这八个字是有实际意义的。人总是要有点精神的。城区也要有自己的精神才对。古羊肠坂上一文一武两道车辙不是就含了一种精神在吗?

如果说曹操与孔子所体现的是我国古代人的精神,并已铸就了我们历史的辉煌与不朽。那么,我们当代人的精神也必将拓出自己祖国前程的灿烂与宽广。

我们需要一种精神,并不是说古羊肠坂还在。古羊肠坂是已经断断续续若有若无了。若有若无也已随着远去的山岭隐在了愈去愈远的苍茫之中。但是,爬羊肠坂的艰辛却决不会没有。

为了不忘记这一点,我就把诸多的感想一股脑儿写在这孔子回车处,亦如一道车辙,作为一种历史的铭记。

荆浩的《匡庐图》与《笔法记》

焦新民

荆浩，五代后梁画家，沁水县人，字浩然，号洪谷子。唐末战乱年间隐居太行山，经常出没于王屋山区，善于画北方地区的崇山峻岭，层峦叠嶂，常携笔摹写山中古松，作云中山顶，能画出四面峻厚的雄伟气势。他的画多取材于北方石质山岳、石林坚凝，山势崔嵬峭拔，多奇峰岭。并突出山石内外轮廓线，以线条勾出山石凹凸。长松为主，灌木杂树较少，多高山流水、雄壮峭拔。他在技法上沿唐代的水墨山水而又有创新，自谓："吴道子画山水有笔无墨，项容有墨而无笔。吾采二子之所长一家之体。"是中国山水画发展过程中具有重要影响的画家之一。

《匡庐画轴》(台北故宫博物院藏)相传是他的作品，全幅画系画江西庐山，取材于北方的山形。画面山峦起伏，在层层峰峦之间，云腾雾绕，山冈浮动，溪流飞泻。群山万壑而竞秀，奇松虬曲而多变，山形脉络，如仰如卧，峰峦叠嶂，如蹲如跳，树木多姿，各尽其态，动静结合和谐得体；透视比例，无不合理；方寸之间，背向分明。强烈的节奏感充满勃勃生机，独特的艺术表现力，使画面别具一格，这种全景式的大山大水代表着五代时期北方山水画面貌。可见，如果作者不是到大自然进行详尽精微的观察，没有严格的造型、写实能力和认真的创作态度，是很难表现出这样令人折服的艺术境地的。正如在他著的山水画论《笔法记》开头记述自己入太行深处："苔径露水，怪石祥烟。"松树千姿百态："中独围大者，皮老苍藓，翔鳞乘空，蟠虬之势，欲附云汉。成林者爽气重荣。不能者抱节自屈。或回根出土，或偃截巨流，挂岸盘溪，披苔裂石。"生动的形象，激发了画家的表现欲望，携笔图绘，"凡数万本，方如其真"。正是从大量自然中加以形象概括提炼，才塑造了像《匡庐图轴》一样具有典型性的艺术形象。

《笔法记》一作《山水受笔记》、《画山水录》是他所论山水画的重要著作，是我国中古时期山水画理论的主要著述。文中特别强调对真山水进行观察研究和塑造真实动人的艺术形象。提到"真"和"似"的区别。似是"得真形而遗其气"，真是"气质俱盛"。真即完整生动形神兼备的艺术形象。达到形象的"真"必须对描绘对象进行深入的研究了解，要"度物象而取其真"；要对自然形象认真观察体验，发现其精彩动人之处，作为山水画形象的依据。《笔法记》中还提到,气、韵、思、景、笔、墨等“六要”,强调“取象不惑,备仪不俗”,舍弃无关的表象而摄取本质的部分,创造高雅格调的作品,要“删跋大要”。“凝想形体”,强调形象思维;特别是提出“搜妙创真”,是清代石涛“搜尽奇峰打草稿”之先驱。《笔法记》除提用笔外,还提出了用墨。这表明,唐代水墨画发展以来,不止有了丰富的实践经验,而且提出了理论性高度,成为创造山水画艺术的重要准则,是南朝谢赫提出“随类赋彩”后又一新进展。《笔法记》从山水画形象的生动性,立意、酝酿形象,到用笔、用墨的艺术效果等方面全面提出了要求,对后世山水画的创作和评论具有重大的影响。

相传荆浩常携笔于王屋山间进行写生、面对崇山峻岭,他常常是如痴如狂,流连忘返。一天他作画困倦了,在坡崖上静静地睡着了,手中的画笔掉入了深谷,惊动了王屋山山神,山神即令手下查检是何东西,发现是支小小的画笔,就命手下巡查其人。结果发现是荆浩的画笔,并将他为了作画如何深入王屋山刻苦写生的事迹俱告了山神,他的勤奋赢得了山神的敬佩,山神心下思量:我何不助他一臂之力呢?

忽然,一股清风将荆浩从坡石上托起,沁人心脾的清香直入肺腑,他缓缓地张开了困倦的双眼,眼前仿佛就像梦幻一般。群山、峻岭、长松、溪流、云雾。那山峦忽隐忽现,云雾萦绕在山腰,溪流奔泻直下,松涛阵阵的回音。山亭、楼阁,好似“蓬莱仙境”。他自言到:好一幅壮观的画面,如能将它画下来该是多么宏伟呵!清风将他托入王屋山山坪上,他俯视那环绕太行山而奔腾的黄河,感叹不已,于是手折了一枝松枝,就地为纸,他画呀,画呀,终于画得精疲力竭,倒地而睡……。等他醒来一看,坡石上好一幅壮美的山水图卷。从此他隐居太行山中,十日一山,五日一水,终于绘出了代表北方山水气势,具有典型艺术性的《匡庐图轴》,并将自身的体会著成了对后世山水画的创作和评论具有重大影响的《笔法记》。

青莲寺与诗

陈桂花

赏古刹风光，观烟雨楼台，到大自然中遨游，自是心旷神怡的快事。于游兴中追寻古人踪迹，眼前风光则又是一番境地。

信步在碑碣林立的青莲寺院，俯首抬头你可随意采撷几首历代名士、山僧、文人骚客留下的咏叹题赞赏吟。与古人同醉，平添一重趣味，增加几许怀古幽思，便觉这山水间，古刹中一股灵秀之气跳脱而出，引你进入诗情画意、随心所欲地“跟着感觉走”……

硖门深锁法王庭，
谷转丹河浸石屏。
月上晚山双角起，
云开晓日一青莲。
桂函锦落尚书卷，
朱阁龙蟠贝叶经。
纵我老怀宁忍去，
时登掷笔入苍冥。

明嘉靖年泽州户部尚书王国光多次“游青莲寺”，诗作甚多。他的题赞意境高远，风格雄健，形象奇伟，想象瑰丽。上录诗作寥寥几笔勾勒出青莲寺地处硖石山的名胜特征，展示了一帧美丽的寺院风光图，渲染出一个引人神驰的禅悦境界，令人目迷，恍入幻境。漫步寺脚“谷转丹河浸石屏”，俯视那青山翠岗，古刹楼台的金、紫、赤、黛在河心的倒影，恰似块块五彩缤纷的美丽石屏浸在水中变幻无穷；迷离飘渺的夜岚下，仰望那冉冉升起在珏山双峰上空的晶莹玉盘，你能不为古人“月上晚山双角起”情景交融的妙想叫绝吗？

王国光“咏掷笔台”之诗：

“高僧云卧到莲宫，台上传经写色空。
落笔山头乘鹤去，老松犹响雨苍风。”

掷笔台是唐代高僧远在青莲寺东高台注涅槃经疏之石岩，因疏义契理，完成后掷笔驻空故名。王国光这首咏叹创造出一个超越并提升了真景的空灵境界。诗人神驰物外、玄妙动人的描绘,勾起人们对一代禅师的缅怀敬仰。

“四面青山故故青,茶烟榻畔坐忘身。
与师谈论安心法,门外飞花送却春。”

此诗为金代泽州山人李俊民作。这是一幅令人陶醉的春光春色画面。寻着诗迹山中逍遥,野趣盎然,醉倒荼蘼与禅师说法论道,觅得梵音,一片使人无限神往的清凉世界,何等低回!

“壶中烟景水云闲,寺在千岩万壑间。
一夜西窗冷无寐,卧看月落凤凰山。”

“身在此山中”观云峰烟岚,闻钟磬之声的金代泽州刺史许安仁,在这幽雅隐逸的胜地卧与古寺楼阁,品茶闲话吐山中雅淡之冷趣,赏朗月清风之幽静,几分凄神寒骨态,几多安逸闲适情,多么消魂!

再赏金代泽州刺史杨廷秀“咏青莲寺”:

“青莲寺概名天下,竹枝芒鞋得得来。
障日乱峰围翠柏,倚天峭壁老苍苔。
一炉沉水藏经阁,千古清风掷笔台。
欲访开山圣贤迹,断碑细与拂尘埃。”

杨廷秀的咏叹可谓逸兴壮思之作,文思凝重,气势豪放,他启迪人们登山临水,抚今思古,那断碑残碣中的文化遗存对后人精神的滋养,不亚于一部经典著作。

青莲寺使很多人留下佳作,这些诗又给青莲寺增添了风韵。

古今阳城有几多

栗守田

我是阳城人,对这个地方有深厚的感情,“充满阳光的山城”,多么富有诗情画意!读历史,知道我国第一个农民起义领袖陈胜是阳城人,我很觉得光荣,找到了一个英雄老乡。看《三国演义》,知道董卓在阳城残杀无辜,真气愤,他杀了我的老乡。在《阳城县志》上写的五代有个李万超“拒契丹于阳城,流矢贯手,拔矢复战,神色自若”,我又为有这么个英雄人物在阳城留下了感人事迹而自豪。

其实,全错了,陈胜的老家阳城,在今安徽界首县境内(有人说在河南商水县西南);董卓杀人的阳城,在今河南登封县的告城镇;而李万超拔箭的阳城,却在今河北清苑县西南,那时后晋和辽国的战斗,发生在保定附近。

原来古代的阳城县,确知的就有五个:一、秦置阳城县,在今河南方城县东,西汉改成堵阳县。二、秦朝另置一阳城县,就是董卓乱杀平民的那个,西晋废;北魏正光年间复置,唐登封年间改成告城县;神龙元年又改阳城,神龙二年再改告城;五代后唐再改阳城,后周显德年间并入登封。三、三国吴置,在今安徽永丰县西北,西晋改成阳丰县;四、北魏永安年时把县改成阳城,在今武乡县西北。这四个阳城县都比现在的阳城县早。五、现在的阳城是唐天宝六年把濩泽县改名的,以后除了905年—923年恢复濩泽旧名、1123年—1129年前后叫过几年绩州外,一千二百多年一直叫阳城。

古代还有两个地方叫过阳城郡:一个在今河南登封,是北魏置的,隋朝废的;一个在今沁源,是唐朝天宝年间置的,乾元年间废的。

唐代在今陕西商南县东南,还建过一个阳城驿,后来改成富水驿。

古代还有以下几个地方叫过阳城:一、《古本竹书纪年》说“禹都阳城”。它在哪里,众说纷纭。有人说就是登封的告城,有人说在河南开封,有人说在今阳城县西北,有人说在翼城县西。二、齐国阳城(后归燕,又归赵),可能就是李万超拔矢的地方。三、楚国阳城,在安徽界首。四、韩国阳城,就是告城。五、山东阳城,在今山东茌平县。六、有人说河北完县东南还有个阳城。完县在清苑西,可能是一个地方。

现在山西还有三个阳城乡(镇):一个在汾阳县南,一个在芮城县西,一个在沁源县。

晋城山脉、河流名源概述

陈桂花

晋城地形宛如一个美丽的枫叶,北高南低东西两侧多高山峻岭,峰峦叠嶂,沿丹河、白水河、长河及沁河流域顺流而南,形成东、西、南三面环山拱马的险要之地,境内多黄土丘陵地带。

海拔千米以上的山峰多达数十处,巍峨纵横、气象万千。随着高山的分布,形成众多的山谷河流,这些山河地名繁杂,来源也各不相同。本文仅就境内历史跨度大、知名度较高的山河作一概述。

一、山的命名由来

大多与自然地理实体的形态、生物及历史、地方方言等因素有着密切关系。比如因势就形而名的“浮山”,《泽州府志·山川》记载:“县东南三十五里,插入云汉,高若云浮,形象谓天马,上有伏羲庙、北谷有娲皇庙,中虚如囊、相传炼石补天处。”此山浩瀚长列、巍耸云际,取名浮山,形象至极。再如“珏山”,则以其拔地而起,双峰对峙、宛如一对碧玉而得名,据《泽州府志·山川》记载:“县东南四十里,两山玉立,若山角然,故又曰角山。”为六座独立山体的“断头山”、环列如城墉、通行处有五个山口,南北断头、东西不连因名“断头山”。象形的岳城山则因山体像个岳字而名类似的尖子山、方山、龙背山、老猪山、老和尚顶山、大圪瑙山、妈妈山等都各具形态、不胜枚举。

与帝王将相有关的山名,多以纪念历史人物的行踪而名。境内西北部海拔1340米的武神山,据说是梧邱子隐栖此山,古名吾山、梧山,民国年间改名武神山。北部的伊侯山,相传商朝时期,成汤的贤相伊尹曾从汤王祈雨路过此地,为纪念伊尹,在山上建有伊侯庙,山也随之命名。同一方位的白马寺山,亦名司马山,据《泽州府志·山川》记载:“司马山县北十里,魏司马懿,封长平侯赏登此山,又司马就司马望是郡,故名。”所叫白马寺山,来源于民间流传的一个“白马拖缰”的古代军事战争故事。中部的晋普山,山顶上有座李卫公大庙,传说是唐代大将军李靖的神封山名。至于以寺庙命名的山,诸如龙王山、关山、圣王山、牛王山、朝凤山、黑龙庙山、佛头山等比比皆是。

以生物、植物命名的香山,位于境内西北部,祖传过去此山松柏满坡,花香四溢,山顶有株古松,游人到树下饮酒时,四周蝴蝶翩翩起舞,纷纷飞来,由此而名。东南部海拔1298 米的玛琅山, 则是以山上有一种石子当地人叫玛琅石而取山名。同一方位的紫金山,则因山上长有紫金香树得名。西南部的纱帽山,因山顶系沙石岩故名。

以村庄姓氏命名的有东南部太行山顶端的张岭山、窑家山、七盘山。

以自然灾害命名的籽台山。相传清初,当地蝗虫甚多,周围群众兴起募捐在山上修一虫皇庙朝拜祈祷,由此命名。

二、河流的名称与发源

境内较大的河流有沁河、长河、白水河、丹河、东丹河、东大河。

沁河,发源于山西沁源县,故名。沁河流经晋城西南部,成为晋城与阳城分界线。

长河,发源于境内西北部武神山南麓,流经五个乡镇,因河流较长(五十四公里),当地群众历称四十里长河,故名。

丹河,因发源于高平市的丹朱岭,故名。其流经晋城东北部,流长八十三公里,流至东南出境入河南省;东丹河,东大河均发源于陵川县,流经东南部汇入丹河。

白水河,发源于境内北部的白马寺山,因名。向南流经五个乡镇,汇入丹河出境。据《中国古今地名大辞典》记载:“白水,县城南三里,一名乾河,源出五龙池,西南流至城南,又东南流入丹河。”

此外,属于季节性河流、泉水的名称。以村庄命名的诸如巴公河、北石店河、犁川河、郭壁泉、月湖泉、赵良泉、万河泉、范河泉、冶河等;以山水地形特征为名的可说是五花八门,如白涧河、冻水泉、仙神河、拴驴泉、和尚洼泉、龙湾河,此龙湾河,因地形变化大,河道曲折,似滚龙而名;又黑水泉,则以泉水流出量大,形成水潭,给人以深不可测,黑水沉沉之感故名;东南部的百洋泉河,水从山上倾流而下,水花四溅,白如银雪因名;再看境内流量最大的三姑泉,传说是三个女神降临凿洞,水从洞中分三股奔流倾泻,故名。

综上所述,简要地介绍了晋城山河地名的特征及分布状况。据此,晋城“左丹右沁,环绕东西,巍巍太行,虎踞龙盘”的称道,可谓真实写照。

正月十五闹元宵

陈世刚

旧时,正月里最热闹的日子要属元宵节了。元宵节又称"元夕节"、"灯节"、"上元节"。正月十五古称上元,夜谓元宵,故曰"元宵节"。

东汉明帝提倡佛教,上元之夜宫廷、寺院"燃灯表佛"。皇帝诏令天下一律挂灯,这种佛教礼仪逐渐演变成为民间盛大节日。是日,举国上下有吃元宵、观花灯、要社火等民间活动。唐代的灯节出现了杂技表演,明清时代戏曲走上节日的村社舞台。历代文人墨客咏"元宵"的诗歌不胜枚举。南宋爱国诗人辛稼轩有《青玉案·元夕》词"东风夜放花千树,更吹落、星如雨。宝马雕车香满路。凤箫声动,玉壶光转,一夜鱼龙舞"。古时的上元之夜:汉朝规定放灯一晚。唐玄宗时定为三晚。明太祖诏示从正月初八晚张灯至十七日晚收灯。清至民国仍改为三夜,并没有"灯官"监灯。各地灯官由乞丐推出执勤三日,过期无效。

元宵节的食俗,天南地北:糕、团、汤、茶各具风味。节日里吃元宵是全国通俗,相传始于春秋末期。"元宵",唐、五代时称之为"面茧",宋时称为"团子",此时"元宵"食俗已盛行并将其列为市中珍品。"元宵"是北方名称,南国呼之为"汤圆"。"元宵"从馅芯的用料、口感、制法、食法都各有不同。"汤圆":香、甜、酸、辣、咸五味俱全。馅芯采用:芝麻、果仁、白糖、枣泥、豆沙、虾仁、菜蔬、鲜肉、火腿等。南方汤圆采用包馅做法。北方元宵用筐箩摇滚制法。元宵皮厚、汤圆皮薄。食法有:水煮、油炸、屉蒸各取所爱。

中华传统节日里元宵节最具有文化色彩。旧时元宵节,胶东一带家家做面灯,盛油点燃。门前挂猴灯、鸡窝挂鸡灯、水缸吊鱼灯。大家庭里做出十二生肖面灯,象征人丁兴旺。鲁北惠民胡集有传统书会,节日里各路的评书、鼓书、板书、快书、琴书艺人云集于此,登台献艺,观者人山人海。

京西延庆一带有传统"花会",历时三天,有要龙灯、舞狮、踩高跷、打腰鼓等,内容丰富多彩,形式生动活泼,饶有风趣。

南粤关川梅录镇有别具一格的"泥人会"。节日里镇上制陶工匠艺人聚集一处各展其巧,竞相献艺。泥塑作品栩栩如生,形貌各异:神话故事、戏曲人物、喜庆吉祥物等。远近四方赶会的乡民络绎不绝,争相选购,盛况非常。

中华文化是一座璀璨的宝库,弘扬中华优秀的传统文化是当代每个炎黄子孙的使命。

郭兆麒的梦说

刘伯伦

用科学的方法解释梦,都推奥地利的心理学家弗洛伊德(1856年—1939年)。岂不知我国清代乾隆年间(要比弗洛伊德早一百多年),就有人对梦进行了唯物主义的解释。这个人叫郭兆麒。

郭兆麒,字麟伍,山西省阳城县城内人,博学工诗。十四岁参加童子试,所写律诗受到学使蒋学庵的赞赏。他于乾隆戊子(1768年)年中举。后经大挑(清代选官制度,选拔三次会试未中进士的举人任知县)任乐亭县(今属河北省)知县,政声卓著。后调任密云知县。此地为交通要塞,离古北口仅一百里。乾隆皇帝到当地巡视,对他的政绩予以好评,并予奖赏。他升为沧州知州,兴利除弊,很得民心。后因事罢官。归家潜心著书和研究。著有《梅崖文钞》和《梅崖诗钞》。他的梦说可见于《梅崖文钞》的《原梦》篇。

在《原梦》篇中,郭兆麒批判了梦兆吉凶祸福之说,认为这是"荒诞不可信"的。他同时对"梦生于思"的说法提出了质疑:许多离奇古怪恍惚变幻之事并非耳目所闻所见,心神所思,为什么人往往能梦见呢?他认为,人身有主气和客气之分,客气盛则出现不同的梦来与它对应,也就是说,梦是许多疾病的征兆。他举例说,如果这种客气"上盛则梦飞,下盛则梦堕,肝气盛则梦暴怒杀伤,肺气盛则梦恐惧哭泣,饥则梦取,饱则梦与即(大便)"。在他看来,人要"善养其气","持其志无暴其气",真气为主"则客气不得入而志以清宁"故不做梦,而"气失其主,志以不获宁而逐逐者,多梦矣"。

郭兆麒的梦说不同凡响,颇有新意。他是用信息论的观点和方法来解释梦的。他将梦看做是人体内部发生变化而在睡眠的情况下传递的一种信息,将梦和病理学联系起来,让荒诞离奇的梦变成人们诊断病症和预防疾病的一种自测手段。这要比弗洛伊德的心理学解梦更有实用性。从某种意义上讲,这是人类解梦方面的一大发现。

当然,梦对人类来说还是一个谜,它的形成不是全用病理可以解释的。郭兆麒的病理梦说不失为一个途径,可以和弗洛伊德的心理梦说并行不悖,互相补充。郭兆麒的病理梦说的可贵之处在于:它给人们打开了一个很好的思路:梦与人体某些疾病不无联系,医学不应忽视梦的征兆。人们,特别是医生要留心观察和记录这些征兆,要从梦中发现目前医疗测试手段尚检查不出的信息,以便于早期防治,取得更好的医疗效果。

为晋城市一中校址正名

乔占魁

近年来,多次看到同晋城一中历史有关的材料或报载,一中校址是过去的"产院"和"精忠庙"。把"禅"误写作"产",把"旌"误写作"精"。令人啼笑皆非。

根据一中校园内残留的石刻,晋城一中校址,即原崇实中学校址,是过去的禅院和旌忠庙。"禅"是佛家用语,凡同和尚有关的事物,都冠以"禅",如禅杖、禅房……"禅"决不能乱写成"产"。传说当时禅院内长老同康熙年间文渊阁大学士陈廷敬有缘。当时陈廷敬上京赶考,路过此地,因用脑过度,加上行路疲惫倒在禅院门前。院内长老发现后,立即搀进屋内,予以精心治疗,使之很快康复。他们二人遂结为忘年交。长老的渊博知识,高尚品德,对陈影响颇深。后来,陈中了状元,没忘这一师友,拿出一大批银子,从北京运到晋城交给长老,扩建禅院。

至于"旌忠庙",系北宋宣和年间人们为敕封五代泽州守将裴约建立的祠庙。裴约是五代后唐潞州牙将(中下级武官),庄宗时任泽州刺史。庄宗同光元年八月,梁主派骁将董璋攻打泽州。裴约身先士卒,英勇奋战,肚破肠出,则以手掬肠塞回肚内,继续拼杀。终因寡不敌众,不屈死节。后人称裴约守城拒贼之战,为"盘肠大战",具体酣战地点在现今城区医院西南小桥处。宋代欧阳修撰写的《五代史》中称:"五代之际,吾得全节之士三人焉。"此三人中就有裴约,其他二人为王彦章、刘仁赡。可见裴约忠于人民、忠于国家气节之高。因之,宋代宣和年间被封为忠烈侯,时人还为其建起了旌忠庙。

孔子的老师是晋城人

郭　占

孔子的老师项槖，如《国策》、《史记·新序》、《论衡》等诸书中都有记载。但究竟是什么地方人，都没有明确指出，只是说：七岁的项槖，穷难孔子而为之师。鲍彪注《国策》中说，是《列子》中所说的问日出之人。《孟康董仲舒传》说是“达巷党人”。前一说法，就难住了孔子这一内容，可能性是有的，但既没说是什么地方，又没有事后群众的反映；后一说法，只说明是达巷党人，极其笼统。不过就“达巷党人”一句，也可作“项槖是晋城人”的注脚，因晋城是古时西北山区与东南平原地方交通要道，又属上党所辖。

根据孔子周游列国的传说，及其在当地人民群众中的反映，项槖应该是晋城人。

我们知道，当时孔子认为：以自己主张的“王道”可以说服各国好战的国君。因之，带上门徒周游列国。当时，不论到宋国、卫国，或陈、蔡等国家，以及遇到各地的隐士，虽都吃了闭门羹，甚至遭到极大的困厄，但他在“王道”的理论上，还是胜利者，所以兴致勃勃驱车登太行，到晋国游说。巍巍太行山，苍松翠柏，树木参天，百鸟争鸣，给孔子一个别有洞天的感觉。行走间，发现松树上的小松鼠向他们合掌行礼，孔子非常吃惊，此地小动物都这样有礼貌，何况人乎！这是他的第一个印象。于是他继续前行，到了泽州地界(泽州属晋国所辖)，即现在晋城天井关附近，遇到几个儿童在道路中间垒城玩要，阻挡了孔子的前进。孔子就下车劝儿童说：“挪挪你们的城，给车让一让路！”其中有个儿童严肃地说：“你这老头太无理了，只听说过车给城让路，没听说过城给车让路。”孔子当时被这儿童难住了，心想：晋国地方的人不凡，人民智慧发达，连儿童说出的话，都这样有分量，……真乃地灵人杰！于是，断了游说晋国的念头，掉转车头返回了，从此埋头学习，著书立说。

旌忠庙与旌忠碑

郭新民

旌忠庙位于晋城市城区上东关晋城一中内。是北宋徽宗宣和年间为五代泽州守将裴约所建。五代后唐庄宗同光元年三月,李继涛以潞泽判唐降梁。裴约与卅人为唐固守泽州,六月梁攻陷州城,裴约奋战不屈死节。欧阳修作五代史记记谓:“五代之际,吾得全节之士三人焉。”此三人即指王彦章、裴约和刘仁赡。

旌忠碑,为两石碑,现立于晋城一中阅览室西侧即旌忠庙旧址。石碑刻于金章宗明昌五年(1194年)两碑原在旌忠庙内,后庙毁碑存,几经辗转迁移,风雨剥蚀,日就残损。1985年5月晋城一中将石碑重并立于此。这两块石碑,右为宋宣和四年尚书省特封裴约忠烈侯牒,传至金明昌五年,泽州刺史许安仁书。左为宣和六年知泽州军州陈仲孙祭忠烈侯裴约文,亦在次年由许安仁并书于左。裴约为捍卫泽州和泽州人民奋不顾身而死节,重于泰山,名垂史册。

金和南宋长期对峙,连年战火,地方凋残,因之各地所存金代文物颇少,石碑能存留至今已属难能,石碑具有很高的史学价值和艺术价值。

旌忠碑虽历经790多年,至今仍字迹清晰,今天,我们能亲睹金代文物的真品实是不易。

科班的传说

尚绳之

清末，晋城小炉匠杨义，到北京谋生。他租下了一座破庙，干起了锤金炼银、修锅钉碗的营生。活计虽然不少，只是劳作一天，离乡背井，颇感寂寞，于是每晚不到天桥听书，就去“长安”瞧戏，闲暇也拉一段泽州丝弦，哼几句上党梆子，日子过得悠然、充实。

有一天雷雨大作，院子里屯满水，他站在东厢廊子里观赏这雨中胜景，即兴唱起了“白蛇传”中“雨中送伞情意深……”的段子，一亮相，一圆场，掉到石阶下水里。他拔起腿来，水中圈圈涟漪，使他好奇，凝视细看，掉水之处，直冒水泡。他越看越觉奇，越奇越想看。几天后，他照冒泡的地方挖，越挖越虚，突然一锄头下去，砸破了一个坛子，坛子里全是银条、金砖，这事可把他惊呆了，也把他乐坏了，口里不停地念着：“祖上存德，为儿女积福；神灵有眼，赐百姓安乐。”于是他修庙敬神，扫墓祭祖，赠乞讨人，济贫困户。这可激恼了妻子，她抱怨丈夫说：“我们劳累半生，今天有幸，该享几天清福，可你把银两散给了穷人，也不为儿子想想！”杨义一听哈哈大笑，他用京腔韵白念道：“夫人言之差矣，古人有训：‘廉者不受嗟来之食’。祖上荫德，降福我辈，你我行善，造福后人，请夫人三思！”他决心用这笔金银，办几科戏班，招一批有志者，收那些穷孩子，随即聘落魄武生富孩为师，请来梨园须生连裕教戏，广收门徒，约法三章：一、黎明即起，练功吊嗓；二、每科十年，不准探亲；三、跟班懒惰，皮肉受苦。就这样，杨义带领他的“富连成”班，冬练三九，夏练三伏，刀枪棍棒全舞，念唱做打全练，生旦净丑全学，文乐武乐全操；融南北昆曲腔，贯诸宫十三调，用他那小炉匠的气质，锤炼出一批又一批京剧表演艺术大师，像第一科“富”生辈的谭富英，第二科“连”字辈的马连良，第三科“成”字辈……从此人们就把受过严格训练，基本功扎实、有一定造诣的人，誉为科班出身了。

铺床歌

董富来

阳城县结婚闹洞房的最后一项是铺床。这是嫂嫂的任务。要根据新房内的实际见啥唱啥,并始终满面春风地伴随着表情动作。歌词大体是:

一进新人房,闻见桂花香。
新砖墁新地,白土粉白墙。
抬起头来看,铜灯亮堂堂。
扭过头来看,蜡烛排两厢。
再看正中央,中央挂凤凰。
公凤凰,母凤凰,花花凤凰彩凤凰。
太师椅子两边摆,八仙大桌摆中央。
桌后放是黑漆几,几桌共有七尺长。
当中摆镜屏,擦得明晃晃。
两边摆瓷瓶,插的秋海棠。
粉壁墙白又光,各样字画挂满墙。
一壁厢放的是箱和柜,一壁厢又放柜和箱。
箱和柜,柜和箱,中间夹是象牙床。
象牙床,真正美,四块金砖支床腿。
象牙床,真正巧,能工巧匠做得好。
床上挂着红绫帐,观音老母来漆箱。
银花布床前罩,新人追我快铺床,我把新人夸一场:
五彩凤冠琳琅镶,紫带霞帔落凤凰。
柳眉杏眼樱桃嘴,金莲知羞裙下藏。
抱秋鸡并海棠,手拿扫帚来扫床。
头一扫正东方,望你粮食有几仓;
第二扫正西方,望你金银财宝有几缸;

第三扫正南方，望你绸缎有几箱；

第四扫正北方，望你珍珠玛瑙有几样；

第五扫正中央，望你爹公娘婆都健壮。

抱秋鸡并海棠，新人拜我快铺床。

一铺金，二铺银，三铺奶奶送贵人，四铺红绫被，五铺花头枕，六铺直圪筒，七铺睡新人，八铺把嘴亲，九铺生贵子，十铺夫妻睡得稳。铺床铺床，一对鸳鸯。既生贵子，又生姑娘。生下贵子，送进学堂。生下姑娘，喜上绣房。

抱秋鸡并海棠，手端五谷来撒床。

头一把撒得荣华富贵，第二把撒得金银满箱，

第三把撒得三元及第，第四把撒得事事如意，

第五把撒得五子登科，第六把撒得六子高升，

第七把撒得七子团圆，第八把撒得八仙庆寿，

第九把撒得九凤朝阳，第十把撒得十子齐美。

一把核桃一把枣，撒得儿女满炕跑。

一把芝(麻)一把(桂)圆，撒得贵子中状元。

花花衣裳高挂起，过年姥姥来道喜。

花花衣裳新又新，过年奶奶抱孙孙。

……

如果结婚的人太小(过去有钱人十来岁就娶媳)，还要用下述话来启蒙：做了媳妇戴上冠，想当闺女难上难；过去一人，现在二人，要想三人，还得人上人等等。

1994 年

李时珍陵川佛山捉陵蛇

陈朝志

李时珍在长治时,听师傅介绍说可用于治瘫痪、大风疥癞的药用蛇,莫过于陵川佛子山的陵蛇了。

李时珍为编撰《本草纲目》,决心全面和深入研究北方陵蛇的习性及其药用功能,亲自上山捕捉陵蛇。

出发前,师傅小华佗叫李时珍到了佛子山之后,去六泉村找一个叫乌王的人。这人就住在古佛寺。李时珍告别了小华佗后,就骑驴来到佛子山地面。他在古佛寺找到乌王后,乌王却不能起来迎客。细心的李时珍把他的裤管捋起来,露出了一条破皮烂肉的右腿。李时珍一看此情景,便知道这是毒气染上的。询问间,得知这人是个专门捕蛇逮鸟的人。看见他的腿溃烂得这样厉害,李时珍马上俯身用嘴,把那人腿上的脓血吸吮了出来。然后又亲自用草药煎水给他洗净了伤口,再给他敷上药。说也奇怪,不几天工夫,乌王的腿便治好了。乌王感谢不尽,逢进寺烧香的熟人就说是李时珍大夫治好了他的顽疾。

这天,一大早,李时珍开门见山地对乌王说:"我这次来,是要请你帮助我抓一条陵蛇。小华佗告诉我,说市场蛇贩子卖的陵蛇不是真正的陵川白花蛇。那么,真正的陵川白花蛇又是什么样子呢?"

乌王答道:"通常,人们所说的陵川白花蛇,就是陵蛇。这种蛇,只有我们佛子山古佛寺附近一带才有。而且,就在这寺院 500 步内。现存的陵蛇也不多了。要想捉到一条真正的陵蛇,不是一件容易的事情。"

李时珍不禁追问:"为何这种蛇现存很少?又为什么不容易捕捉到它?"

乌王叹了一声气,告诉李时珍:"这陵蛇是一种名贵的药材,州官县吏年年逼迫我们捕捉大量的陵蛇,向皇宫进贡。这样,越捕就越少。另外,这陵蛇毒得狠,一不小心,被它咬伤就会中毒致死。如果你很想看看这陵蛇是什么样子,我一定帮助你捉一条来就是了。"

李时珍连忙说:"那就太感谢你了!"

乌王立刻拿出了一些捕蛇工具,领着李时珍上山去了。一路上,乌王告诉李时珍,这佛子山，有个狻猊穴，穴的周围，灌木丛生，还长满了各种药草。其中最多的一种叫石南藤，在紫色的细长藤上，生长着许多深绿色的小圆叶，细藤缠绕在灌木上。陵蛇最喜欢吃石藤上的小圆叶，所以，狻猊穴一带便是陵蛇出没的地方。

不一会，乌王引着李时珍来到狻猊穴附近，等待了三个时辰。这时，两条长尺许的白花蛇，呼的一声从石隙中窜了出来。李时珍见状，高兴得轻声叫道："来了，真是'其走如飞'。"

乌王向李时珍使了个眼色，摆了摆手，叫他别出声，免得把蛇惊跑了。

两条白花蛇慢慢地爬上了石南藤，咬吃着藤上的花和叶，李时珍问乌王："怎么捉法？"

乌王轻声说："别慌，要等它们吃得差不多了才能动手，捉的时候，先要对着蛇的眼睛撒上一把灰土，使它们迷失方向，盘而不动才能捉住它。"

两人立刻各自抓了一把沙土捏在手中。两条白花蛇在石南藤继续吃着花叶，大约过了一袋烟的工夫，两条蛇开始懒洋洋地向房边蠕动，乌王看看它们可能是吃得差不多了，便轻声对李时珍点点头："撒土。"

沙土撒过去，其中一条被沙土命中，果然蟠在石南藤上一动不动。李时珍高兴地说："我上去把它捉来"。

乌土拦住他说："别动！"说罢，乌王手举铁叉，一叉飞插过去，一下子把那条已不动弹的黑质白花蛇叉了过来。然后，用一根绳子绑了，两人便高高兴兴地往回走。

回来的路上，乌王告诉李时珍，陵蛇也叫褰鼻蛇。一般普通蛇，鼻子都是向下，唯独这陵蛇的鼻子是向上的。陵蛇的口像虎口，口中有四颗长牙，非常锋利，有剧毒。

李时珍边听乌王介绍，边用手翻弄这条白花蛇。乌王继续指着那蛇的腹部，说："你看，这陵蛇的肋下，还有二十四个斜方格形花纹，蛇贩子所卖的冒牌蛇，也有这种斜方格花纹，但外地蛇长而大，陵蛇则短而小。"李时珍对此很感兴趣，连声说："啊，有意思。"

"还有，"乌王接着说，"陵蛇的尾巴上长有指甲样的利钩，当它被人活捉之后，如不注意，它就会用这利钩迅速划破自己肚皮，盘曲而死。"

李时珍听后笑着说："哈，这陵蛇还很有杀身成仁的骨气，宁死也不愿意落在别人的手里。"

回到乌王的屋里，乌王立刻找来一把菜刀，剖开了蛇腹，拉出了蛇的内脏。随后将蛇身洗涤干净，再用竹枝将蛇身撑开固定，扎缚好了，然后放在炭火上烘干。

乌王对李时珍讲:“陵蛇经过这样一番处理后,就可以做药材用了。你看,这蛇死后,眼睛还睁着,看上去就跟活的一样。更奇怪的是,这死陵蛇只要离开陵川地界,就会变成一只眼睛睁开,另一只眼睛闭着。而其他任何蛇死后都是双目紧闭的。”

回到湖北省蕲州后,李时珍把这次在山西陵川县佛子山所见所闻一一详细记载了下来,后来加以补充整理,写成了《奇蛇传·陵蛇篇》。

沁水长流　老赵永存

王之元

"沁水长流,老赵永存",这八个字,是老作家苗培时以前写过的一篇纪念赵树理文章的题目。遗憾的是,那文章后来没有发表,自然就不为更多的人所知了。

苗培时和赵树理是同事,又是文友,还都是我国曲艺协会的创始人。研究赵树理,不能不提到苗培时。

1982 年 6 月 12 日,在国家煤炭部、中国煤矿文化宣传基金会、中国作家协会于太原召开的一次全国煤炭题材创作座谈会上,我和省城的作家、艺术家们,在迎泽宾馆八角大楼第十层会议室,亲聆了老作家苗培时的一次讲话。和苗老专程从京赴并还有肖军、唐达成、诗人孙友田等。按说,那次创作座谈会的话题是煤炭工业题材,创作的对象是工人,提不提赵树理都可以。何况,前边几位老作家在讲话中不曾提及赵树理。但,当苗培时讲话时,他不仅提到了赵树理,而且动了感情,泣不成声了。那时候,赵树理平反昭雪也才短短四年,赵树理还没有完全回到人民中间。我清楚地记得,会场上有人对苗老的过激表情表示反感,不理解,甚至讨厌。然而,作为一个沁水人,受赵树理影响而成长起来的一个青年作家,我却抑制不住那分伤心和凄楚,当众哭了,哭得很悲痛,也很狼狈!因为,在场的人,大多数还不知道我这位青年作家,是来自赵树理故乡的。他们也不会知道,在赵树理还没平反时的几年里,我曾几次徒步到沁河岸边的尉迟村,在赵树理故居东墙那张条桌前,拜谒赵树理的骨灰之灵位!最后一次是 1978 年 10 月 4 日,不几天,老赵的骨灰就运往北京,安葬在八宝山了。唯其悲痛,时隔十年,记忆犹新。现在,我把苗老的那次讲话追忆出来,或许,读者诸君可以从中得到一点什么也未可知。

苗培时讲:前边的戏都唱得很好,如折子戏,一个一个都唱过了。我唱好唱不好,请大家原谅。

第一,今天来到了山西,是真正回到了故乡。我吃山西小米,那是二十几岁,来到太行革命根据地,不久,认识了赵树理。那时是满头青丝,走遍了上党地区,走遍了晋西北,抗日八年,解放战争三年,都是吃山西小米。现在又来到了太原,我对山西人民是有感情的。打老爷岭,我是新华社特派记者之一;打潞城,我是"十八元帅"之一,打下潞城,我是第一个冲向城头的记者。被山西人民的小米而养大了的人,又回到了家乡,怎么能没有感想呢?

第二,今年是毛主席《在延安文艺座谈会上的讲话》发表四十周年。我们的肖老(肖军)亲自参加了那个座谈会。实践毛主席《讲话》最有成就的作家,是山西沁水县尉迟村的赵树理同志。他是我的老战友,每当一提起他,我很难过。我和赵树理在一个桌子上办公,整整十年。两个人都愿意和劳动人民、下层人士交往,所以很合得来。不过,也吵架,但从不计较。山西作家中的老熟人、玉堂同志、郑笃同志,常叫我写一些回忆老赵的文章,我没写。实际上不是没有写,昨天二瑚(赵树理二儿子)、董大中等人去让我讲老赵的逸闻趣事,我讲了一些。我以前写了一篇文章,叫《沁水长流,老赵永存》,有人让我改,我说一个字也不改。因为我是回忆老赵的,我没有主权。回来放到书架上,至今没有发表。

以前有一本《大众皇历》,主编是我苗培时,当时实际上是赵树理,我挂了个名。从1946年编到1955年,这应该记到赵树理的账上。

我在动乱年代(指"文化大革命"期间),逃出北京,周游西北十一个省,行程两万多里,住过高级宾馆,住过乡村小店。后来,横穿山西晋南,冒着纷纷大雪,跑到赵树理的老家沁水。我没有考据,我敢说,我是赵树理平反昭雪前,中国作家中第一个到山西沁水去看赵树理家属的。一到家,赵嫂(关连中)第一句话:"你还活着。"说罢,满眼流泪。我说:"我来看看你,看看孩子,老赵死得冤屈啊!他是个好人!"(此处,苗老悲痛地哭了一会。)今天我跟山西文艺界的朋友见面,是在赵树理的故乡。前一段,在江苏讲到赵树理的故事,全场痛苦,今天来这儿,更有点触景伤情。感想完了,现在来讲第三个问题:这几天听肖老、唐达成同志讲话,都提到一个问题,就是作家要博学。据我所知,我们的肖军,就懂中医。赵树理也通医道。"博"是一个作家闯过创作关的关键。《红楼梦》中王太医的一个方子,开的虎狼药,妇女堕胎要比刮宫好得多。这是毫不含糊的。只有"博",才能信手拈来,写啥有啥。老赵生前多次说过:不熟悉的东西不要硬写,这就有个"博"的问题。不熟悉,你去熟悉,熟悉就是"博"。

我听贾克同志讲,《少林寺》风靡太原。我现在有资格发言,我说《少》是二流作品,甚至是三流、四流。我们能拍,比他香港拍得理想的多,他没有真正把少林寺少林功夫拍出来。《少林寺》的根本意义不在于那些武打,我亲自到过少林寺,访过少林寺的老方丈。我要是写,不敢夸张,比他强。

一个作家要知人所未知得人所未得。如赵树理,在中国文坛上,是个独特的作家,唯其"知人所未知,得人所未得",才能独特。

苗老的讲话在一片鼓掌声中结束了。

十年之后,苗老以七十多岁的高龄,为赵树理家乡开办煤矿之事,曾四下沁水,往来奔波于京城与太原、长治、晋城、阳城、沁水等地。满头银发,精神矍铄,不知老之将至矣!

阳城陶瓷古今谈

郭天林

阳城陶瓷业生产，在山西占有极其重要的地位。古往今来，她以悠久的制陶历史，精湛的烧造技艺，丰厚的瓷土矿藏，吸引着无数中外瓷商和数以万计的众多游客，其声誉恐怕仅次于我国的“世界瓷都”景德镇。文献记载：北京故宫的部分琉璃瓦、琉璃狮子及十三陵殿堂顶冠上的装饰制品就出于本县老艺人乔氏之手。多少年来，这些阳瓷生产的代表之作无不散发着上党古城的泥土芳香。

阳城陶瓷，历史久远，只因煤炭之便当，使县境陶瓷业生产有着得天独厚的先天条件。从县文物博物馆收藏的西汉出土的陶物认定，阳瓷生产迄今至少有 4000 余年之久。据史料证实，早在唐宋时期，县瓷生产就有一定基础。宋人所著《扁鹊新书》、《苏沈良方》等珍贵医书中多次提及的淋药炼丹定型升华器，便是当地陶瓷土特产——“阳城罐”。在过去的封建社会，阳瓷名特淋药罐、硫磺罐、炖肉罐统称之为“阳城三罐”，屡作敬献朝廷之贡品，故名气颇高。

元明以来，阳城的黑白瓷生产极为盛行，一度曾成为山西制瓷重镇，琉璃工艺亦十分普遍。《辞海》(1979 年版)缩印本记：“元明以来，山西是琉璃工艺的主要产地，山西的阳城、平遥、汾阳、文水……都出产过琉璃器皿。”阳瓷生产的较大发展，带来了县境的经济繁荣。尽管当时匪祸猖獗，民不聊生，明嘉靖四十年(1561 年)上党名寺之冠——海会寺亦由此而建成，十三层舍利塔上的琉璃构件均出于乔氏匠人之手。

乔区，祖籍陕西西安龙桥一带。宋时就迁居到高原桥沟村，后几经辗转到达阳城窑畔沟，在万历元年(1573 年)搬至后则腰村，专门从事黑瓷和琉璃(绿瓷)生产。当时县境也有数家各地移民在马家庄、郭谷堆、原家庄等地设窑烧瓷，但瓷艺均不及后则腰乔家的瓷货吃香。这一时期，乔氏琉璃工艺规模之大，技术之精，均属空前。光绪《阳城新增志》载：“城东后则腰所产(琉璃)尤旺，近年来悉心研究，制造五色器，人物俱酷肖，行销益畅。”规模较大的润城东岳庙琉璃制品，堪称一大杰作的县城东关关帝庙琉璃照壁、阳陵寿圣寺的琉璃塔，技艺超群，光彩夺目，也都出于乔氏工匠之手。

单指绿瓷，在明清两代，几乎是乔氏家族的“一统天下”。乔氏琉璃工艺就因其烧造技术不外传,得以在乔氏家族中一脉相传,保持了悠久的历史和别无二家的优势。不过在他们的影响下,县境从事瓷业生产的艺人亦不断增多。据统计资料记录:明万历十一年(1583年)全县年产瓷货在五万件之多。主要产品有阳城罐、宜兴壶以及缸盆碗盘之类等瓷器。绿瓷盛佳,釉色由起初的黄、蓝、绿三色发展到翡翠绿,孔雀蓝、紫晶、黑白等十余种,陶胎也由粗变细,工艺也更加精美。

到清同治年间,从事陶瓷生产的“全兴号”、“日升号”、“顺和号”瓷厂先后出现,全县瓷轮上至70多盘,从业人员达300有余,年产瓷货35万件。光绪三年(1877年)天大旱,县城的制瓷中心后则腰村民亡者十之八九,作坊随即全部倒闭。二十五年(1899年),县瓷生产再度恢复。到民国年间,产地逐渐增多。1932年,瓷业生产收入达3万多元。1940年,日军攻占县城,阳瓷再受严重摧残,当时全县仅留下瓷轮17盘,生产人员不足80人,然而,日军对当地所产“三罐”颇感兴趣。1943年,在其《朝日新闻》上记述的《山西学术探险记》一文中夸赞阳城炖肉罐为“最有特色的东西”。解放以后,在党和人民政府的领导和关怀下,阳瓷生产得到了迅速的恢复和发展。

从历史的角度看,阳城陶瓷之所以能载誉千年,其重要的原因就在于这里的世代陶工善于继承和革新制瓷技艺。1955年以后,后则腰陶瓷厂就不再沿用古老的人工瓷轮作业,首先推广烤花技术成功。改直焰窑为倒焰窑,于60年代初生产出别具一格的细瓷,填补了山西该项产品的空白。1972年,专门从事细瓷生产的水村陶瓷厂(原由后则腰瓷厂一车间分出)被正式命名为阳城陶瓷厂,该厂所产碗具、酒具、茶具等六七十种产品深受用户欢迎。从瓷器的内在质量或外在质量上讲,这一时期的产品确实独具特色,造型亦日益优美多样,装饰一代比一代丰富多彩。早已驰名三晋的传统名瓷龙凤碗、玉柱茶具、京广茶具及咖啡茶具等,乃是历代陶工不断继承先辈精湛技艺,并推陈出新的艺术结晶。新开发的内面胎花产品和瓷系列产品已成功地打入了国际市场。尤其是瓷质绵腻洁白、釉面润泽光亮、造型雅致美观的十一头玉柱茶具为全省“状元产品”,在京展出后受到中外人士的极力赞誉,曾被选送人民大会堂宴会厅和山西厅。青松咖啡茶具亦荣获国家对外经济贸易部荣誉证书。这些产品畅销五大洲二十几个国家和地区。新编《阳城县志》(审议稿)记述:阳瓷从1972年出口,“14年共外销瓷制品1645万件,总值547万元,最多年份的1979年输出217万件,价值82万元,约合创汇41万元”。

近年来,县瓷生产建设出现了建国以来少有的好势头。后则腰、上芹、演礼、官道等瓷厂已向机械化进军,特别是阳城(水村)陶瓷厂不断技术革新,连续五年建成6条具有国内先进水平的陶瓷成型链式干燥生产线先后投产。新建的隧道烧成窑及辊底烤花窑,年产瓷器达1500万件。1992年,全县日用陶瓷已达近3000万件,总产值接近1000万元。

“晋南屏翰”晋庙铺

郭学宝

《晋城市地名志》对晋庙铺的诠释是：“村子原名铺上，村在沟子里，因山西省古属晋国，附近又有孔庙而改为晋庙铺。”且不管这种诠释是否正确，但这里确是晋豫的交通咽喉，兵家必争之地。

据各种史书记载，这里曾经历了大大小小的战争数十次。镇北 10 里的天井关尤为重要。史载，后汉建武元年，冯异北攻天井关，拔上党两城。之后，王梁守天井关，宗正刘延攻天井关，拜为上党太守。太常十年冬十月，车架南巡出天井关。唐武宗会昌三年十二月，王宰攻克天井关。广明四年，李克用南讨黄巢。克用以兵 5 万救陈州出天井关，假道河阳，诸葛爽不许，乃自河中渡黄河，金太宗天会四年十一月，宗翰取泽州，宋知州高世由以城降撒刺合等，攻破天井关。诗人有一首诗极赞了天井关的地理之重要，诗曰：

形胜名天下，危关在太行。
四山屯虎气，一径走羊肠。
兵甲雄昭义，英名属晋王。
升平今已久，烟落万家荒。

在天井关东北面，还有个被人遗忘了的古战场——壶壁街。后人称壶屏街，是一种语误。据《晋书》记载，晋太元十九年，后燕主慕容垂遣张崇攻慕容永的弟弟武乡公于晋阳(今太原)，永遣其尚书。令刁云率众 5 万屯在潞州(今长治)。慕容垂在邺城停留了一月有余，慕容永就率领诸军反回到轵关。慕容垂听到消息就进军来到天井关攻慕容永部将于壶壁。这场战争，双方伤亡惨重、死伤近万人。

天井关南 15 里的拦车，1954 年以前为镇政府驻地。1985 年以前，该村北阁外的西墙壁上还保留着写于清道光十三年的“拦车镇”三个行草大字。据《凤台县志》载：“星轺驿，城南六十里，距关十五里。即拦车镇，又名狼车。”可见拦车也是晋城重要关镇之一。

拦车以前 20 余里有大小二口，为古代重要关隘。大口古为横望隘。因是狄梁公(狄仁杰)望云思乡处，故名。距大口 10 里的碗子城为古隘之一。据《凤台县志》载：“碗子城，在县南九十里，太行绝顶上。群山回还，道路险仄，中建小城若铁瓮。唐初筑此以控怀泽之冲,其城甚小,故名。"据《明史》记载,明洪武二年置巡检司,后废。元末,潞州李维馨为察汉帖木耳出谋划策,以千人分守碗子城、大口、吾儿峪诸险隘。曹濮盗数十次,皆不能过,保护了全晋。明朝初年,晋豫分境,碗子城隶河南,横望镇隶泽州。宋太祖赵匡胤征李钧时,曾于马上先负数石以平山道,群臣六军皆负之平为大道,大军得以通过。正统间,宁山卫指挥胡刚凿石平险,车骑才得通行。

小口,在碗子城西,由西梁别径入山至拦车南 13 里会大道。《凤台县志》载:"隋大业三年,帝幸榆村郡还至太原,上太行山欲过此,御史大夫张冲宅乃开直道 90 里达河内,以抵其宅,即小口也。"

距碗子城 5 里处有一盘石长城。明嘉靖二十二年秋,巡抚河南御史秦中李宗枢建此界。因流贼横逆,而借地修城以控扼要冲。

可以说,晋城的大关险隘,百分之六十在晋庙铺镇。因此,说晋庙铺是晋南屏翰,一点也不过分。

源远流长的上党民间音乐

冯来生

上党地区民间音乐曾对上党梆子的形成和发展提供了深厚的音乐基础，上党梆子打击乐中不少锣鼓套子都是由“盘头”(《大十番》套曲之一)演变而来。上党梆子的“三倒板”、“靠山红”等唱腔便是直接借鉴了民间音乐曲牌“三倒板”(《小十番》套曲之一)“靠山红”而加进了唱词。反过来,上党梆子的唱腔音乐又大大地丰富了上党民间音乐。清代末叶,上党地区的民间艺人把上党梆子的大部分唱腔板式加以改造,变作民间吹奏乐。全国解放以来,上党落子、襄垣秧歌和壶关秧歌等地方剧种的大部分唱腔板式和一些流行歌曲，也已成为上党民间音乐中不可缺少的一个组成部分,使古老的上党民间音乐注入新的艺术养分。

上党民间音乐所用乐器为老鼓、锣、镲、小锣、水镲(或梆子)、唢呐、笙(两支)、老呼胡和短把呼胡等,吹打为主,丝弦为辅。全国解放以来,老呼胡和短把呼胡渐次被淘汰,现以板胡、二胡等乐器所代替。其演奏形式可分为坐乐和行乐两种。

坐乐注重阵势,打击乐坐上首(舞台上场口),吹奏、丝弦坐下首(舞台下场口),这样排列,即使声音和谐,又造成一种对峙的局面。上党民间音乐套曲中多有锣鼓与吹奏乐(包括丝弦)轮奏,这种阵势,便于形成一种对阵的气势;行乐讲究队列,以鼓为首,打击乐紧随,吹奏乐弦乐压阵,这样,老鼓既处于指挥位置,又可形成前呼后应的感觉,声音袅绕,余味无穷。

上党民间音乐,经过历代艺人的不断努力,取得了十分可喜的成绩。50年代,高平民间艺人苏黑人、陈小红等赴省城太原参加民间音乐调演,博得省城观众好评;1982年晋东南民间音乐队参加第二届华北音乐节，荣获第一名;1989年山西省举行八音会大赛,晋城市代表队一举夺魁;同年,高平民间艺人暴锁才一家参加省电视台举办的农民家庭音乐会,荣获二等奖;1990年高平民间音乐队赴京在人民大会堂为中央首长演出,并受到中央领导人的亲切接见;1992年晋城古书院矿锣鼓队参加了在云南昆明召开的第二届中国艺术节,受到了艺术界同行的称赞。并使之在省内外乃至全国产生了一定影响。

上党民间音乐是几千年来在这块古老的土地上生长起来的一枝艺术奇葩,是上党地区人民群众智慧的结晶,是祖国文化宝库中一颗璀璨闪烁的明珠。

说说晋城历史上的清官廉吏

顾春洲

贪官污吏,历来被人们憎恶和唾弃,而清官廉吏,则受到人们的钦佩和拥戴。他们严以自律,廉洁奉公的言行,被人们载入史册,世代传诵。晋城历史上就出现过许多这样的清官廉吏。

宋哲宗绍圣年间,阳城县令张之才(字次文),清谨爱民,有良吏之称,离任时题《辞阳城汤庙》诗:"一官来此四经春,不愧苍天不负民。神道有灵应信我,去时犹似到时贫。"

明朝成化年间,佥都御史杨继宗(阳城匠礼人),为官清廉,衙署萧然,宪宗皇帝称其"不私一钱",在当时各地方官署厅前,都写着天下四大清官的名字,杨继宗名列第一。当时高丽国人写诗道:"天下谁人肯执中?三原王恕秉心公;浙江陈选堪连并,更有山西杨继宗。"

杨继宗任嘉兴知府时,有个御史孔儒到嘉兴检查军民情况,此人极为残暴,常打人致死。杨继宗便写出告示说,有被御史打死者,家属可来告状。孔儒对他极恨,临行前突然闯入府署检查,孔儒打开杨继宗的箱子看了又看,只不过有几件破旧衣服,只好狼狈而去。当时宦官横行,有个任织造的宦官叫秦品,路过嘉兴,向杨索要金银绸缎。杨继宗发公函取出库金说:"钱全在这里,请你收下,不过得签名盖章!"吓得秦品不敢接收。九年任满离去,郡属七个县的官民攀车挽留,几百里不绝。后任湖广按察使,到任后,曾命担水百魁洗涤官厅,然后办公,说这是除秽去污。

清初湖广布政使毕振姬(高平伯方人),自奉俭朴,居官清廉,反对浮华,往来一仆一马,吃饭仅一菜一汤,身无更换之衣,娶无衣锦之妾,瓦灯布被,被时人称为有官僧。顺治十年出任济南参议道,上任前,泰山香税羡余每年7000余两,皆为官员私人收入,毕振姬上任后分文不取,全部用作军费开支。在巡视广东时,发现三藩四院频繁派人向下索取财物,地方应接不暇,苦不能支。振姬与三藩四院订立条约,不准乱派乱支,使当地每年节省费用7000余两。

清顺治年间进士毛一豸(字香林,晋城上辇村人),秉公廉洁,吃苦耐劳。任户曹时,监准安粮仓,若有余额,全部都运往通州,决不私留。每天收军草数十万束,繁忙时,就围草夜宿，不辞皲瘃。顺治皇帝东巡，亲眼看到毛一豸如此劳苦，竟把自己的裘皮龙帽赐给他戴，以示鼓励。不久，京考官吏，一豸进升户部郎中，前往固原督饷，从不克扣分毫微忽。后得“清官第一”的美名，晋加三级，皇帝亲为题匾，表彰他的功绩。毛一豸去世后，家里竟没有安葬他的钱财。

清雍正年间文华殿大学士兼礼部尚书田从典(阳城东关人)，以清廉著称。田从典初任英德知县，一下车就写文章向神发誓：“若为囊橐之计而倾一人之家，任息怒之私而一人之命，则大庾岭上将同颓石齐倾，始兴江头直与流波俱逝。”在任御史时曾两次巡视西城(在今陕西省)，打击豪强，清除宿弊，办事一丝不苟，使当地贪官污吏一时束手。在其后的八年光禄寺卿、副都御史等任中，从典稽查核实最为精详，使“奸弊不得行”，并节省开支累计上万。田从典从政30多年，性甘俭约，食不兼味，家无厚产，门无杂宾，人誉为清白宰相。雍正帝亲书“清谨公方”四字赠他，并赠诗赞曰：“出纳望同天北斗，清芳品似省中兰”。

像这样的清官廉吏举不胜举。我们共产党人有全心全意为人民服务的根本宗旨，反腐倡廉，勤政为民，理当比古人做得更好！

市郊一日游线路纪行

王金有　马　政

晋城古称泽州,不仅因其“煤炭之乡”而闻名中外,而且还以其绚丽多姿的山川风光,古老悠久的文物古迹而倾倒一批又一批文人墨客,一旦游于此便流连忘返而乐不思蜀。

1994年6月初的一天,我们有幸沿市旅游部门新辟的一日游线路,游览了晋城部分山水文物,留下了深刻的印象。

这天一早,我们乘车跨过泽州南路,横穿南环路界,首先游览了市区的一座古老建筑——文笔峰塔。

文笔峰塔又叫军塔,昂然屹立于市晋城火车站西南谷堆头一小高地上。这里前无青山,后无大岭,铁路、公路和市区街道从其脚下四外延伸,南来北往的旅客,只要踏入晋城地界,一眼便可望见其傲然雄姿。这座塔八角九层,青砖出檐,高37米,重建于明万历年间。塔身外壁各面嵌有石碑数块,塔门面西。塔室内有砖砌神龛和甬道,顺甬道后转可达砖砌阶梯,沿梯旋转而上便达古塔各层。

手抚塔室内壁,脚登阶梯,我们缓缓而上,注视着塔室内每一个精巧的神龛,神龛内已无神像,但岁月之神,仍然留下了斑斑印记,更见其古老和真实。

登入第九室已至顶层,微风拂面、心旷神怡。极目环顾,只见茫茫太行逶迤起伏。座座新楼比肩林立,护城河畔绿树成荫,二级公路上汽车川流不息……古老而年轻的城市一片勃勃生机。

文笔峰塔目前整修已进入高潮。工人们挥汗如雨,干得热火朝天。据称,塔旁还将建一大型地宫。届时将展示“十殿阎罗”、判官鬼吏之形象。游客来此既可登高,飘飘欲仙,如升天界;又可“入地”,会见“丰都”诸鬼,如临阴界。增加一点对中国传统信俗文化的了解。

游完古塔,汽车驶出市区,在群山环绕的晋张公路上行约十几分钟,从西焦河岔道处南,向晋城名山——珏山进发。

从西焦河口至青莲寺丹河桥,全长约3.7公里。这是我市去年刚刚修建的一条旅游专用线,悬于硖石山腰,珏山群峰挺拔于东,丹河流水在下。迷人的景色透过车窗不住从眼前闪过,令人耳目一新。

跨过丹河，穿越村庄，不久便来到珏山脚下的黑虎洞前。

珏山，自古就有“小华山”“小武当”的美称，今日亲眼目睹，果然气势不凡。踏上青石板小路，一直前行。约五六分钟，地势陡然升高，前方就是一天门，出天门行不多远，上方有一平台，其上并排两块巨石，其中一块，底部只有部分与平台相连，却保持平衡岿然不动。这便是望龟台。立于台上望去，前方一山横卧，似一巨龟匍匐于珏山侧腰，形象逼真，令人叫绝。

在山半腰的招待所小憩片刻，我们继续攀援而上。这时，脚下的石阶已十分陡峭，使身体与地面几乎平行。向上望去，二天门高悬于头顶，真似空中楼阁。再看一眼道外的悬崖，峭壁如削，险象丛生。

爬过这艰险的近二百级石阶，在二天门回首俯视，亭台楼阁上下排列，错落有致，风吹草木，此起彼伏。放眼远眺，萦青缭白，外与天接，四望如一，这才领悟到登高望远的风趣。

出三天门，在西峰与北峰之间就是所谓的过月亭。每当中秋佳节，月涌其中，适当其缺，双峰捧月，景象奇绝，形成了“珏山吐月”这一泽州奇观。难怪亭中那石碑上密密麻麻留下许多古人赞美双峰圆月的诗词佳句。

来到北峰的时候，我们特地观看了背风临水的舍生台。舍生台高悬于北峰绝壁之半腰，丹河似从天边弯曲而来，青莲古寺在青烟中朦胧可见。相传玄武大帝于珏山修成正果之际，观音菩萨曾派一名绝妙美丽的女郎验其道行。为求圆满，玄武大帝不与女郎苟合，便于此绝地跳崖而圆寂。这虽为神话传说，但玄武那种为信仰献身的壮举，的确让人钦佩。

游过珏山之后，我们还分别在古青莲寺和青莲寺游览。所到之处无不为山清水秀的自然风光而陶醉，无不为古人高超精美的建筑艺术而赞叹。直到日薄西山，我们才依依不舍地离开这游览胜地。

太行山的三大神话

李东光

在中国悠久而灿烂的古代文化宝库中，神话传说可谓是一束神奇瑰丽的艺术奇葩。这些美丽动听的神话故事,虽只反映了远古时代先民们对自然现象和社会生活的原始解释和对美好理想的向往,但却开创了我国浪漫主义文学的先河,并能给后人留下极其深邃的精神启迪。据珍贵的古典文学文献史料考证发现,“精卫填海”、“女娲补天”、“愚公移山”这三大神话均起源于雄奇壮美的太行山上,而且世代相传,凝结并升华成了太行人民以不畏艰险、顽强拼搏为性格特征的太行精神的象征与写照。

“精卫填海”记载于《山海经·北山经》。相传炎帝的女儿女娃,因游东海而淹死,遂化作精卫鸟,经常衔西山木石去填东海。神话中所说的发鸠之山在今太行、太岳两大山的余脉交汇处山西省长子县西。东晋大诗人陶渊明《读山海经》诗“精卫衔微木,将以填大海”。一句,即咏此事。这则神话,反映了山居的先民在战胜大自然的斗争中所特有的坚韧不拔、百折不挠的决心。

“女娲补天”典出《淮南子·览冥训》。传说伏羲之妹女娲用黄土造人,并炼五色石来补苍天,折断鳌足支撑四极,治平洪水,杀死猛兽,使百姓得以安居。神话中所谓冀州,即指今山西、河北之地。而连接山西、河北的纽带则是巍峨的太行山。故在太行山里有关“女娲补天”的传说最盛,并遗有几处女娲庙和女娲补天处,其中最著名的是位于太行山涉县索堡村附近的古刹娲皇宫。史载娲皇宫始建于北齐,至今有一千四百多年历史,相传这里便是当年女娲炼石补天的地方。后人为了祭奠这位神情飘逸、手擎巨石、力补苍天的女神,便修缮了这座供人朝圣的殿宇。女娲所创造的是一个供人类和平生存的世界,而反映的则是民族大无畏的豪壮气概和先民对生存空间的热烈情感。这位伟大女性的行为,体现了一种置个人安危于度外而为民造福的无私奉献精神。

“愚公移山”源于《列子·汤问》。古传北山愚公因太行、王屋两座大山阻碍出入,想把山铲平。有人讥笑他不自量力。愚公却下决心,排除万难,率部挖山。他的顽强拼搏的精神终于感动了上帝。上帝便命夸娥氏二子把大山背到别处。至此,愚公的门前再也不用为大山阻隔发愁了。这则神话的喻义是,做事要有决心,有毅力,有不拍艰难险阻、顽强奋斗的英雄气概。

赵树理在洞庵

张道德

洞庵，位于沁水县东固县河西岸的山腰间，隔岸和固县乡所在地的固县村相对。以半山崖上一石洞而得名。在四周山岭围着的中间，有一块小小的平地，这里，原来有两座庙宇，一座是三教殿，一座是老君庙，院内有戏台。据说，在明、清年间，这里每年都有庙会，香火不断。庙会期间，烧香许愿的，赶会看戏的，热热闹闹，熙熙攘攘，把个小山沟挤得水泄不通，热闹异常。四周山峦，苍松翠柏，郁郁葱葱，嶙峋山石，奇形怪状，满山遍野，芳草萋萋。阳春三月，鲜花盛开，桃红柳绿，菜花金黄，麦苗泛青，桑林吐翠，鸟语花香，风景如画。1929年，当时的县政府因陋就简，以这里的寺庙房子为基础，修修补补筹建沁水县第四高等小学。当时，县里派去三个人，校长王广铎（现固县乡尧坡村人），教员李育灵（现胡底乡南峪沟人）、张积勋（端氏镇五龙头村人）进行筹划建设学校，第二年（即1930年）建成，当年寒假便开始招生。后来，赵树理来到这个学校教书，赵树理是端氏附近的榼山高小毕业，王广铎和李育灵曾在榼山高小任教员，李是赵树理的老师，王是赵树理的同学，他们之间关系密切，相处甚好。

从陈廷敬没有中过状元说到晋城的状元

栗守田

1993年12月22日《太行日报》第4版,有篇署名文章为晋城市一中校址正名,说的是对的。但文中说到陈廷敬中了状元后如何如何,却闹错了。陈廷敬是清顺治十五年(1658年)戊戌科进士,没有中过状元。

古泽州地区中过状元的一共有八个人:他们是宋代的崔有孚(陵川人)。按《宋史·选举志》记载的状元,没有叫崔有孚的。当时省试——在统领六部的尚书省考试,由礼部主持,相当于明清的会试——第一也可以称状元,疑是由省试第一的混淆;金代天眷年间(1138年—1140年)的赵安荣(陵川人);贞元年间(1153年—1156年)的武明甫(陵川人);正统年间(1156年—1161年)的赵安时(陵川人,赵安荣兄);明昌年间(1190年—1196年)的陈载(高平人);承安年间(1196年—1201年)的武天佑(陵川人);承安五年(1200年)的李俊民(晋城县人);泰和年间(1201年—1208年)的武天和(陵川人,武天佑弟)。

金代泽州地区出了七个状元,是因金代版图南边只到秦岭至淮河一线,江南各省不在它的统治之下;泽州又是当时文化荟萃的地方。

明清两代共544年,取了203个状元。不用说泽州,山西全省都没有一个(江苏省最多,共65名,接近总数的三分之一)。

上党门钟楼谒“慈禧”

张启才

清道光十五年(1835年)农历十月初十,一个女婴生于长治县西坡村王家,取名王小慊,长于上秦村宋家,改名宋玲娥。在潞安知府惠征处当侍女期间,被收为养女,改名叶赫那拉·玉兰。她就是后来成了咸丰帝妃,清同治、光绪两朝的实际统治者,“垂帘听政”48年之久的慈禧太后。

这段近乎虚构的慈禧童年史,是长治市慈禧童年研究会近日在上党门钟楼内举办的“慈禧童年研究展”昭示给我们的。

读初中时,就听上秦村的同学讲述过西太后的故事。近年来,又阅读过一些研究慈禧出生地及童年生活的文章。怀着浓厚的兴趣,我穿过上党门,登上了西侧院内的钟楼。

钟楼两层四角,周12柱,正门面南。门上方挂一匾额,上书“慈禧童年研究展”七个大字。进门面北,一尊2米高的慈禧坐姿塑像立于眼前,一身帝妃装束,神态安详,仿佛在欢迎参观的人们帮她解开出身之谜。

正门两侧内壁和室内东西墙壁,绘制精美的版面挂于墙上,内容丰富,图文并茂。分为“慈禧童年是个谜”、“长治有慈禧的亲属和家园”、“长治有慈禧童年书房”、“掌权后与长治人往来不断”、“慈禧爱吃长治食品,爱看家乡戏”、“慈禧心系长治故里”、“专家看法”、“慈禧童年成为百年之谜的原因”和“研究过程”等九部分。

权倾朝野的慈禧出生地,正史却无记载,目前国内有北京、长治、呼和浩特、安徽宁国和浙江乍浦五说。后三说已被国内史学界否认。1993年10月,长治市慈禧童年研究会和北京史学会在京联合举行学术研究会,肯定长治说填补了慈禧研究的空白,《人民日报》、《光明日报》等予以报道,引起极大反响。

慈禧亲属繁衍于长治,黄镇将军抗战时期在长治见到过慈禧童年书房牌,慈禧爱吃窝头、酸菜和小米粥的生活习惯,爱看家乡戏,赈济家乡父老,战乱离京西逃在大同接见潞安知府和其长治亲属的信件、皮夹,以及美国卡尔所写《慈禧写照记》中“家世微贱,初仅为他家使女”的记载,都成为“慈禧出生长治说”的架构要件,让人信服并非虚构。

雄踞长治的上党门是当年慈禧出入的场所,也是历史变迁的见证。正门两侧的4柱上,两副对联概括了慈禧的一生和人们对新生活的希望。其一曰:“村姑得志宁思家乡父老,太后临朝可怜天下苍生。”其二曰:“梦破百年应喜青山无限美,史鉴千秋莫叹夕阳几度红。”

我为家乡这一研究成果得到国内史学界的共认感到喜悦。

萧照与《山腰楼观图》

焦新民

萧照(1131—1162年),南宋画家,字东生,阳城人,生于北宋末年。北宋靖康年间,金兵占领北方,中原战火纷乱,中原人民奋起反抗,年轻的萧照在太行山毅然投入到时代的激流,参加民众组织太行忠义社。一天南宋著名画家李唐从阳城经过被他们太行忠义社抓获,检查行装除画具以外别无他物。对于从小就喜欢绘画的萧照早就闻名李唐大名,即辞别义军随同李唐南渡到杭州。李唐感激萧照救命之恩,亲自将画艺一一传授。萧照于是画业大进,亦补入南宗画院为待诏,又补迪功郎,赐金带。据《图绘宝鉴》说他"画山水人物,异松怪石,苍凉古野,惜用墨太多。"又有的材料记载他说:"萧照画得此苑法,而皴法过之。尤喜为奇峰怪石,望之有波涛汹涌,云屯风卷之势。"

萧照师法李唐、属青绿山水画派,他笔力雄健,墨法凝重,气势郁茂,常用刮铁,钉头皴。尤擅山水、人物画。评论者说他的画能使观赏者之精神如在名山胜水之间,忘其为画,他的代表作有《山腰楼观图》、《中兴端应图卷》。

《山腰楼观图》绢本水墨(现存台湾省故宫博物院),是萧照现存的山水画杰作,整个画面伟峰半壁峭立,山间藏一古刹,树木葱茏,江水曲环,孤舟泊岸,远处山树苍茫离迷,澄江似练,既溶入了北方云山的雄厚,又写出了南国水乡的清雅,以淡墨浓笔将自己对祖国的大好河山的无限热爱,尽情地倾注于画中,反映了作者宽广的胸怀和高远的意境。他还有一小幅《秋山红树图》笔墨简率潇洒,是另一种风格。

《中兴瑞应图卷》是一组历史故事人物画,12幅,描绘了宋高宗赵构从出生到南渡创建帝业的历史,寄托了作者恢复中原的爱国情思。画面人物数百个,有帝王将相,有平民百姓;有雄兵对垒,有金戈之战;有殿堂楼阁,有竹篱茅舍……人物栩栩如生,情景宛若再现。另一幅《兴武渡河图》也同样通过历史传说或以隐喻手法大大地渲染和美化南宋统治者的作用。

从《孔子的老师是晋城人》谈起

老　粟

1993年12月1日《太行日报》第4版发表了乔占魁、郭新民的文章《孔子的老师是晋城人》,看后觉得不应该把民间传说当做历史真实,有必要作一些澄清,下边分作三个问题来谈:

一、孔子的老师

什么叫老师?我认为有两种情况:一种是直接传授自己知识和技术的人,像现在的中小学里,学生都把教员称作老师。唐朝韩愈在《师说》里说:"师者所以传道授业解惑者也。"这样的老师数量是不多的。特别是古代的授业师、现在的导师都只有一个,另一种是对可以给自己以教益的人的尊称,我以为孔子"三人行,必有我师焉"(见《论语·述而第七》,就是这个意思,南宋朱熹给这一章作集注说:"三人同行,其一我也。彼二人者,一善一恶,则我从其善而改其恶焉,是二人者皆我师也。"这里说恶人可以给我以警戒,也可以说是我的老师。这样的老师就太多了,数也数不清。《三字经》说:"昔仲尼(孔子字),师项橐。"只是说孔子认为项的论辩使自己受到教育,是后一种老师的意思。古书记载孔子曾向利于老子,学琴于襄子,访乐于苌弘,询官于郯子,这些人都能算孔子的老师,但不是孔子的受业老师。孔子的受业老师是谁,《史记·孔子世家》也没有记载,韩愈在《师说》里说:"圣人无常师。"好像孔子就没有个受业师的。

二、项橐其人

项橐和他与孔子的关系,《论语》和《史记》都没有提及。《战国策·秦策》有"甘罗曰:'夫项橐七岁而为孔子师'"的话。西汉刘安的《淮南子·修务》和王充的《论衡?实知》都作项橐。宋代洪适的《隶释》里收的《逢盛碑》作后橐。扑朔迷离,使人闹不清楚,看来是古代一个传说人物("乔文"提到《史记·新序》,把《新序》当成《史记》的一篇,是不对的。《新序》是另一本书,为西汉刘向所作)。《汉书·董仲舒传》有"达巷党人不学而自知"的话。孟康的注说达巷党人就是项橐,这个人才有了个家乡籍贯。"乔文"从这个"党"字就说他是上党人,也太牵强。其实"党"是古代的行政单位,管500家,是管12500家的"乡"的下属。和现在的行政村相似。古代"乡党"俩字常连在一起。《论语》就有《乡党第十》篇,记载孔子在家乡的言和行。达巷是一个党的名。《论语·子罕第九》也有“达巷党人”出现。朱熹集注说“达巷,党名,其人姓名不传。”《大清一统志》说:“山东省滋阳县(今兖州县)西北有达巷,相传是达巷党人所居。”《论语》说的“达巷党人”是非常钦佩孔子的,肯定不是指项橐。即使项橐是达巷党人,只能算山东人。民间传说倒可以随便安插,但那不是信史,不能据以立论。

三、孔子在晋城被拦和拦车村

晋城市郊区晋庙铺镇有个拦车村。“孔子回车”还是原晋城县的四大景之一。相传孔子来晋国,走到这里被拦住,不得已回了车。拦车村外的路上还有孔子的车轧的辙迹。为什么被拦,因为车被此地七岁小儿项橐垒的“城”拦住,孔子和项橐答辩,输了。这个传说是没有事实根据的。

据《史记·孔子世家》记载,孔子是准备来晋国见晋国当权的世卿赵鞅的。走到黄河边,听说赵鞅杀了晋国两个贤臣窦鸣犊和舜华,生了大气,返回了卫国(卫国在今河南省黄河以北。当时,黄河是往北走在天津附近入海,卫国在黄河东南)。《论语》上没有孔子到晋国的记载,可见孔子是没有来过晋国的。

孔子既然没有来过晋国,晋城为什么有个拦车村?拦车村的路上为什么有车辙的痕迹呢?这很可能是因为东汉灵帝建宁二年(169 年),当洛阳令的孔子第十九代孙孔昱,在这地方盖过一个孔子庙而引来附会的(这个庙一直存在到解放时,晋庙铺的名也是由此而来)。孔昱为什么在太行山顶修孔子庙?明嘉靖年间(1522—1566 年)的泽州知州陈斐在《先师孔子回车庙解》里说:“孔圣之车未尝登太行也。……欲往晋而未往者孔子之实也。适晋之路而当晋之境者太行也。升太行之巅,苍然远望,而可指见者,黄河济渡处也。后人思孔圣者,徘徊太行山之巅,望孔子临河旋辕之处,庙曰回车,亦何不可?”明代文学家王世贞在隆庆四年(1570 年)写的《适晋纪行》里也说孔子回车处“盖附会语也”。在他俩以前和以后的文人写诗写文章,有的完全否认,不否认的也持怀疑态度,很少有人作肯定的。至于回车的痕迹,陈斐在同一篇文章中说,“不由天成,则出乎人为耳”。说到“天成”,他举出沁水西孔山一个车进不去的洞穴里“石有车辙”,是“自然成者”;说到“人为”,他说是“好事者因回车之名而为之也,胡可据以为信耶”。至于拦车的村名,陈斐说是“以回车之妄”的附会,应“革之以绝谬传”。

“乔文”还写到孔子在泽州地界,见到树木参天,百鸟争鸣,这倒符合当时的景况。因为古代的太行山也是郁郁葱葱的。但说到晋国的松鼠都很懂礼貌,会合掌行礼,就有些玄乎了。可是这不是作者杜撰,陈斐的文章就有“父老传说为孔子见黄鼠拱立,或曰小儿作揖,因之回车”的话,可见这个传说已经很久。其实,动物是各有自己的习性的。像大熊猫总是笑容可掬,野狼总是凶眉恶眼,白鹤总是文质彬彬,猴子总是滑稽可笑,它们都不会受民风良恶的影响。黄鼠属松鼠科,可不是松鼠。李时珍的《本草纲目》说黄鼠“见人则交其前足,拱而如揖”。好像松鼠也有这种习性,它在北中国各地都是如此,不是山西的特产。也是作民间传说是可以的,不能作信史。

源远流长的上党民间音乐

冯来生

清代以来,上党地区民间乐舞更加热闹红火。逐渐形成了一种以热烈火爆为主要特点的演奏风格。这一时期,唐宋以来所用琵琶、箜篌、古琴等乐器逐渐废弃不用,而突出了大鼓、大锣和唢呐的作用,乐队中只保留了笙、箫、笛、管等古代乐器。雍正年间,泽州人陈家朋对家乡元宵佳节民间乐舞曾有这样的记述:"良宵灿漫正三五,追欢是处轰金鼓"(《泽州府志》),乾隆时长治县知县李早荣也曾作《牛铎歌》一首,记述上党地区民间音乐。他写道:"官舍远尘世,晓闻乐音红,鼓吹非两部,铙歌靡所同。"(乾隆三十五年《潞安府志》)。宋时,上党地区乐妓即有"竖眉瞪眼,双手举槌击鼓"的描绘(见沁县灵泉寺宋乐伎石刻),可见"轰金鼓"、"乐音洪"这种热烈火爆的演奏风格是和宋金以来的传统演奏风格一脉相承的。这一演奏风格和特点的形式,和上党戏曲的发展史极为相似,明末清初以来,委婉缠绵而节奏缓慢的昆腔越来越为人们所冷漠,而一种崭新的以热烈火爆为主要音乐特征的上党梆子却越来越受到人们的喜爱。

燕赵多慷慨悲歌。两千多年间,这里烽烟迭起,干戈不息。战国时期规模最大的秦赵长平之战,后晋后梁的家寨之战,后周北汉的巴原之战都发生在这块土地上。人民群众因长期遭受战乱之苦,对于抵御外辱,抗击强暴饱尝着激昂而悲怆的斗争经历,同时也有战争胜利之喜悦。所以上党民间音乐多以大锣、大鼓和元明以来传入中原的唢呐为主要乐器,用以表现高亢激越和热情奔放的情绪。这种风格和传统一直流传至今。

清代以来,有不少民间音乐曲谱被保存下来。从在阳城发现的清代中叶抄本《满庭芳》和在高平发现的清末民初抄本《文明晋调音乐》看,现在仍流行于上党地区的民间音乐套曲《大十番》、《小十番》、《十样锦》、《芦林》等最迟也当是清中叶的作品。这些套曲大多由十个唢呐曲牌和锣鼓段子连缀而成。故名"十番""十样锦"等。《大十番》多作为戏班演戏之前的一种器乐合奏形式;《小十番》和《十样锦》则多用于庙会时摆故事和元宵节跑耍乐。

1995年

炎帝文化在上党

张启才

高平发现炎帝陵的消息,经省和中央电视台、《太行日报》和《山西日报》的先后报道,引起社会各界关注;日前,堪称亚洲第一的炎帝铜像在长治百谷山落成,更吸引了众多游人。作为中华民族始祖之一的炎帝神农氏在古上党的重大活动,成了人们关注的话题。笔者曾赴羊头山和老顶山实地考察,并参阅有关典籍、方志和今人研究著作,草成此文,以飨读者。

一、炎帝神农氏的伟大贡献

炎帝作为上古部落首领之一,生活在距今5000多年前由渔猎向农耕转化的母系氏族社会末期,其事迹散见于《国语》、《左传》、《周易》、《山海经》等先秦典籍。司马迁《史记·五帝本纪》参酌综合,记载了“神农氏世衰”后的炎黄阪泉之战及黄帝擒蚩尤的涿鹿之战,将“神农氏”与“炎帝”分开来讲。直到西汉末年刘歆《世经》首次将二者合称,并得到史界承认,流传至今。唐司马贞所补《史记·三皇本纪》称:

炎帝神农氏,姜姓。母曰女登,有氏之女,为少典妃,感神龙而生炎帝。人身牛首,长于姜水,因以为姓。火德王,故曰炎帝,以火名。斫木为耜,揉木为耒,耒耜之用,以教万人。始教耕,故号神农。于是作蜡祭。以赭鞭鞭草木,始尝百草,始有医药。又作五弦之琴。教人日中为市,交易而退,各得其所。遂重八卦为六十四卦。初都陈,后居曲阜,立一百二十年,崩葬长沙。

相传,除《补三皇本纪》所载外,炎帝神农氏还绘制图舆,始制陶器,立历时节,制桑麻为布,凿井汲水……简直无所不能。看来,炎帝神农氏不仅是农业文化(包括农耕、农具、水利、历法等)的始祖,还是医药、音乐和物资交流的始作俑者。在中华文明发展史上作出如此众多贡献的炎帝神农氏,怎能不为后代子孙所尊崇呢?

从《国语·晋语》可知,炎黄之说起于晋人,在晋文公时就流传于山西。晋霸之时奄有今山西、河北南豫、河南北部,即炎帝率其氏族部落主要活动的中原地区,包括文化发祥较早的以泽潞盆地为中心的古上党地。炎帝就是在这里实现从渔猎到农耕的重大转折。

二、炎帝在上党建耆国

《竹书纪年》载："炎帝神农氏，其初国伊又国耆，合而称之，又号伊耆氏。"清雷学淇的《竹书纪年义征》说："耆，姜姓国名。炎帝之先自伊徒耆，故曰伊耆氏。伊，即帝尧母家；耆，即文王所伐，皆炎旁支庶之封使守祧宗邑者也。国之所在，未详。"伊耆氏显然是"以地为号"，伊与耆是两个地名。经查典籍，伊在今河南洛阳一带。而耆在何处呢?《尚书》："西伯戡黎。"《史记·殷本纪》："西伯伐饥，灭之。"《周本纪》云："败耆国。""案、饥、耆与黎皆同声字"。《经义述闻》："黎老者。耆老也。古字黎与耆通。"可见"文王(即西伯)所伐"之黎、饥、耆皆为黎国。据《中国古今地名大辞典》中考证，商周古黎国在黎侯岭下，即今长治县黎岭村附近。黎侯岭俗称羊头岭，在今长治县城西北，曾建有炎帝庙。由此可见，先祖炎帝率其部落东进，来到上党盆地，建国立业，肇创农业文明，可能性是极大的。

三、炎帝上党尝谷处

炎帝神农氏尝百谷，得嘉禾之地，据记载在上党地区有两处：

一是羊头山。在高平、长治、长子三县交界处。《泽州府志·山川》高平部分"羊头山"条下载："《寰宇记》曰，神农尝五谷之所，上有神农城，下有神农泉。""按，山麓绕数十村，围三大邑，东北长治，西北长子，正南高平。"《后魏风土记》云："神农城在羊头山，其下有神农泉，皆指此地。地名井子坪，有田可种，相传神农得佳谷于此，始教播种，谓之五谷畦焉。"唐武则天天授二年(691年)《重修清化寺碑记》称："此山炎帝之所居也。"炎帝"遍陟群山，备尝百草，居斯一所获五谷焉!"明代音律学家朱载育曾游此山，写下《羊头山新记》一文，记叙了羊头山神农庙、神农城、神农泉、神农井、五谷畦等景观，方位、距离记载得一清二楚。笔者赴羊头山考察，依文所记，找到遗迹。

羊头山下，纪念炎帝的建筑甚多。据《泽州府志·坛庙》高平部分载神农庙有三："一在羊头山，曰上庙，为神农尝五谷处；一在换马岭东南，曰中庙，有神农丘墓，有司春秋致祭；一在东关，曰下庙，近改祭在此。"近来，又先后在高平团池乡故关村发现炎帝行宫，下台村发现炎帝中庙、庄里村发现炎帝陵碑及所存元至正年间、明成化十一年(1475年)、天启二年(1622年)、崇祯年间(1628年—1644年)、清康熙九年(1670年)、乾隆四年(1739年)、宣统三年(1911年)等数通石碑，分别记载了元、明、清三代当地重修炎帝庙、宫、陵的事实。

更有意义的是相传因炎帝搭架采药而得名的湖北神农架，流传有汉族首部创世史诗《黑暗传》，其中说到羊头山："神农上了羊头山，仔细找，仔细看，找到粟籽有一颗，寄在枣树上，忙去开荒田，八种才能成粟谷，后人才有小米饭。"(见钟宗宪《炎帝神农信仰》第

111 页,学苑出版社,1994 年)枣树、小米都是羊头山所适宜并特有的,而不为湖北神农架地区所有。

从以上两端可知羊头山与炎帝神农氏渊源之深,神农尝百谷之说影响深远。

二是百谷山,俗称老顶山。《长治县志·地理》载:“在县(今长治城区)东北十三里,孤峰特立,高三百余丈,为邑诸山之冠,上有柏谷寺,又名柏谷山。”北宋《太平寰宇记》称:“百谷山与太行、王屋皆连,风洞泉谷,崖壑幽邃,最称嘉境,昔神农尝百谷于此,因名山建庙,仲春上甲日致祭。”据府志记载,该山炎帝庙创建何时,无考。北齐武平四年(573 年)重建,明洪武四年(1371 年)重修。潞州判官王基撰写碑文称:“炎帝神农氏之神在潞,当祀。……世传帝尝百谷在兹,故因以名。”明正统七年(1442 年)经明英宗赐允,又重修神农庙。庙西 50 步处有石泉,虽旱不涸,味甘美,称“神农井”。现长治市郊区老顶山乡政府楼下仍存一泉,上书“古寒泉”,水从螭口滴出,前有一圆口小井,可闻井壁泉水“滴答”之声。相传此处原为修庙崇祀神农氏,山隙不断滴出谷子,可供施工人员食用,故称“滴谷寺”。竣工时,寺僧为屯谷,用棒捅隙,结果一对金鸽飞出,朝壶关紫团山而去,从此不再滴谷,留下“滴谷寒泉”这一景观,成为潞郡八景中的第一景。并因此留下许多描绘百谷胜景、称颂炎帝功德的诗文。

羊头山、百谷山距炎帝建在黎侯岭下的耆国均 20 公里左右,相距不远。先祖既能从陕西岐山千里跋涉来到太行山泽潞盆地,而徒步 20 公里左右前往两处尝谷,则完全在情理之中。

四、炎帝陵及炎帝后人在上党

炎帝之死,汉代以前典籍无载。晋皇甫谧《帝王世纪》称“葬于长沙”。宋罗泌《路史》云:“崩葬长沙茶乡之尾,是曰茶陵,所谓天子墓者。”又云炎帝陵庙“在康乐乡鹿原陂上,宋乾德五年(967 年)建,即今湖南省酃县炎帝陵。其始建时间较百谷山重建神农庙还迟 394 年”。

关于高平炎帝陵,《羊头山新记》载明:“山之东南八里,曰故关村,村之东二里曰换马镇,镇东南一里许有古冢……相传为炎帝陵……盖金元物也。”“又按神农冢天下有二焉,其一在湖广衡州府酃县,载于祀典,每三岁遣祭,禁樵采。然南北两冢相去三千里,世代久远,是否真伪,莫知其详。今此坟侧有神农庙,有司岁时致祭焉。”这说明明代全国只有两处炎帝陵,都曾遣官致祭,对其真伪无法考察。庄里村炎帝陵石碑的发现和下台村元代无梁殿石碑,可为“金元物也”之佐证。炎帝陵石碑处俗称“皇坟”,陵旁五谷庙,供奉神农,同“坟侧有神农庙” 记载吻合。石碑立于明万历三十九年(1611 年),比明万历四十八年

(1620年)吴道南为湖南炎帝陵撰写碑文的时间,还早9年。

人类从渔猎到农耕的历史性进步,绝非一人一时所能完成。《史记·补三皇本纪》中记载的炎帝贡献,即使在位一百二十年,穷其毕生精力,也是办不到的。因此,炎帝是传说中的部落首领的称谓,并非单指一人。按《补三皇本纪》之说,炎帝自初祖算起,也有8个。因而在"神农氏世衰"后黄帝兴起,才发生的炎黄阪泉之战,只能是黄帝与末代炎帝榆罔之间的战争。战胜后,"诸侯咸尊轩辕为天子,代神农氏,是为黄帝"。这样一来,南北两处炎帝陵之谜似可迎刃而解。即高平炎帝陵葬的是炎帝初祖或二世前后,但湖南炎帝陵内葬的绝不可能是炎帝初祖。湖南株洲市原政协副主席、历史学家罗立洲先生著有《神农论》,对炎帝到湖南、葬酃县一说提出质疑,他认为"神农氏本人生于姜水,地在陕西岐山,在他有生之年,尝百草,制耒耜,教民稼穑,率领其部族,能抵达西安半坡,临潼姜寨等地,也足够他忙一生的了。""要神农本人再到湖南,显然是不可能的。故说炎帝神农氏来湖南,只可能是其部族后裔的一部分"。可见,湖南炎帝陵所葬者,绝非神农氏初祖。

《路史》一面称炎帝"崩葬长沙茶乡之尾",一面又称"黄帝封炎帝后参卢于潞"。《羊头山新记》也说:"轩辕氏兴,受炎帝参卢禅,封参卢于潞,守其先茔,以奉神农之祀。……今潞城县东北四十里有古潞城,即其国也。其国至神农冢一百六十里。"这段记载说明,炎帝后代被封于潞,任务是"守其先茔"即看墓,封地于高平炎帝陵所在相距160里,与现有实际距离相吻合。

此外,《山海经》中关于炎帝女儿的"精卫填海"的故事,就发生在长子县境内的发鸠山。羊头山、老顶山附近村庄流传着许多有关炎帝神农氏的传说故事,都从一个侧面反映出这里与炎帝存在着某种源远流长的联系,却是一个不争的事实。

五、对开发炎帝文化的思考

日本学者水上静夫在《姬、姜东封考——周初传说探原》一文中指出:"神话或传说,是一个国家、民族对自己民族的夸耀,用以鼓舞成员士气的故事,而成为集体活动的能源与血液。"炎帝神农氏建耆国于上党,尝百草于羊头山、百谷山、制耒耜,教民稼穑,为我们留下了丰富珍贵的文化资源和得天独厚的精神财富。

近年来,在"炎黄文化热"中,陕西宝鸡、湖北神农架、湖北随州厉山等地,纷纷为炎帝神农兴建起纪念性建筑。湖南酃县乘势而起,大造舆论,研究炎帝文化,修复炎帝陵庙,并经批准改县名为"炎陵县"。近在咫尺的长治市已将一尊高39米,堪称亚洲第一的炎帝巨型铜像竖立于百谷山巅。市博物馆制定了全面开发炎帝遗迹的总体规划,百谷山下将构筑一个宏大的炎帝纪念馆,以炎帝铜像为基础,辅之以祭坛、殿堂以及神农泉、神农井、百谷园、耒耜洞、神农村、碑刻等。规划得到领导重视,并拨出专款进行开发。老顶山建立国家森林公园,新顶景点和“古寒泉”遗址已成为收费参观景点,产生了一定的社会经济效益。

对于炎帝陵所在地的我市,面对如此情势,应该怎么办?《晋城百科全书》主编、市委党校校长王守信和冯胜、连德先三同志,在对高平炎帝陵、庙初步考察后,提出了几点想法和建议,其要点如下:

1. 炎帝是传说中的部族首领,所谓神农教播种、尝百草等是一种历史传说。对其研究,不可陷入神农教耕处是否在高平羊头山,炎帝是否葬于庄里村之类的考证中。因年代久远,炎帝作为传说人物且不单指一人,所以此谜难解,解而无益。

2. 高平羊头山一带,炎帝陵、庙建筑集中,应尽快请文物考古专家作出鉴定,确定这些古建筑的保护等级和文物价值。

3. 神农传说及精卫填海等故事, 实际上是对中国古代劳动人民的勇敢创造精神和部族首领关心民生、勇于试验、百折不挠、英勇顽强的精神的颂扬,可作为一种文化和精神大胆发掘,大力宣传,大加倡导。

4. 旅游开发既积极又慎重,在充分论证的基础上实施,不可盲目上马,要配套,既要有古迹,也要有新项目,如将神农故事绘制成画或塑制成像,建成新的神农馆(宫),既增加旅游投入,又教育启迪观众;要连片开发,把开发炎帝陵庙同开发长平古战场,以至和长治百谷山、长子发鸠山等有关神农文化的旅游参观结合起来,形成“规模效益”;要多项开发,在搞好旅游景点和服务网点的同时,还可以炎帝、神农、精卫等作为商标,提高地方产品的知名度,并可生产旅游纪念品;选择一祭祀神农古会日子作为神农节,一年一度,开展集中旅游观光;将团池乡改名为神农乡,扩大影响。总之,要多点、多项、成片、成套开发,方可扩大效益。

我们相信,只要各级人民政府充分重视,社会各界大力支持,在现存神农遗址的基础上,古上党的炎帝文化旅游开发事业一定会顺利发展,把这块土地建成炎黄子孙为铭记始祖功勋,振奋民族精神而寻根问祖、瞻仰朝拜的一方胜地。

试论"长平之战"中赵王之咎

王守信

战国后期,即公元前262—260年,在今山西省晋城市境内,发生过一场重大战争。这就是我国历史上著名的秦、赵长平之战。这场战争以秦胜赵败、赵国40万降卒被秦将白起坑杀而告结束。

说到赵国之败,说到赵国40万将士被坑杀,许多人总是不约而同地把罪责归咎于两个人:或痛恨赵将赵括的无能,或咒骂秦将白起的残忍。在历代不少有关长平之战的诗文中就把赵括叫做"邯郸小儿"、"竖子",把白起称作"锐头小儿"、"虎狼"等。至于这种评说是否完全适当,很少有人怀疑过。笔者也曾跟着人云亦云,未加思索。

笔者在编阅《晋城百科全书》中的《长平之战》这一条目时,再次翻检了有关史料,从这场战争的前因后果中,感到对赵国之败咎在何人这个问题,有提出来重新研究之必要。当然,赵括身为赵军主将,拘泥兵书,不知通变,又骄躁轻敌;白起惨无人道,大批坑杀降卒,太失人心。这二人对赵国40万将士之死都负有重大责任。他们一个在战争中被乱箭射死,一个后来被秦王赐死,正是罪有应得。但笔者认为,第一个应当为这场战争、为赵国在这场战争中惨败而负责的是赵国当时的国君赵孝成王。理由如次:

战争是军事行动,更是政治行为。上党17城原本属韩。秦占据野王(今河南沁阳)后,切断了上党郡与韩国都城新郑(今属河南)的通道。上党太守冯亭既不欲归秦,又恐秦军来犯,不得已,遣使入赵,愿纳地于赵。这在客观上等于把战祸引到赵国。赵国的平阳君赵豹当时就已分析到这一点,并劝赵孝成王不可贪无故之利,但他不听;平原君赵胜等人认为"坐收城市邑十七,此大利,不可失也",他则马上采纳,随之就派赵胜等前往受地。结果,因贪图大利而引来大祸,一场战争下来,赵国元气大伤,数年后终被秦所吞灭。赵孝成王作为一国之君,目光短浅,虑事不周,既不权衡利害轻重,又不明辨是非对错,草率决策,招来大祸,此其一咎也。

信任臣佐部将,不随意猜忌,是历代明君治政治军的重要原则之一。谓之"疑人不用,用人不疑"。与韩、赵一起"三分晋地"的魏国国君魏文侯,在任用乐羊为主将攻打中山国时,因乐羊的儿子在中山国做官,且乐羊驱兵至城下后又很快发起攻城,朝中上下一时间议论纷纷。但魏文侯对乐羊则坚信不疑。不仅不撤换其职务,还下令在都城为其筑造府第。乐羊胜利归来时,文侯出"谤书一箧",使乐羊感激涕零。赵孝成王则相反,不但目光短浅,而且鼠肚鸡肠,多疑多忌。长平之战爆发的前两年多时间,赵国本以廉颇为主将。廉颇是赵国的老将军,不但忠心耿耿,而且屡建战功,声名赫赫。因军事暂时失利而采取固守之策,于赵有利而于秦不利。秦正因惧怕廉颇,才故施反间计,说廉颇已老不足虑,且将降秦。结果,一个老将军的职务,就被轻易地撤换了。赵孝成王作为一国之君,闻言不审,既不辨传言之虚实,又不辨臣佐将帅之忠奸,轻信荒诞言,枉疑忠良将,铸其大错,导致大败,此其二咎也。

能否任贤使能,关系到国家兴亡和事业成败。赵括虽熟读兵书,但根本没有实战指挥才能,而只会纸上谈兵,且把复杂多变的"兵道"看得过易。又好贪私利,不像他父亲那样肯把赏赐分与将士而深得军心。可谓德、才俱差。"知子莫如父"的赵奢,生前就说过赵括不能为将,以括为将国将败其手中的话,括母也一再谏阻。赵孝成王就是不听,非常轻率地把三军主将这样一个事关重大的要职交给了一个无能之辈。结果,不但国家遭大祸,连赵括本人也被埋葬在刀丛箭棘之中,实在可悲可叹。赵孝成王身为一国之君,用人不当,既不识贤劣,又不能藏拙,轻委重任,害国害人害己,此其三咎也。

领导者不但要任贤使能,还要勤于督导、帮助。重大事务必须躬亲。秦国是进攻的一方,实力也比赵国强得多。秦昭王对这场战争非常重视,起用军事指挥才能更强的白起为主将。在赵军重军已被秦军围困的情况下,秦昭王还亲赴河内(今河南省北部)征召 15 岁以上男丁开往长平,以备堵截赵国援兵,断绝其粮道。赵国是被进攻的一方,又是在"本土"作战,理应有更充足的准备,也能够有更充足的准备和补充。事实则不然。赵括于七月代廉颇为主将,到九月,赵军就已被围困断粮达 46 天,致使士卒相杀而食。在此期间,赵王如何督战助战,如何派兵增援解围,如何组织运送粮草,史籍很少记载。赵孝成王作为一国之君,对其部将授命前不察不省,授命后又不管不问,致情况不明,举措不力,处置不当,因失职、失责,导致失败、失国。此其四咎也。

有此四端,笔者认为,长平之战中赵军之败,其主要责任在赵孝成王。赵孝成王不只是 40 万将士的催命鬼,也是赵括的催命鬼。此论不知当否?敬请名家指正!

赵树理与晋城首次农民运动

卜 穹

1926年7月9日，国民革命军十万人从广州出师北伐，第一次国内革命战争亦趋于高潮。中共山西省委委员、团省委书记周玉麟（字麟书，晋城巴公人），受省委派遣，同山西省国民党党部委员刘冠儒来晋东南视察党务（国民党）工作。他利用这一机会，曾深入到省立长治四师等校的学生和长治的工人当中，宣传革命道理，讲解党的政策；介绍十月革命经验，号召响应北伐。并发动学生在学校组织学生会，在工厂的工人中组织工会，在农村发动组织农民协会。受其鼓舞，倾向革命的四师学生常文郁（字邵州，晋城东常村人），利用暑假，在晋城西南的东常村、冶底、犁川一带，联络了十多个革命的青年学生，以研究学术为名，成立了“晋山研究社”，宣传北伐，发动农民向地主豪绅展开斗争。随后又在此基础上成立了“农民讲习所”，很快发展到90多人。

1926年，晋城已创建了第一个党小组——获泽中学党小组。冬天，在陈立志（亦名陈超然，晋城山耳东村人）、时逸之（亦名时赓昌，晋城五龙河西村人）同志的领导下，又在晋城高都垂棘小学成立了党小组。接着又在犁川、东沟、白洋泉河、南马匠、巴公、常村的知识分子中和大德针工厂等厂矿的捶金工人、煤矿工人、手工业工人以及农民中发展了一批党员，并成立了党小组和党支部，积极引导青年参加革命，组织工厂工人成立工会，举行罢工。常文郁即是在这样的形势下，于1926年冬由时逸之介绍加入中国共产党的。

常文郁入党后，在寒假期间，组织农村知识青年，宣传和发动农民群众更加积极，更加自觉。时逸之同志也深入到东、西常村、冶底、犁川一带，利用“晋山研究社”和“农民讲习所”，大讲北伐战争形势及南方工农革命运动的情况，大大提高了当地农民和知识青年的觉悟。

赵树理当时和常文郁，均系山西省立第四师范学生，又系19班同班同学，二人关系密切，感情笃厚。据时逸之在《常文郁烈士事迹》（原载《山西文史资料》）、张松勤在《晋城市早期党的创建》（原载《晋城史志通讯》1986年2月第一辑）中说：“赵树理、王庭珍、曾亦农、陈克绍等也曾到这里（指晋城东、西常村、冶底一带——引者）同常文郁一起进行革命活动”。此时，赵树理同常文郁等同志一道，组织“农民讲习所”成员“挨门挨户送贺贴”，利用“春节农民闹社火,农民讲习所的成员举着镰刀、锄头、叉、扫帚在街头场里表演,借此进行革命宣传活动。使这个封建落后、消息闭塞的山村听到了外界消息,懂得了革命的道理。”在常文郁、赵树理等人的宣传影响下,“大大激发了农民的爱国之心,提高了农民的思想觉悟”,于是在“农民讲习所”的基础上,成立了“农民协会”。

“农民协会”在1926年的冬天,“以常文郁、常子善、常行先(均系东常村青年——引者)为首,领导农民开展反封建主义的斗争”,清算了管社事富农常永发的账目及其罪行。“农民在街头举着大旗,喊着口号,举行了声势浩大的示威游行”。“这是晋城县首次发动的农民运动”,“当时,党员人数逐渐增加,党的影响扩大到整个晋城”,常文郁、赵树理等同志“为巍峨太行山点起了一把星星之火”。

经过1926年冬天在农村发动和组织农民运动的实际锻炼,1927年春,赵树理亦由常文郁、王春介绍,秘密地加入了中国共产党。

名水育名人 十里九名臣

裴余庆

当我翻阅历史的长卷，寻找故土故人的踪迹时，欣喜地得到了一个奇特的发现，在方圆20里的沁河三镇：端氏、加丰、润城，仅明朝万历之后的60年中，为朝廷重臣的达20余人，且都学识渊博，政绩卓著，可谓，“十里九名臣”。其中，任过六部尚书之职就有5人。他们是：

上庄王国光，万历年间历任户部、吏部尚书，与张居正共同实施改革，《明史》有“国光有才智”之说。

坪上刘东星，万历年间任工部尚书，治理黄河，死于治河任所，可谓“鞠躬尽瘁，死而后已。”

窦庄张五典，天启年间任兵部尚书，工余设计测量仪器，勘察泰山高度，被称为“测山第一人”。

湘峪孙居相，天启年间任户部尚书，严以治吏，重惩贪官，名垂青史。

屯城张慎言，崇祯年间任南京户部、吏部尚书，正直不阿且远见卓识，生于末世而才不能舒，以身殉国。

明史留名的还有张诠、孙鼎相、韩范、张升等十多人。

地以人名，人以地传。当我沿着历史的轨迹寻找这一名人圈的圆心时，找到了阳沁交界的开明寺。开明寺，初建于隋，兴盛于唐，开明圣水为世人瞩目，泽州开明寺与洛阳白马寺同为北方名寺。明朝正统年间，重修寺院，嘉靖、万历年间，迎来了该寺的二度中兴。一来有名水之传，开明泉水，盛传不仅可舒筋活络，强身健体，还可解愚启智，开心明目；二来有名寺之典，寺中藏经阁藏书万卷，不出寺门尽知天下事，三来有名师指教，寺中几任主持皆是学富五车的隐名才干。这样，开明寺就成为方圆百里读书人为求取功名潜心攻读的“学馆”。“十里九名臣”无一不是在此“深造”而走上仕途的。

史书上记载着这样一段故事，那是明万历二十年（1592年）的春天，两位老人乘轿来到开明古寺。这两位老人，一位是官至吏部尚书，功绩卓著，被皇帝封为“太宰”的上庄人王国光，一位是官至河南参政因治水有功，被称为“西门豹”的屯城人张升，两位老人皆过八旬,却红光满面,兴致勃勃。他们在青少年时,同在开明寺就读,喝开明泉水,读藏经阁书,折蜘蛛山柳,戏八角池鱼,结为密友。今日故地重游,忆起少年童趣,不禁心花怒放,童心又发,想到官场恶浊,又感慨万千,倍觉此情此景格外亲切。

张升提为河南政后,遭嫉贤妒能之士陷害,当时,好友王国光正掌管吏部,重权在握,人们让他向王求助,张升秉性刚直,不愿以私情求官,毅然辞职回乡。

两位老友寺中聚首,自有说不完的话题,忽而听到“爷爷、爷爷”的喊声,几位少年翩然而至。

原是张升的孙子张慎言,正在寺中读书,听说爷爷到来,急忙携学友孙鼎相、刘鸿儒前来拜见。张升忙让他们见过王国光王太宰。王国光见三少年个个眉清目秀,聪明可爱,问他们读过哪些书,并当场以“春风”命题,各写一千字文试之。三人不一刻写就,王国光认真看过,不禁喜上眉梢,捻着银须道:有名水之孕,有名师之教,可写些奇文,“皆卿埔也”。又拍着张升的肩膀道:“有此后人,张门有望啊!”二老高高兴兴离了开明寺。

日后果如其言,二十年后,此三人均为名臣,且均留有名著。湘峪人孙鼎相,官至户部侍郎,留有《承恩堂遗稿》;端氏人刘鸿儒,官至大理寺正卿,留有《明灯道故录》;屯城人张慎言,官至两部尚书,留有《泊水斋文钞》、《泊水斋诗钞》。

闭卷沉思,故乡故土,确是一片神奇的土地,孕育出多少英雄人物。案头新置友人田澍忠的一部近作《润城雄风》,当代英雄逢当今改革盛世脱颖而出。古有“十里九名臣”,今有“十村九小康”。故乡的土地,确是英雄辈出的土地。

漫话佛子山

王云鹏

佛子山，简称佛山，海拔1791米，位于陵川县城东北20公里处，素有“太行第一峰”之称。它雄踞太行南端绝顶，山势巍峨峥嵘，挺拔突兀。登巅远眺，黄河在目，豫北平原，一望无余，确有“一览众山小”的宏伟气派。金代文坛巨匠元好问，曾以“佛山之高，黄河可睫”和“俯视中州九千四百八十仞”的赞美语言来描述它的雄姿。国家文物局于1981年列为中国名胜之一(载入《中国名胜词典》)，可见佛山历来就是驰誉上党的一座名山。

佛山绝顶原建有号称“天中天”的二进院古刹一座，因山半常常云海翻腾，故得名为“棲云寺”。寺大门额上雕有“太行第一峰”五个大字，寺内还有约一米多高的石佛一尊。由于战火摧残，这所高山古刹及其附属文物，早已荡然无存，但它的遗址犹在，仍可作为考察此寺古往今来的历史见证。

佛山不仅有其本身的旅游价值，离其主峰西南不到3公里的棋子岭，是商末阴阳卜筮学家、围棋奠基人箕子于周初避居时的活动地区，1993年已被国家公布为围棋发源地，正在吸引着国内不少游人来此观光。佛山主峰南面约2公里许的光脑岭，自1959年陵川民兵在此劈山造林以来，就以其成绩蜚声全国和傍近主峰之故，而命名为“太行第一山”。现在这里林海浩瀚，松涛滚滚，千山竞秀，万壑争艳，已成为“佛山林区”的主要组成部分。既是木材的生产基地，又是绝好的旅游景点。真可谓自然天成一佛山，妍妍物华相拢来。

佛山及其周围，向为党参的主要产区。在主峰南面约3公里的黄松背所产的“五花参”，质地优良，闻名中外。60年代初，曾在佛山主峰东南山腰培育人参成功，揭开了陵川中药材生产的新篇章。

佛山周围蕴藏着极为丰富的矿产资源。在主峰东北约2公里许的铜古矿区，是陵川磁铁矿的集中地带，从古至今都有人不断开采，根据其藏量和品味来看，也有着十分乐观的发展前景。在主峰东面近期新探明的、周围约达20余公里的大理石矿区，也是陵川经济赖以振兴的重要宝藏。

太行第一峰——佛子山，峰奇景秀，物华天宝，不仅是旅游胜地，也蕴藏着经济开发的巨大潜力。随着陵辉(辉县市)二级公路的全线通车，它正以太行绝顶特有的壮丽风光，接待着来自祖国四面八方的游人和开拓者。

绝 兰 碑

佚 名

公元1811年(嘉庆十五年)三月间,山西省最南端阳城县境内的桑林蟒河地界竖有一块石碑,这是本邑乡民为县令秦维峻(甘肃皋兰人)所立,碑名“绝兰碑”。

这绝兰碑恐世人知者甚微,以往笔者还以为是一些支离破碎的民间传说,自莽山(指“望莽孤峰”阳城旧八景之一)之行后,特对这一名不见史载经传的碑碣刻石产生极大兴趣,今以简文一叙,试图将这一纪事颂德之举传扬后世。其碑文如是载:

望莽河地虽名河其实皆山焉山谷之中旧多兰草先世每于□□□时进献邑侯亦献芹意也乃始而自献后则差微相沿既久为害难言今春本地牌头小甲据实呈禀我慈秦太老爷始知根苗尽绝钧谕宽免居民感戴宏恩因勒诸石

邑侯秦太老爷宽免绝草碑

望蟒河合社居民同勒

嘉庆十五年三月古旦 立

那赫赫显眼的“邑侯秦太老爷宽免绝草碑”是一个大字使众乡游人戛然止步,详观内容则肃然起敬。以笔者根据有关资料查得:碑中的兰草即是指“泽兰”,辞海称:多年生草本,全草供药用,《本草》注云:“兰草、泽兰一物同名。”其为唇形科植物地瓜儿苗的茎叶,性微温,味苦,功能活血祛淤,主治淤滞经闭腹痛,跌打损伤等症。如此云云神奇药草,生长于本邑蟒河莽山之中,每年春来正值兰花盛开之时,县令总得让这一带的乡民上山采刨兰草,并携带大量兰花进京敬献皇上,年复一年差征相沿,搅得当地百姓苦不堪言。嘉庆年间,新到知县秦维峻为官清正,十分体恤民苦,在得知蟒河乡民为献兰而怨声载道叫苦不迭请命绝兰时,迅解民于倒悬,急速奏章朝廷,谎称:蟒河兰草因连年刨掘根苗已绝,无法再向上敬献。至此,总算彻底地免除了这一带的一宗苦差事。百姓无不拍手称颂,于是,就自发地为这一清官——秦太老爷立石记之。

可叹这一带的后来人对绝兰碑却不以为然,竟将它搬垒了加工房,并在上打孔钻眼安装磨机,实感危在旦夕,幸好是大部分字迹现清晰可见,只是损坏了几个字,前些年县文博馆将些碑文托存于馆内,恐怕天长日久这一碑碣将被毁弃荒野或变碎石一堆遗恨晚矣,也使旅游胜地——蟒河又缺少了一宗生动物象。绝兰碑虽不价值连城,但实属一通有一定教育意义的碑石。

仙女诵经开明寺

裴余庆

唐武德八年(625年),早春二月,一个阳光明媚的日子,新建的泽州府城(现沁水县端氏镇)商贾云集,人头攒动,甚是热闹。忽然东方飘来一朵白云,一仙女从天而降。只见她身披紫色裘衣,头戴步摇玉冠,天生丽质,光彩照人。街上一伙富家子弟见了又惊又喜,拥了过去,试探着想戏弄于她。仙女正色道:汝等休得无礼!我本居住在天帝宫中,上下于星辰之间,呼吸阴阳二气,对蓬莱、昆仑那些神仙居住的地方我都不屑一顾,耻于前往,天帝认为我高傲自大,一怒之下将我贬到这里,要我诵经念佛,修身养性,七日便当返回天宫。如汝等胆敢无礼,我返回天宫后绝不会饶恕汝等!"那些公子哥听了,各自扫兴而去。仙女见一长者,鹤发童颜,举止不凡,忙上前施礼道:"请问老伯,这泽州府地可有名寺高僧,容我诵经念佛?"只见这位长者向南一指道:"尔可沿洎水(沁河)南下,行至十五六里,可见一座形若蜘蛛的小山,山下有一座寺院,即开明寺,寺前有一眼名泉,即开明寺泉,该寺建于隋,盛于唐,今有浙江天台山国清寺智者大师的高徒慧明大师在此主持,新建一藏经阁,藏有经书万卷,正是尔修行的好去处。"仙女别了长者,乘一叶扁舟顺洎水南下,不一刻,就来到了蜘蛛山下,只见慧明大师已率众僧在山门前迎候。仙女道:"大师怎知吾来乎?"慧明道:"昨夜坐禅,忽闻寺前泉声如涛,早上观之,见泉上紫气缭绕,思必有仙至,特来迎汝。现已备好吾师《摩诃止观》二十卷,腾出禅堂一间,请汝好生诵读。"仙女急向大师下拜,进入禅堂,从此闭门不出,悉心诵经。七日至,禅堂门开,仙女飘然而出,谢过慧明大师与众僧,来到开明寺泉前,连拜三拜,玉指合拢,轻轻捧起一掬泉水,含入口中,喷出一片五彩祥云,仙女化为一条白龙,乘云而去。

从此,开明寺名声大振,寺僧多达数千人,四季香火旺盛。开明寺泉水更为甘甜,被众人传为可治愈百病的圣水,求水者日夜络绎不绝。寺僧仿照天宫瑶池造八角天池一个,祈求仙子福泽于民。

过了数十年,曾在泽州居住的陕西扶风人马孺子游至永州,将这件奇事告知了永州司马柳宗元,柳宗元家居与泽州相近的解州永济,曾为京官,因参与"永贞革新"而遭贬谪,心境正与贬谪的仙女相同,于是,写下了一篇短小精巧、脍炙人口的《谪龙说》,使这个神奇的故事流传到今天。

现在,兴盛于隋唐的开明寺尚在,坐落在山西省阳城县望川村西。寺内,仙女诵经的禅堂、藏经阁、八角天池尚存,开明寺泉水已被开发,并获全国名饮特级金奖,望川村已成闻名全省、全国的小康村,村中何止一仙女乎?

诗书品评

1991 年

段永贤其人其诗

刘武彦

段永贤曾如泣如诉地与我说起往事:“1943 年晋城发生蝗灾, 母亲逃荒要饭到了下村,路人介绍与父亲结合,一年以后有了我。从那时起我就在这块土地上生长,父老兄长,领导和同志都给了我成长的营养和熏陶培育。生活磨炼了我,我喜欢用诗表达感情……”

说到写诗,便使我想起他的《长歌行(自述)》。他在青年时期遇到类似伯乐相马的故事。1970 年段永贤从山西大学中文系毕业分配到古矿中学任教员,被安排到校办工厂学工打铁。1972 年他把感触写成新诗《烈火中锻炼新一辈》,寄往《晋东南报》,五年后才登出来。这使段永贤久经磨炼的心为之一振,感激钦敬,所以有“五年终面世,赖有王总编”的诗句,知遇之恩,溢于言表。从那时起他便在诗作方面迅速成熟起来,以至到了现在“兴发游诗海,情钟踏峰峦。把卷细风唱,流韵千里传”。

的确,段永贤的诗已经流韵千里。他的诗在广西的《南国诗报》、《桂林日报》和《文汇报》、《中国煤炭报》、《山西日报》、《难老泉》、《火花》、《太行日报》、《热流》 等报刊均有发表,热情地赞美矿山,歌颂晋城。登在 1991 年 3 月 29 日《中国煤炭报》上的《新年即兴》酣畅地写道:

如此矿山如此人,晋城精神晋城魂。
诚赖自力摘魁斗,甘捧光热写华文。
不怕榜上无姓名,坚信脚下有鹏程。
幸趁改革励大猷,再展宏图又一春。

这是对全国煤炭系统第一家一级企业获得者晋城矿务局职工的歌颂,是对该局企业精神的一种弘扬,也表现了诗人豪迈的情怀。

在歌颂矿工的同时,段永贤没有忘记生养自已的泽州大地。他站在历史的长河边,写了《泽州名胜古迹十咏》、《泽州历史名人十咏》在《太行日报》上发表。其中的《孔子回车》写了在羊肠坂上回忆前贤,回味孔子的学术观点以及孔子回车的传说,晋城人民改天换地的业绩,最后以“唤醒先师朝北上,曾知旧日太行山?”结尾。表现了泽州大地一改旧貌,交通发达、人民富裕的现实生活。这种情绪在《珏山吐月》中更得到进一步的发挥:“仰天拜请诗仙降,斗酒新咏望月歌。”在晋城这块宝地上曾经出现过英名卓著的政治家、思想家、经济学家、文学家和未能留下姓名的成千上万的能工巧匠。历史的甘露滋润了诗人的心田。段永贤咏到刚直不阿的杨继在鸦片战争中力主抗英、政绩卓著的,杰出的教育家郝经,曾参与主修《康熙字典》的陈廷敬,有仕途坎坷的张慎言,有朴素节俭的毕振姬,有画家荆浩,治河专家贾鲁,还有散曲家常伦,艺术家孔三传,诗篇既歌咏了晋城大地产生的历代先贤,又具有新时代气息,褒扬适度,脍炙人口。

段永贤最拿手的,还要数写煤矿的诗作。省诗词学会常务副会长温祥对《咏煤炭》七首就很为赞赏,“出山喜送冬时暖,吐焰长留夜色明。”“重来盛世惊天地,大放光明泣鬼神。不计前生千古怨,宏图旨在万家春。”“舍己但求燃刹那,利人哪惧磨千遭。驱身蹈火魂犹在,化入彩霞别样娇。”都被称为佳句。《南国诗报》主编柯炽说段永贤“把煤矿写到这样美是不简单的”。省作协主席焦祖尧读了段的诗稿,感慨系之,致信段永贤:“许多诗里都寓托了你的思想和感情。这些思想感情是真诚的,没有矫情,包括你的人生体验和品格。”

学无止境。读完段永贤一百多首诗作,感到其诗风豪迈,内容充实,既有现实特点,又有浪漫色彩,情真意高,洋溢着时代气息。但他并不满足于已达到的写诗水平,他向别人请教怎样把诗写得更加含蓄优美,与同行切磋诗词格律、平仄对仗,有时候念诗给身旁的人听,以求易记易懂,朗朗上口,真大有“新诗改罢自长吟”(杜甫)的气度。

在许多良师益友的敦促下,段永贤即将出版他的第一本诗集《心泉》。这是他几十年辛勤劳作的结晶。他的成绩离不开他的家庭,离不开他的人生经历。一次在他家中做客,其妻荣秀娥一边编制精美的纸带提篮,一边和我聊:“我非常羡慕他好学上进。结婚后,不管我们遇到什么困难,他都没有骂过我一句。他与他哥都是孝子,两人没有红过一次脸。”46岁的段永贤头发已经减少,眼睛已达700度近视,他说:“1958年大炼钢铁,深翻土地使我幼小的心灵体会到‘谁知盘中餐,粒粒皆辛苦’。那时对我的身体也是一种锻炼,是我生活成长的基础。”他小时候上山砍过柴,伸出左手,可以看见他指上有五个伤疤,在古矿宣教科当过理论干事,党办秘书、矿务局报社社长,后任局行政办公室主任、局长助理。他的每一个脚印都凝聚了领导的关心和同志的友情:“寒侵流水坚如铁,雪压青松宁可折。高竹一枝扫云雾,时穷方见个中节。”(《赠友人》)就表现了他对友情的理解。在艰难的人生跋涉中段永贤也有自己对人生的理解和追求。《咏岁寒三友》“松”就是他内心世界的一种体现:

“岩顶崛立一株松,

霜欺雪压郁葱葱，
折断犹能燃烈火，
偏烧暗夜烛天红。”

“为什么我的眼里常含泪水？因为我对这土地爱得深沉”(《我爱这土地》),这是诗坛泰斗艾青在抗日战争时期表现出的对祖国忠贞不贰、感人肺腑的炽热之情。物换星移,光阴荏苒,中国文化的流脉源远流长。段永贤在党的领导下,在新中国的怀抱里成长成才,对现实生活充满了激情。他用诗歌唱,也写报告文学和文艺散文。当晋(城)张(路口)公路通车剪彩时,他亲自前往,“看着乡民们眉宇间的喜色,一眶泪水在我眼里打转。我想,祖辈翻山爬坡的山里人,今天终于有了密切城乡经济文化的纽带。”(《山菊花》)他激动,他感奋,因为晋城这块土地哺育了他几十个春秋,孕育了他的诗人才华。他看到了党和人民的事业欣欣向荣,看到了祖国巨变、人民富裕、科技进步,他深深地爱着祖国,爱着这片热土。他还要舞起巨椽彩笔歌颂今天,报效太行,告慰已经长眠的严父慈母!

吴国华、张保平夫妇金榜三题名

郭志强　吴向周

在上党剧坛,活跃着一对青年夫妻,这便是山西省上党戏剧院第一演出团团长吴国华和她的丈夫张保平。

吴国华出生于梨园世家,她的父亲郝同生,母亲吴婉芝,姑姑郝聘芝,都是誉满上党、蜚声全省的上党梆子著名演员。15岁时,她考入了山西省戏曲学校晋东南地区分校,踏上了戏曲之路。"像父母那样,当一名好演员","我既然继承父辈事业,干上了戏曲这一行,就要干好,干到底,干出成绩来",这是她的理想和追求。六年的学校生活,系统的专业训练,为她后来的戏剧艺术事业奠定了良好的基础。1980年毕业前夕,她在《红灯照》中扮演了主角林黑娘,参加了山西省优秀青年演员评比演出。她的表演,轰动了文艺界,引起了省城专家及同行的关注,荣获表演一等奖。省文化局、省青联、团地委多次授予她"三好学生"、"新长征突击手"、"模范共青团员"等光荣称号。就在这年的金秋季节,她光荣地加入了中国共产党。1982年参加全省举办的优秀中青年演员评比演出中获得了最佳青年演员奖。1984年参加了电影《佘赛花》的拍摄并饰主角佘赛花,1986年当选为晋城市剧协主席和晋城市人大常委。

事业上取得的成绩是她用辛勤汗水浇灌的结果。对于党和人民给予的奖励和表彰,她没有沾沾自喜,而是更加坚定了为上党戏剧艺术事业的繁荣和发展奋力拼搏的决心。她说:"我只有加倍努力,拿出思想内容健康、技艺更加精湛的艺术珍品来回报党和人民。"

张保平,沁水县城关人,国华的丈夫。二人同窗学艺,摔摸滚爬,在漫长的戏校生活中,结下了深厚的友谊,萌发了真正的爱情。1984年,两人喜结良缘。张保平有一副高亢清亮的好嗓子。多年来,一直登台演出,扮演过许多舞台形象,有《雁门关》中的杨八郎,《寇准背靴》中的赵德芳,《画龙点睛》中的知县等。他在继承郭金顺、郝同生等艺术前辈唱腔的基础上,敢于突破,勇于创新,融京腔、梆腔为一体,形成了自己的独特风格。因此,他的演唱颇受观众喜爱。由于机缘不佳,多次汇演奖牌都与他无缘,但他不气馁,不松劲,勤于求教,细心体验,刻苦排练。对艺术孜孜不倦,执著追求。决心像妻子那样在艺术事业上登上金牌领奖台。

1986年初春，振兴山西省戏曲青年团调演在太原举行。全省各路戏剧、各个剧团齐集省城。张保平、吴国华夫妻一起参加了这次调演。张保平在《杀妻》中扮演吴汉，吴国华在《酒楼洞房》中扮演丫环瑞芝，在《借粮》中扮演樊梨花。为了这次调演，为了上党戏剧事业的发扬光大，为给泽州梨园争辉，在丈夫的支持下，吴国华毅然做了人工流产，又一次失去了做母亲的机会和一个本应属于他们的生命。有失必有得，他俩双双获得了主演金牌奖，一起站到了领奖台上。这是他第一次捧奖，并且是省级戏剧最高奖。捧着奖牌，他俩都流下了激动的泪水，那是从心源涌出的欣慰的笑。生活中失去的，事业上得到了报偿。金榜双双题名。

1988年盛夏，振兴上党梆子调演在晋城市举行，上党戏剧精英汇聚泽州，展开了角逐。张保平和吴国华合演《杀惜》这折戏。张保平饰演宋江，吴国华饰演阎惜娇。他俩配合默契，表演细腻，获得广大观众阵阵掌声，把宋江和阎惜娇两个历史人物塑造得栩栩如生，活灵活现，又一次双双荣获主演金牌奖。同年秋天，他俩再次同获山西省广播电台举办的“杏花奖广播赛”金牌奖。一年之中，梅开二度。夫妇金榜三题名，这在上党剧坛是绝无仅有的，即使在全省乃至全国也是不多见的。近几年来，他俩在艺术上更加刻意求精，表演技艺日臻成熟，正向更高的艺术境界攀登进取。今年继张爱珍、郭孝明进京演出之后，由中国戏剧家协会和中国《戏剧电视报》联合推荐，张保平、吴国华夫妇将于11月2日赴京参加“梅花奖”的评比演出，届时将向首都人民献上具有上党浓郁韵味的四台折子戏：《寻夫》、《借粮》、《杀惜》、《杀庙》，另外还带有一台上党梆子传统剧目《三关排宴》。现在他们正在紧张地排练、加工。但愿他们能够叩开京门，催开梅花，为上党人民争光，为振兴和繁荣戏剧作出更大的贡献。

田澍中与他的《二十四级台阶》

王俊石

百花文艺出版社最近出版的《二十四级台阶》系青年作家田澍中的第一部小说集,选收了他自1980年以来创作的部分力作,计3部中篇、15个短篇,共22万余字。

澍中土生土长在太行山区一个叫田家湾的村庄,自幼家境清贫。但生计的艰难,丝毫压灭不了他对文学的满腔赤诚之情。1966年的急风暴雨使他的学业夭折了。人生的磨难更增添了他对文学的执著追求。在繁重的农活间隙,在山村宁静的夜晚,他废寝忘食地阅读当时所能借到的各种文学名著,如饥似渴地从中汲取创作营养。虽然他不能重新走入学校大门,但扎根在生活的沃土之中,观览社会人生的纷纭百态,与父老乡亲同呼吸、共命运,却为他提供了磨炼思想意志,增长才干的新天地。日复一日,年复一年,他甘于寂寞,刻苦练笔,终于从一个农民娃走进作家的行列。这是生活对于一个真诚拥抱它的人的一种厚爱与回报,是更高层意义上的一种人生礼赞。所以澍中把他的第一部小说集定名为《二十四级台阶》,其深邃的寓意是不言自明的。

诚然,这部小说集只是作者已发表作品的一小部分,并非其创作全貌,更不能完全代表他在新的一年里所取得的新进步。但我仅从这些作品中就鲜明地看到,作者从偏僻的山村走进喧闹的都市,丰富的生活阅历与曲折的人生足迹,与其作品有着多么不可分割的血缘般的联系,而小说的取材范围恰恰可划分为乡村与城市两大块。前者以真实典型的情节描写、再现山民的人生命运;而后者则通过惟妙惟肖的心理刻画,表现城市人的芸芸众生,而城乡之间又相辅相成,密切渗透,构成了澍中小说艺术世界。这绝不是作家故意炫耀自己见多识广,而恰恰说明生活的积累与人生的体验决定了作家的创作风貌。正因如此,澍中的小说毫无矫揉造作之态,而是内容真实厚重,且又多姿多彩,给人以时间上的纵感和空间上的开阔感。

众所周知,过去的太行山土地贫瘠,交通闭塞,经济文化很不发达,由此造就了山民们吃苦耐劳,质朴憨厚的优秀品格,同时又形成了他们过于因循守旧、愚昧落后的劣根心理。故乡的政治、经济、文化传统,历史的沿革,都对澍中的思维方式、审美情趣、创作手法、语言格调等方面产生了重要影响,这尤其在他的前期作品如《三凤告状》、《威信》,《三个辣椒》中，更能看出某些印痕。这些篇章虽然今天读来显得有些不够圆熟，但那向上的思想格调，鲜明的人物个性，生动的细节描写以及朴素的乡土语言，至今仍有其感人的艺术魅力。

歌德说："依靠体验，对我就是一切。"澍中小说创作起步是扎实的，这源于他对生活和人生的热爱与真诚，对故土的深厚感情和对社会的强烈使命感。随着生活阅历的不断丰富，文学创作的辛勤锤炼，他的艺术透视力更为敏感和深刻，这就使他的小说不仅在表现社会生活的广度与深度上获得新的拓展，而且人物形象、情节结构，主题思想以及手法技巧更趋于多样化。但他紧贴时代现实，直面社会人生的基本品格不但没有削弱，反而进一步得到加强与深化，这尤其体现在其小说从单纯的是非分野、道德评价升华为哲学。从文化的审美层次上，再侧重于从历史与现实相联系的社会背景变化中，多方面地挖掘人物内心世界的复杂性与多变性，从而揭示了人生命运的真实奥秘。《晚雾》中的主人公四姐自幼和父母生活在城镇。和睦的家庭，安定的生活，本可使她有自己的金色人生。然而，"文革"浩劫浊浪滔天，父母遭迫害先后身亡，她被迫送到家乡寄养在叔伯家中。幼小的身心饱尝世间的炎凉，人情的冷暖。中途辍学，生计艰难，她像一只可怜的小猫轮流在几个叔伯家中寄宿，只要能填饱肚子，也从不计较任何饭食。即使如此沉重的生活，她不曾有丝毫的退却，而是顽强地挣扎着，期冀有自己独立的一天。可是，当她一天天长大，生理疾病的难言之隐，导致她三番五次地拒绝婚约，也导致她终日生活在长辈与邻里的白眼和羞辱之中。真相无法诉说，苦水自己吞咽。当生命不能承受外在的与内在的重压时，只有终结生命才是她唯一的解脱。四姐还不曾真正品尝过人生美酒，就悲惨地告别了人世。依我看澎中是把人生有价值的东西撕碎给我们看，并通过惟妙惟肖的撕碎过程，竭力探寻造成四姐悲剧的多层次的深刻原因。表层上是极"左"的政治风暴改变了四姐的人生之路，而真正的内因或者说更深层的根源是封闭落后的小农经济形态及其对比基础上产生的愚昧陈腐的封建道德观念、家族意识、文化心理。这就使四姐形象不仅具有了经济、政治、社会方面的认识意义，而且有了文化、哲学上的审美价值。

与四姐相反，小说《老太阳》中的香兰是一个敢作敢为的新时期的农村女青年的典型。当改革的大潮冲击了过去闭塞的乡村，震荡了每个人的灵魂时，谁都无法逃脱现实的严峻挑战，回答与选择是不可避免的，矛盾冲突也将十分激烈。中学毕业的香兰勇于接受新鲜事物，渴望获得新的生活；她义无反顾地与传统的陈规陋习实行彻底决裂，以坚定的姿态迈出时代的步伐，走向都市，汇入更加波澜壮阔的商品经济洪流之中，去摔打自己，重塑理想，开拓人生。当然，新的天地中仍然充满矛盾与艰辛，但只要自强不息，必定有所作为。香兰的故事并不复杂曲折,但澍中把它写得十分细腻生动,活灵活现,主人公的精神风貌便在情节推进中有条不紊地加以展现。

我们说,作家既是社会生活的严肃参加者,更是社会生活的解剖者。这种解剖既是真诚的,也应当是敏锐的,清醒的。只有善于敏锐地捕捉并形象地表现社会生活新的动态、新的矛盾,才能使作家永葆青春的生命。澍中正是这样一位小说家。他在《水磨的变迁》中运用以小见大,以微显著,反衬对比的艺术手段,仅仅通过一个乡村水磨房的由兴到衰,就既写出了传统经营方式在现代技术的强烈冲击下无可奈何而终将被取而代之的发展态势,又更主要地描绘出这种急剧变革过程中,乡民人际关系、价值取向所发生的种种微妙变化以及主人公心理失去平衡后的苦苦挣扎;作家既同情弱者,又羡慕强者,这里没有简单的对与错、是与非的分野,而是我们这个社会由传统走向现代,由封闭保守走向开放革新的必然。

澍中多年坚持现实主义创作道路，孜孜不倦地从社会生活中挖掘提炼创作的宝藏。他前几年的小说,特别是表现农村生活题材的作品,继承了“山药蛋派”的优良传统,善于营构典型的社会环境,组织真实生动的故事情节,通过一系列矛盾冲突,刻画人物的鲜明性格,表达其主题思想;语言质朴晓畅浑厚,富于浓郁的时代生活气息。他关注的不是一己的得失,而是大众的喜怒哀乐,并把自己对真善美的追求与赞扬,对假丑恶的憎恨与鞭挞的强烈情感,溶入神态各异的小说人物的精心描绘之中。近几年,他的小说又从乡村向都市拓展,为此,他又自觉地在传统手法的基础上吸取、借鉴现代小说的艺术技巧,以丰富作品的表现力。收入这个集子中的《碰壁记》系列,就一反过去惯用的笔法风格,更侧重于展示当代都市文化人的复杂的内心世界,力求在短小篇幅中,表现更为宽广深厚的内涵,从中可以看出澍中在小说创作实践中锐意进取的艺术探索精神。我预祝澍中在今后的创作中,继续保持与发扬直面社会人生的精神,写更多更好的作品。

谈吴国华《借粮》的表演

施　茜

悲与喜，历来是演员所要表现的主题，而要把它展示得恰如其分，使悲中有喜、喜中见悲、悲喜相迭，这才是一个演员表演的成功所在，并不能单凭卖弄表演上的技巧来达到这种效果。

《借粮》是一折富有启示意味的轻型生活小喜剧。吴国华扮演了剧中的樊梨花。她运用悲与喜的交叠来展示一个将帅生活的另一面——柔情之美。

帷幕拉开，樊梨花侧卧后帐之中，如深闺少妇面对皎皎明月吟诵着“过尽千帆皆不是，肠断白苹洲”。一个静的画面、一个静态的人把沉稳的将帅气度和愁闷的少妇思夫感情传达给了观众。这是一种悲，悲叹自己的命运。一个心爱丈夫的女人得不到丈夫诚挚的爱，这种无爱的婚姻怎能不使她暗自伤怀。尽管如此，她还是无时无刻不在牵挂着薛丁山的安危，不在忧虑着三军的胜败，所以唱出了“小千岁兵困在锁阳”一句，渲染了内心的焦灼与不安。这种悲是无可奈何，听天由命的悲，但在悲中总存在着一种幻想，一种希望，希望丈夫能认识到自己的错误而回心转意。

接着，画面一转，事情就有了转机。此时，薛丁山借粮来到帐外。樊梨花在千般忧虑的情境中闻听传报，心中悲喜交集。忐忑不安的心情让她顿生恐惧之意，所以传禀“公事进帐，私事不纳”。内心起伏跌宕，吴国华仍用静场来处理，给人无限想象的余地，使观众和演员的共鸣更深了一个层次。薛丁山“公事私事兼有”的回报使男女主人公相会在大帐之中。初见面，薛丁山为了能顺利借到粮草(当然也有对妻子的关切之情)，他主动承认了自己的错误，关切之情溢于言表。这种过于突然的变化，使樊梨花大喜过望，她是一个元帅，更是一个温柔多情的女子，看到丈夫的变化喜悦万分，因而就如一个平凡的女人一样关心薛丁山的衣食，并立即吩咐备办粮草，以速解三军之困。此时，人物性格并没有得到充分展示，戏剧气氛并没有达到高潮。其中蕴含着一种推向高潮的变化、一种转机。

转机在转场之中就来到了。当薛丁山向随行大谈樊梨花之所以唯命是从是怕休了她时，被樊梨花无意听到。此时她有一个惊讶的表演动作，有一个短促的回味，她明白了薛丁山的关切并非出于本意。失意和绝望同时向她涌来，所有的幻想都烟消云散了，其悲不亚于雷霆万钧。这里,吴国华在处理樊梨花的情感时已经不仅仅停留在消极的悲伤阶段,此时的悲是一种怒,一种因付出而得不到回报的怒。她用大段的高亢激昂的唱来宣泄心中的郁愤。她毅然递笔墨与薛丁山,让他写“休书”。这是戏剧的高潮,画面由静到动,气氛由悲转喜再转悲,人物感情的高潮有了归宿。

尾章薛丁山终于认识到了樊梨花的价值与美,夫妻言归于好。吴国华演的樊梨花以喜剧终场,但隐含着一种朦胧的悲,夫妻间的伤痕只能留给时间去抹平。她的表演留给作家和观众再度创作的思维空间。

在这折戏中,吴国华并没有运用什么程式上的表演技巧,而是通过性格化的唱腔和道白,代表性的细节和动作以及富于情节性的局部表情来表现一个女性的柔美和刚强。樊梨花不是一个不食人间烟火的神,她的价值就在于她是一个有人的局限性的平凡女性。能演出其作为人的局限性的一面才是一个优秀演员所要具备的基本条件,也是美之所在。

读张道德的几篇短篇小说

董大中

最近,读了《太行日报》副刊发表的张道德的几篇短篇小说。这几篇小说,不是严格意义上的小小说,他是把短篇小说的材料,作了高度的凝练、压缩,缩小了规模,成了现在千字左右的短篇。读这些小说,使人想到了赵树理的《田寡妇看瓜》。它们继承着《田寡妇看瓜》的小说精神,展现出一片崭新的艺术世界。

几篇小说,各有特色。《九爷》通篇是侧面描写,通过乡党委雷书记的心灵,烘托出了一个农村党支部书记工作辛苦、能严格要求自己、困难事从自身做起的崇高品质。《丢丑》是一个小喜剧,它把城镇待业青年中的两种不同的价值观,互相对比地描写了出来,指出真正丢丑的不在于从事什么样的劳动,而是一颗什么样的心灵。《骂邻》不仅具有《田寡妇看瓜》的小说精神,而且在构思和立意上,也跟《田寡妇看瓜》是一脉相承的。钱寡妇比田寡妇多了一门骂人的本事。她的骂人,跟田寡妇怀疑秋牛偷她的瓜一样,是用旧眼光看取邻人,然而,生活发展了,他们的作为不能不受到事实的教训。两篇小说立意相同,但《骂邻》绝不是模仿之作它完全是作者自己的。这篇小说写得轻俏、自然、用笔熟练、老到。开篇一段描写绘声绘色,非有亲身经验,不能达到如此妙境。

我最喜欢的是《杏女泪》。农村实行新政策,鼓励一部分人先富起来,必然会使人与人之间的关系,带上了一层青铜色。杏女的悲剧,不完全是由自家穷困造成的,跟一些"势利鬼"的不讲人情、趁机敲诈也有关系。从作家笔下青怀叔的言行上,从杏女一家的悲惨家史上,我们看到了这篇小说的现实主义力量。

《茅台酒》是这几篇小说中最长的一篇,也只有两千余字。主人公倪金贵是捡破烂的。捡破烂也能致富。作者围绕这么一个人物,以一瓶茅台酒为焦点,反映了这个小城镇的各种人性、各种世相。跟《丢丑》一样,它也写到了两种价值观的冲突。倪金贵由"老队长"而到"捡破烂的",在人的眼里,社会地位一落千丈,过去的熟人不再理,路旁的陌生人另眼看。一瓶茅台酒马上使他的身价提高百倍,但人们爱的并不是人,而是酒。当倪金贵宣布把这瓶酒无偿地送给耿老三以后,无异于给这个人情社会投放了一枚炸弹,粉碎了许多人的美梦。这篇小说既讴歌了一位真正靠劳动致富的农民,又鞭挞了我们社会中的不正之风。

这几篇小说涉及农村城镇生活的各个方面,作家笔下的人物形形色色,虽然算不上丰富多彩,却也耐人咀嚼。作者的语言干脆利索,描写能抓住要点,情节紧凑。从创作思想上说,作者似乎不急于把结论告诉读者,他只是要写出那种现实,那种生活。作者是赵树理的同乡,他的创作显然受到赵树理的影响,但他善于融化,能走出自己的路子,不亦步亦趋。比如赵树理小说开头惯用的概括介绍,这几篇小说中就一次也没有用。作者总是开门见山,一落笔就描写人物,丝毫不显拖沓。

我祝作者勤奋耕耘,再创佳作。不必急于构思鸿篇巨制,仍旧在这种短小说上下功夫,立新意,未必不能作出大成就。

表演唱《夸富》别具风采

李爱民

在轰动全省的第二届农民演唱会“运拖杯”电视大奖赛上，我市郊区高都镇农民演出队演出的表演唱《夸富》，受到了省城专家和观众的交口称赞及广大电视观众的欢迎，荣获一等奖，为他们所在的郊区，也为全市人民争了光。我这次作为赴省参赛演出队的工作人员，有幸随同他们参加这次电视大奖赛，受益匪浅。我似置身于清新、纯朴的民风、民俗、民情的海洋之中，备感兴奋，同时为他们的精彩演出而欢欣鼓舞。

迎亲夸富，是晋城一带的民俗，过去是比彩礼比阔气，如今迎亲夸富，却夸出了全新的内容。展示了党的十一届三中全会以来，富裕起来的广大农民求富求乐的崭新风貌。从长期的生产劳动和生活斗争中，创造出来的，具有鲜明的地方特色和浓郁的生活气息的表演唱《夸富》，几年来，在我市城、郊区已多次演出，几经修改，每次演出都受到广大农民群众的欢迎。它主题立意新颖，选取了郊区高都镇农村，在党的富民政策指引下，富裕起来的农民迎亲相遇的一段趣事，反映了广大农民群众坚定跟共产党走共同富裕的社会主义康庄大道的决心。

表演唱《夸富》的表演火爆、热烈，洋溢着浓厚的乡土气息，真实地再现了当代农民的精神风貌和郊区高都镇农村改革开放十多年来发生的巨大变化。形式突破了一般的演唱程式，把独唱、群唱，民间、现代舞蹈熔为一炉。一个是抓住了夸，夸农村的新人新事和巨大变化，一个是抓住了逗，逗新郎新娘，红火热烈，雅俗共赏，别具风格，满足了不同层次群众的欣赏要求。音乐唱腔以浓郁的上党梆子为基调，并在此基础上改革创新，听起来高亢，炽烈，而又悠扬婉转，以它独具的风采，令人欣喜，令人喜爱。

表演唱《夸富》的雅俗共赏，人人爱看，从一个侧面展现了植根于农村现实生活的表演唱具有强大的生命力和无限广阔的前景。

贺晋城市硬笔书法大赛

郭中群

"1991晋城市硬笔书法大赛"在人们的热情瞩望中开幕了。

这次大赛是对全市硬笔书法的一次检阅。作品之多之好是我们始料未及的。在征稿启事发出的短短20天内,就收到稿件1900份。参赛者有85岁的老翁,也有8岁的幼童;有省、市久孚众望的世家,也有初试锋芒的新秀;有身居要职的领导同志,也有战斗在生产第一线的工人、农民。硬笔书法在我市涉及范围之广、群众基础之深由此可见一斑。

硬笔,是针对柔软的毛笔而言的,包括毛笔以外的一切用硬质材料制成的书写工具,钢笔是其主体。钢笔字与毛笔书法一脉相承,写的都是汉字,不同的只是书写的工具和材料。钢笔以其书写迅捷、携带方便适应了现代生活的需要。它不仅要写得正确、清楚,合乎规范化,而且讲究造型的优美生动,具有艺术性,令人赏心悦目。因此,它是一种实用价值大、欣赏价值高的现代书写艺术。由于它既有毛笔字的起倒使转,轻重徐疾的风味,又有钢笔字的流利挺拔、细巧轻捷的特色,所以,近年来硬笔书法方兴未艾,遍及城乡。

这次书法大赛对丰富我市人民的文化生活,提高全市人民的文化素质,培养和造就书法艺术人才,促进我市各项工作的发展,无疑将产生积极的影响。

预祝大赛圆满成功!

作家田澍中新作《碑文》引起反响

王春平

今年第一期《山西文学》以首篇的位置隆重推出我市作家田澍中的中篇小说《碑文》，同期的《青年文学》也选发了其中的一篇。《碑文》发表后，在文坛和读者中引起了反响。据悉，在全国具有一定影响的《小说月报》已决定在今年第三期转载。

田澍中是近年来较为活跃的作家之一。他以写农村题材见长，在艺术上不懈地追求和探索，初步形成了自己的风格。著名作家韩石山称他是山西一位有代表性的本土作家。他近年来创作的"田家湾系列小说"有创新，有新境界，保持着自己一贯的讽喻风格，幽默酣畅的笔调，质朴的语言。其中的《曲线》(《长江文艺》)、《晚雾》(《中国西部文学》)、《老太阳》(《热流》)标志着作家可喜的转变，《碑文》则更进一步开始成熟。《碑文》通过"我"为四位死者撰写碑文，叙述了四位主人公的故事，展现了现代农村深厚的社会背景。从这篇小说中可以感觉到某种悲剧性，这种悲剧性在故事之外，高高悬在仍需探讨与不断追问的谜团之中。

田澍中近年来的部分作品已结集为《二十四级台阶》，即将由百花文艺出版社出版。这是他的第一本小说集，也是我市作家在百花文艺出版社出版的第一个集子。

从《杀妻》看张爱珍的演唱艺术

黄雷龙　黄香莲

首都北京人民剧场,掌声此起彼伏。上党梆子著名旦角演员——张爱珍演出的《杀妻》、《两地家书》,生动引人、优美动听,剧场观众连连喝彩。

张爱珍嗓音甜润清脆,在唱法上不但继承了上党梆子特有的“高、尖、响、炸”的合理内核,而且巧妙变换,又吸收了歌曲、民歌的柔媚委婉甚而是轻声、气声唱法的技巧,使唱腔刚柔相济,充满生机,让人振奋、激动,也是首都观众为之倾倒的魅力所在。

剧中,着重刻画了《杀妻》中王莽的女儿,吴汉的妻子王玉莲面对政治风云变幻、面对与丈夫生死离别时的种种内心感情。通过张爱珍的唱念表演。展现出一个善良女子因权利斗争而无辜丧生时所产生的愤懑、哀怨、凄苦、苍凉。王玉莲为丈夫煎药时“炭火融融情一片”的唱段,张爱珍运用口鼻共鸣,行腔欢快柔婉,表现出玉莲对丈夫的似水柔情;“惊变”时的唱段,张爱珍唱得高昂激越,显示出玉莲突闻噩耗时的震惊。其中“王吴两家有仇恨,为妻不是起祸根。苍天生莲又生汉,为什么生死冤家又结亲”的(大板)唱腔,初时使用清板吟唱,听来如泣如诉;尾部唱腔又拔高渲染,形象地展现出玉莲对个人命运的不平及争求生存的愿望,具有撼人心魄的艺术效果。

张爱珍的表演情真意切,催人泪下。剧中,夫妻诀别时张爱珍有长达四十八句的唱段,她通过三个情绪不同的“驸马啊”的叫板插入句,把玉莲“为妻求你三件事”的临终嘱咐迭次推进,而这嘱咐又一律是玉莲屈己从人、孝亲敬夫的典型体现,这就使吴汉杀妻的行为愈益惨烈。《杀妻》所要表达的对封建社会的血泪控诉至此达到高潮。

写在《太行山》出刊500期

宗　言

太行山是一座大山,而定名为《太行山》的文学副刊却是中国报纸副刊园地中的一株小草,是通向文学峰巅的陡峭山路上的一块铺路石。

今天,这小草第500次发芽、吐绿,

今天,这铺路石第500次铺设、奠基……

从《愚公移山》到《小二黑结婚》,从《苦寒行》到《赤叶河》,大山在不朽的篇章中得到永生,并以深厚的沃土孕育了《太行山》里众多繁茂的小草:小说、散文、诗歌、评论……如山泉小溪,如晨光短笛,那样清新、明快、悦耳,为大地播下一片新绿。

十多年风风雨雨,500次辛勤笔耕,一批"小草"长成"大树",沿着铺路石铺成的道路,伸向远方……但它们仍然扎根在这块黄土地上,和《太行山》保持着深长的情谊。更多的"小草"则仍在大山的怀抱里,在这块园地中孕育、发芽,舒肢展臂,伸向希望的蓝天……

中国文学巨人鲁迅说过:"我们需要的,不是作品后面添上去的口号和矫作的尾巴,而是那全部作品中真实的生活,生龙活虎的战斗,跳动着的脉搏、思想和热情等等。"如果把大山比作生活,把小草比作作品,我们则希望《太行山》的作者们,扎根于大山丰富的生活沃土中,汲取营养,孕育真情,开拓如泉之文思,浇灌千姿百态之小草(但不要孤芳自赏,无病呻吟),为本刊增光添彩,在"铺路石"上留下自己攀登文学峰巅的闪光的足迹……

播青布绿,铺路架桥,是"小草"和"铺路石"的品格,本刊同仁愿和作者们携手耕耘,完成这共同的使命,为读者奉献出赏心悦目的佳作。把第501期,502期……第1000期办得更好更美,去迎接21世纪的到来!

古曲新韵醉三晋

竹　雨

十年前,一曲优美的阳城道情《群英会上挑女婿》惊呆了并州古城,十年后,一曲阳城道情《新婚之夜》更醉了历史悠久的三晋。1991年春节期间,第二届农民演唱会"运拖杯"电视大奖赛中,阳城县润城镇代表队一领风骚,过关斩将,夺得一等奖。受到了广大群众的喜爱和专家评委的赞赏。

阳城道情曲调娓婉,旋律动听,富有浓郁的地方特色和纯朴的乡风,是一种深受欢迎,喜闻乐见的曲艺形式。这次参赛节目《新婚之夜》通过编导者新颖的构思,大胆的尝试抓住当地新婚之夜听窗户这一传统的旧民俗,注入其新的内容新的观念,在短短的七分钟表演时间内,以洞房之内悄悄的私房话,以洞房之外偷偷的议论声,反映了计划生育、少优生育这一深刻主题。使人觉得节目精干明快,幽默风趣,在娱乐欣赏之中受到了教育。

阳城道情,原属道家禅悟之音,以坐唱为其主要形式,如何将舞蹈、戏剧糅进其中,使之有新的内容,新的生命,《新婚之夜》的编导确实立了大功;围绕剧情特定的环境,运用各种技巧,使主题表现得淋漓尽致。洞房里新郎新娘喜悦、兴奋、甜蜜、羞涩之情,借助于舞蹈语汇,戏剧造型,使人觉得静中有动,动中有静,无声之时甜美,欢歌之间有情,达到了炉火纯青。

正是这旧的民俗,新的内容;旧的形式,新的手法;旧的曲调,新的旋律;使得这一古老的民间艺术又焕发了青春,古曲新韵醉了三晋。

《山老区经济浅议》的特色

马汉玲　杜绍华

当前,在如何进一步开动农村干部和群众的脑筋,发展集体经济,实现共同富裕中,山西经济出版社出版的《山老区经济浅议》,应推为一本大开脑筋的好参考书,一本富有指导性、实用性、启发性的好书,实在值得一读。

《浅议》作者王占禹同志是位长期扎根农村、研究农村、反映农村的新闻工作者,写了大量农民喜闻乐见的好作品。尤其在参加扶贫工作队的一年里,整天和农村干部、群众滚在一起,想的、说的、干的、议的,都和干部群众合了套。成为他们的知己者、好参谋。不仅为他们出了许多好主意、办了许多好事情,而且还结合亲身感受,写了上百篇动之以情、晓之以理的好文章,编入《浅议》一书。书分"开路篇"、"经营篇"、"求实篇",三篇有机结合形成了农村经济发展的三部曲,可见作者用心良苦,出手不凡,正中农村之急需。

统观全书,最值得推崇的就是其近、活、深、实的特色所在。说近,是和农村实际、干部思想最接近,说的事、讲的理,都是他们的题中议、心头想,一触即合。说话,是人活事活道理活,比方说圆讲得活,用的都是农民话,生动话语又亲切,知情知心当知者,语不惊人也动心。说话,更由表及里开掘深,一语破的,入木三分。《岂可"一条道而走到黑"》、《微笑也赚钱》、《积累多才能发展快》,篇篇发人深省。说实就是讲事实、说实理、为实用、求实效,毫无哗众取宠之意,实实在在令人信服。

总之,从事农村工作和建设的干部和群众只要挤时间读一读,这本书准会使你大开脑筋和眼界的。

读青年诗人李小鹏的诗

奔　雷

一场诗歌的大潮已经渐行渐远。而我们在这零乱的尾韵中举步维艰的时候,偶尔环顾四周,竟然发现在太行山南麓的山岭上,一蓬蓬、一簇簇,饱含着泥土气息的野山菊正在悄然开放。它们是那么清新、那么纯朴,以致我们在惊讶之余,不得不驻足,投以更多的关注。

这就是我读小鹏诗时的感受。说来也巧,他竟是我的一个同乡。过去的经历我不清楚,只听说他在晋东南地区广播电视局干过,后由于钟爱文学这一行,毅然剪断尘念,调到晋城市郊区文联,编《吐月》季刊去了。几年来他在诗派林立的喧嚣之外,默默地耕耘,收获倒也颇丰。

《北京文学》、《诗人》、《星星诗刊》等刊物相继为他敞开了门户,尤其是今年《山西文学》第二期与《星星诗刊》第三期接连发表了他的《故乡速写》同题组诗,标志着他又迈上了一个新台阶。

小鹏的诗写的大都是太行山乡村的风土人情和世态百相,诸如婚丧嫁娶,兄弟分家、婆媳之事的凡人琐事。这类屡见不鲜的题材入诗,难度是相当大的,驾驭不好,势必流于平庸,然而这家伙就是怪,偏偏要和这些凡人琐事打交道。他似乎认定了这辈子要把黄土窝写出个七长八短来。他写小村"的确很瘦很瘦"、"一眼可数他有几根肋条",他写树叶纷扬的时候,山里的人扔下一串叮咛,拎起铺盖,为儿子挣彩礼给女儿赚嫁妆去了,以至"山里少了许多牢骚、添了几多单调";他写两个要好的山女同时嫁给同胎哥俩,她们和伙气死了婆婆,又为家产闹得不可开交,而村长在法庭的证词仅仅是谚语一条"花无百日红人无千日好";他写山里男孩女孩纯真的情爱,常常被世俗和穷困的利剑斩断,"于是每每唢呐高亢爆竹开花或娶或嫁 / 时有泪水从不同表情不同角度纷纷掷下……"

晋城,我是较为熟悉的,那是一个古老淳厚的地方。1969 年当我随着上山下乡的大潮从旖旎江南回到这块黄土旱原的时候,我的心就被眼前粗犷的山峦沟壑和纯朴的世风人情所悸动,以至今天和朋友谈论起来,我仍然执拗地认为,对于诗人来说,黄土高原雄浑疏冷的气势韵味是妩媚撩人的江南水乡无法比鉴的,因此山西诗人作品的深沉底蕴构成了别人难以企及的特有风格。

站在这个角度纵览小鹏笔下流泻出的这些或哀、或怨、或悲、或嗔的速写线条,就像四川人遇到辣子,山西人吃的了醋,诱发出一种乡情回归的亢奋。一张张无法凋谢的面容,让我们从储存的司空见惯的记忆里,勾起纷杂的联想,它确实是我们这块黄土地上的诗,因我们触及到了历史因袭的沉重和改革不可遏止的呼唤。

小鹏的诗以叙事为擅长,这种擅长又别于其他山西叙事诗人,它几乎是线条性的,感情色彩凝铸在意识背后,甚少平铺直叙地渲露情绪。例如 1989 年四期《火花》发表的《没有男人的女人》组诗。可以这样说:线条性的勾略,横断面的撷取,时空的大弧度跳跃,构成了小鹏诗的基色。他由此而着力为我们奉献了一幅幅多姿多彩的乡俗素描。同时也为他自己奠定了独特诗情风韵。从中不难看出他是一位富有灵气,而且很有潜力的青年诗人。

1992 年

张明哲书法抉微

崔 巍

说来有趣,我与弄书法的明哲君做成挚友,是清人郑板桥做了友谊的桥梁。

我们皆仰敬郑板桥。我的仰敬佐证是把郑板桥的“咬定青山不放松”名诗句做了人生的座右铭;明哲君则干脆刻一枚“板桥门下走狗”,这刚猛之气,别人有吗?

隔行如隔山。从前我对书法仅止于知道什么“汉魏有钟张之绝,晋末称二王之妙”以及北碑,南帖一类。而且错认为书法不能和文学比肩而立;唯文章才是“经国之大业,不朽之盛事”。结识明哲君才知:就艺术门类而言,书法才在东方艺术苑林中,时间最悠久,空间最博大,成就最辉煌。再以“国粹”而论,书法才有粹可言;不像其他艺术那样,国门一开就受欧风美雨侵淫;被梵高、贝多芬,雨果一类洋文化巨人吓住。相反,这风骚唯炎黄子孙可独领,洋人们只能兴望洋之叹。

然而,书法这风骚真要去领,也真难。那艰难,如攀蜀道,百步九折。得求新求变,得继往开来,得底功深厚,得慧心灵运。书法还最少功利性,是个常人耐不得的冷板凳。搞别的行当,比如说做官,凭机遇就可飞黄腾达,鱼跃龙门;搞书法却往往穷毕生精力也未必有成。真要做到潜神静心,端己正容,秉笔思艺,临池志逸,是得先有无成亦无悔精神的。明哲君显然有此精神:他恋书法已有 30 年了吧?那持恒之为,实令我感佩。

古人说:不学古隶,不知波折往复之理;不习晋帖,不知回环牵结之妙;不玩唐碑,不知古人各自成家之法。明哲君从这些路数发轫,初习《玄秘塔》,又潜研上北碑,对《郑文公碑》、《张黑女墓志》、《龙门廿品》等着力尤著。后又转攻行书草书,王羲之的《兰亭序》、傅山的《丹枫阁》,以及米芾、苏轼、黄山谷的诸般杰作和孙过庭的《书谱》,皆经年把玩。再后来,又功掠上隶书、章草、古篆,《礼器碑》、《华山庙碑》等,都下过狠功夫。一言以蔽,他这些年把年华才情全倾在狼毫上,墨池中;情志之坚,令我惊叹。

弄书法离不开临摹。但一味临摹,不过是书奴。弄书法亦最忌媚俗,一媚俗就难自拔。这两点,郑板桥堪称楷模;此公一生无媚俗,人格清廉,枝叶关情。此公亦不是书奴,作家如写兰,工楷书杂篆隶,间以画法;终成诗书画三绝。明哲君正是悟透其中揆理,才自充板桥门下走狗的。这慧眼,未必人人都有;这自充,也未必人人都配。

就“三绝”来说，明哲君也许此生只能仰板桥的项脊；但就无媚俗而言，他却很配那走狗自谓。喜交游，性豪爽，无傲气，有傲骨；怜贫惜弱，交往以义与道为重。有此人格，我想是比事业有大成更重要呢。

说到成就，明哲君也没辜负素志所失。多年的求索，坚实的脚印下也踩出不少花束。他现在是省书协会员，长治市书协理事；并在潞矿执书画牛耳。他的作品近几年亦频频飞出太行山，多次参加全国与邻省各种大展。这既是个人的硕果，也为太行山人争来了骄傲。居室挂字画，似成时尚。我也赶此时髦，却独钟挂他的字，一年一换，彼此会心。

这些年，受他濡染，也渐得些鉴赏墨宝门径。杜甫说：书贵瘦硬始通神，这神他通了。古人又说：晋人尚韵，唐人尚法，宋人尚意，明人尚姿，清人尚变。他的字这几年就跳踯于这“五尚”之间。细揣细玩，可窥大进；清光淡韵，翰墨自含幽香。不敢说已达端庄杂流丽，刚健含婀娜的妙境，但若说瘦硬中已生峻意，雄奇中已见“游龙”“惊鸿”端倪，当不是虚妄之言。

这正是他甘做“板桥门下走狗”的必然吧？于是，我忍不住要将这“甘做”做题目了。

明哲君会见怪这抉微吗？我想不会。他若真见怪，就不配再做“板桥门下走狗”了。

顺便说一句：自称“走狗”在中国人传统心态中是“不雅”——其实，这“不雅”未必不雅。关键在于做谁的“走狗”。著述《天演论》的赫胥黎，就曾自称是达尔文的“咬狗”，却成了世界进步伟人。

读李茂盛作品随感

王春平

世间若有痛苦的笔墨
母亲的名字便是痛苦写成

这是李茂盛《母亲·党·祖国》一诗中的两句。

在许多歌颂母亲的诗篇中,我想这两句的确另辟蹊径,别有洞天,难怪《山西日报》"黄河"副刊的编辑在编发此诗时给了它显著的位置,这也使我记住了这首诗的作者——李茂盛。

对于李茂盛这个名字,读者或许并不陌生。他已在本报发表了不少的诗和散文,目前已发表作品近百篇。他在本报发表的散文《母亲》和《柿树情》,已被收入百花文艺出版社出版的全国中青年精短散文选萃系列丛书《美的花絮》和《碧野情思》。

李茂盛是农民的儿子,1956年9月出生于晋庙铺镇李家庄村。他在太行深处的大山里长大,是太行的山水哺育他和他的诗文,他的笔也总是离不开哺育他的这片热土。就是在长城上的哦吟中,他也忘不了故乡的山:

乡山有顶多贻庙
此处无峰不是关

他是这样地挚爱这片土地,他总是关注着生他养他的故乡。故土的喜怒哀乐紧紧地牵动着他的心,同时也牵动着他的笔。在《母亲》的结尾中,他写道:"母亲,为了这个家庭及其子孙,倾其所有,尽其所能。竭其所劳,注其所爱,用真情和汗水浸泡了故乡这片贫瘠的土地;而我的故乡,我的祖国又有多少这样的母亲呢?"正是这种朴素的感受,正是这种高贵的情愫,驱使他拿起了笔,而这也正好是他诗文的主题。他曾这样为自己画像:"为人为文不图装潢,从笔写作有感而发,以颂党为天职,以报国为己任。"这不是什么"豪言壮语",而是他内心真实的写照。"崇高的形象若是爱的凝聚/爱便是党、祖国和母亲/诗、歌、曲、赋之主题/唯爱最永恒"(《母亲·党·祖国》)

当然,茂盛写作的题材还是很广泛的,他既写乡村,又写城市。既写诗,又写散文。既写现代诗,还写古体诗。读茂盛的诗文,就仿佛听到了泉的流动,看到了泉的清冽,质朴纯真,甘甜诱人。在看似朴素的字里行间,蕴藏着一股炽烈的深情。"仿佛一粒奇异的种子/

凭着鬼使神差的力量／无水／依旧发芽／没土／犹自生长／载着摇篮里甜美的梦／载着渴望中的春绿秋黄／归宿成霜鬓上的倔强／仿佛秋夜徜徉湖边的风／夹杂着躁动不安的疯狂”(《思念》)这里思念的各个角度一览无余,但所描写的情感却余音袅袅,不绝如缕。这种貌似平直实则含蓄的风格正是他一贯的追求,我们还不敢说他已经取得成功,但他的确已进行了多次这样的尝试。在《柿树情》中,他这样写道:“万树丛中,博我青睐的唯有柿树。虽说其仪态,不像垂柳那样妩媚多姿,也不似白杨那般俊逸挺拔!其色韵,不像桃花那般艳丽荡魄,也不似梨花那样冷若冰霜;其芳气,不像杨馨那样芬芳馥郁,也不像槐香那般沁人心脾,……然而,她却独占了我的情怀。”虽然写的是柿树,但这何尝不是一种自身的抒怀,又何尝不是他美学追求的无意表露呢?

有人说,不懈地追求是成功的一半,这话不是故弄玄虚。成功永远只对那勇敢的追求者微笑。

我们期待着茂盛的成功。

读孙喜玲散文集《心湖云影》

张治中

读孙喜玲散文集《心湖云影》,有一种不同寻常的感动。那是一种生命的感动。

当你沿着那种生命的指向,伫立于星光当令的山径,阅览这清新隽永、飘逸灵动而又深刻冷峻的文字时,当你任意地品评其中的人生况味、作沧海倚望时,便分明觉出那里的一种莫名的东西在鼓噪、在翻腾、在涌动,以致非要使你打动,非要使你屈服不可。这就是魅力。窃以为,无论是其驾驭文字的功力,鲜活明快生动、挥洒自如的行文风格,还是充满思辨色彩、迥异敏锐的思维方式,以及对人生直率深刻、精警独到、豁达洞脱的见解或透视,其魅力都是十足的。

《心湖云影》的集子,浓缩了作家本人30多年的人生经历。她的童年是在吕梁大山里度过的,14岁就参加了工作,做过演员、乐员、报幕员、编辑、记者、经历过风经历过雨,有过强烈的爱强烈的恨,热烈地追求过、努力地探索过,一句话,真实而真诚地生活过,只是对于一个敏于感受的她来讲,那生活中有着太多的缺憾、太多的遗恨、太多的苦难和艰辛,因而也有着太多的期待与渴盼。也许,正因了此,我们读到了她更多的是蘸着泪血和心底的挣扎与呼喊,抑或是,不管她怎样地把文字弄得闲逸轻松、空灵透脱,我们最终还是可以发现那在背后藏着的沉重的忧郁。她写她的"梦"、写"梦"的破碎,写爱情、友情、亲情、乡情……笔触所至,其情也真,其感也诚,令人啜泣。尽管,她的视点是"站在今天回首昨天",是对"被历史老人的一双大手抚平了"的一切过往的理念升华或积淀。痛苦不再成为痛苦、不幸不再成为不幸、一切不能理解的都可以理解、一切不能原谅的都可以原谅……

那么,是否可以说,她把目光过分地集中在了"自我"的小天地?否!谁能说那种"破碎了捏起来,跌到了爬起来"的不甘寂寞、刻苦自励、自强不息、不屈不挠的抗争没有时代精神的折光?没有社会意识的注入?而她对人生的种种感悟中却又何以有一丝一毫的悲观失望呢?灵泉不会竭、微风不会断,"块垒"消不尽。《序》中说对人生的意义"不再探索",其实只是一句反话,正如有的人说"活着真没意思",相反表明其生的欲望更加强烈一般。可贵的也正在于此,即使再"沉重的人生",也挡不住她洒脱不羁的天性的流露;你尽可以把她打倒,却不能把她打败;尽可以"有风霜雨雪侵逼,有履痕车辙碾压,却因轻微而耐折,因柔弱而坚韧”,坚信“春风起舞时,一样会发芽、抽枝、开花、结实”(《跋》)即使“生命会尽肌体会朽心却永不凋零”。她“带了希望构筑七彩人生”。——“真诚地面对人生、真诚地面对自己”,这原是她高标起的做人的初衷、为文的本旨,却也构成了这本集子最显著的特色或基调。而所谓“文如其人”,也便在这里相得益彰。

毫无疑问,《心湖云影》的文字是漂亮的,这从它的随意一章随意一处都可以得到印证。只言片语的或大段的睿智的哲理的新鲜的充满思想认识美的词锋犀利恰当令人击节的语言在集子中几乎俯拾皆是。其中不乏对生活细节的细腻生动描绘。如《洪荒地》里,她馋得隔着舅舅的裤子咬梨子的情景,读来叫你时时忍俊不禁!它的思想性,正是通过那些漂亮的文字渗透出来的。在《失落了女儿态》、《家有丈夫是司机》、《读照随笔》中,所引发出的对现代文明、社会的、道德的、爱情、婚姻、家庭的一番新颖真切的宏论即是如此。

其为文的方式,表现为多层次、多结构、多样化。所谓情趣独具,题材不一、风格不一。《故人故土行》报纸文章味浓了些,但却是她的开心之作,《意象旁通管窥》则是一篇实实在在的大学优秀毕业论文;《咪咪趣事儿》纯粹为日记体,《告别青春》采用的是铺陈排列的句式结构,如诗如赋如有秩序的层层波涌。《淡淡的回忆》巧妙地把四个人物事件糅在一起,起到了一石数鸟的作用。另外如《一梦糊涂三十年》,尤其是《跳不出去的樊笼》,如果把它当做一篇散文来读,那该是小说式的散文,她成功地移植运用了小说的特点,但如果作为一篇小说来读,却又是一篇有着浓郁散文特点的小说,无论如何读来,都有一种强烈的妙不可言的艺术效果。在借助于漂亮文字漂亮的行文结构中,娓娓道来一通深刻严肃的思想及人生发现。《洪荒地》在集子中占有三分之一的位置,其分量自是显而易见的。

集子中也毫不留情地针砭了一些时弊和人,那是谁的毛病,是怎样的毛病,就自己改好了!

我们说,在所有的文体中,散文这个形式是最灵活最易掌握的,但也许正因了此,能写得出高的好的东西便很不易。有人在论述当今中国的散文现状时,认为从50年代至今,散文的写作渐渐被僵化在了“五大模式”里,即:自然物象→人物事象→二者合一的杨朔式;“一根红线、一串珠子”的秦牧式;逆恶环境与客体形象的逆中之难→(有助于转逆为顺的可变要素)→环境的和顺→形象的超越与主体的感喟。三个不变要素、一个可变要素的刘白羽式;勾起回忆→进入回忆→跳入现实的孙犁式;铺叙——点化式的峻青式。

不可否认的另一个趋势是,散文创作,目前越来越受到作家们的青睐。那原因多半是因了它的真实性、抒情性、审美性的功能,实在是小说、影视所无法取代的。人们正在做着对上述传统形式的一种可喜的叛逆,挣脱束缚,摸索并创造着一种属于自己的新形式(新模式)。《心湖云影》的艺术成功之处,恰恰是它摆脱开了那种陈旧的思维定式(尽管,也许不是刻意的)。它善于把握散文的“灵性、自由、随心所欲以吐真情”的特质,敢于把“自己”端出来,敢于建立自己、标新自己。它舍弃单一抒情,把理性与感情之光烛照在人的内心深处,善于用散文这把灵巧的篾刀去剖开生活的苇子,去编织一领供你休憩的席子,任是席地而卧,任是缺少了几分温柔软绵,却别有一番情趣,在人生情感的夏秋季,最是适宜。于是,在随意性(灵动)里有了一种深刻,“深刻了,也便独特了”。(柯云路《嫉妒之研究》)

窃以为,在众多的散文中,如果把《心湖云影》说成是那喧闹林中射出的一支响箭,嘈杂山间杀出的一支劲旅,当不为过分。

我们有理由这样断言:这是一位很有前途的女作家。自古以来,一个女子的成才,较之男子要更为艰难一些,而孙喜玲能用近两年的时间,结成一个沉甸甸的集子,其速度之快、起点之高,足见其深厚的文学底蕴和艺术潜力。另外,且不论它的别致空灵,单就其自序自跋,便需要一种不凡的自信和勇气。

诚然,这毕竟是她的第一本集子,题材还嫌窄一点,表现生活的广度还不够,但第一步能跳得这么出色,那么,相信她“在希望之光的引导下”,更漂亮的一跃必将是不久将来的事。我们期待着!

栗润森及其诗作《悼郭毓之烈士》

马甫平

在那风烟弥漫艰苦卓绝的八年抗日战争时期，有多少中华民族的优秀儿女奋勇投入了时代的激流，谱写出一曲曲雄壮的乐章，唱出了中国人民的最强音，栗润森的诗作《悼郭毓之烈士》就是一首动人心弦的抗日英雄的赞歌，是当代抗日志士为国家、为民族殊死奋战的慷慨激烈的心声。

栗润森（1901—1944年），字泽林，阳城上佛（今称上伏）村人。毕业于山西农业专门学校，先后在京包、同蒲铁路管理局工作。抗日战争开始后回村。

栗润森非常热爱自己的家乡，在青年时代他就写过一首《佛里河边》的诗：

“一横溪水隔，两岸古河阳。
日照村边柳，烟笼锦地杨。
老妪驱犊走，飞鸟入云翔。
美景天然画，丹青费审详。”

他用饱蘸热情的诗笔，讴歌了家乡的山光水色，表达了对生他养他的这块地方的无限热爱。正是这种对家乡的热爱之情，孕育了他强烈的爱国之心。当家乡处于日寇铁蹄蹂躏之下，面临国破家亡之痛，耕作之余，写下了不少充满爱国激情的诗篇。《悼郭毓之烈士》就写在此时。

郭毓之，名钟秀，毓之是字，阳城郭峪村（古作郭谷）人。原在北平求学，抗战爆发投笔从戎，任独八旅某营特派员。1939年初转战浮山中遭日寇伏击，郭钟秀与所部将士与日寇肉搏，终因寡不敌众，壮烈牺牲。烈士的遗体运回后在上伏入殓。阳城县政府在郭峪村召开了追悼会，县长陈发贵亲临讲话。晋豫边区游击队的剧团还把烈士的事迹编成戏剧在会上演出。栗润森瞻仰了烈士遗容，在追悼会上，献上了这一篇歌唱英雄的诗章：

郭谷里，烈士家，郭氏有子吐英华。
壮年负笈走燕赵，辞章绮丽竞相夸。
海内风云赴叱咤，卢沟事变动“七七”。
烈士忧国愤填胸，慷慨辞亲竟投笔。

浮山转战数百里,猝遇倭奴伏兵起。
伏兵起,烈士死,大呼杀贼犹不止。
邦国际兹杌陧时,爱国男儿应如是。
呜呼壮哉郭毓之,一片丹心照青史。

诗人高度赞美了郭钟秀慷慨投笔,壮烈捐躯的伟大的爱国主义精神,他仅用寥寥十数语,便工笔重彩地勾画出烈士战斗一生的光辉形象。“伏兵起,烈士死,大呼杀贼犹不止”,生动逼真地描绘了烈士拼死杀敌、声色凌厉的悲壮场面。烈士倒下,然而烈士杀敌之声仍然山鸣谷应,久久不绝。诗人抱负报国之志,对英雄的壮怀激烈是何等的神往啊!诗人是在写烈士,但又何尝不是在抒发自己胸中的龙虎风云之气呢!“壮年负笈走燕赵,辞章绮丽竞相夸”,是写烈士的经历与才华,也是诗人青年求学的形象写照;“邦国际兹杌陧时,爱国男儿应如是”,是对烈士以身报国的充分肯定,也是诗人生平忧国忧民的远大抱负的倾吐流露,全诗明白如话,一气呵成,读来回肠荡气,丝毫没有斧凿的痕迹。可以说,这首诗是诗人之心与烈士之心互相碰撞迸发出来的灿烂火花。如果说,苏东坡的“大江东去”须要关西大汉手执铁板来弹唱,那么栗润森的这首诗中豪迈、悲壮、激昂、奔放的旋律,也只有配上铜琶铁板的伴奏,才能体现出英雄的激烈胸怀和诗人的壮志豪情。

评杨栋系列散文《山地小品》

王建和

《山地小品》共七八十篇，伏案捧读，仿佛打开一幅纷繁具细的《清明上河图》一样的风俗画，仿佛进入一个幽静的深林河谷，仿佛在与一个个活生生的山民共同生活，仿佛捧玩一件做工朴实奇丽的盆景根雕，山地的奇峰幽谷，奇松异柏，古风僻俗，怪事趣闻，像一幅幅图画翩翩闪回。有景、有人、有事，感觉中竟忘了是在读散文还是在读小说，只觉得你在一种恬淡的笔调中，进入这么一个境地："是山与平原的连接，是苦寒与温暖的交界。""还是那片森林，密密匝匝，……四周草绿茵茵的，草丛里有一朵一朵的野菊花，黄澄澄的，蓝蓝的，眨着眼睛，秋天的山多好啊，松树，绿了，满山黄栌叶子被霜一打，火焰般红了。""春天的太阳，光线柔弱的可怜，山野上老有薄薄的雾，雾遮了一切，叫人分不清山的模样……人便雾一样虚空。"真是雾里看景景更美。其间，你会感觉到一股山岚谷风扑面而来。"晋中的风，晋南的风"这风不单单是空气流动的自然风，而是一股浓郁的乡俗遗风，沁河源头原本濒临晋中晋南。太岳山无情地把它从汾河谷地围割出这么一个小天地。小天地里的人毕竟是小天地里的人，愚昧、落后、质朴、本分，山外的风俗给他们吹来了新生活的诱惑，挖煤伐木，烧焦炼铁。一群人物具象，纷至沓来。有依依惜别的恋人，有洞房嬉戏的新婚夫妇，有招风惹草的寡妇，有大洋彼岸的洋博士，有扶贫济困的万元户……纷杂的人物，酿成许多纷杂的事，这一个个人，一件件事，又在宏观的思维过程中形成对太岳区人的整体意象。而这些人与事多用小说的手法诉诸纸上。而又感到比小说中人更近生活，比新闻中的人更具有可信性。难怪山西作家韩石山说杨栋"以小说笔法写散文，我极喜欢"。在众多作家用散文手法写小说的同时，杨栋却尝试用小说的写法向散文的象牙之塔探索、开拓。

如果从美学角度分析杨栋的散文，那么我们用"画在意中，韵在象外"来形容《山地小品》系列散文是最恰当不过的。强烈的画面感与明快淡朴的节奏感是杨栋散文的又一特点。

在这点上，杨栋与孙犁、贾平凹的作品较相似，作者重在塑造活生生的人物，有人就有事，有事才能有情有趣。景物在这里就不是简单的一张山水画，景物的描写旨在烘托人物,给人一个特定的环境。这样的山林谷地上生活着这样一些人物。前者为后者的性格无疑是一种严格的规定性,这也许就是作品能有味的诀窍。独具特色的风味小吃往往比丰盛的宴席更吊胃口。作者不同手法往往给读者带来不同的意象形成过程。当然诗画浑然的作品见诸古今的已经很多。这里应该注重的是作者在这一基础上所作的最多的努力,是他在声韵方面的追求。

唐宋散文何以成为脍炙人口的千古佳作。我认为,除过它们深刻的思想性,更成功的是唐宋散文家借鉴了骈文的优美声韵,这大大地增强了语言的音乐美。杨栋对柳宗元散文的熟谙程度是惊人的。这对他的创作产生了很大影响。

思想上的思索美,语言上的音乐美,给读者带来的不是一片枯燥的文字,而是一首优美动情的歌。散文是诗的近亲,散文失去了诗味,也就失去了音乐色彩,杨栋散文讲究了这一点,使其散文如白描画涂了艳丽的色彩,如诗歌配了动听的乐曲。

另外,在《山地小品》的许多篇幅中,民歌的巧妙的穿插点缀,也大大增加了杨栋散文的音乐色彩。

山西作家的特点就是“土”。以老赵为代表,山西的“土”味已在文学殿堂争得一席地位。作品是现实生活在作家头脑中的反映。山西产生这一批土作家是与河山围堵的封闭格局分不开的。《山地小品》中的“山地”更是在这个封闭圈里的封闭圈。土味还要加上山气,这种近于蛮荒的氛围要得以反映,必得生于土长于山的作家。只有真正将山与山的气息灌注在整个意识里,才能自然而然地渲染出山与土的氛围。

80年代的“山地”毕竟有其时代的烙印。开放的海风吹入娘子关,也缓缓地吹进高山深谷。吃饭问题解决以后原来并不满足,生活的苦恼刚刚搁在脑后,山民们又开始感到新的苦恼——对自身的苦恼。这苦恼不是对生活失去信心,相反,这正是对生活提出更高层次的要求,是自我的精神觉醒,而这种忧虑,也就是我们所说的现代意识。作家的意识更应超前于一般人。这就给杨栋的散文凝注了又一特点。

探索就是一种尝试,而尝试本身就包含着成功与失败。绝对完美的东西是不存在的。《山地小品》也存在着许多不足,如语调变化较少。叙事时摆脱不了新闻介绍类文体的影响。作品的思想力度总显得微弱。这些都给作者带来一个自我突破问题。不过,作者的生活基础是深厚的,知识积累是广博的,语言功力是老练的,只要认识了本身的弱点,不断克服,那么,作者将为散文创作闯出一条新路,是有希望的。

敞开心扉为君烧

刘武彦

当今诗坛既写古体又写自由体的中青年诗人尚不多见，段永贤同志就是其中的一位。天津百花文艺出版社出版的《心泉》将展示他的古体诗风韵，而《我和乌金》则是他在自由体诗歌王国里开放的又一奇葩。

《我和乌金》写于1991年“七一”之前。作者根据煤矿生活的亲身经历和多年对煤矿工人的体察，进行了艺术构思。他从标题着手点出我（代表一代知识分子的我）和乌金（煤炭）的联系，再由此引出党培养了煤矿工人，培养了新一代知识分子的话题，全诗共分4段32句。一个文科大学生分配到煤矿，感觉到煤矿工人满脸煤灰，又黑又脏，师傅借用绣花枕头好看，但肚子里装着秕糠的比喻说明煤炭外貌墨黑，却有火热心肠。接着引出“险”字，是作者对煤矿生活环境的进一步的感应。至此，作者把笔触移到个人与集体的关系上，采煤工艺没有大家的配合就保证不了安全生产。工人师傅批评作者清高仍用煤作比喻，无数同心合力的煤粒组成煤块才能燃起熊熊火光。末尾一段是点题部分，入党宣誓时，师傅又以乌金相赠，表现了在党的培养下“筛尽矸石，淘尽灰分”发光发热的奉献精神。

《我和乌金》用朴实生动的语言和简明的情节歌颂了党对煤矿职工的培养。“吹尽狂沙始到金”（唐·刘禹锡），诗中以“乌金”代煤炭是诗化语言，体现了源于生活高于生活的艺术原则。作者曾深入煤矿井下，与工人一起摸爬滚打，又遇党的七十周年生日，自然触发了岁月积淀起来的感触，写出歌颂煤矿工人、歌颂新一代知识分子的诗篇。作品中体现出煤矿工人创造财富奉献光热的品格，在一定程度上是作者、也是许多知识分子品格的表露。正如他的《咏煤炭·本色篇》中所写：

表里如一不自骄，
敞开心扉为君烧。

读史福祯《区域经济发展探索》

刘武彦

区域经济是国家经济的有机组成部分,对它的探索是当前的重要课题之一。史福祯同志的专著《区域经济发展探索》就是这方面的力作。

《区域经济发展探索》由中国旅游出版社出版,通观全书有三个明显特点。一是适时性。进入90年代,市场经济的浪潮逐渐高涨,以深圳特区为先导的沿海特区在区域经济发展方面起到了示范作用,内陆地区也都在转变观念迅速发展市场经济。该书就是在这种形势下应运而生的。二是系统性。该书对区域经济发展的条件、自然资源的评价、生产力布局、产业结构、所有制结构、投资结构、消费结构等问题从不同侧面、不同层次、不同角度分别论述、分析和研究了区域经济发展的问题。三是实用性,作者通过对晋城市全面深刻的剖析,揭示了区域经济发展的一般规律和不同区域经济发展的相对独立性,对晋城的电力建设、乡镇企业的管理、矿产资源的开发利用和全面振兴晋城经济都提出了独到的见解。

史福祯同志原任晋城市经济研究中心主任,一直在经济部门工作。十分关心晋城经济的发展,并致力于这方面的工作。实践需要积极的理论探索。他不仅这样做了,而且走出机关,开发实业,担任了晋城市经济技术开发区管委会主任。

谈电视剧《广禅侯传奇》

潘广亮　陈满善

山西电视台摄制播放电视剧《广禅侯传奇》,引起了社会的巨大轰动,特别是兽医界更为关注。

该剧作者潘小蒲、丁宇、老金瑞同志,冲破历史的禁区和文人的偏见,破天荒地运用电视剧这一文艺形式,塑造一个胸怀大志,敢尝"禁果"的民族英雄,使"下九流"中的兽医——"广禅侯"登上了大雅之座,谱写了一曲民族正气歌。为提高兽医地位,壮大兽医队伍,振兴中华畜牧事业做出了贡献。

请看常顺兽医在海拔1800米的析城山、鳌背山、及海拔1900米的云蒙山和历山、小尖山、中条山、窟窿山等;披荆斩棘、历尽艰辛,采集了259种草药精心炮制,为了掌握各种药力的功能置生死于度外,亲自品尝毒药和解药,进行自我试验,这种探险精神使人震惊、感叹。他在汾河上游堵水截流,熬药投放,驱马饮洗,使数千匹患了"族蠡"(俗称"疥螨皮癣")症的军马得救,重上战场为打败金兵、收复失地给大宋皇朝立下了汗马功劳。

常顺兽医的医术、医德万民称颂,救国救民百世流芳,这样一个忠心耿耿报效皇家的神医,居然遭到奸臣的陷害,受尽酷刑之残、皮肉之苦,仍表现了他钢筋铁骨坚如金石的性格,宁做屈死鬼,不为奴媚生的高达形象实乃令人钦佩。沉冤昭雪后,他不受金银绫罗之赠,不愿做官,甘心回村云游四海,漂泊天涯为牛马驴骡效力,堪称国之良臣、畜牧仙医。博得天下百姓年年顶礼朝拜。

在《广禅侯传奇》的剧本中,作者将神医常顺写活了,把他在探求医学真谛所经历的坎坎坷坷的人生道路上为自己的事业呕心沥血所付出的代价描述得淋漓尽致,催人泪下,感人肺腑,动人心魄,激人奋进,表现了剧作者匠心独到之处。

读赵剑诗集《杏花雨》

维　他

赵剑诗人气质甚浓,笔耕极勤。自 1965 年发表处女作以来,已发表诗歌 150 余首,其作品在全国性诗赛中多次获奖,并被收入十多种诗集中,诗集《杏花雨》就是他 27 年中辛勤耕耘的结晶。

赵剑生于泽州这块土地长于泽州这块土地,读他的诗就像读故乡清澈的小溪,品故乡浓郁的乡情,纯洁而质朴、清纯而淡泊。“我是一株小松 / 给石厚土薄的太行 / 一个常绿的憧憬 / 我是一朵小花 / 给流金溢蜜的故乡 / 一个火红的五月……”这是他最初的歌唱,虽然稚嫩却孕育了一个希望,一个成熟的秋天。在失败与成功的体验中,他的诗渐渐被哲理的光芒照耀。“深秋大雁南飞 / 有人赞美 / 大雁在追赶春天 / 我却要说 / 大雁在逃避考验。”这首诗从一个新的角度给予同一物象以新的意义,使他的诗饱满起来。

赵剑诗人气质甚浓,不仅表现在他创造性想象的丰富,更在于他拥有一个独立执著的卓然不群的孤独心境。当然,这种特质在六、七十年代是很难为常人所理解的,赵剑也为此吃了不少苦头。岂不知,这种孤独心境恰是诗人创造性心理结构的要素之一。雪莱曾说过:“诗人或具有诗的气质的哲学家”是能创造出“悲秋中的快感”的人。然而,在极“左”路线下却只能面对“红灯”。在“红灯”的长期光照下,我们一些人意消气沉了,一些人改弦易辙了,而赵剑却以超常的执拗,敢于进行旷世无伴的跋涉,进行自由度较大的哲理性思维,我想,这也是为什么在这本诗集中哲理诗占一定比例的一个重要原因了。

以“杏花雨”为总题目的六十八首小诗,构成了一个丰富的艺术世界。多数是极富诗人气质的讴歌黄土地的高度凝练的诗情画意:“三月 / 在渴望的绿笺上 / 杏花雨发表一首甜甜的诗 / 一朵红伞 / 一只诗眼 / 别在春的胸前……”

熟悉赵剑的人都知道,他本人不是以理性见长的人。而他把更多的精力和情感,都融进故乡怀抱。于是也才有了这些充满炽烈之情的滴翠的诗。

赵剑也有赵剑的苦衷。他对我说:“当初,我们这代人在工农兵面前被认为‘洋’,如今被崛起的一代又视为‘土’。”但我认为,赵剑倒不必为此而过分烦恼。因为,任何有作为的个体都可以拥有属于他们自己的独立世界。这个世界宁静而充满温馨。

评《打金枝》中张志明的表演

王 帅

在山西电视台1992年迎春晚会上，四大梆子串演《打金枝》很吸引人。上党梆子作为四朵“花”之一，怎样与兄弟剧种配合好，又不失自己固有特色，突出表现自己的优点，上党父老很关心。那位代表男演员张志明不愧为梨园生角佼佼者。

张志明在剧中扮演郭公子。我与他虽不相识，但久仰他的大名，看了不少他的演出，又是长子籍同乡，才提笔涂鸦起来。演李信，栩栩如生；演周瑜，活灵活现；演赵云、美妙绝伦。可以说演谁像谁，观众说演谁时就是谁。再说唱腔，圆润粗犷，字字清晰，论做功，稳而不乱，功底不凡、真正要做到如此，血汗不知流多少，苦头不知吃多少，可见张志明在艺术生涯中是如何攀登的。上党梆子在咱晋东南地区很有生命力，而能否叫响省城，还得看表演。

要想演好这场戏，难！几个各具特色的剧目汇演，各剧种的演员都尽力表现自己，又有省级优秀演员，而上党梆子的这位男演员代表从出场到闭幕，无论唱功，还是气恼高兴，无不表现得淋漓尽致。与兄弟剧种同台，表现出了上党梆子的独特风格及内在潜力。张的唱腔好但演作并不多，要求表情准确，喜怒哀乐，内行人都能从中听出属于张的系统唱腔，可以说这个唱腔融进了上党梆子历代名生的精华，融进了现代气息。当时郭公子气未消、言未减。怎样在唱中带气、带怒、带怨？怎样在岳丈面前表现出欲打又不敢打的心理？怎样处理好结尾？从进场下拜到走场申辩及最后的和好，看到的是环环相扣，环环相配。从心理到言行，表现默契。一切小问题表演好了，就能体现出你的真切。眼睛是传神的，张志明的眼神通过电视特写，像一扇开放的窗户，看到了他当时的心态，不得不让人称好。

百花齐放，艳丽多姿。

1993 年

读成茂林小说《遗恨》感想

卓 然

故事的发生、发展与矛盾的冲突与转折时,作者吊了吊读者的胃口,没去讲故事的结果,而却讲了伴着这个令人惊叹的富有传奇色彩的故事,发生的一个不该发生的悲惨的故事。其实,不该发生的故事也只是富有传奇色彩的故事的枝节部分,虽不该发生,却是必然要发生的,这就是"遗恨"。

《遗恨》写得悲惨,某些章节读来是催人泪下的。结构有些松散,主题也显老(当然,今天去读这样的作品,必然会有这种感觉,因为它尚属伤痕时期的作品),但在这篇老作品中,所刻画的人物,还是很有个性的。山菊娘老于世故的刻毒;大江作为60年代青年知识分子的宽厚,有抱负,有理想,虽身陷囹圄而不坠青云志的勇敢与憨实;石狗的善良;牛娃的狭隘;惠君的贤达,都在寥寥数笔之中可见。山菊是《遗恨》中的一个悲剧性人物。她的悲剧的形成,固然有她所处历史阶段的原因,有她所生长的土地上所有的文化积淀(这在山菊娘与牛娃身上表现出来的尤为明显)但形成山菊悲剧结局的更主要的原因,还在山菊自己性格深处:过于软弱的天性,过于自卑的心理。软弱和自卑,是中国历史和现代女性悲剧的一大因素。女人的天性应是温柔的,但绝不应该是软弱的。虽然山菊在后来也稍稍显出了些反抗:"不要找姥姥,我死也不见她!"但,那只能是生命在绝望时的一声呼天抢地的惨叫,是一种本能的挣扎。所以,我说,山菊的形象塑造是比较成功的。

在这里,我想特别一提的是石狗。石狗是作者不经意写的山菊命运中遇到的三个男人之一。石狗的个性的显示只有寥寥几笔,却极其显明。石狗是个生理有缺陷的废人。废人并非没有人欲,而且不乏崇高的追求与对美好和幸福的渴望。因此,与山菊成为夫妻后,石狗也就随之有了自己灿烂的人生。但当石狗经过自己的努力,确认自己是个废人之后,他主动答应与山菊离婚。他人道的良知不愿让一朵鲜花在他手中无辜地萎蔫与破碎。山菊离婚之后又嫁给了牛娃。石狗没有嫉恨,没有对美的蹂躏的残忍。他悄悄地护送山菊,并且在山菊死后,他独自一人去山菊坟上栽了株荆苣萝。这是石狗对真诚与善良的追求,是太行山人淳朴厚道的本性。由于作者对这种本性的挚爱,所以写起来得心应手,虽惜墨如金却格外传神,尤其是石狗在山菊墓地这个细节,是那样地重要而又极容易让人疏忽。

茂林是很善于驾驭乡土语言的,村言野语经他笔下写出,就增了几分典雅,几分温柔,甚至使人感觉晚上就梦你哩!

平常人,家常话,透着太行山人的勤劳、艰辛、善良和质朴,溢散着母女之间牵肠挂肚的亲情。

“那也不行!你不嫌败兴,我还嫌丢人哩。我一个闺女,能有几个女婿?”

地道的乡土语言,一听就知道是谁在说话,这人的性别、年龄、性格,甚至相貌,以及所接受的文化濡染,所持的伦理和道德观念,都是明明白白的。倘读不出这种滋味来,只能说明你对生活是陌生的。或者说,你根本就没有受过这方面乡土文化的浸润。

以上所述如是我乐意读茂林小说原因,亦还不尽其然。我在读茂林小说的时候,总觉得他在竭力传达一种情绪。那情绪当然是热烈的积极的健康的。或许从某篇小说中看不出作者开掘的深度。但从纵览全书,却总感到有一种荡漾着的诗意。他对现实的批判意识强烈却不尖锐,对传统文化眷恋却又并非顽固不化。一方面是“……男人最大的痛苦是保护不了自己的女人”的呼喊,(《遗恨》)一方面是“看不透。她,可真有两下子”的慨叹。(《钥匙》)时代在进步,观念在更新,传统文化也在深层中嬗变。茂林在冷峻地审视生活,又在善意地把生活中所发生的故事娓娓动听地告诉人们,好让人们回忆一下生活是怎样过来的,为什么那样过来而不这样过来。如果是那样过来有遗恨或者这样过来无遗恨,那就在举步走向明天的时候,多些理智少些盲目,多些谨慎少些疏忽吧。

我尽管说了这么多好话,但我绝非说茂林的哪篇小说是警世之作。虽非警世之作,其文学的价值还是不可小看的,它毕竟是我们丹河岸边的生活的再现。当然,既非名作,肯定其不足之处是在所难免了,甚至有些篇章仅谈“不足”还远远不够。我这篇短文不是也不能够全面剖析所有的作品。剩下需要探讨的问题,放在月白风清的时候我们自会喁喁长叙的。

多说优点未讲缺点是否会有吹、捧、拍、拉之嫌呢?我想,有就有点吧,苗还不壮,小花小草经受不了雷雨大风。再说,我们需要互相长志气,鼓劲头,相依相伴在这条充满艰辛的文学道路上结伴而行。我们需要同行间温暖的问候,诚挚的关心,真正的理解,和兄弟一样的友好。所以,我说,即便是吹捧了,总比相互攻击好。攻击又有何益于我们的事业呢?即便是托尔斯泰死了,虽然可以放心你前边没有了伟大的遮挡,但你未必就伟大了,未必就取而代之托尔斯泰了。人才是捂不住的,就像种子总要萌芽,总要曲曲弯弯绕过板结的土块,绕过沉重的石块长出地面一样。我愿意我们生在这块土地上并受其养育的土里土气的文学创作者携手并肩;我希望我们的文学园地中有茂林鲜花——这是读茂林小说感想的一句题外话,但并不多余。

读孙喜玲诗集《不死的梦》

聂　尔

孙喜玲新近出版了她的诗集《不死的梦》。当我信手翻开这本小册子时,我立刻被一种感伤的氛围所笼罩,那种直抒胸臆的抒情态度使我产生久违之感。已经有好多年啦,我们的诗歌感觉被客观主义和意象主义(二者有区别吗?)所统治,我们排斥抒情性的东西,我们压抑自己的感伤情怀,我们甚至在诗歌中调侃和嘲笑我们自己的带有感伤意味的情愫;我们相信纯诗的存在,我们相信艾略特的话,那就是要达到纯诗的至善至美的境界,就必须不间断地毁弃我们自身,包括我们的肉体和我们的愿望;总之我们在缺乏信仰的时代把诗歌当成了宗教,因此我们的诗歌愈来愈成为一种玄学,远离我们自身,远离人间烟火。也许这样的诗歌理想拯救了一代青年于水火之中。也许她将成为中国诗歌的一个永久性元素,也许理想的局限性恰正在于她的难以实现……彻底克服自身的想法正是这样一个理想。我们在实行我们的理想的同时也被她的美丽所媚惑。但是在诗的王国里,任何一种形式的专制都是不可能的,遗忘的将被重新回忆,被压制的也将在无数个不经意的瞬间浮现,一切都是有可能的。

喜玲的诗唤起了我太多的回忆。她深深沉湎于自身之中的姿态使我想到了我们关怀自身的古老权利,她的热烈而又缠绵的爱使我想到了中国《诗经》和古希腊萨福所开创的诗歌传统,她的痛苦而又甜蜜的忧伤令人想到莎士比亚的十四行诗和中国的《古诗十九首》。而这一切都曾经被我们所遗忘,或者更坦率一点说,实际上是被我们所扬弃。当喜玲的诗唤起我这些关于古老诗意的回忆时,我的确感到惊讶。在此之前,我对诗歌的想法还被一种单纯的固执所左右,而现在我仿佛置身在深沉宽阔的诗歌传统之中,充分意识到某种久违的亲切之感。

那么,这本诗集到底说了些什么呢?她以一种什么样的方式与古老的诗歌传统相联系呢?

在这本诗集中,爱(包括爱情和友情)是重要的主题之一,同时也是被表现得最好的主题。作者对这一主题的表现与当代时尚形成了鲜明的对照。在这里,爱是被严肃对待的,爱的价值从未遭到怀疑,爱是由血和泪组成的,甚至爱就是生命的主宰。也许这是充分女性化的,但在男性文化衰微的今天,我们不正是在寻觅着某种深厚质朴的女性情操吗?

常恨无人知我心
站也寂寞,坐也寂寞
又怕有人知我心
苦也闪烁,笑也闪烁
见窗外树影婆娑
想是你歌里话里隐隐的苦涩
你别说,我也别说
但得两心相通时
何须生盟生约

在这首诗中,词曲的韵味绝不只是外在形式因素,相反、跳动的、如歌的韵律和破碎的爱生动地结合在一起。一种逃往孤独的感伤的自慰与对痴狂爱情的深刻向往纠结在一起,一种现代社会的寂寞人生向古代爱情的生死相恋、忠诚观念的依归,不正是一种破碎的爱吗? 这样的情感当然无法指望用日常语言加以表述,因为日常语言含有太多时代风尚的暗示,我们的作者却正是在反抗这样的时代风尚。

那么,我们当代的“爱情”是什么样子的呢?我比谁都看得清楚,今天的所谓爱情已经一天比一天退化为视觉和触觉的爱,成为受新闻媒体支配的被动的,和受时装潮流等影响的漂浮不定的爱,成为消遣人生长梦的一种无谓的游戏,总之是成为“愉悦感官的爱”而失去了任何精神壮举的姿态。如果说过去我们曾经相信存在过的那种爱的方式也还某种程度地延续到我们今天的生活中,那我们无非指的是一种梦幻似的言说方式,一种工业文明中轻浮浅薄的幻觉类型的表现。对乱伦和妻妾之爱的精细描绘只不过是精神衰弱的一个明证和强调而已,不论其形式有多么华美,它的内容实在无足道矣。而这便是“纯文学”对现实状况刺激的唯一反应。

对这种爱的缺乏的现状我们所采取的对策是消极和否定性的。我们掉过头来嘲笑和讽刺那种真正的感情,从而支撑我们虚假的优越感,宽慰我们空虚无聊的心灵。我们把自己假定为时代之子,只愿随着时代的车轮滚滚向前,而不愿或不敢正视时代本身的巨大困境。我们想把自己托付给别人,托付给时代之轮。也许我们如愿了,因为我们毕竟能够制造一些微末的幻想。但是,如果我们看到在疯狂的轮转面前,有人拒不起舞,其姿态勇敢,其面容哀伤,我们能作何感想呢?

我的心在远方

拣尽寒枝

终无栖处

天之涯地之角

漂泊流浪

没有归宿

这首诗不正是那种勇敢,执著而又哀伤的姿态么?这是一首孤独之歌,是成熟女性的孤独。女性的孤独也许并不是无谓的个人经验,也许女性的直觉才是真正的古老文化的源泉,在我们这个时代,男人们成了波德莱尔笔下的信天翁,那些昔日“云霄里的王者”如今翅膀垂下妨碍行走,可怜而又丑陋,不再拥有飞翔的愿望和能力。而女性气质却比以往任何时候更像一双锁不住的双翅,她们的天空是那样广阔,虽然她们飞翔的时候免不了有些孤独和忧伤,因为她们的亚当并没有和她们同在。这的确是一个令人感伤的事实。男人远去的背影已经变得越来越渺小,他们堕落的姿态显得那样丑陋。女性便感觉到了这个世界的严重残缺,感觉到了家园的不完整。男人自甘充当时代的小丑,女人却在进行独自的恋爱,这实在是一个双重的讽刺——一出单恋的喜剧。

枉费了半生寻觅

一次次

探索你看似复杂的谜底

进去了才知道

那只是一片空白

用这样庄重的诗句写一次无谓的探险,一次面对无物的冒进,用男性的观点看这是缺乏幽默感的。也许这正是问题的症结所在,什么是幽默感?无非是用语言化解自身的绝望。女性是永不会幽默的,因为女性的绝望不是文化的表层泡沫,如男性那样。只有表层的东西才可以随便鼓吹和消灭。女人的深沉超出了我们的预料之外,女人的希望和绝望之深也同样如此。也许她们的自身表述还不能让我们完全认识这一点,因为她们毕竟得操一种她们仍感生疏的男性话语。

我想起了卡夫卡。卡夫卡是所有男性作家中最富于女性敏感的人,他那柔弱曲折的文风像女性的眼睛一样,惊恐地瞪着这个尘世的深渊,同时又怀着一种狂喜的心情期待着奇迹的出现。我们时代的女性正像卡夫卡笔下的 K 那样,日夜围绕着虚无的城堡游荡,等待和期待着。

你是为着不能忘却的记忆

才这般平静吗

你是看多了荣辱沉浮

才如此厚重吗

请看她们对自己心目中的城堡有多么痴迷和盲目,一道死寂的河流竟能被锻炼成男性话语的典型词句。“天之崖地之角 / 漂泊流浪 / 没有归宿”的心灵果真期望着“平静”而“厚重”的传统风范复活吗?抑或是心中的奇迹找不到现实世界中的对应物?人总是徒劳地等待着永久不出现的奇迹,今天的女人更是如此,她们甚至不惜为此而自我摧垮。

花儿

枯萎了

就自己凋零吧

不必等待西风

为什么要歌咏“枯萎”和“凋零”呢?枯萎的花儿并不期待速死,枯萎的花儿凝聚着盛开时期的全部记忆。花儿的自我责备将毁坏她回忆时的容颜。但是,这也许代表着一种普遍的悔恨心理,因为自我意识的缺乏而把一切过错承担在身的悔恨,是一种深刻的误会。

得不到回响的呼唤会反过来对自身进行责难,未能实现的心愿也许本身就是错误的,也许悲剧和喜剧的循环为女性的心灵所不能容忍,或者女性本无心灵与肉体之分,她们只是一种绝对的精灵,是的,她们正是一种绝对的精灵。可是,她们看起来不是执拗可笑吗?她们跟随古代神明能走到哪里去呢?她们相信古老文字的意义是一种无意中作出的启示吗?究竟是谁在讽刺谁,男人讽刺女人,还是女人讽刺了男人?这些事情实在难说,但我又不能不想。

这是《不死的梦》带给我的巨大困惑。我不知应该感谢还是怨恨这本诗。我在困惑之中写下了上面的文字。

王以德先生和他的书法艺术

李家琪

王以德先生是当代书法名家,生前书法名重泽州,独树一帜。但由于种种原因,他的艺术成就一直没有得到应有的宣传和褒扬。由中国国际广播出版社即将出版的《当代书画篆刻家辞典》第二卷收录了他的艺术传略和作品,算是对先生的纪念和一生艺术价值的补偿吧。

1910年7月22日先生出生于郊区土河乡后街村,青年时代曾从事学校教育和晋沁抗日县政府司法工作。1947年入鲁迅书店从事专职书写,1950年调晋城县文化馆,自此长期潜心于书法艺术的研究,为书法事业的发展献出了毕生精力。

王以德先生自幼习书,初由柳体入手,后又久习颜书诸碑帖,颇得其神,并工汉隶《张迁碑》、《石门颂》等,对魏体《郑文公碑》、《张猛龙碑》也曾学习研究,更对《爨宝子》、《爨龙颜》碑爱不释手,曾临二爨原拓多年,其中尤重《爨宝子》一碑,以至可以通篇背临,对传统书法艺术进行过深入而广泛的学习借鉴。在艺术创作方面,他一贯推崇沈尹默先生的书法要有古人法度、时代精神、个人风格。他的作品对传统艺术融会贯通,博采众长,且能随心所欲而不逾矩,做到法为我用,因意变法,写出自己的个性。

由于他多年勤学苦练,用笔用墨功夫甚深,每当作书注重书前熟虑,书中气韵连贯,一气呵成。记得1958年秋末,县委让在双幅丝绸上写几面锦旗颁奖,按当时的条件无法放在桌案上书写,很多同志都无从下手。他看了看要写的内容,备好笔墨,静坐片刻,凝神结想,然后站起来,让四个人给他将绸子悬空拉平,他理好笔墨,运足气力,左右侧身挥洒,霎时之间,几面红旗一挥而就,在场的同志均赞不绝口。

先生擅长榜书,十分喜欢写大字,凡求大字者皆以原大挥就。当时晋城的主要建筑均请他题字,如任庄水库、跃进大桥、人民大礼堂、人民电影院等等,他都是按其所需之大成书,其中"任庄水库"四字可为他所书大字之最。1960年水库即将建成时,县里决定让他去题字,考虑到字迹过大,由我陪同他一起前往协助。题字定在大坝阳坡,坝长百余米,除去空间每字达20米左右,怎样在偌大的面积上书写,这对先生也是第一次。我俩住下停了一天,照他的要求,水库管理站的领导让民工将阳坡表层土壤全部摊平疏松。第二天上午开始书写时,民工们都站在坝上看先生惊奇的“表演”。我预先给他将四字的位置划完,他拿着一根预先砍尖的长椽,用双勾的笔法,四字从左到右,顶着烈日,一气连续勾成,几个民工随即顺着勾画的线条洒上白灰。勾完之后,他到对面的高山上俯视一番,点头示妥,在场的领导与民工们也都云集对面观望,大家一齐拍手叫绝。那次我深深领略了先生作出意在笔先,字在胸中的超然技艺。

先生一向有求必应,而且从来没有什么贵贱高低之分。越是平民百姓他越是想方设法贴纸贴墨写成赠送。即使为外宾写字也是如同为普通百姓书写一样,自由挥洒,毫不拘束。一次在府城玉皇庙应新西兰客人之嘱作书,在当时的特定年代,他先是即兴写了“我们的朋友遍天下”八字横幅,然后书写唐诗一首,那位外宾高兴地通过翻译说:“太好了,此行十分值得。”

先生从不以老师自居,我觉得从他那里有学不完的东西,他却一再对我说:大城市的书法水平高得很,一直守在我这座小庙里恐怕会贻误你的前程,也就是在他的再三催促、帮助下,我才又结识了北京中国书法研究社(中国书协的前身)的当代著名书法家郑诵先先生,迈出学书道路新步伐的,但后来也一直不曾离开他的指导和教诲。

先生一生勤劳俭朴,为人真诚,对乡亲老幼如亲人般热忱,找上门来的总要饮食招待,尽管自己的生活也非常拮据。

就是这样一位工作任劳任怨,严于律己,宽以待人的慈祥的老人,“文化大革命”中却蒙受了极“左”路线的残酷打击迫害,最后还被开除,每月只发给 30 元生活费,发配到府城看玉皇庙去了。已身患重病的他,遭此坎坷加之老伴病故,更觉孤苦无望,待省里的一位主要领导责令落实政策,送他到山医三院治疗时,他已病得不能正常进餐。

听到先生住院的消息,我曾赶往太原看望,我离开时,他强打精神送至门外,再三嘱咐下次带来一些好纸,他要为医生写几件条幅以表谢意。谁知半月之后,先生竟于端阳之日匆匆离开人世!今年端阳是他老人家逝世 20 周年的纪念日,我写下这篇短文,以寄托对老师的哀思。

市委楼前雕塑美

李前进

1993年底,市委综合大楼又添一新景观,三个似花瓣中间托着一个球体而构成的不锈钢金属雕塑。

雕塑反映了我市人民在党的领导下,人大、政府、政协团结一致,共同奋斗,沿着改革开放,建设有中国特色的社会主义所取得的丰硕成果。雕塑设计的同时又考虑到现在建筑环境主要是由水平线和垂直线构成,这一环境要有圆弧曲线的变化,从而使静穆中见活跃,丰富和充实了环境美。

雕塑是经过向全国几十家美术院校征稿,然后由山西大学美术设计院雕塑家张熙玉教授设计而定夺的,雕塑的制作单位是西安西京金属工艺雕塑加工厂。

《人间烟火》序

郜忠武

贾广臻同志的散文集《人间烟火》就要和读者见面了。我匆匆看了集子中的大部分文稿，觉得贾广臻同志的散文创作有以下特色：

其一是写真人真事，抒真情实感

作者笔下的人事景物都是真实存在的，没有半点杜撰和虚构。作者在表现这些人事景物的时候，不是纯客观地描摹，而是怀着极深沉的感情与作品中的人物同呼吸共命运。作者不是旁观者，而是当事人，甚至就是作品的主人公。由于作者抒写的都是动情的事，说的尽是心里话，所以很容易引起读者感情的共鸣。

其二是浓郁的乡土气息，淳厚的风情画面

作者出生在沁水县一个偏僻的小山村，15岁随父亲漂泊外地求知上学，并参加工作。有了现代化城市这个参照系，重新审视家乡的风情物貌，就觉得格外有趣格外迷人。重返故里，睹旧物，访故人，激情难抑，写下篇篇华章。《前堂院轶事》写了三个俊俏女子皆因是富农家的女儿、媳妇，遭遇了种种不幸。《婆姨们》写了家乡妇女在槐树下的调侃场面。《丈夫们》是写农村汉子们的精神风貌、理想追求。《文先生》是写一位知书达理而又一生清贫的老古董，《那爿小屋、那个老汉》是写放羊老汉的一生经历。《七条汉子和一个妹子》是写家乡人民与日寇殊死搏斗壮烈牺牲的悲壮场面。《小泉河》是写世世代代养育家乡人民的一条小河。以上各篇，单独看，都是一个完整的小故事，总起来看，则完整地反映了家乡的面貌。看得出，作者在写每篇文章时，都是用了心血的，做到了理论思维和形象思维的完美结合。

其三是纯正的审美情趣、健康的思想内容

文学是上层建筑，搞文学创作就要服从、服务于改革开放和四个现代化建设。贾广臻同志写的每篇散文都有健康的审美情趣、积极的思想内容。比如写农村妇女的调侃，雅俗共赏；写小伙子对漂亮女子的调情，合情合理；写爱情、写友谊均符合社会主义伦理道德。心爱的人和别人结了婚，并无复仇心理，而是变恋情为友情。有些散文写了社会上的一些丑恶现象，如《陷阱与小偷》痛斥了偷井盖的窃贼，《无题尽是生活》讽刺了卖肉人的卑劣心态,这些丑恶现象应该抨击,不然社会不能进步,人民就要遭殃。

其四是质朴的叙事艺术、精炼的人物刻画

散文写作笔法灵活,抒情的时候,可以直抒胸臆,也可以通过记人叙事、写景间接抒情。许多散文大家都喜欢采用托物言志,借景抒情的手法创造意境,深化主题。贾广臻的散文似觉与某些散文名家的作品不甚一样。他不刻意追求意境的创造,而是通过质朴的叙事艺术、精炼的人物刻画来达到抒情写意的目的。他叙事情有头有尾,有较强的故事性。刻画人物多采用对话描写、行动描写等手法。文字不多,却能够呼之欲出、栩栩如生。如写文先生与我的一段对话:“文先生,近来好吧?”“然也,然也,我小儿(他向来这样称我)何时回来?”“回来已经两天了。”“既已两日,何故不来寒舍小坐?”“我这不是赶紧来了吗?”“好的,好的,来了就好。呜呼!看我这家里乱七八糟,你随便坐随便坐,坐下咱们慢慢道来,可否乎?”“好的,好的。”这半文半白的对话把文先生的“古味”活灵活现地展现出来。像这样的精彩对话,在贾广臻的散文中随处可见。如无对生活的丰富积累,缺乏对笔下人物的透彻了解,这样的文字是写不出来的。

其五是洒脱的运思构想,流畅的语言表达

一般人写文章拘泥于主题的集中、结构的严谨、语言的规范化,结果文章写得死死板板,没有一点生气。贾广臻不是这样。他思想解放,不受主题、材料、结构、语言、文风、表达这些写作知识的束缚和限制,文字很洒脱,气运很贯通。这样做完全符合鲁迅先生的经验,写散文“是大可以随便的”。如他写的《无题尽是生活》,前边大段文字是写自己从小不爱数学、高考落榜,找对象碰钉子,在儿子面前出丑,后半部分是写上街买肉的见闻感受。乍看起来,前后内容没有什么关系,仔细回味,都是写“我”心中的烦恼。所有材料都是用感情这条线索串起来的,看似散漫,实则有一定的中心和主旨。

创作道路艰苦而漫长。愿贾广臻同志不满足已有的成绩,默默地耕耘在文学田野上,必将收获更加丰盛的果实。

我读段永贤的诗

——《心泉》序

温　祥

段永贤同志嘱我序他的诗集，自知力不胜任，写了点随感充数，不敢言序。

读永贤的诗先于识永贤其人，与他相见也仅是匆匆一面。然而，对他散见于报刊的诗作，却是有印象的；及至读了这本诗集的稿本，印象就更完整而且加深了。

在旧体诗坛日渐繁荣的今天，段诗能健步跨入，是自有其特色的。情真，格高，富有时代气息，较为显见。

情真，是诗的本质的体现。永贤无论怀古、述今、酬唱、咏物，都着力耕耘，充满真情实感，且有所寄寓。“乱离塑像同流泪，盛世泥神俱笑颜”（《玉皇庙二十八宿星君彩塑》），观彩塑而思制度变革，抒爱国情怀，颇具匠心。“远道曾经方论马，私心尚有莫为官”（《无题》），感时明志，不失为经验之谈，警世之语。如果说，“多观山水功名淡”（《感遇》），是对追名逐利者的讽喻，那么，“久醉诗文气宇宏”（同上），则是对钟情章句者的激扬。这与那些为谄诗而滥造，为附雅而仿古，陈辞堆砌，无病呻吟的作品，显然大不相同。

历代论诗，都推崇格调高昂。当今，诗歌已成为鼓舞人们奋发向上的战斗武器，就更需要清新健康、韵味悠长的作品。段诗正循此轨道前进。试看他的《赠友人》：“寒侵流水坚如铁，雪压青松宁可折。高竹一枝扫云雾，时穷方见个中节。”诵吟此绝，读者会从中悟得诗人引吭高歌、不流于俗的基本原因。

提倡诗歌贴近时代，是诗人的共识，群众的需求。“汉语不废，汉诗永存。”我很赞同这话。然而，正像宋词是宋朝当代人的词，元曲是元朝当代人的曲一样，唐诗是唐朝当代人的诗。因其反映了唐、宋、元的当代，方能留传至今。并必将继续流传下去。今天，作诗、填词、写曲，如果离开了有中国特色的社会主义这个当代，便会失去时代气息，也就会失去生命力。因此，一味承袭古人的语言、情感去吟咏，未免陈旧迂腐，可惜并未绝迹；过分强求跟形势，跟任务而为诗，难免枯燥乏味，可惜屡见不鲜。段诗中虽也杂有牵强的痕迹，所幸他在努力，尽情为时代讴歌，探索政治和艺术的统一。《咏煤炭》、《咏矿工》以及其他与煤矿有关的题材，多写得新鲜而畅达，便是较为成功的例证。在这些佳构中，作者饱含激情,放声歌颂“身居地下八百米,志在云端九重天”,“本为人民采墨玉,敢将辛苦惜华年”的矿山主人们,把曾被后羿“射落”,深“锁地中”的“乌金”解放出来,发扬它“舍己但求燃刹那,利人哪惧磨千遭”的奉献精神,不仅“出山喜送冬日暖,吐焰长留夜色明”,实现了“旨在万家春”的“宏图”,而且“幻术曾催钢铁韧,磨功巧致稻禾香”,为社会主义四化建设“岁岁立新功”。写得多么生动、真切又富于情趣!不但如此,他还点化俗言俚语,唱出“钢须作刃锋呈利,粉是涂颜色倍鲜”,劝诫人们把有限的资金,用到生产当紧处;他更着眼于未来,提醒人们不要“狂掘滥采”,要“细水长流”,以免“原煤罄尽空留巷,烈火烧完只剩烟”。假如不是长期工作在煤矿,而且留心体察生活,又满怀主人翁责任感的人,是不可能写出这样的诗篇的。这就启迪我们,文艺作品首先“源于生活”,方能“高于生活”。

清人袁枚曾说:“诗有诗之奥,诗有诗之妙。”但诗作者如果对于事物没有独特的感受,并用诗的语言将这种感受表达出来,诗之奥妙,无从谈起。段诗重情而流露自然,重格不矫揉造作,不能不归因于他对于某些事物有独特的感受。《童年吟》组诗中,就不乏此类作品。例如《看涨河》,诗人用“回望父兄脸又阴”,明托出“不解农家事”的“童心”的纯朴,暗衬了深解“农家事”的长辈的焦虑。其他如《咒乌云》、《拭泪》、《秘密》等,均颇得为诗之奥妙。由此可见,诗人倘无独特感受,是难以写出他人“心中所有,笔下所无”的佳篇的。

这本集子共收入诗作157首,分为律、绝两类。两者相较,似乎律优于绝。绝句中,有的用词稍嫌生涩,有的不太讲究平仄。律诗一般对仗工整,且多合格律。可见,永贤是懂得作旧体诗的。所以,我劝他在不害意的前提下,不妨将某些字句改一改。我认为,格律之于律、绝,好比是规则。一些基本的要求(如押韵、平仄对仗等),起码应当遵守。不合格律的旧体诗不是不可以写,但正如允许马踏直步,车道斜行,士象能越界擒王,应称为别的什么“棋”而不能叫做象棋一样,不合格律的旧体诗可以另名诗体,不应称为绝、律。“国手不离古谱,不泥古谱”与国手“遵守棋规,不违棋规”是两码事,幸勿混为一谈。

“欲写此行风景好,愧无五色笔如椽。”这是段永贤同志《咏泰山》的尾联,自谦之情,溢于言表。祝愿他在业余的诗歌创作的道路上,循此精神不懈地追去,定会为“欲穷千里目”,而“更上一层楼”!

写在陈有瑛《教育探微》出版之际

王春平

这是一本160万字的教育专著,名曰《教育探微》。

在封四的作者简介中这样写道:"陈有瑛,男,50岁,山西省晋城市郊区李寨乡人。1958年参加教育工作,历任中、小学教师、校长、教育局长,现任晋城市城区教委主任。热心教育科研,勤于写作,先后在国家、省、市报刊发表文章120余篇,多次获省、市优秀论文奖和优秀通讯员荣誉。1991年被评为山西省先进教育工作者。"

屈指算来,和老陈认识已近10个年头。作为编辑,已为他编发了数十篇文章。老陈的敏锐和勤奋,常常令我钦佩不已。在繁忙的行政工作之余,他笔耕不辍,坚持理论与实践、工作与写作的有机结合,共写出约30多万字的文章,先后在《光明日报》、《中国教育报》、《山西教育报》、《山西教育》、《山西成人教育》、《山西政协报》、《山西工人报》、《太行日报》等报刊发表文章近百篇。其中,刊登在《山西教育》杂志上的《新时期教师思想状况及工作对策》一文被选入《教育局长谈教育》丛书,《成人思想政治工作初探》一文,获"成人思想政治工作"全国征文大赛优秀奖。

陈有瑛很善于在工作中发现问题,探索问题,并及时加以整理成章。1988年底,在教育工作全年总结会上,听到了不少关于中小学生厌学、失学、早恋等问题的反映,陈有瑛从改革开放的形势和当时中小学思想政治教育状况的角度进行了深入思考,以答卷、座谈和家访等形式进行调查研究,采写了调查报考《从万份答卷中引出的思考》,发表后,引起了全区教育工作者的重视和整顿,有力地推动了城区中小学思想政治工作的深入。

写文章是一件吃苦的差使,而且老陈的工作又很忙。但是,他学习雷锋精神,忙中挤,紧中抓,长期坚持"班前班后学一点,饭后睡前想一点,节日假日写一点"的做法,很有成效。

陈有瑛坚持理论与实践相结合,坚持为工作而写作,获得丰硕成果。几年来,他针对工作搞采写,不断探索工作的新思路和新途径,促进了自己的工作。1986年以来,城区教委实行"三级办学、分级管理"的改革后,学校内部管理体制的改革成为大问题和新课题,但没有现成的经验可借鉴。陈有瑛深入实际调查研究,从分析学校现行管理体制的弊端入手,连续撰写了探讨学校内部机制改革的论文,发表后引起了许多专家和同行的注意,终于找到了符合国情、地情的改革方案。

百尺竿头,更进一步。老陈,希望你写出更多更好的锦绣篇章来!

禹适庭和他的“百福图”

郭新民

“用绘画笔写成，篆写随意，结构严谨，自然流畅，干净利落。”这是禹适庭先生作品《百福图》入选《中国硬笔书法鉴赏辞典》之后，专家们给他的评价。这幅作品远看一个字，近看百朵花，字体互不相同，异彩纷呈，千姿百态，极有韵味。观赏禹先生的《百福图》给人一种美的享受，更被他高超的艺术所折服。

禹先生是城区卫生防疫站的美编主管技师，享有“多才多艺的艺术家”赞誉。当我迈进他不大的居室时，才知此誉不虚。墙上挂的一幅幅，地下放的一条条，桌上摆的一卷卷，书橱叠的一摞摞，或雄浑潇洒的书画，或装裱精美的条幅，或工艺考究的图案，或栩栩如生的剪纸……宛似进入艺术的殿堂。

禹先生从小酷爱书画。早在学生时代他就积极参加学校的文化活动，办墙报、刻蜡版、写文章。在平凡的工作中慢慢培养起对书画的情趣和爱好。师范毕业参加工作后，当教师他是模范，干气象工作他是先进，他的“灾害性天气预报”曾立过二等功，并出席全国气象代表会议，邓小平等党和国家领导人接见了他们并与之合影留念。进入卫生部门工作后，搞宣传工作他又是省市区的先进工作者。真可谓干一行爱一行，爱一行专一行。但无论他干哪一行，从未间断了他的艺术追求。1982 年禹先生设计的“版面专栏”参加全国卫生版面专栏评比，荣获农村卫生专栏一等奖，曾在天安门展出。借此机会他拜众名家为师，悉心钻研绘画、篆刻、剪纸、书法等艺术。他的剪纸画《人人健康》1992 年被省爱国卫生运动委员会、卫生厅、中国美术家协会山西分会、中国摄影家协会山西分会评为优秀卫生美术摄影作品；他的硬笔书法毛主席诗词《长征》获首届“南红杯”全国硬笔书法大赛二等奖；他的另一硬笔书法作品《福禄寿》经“天马杯”国际书法绘画篆刻大赛评选委员会审定，由吉林省图书馆收藏。他还先后为《山西日报》、《晋城人大》、《凤台文学》等省市区报刊绘制报头图案、封面、封底和插图百余幅。并创作出《秃姑姑》、《白马拖缰的传说》等民间文艺作品，刊登于《山西民间文学》、《晋城市民间文学集成》等省市文艺刊物上。

如今，他已是中国当代硬笔书法习字会艺术创作部委员，中华硬笔书法家协会会员，中国当代硬笔书法家协会理事。他的名字与作品一起被收入《中国硬笔书法鉴赏辞典》、

《中国现代书画篆刻家作品集》。今年,禹先生的《百福图》《百寿图》《双百寿图》将收入《中国现代书画篆刻家精品选》、北京 2000 年奥林匹克第一届国际绘画书法艺术大展。

艺术无涯,学无止境。现今,年近花甲的禹先生虽满头白发,鼻梁上架着一副老花镜,却目光炯炯,仍透出一股老骥伏枥、志在千里的英气,创作频仍,硕果累累。祝愿他绘出更多更美的艺术精品。

1994 年

读葛水平诗集《美人鱼与海》印象

赵 勇

女作家蒋韵曾经说过一句话:想事的时候,男人和女人不同。男人是用脑子想,女人却是用肚子。脑子想事这好理解,可是肚子又如何能想事呢?其实,这一点也不玄乎,因为说到底这还是由于性别而形成了两种不同的思维方式。脑子类的可能更科学一些、精密一些、理性一些,肚子类的大概更艺术一些、模糊一些、感性一些。

葛水平的诗正好也印证了这一说法。坦率地说,她的诗谈不上如何深刻,但是却显得非常充实、饱满。作者仿佛就是要把自己的全部感觉和盘托付于诗,而并不考虑这些密密麻麻的感觉会使诗产生怎样的清晰度和明朗度。所以,从总体上看,她的诗并不怎么好读。在诗人所设置的那个迷宫般的意象世界里,你感觉到的更多是断断续续、朦朦胧胧、闪闪烁烁,甚至还有些滞涩。

然而,诗的意味却也在这样一种形式中诞生了。于是,我们在她的诗中发现了一种一以贯之的颜色——蓝色,也发现了与这种颜色吻合对应的基本的情感基调——感伤、忧郁。所以,无论她是在演唱故乡的歌谣,还是在弹奏爱情的旋律,大都没有热烈奔放如火的味道,而更多的是感伤沉静如水。仿佛所有的一切都在感伤的意绪中浸泡过了,因此所有的一切也就被渲染成了蓝色,思考、思念、等待、焦灼、企盼、渴望……

我想,这大概就是诗人创作个性的一种体现吧。在后记中,我们知道生活中的葛水平就是一个"喜欢独自忧伤"的人。在普通人那里,忧伤是沉重的,是锈,它提前衰老了青春的心,也提前暗淡了明亮的眼睛;然而,在诗人那里,忧伤却在一个诗意的层面上接通了"我"和"物",同时也使诗人有了感觉、解释世界的一个窗口。因此,忧伤在诗人那里便构成了一种价值。

当我在葛水平的诗中读出了这种感伤的基调时,我便想到了舒婷。舒婷的诗中有一种忧伤,这忧伤被人誉为"美丽的忧伤"。那么,忧伤如何才能美丽呢?我以为关键还是一个表现的问题。忧伤本身是冷色调的,当诗人一味地沉浸于忧伤又去浓墨重彩地渲染这忧伤时,诗歌便显得灰暗、凄冷、喑哑,给人的感觉是压抑、沉闷、悲悲切切。这种忧伤尽管也真实,却谈不上美丽。聪明的诗人虽然也去表现忧伤,却是努力把这忧伤淡化、提纯,让这忧伤化为一缕轻盈浮动的意绪，或是借助于别的意象去冲淡那忧伤造成的沉闷与滞重。于是,忧伤显得晶莹了、透明了、空灵了、明亮了,而美丽的忧伤便在这样一种表现方式中获得了生命。

葛水平大概很得这种写法的神韵,所以尽管也是表现忧伤,却总是那么玲珑剔透,挥洒自如。“细雨拍动潇洒的羽翼 / 庇荫一个寂寞的心蒂 / 总像是无所依托的忧郁 / 许是想起了冬 / 许是想起了夏 / 许是想起了垴畔上鸟啼 / 哦，还有越水溪畔 / 浣纱的少女……(《是一个回忆》)鲜明、富有动感的意象净化了那种忧伤的沉郁。再如:“含泪的风韵勾勒出 / 无法演绎的梦 / 母亲，宝玉说女儿是水做的 / 不然何以水汪汪满地星泪雨”(《星泪雨》)这当然也是在表现忧伤,然而,一声对母亲的呼唤,一句贾宝玉的名言,却又把这忧伤写得柔弱妩媚,楚楚感人。

在《美人鱼与海》中,作者把她的近 70 首诗编成了五个部分,并分别冠之于“萌动”、“眸子”、“雨季”、“秋塬”、“雪国”的主题。除“眸子”外,它们分别对应着人生的四季。于是在“萌动”中,我们看到了作者正在生长着的思考;在“眸子”中,是一种极力想打量这个世界的渴望,在“雨季”中,又多了一份湿润的情怀;在“秋塬”中,一切都在成熟,同时还荡漾着夏天的余热;在“雪国”中,“男人和女人的世界是苍白的”,于是有了宁静,骚动的声音似乎也渐渐平息。尽管作者还非常年轻,但在这里她似乎已经领略了人生的主要风景,用自己的心触摸到了人生运行的大体轨迹。

在上述的这些诗中,我以为写得最好的还是爱情诗。那份相思、回忆、欢乐、忧伤和意乱情迷,在圣洁的爱情之光的照耀下,全都显得那么率真、纯情、浪漫而富有诗情画意。欢快处如春花烂漫、酣畅淋漓;忧伤时如夜雨潇潇,那点点滴滴的相思缓缓、轻轻地扣打着心扉。比如,在《那方》中,我们读到了这样的诗句:“我站在你的对面 / 如一扇门窗 / 你俯下你的额头让我踮起脚尖读你的阳光 / 然后相携走向远方。”一幅美丽、明净的画面跃然纸上。又比如在《雪寄》中,我们看到了“遥远处星月弯弯 / 风掠走我的如意”,然后是坚定执著的“等你,等你,等你 / 一个黎明映衬寒夜 / 我等待一抑一扬 / 抑扬顿挫的心韵”。在思念中等待,同时又要等待那种思念的感觉和心情,让它成为自己寂寞时细嚼慢咽的食粮。

葛水平是学表演的,十多年前,当她从沁河旁边的一座小山庄里来到长治时,上的便是戏校,学的就是那个表演专业。然而,后来她终于又放弃了表演,选择了文学、选择了诗。其实,写诗又何尝不是一种表演呢? 只不过在这种表演中,需要技艺,但更需要真诚。所有这些,葛水平都拥有和做到了,并且在诗中还依稀有了一种表演的风格。在无论把摆弃文学当成职业还是事业都显得寂寞起来的今天，我们不但看到了她的收获，同时还看到了她与文学相依为命的坚定的执著。我想，一个人只要有了这种弥足珍贵的情怀和难能可贵的精神，就一定能在自己开辟的园地里获得满意的收成。

落笔述古今 市志开新篇

阎思贤

由市委书记薛荣哲任顾问、市长田霍卿等任主编,市地方志办公室组织编纂的晋城市地方志丛书之一、之二:《晋城人物传》和《晋城大事记》由中国城市出版社正式出版发行了。这两本书广征博引,探幽钩沉,纵横交错,概述古今,展现了晋城古今人物的风貌,反映了晋城历史发展的概况,是我市地方志工作的一个良好开端。

《晋城人物传》,收入了晋城市自春秋战国以来423位优秀历史人物的传记。在这个古今人物的"历史画廊"中,既有探究天体奥妙的天文学家刘羲叟,又有拯民于水火的治黄专家贾鲁;既有丹青妙手荆浩、萧照,又有"居庙堂之高,则忧其民"的著名政治家陈廷敬、郝径;既有人民作家赵树理,又有党的好干部卫恒;既有苦功力学,矢志不移,由小学教师成为闻名于海内外的著名清史专家江地,又有捐资助教、兴学育人,设立全省第一家农民奖学金的养猪专业户毕生才。透过这些古今人物的所言、所行、所作、所为可以看到泽州儿女从古至今忧国忧民。舍生取义,尽忠报国的高贵品德,具有振聋发聩的感染力。作为一本地方志学术专著,编纂者不拘泥于古,大胆突破创新。比如,长期以来,由于受"内中华,外夷狄"的传统观念和民族偏见的束缚,使一些历史人物在史志中未得到应有的地位和评价。元代的郝径,曾是忽必烈大帝的国信使,代元使宋被幽禁十六年之久,但他忠贞不渝,不辱使命,可与汉代苏武媲美,著者本着历史唯物主义的态度,为他标名正位,具有一定的探讨创新精神。

《晋城大事记》则详细记载了晋城上自远古时期,下至1992年的历史大事,举凡政治、经济、军事、文化,集五千年史实于一编。充分体现了作为华夏文明的重要发祥地之一的晋城市,历史源远流长,文化光辉璀璨;全面反映了勤劳勇敢的泽州先民杰出的劳动创造和可歌可泣的斗争历史,特别是在中国共产党领导之下,开辟了敌后抗日根据地,同封建主义、帝国主义进行了艰苦卓绝的斗争,为全中国的解放做出了伟大贡献和光辉历程;生动再现了晋城市人民在社会主义革命的建设中取得的巨大成就,尤其是记录了1985年市管县体制改革以来,市委、市政府领导全市人民大力发展社会主义市场经济,使古老文明的泽州大地旧貌换新颜的飞速变化。

秉笔著史志,志成鉴古今。这两本书的出版发行为晋城市经济建设和领导决策参考提供了不可多得的史志资料,是宣传晋城市情,进行爱国主义教育的优秀乡土教材。目前市志办的同志正在再接再厉,继续探索,编纂出版《晋城乡镇简志》、《晋城风光名胜》等市志丛书,并广泛收集资料编修《晋城市志》,准备以更好的成绩向全市人民献一份厚礼。

潘小蒲编著《游仙》读后感

一　丁

潘小蒲编著的民间故事集《游仙》,是一部多达56万余字,170余篇的民间故事大集成。是目前我国民间故事单行本中最集中的一本,这是她把千余年来太行山畔、沁河流域、获泽大地流传的种种民间传说、故事收集起来,重新加工新写的一部浩瀚巨著。展开看,是一部民间文学,是整个阳城县上下几千年、纵横几百里人类发展的民史、野史。读后我觉得它有三大特色。

第一,作为民间文学的收集、加工、整理以至重写,它面广、境宽

神、仙、妖、魔、鬼、怪、人、天、地、山、水、石、土、木无不牵涉。这些方方面面,又正是古老的中国民间文学的特点。神文化、鬼文化是中国文化的组成部分,传统文化可说无不与鬼与神沾边。《游仙》一书中仅鬼的故事有《鬼节》、《鬼集》、《鬼友》、《鬼赌》、《鬼妻》、《鬼报》、《鬼花》、《鬼娱》、《鬼斗》、《鬼状》等若干篇,把鬼写得活灵活现。阳城是黄河文化和中原文化的发祥地之一,传说中的嫘祖、尧、舜、禹都在这里活动过。《游仙》中有关三皇五帝的传说比史记还要丰富、还要完美。阳城自古人才辈出,但留下的正史传略则少得可怜,而《游仙》中收集到的本地的历史人物的传说则根根、梢梢,里里、表表,来龙去脉都有交代,如传说中的孙思邈、王莽赶刘秀等故事及萧照、潞国公、泽国公、刘伯温、杨继宗、王国光、田阁老等历史人物的活动、功过无不跃然纸上。赵树理曾说过,阳城的每一座山、每一条河、每一块土地,甚至每一块石头都有一个美丽的传说。而潘小蒲则把这些传说逼真地写了出来,不仅使人们扩大了对自然的认识,也增加了民间文学知识。

第二,文笔流畅,语言艺术运用得体

《游仙》中的每一篇都笼罩着浓厚的情感色彩。编著者是阳城人,阳城人的语言有与众不同的地方特色。读《游仙》,就像倾听一位阳城老人在讲故事,他时而高亢激越,时而低沉颤抖,有时柔情缠绵,有时慷慨倾诉,既有黄河奔腾的滔滔之势,也有山涧小溪的潺潺之音。编著者不仅费时费事收集了那么多的故事,而且在整理加工中倾注了自己的感情。使每篇故事都具有浓郁的乡土气息和朴实的地方特色。

第三,《游仙》是用心血和汗水编著而成的

故事中有为官清廉刚直不阿者;有武林侠客仗义忘利者。而编著者本身就是一位廉政的公仆。她整理重写这56万余字的大工程全是在业余时间进行的，而她那时正在生病。她一边和病魔做斗争,一边又呕心沥血写作。一位民间文学家说,是这部故事的“营养”滋润了作者的心田,使她精神更加焕发,文与为文者都跃进到一个崭新的艺术境界。

潘小蒲手中的笔仍在挥舞,像沁河水一样川流不息,我等待着她的新作面世。

书山探径蹊　史海索宝鉴

乔志强

我从事历史教学和史志研究工作多年,终日以诗书为伴,而对史志书籍更是情有所钟。前时闲翻了秦海轩和王守信二同志合写的《读史备要》(《新华出版社》1991 年 5 月版)一书,顿时兴趣陡生,便一口气读完。今又读到秦海轩编著的《史海索鉴》(《中国城市出版社》1993 年 5 月版),更为其能潜心史志、著书立说所感,故欣然命笔。

我国历史源远流长,各种史志典籍浩如烟海。《读史备要》以其短短的 20 万字,囊括了上万个史志名词汇释。在选材方面,不仅有区域、民族、阶级、阶层、官制、兵制、田制、税制等方面的名词术语,还有教育科举、天文历法以及民俗、器物、度量衡等方面的称谓概念,涉及范围之广,为一般小型史志工具书所不及;在编写方面,采用名词汇释的方法,即把相同、相近的名词术语汇于一处,并分门别类地溯其源流,述其变迁,寓知识性与趣味性于一体,使读者可收触类旁通之效。书后还附有笔画索引,既可查又可读,堪为读史读志者的良朋益友。这种编写方法,目前尚不多见,确有独辟蹊径,探索创新之意。

《史海索鉴》则是海轩同志在史志研究方面的文集。其中,有探究历史发展规律,阐述自己见解的学术论文;有以古鉴今,述已一得之见的史志杂文;还有探索古代政治制度的专论。这些文章都广征博引,探幽钩沉,纵横交错,概述古今。如《从中国历史发展的统一趋势,看和平统一祖国的光明前途》一文,是从中华民族古来就有的凝聚力、向心力的民族心态和求统一反分裂的历史事实来阐明台湾和大陆和平统一是历史发展的必然趋势,是中华民族的共同愿望;《以史为镜,看人类社会发展的艰难历程》则是从人类社会的发展演变,新旧制度的交换更替,深入浅出地阐述了人类历史发展的规律性;《古今选才用人谈》是借鉴古今中外选才用人的一些典型事例来探索用人之道,进而总结了古今中外识才、选才、荐才、用才和育才的各种方式方法;《古代官制杂谈》专门论述了我国古代的各种官吏管理制度,以及历代职官称谓、职掌的演变,以对现行干部制度的改革有所启示;《皇帝制度纵横谈》是对我国皇帝制度的产生、发展,以及为维护皇帝权威,保证皇权行使而形成的一整套制度进行阐述,藉识我国古代以皇帝为核心的封建专制的真面貌。全书尽管体裁不一,内容迥异,但篇篇都是以史为鉴,以收窥一斑而知全豹之效。且文笔流畅,寓论于史,颇为新意。

秦海轩同志现任晋城市地方志办公室副主任,他作为一位长期在基层工作并兼有繁杂行政事务的史志工作者,除有《读史备要》和《史海索鉴》等著述外,还在各类报刊发表学术论文10多篇,还主持编纂了《晋城人物传》和《晋城大事记》等近百万字的志书,并参加编纂了《第二次飞跃》、《领导艺术》、《农村思想政治工作》等10多本政治理论书籍。这与他多年来孜孜不倦,刻苦钻研,呕心沥血,锲而不舍地笔耕是分不开的。功夫岂负镂金人,欲探径蹊路一条。当今能执著地钟情于史志工作者为数还不多,故有感而发,以慰作者致力于史志工作的虔诚之心,并以望史志工作为社会主义建设作出更大的贡献。

张道德《洋溢着的热情》读后

一丁

张道德是我的好朋友,我对他的印象一直是人好文也好。近读他新出版的散文集《洋溢着的热情——太行山散记》就像嗅到了一丛溢香山花。

《洋溢着的热情》分“情满太行”、“芳踪探胜”、“山乡纪行”、“灯下漫语”、“生活情趣”五个部分,收入作者的散文56篇。

这56篇散文,既像历山盛夏怒放的56朵烂漫的山花,朴实、清香;又如沁河水中的七彩卵石,熠熠生辉,令读者爱不释手,如嚼橄榄。这些散文文笔流畅,题材广泛,有的像沁河水一样,清澈、温柔;有的如历山风一般强劲、奔放;有的如少女一般婀娜而纯洁;有的则像出征壮士,威武而自信。

这些散文,各具特色。《丢丑》把两种价值观念不同的待业青年的思想活灵活现地写了出来,让读者从中领悟到丢丑不在于从事什么职业,而在于抱什么样的思想;《九爷》描写了一个乡党委书记辛苦工作、严于律己的崇高品德;《情洒黄土地》记录了党的老一辈革命家黄克诚大将担任副省长时去沁水的视察情景,令人感动;《历山晨曲》则用抒情和笔调,描绘出历山旅游区的自然景物和它悠久的历史传说,使人向往;《浇地》一文更具特色,他写了一个先人后己的村长金柱和几个普通的农民形象,反映了一代新人的新风格。也许我特别爱我的家乡历山,所以我对《历山溶洞行》有特别好感,这篇文章不足2000字,就把万山红遍,层林尽染的历山和神奇的溶洞描述了个惟妙惟肖:“仰望山顶,壁立千仞,如刀似剑,陡峭峥嵘,直插云霄;山腰之间,烟波浩渺,云雾缭绕;俯瞰谷底,幽深万丈,激流如泣,水声潺潺,林海葱葱;陡崖峭壁上,奇石嶙峋,山菊馨香,野花争妍;密林丛中,兔奔鹿窜,百鸟鸣唱。”让读者身临其境,饱览其情。

张道德的散文短小精炼,语言朴实,有一股浓郁的乡土气息。他继承了著名作家、语言大师赵树理的风格,用大众化的语言写大众爱听爱读的事情。书中几乎全是写的沁河两岸、太行山麓发生的普普通通的小事,却又有着时代气息的内涵。每篇文章都情切切,意绵绵,给人一种艺术美的享受。

张道德同志是一个非常勤奋的人,一身数职,工作兢兢业业,不论工作忙到什么程度,他都要在睡觉前看一阵书,写几段小说、报告文学、诗歌,经常可在报刊上读到他的文章。我衷心地祝愿老朋友继续踏着赵树理大师的脚印,寻觅时代的强音,写出老百姓喜闻乐见的作品来。

《山魂》出版　神南扬名

神　南

一部以我市阳城县神南村艰苦创业为题材的长篇散文《山魂》,最近由中国文学出版社正式出版,成为书市颇受欢迎的畅销佳作。

神南村地处我市东南深山,气候恶劣,资源贫乏,交通不便,经济基础薄弱。在改革大潮中,神南山民以百折不挠、愈挫愈奋的创业精神,在贫瘠的土地上创造出惊人的业绩,建成了年产万吨的全国最大的衡器铸造基地。1993 年工农业总产值达到 5000 万元,人均年收入突破 2000 元。

《山魂》作者、北京野鹤工作室主创、青年作家野鹤,用他独具特色的犀利文风和空灵洒脱的优雅笔调,泼墨成文,抒发了作家对大山、对山人的满腔痴爱,并将此书辑入由他担任主执笔的黄土地系列丛书。

散文《山魂》一改散文传统章法,打破散文程式套路,以抽象的写意手法,以细腻的心理展现和简洁的场景白描,给读者创造出一个别开生面的美学意境,仿佛走进大山,走进了山人,走入了山民们绚丽多彩的感情世界,品味其间的辛酸苦辣,感受其间的喜怒哀乐,观赏其间的五彩缤纷。

《山魂》第 1 版第 1 次印刷 1 万册,上市伊始便脱销。新加坡华裔女作家陈美林女士已与作者签订了联合将包括《山魂》在内的黄土地系列丛书改编为电视剧的意向书。

《山魂》的反响,使神南走向全国,走向世界,也使全国的朋友,全世界的朋友认识神南,了解神南。国际若石研究中心香港分会驻中国首席代表杨茗茗先生得知《山魂》一书已走入 300 多个海外驻华机构和商社代表寓所后,当即购书 50 册作为中秋礼品赠给他在香港本部的同事和上司。在中日友好医院学习工作的杏子小姐给神南村写信请求前来观光。在总参谋部当兵的山西籍战士刘志给神南村党支部写信希望转业后能到神南的热土上奉献青春。北京第 38 中学的罗珊珊同学给神南村支书李揪呆的信中写道:"《山魂》是我读到的最好的书,神南是我心中最神奇最美好的地方。"

《太行文学》的特色

谢　泳

前几日，一位朋友送我一套完整的《太行文学》杂志，仔细看了以后，感到很不错，在短短的几年中，这个地区的刊物已初步形成了自己的办刊特色。

《太行文学》是晋城市文联主办的文学季刊，它的前身是《热流》杂志。从 1992 年改刊以来，《太行文学》既立足于本地的文学创作，又不断开拓自己的视野，使这本地区的文学刊物办得很有生气，在许多方面甚至超过了省内一些纯文学杂志。

《太行文学》的特色，首先是不动摇作为纯文学杂志的基本宗旨，在许多地区刊物为了生存而纷纷转向，或降格以求的情况下，他们依然坚持纯文学的办刊方针，加强小说、诗歌、散文、文学评论等作品的比例，保持了不为风气所动的文学品格。

在保持纯文学风格的前提下，他们努力将眼光盯在当前的现实生活中，力求贴近时代，着眼主旋律。去年冬发表的田澍中的中篇小说《乡长助理》就是一篇深刻揭示当今农村社会矛盾的作品，这篇小说从反映生活的时代性和深刻性方面，可以说是近年山西农村题材小说中的佳作。《太行文学》的另一特色是加强文学评论，力求提高刊物的品位。近几年来，由于过分追求刊物的可读性，许多杂志都在减少文学评论的比例，甚至有的纯文学杂志已经放弃了文学评论，而《太行文学》在这种情况下却有意识地加强了文学评论。在山西所有纯文学杂志中，它对文学评论的重视是其他刊物比不上的，3 年多的时间里，它几乎每期都有 3 篇以上的文学评论。它所发表的文学评论除了着眼于提高本地区文学创作的水平外，更注意从较高的理论水平上开拓当地文学创作的视野，除了评论具体作家作品的评论外，他们还发表了傅书华的《心路历程——论山西作家群流变中的精神演化》，武跃速《论作家的审美素质》，赵勇《期待，阅读的动机》等具有较强理论色彩的文学评论。

一个地区级的文学季刊有如此眼光，不能不说是一个创举。由于《太行文学》近年来立足于走严肃的纯文学办刊道路，它在出作品出人才等方面都取得了令人欣喜的成绩。已成为一本有较高文学品味的刊物。

评台历“泽州之春”

五 阳

1994年“泽州之春”台历由阎安辉、成功等十余人编制,他们用台历的方式介绍了我市的方位、建制沿革、文物古迹、资源物产、文化交通、古今英才和全市主要乡镇村庄,除了计时记事的作用之外还有广告作用:台历中介绍了我市城乡的产品和单位营销及工作绩效状况,使台历成为人们发展经济搞好工作的纽带和桥梁,人们在同一天可以知道同一企业单位的信息,它比报纸和电台中广告更加实用方便。

传播知识作用。人们从台历中可以知晓“帅源”纯天然酸枣果汁饮料含有人体所必需的十多种维生素、氨基酸、蛋白质和矿物质,具有开胃生津、防病抗衰的功能。历山舜王坪海拔2358米是山西西南部最高的山峰。晋城市无烟煤储量大,煤质好,为优质的冶金燃料。

一本台历多种功能,突出了晋城地区的特点,也是编制者献给泽州人民的一份新年厚礼。

《沟里人》创作拾忆

崔 巍

电视剧《沟里人》上演了。

作为编剧，我在悉心听取各方面的意见的同时，不免浮想联翩，想起创作过程的诸般往事来。

去年也是这个季节，市委交给我一个任务：写一部反映锡崖沟的电视剧。

锡崖沟早有耳闻。悬崖开路30个春秋，终于开出一条走出大山的阳关道。那过程，正应了孙中山的名言：吾志所向，一往无前，愈挫愈奋，再接再厉。然而，说到接受任务，不免有些犹豫。谁都知道，创作需要厚积薄发，长期凝思结想。换言之，即如古人所说：袖手于前，始能疾书于后。而这任务却来得突然并且是急如星火，迫在眉睫，颇与创作常规相悖。有此顾忌，生怕画虎类犬，有负领导重托，亦愧对锡崖沟的英雄们。

然而，市委刘焕升副书记却激活了我的信心，他说：锡崖沟就在晋城市，当地作家不去写，难道再去外面请人？于是我在耳热心跳后，毅然领命。

由于时间紧，我邀了郭国元当助手。

我的人生信条是，要干就要竭尽全力干好，否则宁愿袖手。细细想来，要完成好这任务虽有“拉郎配”之嫌，仓促之弊，却也有“外来和尚”们没有的有利条件。本人就是太行山农家子弟，始终和太行山有着血肉联系。为文数余年，数百万字的作品始终瞄着太行山的沧桑变迁。概而言之，我的笔已早耕熟了这块有着光荣与骄傲、缺憾和不幸的土地。有此恃凭，也就有了创作土壤的丰沃，困难也就不足惧了。

我们很快就深入到山大谷深，群峰拱卫的锡崖沟作过细采访。锡崖沟有十几个自然村，散佚在狭长的谷底。这方水土的封闭与贫瘠，使人心酸；走出大山的锐志，使人喟叹；悬崖上开辟出的人间奇迹，使人折腰。而那些开山筑路的英雄们惊泣鬼神的业绩，则使山变瑰矮了。

在采访的日日夜夜里，我们恰似深山探宝，几乎每双粗糙的大手里都可托出珍珠，每张多皱的老脸上都藏匿着瑰宝。采访如鱼得水，浑如回到家乡，见着自家的父老。于是那30年修路中一串串闪光的故事，便如道道锡崖沟里的山溪，流进心田。

采访结束,由我执笔进入创作。

创作一开始无从下笔。难在思考不成熟,虽有丰富的素材,鲜活的人物动人心魄的情节,催人泪下的故事,却没找到一个深刻的立意。写锡崖沟,当然得源于生活又高于生活,写出锡崖沟精神。这精神,政治家有政治家的视野,舆论界有舆论界的角度,文学必须独具慧眼,从文学的角度去把握开掘。否则,就出不了文学的意蕴,注定会失败。

关于文学意蕴,古人早有妙论:“意犹帅也,无帅之师,乌合之众。”

找不见“帅”,当然不敢动笔。苦思冥想几日,那“帅”还是让我找到了。

一部锡崖沟人修路史,其实也是一部锡崖沟人同传统观念和自身愚昧落后思想的斗争史。真正阻碍锡崖沟人走出大山的,首先是心灵上的自我封闭。人生最大的敌人首先是自身的弱点。人在战胜自然界的险山恶水时,首先要在心灵上开出通道。锡崖沟人修路几上几下,几兴几衰,那上下与兴衰中无不体现了这一点。锡崖沟人未必能自觉意识到这一点,但作品的意蕴升华到这里,就有力度深度了。因为这样来把握锡崖沟精神,那启迪意义就不再属于太行山人,而是属于全人类。

有此思考和把握,那丰富的素材,便如贯珠,贯串到了一起,《沟里人》现在已问世,是否真正做到了这一点,不敢妄猜,但这点追求却是明确的,执著的,文章不是无情物。写锡崖沟的激情早就汹涌着,一旦找到“帅”自然文思泉涌,将近一个月便写出了近八万字的剧本。

时值酷暑,从早到晚汗流浃背。这时写作,几近玩命。而我却终日奋笔,不能自抑。字里行间常有汗水抛下,揩去汗水,又涌出泪水。我自感进入了少有的最佳创作状态。这最佳是锡崖沟人的真实事迹燃烧出来的,如火如荼,越燃越炽。同时也是一个作家的良知和责任感驱使出来的,如潮如浪,难止难遏。

这些年,文学处于低谷,却又流派纷呈,旗幡遍插。但我想:不管时代卷来多少新潮,文学的使命却不应变,那就是作品写出后不是为了藏之名山,等着冠绝后世,亦不应是远离生活,远离人民,孤芳自赏,自吹自擂。作品总得有读者,而且这作品应溶进社会的良知和作家自身的情操,寓教于乐,于潜移默化中去净化人们的灵魂,为社会投下阳光。按江总书记的话说,便是“用优秀作品去鼓舞人”了。

这是每个作家的天职,否则,这职业就无神圣可言了。

文章千古事,得失寸心知。

《沟里人》虽有满意的立意,为文的真情,但毕竟时间紧迫,难以从容修改,加之才力不逮,从而留下许多缺憾,令我抱愧不安,但这只能引以为戒了。

电视剧的完成,是在做“千人糕”。省市领导崔光祖、谢洪涛、刘焕升、吴广隆都曾亲审过剧本,并且认定“是个好本子”,而由张绍林、徐重民率组的剧组,更是精英荟萃。《沟里人》能有反响,除了政治因素,功推他们再创作。剧本亦有他人改润心血。虽未谋面,却已神交。

文学界朋友则在剧本刚写出便在《黄河》破例首篇发出,而且请胡富国书记题了篇名,加了编者按语。至今忆及,犹情动心热。

我市各界的企事业家们亦对该剧本的投拍,倾力资助。无此后盾,纸上谈兵。陵川县的领导和群众,更是极力玉成,贡献良多。

所以说,这“千人糕”的做成,方方面面皆功不可没,在此一并致谢。

特别应提及的是,该剧投拍前,曾有过风云突变,差点夭折。是中群同志,上下周旋,才救活了剧本。而在开拍后,他更是事无巨细,出了大力。

往日的坎坷已成历史,现在需要的是总结成败得失。万千观众是审度定评的权威,我将虚心听取,闻过则喜。如有可取处,功推导演和演员,而那败笔和疏漏,编剧因是始作俑者,当然难辞其咎。

愿闻明教,多多益善。

写给《阳城县志》主编刘伯伦

张　弛

一

阳城东倚太行,西走中条,北来太岳,南俯中原。1943年,你降生在这块群山环绕的土地上。作为大山的儿子,你经历过半个世纪的风雨洗礼,像崇山峻岭中的石灰岩一样,无欲则刚,壁立千仞,树立起一尊堂堂正正的男子汉雕像。

明代大臣于谦,曾任山西、河南巡抚,策马驱驰于潞泽和中原间,面对分布广泛的石灰岩,他常吟诵自己的诗篇《石灰吟》:

千锤万凿出深山,烈火焚烧若等闲。

粉骨碎身全不怕,要留清白在人间。

你喜欢这首诗,经常吟咏它,它就是你生活经历和个人品格的写照。你主编《阳城县志》并出版发行的过程,谱写了一曲回肠荡气的志坛《石灰吟》。

二

石灰岩的主要成分是碳酸钙,纯石灰岩呈白色,由于含有不同杂志而呈灰、黑、微褐、淡绿、浅红等色。你因无可选择的家庭出身和长辈的历史问题,岩体被印上了“黑”色标记,在那过去的年代里,你的人生充满坎坷:17岁报考高校必须服从“需要”;23岁在“文革”中被打入“牛”棚;27岁被下放插队。直到“四人帮”覆灭后,你才重返教育岗位。1981年,你加入修志行列,并于1984年受任为《阳城县志》主编(1988年获副编审职称),成为县志编修工程的总设计师和总建筑师,从此陷入“泥坑”,不可自拔,在一个毫无油水的“冷门”里,竟尝尽苦辣辛酸,一时间成为阳城“热门”人物。

三

你凭着一股傻劲,泛舟志海,信步志林,从头学起,积少成多,在理论与实践的结合上写成方志论文40多篇。你提出地方志作为一方基础信息全书,应当从史学附庸地位中解放出来,成为一门独立的学科——地方信息学。新论一出,志界注目。你针对地方报喜不报忧,写得不写失的通病,写出《忧患意识与地方志的编纂》一文,大声疾呼:"与其危机在后,孰若警钟在前?"荣获中国地方志学会1993年学术年会优秀论文奖。你主张的"要注入感情、要突出个性、要手法灵活、要评议精当、要语言丰富"的"五要"写法,可谓对人物写法的全面总结……你的论文分析有深度,论述有力度,发表后被全国方志界或评荐,或引用,或受奖,或著录,产生了大范围的传输效应。作为大山的儿子,你是阳城人民的骄傲,你是方志群山中的一块高标号的岩体。

四

著名方志学家刘纬毅先生在你的论文汇编《方志新议》出版时为你作序,称"伯伦同志的文章,从不人云亦云,老生常谈,而是具有独立思考的品格,多能发前人所未发,言他人所不言","他不迷信传统与权威"。其实,"文如其人",你为文如此,为人亦然。你主编的《阳城县志》因此而"十四春秋,五易其稿,历尽艰辛,担尽风险"。(《方志新议·跋》)1988年发表的《修志艰辛,乐在其中》一文在谈到受人非议苦时写道:"别看普通人对于志书不太关心,可有心者对其中有关记述十分关注,也十分敏感。因为这是千秋功罪,一笔定性啊!《阳城县志》初稿印发后,就有不少人找上门来。有的因自己的长辈贡献大,未入人物传而提出责问,有的则为自己的长辈当时被错杀、错斗而鸣冤叫屈,有的对志稿记其前辈功劳不彰有所抱怨,有的因写了其亲人的美中不足大为恼火。有的通过各级领导人予以干预,有的赤膊上阵进行威胁……"面对此情,而你却挺直腰杆,知难而进,秉笔直书,实事求是。绝不苟合取容,八面玲珑,违心用笔。你认为:"董狐之笔,史迁之笔,才是中华民族真正的史笔,怕担风险,唯唯诺诺的主编愧握志笔。"你坚持"与其苟合于今,不如取信于后"的信条,却因此被"千锤万击",历经磨难。1988年8月,我以《风筝》为题,报道了你的事迹,根据你提供的信息在文中写道:"他主编的《阳城县志》送审稿受到好评,即将付梓。"想不到这部"即将付梓"的县志,却让人苦苦地等了7年。这期间,你仿佛又回到了"文革"岁月,经受大批判的"烈火焚烧",荣膺"帽子"之多之大,足以让人"粉骨碎身"。然而子虚乌有经不起事实锤击,你又被评为1991年全省先进修志工作者。眼见县志工程即将告竣,孰料平地风波骤起,一封匿名信使你身背"黑锅",有口难辩,不得已当起了"杜丘"(日本影片《追捕》中人物形象),来洗刷岩体上被泼洒的"污点",终于端倪可见,事情明朗。《阳城县志》在旷日持久的孕育之后,没有胎死腹中,终于经县委、县政府审定,晋城市委、市政府批准,由海潮出版社“接生”出世了。

五

刘伯伦,你和你的同事们一不求官,二不逐利,三不怕苦,视金钱淡如水,看事业重于山。你们的心血没有白费,《阳城县志》出版后,受到志界好评。黑龙江肇东华夏方志馆的刘有才先生,称赞县志是他审阅过的196部地方志中严肃性和科学含量最理想的一种。省史志研究院和地方志学会负责同志给予高度评价。抗战时期的《太岳日报》总编辑、原省志办副主任徐一贯为县志赠联:“阳城县志创新新志反映新时代面目全新,析山人物著名名气出自名地理古今闻名。”更出人意料的是在阳城各界“纪念抗战胜利50周年暨县志首次发行大会”上,你的工作汇报慷慨陈词,情真意切,妙语连珠,神采飞扬。博得了山城各界次数最多的热烈的掌声。这掌声包含着信任、肯定、抚慰和激励,作为大山的儿子,还有什么比这更令人欣慰的呢?

六

刘伯伦,《石灰吟》的作者于谦,身居高官,却遭诬陷而死,而你是幸运的,从你所写的《阳城县志·本修始末》中可以看到,党政领导支持你,志界同仁支持你,社会各界支持你,虽然一时云遮雾罩,但不久天晴气朗,你又肩起了修志的重担,依然那般从容不迫。社会在进步,“左”祸横行的时代一去不复返了!

你“不亢不卑,无怨无悔;不悲不喜,无矜无惧”(《方志新议·跋》),堂堂正正,无愧人生。你是一块具有坚定意志的石灰岩,你是一块具有献身精神和清白品格的石灰,你是一曲回响在中国志坛的《石灰吟》!

你主编新修的《阳城县志》与大山一样永存!

《晋城百科全书》编纂札记

郭世先

一、决策者的儒者风范

编纂百科全书，在中国人的文化生活中，是近些年才有的事。而在晋城，则是开天辟地的创举。作为一个地级市，不仅山西省没有先例，即使在全国也只有广东潮州一家。但当编纂《晋城百科全书》之事被提上市委、市政府的议事日程，作为向晋城市建市十周年和晋城解放五十周年的献礼时，市委市政府领导同志表现出的是高远的战略眼光和不凡的儒者风范。原市委书记薛荣哲，原市长、现任市委书记田霍卿，都曾多次表示，地方性百科全书作为反映一个地方政治、经济、科学、文化、社会、民情的大型典籍性辞书，其科学性之强，资料之翔实，载述之全面，考证之准确，使用和收藏价值之高，都是其他著述所无法比拟的。我们不仅要搞，而且要搞好。在他们的倡议下，编纂此书被去年春的一次市委常委会议一致批准通过。市长李拴纣同志到任后，也对此给予了无微不至的关怀和高度的重视，不仅与田书记一起出任编委会主任，而且还在百忙中认真审读有关报告，划拨经费鼎力支持。市委常委、秘书长殷理田亲自主持编务工作。无论工作多忙，身体多累，只要是有关百科全书的事情，他都悉心过问，亲自指点。在《晋城百科全书》编纂过程中，市委、市政府的许多领导同志都反复强调，要把编纂百科全书作为我市科学文化发展的里程碑，作为一项十分重要的文化基本建设工程来抓，群策群力，出一本全国第一流的地方性百科全书，以此宣传晋城，提高晋城知名度，教育和引导全市人民热爱晋城，建设晋城，为晋城的腾飞建功立业。对此，包括我国大百科学术权威的金常政、黄鸿森、张慈中、翟富中等一批知名专家学者在内的帮助我们工作的许多同志都赞不绝口，纷纷赞扬我市领导同志目光之远大，风范之不俗。

二、翟富中的浓浓乡情

原国家新闻出版署秘书长翟富中原籍系我市郊区。他生于斯，长于斯，晋城的一草一木和山山水水都给他留下了美好的记忆。当他作为《晋城百科全书》的总策划、总编审而又一次能为家乡尽心尽力的时候，他感到无比的荣幸。多少次，他与笔者促膝长谈，言头句尾，无不流露出一种亢奋和激动。正因如此，三百多个日日夜夜，他为之奔波，为之辛苦,审校文稿,按出版界的常规三校即可,他却审校十多次;为一个历史上曾在我市沁水县封官挂印的县令的生平事迹,他广泛查阅史籍文献,多次征询专家意见;为了能找一份完善精确的晋城市地图,他跑遍了北京许多家单位,最终完成;为得到一张晋城地区卫星遥感地图,他不厌其烦地求助于国家卫星遥感中心,并用拳拳乡情感动了遥感中心的专家,为我们省去了数千元的制图费用;为了使《晋城百科全书》载述完备翔实,他翻箱倒柜,找出了自己几年前回乡探亲亲自拍摄的名贵树种"子母柏"的照片;为最后把关,保证审读万无一失,七十多岁的他或坐或卧在地毯上,一干就是好几个小时……面对这样一位无私奉献、对家乡倾心相报的老人,就连出版社的同仁都为之深深感动。

三、闪光的群体精神

主持和参与这次编纂工作的,不仅有国家奥林匹克出版社专家,也有我市各部门、各单位的同志,总数达二百多人。为使《晋城百科全书》早日问世,他们讲团结,比贡献,人人精益求精,个个忘我工作。

——出版社社长、总编辑王樵裕由北京赴西安出差,仍忘不了紧锣密鼓之中的《晋城百科全书》,工作之余,一次次打长途电话,询问工作进度,提出新的设想和意见。从西安返回北京,来不及回家看望亲人便直奔出版社,风尘仆仆,其情可叹!

——著名的装帧设计专家张慈中教授,是一位古稀老人,自从接受《晋城百科全书》的封面装帧设计和图文版式设计任务后,他放弃了周末和星期天的正常休息,每天凌晨五时起床工作,深夜一时后才上床。严重的睡眠不足和生活失调,使他原来仅有的八十九斤体重一天天减少,一米七二的身材像一根麻秆儿。而他却乐此不疲,自感洒脱逍遥。

——身兼编委副主任和副主编两职的王守信教授,本该在晚年赋闲休养,但他一接受重任,多年的劳累连同休养的念头顷刻间便抛之脑后了。他用以自勉的两句话是:做工作,既要任劳,也要任怨;干事业,只有无怨,才能无悔。多少次,他蜷缩在晋城、长治开往北京的夜间长途汽车上,受尽了饥寒冷冻;当北京人已是放假购物、一派春节气氛时,他仍伏在招待所的写字台上奋笔疾书,以至于招待所的经理、服务员都被深深地感动而一再延期放假。

这是一个团结战斗的群体,凝聚这个群体的是无私奉献、精益求精的精神。倘若18世纪法国"百科全书派"的狄德罗、达兰贝尔、伏尔泰、卢俊等等有知,也会为之折服的。

读周广学自编诗集《站立的露珠》

聂　尔

周广学将她的一本尚未付印的诗集送来，叫我写几句话。她的诗我曾从报纸上看到过几首，至今留有印象；她本人我过去也曾见到过，只是没有讲过话，我知道那个挺着胸踽踽独行的姑娘，即是写诗时署名汉白玉的。仅此而已。

这次她将诗集拿来，一副郑重其事的、诚恳的样子，叫我稍稍有些吃惊。因为这种严肃的神态我已经多年没有见过，我久已习惯对任何事都姑妄言之，姑妄听之，或者姑妄读之，总之是随随便便，听其自然——以电视广告为代表的文化氛围养成我们一种新的视听和阅读态度，我们又能如何呢？

当有人突然要求我们严肃地对待某事时，我们的尴尬可想而知。再说，我虽然还偶尔读诗，但也正因为读诗，我知道自己的生活距离诗歌是何等之遥，我又岂敢言诗？姑妄言之或许还可以，如果一定要严肃对待，我恐怕自己已经难以办到。

当我打开周广学的诗集之后，我的这种想法变得更为明确。我在这本诗集中看到，诗歌在一个人的生活中能够占据到何等崇高的位置。

这是怎样的幸福啊 / 诗，我感到你的灵光 / 就要将我穿透 / 巨大的力量 / 将使我恢复并升华自己 /——纯真多梦的少女 / 婷婷地立成 / 头戴花冠的女王

——《诗》

这是一首诗的最后一段，也是一股思想和情感的高潮部分。我不知道这首诗写于哪年哪月，但我妄自揣测，它不会出自世纪末的 90 年代，而有可能产生于 80 年代半期的某一年，因为不久前的那几个年头，确曾有过一个“纯真多梦”的诗歌浪漫主义潮流。置身这一潮流中的青年诗人们的献身诗歌的激情，写作纯诗的激情，对唯我主义纯真的信奉之情，都已经不再能被现在的我们所完全理解，恐怕就是那些诗歌的作者们也都已经不复有当年的心境。我自己也曾是那一诗歌潮流的精神上的参与者，我也曾如痴如狂地捧读过那一潮流的杰出代表海子和骆一禾等人的诗。所以当我读到周广学的这首诗时，不禁勾起往日的情怀而产生时过境迁之感。“这是怎样的幸福啊”这样的咏叹调和“女王”一类高贵的字眼只有在那样一种诗歌潮流中才会出现。

广学的诗引起我往日的思绪,并促使我对自己作为诗歌读者的经验进行反省。诗人们写诗是写给他心目中的理想读者的,这样的读者诗人指望他存在于任一时代,任一时间,任一社会环境之中,而诗歌的读者们却往往不幸地从理想读者蜕变为历史性的读者,他们的阅读经常被时代的浮光掠影和沉渣浮滓所阻碍,尤其是在阅读他们亲身经历的时代所产生出的诗歌时就更是如此吧?我不知道一个处身时代之中的人如何才能免除时代的影响,而这正是信奉纯诗的诗人们所追求的目的。

周广学在诗集的自序中明言,这里收入了十年来所发表的诗歌。正是“十年来”这一常见的短语引发了我上面的议论,像我这样还要准备继续活下去的中年人颇能感觉到“十年来”这种说法的分量,我也不过才活了几个十年,而剩下还有几个十年或者甚至够不够十年也还说不准。古人是“十年一觉扬州梦”,我们做的什么梦尚不清楚,但总当有一点十年一回头的自觉吧。广学年纪尚轻,不必受上述“十年论”的影响,但能在诗歌创作上来一个十年一小结也是应当的。而且依我看来,女性的精神生活与男性相比,显得更加稳定而少变化,她们以比十年更长一些的时间为单位来回顾自己的生活也许更适当。从广学的诗中我也能明显地感到这一点。她的这些诗虽历经十年却少有变化,或者说其情感和思想的主调始终是一贯的。这是和某些男性诗人大不相同的一点。基于这一点,我们实际上可以不考虑十年来不同诗歌潮流的外在影响,而单独看待这一本诗集。

在这本诗集中,思想的流动始终是明亮而激越的,这既是对世俗生活的对抗,同时也表白着某些异己的诗歌潮流的摒弃。

所有忧虑都是对自己的盘剥 / 灵魂本有她完美的歌

——《十四行诗》

这样宣言式的诗句只有纯净的思想才敢于唱出。这种纯净的思想的更为艺术化的表达则有如下的诗行:

我明白了 / 为什么夜要将我蚕食 / 因为我将化作 / 明日晨光中 / 万物的歌

——《夜》

这样的决绝和果敢也许来源于作者对能够意识到的“自我”的挚爱。诚挚而哀怨的情感抒发也证明了这一点。

我这废墟上崛起的蓓蕾 / 要你感觉分量 /……/ 究竟为了什么 / 我不能失去 / 你大地般的关怀

——《致(之一)》

“我”是如此的纯净而明亮,“我”应当被世间最美好的理想接纳。“我”是奔腾向前不知反顾的河流,但是“我”的大海在哪里呢?

我柔情似水/反将自己淹没/只剩眼泪和哀怨的长发/从你胸前淌过/……/哦,或许你是我的漩涡/我该以怎样的箭矢/将一切穿破

——《爱的漩涡》

自我不对自身怀疑,却怀疑它所追逐的理想,这是一种执著到了沉迷的境界。人生之迷狂确是令人惊羡的,女性的自尊也不能不使人敬重,但若能于奔腾前行之中悄然反顾,则自我和自我所追逐之理想是否会更为明晰一些呢?当然,这些都还是说不准的。能够准确说出的印象则有一点,那就是整本诗集中,第一人称“我”贯穿始终,毫发毕现。抒情主人公与作者是否能够统一另当别论,但就读者的感觉来说,钱币如海潮,诗人不愿随波逐流,也只是芥豆之微,诗人之“我”何需特别加以关注?如此形势下,诗人可用一千年前李后主的词句自况,那是《子夜歌》中的一句,叫做“销魂独我情何限”。这是《子夜歌》的第二句,首句是“人生愁恨何能免”。这首句倒更像对后一句的一个应答。作一颠倒似可玩味——这也是本文题目的由来。

读《阳城县志》

刘有才

胡乔木同志生前说过:“地方志是严肃的科学的资料书”,“地方志的价值,在于它提供科学的资料。”笔者近三四年来学读196种新编市(地)、县(区、旗)志,认为刘伯伦主编的《阳城县志》是全面体现志书的严肃性和科学含量很理想的一种。所说“严肃性”,即以史实为根基,实事求是地著述,不搞理论上的议论,政治上的渲染,文学上的描写,感情上的激越。所说“科学性”,即以较少的版面,涵盖较多的科学内容。《阳城县志》的严肃性和科学性体现在以下四个方面:

一、篇目设置具有严肃性和科学性

《阳城县志》这方面体现在:1.选择纲目体纂志,突出志书本质属性,主脉清楚,不枝不蔓;2.纲目拟制精炼,经得推敲,匡事内涵外延清晰,文附题,题辖文,记事准确,不拉杂,不牵强附会;3.篇目排列井然有序,15个一级目可分为三大部分,即志首(含综说、县情基本数据表)、主体(含地理、经济、科学、政治、军事、文化、社会、人物)和志末(含要记、丛谈、大事年表、文征、编后)部分。从二、三级目看,完全以志体拟制,简短、俊秀,不搞志史篇目同炉;4.词畅意达,文约事丰;5.载大事,明大端,记“实”求“是”;6.地方优势和地方特点及时代风貌,跃然纸上,气息浓郁。

二、形象化选择与编辑具有严肃性和科学性

《阳城县志》志首集纳的49幅照片和随文编辑的照片资料(含人物头像)都是揭示地情的形象化资料;全志编入摄制与绘制的地图类资料19幅,从编辑部位看,比较明显地以图标识行政区划沿革简史和自然环境变迁的历史纪程,别志很难做到;利用统计图形式,直观形象地昭示事物(业)的发展变化历程,使人一目了然;绘画相似图案,昭示事物发展演化史,如清代以来居民的服饰,发型,形象逼真,展示了社会的进步和居民生活水平的提高,很有存史的科研价值。

三、压缩篇幅和增富含量具有严肃性和科学性

《阳城县志》将篇幅控制在百万字之内,并攀上志书质量高峰群,一是“热”调查,“冷”处理,即对兴师动众广征博采得来的浩瀚地情资料,反复咀嚼,去粗取精,去伪存真,选大事明主脉。二是量地情资料,定体制框架结构,不搞先入为主,不生搬硬套先行者的模式。三是载大事,明主体,充分反映地方优势和特点,以及事物发展规律。四是重记史实,不记或点记过程。五是县志办主任、主编一人担,一支笔统稿与总纂,以志业为重,不处理“人情稿”。六是利用综合手法,科学压缩版面,增加实质含量。如绘制“人口金字塔”,含量极丰,仅用1个版面却囊括了6个版面难以用文字记述清楚的年龄分组、出生年份、人口性别等丰富的内容含量,设计与绘制科学,实为仅有,很有典范性。

四、创新体例框架结构具有严肃性和科学性

《阳城县志》不少篇目为志坛所罕见,读后感到格外清新、亲切,富有生命力。如志前不置“概述”而置“综论”,以地情大事大要为珠玑,以策论为红线,激扬文字,作成一篇盖世无双的策论或“综说”;“要记”专记难以类从的大师,“大事年表”从简从略记述,分扬记事本末体与编年体各自之长,克服二者参差互损之弊;“丛谈”专载弃之可惜的民间佳话和奇闻趣事,是增加志书可读性、趣味性的新篇目;其“编后”6项内容也别树一帜。这些都对推进新方志的不断创新,做出了新贡献。

综上所述,《阳城县志》尽管也有白璧微瑕之处,但瑕不掩瑜,乃是90年代志坛上高品位代表作之一,很值得向读者荐介。

段生龙和他的书法艺术

卓 然

一日晚饭过后,生龙给我打电话说,他的一帧楹联在全国首届楹联大展中入选了。我想了想,就是他上个月拿来让我看过的,我记得:

为山河立传六合一统一宗师

代艺苑宣言东方既白既斯人

于是,我电话立即表示祝贺。我说祝贺,不是口头上礼节或应酬,是实实在在的内心激动。我为生龙激动,也为我们这块土地激动。

段生龙的书法早就有了些名气, 他的作品屡次在国家和省内外各种书法展览中获奖。我认识生龙也已经是十多年前的事了。虽然认识,又同在一个小城市中共历春秋,但交往并不多,所以只能算相识不能算相知。在城区文联成立大会上,他被选为城区书协副主席,后来又当了区政协委员,因为工作关系,交往就多了些,了解他的机会也多了些。交往多了解多,并不一定能使一个人就在另一个人心中占多大的地位,或有多么重的分量。然而生龙给我的印象却是极深的。

晋城没有出过大名人,无论是文化方面的,还是武功方面的,即使是北宋时期,曾经说晋城才子密如牛毛,也只是徒有虚名。文没有大才子如河东柳氏,河南韩愈;武无如汤阴岳飞,当然更难有如蒲州关公者。晋城唐为雄镇,水墨粲然,丹沁二河,容迂锦澜,而历史文化却果然就被"孔子回车"一块石碑冷冷地挡做一个遥远而无望么? 不,时代行进到今日,我似乎觉得太行山头常有瑞气钟灵,于是,我希望着,期待着。

我没有说生龙就已经是什么了。但他给我看他自撰自书的那副楹联时,就未免使我有些愕然。楹联写得气势恢弘雄逸,有强烈的时代感,却又超拔尘寰;静悄悄的行墨运笔当中,又蕴藏着浓重的历史感。凝静之处,安详厚重,气度弘逸,姿态妍美,爽爽有一种气韵,我便从中见着了东晋遗风。

我看了楹联看生龙,看过一回生龙又看楹联,我怎么也不能相信,写那楹联的就是我眼前的生龙。文如其人吗?生龙是那么瘦弱,瘦弱得就像生在干旱的山脊上的一棵小野草一样,经不得雨,禁不得风,他怎么就能运得那如椽之笔写出那精神雄健的字来呢? 若不是用心、用意、用气、用神,怕是不会出那样的效果。还有,倘若段生龙光是书法妙笔惊人也还罢了,他的国画也画得好,笔下钟馗真是令鬼魂惊惧。他的篆刻线条舒展,笔势稳健,平正浑朴,才见汉铜铸印神髓。他的装裱用色典雅,款式大方,技艺娴熟到不能不令人叹为观止。面对生龙我也常常不禁想问,他这种种艺术涵养又是从何得来?

是苦难的磨砺吗?从小就失去母亲的他,像一枚小小的嫩芽,在炎炎烈日之下日见干枯。从母体带来的那一点点孱弱和生命,随时都有从这个世界上消失的可能。为了生计,父亲必须外出。落日黄昏,或是下雪的早晨,小生龙眼巴巴地盼父亲回来。父亲回来了,然而一个男子汉又能给孩子多少温暖?天黑下来的时候,父亲要走了,走到荒山野岭的一条小路上,忽然听得身后远远地有窸窸窣窣声,父亲怕是狼。猛然回头,见一个小幽灵,瑟缩得像个小鬼魂。父亲站住了,五尺高的汉子差点扑倒地上,父子俩在荒山岗上抱头恸哭……

我们没有任何理由说世界上的艺术家都应该经历一个苦难的童年,但生龙却永远躲不过童年的苦难在他幼小的心灵上狠狠地抽打的皮鞭。不管他作怎样努力,他都抹不掉人生的不幸在他额头上刻下的痕迹。那也许就是一位艺术家成功的印记。

不,苦难仅能催人发奋,苦练才能获得艺术的精湛。他的书法艺术可以说整整经历了三个阶段。起初受父亲的影响,在高都那个小小的装裱店里,一笔一画练下了一个扎扎实实的底功。初通书道,他就不满足于呆板地临摹一种写法了。王羲之、黄庭坚、孙过庭、钱藏真,都成了他的崇拜者。艺术上的兼收并蓄,使他眼界大开,到90年代,北大进修之后,他最迷恋的是苏东坡。他一方面努力研读中外文学名著,以期提高自己的文学修养与文化素质,一方面不断学苏,以培养自己笔下那种"大江东去"的浩然之气。心胸的博大,志趣的高远,才使得他一直沉浸在"衣带渐宽终不悔,为伊消得人憔悴",与"昨夜西风凋碧树,独上高楼,望尽天涯路"的境界之中。至于到"灯火阑珊"时,他也许能为我们这方土地在历史上添一笔光辉。

我说的是也许。然而,我却满怀信心地希望着,期待着。

序卓然散文集《从小路走到黎明》

焦祖尧

我认识卓然已经是十多年前的事了，那是在古长城脚下，管涔山瑞气独钟的宁武，《山西文学》在那里举办小说创作笔会的时候。卓然涉足文坛之初是搞小说创作的，当时他的小说创作势头不错，在《山西文学》发表的几篇小说也很有特色。我在笔会上看过他的稿子，鼓励他努力把小说写好，我也期待着他成长为一位好的小说作家。尽管他多年来没有放弃写小说，但他却着重移笔于散文创作了。他虽然先出了一部50万字的小说集《我记忆中的河》，但他毕竟已经把差不多所有的激情都投入了散文创作中。除了已经编好的这本23万字的集子《从小路走到黎明》，他手头还有20多万字在准备收入另一个集子。看来，他目前的散文创作也很投入。

卓然的散文最初也是在《山西文学》发表的，第一篇《吊兰》是他的散文处女作。尽管这篇散文写得清新，自然，寓意深刻，但却不及第二篇《火狐》更加细腻，灵动。而第二篇却又不及后来的《卖豆腐老汉》深沉、凝重。对于他后来连续不断发表的散文，我是一直关注着的。他在散文领域中苦苦追求，不断探索。他想在散文创作中找一条自己的路子。

卓然的散文创作自有他自己的特色。他并不是躲在书斋里嘤嘤呜呜，自我嗟叹，自我陶醉。卓然在生活中不断地打捞，他把自己的创作与祖国与人民，与时代与改革的命运紧紧地联系在一起，他热爱自己的民族，热爱自己的故乡，他把对民族和对故乡的感情紧紧地糅合在他的散文创作里，字里行间，激情洋溢。他时而呼唤改革，时而赞美改革，他热切地渴望改革的春风把他故乡的山山水水吹绿，让故乡的旧貌彻底换新颜，让饱饮过苦难的家乡父老尽得欢颜。在他的散文集中，如《火神》、《写在孔子回车处》、《永生的乔纳金》、《房东》、《锡崖沟二题》等等，许多篇章都是为改革引吭高歌，是高唱改革的赞美诗。对文化的关怀也是卓然散文中涉猎的最多的主题，《话说云集斋》、《诗神》就表现出了他对文化的关怀和希冀。他对大自然一往情深，尤其是对故乡的山水，无时无刻不使他魂牵梦绕，殷殷于心。

在卓然的散文《凭吊雨花台》中，他把故乡的山水描绘得如锦似绣，就是故乡的锦山秀水养育了他的童年，在他的心灵深处扎下了一条深深的根。尽管装在他童心中的那些文物已经大部分被历史的风雨侵蚀了个陆离斑驳,但他心中却决不会没有了那条使他对美好人生的憧憬与追求永不消歇的根。塔没有了,雨花台没有了,白皮松与魁星楼都没有了,这些东西是他记忆中最美好的东西,又是在他的眼中消失的,他便感到自己就有了不可推卸的责任。这是深深的自责,不是矫情。作为江山和事业的继承人,我们其中的每一位都应该负一些责任。就是说,当我们将要把我们从祖宗手里接过来的东西传给我们的后人的时候,那件东西只应该在我们的手中变得更加美好,而绝不应该也不允许有任何缺损。

这就是卓然的散文所要给人们的"东西"。

尽管卓然的散文总想给人点什么,但他的散文读起来却并不觉得枯涩和沉重。他的语言是温婉、从容的,文章的意境也总是那么清新,自然,他的散文未见模式,语言却自成风格。有些文章似乎是顺手拈来,漫不经心,随意为之,读起来却很自然;有的则精心营构,认真着墨,却又不免显出雕琢痕迹来。

通观整个集子,可以看出卓然确是在生活中不断地"打捞",不断地积累,不断地创作,不断地探索。这是他勇于也乐于做的。只要乐此不疲,不妨就按自己给自己选定的路子走下去吧。小路没尽头,黎明却是十分诱人的。我们期待卓然有更好的散文问世。

《梨花村随笔》后记

杨　栋

编完这本集子,我已是将近不惑之年了,这一年是我的本命年,人到中年,身心是很疲惫了。

小的时候,父母亲对我最担心,常常叹息:“你长大了可怎么活呀?”因为我小时候营养不良,身体瘦弱,父母的担心是有理由的。但我瘦弱的身躯里有一颗爱美的心,我向往美,向往善良,我爱上了表现真善美的文学,我读了大量的中外名著,在书中找到了安妥灵魂的去处,我所以能有一份赖以糊口的工作,我想我应该感谢书,感谢文学。

这本书的文章有一部分写于1993年,这一年我修房子。修房子是山里人一件大事,朋友们说我“真不容易”。一个人背井离乡,举目无亲,独立创业,白手起家,那确实是不容易,我原想这一生是连鸡窝也垒不了的,更不愿去修房子,但生为山里人,一穷八代,一个穷字叫我必须去自我奋斗。于是我在风里雨里搬砖弄瓦,泥里水里拉沙运石。白天劳动一天,晚上又躺在床上读书写作,这些文章就是这样信手拈来,随笔写成。

现在,文学成了“弃妇”,当年的追求者们,有的爱上乌纱帽,从政去了;有的爱上孔方兄,经商去了……许多当年缪斯的情人,而今都变了脸,这都是时代使然,风气污浊,使我常常自问文学还有什么功能?文化还有什么品味?但转念一想这毕竟是一种改革开放中的“消极因素”,一个民族,还是需要有书香墨香,有文明的芬芳的。我想起路遥、邹志安、多病的贾平凹,他们像逐日的夸父,用饥渴而疲惫的身躯去寻觅人类的绿洲,尽管觅到的有时是一种海市蜃楼,但其生命显示出了无比的悲壮。

我是在农村长大的,现在也仍是一介平民。但我爱书,爱文学,我读得累了写得累了时,就去左邻右舍喝一杯清茶,闲话桑麻。在这里闻不到酒肉发臭而腐败的气味,听到的是农夫的生计,百姓的家常,我从心里为我的“梨花村”祝福,也为我的文字没有唯上与媚俗而庆幸。我虽然也很累了,但我不会放下耕耘的金笔,将不改初衷,固守在我称之为“梨花村”的小小书房。

《晋城百科全书》简介

王守信

由晋城百科全书编辑委员会编纂、北京奥林匹克出版社出版的《晋城百科全书》已于近日正式问世。她的编撰出版是晋城市一项重要的文化基本建设,对于晋城市的改革开放和两个文明建设有重要意义。

《晋城百科全书》是一部地域性综合百科全书,是用简明方式,全面、系统地介绍晋城市的一部工具书。全书共76万字,并附彩色插页图和随文图400多幅,内容丰富,图文并茂。

《晋城百科全书》由晋城市概述、条目释文、大事年表、晋城市地图等部分组成。

晋城市概述部分对晋城的地理、历史、人口、民族和经济、文化、社会发展作了概括介绍,是全书的纲领部分。

条目释文是本书的主体。全书共设2210个条目。分为历史、地理、区划、机构、古今人物、农业、工业、交通邮电、财贸、城乡建设、教育科技、文化、卫生体育、旅游服务、社会生活及友好交往等16大类。每一大类中又分为若干小类。全书共分为120多个小类,每类中又包括若干条目。全书各县区,各乡镇、主要街道以及晋城境内较大的山脉、河流、泉涌、重要的物产、资源,重要的机构、团体、人物、事件,有一定规模的农业场站、厂矿、公司、商店、集市、宾馆、饭店、学校、科研单位、医疗卫生单位、演出团体、影剧院、文化馆站、图书馆、展览馆、道路、桥梁、水库、灌区、旅游景点、游乐场所、体育场馆、文物古迹、民俗方言等,都设有专条,是晋城历史和现状的一个缩影。

大事年表从远古时期到1994年11月以前,在晋城境内发生的重大事件369起。

地图中有晋城市行政区划图、晋城地质地貌图、市区街道图、城郊图和各县(市)地图,还有由卫星摄制的遥感图和古泽州府境图。

《晋城百科全书》设有完备的检索系统,读者可以通过汉语拼音音序、分类目录、汉字笔画索引等不同的方式检索到自已所要查阅的条目。

《晋城百科全书》在条目释文中,尽可能做到了历史和现实结合,资料性和知识性结合。全书内容丰富,资料翔实,既是了解晋城、研究晋城的重要工具,又是进行爱国主义教育和革命传统教育的教材,还可以从中吸取大量知识、拓宽知识领域。

成茂林及其小说创作

崔鸿瑞

继小说集《遗恨》、报告文学集《七百里太行》出版后,近年来茂林同志又在大型文学期刊《黄河》、《北岳风》先后发表了《漩涡》、《河神庙》、《亲情》、《槐仙》等多部中篇,从而使他的小说创作跨入了一个新的高度。

从黄土地走出来的作家

茂林同志是个地地道道的农民子弟,由于父辈们世代耕种的缘故,他自幼便对"舞文弄墨"者生羡慕之心,正像他在小说集《遗恨》后记中写的那样:"少时曾做作家梦,没想到人生坎坷,世事艰难,大半辈子的时间和精力全耗在了忙忙碌碌的谋生之途上。即便这样,那缘分仍难解。每逢闲暇,便如发了烟瘾一般心痒痒得不安生地拿起笔来自找痛苦。"

写作的痛苦是可想而知的。60年代末,由于历史的原因,他作为"老三届"的小字辈回乡"接受贫下中农再教育",那时仅十几岁的他没怨天尤人,而是以满腔的热忱拥抱了养育他的那片热土,从赶车送肥、锄草收割到摇耧撒籽、扬场放磙,样样学,样样干,加上肚里那点文墨,他很快成了农民们刮目相看的农活里手。其间,丰富的民间口头文学也滋养熏陶了他,淳朴厚道的农民朋友的情感、心态、故事深深感染着他。他萌动了拿起笔来为农民而歌的念头。1972年春天,他的第一首诗歌《春耕忙》破天荒地登在了《晋城小报》上,之后又陆续发表了小小说《鱼水情》、《老支书》等。诚然,拿现在读者的欣赏水平看,那或许不叫诗,不像小说,但在当时,对于一个充满幻想的青年人来说,毕竟如发现了文学的一片新绿般欣喜若狂,毕竟为他后来的小说创作起到了投石问路的作用。成熟始于幼稚。1979年他的小说《钥匙》获晋城唯一的小说创作一等奖。那时,他的创作条件艰苦,终日学大寨,没明没黑在工地,没空闲时间,没写作的桌子,更谈不上书房,而最苦恼的是没书可看。为了提高创作水平,他在工余时间坚持自学,后来考入晋城师范并读完了大学中文专业的全部课程,取得了大专文凭,写出了一批较有影响的作品,先后发表了一百多万字。

小说创作的特色

成茂林同志以写农村题材见长,在他的作品中有农村青年求学、谋职、婚恋、致富的风尚世态;有邻居结亲,寡妇再嫁的悲喜剧;有乡镇企业家和泥腿书记艰苦创业的故事;也有对旧伦理观念的抨击和控诉。其笔下的人物形象鲜明而富有个性。尤其是他笔下的女人形象,或柔弱,或善良,或刁毒,均栩栩如生,像《悔》里的兰兰,《遗恨》里的山菊,《亲情》中的文桃、姣姣,《三请老憨》里的翠儿,《槐仙》里的槐仙,都以较强的艺术魅力感染了读者。最近脱稿的5万字中篇《爱之惑》则是由农村题材向城市题材的转折,以沸沸扬扬的交谊舞热为大背景,反映了转型期各类人物的生活状态与心态,读来形象生动,寓意深刻,耐人寻味。

为人民而写作

成茂林在接受电台记者采访时说了这样几句话:“尽管在市场经济条件下文学受到了一定冲击,但我们要写。因为任何时候人民都需要精神食粮。”本来,茂林同志从政的条件是很好的,70年代初入党,又有大专文凭,在乡镇、县区都工作过,在市委组织部又干了十年。不少从文的同志,耐不住寂寞,或弃文经商,或以文学作为敲门砖踏入了仕途,而他本来就在政界却要利用晚上、节假日写作,其动力即“为人民写作”。我做了个粗略统计,仅今年他就业余写作20万字。功夫不负苦心人!作为文友,我衷心祝愿他的创作更上一层楼!

诗集《树叶之上》后记

王春平

1963年春天,当我在太行山深处的一个小村出生时,天下着雨,我的母亲绝对没有想到,这个孩子将来会与诗有关。

我的童年基本上是在农村度过的。我必须感谢这一段生活。有心的读者可能会发现,我的很多作品与这些日子有关。

十几年前,我开始写诗时,对未来充满幻想与激情。十多年过去了,只有这一本薄薄的小册子面世。尽管如此,我对诗的热爱却随着岁月的流逝与日俱增。

在日常的生活中,只有诗,才能使我的灵魂获得些许慰藉。只有在诗中,我才能与生命本身对话。我始终认为,这样的对话使我的人生有了不同寻常的意义。

我经常这样告诫自己,在生活中做一个常人,在诗中做一个诗人,才能调节自己与所处环境的隔膜与不适。而事实上,这种中庸的结果是两者都做不好。但是人毕竟不可能脱离所生活的时代及其具体环境,这就注定企图做一个诗人将是一件尴尬的事。但这毕竟不能阻止诗人们的灵魂在这个大地上诗意地漫游。

不知从什么时候起,诗似乎与现实生活的距离越来越远了。诗不能像别的文学样式那样直接介入生活,可是,也许只有诗,才可以直入人类灵魂的深处。

我所钟爱的希腊诗人塞弗里斯在诺贝尔文学奖的授奖仪式上说:“尤其在这种动荡不安、文化备受摧残的现代社会中,诗是人类不可缺少的一种行为表现。”

的确,诗不能拯救什么。但至少有一点,诗可以证明,人类文明的基本要素之一——语言,其自身的功能在诗中达到了极致,并且闪烁着一种不可言传的光辉。

面对诗歌史上的诸位大师,我常有高山仰止的感觉。相对而言,我的这些作品简直算不上什么。但对于我个人而言,这些作品已成为我生命中不可缺少的一个组成部分。我一直认为,这些作品是迄今为止,我所做过的最有意义的事。我不敢奢望,这些稚嫩的诗句能传之多久,正如卡夫卡所说:“像一条秋天的道路,还未来得及清除干净,它又为干枯的树叶所覆盖。”但至少可以这样说,我和我的诗都是真诚的。

阿莱桑德雷的诗是这样一种。他没有巴勃罗·聂鲁达那样的开阔、博大和坚硬。相反地，他亲切，有时候甚至柔软，但却透出一种坚实的力量。他在描写的细致上相当高明。正如他说的，他属于优雅的少数派诗人中的一员。

阿莱桑德雷也是我喜爱的诗人之一。

抒情并不是诗人的专利，但抒情确是诗歌的特质。在很多人企图舍弃这一特质时，我仍然固执地认为，诗歌如果不能很好地抒情，它又能做什么呢？当然，一味地沉溺于抒情，势必会破坏诗歌的力量。而这正是我所困惑的事情。

对于我而言，诗人是一个神圣的命名。我从不敢自诩为诗人，虽然成为一个真正的诗人将是我一生的梦想和追求。

写在《上伏村志》出版之际

田澍中

一部印刷精美的《上伏村志》摆在我的案头,我翻阅着那一张张彩色与黑白照片,好似徜徉在上伏村十年的腾飞巨变中。全市第一流的农村街道、第一流的小学校、第一流的村办发电厂、第一流的农民宾馆,新颖俊秀,色彩亮丽,如诗如画。有谁能想到,这是矗立在沁河岸边一个农村的建筑?更想不到,20年前这里的人还饿着肚子,古老的四合院豁牙露口,诉说着她的光荣与衰败。我翻阅着一页页简洁明快的文字,犹如亲历着上伏村数千年的沧海桑田。这是个文化村,仅明清两代取得科举功名的就有80多人,解放四十年来,大中专毕业生就有90多人,其中60多人取得中级以上专业技术职称。这是个文明村,有乐施好善助人为乐的优良传统。明代万历年间的于士兴,在泽州教书,腊月返家路过苇町村,见一人向贫者索债甚急,便将一年赚下的九两银子代还。至于将田庄、房产、银钱施于穷人与大社者,代代不绝。

我感激本志的主编栗守田先生,是他在古稀之年,老骥伏枥,奋力耕耘,才有了上伏村几千年来第一部志书。然而,我更感激该村党总支书记王学明先生,他对哺育他成长的这方水土,有诚挚的情,浓烈的爱,有农村干部中罕见的文化目光,有对传统优秀文化承前启后的强烈意识,有对精神文明建设舍得投资的胆识气魄。

志,就是记。方志,记一方物土,是一方之书。宋司马光认为志是“博学之书”,清章学诚认为志可以“补史之缺,参史之误,详史之略,续史之无”。外国有“历史使人明智”的格言,我国有“以铜为镜,可以正衣冠;以人为镜,可以知得失;以史为镜,可以知兴替”的经验之谈。也许王学明没有读过这些智慧之言,但他的感情与责任却促使他投资数万元,完成了这件大事好事。如今,上伏村人均一部村志,正在茶余饭后时,豆棚瓜架下,笑盈盈地读着、谈着,从于士兴义舍银两到曹芝润夜袭日伪据点……

今年,阳城电厂铁路专线施工,从上伏村通过。王学明指挥着工人们在路基下挖出几十具白骨来。他提醒工人们格外小心,不许丢失和折断一根。

这是革命烈士的遗骨。1946—1948年,太岳军区卫生部第五卫生所驻扎在上伏村,村人给予了多方面的帮助,使大批伤病员重返战场,建功立业。但也有几十位伤病员因各种原因，长眠在这片热土上。王学明带领全村党员，面对烈士的遗骨，召开了纪念会。他告慰烈士的在天之灵，上伏人没有忘记你们，党总支村委会已经决定，投资数万元，在上伏村给你们和本村在革命战争年代牺牲的先烈们，修筑一座坚固美丽的陵园，让你们的忠骨有一个理想的安息之所，也让上伏村的后代们，永远祭奠你们，永远学习你们。说这些话时，王学明的眼里闪着泪花。

今天，王学明给我送来村志，也谈了修建烈士陵园的种种设想。看着他那宽阔聪慧的额头，为村人操劳过早地衰老了的面孔，听着他情切切意绵绵的话儿，我好一阵激动。但愿他那份情那份爱，化作千株万棵文明之花，开满上伏村，香遍太行山。

《南村镇志》与赵学梅的南村情结

乔随根

在郊区为数不多的女乡镇书记中,赵学梅是极有个性的。就在她离开南村的时候,告别的方式也依然特别。她把在繁忙工作之余搜集到的素材用所有的感情和记忆编撰了《南村镇志》,给更多继续耕耘这块土地的人们留下了厚实的背景。

一部《志书》所浓缩的不仅仅是一个地方的历史,还是一种文化和个性。当一个人秉承了这种个性之后,那方土地便会给她一笔昂贵的财富,给她带来荣誉感、事业感和责任心。

应该说,是南村成就了赵学梅。从南村的姑娘、南村的媳妇到南村的当政者,她的生命与事业、成败与荣辱、欣慰与痛苦,无时无刻不和这块土地有着千丝万缕的牵扯。她熟悉南村的历史文化、民情风俗,就像熟悉她的母亲与孩子。从某种意义上说,对于这块土地,学梅早就有一部《志》铭刻于心了,而且一直成为她日后理政的动力和源泉。1985年,当南村人民独具慧眼选择了她的时候,她便灵感奔涌,和自己的同伴们有了一篇篇不俗的杰作。1988年,南村镇产值、收入双过亿,成为晋城市第一个突破亿元大关的乡镇。1990年,南村镇被国家民政部等单位授予“中国乡镇之星”称号,成为中国乡镇百颗星之一。

面对接踵而至的荣誉,赵学梅更多看到的却是走出这些荣誉的艰难。她受惠于脚下这块土地富集煤铁资源,也感受着这种优势给人们观念上带来的惰性和包袱;她得益于这块土地独特的区位优势,也体验着温饱而足、小富即安意识的根深蒂固。面对社会转型期的日新月异,作为一个现代的农村干部,必须从观念上走出这块土地,从意识上彻底背叛小农文化的狭隘性。否则,历史、社会环境,尤其是一个领导者个人素质的局限,将注定南村不会有太大的天地。正是在这样一种煎熬中,赵学梅冲破身边的诸多束缚,挣脱世俗的种种困扰,努力走出“镇志”,思考和梳理着她的治镇方略。于是,就有了资源起步——资本积累——科技嫁接——经济腾飞的发展之路;就有了市场驱动、科技拉动、开放推动、三产联动的强镇之路;就有了农业工程化、工业技术化、农民知识化、乡村城市化的富民之路;就有了全省农村新技术试验示范区的建设;就有了南村特级玻璃厂、钢窗厂、水必克厂、THDI 防水材料厂、精密铸造厂、铸态球铁厂等一大批高新技术企业的悄然崛起……

这方黄土地终于在踌躇中开始了更高层次的追求。

也许有人觉得学梅可以满足了。但学梅毕竟是极有个性的。南村的过去,南村的现在,南村的未来,还有太多未了的心思和牵挂搅扰着她。在《南村镇志》的后记中,她留下了这样一段文字:"我们谨希望通过这本小志,能看出南村风韵,从而吸引更多的有识之士来这方水土,施展才能,妙写春秋;我们也希望通过这本小志唤起更多的南村子孙热恋故土,关心家乡,为南村大地尽一份孝心。"

我想,除了《镇志》本身的意义,赵学梅无疑在告诉人们,她虽然在观念上奋力走出过这块土地,去实现当年的誓言和目标,但她的感情却依然是南村的。

《晋城》画册的艺术特色

李步青

大凡看过大型摄影画册《晋城》的人,无不为晋城特有的风采深深吸引。这自然归因于晋城山川形胜的壮美和城乡面貌的巨变本身所产生的魅力,同时也是与画册所具有的艺术特色分不开的。无论从编辑、摄影还是从装帧设计看,这本画册都有不同凡响之处,因此连香港出版界人士都认为是同类读物中的上品。

《晋城》画册利用照片表达信息的特色,让人们直观地了解晋城。画册从介绍山川形胜入手,通过城乡经济建设和文化生活等多重角度,逐一展示了晋城发展变化中最为精彩的片段,但并非只是分门别类地简单罗列,而是用坚韧不拔、开拓进取的太行神魄这条主线,把各个部分贯穿起来,形成了一个前后照应,相互联系的整体,让人们感受到太行山的凝重浑厚和太行人特有的品格。

担任《晋城》画册总摄影的韩宽晨同志是我省有名的摄影家。画册中70%的照片都是他的作品。老韩同志在长期的摄影实践中形成了自己独特的艺术风格,从这些照片中,可以看到他深厚的艺术功力。

首先值得称道的是他那颇有气势的艺术表现手法。他以善于组织和拍摄大场面而闻名,一些作品曾得到过我国著名摄影家吴印咸、徐肖冰、侯波等大师的高度评价。这本画册中所选的《濛濛群峰》、《大山的飘带》、《田园放歌》、《金谷登场》、《梨园秋色》、《沁河两岸》、《热闹的集镇》等等,都是大场面的佳作。这些佳作是画册主导和核心照片,对整个画册起着重要的支撑作用,从而使画册显示出了一种其他同类画册所没有的气魄。

其次是他在新闻摄影艺术化方面也有突出的造诣。新闻摄影的最大特点是它的直接性、客观性和主题的限定性,因此一般很难得到具有一定艺术水平的作品。而画册中选入的这类作品,大都有较高的艺术性。比如《农民管弦乐队》,显然是在现场抓拍的,但无论从构图上看,还是从表达的内容上看,都不失为一件艺术佳作。就整个画册而言,有三分之二的照片可称为艺术作品。因此,将其列入摄影艺术画册之列,也不过誉。

再次是他独到的视角。他在摄影构图和用光等方面形成了与众不同的特色。许多都是司空见惯的人物和景象,被老韩拍成照片之后,使人们感到新奇而又超凡脱俗,倏忽间便产生了强烈的艺术感染力。比如看了《农民文化活动中心》、《北板桥村的高炉群》等,谁都会有一种如入仙境之感。那一组《游览胜地》照片,令人心驰神往。

在装帧设计上,我省版面设计专家吴正廷同志,把他开放、大方的设计思想和风格向前推进了一步,在一些方面做了大胆创新。他把目录设计为表现五大部分主题的五幅通栏照片,开版式设计的先河。除此之外,每一部分都以一幅通栏照片结尾,与目录照片相互映衬,进一步强化了主题,而且与各部分的标题也极为贴切。如此巧妙的设计、配合,着实令人叫绝。

真正的艺术需要经受时间的考验。相信《晋城》画册在数十年或更长的时间之后,仍然是可以拿得出手的佳作。

专家谈《晋城百科全书》的出版

郑永林　郭世先

4月20日晚,在北京山西大厦,就《晋城百科全书》的出版,几位目前我国百科全书出版方面的权威及该书的两位主编,分别发表了他们的看法。

翟富中(原国家新闻出版署副秘书长、中国大百科全书出版社副社长、《晋城百科全书》总策划、总编审):

作为向晋城解放50周年、晋城市建市10周年的献礼,《晋城百科全书》顺利出版了。古语说"盛世修典",当前人们把编百科全书作为一个地区经济、文化发展的标志,这样的理解是不过分的。

世界编百科全书有几百年的历史。我们中国这项工作的开始仅仅二十几年。《晋城百科全书》作为我国地市一级百科全书的第二本,北方地区的第一本,是具有历史意义的。她将给晋城人民的文化生活带来新的内容。

金常政(中国大百科全书出版社常务副社长、高级编审,《晋城百科全书》顾问、特约编审):

现代百科全书的出版发行,在我国是新兴的事业。但发展很快,仅四五年时间,国家的、专业的、省一级的就全有了。《晋城百科全书》的出版,在地市一级是走在前列的。

黄鸿森(中国大百科全书编委、高级编审,《晋城百科全书》特约编审):

我国有编纂地方志的传统,现在以百科全书的形式出现,是一种创新。

《晋城百科全书》不仅可以使人从中了解晋城的历史和现实、文化和经济。更是一部爱国主义读物。爱国首先要热爱家乡。她对于当代、后代都有深远的意义,是一部传世之作。

张慈中(著名书籍装帧艺术家、中国大百科全书编委、高级编审,《晋城百科全书》装帧、图片设计者):

《晋城百科全书》在编辑出版上有几个创新,一是采用了国际通用的16开本;二是采用了406幅照片、图文并茂;三是采用了汉字笔画索引。

赵建山(中国大百科编委、高级编审,《晋城百科全书》特约编审、责任编辑):

我曾在山西工作过。两次去过晋城,但了解不多,参加这次编辑工作,使我更全面系统地了解了晋城。晋城的变化在编书之前没想到,各行各业日新月异的变化,达到了我自己想象不到的程度。

王樵裕(中国奥林匹克出版社社长、总编辑、高级编审,《晋城百科全书》总编辑):

世界上有很多美丽的城市,但只有历史悠久、文化发达的城市有自己的百科全书,如伦敦、莫斯科。中国拥有自己百科全书的第一家城市是北京。在地市一级中,晋城是全国第二家,山西第一家。

王守信(原市委党校校长、教授,《晋城百科全书》主编):

《晋城百科全书》在编辑出版过程中,吸取、接受了众多百科全书的长处,又有专家参与,质量好,内容丰富。是人们了解晋城、研究晋城的一部好工具书。她对于增加我市的知名度,吸引外商、外资,将会起到很大的作用。

殷理田(市委常委、秘书长,《晋城百科全书》主编):

《晋城百科全书》的出版将满足几种需要。一是中央、国务院、省委、省政府,需要通过她来了解晋城,从而关怀支持晋城建设;二是在晋城工作、生活、战斗过的老同志,需要通过她来知晓晋城这些年的变化;三是外国、外地的客商需要通过她来了解晋城的投资环境;四是晋城人民更需要通过她来了解晋城、热爱晋城、建设晋城。

文坛·文萃

1991 年

且化浓墨作春山

——王守信著书摭谈

崔　巍

案头又添一部好书:《读史备要》。

书的装帧很精美,并由书法大家康殷题了书名,历史教授任茂堂作了序言,这自让我爱不释手。又因书是我所熟悉的王守信君和人共同编著的,我就更添激动,想起他近些年在编著方面的斐然成果来。

截至目前,他已和他人合作编著了五部书。除了新出的《读史备要》,尚有《小城镇科学引论》、《第二次飞跃》、《乡镇干部法律基础知识》、《行政管理学教程》。此外,还有《历史名人咏上党》已经定稿,将要出版。这就是说,他此生已和人合作编著出六部书了。

著书立说,不是一件容易事:那得有蜜蜂采撷千花万朵的勤劳;那得付出开采铀矿的艰辛;那得有广博的知识作后盾;那得有锲而不舍的精神;那得有献身编著事业的执著追求,谁若不信,亲去试试看!

有上百万字的六部书在那里搁着,此生就是不再编著一字,也问心无愧。君不见,有些人不是连讲话稿也懒得写、或写不来,而要他人代劳吗?守信君却不甘于已有的斐然成果,而是像伏枥老骥,早有了新的千里之志。

他还有更宏大的编著宿愿和计划。

目前,他正组织人潜心悉力完成的,是一套《领导思想与领导方法丛书》,共分四册,分别名为:《中国共产党领导特色初探》、《中国古代领导思想简论》、《实用领导方法和领导艺术》、《县乡干部实用计算与统计》。已经成竹在胸,计划编著的则有如下两部书:《五语类编》和《成语与哲学》。

哦,这又是六部书!

这六部尚待完成的书,是他铺开的新的人生征程,每部书都是一个闪光的里程碑。路正漫漫,其修也远。那跋涉之苦,求索之艰,大概会让一般人惊觉逃遁的。而他却不畏任重道远,气如虹,势如潮,信心如铁。我想,在我们这方水土上,大概也只有他才有此等披坚执锐之志,并有此胆略和才学去攀这峰峦。

这样的人,这样的事业,理应肃然起敬。

请不要忘记:守信君已过"天命",既非血气方刚的翩翩少年,亦非心无旁骛的职业编著者。他还身兼着党校校长的担子,除了冗繁公务缠身,还执教于课堂,而且每年执教的课时超过了专职教师平均工作时的百分之五十。编著那一本本书,全靠的是静夜良思,挑灯挥毫。他是从夏酷冬寒、春风秋雨的夹缝里往出挤时间,才能完成既定的任务的。

当一些人醉心于猜拳行令时,他在伏案搔首凝思;当一些人沉迷于垒麻将"长城"时,他在翻阅着各种资料;当一些人想着"儿子、票子、房子、车子、位子"时,他想的是如何以自家的编著去给人以知识的力量。他若无自甘奉献的做人情愫,和一颗炽热的忧国忧民之心,断不会有此编著精诚的。以眼下的世风而论,光看好党校这个摊子,能勤于校长的职守,不也属难能可贵?

守信君自然不会恪守这样一个标准,二是扬其所长,竭其所能,以编著之丰为世人搭着进步的阶梯。他的编著,涉猎的门类宽泛,既有历史的,又有现实的;既有针对性,又有实用性。宗旨很明确:皆是有的放矢,为读者提供着求知的钥匙。现已先出的几本书而论:《小城镇科学引论》,含英纳华;能获省社科优秀成果奖,绝非偶然。《第二次飞跃》,荟萃了改革以来的各项方针政策,可窥全国改革年轮,可作探讨改革的工具书。《乡镇干部法律基础知识》成了全省乡镇干部岗位职务培训教材,正说明了出版的重要性、必要性。

说到新出的《读史备要》,就更不同凡响。

中国的史书,浩如烟海,向有"七略四库,汗牛充栋"之说。惜乎朝代更迭,典制变化频仍,从而引出名词术语的繁纷庞杂。或一物多名,一事多名;或同名不同物,同事不同名。若不知其堂奥,识伪辨真,就会认鹿为马,自坠迷津。《读史备要》正是为这类疑难作了极好的注疏类比诠释,细分出渭浊泾清,使读史人得着史海指南,可当工具书用。

任教授在序言中称这本书"有实用性和科学性",当是中肯之论。

我对守信君钦敬日久,既钦敬他在做人上的宠辱不惊的旷达,又钦敬他在做官上的进退自适,浮沉取容的洒脱;既钦敬他的才学与睿智,又钦敬他求知若渴,博览广取的奋斗精神。不了解他的人,以为他一定有什么煌煌的学历,否则怎会屡屡著书立说?

其实,他只上过初小,再就是上过什么中医进修班,学习时间也仅有半年。可他勤于自学,敏于良思;任何时候,任何环境都没忘了求知的重要性。经年累月,持恒不懈,绳锯木断,水滴石穿;终于有了编著撰文的本领。他在1987年底,因著述颇丰,被破格评为副教授。只上过小学而获副教授头衔,这应看作是一个奇迹。这其间的人生丘壑也真够大的，却又当之无愧，无伪无饰。这一点给人启迪颇多，又何止仅是启迪？

守信君这些年不仅自警自策，编著甚丰，获得踏实人生；而且他还垂范于人，诱导党校若干教师也走上编著之路，带出一批人才。一花引得众花开，功莫大焉。

法国大作家雨果曾说：人生下来不是为了抱着锁链，而是为了展开双翼；不要再有爬行的人类。我要幼虫化成蝴蝶，我要蚯蚓变成活的花朵，而且飞舞起来。

无疑，守信君正实践着这段名言。

可惜，现实中尚有许多“爬行的人类”和不想化蝴蝶与花朵的“幼虫”蚯蚓。误己误国，呜呼哀哉。

我们现在不是提倡学习燕居谦吗？

我在翻阅《读史备要》时，忽发奇想：其实，身边就有依然健在，笔耕不辍的“燕居谦”，正以桑榆之年，炽燃着生命之烛，且化浓墨，描绘着人生的春山。

这看法，不会是谬说吧？

萦绕在清河的忧思

刘明亮

春天到了,一个绿色的希望再次执拗地展开了双翼。少女又想起了那条名叫清河而今却不再清澈透明的小河。

一

长长的河堤上,少女像往年一样带着缥渺的希望来到这儿,寻找她的绿色梦境。望着浑浊的河面,少女似乎听到了小河沉沉的不堪负重的叹息。腻腻的油花和着渣滓,小河不再清灵,少女伤感地望着变得黑瘦的清河。回望着昔日曾与她的童年一样欢快清纯的小河。“洁姐,快讲嘛,小矮人救活白雪公主了吗?”……“噢,救活了。”嘻嘻,那个叫小霞的姑娘两只小脚丫在清澈透明的河里快活地拍打着,于是小河也跟着脆脆的童音“哗哗”地欢笑起来。小洁趁机调皮地撩起河水泼向小霞,“咕嘟”泼了个正着,小霞美美地享受了一口清冽冽的河水。小霞也不甘示弱,扔下手中的小手绢,也“扑通”一声跃入河里。一支支水箭,一朵朵水花,在河面升起,落下咯咯的笑声,伴着小河哗哗的水声回荡在清河的上空,笑声惊飞了在水面低旋的鸟儿。“多美啊,”姐妹俩只觉得心旷神怡,完全陶醉在清河的怀抱之中。

风轻轻地吹着,也吹来了刺鼻的气味。少女抬头望去,河滩上一处处土法炼焦窑冒着浓烟正缭绕在清河的上空。望望小河,小河里已找不到如她童年般戏水的孩童。那都怨小河,怨小河不再清澈透明了。少女郁郁的双眼里飘出了一缕幽思,萦绕着小河,萦绕在小河的上空。

二

少女是农民的女儿,农田的灌溉是离不了清河水的。少女在河堤上缓缓地转过身,面对着眼前不远处的黑土地。少女蹙着眉,忧虑地凝视着黑土地吮吸着水分。望着的不只是少女,还有农夫更为忧虑的眼睛。他们不会忘记,去年,当鲜灵灵的蔬菜长得正欢的时候,农民欢心地用这清河水浇灌着黑土地,浇灌着他们的希望。谁想,第二天,即将成熟的许多水嫩嫩的农作物都脱落了,枯了,腐烂了。原来,不知何时清河水里竟被排入了硫酸。农民们傻了,呆了。少女是农民的女儿,她知道这污染了的水源意味着什么,也只有她,农民的女儿深深理解农民们粗暴的咆哮,野蛮的诅咒。凝视着黑土地的少女,沉沉低叹一声。于是呵,缓缓深沉的忧思又游荡在黑土地的上空。

三

少女望望清河桥洞下的水面,觉得似乎少了点什么。少女凝眉沉思着,慢慢地少女眼前展现了一幅怡人的画面。夏日,在白得耀眼的烈日下,清澈透明的水中鱼儿清晰可见。有的三五成群悠闲地漫游,有的鱼儿则静静地一动不动,似在闭目养神。夏日的太阳是最好的摄影师,在悠闲的鱼儿们无所知觉的时候,它已娴熟地偷偷摄下了鱼儿悠闲的姿态,没有咔嚓的声响,天然的底片——鹅卵石上就映现了动的,静的,鱼儿的倩影。当那牧鸭老汉一出现,河面上立刻飞来了一只只精巧的小舟,水波一圈圈荡漾开来,鱼儿倏忽远逝,打破了那分令人怡然的静谧。清清的水面成了鸭子的天地,鸭儿把嘴往水里一伸,再一抬头,扁扁的嘴里就只剩半个鱼尾了。跑了的鸭子踩着水,昂首挺胸地俨然一个常胜将军。有的鸭儿则悠闲地用扁扁的嘴梳理着羽毛,这时清澈的河水就成了它们现成的梳妆台。那牧鸭老汉则坐在岸边,抽着烟,惬意地望着他的部下……

少女从美妙的神往中清醒过来,再望望浑浊的河面,已没了那分怡人的情景,少女怅怅然,若有所失。清河的小鸭飞了吗?它们是飞不高的呀!可,它们确是飞了。在那一年鸣叫着离去之后,已有好多年不曾归来。人们似乎已忘了清河曾哺育过的小鸭。少女是不会忘记的。而且担心它永远地飞了,于是,一首与负重的清河协调的、怨怨的、凄凄的调子代替了鸭子嘎嘎成韵的和鸣。

夕阳西坠,染红了天边,少女在带着刺鼻气息的微风中,望望残阳,再望望呜咽西逝的清河水,颇多感慨。夕阳坠落了,明晨又会有朝阳东升。小河呢?清河的水呢?会不会枯了呢?少女不无忧愁地想。

少女没能寻回她曾拥有的……少女怅然地望着呜咽而去的清河水。一缕更加深沉的怨怨的忧思袅袅上升,萦绕在清河的上空,久久不散……

记著名表演艺术家吴婉芝

张仁义　王宏伟

高平县城正北约五华里处有个围城村,村四周丘陵环绕,一条小溪横贯村中南北,再四折汇入丹河,涓涓溪流长年不断。每当春暖花开、大地复苏之时,蝶飞燕舞,桃杏芬芳,景色格外宜人。上党梆子著名表演艺术家吴婉芝就出生在这块风水宝地。深山出俊鸟,鸟语声声脆,是这里的泉水野菜把吴婉芝养育成材,以她那委婉动听的歌喉蜚声上党、誉满三晋。

吴婉芝艺术风格严谨洒脱,朴实无华,以唱功见长,以塑造人物取胜。几十年来,她成功地塑造了许多栩栩如生、各具风采的舞台艺术形象。她40年代、50年代、60年代所扮演的《白毛女》中的白毛女、《皮秀英打虎》中的皮秀英、《三关排宴》中的肖银宗,《秦香莲》中的秦香莲等生动逼真、感人肺腑,令人迄今记忆犹新,并使上党梆子这个地方剧种登上大雅之堂。1960年,由吴婉芝、郝聘芝和郭金顺主演的《三关排宴》拍成电影,同年进入怀仁堂受到周总理、李先念、罗瑞卿、包尔汉等中央领导同志的观赏和接见。吴婉芝的精彩演技,得到了中央领导和首都艺术界专家的称赞,提高了剧种的知名度,为上党梆子艺术事业的发展做出了重大贡献。

她生于1932年,正值"九·一八"事变之后,中国人民处于水深火热的苦难之中,她家也是贫困交加,度日如年。家中兄弟姐妹七人,她排行老四,取名晚枝。父亲经商在外,所取无几,很难养活偌大家口,常年又不回家,兄弟姐妹的温饱全靠母亲一人操持。当晚枝九岁时,一场大祸临头,母亲突然病故,又一兄一弟夭折,全家悲痛万分。幼小的晚枝从此失去了母爱,幸存的哥哥姐姐又无法照顾她,她只好与两个弟弟相依为命,苦度生涯。弟弟们的缝补浆洗,饮食起居,全部由她操劳。就在这日月难熬之际,父亲又自汉口失业归家,为了维持这个家,他将晚枝推出家门,做了村岭的童养媳。她13岁头上出嫁,被逼离开生她养她的家。不寻常的经历锤炼成她的倔强性格,从此无论碰到什么难忍之事,她总是一滴眼泪也不掉,在痛苦中寻求着自身的解放之路。1945年5月,高平解放。从小酷爱文艺的晚枝冲破封建礼教的种种束缚,背着父亲、婆母,到本村秧歌剧团唱开秧歌,演出配合参军、支前和土改反霸的现代戏《二流子转变》、《姐弟逃难》、《王和尚卖妻》、《光荣花》等。不久,她又参加了县朝阳剧团,学唱上党梆子,演出大型现代戏《白毛女》、《王贵与李香香》等。她一鸣惊人,深受观众喜爱。由于她勤奋好学,刻苦钻研,积极工作,在未满18岁时,党就破格地接受她为中国共产党党员。又由于她的歌喉清脆甜美,委婉动听,组织上为她更名为吴婉芝,使她名实相副。

吴婉芝直到23岁,丈夫复员回家后,才向组织提出与丈夫离婚的申请,组织上很快地接收了她的请求,说服对方与她办了离婚手续,为她解除了父亲包办婚姻的精神痛苦。

1954年,在晋东南地区最有影响的胜利、朝阳剧团合并改组为山西省上党戏院上党梆子剧团,吴婉芝随许多艺术前辈和后继名伶汇集一起,开始了新的艺术历程。她暗下苦功,按老师所传授的上党戏规格苦练基本功。夏三伏、冬三九,她练得汗流浃背,腰酸腿疼也不停息,立志要练出个名堂,以不负众望。1955年,借去北京学习深造之机,她向梅、程名师和张君秋先生虚心求教,向评剧名师小白玉霜学习移植了《秦香莲》,大大提高了自己的表演技能,为她后来成功地演出《皮秀英打虎》和《三关排宴》等剧目奠定了良好基础。

经过苦练艺术基本功和在北京的学习深造,经过艺术的再实践,吴婉芝在思想上、艺术上日臻成熟。她出自对艺术的执著追求和强烈的事业心,经过反复考虑和认真选择,确定与上党梆子一代名师段二森的得意门生郝同生相爱。郝同生扮相英俊潇洒,唱腔甜美清脆,洪亮宽厚,做戏细腻逼真,功底好,为人耿直忠厚,对她早有倾慕之心,双方经过倾吐衷肠,深入了解,以身相许,结为终身伴侣。他们婚后共同切磋,比翼齐飞,都成为观众十分喜爱的艺术名家。想不到吴、郝结婚还不到一年,1957年,郝同生因为打抱不平,顶撞了党支部书记,被打成右派,下放到农村劳动改造,不得登台演出,她也屡受株连,被说成是"界限不清,立场不坚",一些群众、同行、师长、挚友也对她冷眼旁观,有不少好心人劝她与郝同生离婚,求得政治上清白,保护子女不受株连。但正直无私的吴婉芝没有嫌弃自己的丈夫,而是忍辱负重,尽最大努力帮助郝同生排除困境,用自己的仅有收入资助他度过各种难关。第一个女孩出生后,因父亲问题报不上户口,吴婉芝就让女儿叫吴国华,报成农村户口,寄养到自己的哥哥家。"文化大革命"中,吴婉芝夫妻二人又都被打成牛鬼蛇神、臭老九,彻底剥夺了登台演出的权利,剥夺了自由。就在这乌云翻滚的日子里,吴婉芝寄希望于户口在农村的女儿吴国华,她冲破种种关卡和阻挠,把女儿送入晋东南戏曲学校,学唱上党梆子,要女儿继承父母意志,为上党梆子艺术事业出力奋进,盼得雨过天晴再显梨园儿女的赤子之心。吴婉芝就这样顽强地度过了20多个春秋,直到党的十一届三中全会之后,郝同生被平反昭雪,重返戏剧舞台,女儿吴国华也蜚声剧坛,成为上党艺苑新一代的佼佼者。吴婉芝解除了身上的一切精神枷锁，满怀热情地踏上了为上党梆子艺术事业贡献自己艺术才华的新征程。

而今的吴婉芝，虽已年逾花甲，她额头的缕缕银发却记载了她为上党梆子这束艺术之花鞠躬尽瘁，辛勤耕耘的累累硕果，尽管她为病魔过早地夺走自己亲密伴侣的生命而感到悲哀，但她觉得自己并不孤单。她那为上党梆子创造的第一代女演员的唱腔艺术，是几代人取之不尽，用之不竭的宝贵财富，她现在除女儿吴国华之外，张爱珍、袁金叶、成静云、崔嫦娟等可以说都是她的学生，正可谓桃李满上党。她置身于艺术群花之中，代代芬芳，永盛不衰。

忆郝同生舞台艺术生涯

李培伦　梁培文　宋郁青

原晋东南上党梆子剧团著名演员郝同生，在近四十年的舞台艺术生涯中，由于表演艺术才华出众，在上党地区享有盛誉。他以扮演古装戏剧“须生”而著称，由他扮演的《三关排宴》的杨四郎，《八郎探母》的杨八郎，《徐策跑城》的徐策等数十个戏剧人物形象，都博得广大观众的赞誉，尤其是在《徐公案》和《收书》两个传统剧目中，他扮演的海瑞和彦慧明两个角色，曾受到中央和省有关领导及专家的好评。他还擅长扮演小生，因此广大观众赞誉他说：“郝同生是装龙像龙，装虎像虎。”他以精湛的表演技能将每一个角色刻画得栩栩如生，给观众留下了很深刻的印象。

郝同生从小就酷爱艺术事业，扎根和献身于戏剧艺术。在追求和探索古老而又年轻的上党梆子的艺术洪流中，他不怕吃苦，勤奋好学，在继承和发扬上党梆子戏剧传统功法的基础上，他大胆探索、勇于创新，取其精华，去其糟粕，在唱、做、念、打等功法中练就了一身好本领，为他后来成名奠定了坚实的基础。郝同生还有一副天赋圆润的好嗓子，在上党梆子传统唱腔的基础上形成了他独特唱腔流派，至今仍在部分青年演员中广泛流传和应用着。他功底扎实，戏路宽广，在实践中他和其他老一辈艺人一道，在党的文艺方针指引下，为振兴和变革上党梆子剧种闯出了一条新路子，积累了丰富宝贵的经验。

然而，正当他年轻力壮气血方刚，在戏剧舞台上崭露头角之时，不幸却被扣上了“右派分子”的帽子，这帽子一戴就是二十多年。令人难忘的是在他艰难的岁月里，他始终坚信党的领导，热爱文艺事业，团结同志，努力工作，并毫不犹豫和孜孜不倦地刻苦钻研表演艺术。党的十一届三中全会以后，郝同生彻底平反了，具有独特个性魅力的硬汉子终于又重见了光明，他在政治上得到了新的生命力，在艺术事业上也带来了生机和希望。1983年经原行署有关部门批准，聘任他为原晋东南上党梆子剧团团长的职务，在这期间他已染上了慢性肝炎的病症，但他为了不负众望而又不顾个人安危，和全团同志一道长年累月地坚持上山下乡，为上党老区人民登台献艺，最终因治疗不及时延误了病情，由慢性肝炎转化为肝癌。不幸于1984年5月3日与世长辞了，终年49岁，就此走完了他献身于舞台艺术事业的人生里程。鉴于他无私奉献的高尚品德，在他临终前经本人申请，上级党组织批准他为中共正式党员。他的不幸逝世给上党梆子的改革与发展造成一大损失。广大观众和全体演职员工至今仍然敬佩他坚韧不拔,勤奋好学,团结同志,努力工作,登台献艺,无私奉献的拼搏精神。

显然,在这里我们不能不提及一下他的家庭。他的忠实伴侣吴婉芝,是上党梆子剧种中著名的表演艺术家,在郝同生政治处境十分艰难的年代里,他俩在艺术生涯中共同进取,在夫妻生活中相依为命,如今的吴婉芝也已是年近花甲之人了,但她仍演技娴熟,执著追求,为培养和造就上党梆子年轻一代演员,默默地奉献着自己的余热。其长女吴国华就是在父母的艺术熏陶下获得了艺术的启蒙,在晋东南艺校学艺期间,其姑母郝聘芝(原晋东南艺校副校长、表演艺术家)手把手的直接向小辈吴国华传授表演技艺,使吴国华一样成为上党梆子的后起之秀,在全省多次戏剧调演中获奖,为上党梆子剧种和繁荣与发展争得了荣誉,被省市职改办评定为国家一级演员。

上党艺苑世家群星生辉兮!

同生常在兮!

才女柴粉香

张文君

说柴粉香是才女，丝毫没有哗众取宠的意思。最近香港出版的《中国人才荟萃大辞典》明确地记载着她的事迹；《全国通讯员大全》也选她入卷；她还有6篇作品收入出版物；《全国县级广播电台好稿选》也收入她的两篇佳作，并因舞文弄墨多次受奖。

十多年前的一个文艺座谈会上，在沁水县委领导为我们颁奖时，我第一次见到她，苗条的身段，两只水灵灵的大眼睛楚楚动人，浑身闪烁着青春的魅力。当时刚读了她在《沁水》杂志上发表的一篇小说，给我留下了很深的印象。

十多年后的现在，在山西省第三次(国际)赵树理学术讨论会上，我们又相会了。她虽然失去了少女的天真烂漫，但却多了几分丰满和成熟，显得精力充沛，英气勃勃，令人赞叹。与熟人言谈中，知道了她为沁水县的广播事业做出了可喜的贡献。虽然她把这些成就归功于县委、县政府的领导和同志们的集体努力，但作为一个县级电台的领导，柴粉香的苦劳和功劳都是赫然的。

1957年，柴粉香出生在沁河岸畔，中学毕业后，于1975年参加工作，在大队和公社曾担任民兵连文书、团支部书记、通讯员。她从小喜爱文学艺术，在工作中写了一些相声段子和小演唱，《我们参观到梁庄》等作品曾数次获奖。1976年，领导发现了这位初露头角的才女，选送她到太原学习广播艺术，结业后，分配到沁水县广播站当编辑。从此，她与广播事业，或者说新闻工作结下了不解之缘。她写消息，写通讯，还写小说……她的作品屡在报刊露脸。

后来，广播站建成了广播电台。柴粉香于1978年被提升为电台副台长兼总编辑，大小总算是个“官”了。然而，她做官不像官，终日拼命干，下决心要把沁水县的广播事业搞出点名堂来。在做好行政、业务工作的同时，始终坚持写作，10多年来，她发表了各种作品200多篇，有22篇获奖，其中有省级6篇，市级13篇，有3篇作品先后在1987年、1988年、1989年三年分获省级一、二、三等奖。她把前两年的奖金用于电台的建设，更新了全部录音设备，使沁水县广播电台由“土”变“洋”，能坚持正常播放。每当人们倾听沁水电台广播时，谁不说“这小丫头确实是个人才”。

柴粉香说:“电台是县委和全县人民的喉舌,如何使党的决策和全县人民在两个文明建设中的典型事迹及时地传播出去,是我昼夜思考的问题。有时也感到力不从心,肩上总有一点压力……”

其实,压力就是动力。粉香既然感到了压力,我深信在她火一般的热情中会发出更强大的动力。因为,她的背后有县委,她的面前有20多万关心她的听众……

解州关帝庙游记

张 弛

解州关帝庙位于运城市解州镇西门外，建筑面积1.8万多平方米，是全国规模最大的关帝庙。

去年12月4日下午，我们一行50余人，从运城黄河大厦出发，驱车40里前往参观。

关帝庙仿照宫殿形式建筑，采用我国特有的中轴对称式的传统风格。在导游带领下，我们从端门起，沿着中轴线上的雉门、午门、御书楼、崇宁殿、春秋楼次第参观，聆听着女导游动人的解说。整个关帝庙殿宇重重，古柏森森，枝繁叶茂，萝蔓披拂，给人以庄严肃穆之感。端门庄重，雉门精巧、午门敞朗，各具特色。最为精致的建筑当数崇宁殿和春秋楼了。

崇宁殿位于御书楼后，是祀奉关帝的主殿，因宋徽宗曾封关羽为"崇宁真君"而得名。该殿重檐歇山顶，面宽七间，殿前月台宽敞，四周筑有回廊，26根石柱上雕有蟠龙，龙身盘曲，龙爪奋张，生动而富于想象。殿内悬挂有清康熙手书"义炳乾坤"横匾一方，匾下神龛中为身着帝王衣冠的关羽彩塑坐像；门楣上方悬挂的"万世人极"匾，为清咸丰帝手书；檐下的"神勇"二字匾，系清乾隆帝钦定。殿前左右碑亭钟亭对峙，焚炉、铁狮、旗杆、力士以及台基上的青龙偃月刀等，显示着关羽的勇武。

春秋楼位于崇宁殿后，是后宫建筑的主体，该楼高近30米，气势磅礴，雄伟壮观，是一座两层三檐歇山顶的楼阁式建筑。据介绍，二楼暖阁中塑有关羽夜读《春秋》塑像，故称春秋楼。关羽侧身而坐，傍烛拈髯，目光凝注，神态逼真。二楼回廊为吊柱式回廊，精巧别致，给人以楼阁悬空之感，为国内古建筑中现存之孤例。楼内东西两侧，各有楼梯36级，可供上下。现因保护楼内，禁止入内，可远观而不能登临也。楼窗扇数目为108扇，同清代山西省所辖县数目相同，倒也不失有纪念意义。

来去匆匆，走马观花，殿宇重重，难以尽述。有三件与关帝庙有关之处却至今难忘：

一是雉门的后身为戏台，过去经常在这里上演以关羽生平故事为题材的戏剧，但从来没有演过《走麦城》，这大概是古人"为尊者讳"，"报喜不报忧"吧。

二是春秋楼前的牌坊建于清代同治年间，正值慈禧掌权之时，因而牌坊脊顶琉璃饰品出现了凤上龙下的格局,这大概是慈禧怕“有权不用,过期作废”而带来的时代特征吧。

三是关帝庙内题匾甚多,而木刻对联较少,因而引人注目。其中一长联,上下联各27字,内容未能记下,落款为“署理解县县长晋城郭象蒙敬题”。解州镇为古解州治所,民国元年改称解县。晋城人郭象蒙担任县长,题写对联,附庸风雅,大概这位老乡是想借圣庙以扬名吧!

“忠烈条山并,英灵解土安”,解州关帝庙经千年沧桑,兴衰沉浮,今天以新的风姿展现在游人面前,确实是一个值得游览的地方。

一话桑麻夜未休

李海龙　王建珍

阳城县董封乡素有蚕乡的美称。

追根溯源，早在唐朝时期，这里的人们就开始栽桑捐蚕。明朝万历三年，官居吏部尚书的王国兴贬居故里，云游修真古洞，途经临涧村时，曾留诗一首：“山近芜村水近楼，小桥烟火数家秋。客来笑迎捧鸡黍，一话桑麻夜未休。”把当时临涧村的村貌、风土人情、农事生活写得淋漓尽致。这里的栽桑养蚕、种麻打油使这位封建官员为之倾倒，彻夜未眠，不得不留下“一话桑麻夜未休”的咏叹。

时光流逝，在1964年全省桑蚕工作会议以后，董封人民因地制宜，大力栽培养蚕，迈开了艰难而又光荣的一步，蚕桑生产迈上了新台阶。到1969年桑树发展到20万株，养蚕880张，产茧36000斤。诱人的数字喜人的成果，激励着董封人民的自力更生，奋发图强。到1980年桑树达到88万株，蚕茧产量突破20万斤。阳城——华北蚕桑第一县；董封——阳城蚕桑第一乡。其后几年产量居高不下，始终居全县前茅。90年代的第一年，全乡桑树达到120万株，年养蚕4000张，养蚕户数3200余户，产茧25.4万斤，创汇130余万元，全乡人均120元。倘若王尚书在世、将会惊讶不已，妙笔连篇。

该乡岩山村，是著名作家赵树理笔下《李有才板话》中阎家山的原型。那时候的阎家山，“办公没有地方、牌子挂在槐树上。”“村西头是砖楼房、中间是平房、东头老槐树下是一排二三十孔土窑。”如今不同了，那山前山后、梯田层层，桑林行行。人人栽桑、家家养蚕，95%的农民靠栽桑养蚕脱贫致富。1985年，岩山村实现地埂桑树化，亩均达到65株，桑树由原来的7000株、发展到15万株，增长20倍，人均200株，去年养蚕540张，产茧36000余斤，蚕桑收入达到20万元，人均210元，占到农业收入的60%。一度在县、市、乃至整个华北都是名列前茅的，被人们誉为“太行蚕王村”。1986日本专家林雄次郎等一行五人曾亲临该村参观视察，在这小小的山乡写下引以为自豪的一页。倘若老张健在，重返岩山，将会妙笔生花。

昔日身背花鼓走四方的董封人民，如今扬眉吐气，身怀绝技传四方。先后有50余人南下盂县、西去安泽、北上武乡等全国各地传授栽桑养蚕技术，受到人们的青睐。

连任十七年的乡蚕桑技术员安锁红兴致勃勃地说:“蚕桑是董封人民的骄傲,更是董封人民的希望、去年全乡新栽桑10万株,补植补栽5万株,改良劣桑8万株,今年蚕茧产量将会更上一个新台阶。”

穿行在董封的村里乡间,田间炕头,看着行行树上冬修的人们,倾听着蚕农们的唠叨,此时,我才悟出“一话桑麻夜未休”的真正涵义。

妻　子

贾广臻

不论谁跟我那当话务员的妻子接触，都会由远而近，由浅入深地爱上她。

这是经过长期的观察与思考，我才大彻大悟的：妻子是在新疆出生成长的，是个中西结合的女性，脾气暴躁，易于显露悲乐，但专心致志，爱恨分明。至于她应划归到哪个时代，我一时还拿不定主意，但我可以断然确信，我是个随着历史车轮前进的顶格的大老爷们。有人说我是日本气度的男人。

说到模样，我是有点困难，本来该是平平的脸面，却像炮弹炸过的黄土地，显得坑坑洼洼，不能给人一种疏朗明快的感觉。记得结婚典礼时，一位朋友直言不讳地说："真是一朵鲜花插在粪堆上。"为了维护大老爷们的尊严，我迅即回敬了一句："离了农家肥，长不成好庄稼。"典礼也在笑声中结束。

平心而论，我能娶到妻子也算大幸了。我是在农村山沟沟里长大的，一年除见到自行车和一两次汽车外，别的什么车都没见过，但常能见到飞机，每次仰望飘飞过去的"小白鸟"时，心中总要寄予几多希望。果然，学校毕业后来到了城市，但真正看清飞机是几个轮子，几个翅膀还是工作后才知道的。进城后，我也能茁壮成长，虽不能说出类拔萃，但也敢和城市人媲美了（除模样外）。说来也怪，业余时间爱上了文学，一次即兴朗诵，招来了一位姑娘，后来成了我的妻子。至此，我不知妻子当初是咋想的。

婚后数月，我们也还和睦相处，平等互利，可再往后，妻子动辄挑剔我的毛病了，说我吃饭不知饥饱，睡觉不管颠倒，走路不看红绿灯；说她是从公主到奴隶，说我是从奴隶到将军，如此云云。

对此，我总是据理力争，说她归根结底是不像以前那样爱我了。可她也是当仁不让，予以反驳。如平日里，我让她为我多牺牲点，可她要我为她当先进多干点；我说她当话务员有什么了不起，她说我当干事有什么大不了；我说她们女人就应这样，她说对我这个大老爷们已够意思了。

其实，我心中知道妻子奉献的够多了，我那二十平方米的小家，妻子总是收拾得清洁利索，特别是我那书柜和写字台，她也为我整理得整整齐齐。暗地里，我总和朋友们说：

“吾得吾妻,此生大福矣。”但我这个人总是不能把爱和恨及时地表现出来,谁知妻子真的把我扁看了起来。一日回家乡探亲,妻子看着田里茁壮的庄稼说:“想不到你这个满身毛病的人是吃这样的粮食长大的。”

看电视剧《渴望》时,我常对妻子说:“你看人家刘慧芳。”可妻子又说:“你看人家宋大成。”我说:“你真跟王亚茹一样。”妻子说:“我就喜欢亚茹姐。”不几日,电台和报纸都说女大学生都喜欢王亚茹,男大学生都喜欢罗刚。我想,是不是我没进过大学校门而不懂这些个道理呢?

但我不否认妻子是个好人。

园丁独语

肖德萌

我脚下的土地,是贫瘠的土地,也是丰腴的土地。五千年的血泪、五千年的汗水,使这块生长谷子、麦子和豆子的土地,也生长孔子、老子、庄子和墨子。诸多的老先生,我只在厚厚的线装本里见过。与他们会晤,很艰难,也很有乐趣,于是,我很羡慕他们的风雅,羡慕他们的渊博,我也就成了他们的学生,成了他们的继承人,我继承了他们的"之乎者也",也继承了他们的"一无所有"。

我很不幸,我的"之乎者也"曾遭惹了许多意料不到的麻烦,但我也很幸运,在不幸中获得了崇高的称号——园丁。我的人生道路很短很短,从课桌到讲台,只有一步之遥,但是这条道路很长、很长,却又很坎坷、曲折。十二年的风雨寒窗,我用攥笔的手,攥住了命运的缆绳,也攥住了无边的孤独和寂寞;十二年的冥思苦索,我似一个面壁禅坐的苦行僧,不停地顿悟着书本和苦涩、冷漠的符号。我从拎米袋子和拎菜罐子的清贫日子,终于走进了工资表那明亮而殷实的方格里。十二年的悠悠岁月,多情地赠给我一副眼镜,装饰着我憔悴的容颜。于是,我才开始读懂了世界,世界是一个圆。

我站在耸立的讲台上,是站在我苦苦寻觅的人生坐标上。在五十多双星星的闪烁下,我成了发光球体,学生照亮了我,我也照亮了学生。对于"教师是蜡烛"的说法,我不敢苟同。"毁灭自己"这种情调是否太悲哀了。我不愿"毁灭自己",我要重新完善自己,塑造自己。教师是太阳底下最崇高的职业,于是,我精心塑造我心中知识的日光城,我潜心塑造我手中的多彩符号;我竭力磨亮我的朴实的语言;我努力塑造我演讲的造型和风度。我不太想成为一支蜡烛,我想成为太阳下的一名辛勤园丁。

"随风潜入夜,润物细无声"。杜甫老诗人伫立在我的床头,不时在向我叮咛。我借着春风春雨播下知识的金粒,我在校园的苗圃中除草浇水,也许我的秉性就喜欢花花草草,我的生活空间和旋律便让花花草草点缀得蓬蓬勃勃,五彩缤纷。"我愿把梦幻嫁接在任何一条树枝上,让他我都绽放出艳丽的花朵,我愿把希望嫁接在任何一条枝头上,让他们都结出甜蜜的硕果。"我期待他们成熟,我帮助他们成熟,他们终于走向了成熟的季节!

当瑞雪纷飞的时候,空落的校园内,只有秋阳下那张彩照在记忆中闪烁。于是从远方便飞来许多雪花般晶莹的问候和祝福,只有这时,我空灵的心室,才让欢乐和荣誉胜利占领!

“故事局长”董富来

张治中

阳春三月，老董前来，黑白相间的胡楂儿里总是蓄着谦恭的笑，总少不了从衣袋里掏两个稿子请你“指教”。他人品很好。年事既大，又有职务在身，却援笔勤劳，岁月不废，近年来且有不少文字见诸于国家、省、地(市)报刊，其中尤以民间故事为最，使我很感动，感动之余，便想趁机访访他。

“访我？”老董多少有些吃惊，“我没什么好写的呀！”“就说说你这位管煤炭‘事故’的局长，为什么会热衷于民间故事的吧！”老董坐着的屁股抬起来，回答得很轻松：“业余兴趣爱好嘛！”接下来却又似一脸正色：“当然还有更要紧的……”

老董出身于屯留张店的一个普通农家。根植于这块土地上的那绚丽多姿、源远流长的民间故事和传说，打湿过他牧牛鞭下的青青草地，打湿了他童年的枝枝叶叶。从那时起，故事，成了他生活中不可或缺的东西。自1957年老董从太原煤校毕业参加工作起，历任过原晋东南地营矿打井矿长，生产科长、矿长兼山西长虹机械厂副厂长、书记、救护队书记，晋城市煤管局安监局副局长，环境和职位的变更，并没有使他习移性迁。老董还是老董。依然走一处、听一处、讲一处、记一处。有人称他是“故事局长”。在高平，毕阁老的故事广为流传，但却只限于口头的，缺少文字记录，而故事的完整始末许多年轻人说不清楚，能说清楚的人大都相继去世或已垂暮之年。对此，他感到十分可惜，着急了就催着别人快整理一下，催不及，这个从来只知听、讲却没动手写过的老董，只好挽着袖子亲自一试了。不久，恰逢祖国“弘扬民族优秀文化，挖掘民间文学遗产”的火候，党和国家三令五申发动群众对民间故事进行“抢救”，号召举国上下广泛搜集、认真整理编辑《民间故事》、《民间歌谣》、《民间谚语》三套集成。老董闻知此讯，如坐春风、喜不自胜，一种伟大的民族责任心和自豪感从心底油然而生。他握紧了手中刚刚拿起来的笔。于是，老董更是抓住下乡、出差、旅游、聊天等一切机会，访师拜友，有闻必录，集成厚厚的一大本，然后再利用节假日或黑夜把它一一整理出来，拿出发表。现在省、地(市)级报刊上见面的有50余篇。其中《毕阁老的故事》、《阳城婚俗拾趣》等系列故事受到好评，先后被《热流》、《晋城市民间故事集成》、《山西民间故事》选用，《舜王传艺可陶村》、《民间串话儿》等已被选入《山西民间故事集成》。1990年,他被“晋城市民间文学集成领导组”评为先进工作者,还成为太行日报优秀通讯员,同年被吸收为“中国民间文艺研究会山西分会”会员。

老董热爱民间故事,舍得花本钱。为了提高写作故事的水平,他于1985年、1986年先后自费参加了《中国民间故事函授大学》与上海《故事会函授班》的学习,自是得益匪浅,如虎添翼,他搜集整理的东西主题积极,内容健康,自然平实且有新意,如在《韩湘子三难刘哥》一故事中,故事原来的内容是宣扬封建的伦理道德“好女不嫁二夫郎”的,在老董笔上,却深化成了“人无知识自然愚”,借以来教育和启迪那些至今废弃孩子学业去赚小钱的人们。

不仅如此,老董“腿勤”也是出了名的。莒山煤矿,来去行走,蔺相如墓与庙早印在心中,一次闲聊,偶然得知一矿工的外公最清楚本故事原委。他外公时年82年,是巴公镇一位旧文化人。于是老董打算专门登门拜访这位老人,但由于工作忙一时抽不出身来,时隔十个月前往,那位老人已重病在床,甚也记不清了。他只好徒步上了山,在莒山半山腰,找到遗址与墓碑,又寻访了果园里的老农知悉刘轩窑老翁刘喜旦也知晓这些故事,于是他又找到刘喜旦。如此辗转,才把故事收拾了个大概。回来整理发表后,老董直是遗憾没有搜集好!他就是这样,他说:凡事受得起劳苦,才有所获。

老董不怕别人说自己不务正业,也不怕别人不理解:“累死了凑一篇,一篇也不过三五元钱,何苦来着?”他倒大有欲将余生系此间的劲头,很想在晚年写出些新的故事来,“合适了,最好能弄它一两本书……”

我祝愿老董会如愿以偿!

瞻仰赵树理故居

王新福

瞻仰赵树理先生故居，是我的夙愿。

时值隆冬，怀崇敬心情，踏一路白雪，冒凛冽寒风，沿沁河谷地，弯弯曲曲，行程十余里，终于来到先生故地——加丰镇尉迟村。

进村穿过街心，拐过胡同，迎面便见一座古色的高大门楼，长方形的木制横匾上，楷书着："冬日照人"，此刻与我想象中的："书香门第"一下子拉开了长长的距离。

这原本是一座四合的天井小院，却不知何年出于何故、南房已倒毁拆迁，冰冷的巨大石条毫无掩饰地在寒风中袒露着。房基内挺拔着一棵苹果树，蔓伸的枝芽挂着雪花，在冬日下银光闪闪。我的目光缓缓移向北端，一座虽不雄伟却也高大的两层砖木结构式的堂房呈现眼前，楼栏与托轴大概因年高岁久显得陈旧发黑，这就是震惊中外、名扬千古的一代文豪赵树理先生的真实故居。

室内陈设简单有致，中央摆有先生当年用过的写字台，构造古雅奇特，总体为八斗卷帘式书桌，上边放着他用过的竹皮暖水瓶，东边是棕色三开门衣柜，木质油滑细腻，不太显眼的两具书柜静候在墙角，不过已无法见到先生当年心爱的书籍，墙上悬挂着玻璃镜框，内书："德崇文高"四个镀金大字，面对眼前一切，想想先生留传于世的数百万字的作品，此题可谓贴情贴景，入木三分了。

走出故居，我来到村北西山坪，穿过松柏夹杂的陵道来到先生墓地，高大的汉白玉石碑耸立在那里，我未细观上边的碑文，因为我深知先生的功过自有后人评说。圆丘式的坟墓上生长着的野草不时在寒风中抖动，这正是作家朴实无华的人格的写照，同时也不免令人生发出一缕淡淡的忧伤、惆怅……

拜谒过陵墓，正一轮残阳西挂，沁河蜿蜒东去；小村里依然华灯初放、人流如织，蓦然想起一幅匾额上的题诗："为人民代言，实事求是，太行尚留足迹在；称铁笔圣手，火尽薪传，归魂相送面如生。"

文 人

朱 辛

从古至今,十儒九丐。因此,文人亦即穷人。

一位老先生在《读书》上说,“读”的含义是“卖文”“卖言”。那么,文人属于读书人里最典型的一种,毫无疑问,是最先卖文糊口的人。可是,有的文能卖出去,有的文则卖不出去。

大凡能卖出去之文无非两种。一为人类思想精华,能贯穿宇宙,洞察万物的绝世之作;另为察言观色,令人喜笑颜开,竭尽阿谀奉承之能事的世俗文字。前者往往最初得不到世人共鸣,或因曲高和寡或因触动旁的干系,常常使卖文者一生穷困潦倒,对大千世界目瞪口呆。后者呢?后者就是大家在自己周围看到的那些脸是肿脸,腿是拐腿,视力不佳,嘴歪舌长之人,他们惯于打肿脸充胖子,夸大其辞;擅长歪门邪道,害人害己;善恶不讲良莠不分;歪曲事理,胡编乱造。这种文人这样做的原因很简单:求官求钱。求官呢,也求不上大官;求钱吧,也求不太多。因为他们实际上已堕入万丈深渊,还自命不凡地以文人自居,时时露出股与世无争,不屑一顾的清高气即“一副穷酸相”。那些终日以闯荡江湖为业的人还怕你不成!这些文人最终便落得失魂丢魄,狼狈不堪。

至于那种纯粹不能卖文出去的人也着实可怜,饱尝寒窗之苦,结果弄得食不果腹,衣不遮体。又不能出去走走,只是闭门思想,怎样也琢磨不通,古人为什么要说“万般皆下品,唯有读书高”呢?

以此看来,文人的命运大抵不佳。因为文人卖文无非与屠夫卖肉一样,肉是人人爱吃,而文就未必人人喜欢了。

梨 花 情

张彩宝

梨花，素雅而不清高，娇艳而不媚俗，有着一种难以名状的美，一种灵秀的风韵。

我如此地喜爱它，那梨花。

爱梨花，我不独因为它的洁白秀美，而更因为在我生活的道路上，它给我留下了难以磨灭的美好记忆。

在我老家的院子里，当年曾有一棵高大的梨树，每当三月，梨花盛开，竞相吐艳。那满树的花朵，似堆雪，如迭浪；那满树的馨香，携着春天的气息，弥漫了整个庭院。我儿时青梅竹马的伙伴，在梨树下跳着，闹着，捉迷藏，玩泥人。年迈的爷爷手握长长的旱烟袋，一边吧嗒吧嗒地吸着，一边看着这满园花香裹着的一团欢乐，他那古铜色的脸膛上，绽开菊花般的笑容……

深秋，梨树上挂满秤砣般的金梨，黄灿灿，沉甸甸，压弯了枝头。我和小伙伴们一起爬上树枝，啃着那脆美的大梨，蜜糖般的水汁顺着嘴角往下淌。那几个老是跟在我们屁股后面转的女孩子是不会爬树的，她们在树下仰望着一张张苹果脸蛋，一双双黑葡萄似的大眼睛一眨不眨朝上望着，馋得直咂嘴巴。我们好不骄傲哟！于是把一个大梨摘下来，扔向树下的草垛，她们便抢着捡起，无拘无束地咬嚼起来，而爷爷却搬来那只高大的松木梯子，小心地把梨子摘进篮子，又全都放吊在堂屋大梁下的大筐子中，自己一个也舍不得吃。直到深冬，谁家的老人或小孩上了火，咳嗽和嗓子疼，爷爷知道后就送去一盘梨并唠唠叨叨地告诉人家怎么吃：“将生梨切碎，拌上几匙白糖，盛在砂锅里，用慢火煎熬……”说来还怪顶事，喝了糖梨水，既下火，又顺气，还化痰，像似吃药，又强似吃药。

光阴荏苒，一晃好些年过去了。

啊！是梨花香。

我急忙探出头去，眼前出现了奇迹般的景象。只见楼下的街道两旁，所栽的梨树上挂满一串串洁白晶莹的花朵，似繁星，赛珍珠。啊！真的是梨花。我贪婪地嗅着仿佛一下又回到了童年。

这梨花似乎突然从天上飞到人间，点缀着沁水小城，分外娇艳。凭楼眺望，一树树梨花如同片片白云,随着阵阵春风在街头萦绕,翻飞,飘荡……

呵!梨花街上的梨花人,梨花芳香梨花心。是的,我爱梨花,爱这条香气馥郁的梨花街;而尤其爱那使簇簇梨花得以绽放的春风,更爱那梨花街中真正名副其实的具有梨花情操的人们。

唱给又一春的恋歌

肖成旭

春天，我们早已渴望。期待的又一个春天如期而至了。春天，最先是从出钢口泻出来的橘红，是从长长的垄沟里流出来的金黄，是从专家、教授、学者们笔尖上淌出来的惊奇，是从千万个荧屏中蹦出来的兴奋。春天，向我们走来了，她一直走到每个人的心中，

有人曾提出这样异议：90 年代第一春应该是从 1991 年的元旦算起，我们不必去追究这一说法是否有确切的依据，而我感受的 1990 年，则是在世纪风景线上大显身手的一年，是出尽风头的一年，也是占尽百年风流的一年！

当我们从升温后的冷静中，调整着倾斜后的摇晃，因疲惫之后的滋补而日渐走向健康、理智的时候，晶莹咸涩的汗水，在十一亿人眼前更加昂贵而生辉。无论是乌金还是赤金，无论是食油还是石油，无论是公路还是铁路……都在自己的轨道上向前向上延伸。完全出乎星相学家的意料之外，1990 年，并非风调雨顺，却人寿年丰。从希望的田野上，传来的丰收锣鼓声，激沸一江春水，敲热万人心头。啊，有什么能比用辛勤和汗水换来的丰收年更欢乐，更使人满足兴奋的呢？

当我们举足迈进又一春天的门槛时，我们便忘不了三十七面国旗云集北京时的欢乐；便忘不了亚运庆典的恢宏磅礴的壮观场面；便忘不了三十三亿人共同获得“团结、友谊、进步”的金太阳。

谁也无法挑剔第一春的构思和布局，谁也不能不被第一春的圆满成功而倾倒。啊，不平凡的开头，就必定有不平凡的结尾。当我们举目前方时，春的霞光之潮在涌动，春的浩歌之光束在闪烁，春的舞姿之威力在辐射，春的勃勃之英气诱惑着万千生灵！

啊，“马跃马啸辞旧岁，人歌人笑又一春”。又一春是迎春花枝条的再一次绽放，是又一幅草图的第一次春色，是又一趟列车的启程的第一声长啸，是又一页课本和答卷的展开，驻守在边防前哨的士兵，以又一春的情绪，迎接又一春的第一次日出；与土地相依为命的农民，以又一春的躁动，用第一滴汗水，点绿一茎茎新的希望，奏响又一春第一个音符的绿衣使者和白衣天使，用又一春的热情，驱散残存的寒气和孤寂；坚守的炉台、井台、站台、船台、讲台、柜台上的人们，用又一春的目光和膂力，负起又一春的沉重嘱托。还有，

共和国的“灵魂工程师”、“经济工程师”和“建筑工程师”……无不以又一春的超前意识,眺望、构思着 2000 年那令人炫目的领奖台的高度!

啊,又一春了!我们在这辞旧迎新的欢乐、狂欢的节日里,忘不了用笑声、歌声祝福:

祝福五色土地的公民吉祥如意,阖家欢乐!

祝福又一春以后的所有日子物阜华丰,国泰民安!

文人竹趣

蔡建中

雨吟绿歌,风舞翠竹,大自然生机盎然。千年古国,竹趣横生,历代以文人爱竹如狂,以竹寄情,以竹自喻,其诗其画,启迪人心。

苏东坡为人高雅,喜竹成癖,“可使食无肉,不可使居无竹”,诗人弃肉择竹,令人敬佩,情韵幽远,富有哲理。苏东坡与竹结下不解之缘,其屋后,一林瘦竹,依石傍水,倒影迷斋,客来,竹林取水煮茗,谈笑风生,对茶当歌,不亦乐乎,苏东坡抚竹沉思片刻,抬头吟唱:“无肉令人瘦,无竹令人俗,人瘦尚可肥,俗士不可医。”它道出了诗友的心声,使人领略到那些竹君子们的非凡风度与超然形象。

宋代画家与可赏竹画竹,与众不同,别有情趣,此君一年四季,与竹为伍,人称竹狂。夏日,烈日当空,站山冈,遥望竹海,风云突变,闪电雷鸣,风雨交加,与可狂奔,观察那动态中的竹子,像持刀杀敌的勇士,驭马跃进,前仆后继,竹子注入他以不屈的精神,顽强的斗志。冬天,寒风冽凛,竹子不屑一顾,霜,使它更壮美;雪,使它更挺拔,与可与竹同欢共乐。久而久之,竹之形态,竹之神韵,与可一目了然,画起来,一挥而就,朋友说他“与可画竹时,胸中有成竹”,于是“胸有成竹”这一成语由此而出,流传古今,家喻户晓。

清代“扬州八怪”郑板桥,一生酷爱吟竹画竹,挥洒自如,墨趣横生。瞧,他的那幅《竹石画》,冗繁削尽,茎瘦叶疏,然狂风无情,触石穿林那青枝绿叶任其自然,曲而不折,动而不移,顺势相斗,显得风流倜傥,又刚直不阿,其所题之诗,语语铿锵,句句有力,“咬定青山不放松,立根原在破岩中。千磨万击还坚劲,任尔东西南北风”。其诗与画,可谓“门当户对”,诗中画意盎然,画中诗情流溢,诗韵画味浑然一体。

记沁水文化馆馆长、共产党员樊瑞秀

李爱民

在沁水县文化系统,知名度最高的人就数该县文化馆馆长、共产党员樊瑞秀了。

老樊的知名度,首先来自他的博学多才。年届半百的他正儿八经地只读过8年书,自16岁考入沁水县蒲剧团后,从演员到业务股长、导演、团长兼党支部书记,经历了30年的舞台生涯,成功地扮演过不少戏剧人物,多次受到专家、同行和观众好评,曾4次获地区一等优秀演员奖和省一级优秀演员奖;1984年,省社会主义劳动竞赛委员会给他记了三等功,光荣地出席了晋东南地区劳模会,省第四届文代会。

1987年9月,他到县文化馆任馆长,文艺创作、绘画、书法、讲故事、乐器等方面知识,他样样都学,成为当地有名的"杂家"。

樊瑞秀现为市二届人大代表,中国剧协山西分会会员,市剧协理事,沁水县剧协会长、市考古学会会员、群众文化学会会员。他的知名度,主要在于他为活跃当地的群众文化生活立下了汗马功劳。他先后跑遍了全县21个乡镇184个行政村,整顿了全县的业余文艺创作、演出队伍,扶持和组建了20多个农民业余剧团、曲艺队和家庭剧团。1988年以来,共举办戏剧、舞蹈表演、化妆、演奏等培训班8期,受训者200多人次;编印《沁水演唱材料》4期,并先后组织全县曲艺调演3次,业余农民文艺汇演2次,元宵节街头文艺活动3次。经他扶持起来的县文化馆豫剧团,坚持农忙务农,农闲演出,每年要在本地和邻省巡回演出100多场次,多次获得省、市、县文化部门的赞誉。樊瑞秀还利用文化馆的宣传橱窗等场地,举办各种竞赛、展览。据不完全统计,近3年多来就举办了农民家庭林场展览、计划生育漫画展、科普知识展览、打击刑事犯罪展览、储蓄宣传漫画展和出土文物、民间工艺等各种展览32期,平均每月一期,群众从中受到了深刻的教育。

樊瑞秀的知名度,还在于他的人品好。在下乡调查时,他发现杏峪乡文化站辅导员李纯才热爱美术,有剪纸基础,就经常上门辅导,为其提供学习资料和创作素材,在他的悉心帮助下,李纯才进步很快,先后在多家报刊发表了美术作品。在樊瑞秀的辅导下,沁水县有60多位青年农民先后成为戏剧、文学、新闻、摄影、书法爱好者,不少人都在省内外有关报刊发表了作品,有的还多次获奖。

樊瑞秀对个人得失不大计较,评定专业技术职称,蒲剧团给了他副高指标,但他只在文化馆要了中级指标。1988年底,在全省文化馆工作经验交流暨表彰会上,樊瑞秀被评为“全省先进文化馆长”。近几年,他还多次被评为优秀工作者。

阳城当代名人张玄

阳春三月下旬的一天,风和日丽。在古都西安一个普通职工住宅,主人张玄热情接待着专程来访的日本客人。小小会客室,窗明几净,墙上挂着一张张书法条幅,村田吉广一行日本友人兴致勃勃地观赏着张玄同志的书法艺术,并争相购买,赞不绝口!

张玄,亦名张永琳,当代著名书法家,山西阳城人,现在陕西省钢窗厂工作。他自幼酷爱书画,中、小学时期,曾受阳城书画界前辈田春霆、贾述初、路渊如等老师的指教,常参加县文化馆举办的书画展览,苦心攻书习画,初步扎下了书法艺术的根底。60 年代初应征入伍后,在军旅中,他几乎所有业余时间全花在了挥毫泼墨上,同时被选拔到军中书画班学习一年。1964 年转业到西安工作。此间,他在工作之余,多方求师,拜访名人,尤其在他岳父——著名书法家寇遐先生的精心教诲下,书法艺术更有了长足的进步。

真诚所致,金石为开。张玄同志几十年对书法的苦心习练,终于使他名噪书坛,成为著名的书法家。

他的书法,起步于唐碑,得力于寇遐墨传,学礼器,史晨,得结构严谨;习张迁、华山,能笔意雄秀;于李思训,能领悟点画笔势。他的隶书沉稳平和,雅丽秀美,别有风格,博得书法界好评。在陕西省和全国性报刊上,经常有他的艺术精品;在陕西和全国书法大赛中,他又屡屡获奖。值得称道的是,他精湛的书法艺术深得日本友人的青睐,他的不少书法艺术珍品远渡日本东瀛……

今年初春,日本东京电视节目制作公司《世界探奇》导演村田吉广一行五人专程来华,到古都西安拍摄电视片《李白诗大唐梦》外景,先后拍摄了西安城墙、兴庆宫、华清池、贵妃墓等与唐玄宗李隆基有关的外景和田园风貌、风土人情。通过此片,向日本人民介绍唐明皇与杨贵妃的爱情故事。拍摄期间,日本客人专门到张玄住宅,请他为电视片《李白诗大唐梦》书写了片名和李白有关唐宫的七首诗。日本客人为了表达对张玄和中国人民的友谊,对张玄同志书法的全过程进行了现场录像,并伸着拇指连连夸赞,在场的北京中国国际广播电台陕西省外事办、陕西省书协的同志为张玄同志的书法缘结下的中日情谊,感叹不已。

张玄同志的书法艺术根在晋,花在秦,古老的秦晋大地孕育了这位中年书法家。

古寺雨

陈桂花

山围着古寺。雾锁着古寺。烟雨笼罩着古寺。

木鱼声声、青烟袅袅,众僧在做早课。

挥挥洒洒、如丝如线,春雨静静在垂落。

那雨说是雨,其实更像雾,似纱似幕。时而云层变薄,定睛望去,无数条游丝在半空中飘荡,连天彻地迷迷蒙蒙,一霎时人仿佛入了迷宫一般,分不清哪是天、哪是地、哪是云、哪是树;那灰青色的天空,灰白色的浓云,灰褐色的峰峦,把透明的雨也染成了灰色……

隐隐约约的四面云山,迷离恍惚中的烟雨楼间,无不呈现出一派"山色空蒙雨亦奇"!

信步古寺内外,无心撑伞,一任迷蒙的雨意围上身来。眉毛、头发、衣襟似湿非湿,凉凉的、甜甜的,一颗心也仿佛被洗过。隔着薄纱帷帘般的雨雾看世间,不慌不忙,顿觉世界是那么宁静可爱。身旁足下、嫩绿的草茎上,鹅黄的垂柳尖,带有血色的蓓蕾苞,水珠晶莹欲滴,沁人心脾。使那日日沉埋在尘嚣中——枯旱的心,竟也获得了一些泽润,寻回一点宁静,找着那属于自己的声音和思维。雨中徜徉、雨中吟味,别具一番情趣韵致。

远处,淡烟疏雨中的山径小路上,柔柔的湿润簇拥着漫漫踏行而来的身影。古寺,挽起剔透玲珑的细雨水晶帘,敞开宽阔的山门胸襟,远接那赤橙黄绿青蓝紫花艳艳的尼龙伞纷至袭来。

细雨霏霏。游人忘情地或驻足于"母子柏"前昂首仰望,感慨崇敬;或逗留于"掷笔台"前,"乳窦泉"旁情趣盎然,遐思端端;或流连历代碑刻幽然思古,慨叹兴亡。滴水悠悠,怪石峨然,风物与传说,史实与掌故,莫不顺着思绪缕缕于升华中唤起人们深厚的历史沧桑感!

忽然,一阵浓雨纷至飘落,游人们不约而同挤到亭台中,彼此间,无拘无束,有说有笑分外亲切。呵,沧海一粟,茫茫人海中的一滴水,汇聚到这里,有缘邂逅,相逢相识,可谓"风雨同亭",多么难得啊!不一会浓云飞过密雨收敛,人们一个个从亭台中星散而去,各自领略这雨的朦胧含蓄美,寺的灵秀迷离神。

烟幕幕,珠纷纷,雨,还在淅淅沥沥地下着。这雨丰盈了万物,渗透了古寺。听,古寺的钟鼓声里好像有了雨的节奏,众僧的诵经声里好像有了雨的韵味。哦,好醉人的古寺雨哟!

香炉山·提雁塔·大阳人

吴永生　车保林

从故乡归来,再读作家浩然等著的《大阳双塔话沧桑》报告文学集,对大阳兴衰史的认识似有了一个觅得伊在"灯火阑珊处"般的顿悟。站在阳台上,看满天星斗下的泽州夜市,任春风吹浴着面上的汗眼,心海中也油然"泛发出无限深思和联想的潮水"。

香炉山,大阳的回音壁,你让人们听到的是一支高亢而又沉重的历史变迁之歌。

提雁塔,大阳祖先的化身,你威严而慈祥地迎送着古往今来的过客。

古为阳阿县治的大阳村,在历史的进程中,以盛产煤铁的优势雄踞北方。

《大阳双塔话沧桑》中记述大阳的历史沿革甚详:

大阳早在明代,家庭手工针就随着郑和下西洋的船队,远销异国他乡。

仕途上,大阳为官者如林,曾出过三斗三升芝麻官。上无天子,下无侍衙。

汉曹子建《箜篌引》中有"阳阿奏奇舞,京洛出名讴"的诗句。

《淮南子》注:"赵飞燕微贱时曾属阳阿女公主家学歌舞。"

大阳历史上四百年的鼎盛,酿造出了发达的经济、文化以及那封建政治舞台上显赫一时的官宦僚臣。但大阳的老人们都知道,大阳既有深宅大院里的欢歌,也有村西鬼栖堂里的啾啾悲鸣。

世纪风在太平洋上卷起了狂澜。南国虎门的炮声,西疆伊犁的风尘,使得北国太行山一隅的大阳镇沉寂了。

炉火光微弱了。机制洋针大量拥进了中国市场。达官显贵,作坊把头相继灰飞烟灭。给大阳人留下的是:状元府、尚书宅的荒颓深院和一座座黑黝黝的炉渣山。还有浩然笔下的"一条只有读古典小说才能想象出来的街道"。

村民们说:"提雁塔失去了灵气,香炉山破了风脉。"这句话是爷爷的爷爷传下来的。

大阳人打破了塔顶的缸,拆除了香炉山上的娘娘庙,但仍无灵气,羊肠坂道上大阳人的脚窝层层叠叠。"祖上做官、后辈卖砖",相聚在一起的尚书、翰林的后裔们在打趣逗乐。

时光流到了20世纪,大阳这条破沉的航船终于鼓起了搏风劈浪的劲帆。

三中全会后,大阳人世代离不开糠菜的日子彻底过完了。古镇人揭起了一页新的日历。

大阳人拿出了珍藏的炼铁术,燃起了炉火。香炉山下,烟囱林立,钢花点点。

割煤机日夜轰鸣。列车装载着“兰花炭”从提雁塔下飞驰而过。

华北第一所农村幼儿园刚刚建起,村民们又集资办起了市区第一流的中学。

三华里的旧衙刚想享受往日的荣耀,却又被荒凉河滩崛起的新道远远后抛。

大阳人在致富路上群星灿烂,昔日的放羊娃成了闻名遐迩的企业家。

家有梧桐,有凤来仪。文坛名流,会集阿阳。他们欣喜地采撷了大阳在改革中的朵朵浪花。他们在提雁塔下,联想如潮。

古镇在世纪风中重又振起了往日的雄姿,香炉山林涛如阵阵春雷滚动,大阳人张着双文明的彩翼在太行山上扶摇直上。

1992 年

丹心化丹青

——记子丹

李晓晚

子丹是他的艺名,他姓赵,叫法著,是山西省南部边陲一个山区小县文化馆的馆员,可子丹的名字,随着他的书画作品飞扬在太行山上、中华大地,飞扬在海内外……他的作品不断在市、省、国家级报刊上发表、展览中展出、大赛中获奖。他以其别致的山水画和书法艺术创作引国人注目。他被收入《中国美术家名人录》,被吸收为中国美术家协会山西分会和中国书法家协会山西分会会员,重庆市诗书画研究会会员,天津市名人画店特约画家,福建省狮龙画廊名誉画师,晋城市书画院院外画师。还是晋城市美术家协会理事,阳城县美术工作者协会副主席,晋城市"九三"学社社员,阳城县政协委员。

当谈起他对这么多头衔有何感想时,子丹微微一笑:"我只是一名书画员!"

1946 年仲夏,子丹出生在山城一个普通的书香之家。父亲是个业余书画爱好者。这使他从小耳濡目染,开始对色彩、线条发生着浓厚的兴趣。上小学的第二年,他的儿童画《皇帝的新衣》、《我和妈妈上街去》在全校百余名小学生中获第一名。上中学时,他已被师生们预言为"未来的画家"。他渴望在自己神圣的天地里干一番事业,当一名人民的书画家。然而,艺术之梦是美好的,可通往艺术宫殿的道路又是那样的艰难和曲折。

60 年代初,是我们国家极为困难的时候。对于子丹来说,一生中最为艰难的也莫过于此时。父亲丢下他们母子过早地离开了人世,兄妹七个就有四个上学。那年月闹灾荒,为糊口,母亲变卖了家产,不得已又把两个孩子送人寄养。在这样家境异常贫困的时刻,做梦都想着上大学的子丹不得不放弃深造的机会。1963 年 7 月,他中学毕业回了家。为了全家的生活,刚满 17 岁的他不得不就业于县二轻局。不久,由于他在工艺美术设计上的独特见解,很快受到领导的赞赏。次年被派往北京印花厂学习工艺美术花布设计。在这里,他结识了一些功底深厚的工艺美术设计师和不少中央美术学院分派在这里的热情奔放的大学生。他虚心好学,刻苦钻研,虽是全厂年龄最小的学员,但设计作品却最多。仅一年多时间,共设计各种花布图案 60 余种,有的还被外商选中。确实,这里为他后来成功的中国画创作奠定了坚实的基础。

正当子丹满怀信心地赶回家乡，雄心勃勃地准备为家乡的经济建设，为家乡人民的生活增色添彩的时候，"急风暴雨"铺天盖地地席卷而来，顷刻间，知识贬了"值"，艺术跌了"价"。在许多学者、艺术家被视为"臭老九"、"牛鬼蛇神"受到大冲击的时候，子丹，这个当时已有点小名气的"画家"也同样横遭厄运。

动荡不安的岁月并没有使他忘怀少年时代就立志追求的艺术女神，没有使他放下手中的笔以及大脑对整个世界进行的美术变形。在举办一期又一期的展览，写过一卷又一卷的标语后，他从另一个角度去透视、去揣摸、去领略艺术的真谛。不平凡的岁月，练就了他深沉的气质，娴熟的笔头和强健的男子汉胆魄，使他进一步懂得了作画与做人的道理。

子丹怎么也不会忘记，是党的十一届三中全会的春风，给他的艺术天地里带来了明媚的春天。1979 年 11 月，在崎岖的艺术道路上爬走的子丹，被破格借调到县文化馆，从事专业群众文化工作。随着子丹逐步地由游击健儿变成循序渐进的美术正规军的时候，他愈来愈感觉自己所掌握的知识是那样的贫乏。为了再深造，1985 年 9 月，子丹以优良的成绩考进山西大学艺术系，专攻国画专业，从此实现了他梦寐以求的愿望。

无论是在广阔的"社会大学"，还是在深奥的"专业大学"，为认识中国画的真髓，子丹从来是以严谨的态度，从学习画论入手，视传统为自我发展之根本。他先后通读了《中国美术史》、《美学史》、《艺术概论》、《中国画论》、《中国画技法》等书，通鉴史料，博采众长。他从唐代的"青绿""遣绛"到宋代的诗书画印为一炉的文人画，以及清代的"扬州八怪"、"金陵八家"，还有现代的齐白石、徐悲鸿、张大千、刘海粟、李苦禅、李可染等历代国画大师的精品中徜徉，以其精髓来滋补自己。在山大，他的专业指导教师是著名山水画家、山西大学美术系主任赵球教授。他暗暗下决心，要在赵教授身边的短短时间里学出个样子来，尤其是他拿手的山水画。赵教授常夸："咱们班年龄最大的是子丹，最能吃苦用功的也是子丹。"毕业考试，子丹的艺术成绩名列榜首。

长期以来，子丹深深懂得，生活是艺术的源泉。他把家乡的析城、云蒙、蟒河等山山水水视为用之不完，画之不尽的造化之地，不计其数地游了又游，画了又画。他还有计划地自费遍游了祖国雄奇山川和名胜古迹。

子丹付出的是沉甸甸的代价，获得的是金灿灿的果实。

1989 年农历正月十五，迎着春的气息，阳城县这个古老的山城绽开出一朵绚丽夺目的文苑奇葩，这就是西池书画堂的子丹书画展，也是晋城市唯一举办的个人书画展。

这次个人展是子丹多年艺术探求的结晶，他用图文并茂、轻快飘逸之字画叙说着他经风历雨的人生，贯注着他对家乡对祖国的深挚情怀。正如山西省美协副主席姚天沐在序中写的那样，子丹推出的个人书画展，是他创作道路上迈出成功的一步。在阳城这块画家所向往的地方，巍巍的云蒙山、秀丽的蟒河水无不留下他的足迹，山川景物给他聪明的智慧，给他诗情画意和笔墨情趣……不错，在所展出的一百余幅书画作品中，那幅8米长的通景大国画《蟒河行旅图》，从写生到定稿共用了半年时间，总构思意图是联系民间传说，借助蟒河这块家乡的风景宝地，通过美术表现出来。站在《望蟒孤峰》、《稀屎圪洞》、《水涟洞》、《石人柱》、《窑窿山》、《侧刀缝》等画幅前，确有身临其境，美不胜收之感。还有《山的韵律》、《秋韵》、《火红的晚霞》、《暮归》等幅幅笔意深厚，构图严谨，浓淡干湿相宜，宛如一曲节奏相当、情趣各异的交响乐。步入画厅，犹如置身于芳馨的山乡花园，给人一种质朴、清新、丰富多彩的突出感觉，不仅使人感到了中国传统书画艺术精华的继承，还看到了子丹那大胆开拓，别具一格的创新。

三中全会后的这十多年，他季季有收获，年年有成就。

1987年6月，山水国画《卦山书院》、《云梯》、《深山古寺》选入山西大学进京画展，1983年5月，书法《屈原诗》、国画《赶集》双获“屈原杯”国内外书画大展优秀奖；同年10月，国画《朝圣》、《云蒙秋色》参加山西省首届中国画展。

1990年9月，子丹为第十一届亚运会捐献山水国画《山凹凹里的笑声》，同时参加亚运会集资书画扇面艺术大奖赛，被十一届亚运会组委会大赛活动文艺展览评委会评为三等奖。他是山西省唯一捐画并获奖的画家。同年同月，在天津国际友好城市艺术节上，有五件书画作品参加天津市“海峡情”书画展。

1991年7月，国画《在太行山上》和两件书法作品分别参加山西省“七一”美展和山西省首届群众书法展。

及至笔者动手写他之日，子丹又倾心创作了二十幅作品准备参加天津市举办的全国五省十画家书画联展……

啊，子丹，愿你的艺术青春和创作精神与山水共存！

郭胖胖的舞台艺术生涯

李培伦

城区人大副主任郭胖胖同志，是我市文艺界知名度高、事业心强的实干家。她12岁开始学艺，17岁成名，在上党梆子这块艺术园地里辛勤耕耘了四十个年头。1989年被评定为国家二级演员，1990年担任晋城城区人大专职副主任。在荣誉和地位面前她谦虚谨慎、不骄不躁，仍然以一个普通劳动者的身份严格要求自己，为振兴上党梆子地方戏剧和搞好廉政建设无私地奉献着毕生精力。

郭胖胖出身梨园世家，父辈兄弟三人在清末创办了晋城望城头“圭圭戏班”。她于1951年报名参加了晋城县民乐剧团，那时还不满12周岁，但她人小志气大，决心要在戏剧舞台上奋斗一辈子。在一没有固定的练功场所，二没有固定的代课老师，剧团三天两头赶戏倒台口的情况下，她起五更睡半夜，在传统戏剧的唱、做、念、打等功法上，坚持冬练三九、夏练三伏。功夫不负有心人，她在50年代崭露头角蜚声剧坛，成为泽州和潞州等地享有盛誉的女“明星”。

郭胖胖刻意追求并十分注重刻画和塑造剧中的人物形象，由她扮演《棋子镇》中的樊梨花，《玉龙簪》中的严玉莲，《法门寺》中的宋巧姣，《天门阵》、《破洪州》、《双挂印》、《杨门女将》中的穆桂英，《三关排宴》中的萧银宗及现代戏《江姐》中的江姐等诸多角色，栩栩如生真实感人。尤其在50年代中后期，她和同窗戏友郭彩彩，其丈夫李小有共同主演的《茶瓶计》、《白蛇传》，三人同台献艺，配合默契，展示了时代女性的艺术风采，使广大观众在艺术熏陶中得到了美的艺术享受。

郭胖胖从事戏剧工作四十年如一日，对于表演艺术她执著追求，勤勤恳恳，任劳任怨，以戏为业，以团为家，无私地奉献着人生。1960年在长治石圪节煤矿为矿工演出《寒江关》剧中的樊梨花时，因发高烧几次昏倒在场上，但她为了全团的荣誉，跌倒了又爬起来，强忍着病痛为矿工坚持演出。郭胖胖就是用这样惊人的毅力才换来艺术硕果。她的模范行为和业绩得到了党政领导和人民群众的充分肯定，于1989年正式批准她为中共党员。她曾获得过行署和省戏剧调演的青年演员优秀奖和优秀演员一等奖及模范共产党员、县劳动模范等光荣称号。

由于十年动乱,上党梆子地方戏剧人才青黄不接,为了加快培养步伐,1978 年原晋城县政府决定筹办一所县级民办戏剧学校,并委派郭胖胖为校长。当时一无资金、二无校舍、三无师资,创业是相当艰难的,但她凭着自己的胆识和从艺几十年的丰富经验,招贤纳士筹集资金,用十多年时间先后连续培养五届戏校毕业生,为专业剧团和工厂、农村业余演出团体培养和输送了一批又一批戏剧专业人才,总数达 160 多人。

郭胖胖在戏剧学校任职期间,呕心沥心、废寝忘食,将培养和输送戏剧合格人才作为己任。她既是一校之长,又是一名普通的教师,除坚持做好戏校日常工作外,严把教学质量关,亲自为学员带基本功和做表演示范,每排练一个节目她既是设计师,又是总导演。对于角色的分配和剧中人物塑造,她都要亲自参加研讨教学方案并加以实施,组织学员下乡演出,使每个学员都能够在短期内掌握本专业知识,学员称其为"良师益友艺苑之母"。

郭胖胖筹办的五届晋城县戏剧学校毕业的学员中,目前绝大多数仍还从事着本专业,并已成为我市和城郊两区上党梆子剧团后起新秀,发挥着主力骨干作用。出现了如成静方、王文清、郭海萍、段小纠等一批优秀青年演员。在 1988 年我省振兴上党梆子戏剧汇演中,他们中间有人获主演金牌、银牌和好唱段"杏花奖"。由长春电影制片厂拍摄的戏曲艺术片《佘赛花》剧中人物,就由她的学生王文清扮演了杨继业,为振兴上党梆子戏剧事业增添了光彩。

如今的郭胖胖虽已年过"知天命"之年,在现任领导工作岗位上,仍关心着上党梆子戏剧的兴衰。她深有感触地对笔者说:"我在振兴上党梆子戏剧这块阵地上,整整工作了四十个年头,也取得了一定的成绩,这首先应归功于党和党的文艺政策好,归功于育我教我的剧团领导和老师同行们,没有这两条我将一事无成。旧社会我们是被人看不起的'戏子',如今能走上领导工作岗位,更应该为党为人民多做一些有益的工作。在现任工作岗位上,我仍然是人民的勤务员,在做好本职工作的同时,我愿为振兴上党梆子地方戏剧发挥自己的余热。"

神童小狗蛋

冯连甫

在现在的城市里，官名叫狗蛋的恐怕不多了。本文主人公李狗蛋与常人的差异不仅表现在名字上，而且更在其超常的智力上。

李狗蛋是晋城矿务局集资电厂助理工程师李太锁的儿子。去年5月，他的父母带他去了一趟早已在画书上看到过的北京。5月的北京正是百花齐放、争奇斗艳的季节，也是旅游观光的好时候。小狗蛋随父母来到故宫，玩得高兴时，他蹦蹦跳跳，手舞足蹈，大声唱起了英语歌曲。一大群外国游客的注意力一下子从古老的故宫转移到这个3岁小孩身上。使这群“老外”惊诧不已的是，小孩儿竟能用准确无误的英语回答了“姓名”、“年龄”等问题，还同他们进行了一些日常用语范围内的交谈；更让“老外”连连咋舌的是如此小的幼儿还能用英语口答口算了他们提出的许多数学题。小狗蛋的父母这次带儿子进京，并不仅仅是让小狗蛋开开眼界、见见世面的，他们是专程到中国科学院心理研究所超常儿童研究室去咨询有关狗蛋的培养、教育问题的。研究室的同志热情地接待了这一家人并提供了宝贵的咨询意见。专家明确指出，小狗蛋系智力超常儿童，他属于父母，也属于国家，要好好地加以保护和培养。

李狗蛋生于1987年8月24日。他的超常首先表现在记忆力上。在小狗蛋几个月大时，大人把《看图说话》给他念一遍，他就记住再也忘不了了。小狗蛋还对电视里播放的广告、天气预报和人民币外汇牌价特别感兴趣。每当电视里有这些带数字的节目时，小狗蛋的注意力就特别集中，似乎是屏住呼吸在听，小眼睛一眨都不眨的。

小狗蛋的超常思维还表现在好问方面。小狗蛋的识字就是从不断地提问开始的。家里纸箱上印的什么字，他要问；抱着他出门看见门牌号码他也要问；汽车上的字和号码也照样问……问完后他便会牢记不忘，玩的时候还会用小棍棍在地上写一些字。狗蛋3岁时，已能认识2700个汉字。现在，一般的书本他都能阅读，即使遇到个别生字，他也能十分熟练地查阅字典。

狗蛋不仅记忆力超常，而且爱好相当广泛。他会弹一手好的电子琴，会用算盘演算简单的加减乘除，还会下象棋，还会极熟练地运用四则运算玩扑克游戏“24点”。学起英语来更是劲头十足。小狗蛋的母亲李雪平是70年代的高中毕业生,不会英语;父亲李太锁虽是大学本科毕业,但因工作忙,没时间去教儿子学英语。他们就买了一些英语磁带和书叫儿子自学。小狗蛋自学英语可以连续两个小时不离开录音机。儿童心理学研究表明,像小狗蛋这样高度的注意力以及与此相联系的发达的第二信号系统都是超常现象。

1月15日下午,笔者来到小狗蛋家。小狗蛋有一个属于自己的小天地,这就是父母为他布置的"儿童角":小小的书架上可谓包罗万象,什么《智力游艺200题》、《彩图成语词典》、《十万个为什么》、《奇妙的天空》、《世界之最》以及英、汉词典等工具书。书架下是一方小书桌,正适合小狗蛋"伏案"读写。墙上很醒目地贴着中国地图和世界地图。地板上是小狗蛋用粉笔写的汉字和英文,还没擦掉,旁边放着半盒白粉笔。

我们从书架上拿起一本书翻了翻,发现有些地方用笔划着记号,笔迹稚拙。狗蛋父亲李太锁笑着解释:"狗蛋自己认为重要的地方就用笔画上。"

小狗蛋用算盘为我们表演了两位数乘法和加减法,又快又准,还用心算的方法玩扑克游戏"24点",四张扑克的正面被翻过来后,我们还没反应过来,小狗蛋就已经算出来了。

狗蛋父亲把电子琴放在小书桌上。小狗蛋还很认真地征询父亲的意见:"是弹3/4拍的还是2/4拍的?"然后很神气地只用一只手为我们弹奏了《世上只有妈妈好》、《ABC》等曲子……

分手时,小狗蛋用英语同我们道别。

采访结束时,李太锁向我们表示了这样的忧虑:家庭教育已不能满足小狗蛋的求知欲。

我们希望全社会都来关心爱护小狗蛋,也希望教育部门的领导能从祖国的未来着想,为他提供一个学习的环境,让他健康茁壮地成长起来。

记市体校乒乓球教练成登荣

郝建军

在1991年全省八运会上，我市乒乓球队队员闯入了前五名。年底，他们代表山西参加在温州举行的全国少年乒乓球比赛中，马凯利获女子第六名。在今年的全省乒乓球赛中，又一举夺得女子项目的2块金牌、3块银牌、1块铜牌的好成绩。这对于一个组建仅5年的乒乓球队来说，成绩的确来之不易。而这一切，只有市体校乒乓球队的教练成登荣知道付出了多少汗水。

1985年，成登荣受命组建市体校乒乓球队，他是省著名乒乓球教练张友余先生的学生，1991年在家乡长治县担任乒乓球教练。由于成绩卓著，1976年被地区体委调去辅助老师张友余先生的训练工作。这期间，他为老师出谋划策，带队员南征北战，使这个当时全省倒数一二的乒乓球队，一跃成为全省体校的前三名。可如今主教练走了，大多数队员也随之而去，重新组建乒乓球队，能重现往日的光彩吗？多少天他都在“干”与“不干”的踌躇中徘徊。也许是晋城百万人对乒乓球事业的呼唤，或许是职业的惯性，在艰难的抉择中，他终于选择了继续干下去，挑起了组建晋城体校乒乓球队的重担。

重新组建，谈何容易。晋城所辖县区没有一个乒乓球训练点。他在晋城、高平经过一个多月的不停奔波，招回10名从未摸过拍子的学前儿童。训练的计划是周密的，从教授握拍到练习动作，甚至最基本的滑步、交叉步都得他一一讲解、一一示范。每次训练下来，他与队员一样汗流浃背。为了培养队员不怕苦、不怕累的作风，每一项训练他都率先完成。有一次，做规定动作，用的是1公斤重的铁拍子，有些队员希望改用木板代替，他一声不吭，拿起铁拍子一挥就是几十下，队员被他这种精神感动了，最后按要求完成了训练任务。可谁能知道，他的右小臂曾严重骨折，那次训练下来，他的胳膊缠上了绷带，但他仍然坚持带队训练。

他要求队员既要打好球，还要学好文化课。其实，这也是对老师张友余先生传统的继承。当时，队里是半天学习，半天训练，张友余先生在队里立下两个“不行”。即：“球打不好不行，文化学不好不行。”这在表面上看有些冲突，但正是这两个“不行”使得学习与打球相互促进，相得益彰。这个队不仅为国家队、省队输送乒乓球人才，而且，在许多省市体校纷纷为运动员的出路发愁时,他的队员有7人先后考入北大、北京体院、哈尔滨工大、山大、山西矿院、长治师范,令国内体育界刮目相看,并受到了教育部、国家体委的表彰。他还继承老师的优良传统,每天都亲自检查学生作业,每月都要向班主任、代课老师了解队员的学习情况。一次,队员范艳芬作业马虎,他发现后,立即停止了她的训练,并罚她重做5遍,还要写出书面检查。在考核上,其他地市乒乓球队,只考核训练、比赛两项,而他的队却有三项,即训练、比赛、文化课。哪一项不合格都要受到警告。由于他严格管理,队员球技飞速提高,文化课成绩也名列前茅,渐渐地,许多家长解除顾虑,纷纷将孩子送到他手下学打乒乓球。

辛勤的汗水,换来了丰硕的成果。然而,成登荣没有丝毫满足,他心中早已有了更高的目标。

悼念江地教授

张文君

元月4日外出归来,见桌上放着一份省人大办公厅和山西大学发来的讣告,急忙过目,方知江地教授于元月1日仙逝,顿时深感悲痛。他那高大的身躯,他那谦虚的音容笑貌,又一次出现在眼前。

江地,原名李广澎,是我们沁(水)南中村人。我还是孩子的时候,就常听说他的故事——他和王维岳、常子章等人在民族危难之际,创建了沁南党的组织。不到20岁,就出任沁水县委秘书,中村区委书记,还到延安抗大学习。在"十二月政变"后,在国民党第二次反共摩擦时,被迫离开沁南。是当地人们口头中的传奇人物。

1947年我在沁南蒲弘高校读书,有一天语文老师李易书集合我们上大课,讲课人就是李广澎,已更名江地了。他那次讲的国统区人民反内战,反饥饿,争自由的大课,给我留下了深刻的印象。后来他就在沁水中学任教。建国后,先后任教于山西速成中学和山大历史系。江地教授是我国史学界有独特贡献的历史学家,长期从事中国现代史的研究,对捻军和太平天国史、清史及山西地方史均有独到之处,出版有《捻军史初探》、《捻军史丛书》、《初期捻军史论丛》、《中国近代史知识手册》、《江地回忆录》等10余部,还发表各种论文80余篇。江地教授是山西省五、六、七届人大代表,政协山西省四届常委。逝世前为九三学社中央委员、省人大常委,山西省历史学会副理事长,中国农民战争史研究会理事。

江地教授一贯忠诚党的教育事业,对党的信仰矢志不渝。他做人、做文、做史都勤勤恳恳,兢兢业业,一丝不苟。他光明磊落、襟怀坦白,谦虚谨慎,作风朴实,平易近人。1989年2月,为研究赵树理文学,我到太原他的公寓请教,他给我讲了很多很多,不仅写了40年代赵树理作品在国统区的流传和影响的文章,还给我亲笔挥毫写下了"赵树理同志是中国人民的骄傲,也是晋东南和沁水人民的光荣,我们要学习他留给我们的一批丰富的文学遗产,也要学习他光明磊落襟怀坦白的优秀品格。"并鼓励我们认真研究赵树理大众化文学的历史价值。

1991年,我们又在一块谈起了"十二月政变"时的沁南情况,建议我与沁水县领导商议,搞一部《历山风暴》电视剧,并提供了大量史料和当事人现在的住处。可惜此事尚未实现,江地教授就和我们永别了,实在令人怀念。

我一个本家兄弟,给了我一卷很古老的藏文资料,我也请他帮忙翻译。他虽然不太懂藏文,但也委托了有关人员翻译。他对晚辈的求知欲总是让你满足,没有丝毫傲气。

江地教授仙去了。我们要认真学习他治学著史的精神,学习他做人的品格,学习他忠于革命的品德。

江地教授,我们怀念您!

远山不语

韩晚才

我一次次用迷惘的目光遥望你,我一次次用滴血的心灵呼喊你,我一次次用炽热的情怀感染你,我一次次用温柔的双臂拥抱你。

远山,你为什么不语?

你犹如山中的脚夫,因负重而劳累而躺在荒野沉睡。星移斗转,寒寺中的晨钟暮鼓没有唤醒你;银汉复归,也没有淌下多少泽露滋润你。

我的疲惫的远山、我的干渴的远山、我的痛苦的远山呵!

我只能依窗放目,就这样呆呆地看着你。一任风吹雨淋那凄凉的面容,一任飞沙卷石摧残你的形体。

今年春上,我和同行们响应政府的号召,到山上去植树。大山犹如一头黄牛横卧南北。山脊裸露着一层层矸石,有的经长年风蚀,已经形成一种褐黄色砂土。一个山包接着一个山包,光秃秃,贪婪地接受着阳光的照射也慷慨地把一层又一层尘埃送到天空。一只黄鼬逃奔而过,竟没有一片草木为其避难,直至成为猎手的获物。一种失望、怅然的情绪在心中涌动——这个可怜的生命呵!

大山,你本应是草木林茂、鹰飞鹿逐的世界,可是,你留下的空白太大了。空白太大了,世界就失去了色彩,人的思维也就变得黯淡。一位乡村老者说,前些年山上的幼松是很多的。他拨开一片草丛,露出一株焦黑的枯茎,沉重道来:“因为无人看山,有人放火,烧了半座山,烧死了大片松树呵!”说来就是这样简单,只消一根火柴,甚至不需要触动一下神经和思维,就能烧毁一座山林。谁又不能说,一盒火柴不能使世界毁于一旦呢?数月后,当我兴致盎然地登上秀丽而神奇的羊头山时,我惊异了,山梁上、山坡上同样有大片林地被烧成焦墨。枯枝衰草,如泣如诉。所有游兴,俱在一瞬间化为乌有。此刻,我想起了过火的兴安岭、想起了南方冒烟的雨林。诗人叶延滨在《过火的山林》中写道:

涅槃的凤凰已经高飞
而那千度高温的焰火
却还在灼痛一个诗人

不死的良知和不僵的感情……
我躲不开那片过火的山林
像一片黑色的梦覆盖我的诗情
当然,时间会治愈悲痛……
只是,只是幼松不再返青

不是吗,那冷酷的铅字那刺耳的电波常常报告着我们一个又一个关于“火”的音讯;电视屏幕上映出一个又一个挥舞刀斧、把着电锯乱砍滥伐的画面。

先进的科学技术与落后的思维方式总是同时存在,文明与愚昧总是错综复杂地斗争。

“千年松万年柏”成为民间古语,而庸俗者却认为一座山林不如一根火柴的价值。

山呵,你终于不再慷慨无度地施舍。即使虔诚的佛教徒,也不会死守“慈悲为怀”的戒律。肆虐的山风是你激烈的倾诉、狂暴的洪水是你愤怒的宣泄、焦灼的旱象是你无言的抗争、漫天的黄土是你积怨的释放。

假如世界上没有了山林,江河便会显得枯瘦,平原便更加放荡;假如没有了山林,那缠绵的白云又怎样抒发它对地球的柔情?

我们不是“人”,因为我们在自我毁灭。

我们便是“人”,因为我们在创造奇迹。

远山,我呼唤你醒来,我祈祷你安逸。

记郊区上党梆子剧团

王志宏

在泽州这块富饶的土地上，丹河水不息地沧沧地流着，在她的周遭，活跃着一支坚持文艺“两为”方针，为群众所赞扬的社会主义精神文明宣传队，它就是郊区上党梆子剧团。三年来，他们走村串乡，不避寒暑，为群众演出1290多场，老团以新的姿态绽放于艺术的百花园中。

一

1989年1月16日，寒风凛冽。焦粉苗迈着沉重而坚定的步子走出区委、区政府的大门，此时，这个具有30年舞台生涯的老演员的心情沉甸甸的，脸上没有一丝新官上任春风得意的笑，有的只是压在心头的责任。

俗话说“万事开头难”，郊区上党梆子剧团的情况总结起来可谓“五多”：外债多、演职员们打麻将多，酒后上台演戏多，在社会上打架多，下乡伸手向群众要东西多。在服装、道具以及舞台装饰等管理上更是乱七八糟，大部分财产受到严重损坏，影响了演出质量，为此群众很不欢迎，也直接影响了经济收入，年底演职员们平均才领到二十九元钱。团内人心惶惶，有的演职员不得不放弃自己喜爱的职业，自找出路维持生活。面对现状，焦粉苗默默地挑起了这副担子，向剧团的振兴之路出发了。首先她和团内的一些演职员们座谈交心，找团内的一些老同志投石问路，她从同志们那希望的眼神中看到了未来、得到了力量。她觉得，要搞好剧团，首先必须演出，要演出必须有演员，要组织演员必须有一个过硬的班子，因此她在走访后经领导同意任命了中年演员李会同、老团长卫建阳和老艺人李金士三位有能力的副团长，组成了这个剧团的小小的战斗堡垒。

二

有了班子，有了目标，怎么干？有胆有识的焦粉苗，经过二十几天的精心筹划，与她的领导班子反复研究，制定出了一整套工作方案和团内管理规章制度。

春节刚过,焦粉苗一大早便去团里,把排练室打扫得干干净净。上班后,把全团演职员们召集到排练室,召开了动员大会,使这一个沉睡很久的排练室又恢复了生机和活力,全团职员立足今天,展望明天,向这一任班子投来了几丝信任的目光。

会后,焦粉苗和她的班子立即带领大家行动起来,在服装、道具、舞台装饰等方面各显其能,进行了整修,并一一指定了专人负责保管。接着就该恢复剧目了,可因种种原因走了一些演员,焦粉苗和李会同为不影响恢复剧目,便亲自到乡下农村招聘了几名艺术素养较强的年轻人,充实到了演员的队伍中,在半个月之内就把原有的剧目恢复任务全部完成。虽说演出前的工作已准备就绪,可因为以往在群众中造成了不良影响,所以没有人看该团演戏,他们找不到演出的台口,焦粉苗和她的班子面对这一严重情况硬着头皮找关系说好话,把戏的价格降低到每场二百元,有时还不要钱,带领全团人马到乡下为群众演出。她们这样做只是想在演出的质量上求得观众能给予一个好的评价,该团就是这样又重新打开了演出的局面。

焦粉苗以身作则,不怕苦累,她的一言一行,深深打动了大家的心。一次,她正在乡下演出,家里打来电话,说孩子把图钉吞进肚里,让她马上回去。她得知这一不幸消息后,想到的首先是观众,而不是孩子,观众爱看她的戏,她一定要等演出结束后再回去,就这样,她强撑着身子把戏演完后,开往市内的班车早已没有了。当她第二天急急忙忙赶回家后,孩子早已住进了医院,她流着眼泪握着孩子的手说:“宝宝,请原谅妈妈吧。”就是这样,焦粉苗用自己的言行,感动了大家,使剧团走出困境,踏上了成功之路。

三

三个月过去了,通过这三个月成功的演出,观众开始对该团刮目相看,她们也通过这段时间的下乡演出,不断听到一些观众反映:“你们的古装戏比以往强了很多倍,不赖,我们全爱看。不过总觉得离我们远了点,如果能演一些与我们的心贴得更紧一些的戏就更好了。”

针对观众的反映,焦粉苗和她的一班人马进行了讨论,决定要演一些贴近时代、内容健康、有教育意义、反映现实生活的好戏。于是就派出人员从几位剧作者那里寻找到了趣味性浓、教育意义大、反映现实生活的《难咽的苦果》、《风流父子》、《家风》三个现代戏剧本,利用演出之余,在两个月时间内以高水平排出并推上了舞台,赢得了阵阵掌声。

“春色满园关不住,一枝红杏出墙来”,两年来,郊区梆子剧团以戏的质量,赢得了观众,求得了生存与发展,成为丹河滋润的大地上一朵鲜艳的艺术之花。

农民作家赵树理

白晚才

为纪念毛泽东同志《在延安文艺座谈会上的讲话》发表五十周年，山西电视台推出了四集大型文献艺术片《赵树理》，真实地再现了这位农民作家的形象。作为工作在赵树理家乡的一名领导干部，不仅参与了《赵树理》的拍摄工作，而且能够在《赵树理》正式播映之前先睹这部片子，确实受到了启迪和鼓舞。

赵树理是喝沁河水长大的，沁河一方水土养育了他，"土"是他的本色。他头戴毡帽，身穿棉袄，出现在屏幕上的确确实实是一个典型的北方农民形象。他不仅人"土"作品也"土"。他把农民写进书里，反过来再让农民看，人们称他是一位"土得掉渣"的作家。他的民族化、大众化的风格被广大农民群众所喜爱，农民群众就喜欢他这种土味。正因为这个"土"，他在中国文学史上才独树一帜，也赢得了一个不无讽喻也不无赞赏的名字，叫"山药蛋"派。

赵树理的"土"来自于太行山，来自于农民群众中。扎根群众中间，在生活中吸取艺术营养是赵树理的一贯作风。解放后，他到北京工作，每年都要用好几个月的时间，回到太行山和农民群众一起同甘苦，共呼吸。1956 年，他干脆把自己身边的小女儿也送回老家。长期和农民"共事"，使他和农民心相印，息相通，农民想什么，急什么，爱什么，恨什么，他心里一清二楚。

正因为这份"土"，造就了赵树理的"实"。实事求是的精神，贯穿于《赵树理》的始终。他只要一拿起笔，就能够准确及时地去反映农民的喜怒哀乐。在大跃进违背客观规律，夸大主观意志，浮夸风越刮越猛的那个时期，赵树理不顾自己安危，坚持真理，实事求是，把电话打到地委，在受到批评之后仍未气馁，而于 1959 年 8 月又写了《公社应该如何领导农业生产之我见》，寄往党中央，寄往《红旗》杂志社。洋洋万言书，一片赤子心，正如他说，自己是一手拿着火针，一手拿着快刀，看到社会上的病兆就扎就割。赵树理忠于生活的真实，坚决不随波逐流搞浮夸文学，而是实事求是地反映生活。这个时候，他写下了《实干家潘永福》、《套不住的手》等作品，旨在告诉人们，改变祖国的贫穷和落后要的是实干。

赵树理是《讲话》精神的努力实践者,他不仅在创作上成绩卓著,而且在生活和工作实践中也为我们树立了榜样。在当前改革开放、发展经济建设中,用赵树理精神促进和加强党的干部队伍思想作风建设,仍有着积极的指导意义。

记晋城影剧院经理段克明

邢　昊　田和平

1989年,在郊区巴公镇文化站任站长的段克明,把全镇的文化事业搞得有声有色。正当他春风得意之时,郊区文化局长任命他当了晋城影剧院的经理。

当时,晋城影剧院一直很不景气,连换了几位经理都没有起色。影剧院人虽不多,但派别不少,思想复杂。观众稀少,每天只能收入几十元。一个基层文化站的小站长,能扭转局面吗?段克明经过一段时间的考虑,终于勇敢地上任了。

长时间的内耗,使晋城影剧院失去了生机,而经营管理不善,又使影剧院难以生存。段克明意识到,要想扭转上述局面,首先必须把大家的思想疙瘩解开,消除隔阂。他一次又一次进行家访,和职工们谈心。为使大家见面、合作的机会多一些,他把倒班制改为集中上班制,每周坚持召开一次座谈会。大伙儿最终理解了段克明的一片苦心,影剧院的工作开始有了起色。

段克明把又脏又皱的银幕从角落里拿出来,漂洗干净,又重新挂了起来,把剧场内外的各个环节全部检查、复修了一遍。一张又一张异常醒目的电影广告贴出来了,影剧院开始恢复了生机。与此同时,段克明建立了奖罚分明的工作责任制,打破了"铁工资",端掉了"大锅饭",风险同担,利益同享。功夫不负有心人,1990年底,晋城影剧院全年利润达到12.6万元,段克明这才松了一口气。

由于电视的冲击,各个影剧院受到冷遇,晋城影剧院也不例外。段克明想出了一招,走出影院搞推销,并组成了20人的业余售票队伍。这些职工奔波在市区各个单位,几个月下来,场场不空,效益越来越好。今年5月份,影剧院连续爆满,每场上座率都在90%以上,创下了月收入最高纪录。截至6月底,票房收入高达40万元,超过去年全年的利润,昔日的"空城计"终于唱成了"满堂红"。

搏击者的脚步是不会停留的。段克明大胆地引入风险机制,让有争议的原影剧院招待所所长蔡万道出任经营经理,并签订了任期效益目标管理合同书,完成任务重奖,完不成受罚。接着在全省同行中首次推出有奖售票。

截至7月底,晋城影剧院已实现利润35万元,超额完成预定任务,各项工作开展得井井有条,呈现出一派生机勃勃的景象。最近,他们又受到了省文化厅的表彰。

段克明没有满足,他又有了新的计划:影剧院西侧的锅炉房和售票房已被拆除,一座集娱乐、购物于一体的大型商业娱乐中心将在这里耸起。

献给全国优秀教师张全魁的歌

新　民　常　乐

已到不惑之年的张全魁身材瘦高，穿着一身褪了色的蓝中山装。冲他眼下这身“土老帽”装束，若不是有履历表作证，谁敢当他是个教师？然而，他不仅是个教师，还是个国家级别的优秀教师哩！

1966年，年仅17岁的张全魁在晋城一中刚刚填了高考志愿表，“红卫兵”造反的口号声便惊扰了他的深造梦，迫使他回村当了一名“不带粮票”的教师。国家恢复高考制度后，张全魁就读于晋东南师专数学系。三年后他拿着派遣证返回了母校——晋城一中。从此，他和黑板、书本、学生“较”上了劲，一干就是十来个年头。

如果说张全魁在生活上没有多大奢望，马马虎虎只要填饱肚皮就行，那么，他在业务上却是个丁是丁卯是卯硬较真的人。每讲一节课，他总是先讲给当年曾培育他的两位恩师：杜学安、成小林，让他俩挑毛病。课后，他又一股劲地问学生：“我这样讲行吗，能听懂吗？”在反复的实践中，他逐渐摸索了“读、讲、练、评、思”的五段教学法，大大提高了教学质量。

干啥就怕干得入了迷。他常常在睡梦中解出难题后兴奋得一跃而起，乘兴让灵感——智慧之光闪烁到天亮。一次课后，妻子让他回家看望一下病重的老母亲，他骑在自行车上还在思考一道难题，结果下坡时忘记刹闸，一下子摔了个面目皆非。他有句名言：“学生的时间是神圣的，谁也无权耽误分分秒秒。”

近几年来，张全魁基本上代三个高中班的数学课，每周18节，再加上班主任和教研组长的工作，大大超过了正常人的负荷，可他就是这样“运行”着。桃李芬芳，乐煞园丁。他代的班数学高考及格率名列全市前茅，还分别取得了个人单科116分和112分的好成绩，分别名列全省第一和第三名。从1982年以来，他所辅导的学生数学竞赛成绩一直处于全省领先地位。其中学生孔建涛在1987年全国数学竞赛中获全省第一名，并在国际奥林匹克数学竞赛中获三等奖。

辛勤的耕耘迎来了硕果累累的金秋。1989年以来，他连续荣获省教学能手和优秀教师称号。去年教师节期间，他又被授予全国优秀教师称号。他撰写的数学研究论文除在省、市研讨会上交流外,不少还发表在专业杂志上。目前,他除被聘为山西省数学教学和数学思维专题研究小组成员外,还是山西省中小学数学教学研究会、省数学会和中国数学会的会员。

记上党梆子青年演员张爱珍

郭志强

吃过高平产的黄梨你会说脆，听过爱珍的唱腔后你肯定说比梨脆，似梨甜。

张爱珍出生在黄梨之乡——高平县。是天赋，抑或是黄梨甘甜的滋润？总之，她有一副超之常人，得天独厚的好嗓子。她14岁开始学戏，五年后便在上党梨园初露锋芒。她那甜脆娇美的嗓音，婉转含蓄的演唱使观众为之惊呼："高平圪台上又出了只金凤凰。"

从其成名戏《皮秀英打虎》到《杀妻》再到《两地家书》，这三出戏可以说是一步一大跳，一步一提高，形成了她唱腔的独特风格，得到了专家们的赞赏，被誉为"爱珍腔"。

她幼年丧母，生活给予她的是痛苦和重负。她不善言辞，看似温柔、善良的外表下，却蕴藏着倔强和坚韧！她虚心好学，什么民歌小调、高平秧歌、壶关秧歌、豫剧、评剧、越剧乃至著名歌星们演唱的歌曲等等，她都能唱上几段。她擅取别人之长，补自己之短，养成了兼收并蓄的好习惯，她吸收了美声唱法，对上党梆子传统的声腔艺术有了极大突破。在继承、发扬上党梆子唱腔特色的基础上，更善于吸收姐妹艺术之长，她吸收了吴婉芝（其师）等上党梆子一代名伶的唱腔精华，也向豫剧、评剧、越剧、昆曲、黄梅戏和现代歌曲学习，不仅吸收它们的优美旋律，也学习、借鉴它们先进、科学的演唱方法，甚至还把现代歌曲的气声、轻声也与梆子的发声方法融为一体，从而使她的唱腔一反传统的以高亢激越为特点的上党梆子腔，成为典雅清新、柔美自然、带有一定现代歌曲韵味的新的上党梆子腔。如她演唱的《杀妻》，她时而炽烈如焚，时而如忧如怨，时而柔肠百转的唱腔，把个王玉莲表现得淋漓尽致，任是铁石心肠的人也要被她唱得心里酸酸的。而在《两地家书》中的演唱，更是悠扬绵延，把思念远方丈夫的酸、甜、苦、辣之情和谐地表现出来。她的唱腔在观众中产生了广泛影响，很多唱段被小青年们作为抒情歌曲去哼唱。

山西高平是著名的生产黄梨之乡，而黄梨与戏曲的梨园原本无共同之处。唐玄宗知音律、爱法曲，教于梨园，那梨园也不过一地名而已。但偏偏自古高平多名伶，看来这"梨园"二字真是用对了。张爱珍作为梨乡女儿，她奉献给人们的是梨一般脆生生，梨一般甜盈盈的唱腔艺术。

记《晋矿工人报》副总编李广发

刘武彦

闻名全国的大型企业——晋城矿务局,曾荣获全国企业管理最高奖“金马奖”和国家一级企业的殊荣,荣誉的取得来自局长贾中秀、书记何绍基和两万多名职工的辛勤努力。笔者身处其中,感受到许多动人事迹,遇到许多默默无闻孺子牛式的先进人物,《晋矿工人报》李广发副总编就是其中的一位。

李广发已经47岁,10年来,他把心血全部用在办报上,采、写、编、审,样样工作都身体力行。该局某矿成功地进行了坚硬中厚煤层一次采全高试验,创出了全国采煤工作面月产最高纪录。中国统配煤矿总公司领导亲临现场鉴定评价。李广发及时赶到井下现场,采写了通讯报道,并在报上详细介绍该项科技的内容。1986年,贾局长要求反映工亡家属的情况,抓好安全生产。李广发等人深入井上井下了解姚福喜和姚建设父子工亡情况,面对两代寡妇声泪俱下讲述工亡的悲伤和艰难情况,他写了通讯《特殊家庭》,在矿工中引起了很大震动,给职工上了一堂生动的安全教育课,并在中国煤炭记协好新闻评选中获奖。他还写了反映全国综采冠军的报告文学《闪光的墨玉》和《攀登》等新闻报道和散文。在编审稿子方面对人对己都从严从高要求,认真抓好报社内工作人员的自身建设。他带头参加高级新闻函授,组织新闻竞赛,对基层通讯员加强培训并带头讲课。一位年轻的通讯员对我说:“李总编对我们恨铁不成钢,在矿工中间我们提问、记录、选材、成文,他都现场指导,比教师教学还要尽心!”

李广发从小就喜欢古文,特别喜欢读现实主义的文学作品,写了不少好文章,但他却谦逊地说:“我还应当挤时间多写一些作品,我们的报纸还应当多反映市场、班组、家庭方面的内容以跟上时代的步伐,为企业的经营发展做好舆论导向。”

“俯首甘为孺子牛”。李广发甘愿做一名默默无闻的孺子牛。尽管他被《新闻三昧》杂志聘为特约编委,被评为山西省报业经营管理先进工作者,由他主编的《晋矿工人报》在全国企业报展评中获奖,但他没有在荣誉和成绩面前停步,而是和报社的全体人员一起更加勤奋耕耘,力争把《晋矿工人报》办成一流水平报,使煤炭企业和煤矿职工一展风采。

记沁水体委副主任蔡振东

成绍绪

几年来,在一无校舍,二无器材,三无专门场地,四无专职教练人员的情况下,蔡振东没花国家一分钱,却为大中专体育学校培养输送了40多名合格学生,并在省、市体育竞赛中一次又一次地为沁水连连夺得好名次,饮誉全省体坛。

一个56岁的老头子,整天和一群娃娃在一起搞训练,难怪大家都叫他"娃儿"爷。奉献事业是蔡振东的精神支柱。

这个出生于内蒙古开鲁县一个农民家庭的汉子,1948刚到13岁,初中没毕业,就参加了解放军。30年的戎马生涯,政治、军事、后勤啥都干过。1978年他以副团级干部身份转业来到沁水。组织上分配他到条件较好的畜牧局工作,他说:"畜牧工作技术性强,咱不懂,不能误了党的事业。"老蔡主动请缨到县体委工作,领导说:"那可是个新成立的穷单位,你愿去吗?"老蔡说:"不怕条件坏,只求有事干。我在部队当过教练,搞体育还行。"就这样,体委副主任一干就是十多年。他对自己的工作如痴如醉。

没有体校怎么训练学生?蔡振东把办法想绝了:办不起体校咱就先办个训练点吧。于是,他把县城五所中小学学生中的体育爱好者组织起来,每年20至30人,两天一集中,正常学文化,课后搞训练,文化基础和体育专业同步进行。

办点就得有场地、有器材。老蔡选择了最适合山区特点的田径训练项目。于是街巷、公路、山坡山地、田间小路等都是好场所,瞄准机会也到人家操场去兜兜风。器材借的不够用,就找代用品。比如,小孩沙包当垒球,石块当铅球,废破铁块做哑铃,等等。

情和爱是蔡振东把学生凝聚起来的纽带。14岁的长跑运动员柳胜利,经常不能按时集中,还逃避训练。老蔡没有就事论事地批评,而是做深入细致的家访,发现孩子特殊的家境后,就从衣食住行上处处关怀,终于被感化,他在全省少儿分龄田径赛中夺得了全省第二名。

蔡振东献身体育几乎到了忘我的境地。他把自己的时间和精力都交给了体育事业。1990年元旦是大儿子的新婚日子,老伴好说歹说,他才答应请一天假。但新娘到了就要举行婚礼时,却找不到了老蔡,打发人到训练点上一看,他正满头大汗地指挥着娃娃们跑百米赛,弄得老伴哭笑不得。老蔡得到的是精神上的奖赏。他多次被评为省、市、县先进工作者与优秀党员和优秀教练员。

记晋城市二中校长阎志英

郭　华

1989年根据教改情况的需要,市里将郊区管辖的有两千余名师生的晋城二中收归市管。在此之际,该校的管理处于最混乱的状态。不到40天内,连续出现两次学生伤亡事故。师生们都在急切地盼望着在社会上重新树立二中的形象。这时,原来担任晋城一中第一副校长的阎志英便走马上任,来到二中。他和副校长陈铁补、张保育走访座谈,集思广益。针对当时的现状,用"5341工程"设想(5年时间分三步实现四化:学校管理规范化、教学手段现代化、校园建设公园化、学生食宿公寓化,创办第一流学校)来统一大家的思想和行动,引导大家培养德、智、体、美、劳全面发展的人才,全面贯彻党的教育方针,客观地对待二中的过去,团结一致向前看,并开始了教学管理、校风校纪、校容校貌三项整顿,建立健全了一套管理规则,初步打破了大锅饭,激发调动了广大教职员工的积极性和主动性。

阎志英刚到二中时,办公楼几乎全部住了家属。楼上楼下到处是炉灰杂物,各处室、教研组没有办公场所,校园坑坑洼洼高低不平,师生没有体育活动场所,校门两边十几家个体户撑篷盖屋,乱摆乱放进行经商,直接影响校容校貌。为解决这些问题,他们在市教委的大力支持下,广开财路,筹集资金为教职工住户修建了近百个小厨房,仅用1个月时间就动员所有住户全部搬出了办公楼,解决了各处室和教研组的办公场所问题。在政府有关部门的大力协助下,清理拆除了校门两侧的违章临时设施,"本着一不等、二不靠、三不伸手向上要,同心同德一股劲,自力更生办学校"的精神,学校挤一点,社会资助借一点,工程队垫一点,集资30余万元建起面积1200平方米的两幢服务楼,借资先修,以楼养楼,3年还账,当年受益。楼上安排单身教职工宿舍,还开设了"教工之家",楼下搞各种服务活动,方便师生生活,既改变了校容校貌,又为发展第三产业开展勤工俭学活动提供了基地。

量化管理在学校管理上是一种改革,他们把量化考核引入德育工作,率先解决了该项工作是软指标无法考核的状况,逐月量化考核,期末总结评估。在教师中开展"教书育人,为人师表"研讨活动,对师德修养进行综合性测评,做到以德育德、以才育才、以情激情、以行导行，全校170名教职工就有78名分别被评为校、市、省级优秀德育工作者、优秀教师。

在教学方面，量化考核也全面铺开。从教务处、教研组到教师到班级学生，一环扣一环地抓教学质量，学校考核教务处，教务处考核教研组，教研组考核教师，教师考核学生，为了强化竞争机制，还组织学生对任课教师考评打分，再与奖金挂钩，而3位校长拿全校最低的奖金，这样在教学上就形成了量化考核体系，保证了教学局面的扭转。

“问渠那得清如许，为有源头活水来”。阎志英能扭转局面，关键一条是他懂得人力是一种资源，是一种不可替代起主导作用的资源。当市委、市教委要把二中的重担交给阎志英时，他选准了精明能干的陈铁补和张保育，他们不负阎志英的知遇之情，披肝沥胆，风雨无阻，在各自的岗位上尽职尽责。

能文能武的李才旺副市长说：“事实证明，用对了一个带头人，配好一个班子，一个单位就会兴旺发达。二中的班子就是这样的好班子。阎志英是一位优秀党员，他忠诚党的教育事业，用心血培育人才，谱写了教育篇章。”

天 坛 山

粟秋毅

在阳城县城东约二十里处，有一座绵延起伏长龙似的山峦，它延伸到刘善村已是尽头，据说此处是“龙头脉象”。在它的山脚下，正好是沁河的一个拐弯处，因此号称“青龙戏水”，是本县境内的一个景点，它就是三晋内外遐迩闻名的阳城第一佛山——天坛山。

天坛山又称天台山，它最初建于宋金时代，后扩建于明清之际。整个佛山神庙建筑的特点，随着山势的形成，所有庙宇神殿都串缀在一条从山脚至山巅的直线纵坡上，坡度陡峭，山势险要。从下往上由四百八十多级石阶连接起来，最高最长的石梯是在“第一天门”，从下至上共有一百三十八级石阶。人们拾阶而上，只能“勇往直前”，不可回头相顾。当你回头俯视，眼见悬然长梯，险挂削壁，使你毛骨悚然，不寒而栗。将会顿时眼花头晕，天旋地转。山巅的庙宇里，供奉着玉皇大帝和四大天王。可惜连同壁画早已全都毁坏，后人难得眼福。

过去，人们来此拜神或游览的路线，大都是从南山脚下拾阶而上，然后取道东坡顺路而下。中间经过王母洞，这里是一进三院庙宇和道人住宿的地方，也是香客们前来向王母娘娘求子的地方。每天农历三月十三至十五日，这里是传统的佛事香火会，三天之中不分昼夜人流如蚁，白天远见山巅香烟如焚，酷似云龙腾天；晚上遥看火焰冲天，宛如天灯横空星月失色。人们从山顶朝拜下来，不免精疲力倦，都要途中进王母洞稍憩片刻，消消疲劳。这里茶水方便，清凉气爽，人们坐在庭院的葡萄架下或丁香树下，方石为桌，石鼓为座，别为一番洞天之感。在第三进院的东厢，还专为前来朝拜的妇女们备有“梳妆室”，室内脸盆、方巾、明镜、骨梳、竹篦一应齐全。但绝不备胭脂、粉妆之类，这大概是佛、道中最忌讳的东西吧？此处严禁男人入内。

从王母洞往下走，仅有黑虎殿、关公祠、雷公庙等少数建筑，是每年农历三月十三至十五日庙会唱神戏的地方，是一个庞大天然的露天剧场，人们在山坡上席地而坐，谁也不妨碍谁看戏的视线，这是大自然赋予的方便啊！由此继续往下走去，结束了东坡之路，人也就又回到了山脚下。

古人说“山不在高，有仙则名”，天坛山正是这样，它的绝对高度也只不过三四百米。

可是它的名气很大,而蜚声省外,如河北、河南、陕西等临近省份的一些地方。那里的人们早在几百年前届时来此朝拜,不顾千里之遥,风雨无阻常来不误。究竟天坛山的“神”有什么魔力吸引了这些信男善女的香客们呢?我们并不知道。不过,还在很早很早已经过去的年代里,那些对神笃信的男人和女人,或“赤足”或“披发”虔诚朝拜的郑重表现,真使人莫名其妙!

默读晨色

韩晚才

默读晨色,仿佛是在读一部极富哲理的天书,读一部极富魅力的远古史诗,读一幅印象派画家的杰作。

黛蓝的天幕下,露水浸透高原,湿润而凝重。乌黑的树林仍然贪婪地享受着夜神赐予的寂静。村落,就像谁随手撒落的几颗棋子,疏疏落落孤独而寂寞。

在天与地的交汇点,是雾霭浓罩的山,沿着山的轮廓,射出浓浓的橘红色霞光。那霞光愈来愈红。云块的边沿至东而西,由浓而浅镀上了一层金黄。我的心灵与自然是那样契合,且随着那个辉煌的生命升华。

在一片静谧之后,一轮赤红的晨阳被山峰缓缓托起。它如鲜艳的灯笼,没有炫目的光束,没有娇柔的姿态,也不靠华丽取悦。经过夜的洗礼,它把一腔赤诚一片温情袒露在人们眼前,所有的情感便融入它博大的胸怀。

晨阳慢慢升高。它行动那样缓慢,仿佛在与我倾吐心中的爱意,又仿佛眷恋着一个殊途同归的友人。而我像是从黑暗中来,等待约定相会的知己。是的,如果能够摆脱步履的羁绊,摆脱命运的苦难,畅饮这醉人的晨色,然后一吐胸中的积怨,一抖脊梁的重负,那将是多么幸福的人生。

合着它轻微跳动的节奏,我的思维就像无缰的野马任意驰骋。

这是我除了童年的快乐之后最轻松最美妙的时间。晨光塑出一尊雕像,那是活脱脱的我,那是完美无缺的我。

我与晨阳互换心境。

一年前的秋天,我怀着探奇览胜的心情来到泰安市,登越了通往泰山极顶的万千级石阶。在寒冷中,我和数不清的人们站在"瞻鲁台"虔诚地眺望"泰山日出"的奇景。当沉重的乌云从遥远的天涯托起赤红的晨阳时,便如同托起了孤独的远行者那颗或沉沦或失落的心魄。人群沸腾了,仿佛天使降临到山巅。当红日穿云破雾短短时间即放射出万道金光时,观者却表现出不同的心态:有赞叹不已的,有后悔不及的,有嗤之以鼻的,有沉默无言的。

然而,不管别人是以怎样的心境来观看日出,灵犀却驱使我带着一种自豪感胜利感。且不论我领略了泰山“五岳独尊”、“昂头天外”的雄姿。我就为晨阳而来。我真正地感受到了大地远古图腾的壮丽与辉煌。只觉得自己就是大地的魂魄,便是太阳之子。

生在负重的黄土地,我更热爱黄土地上那如诗如画的风景。我的心境如同过滤的金子,坦诚而又晶亮。我欲挽留红日,让它客居广阔的乡野,客居那座不大也不小却最先托起它的山峰。让壮丽的晨色定格,犹如一把晶亮的钥匙启开了我掩闭的心扉,我不再是一个为生命而患得患失的我,也不再是一个为命运而得过且过的我。

在生命的岩层我的灵魂得到了陶冶和净化。我迎来的将是一个明净的天日。

乞丐·疯子·生命

朱国胜

向日葵。朵朵如珍珠的黄花,孤寂地插在花瓶里,背景是大片大片凄凉的黄色,扭曲的茎秆,执拗的花盘,鲜明的色彩,坚强的信念。仿佛亲人故去之后的空荡、凄清。令人心悸。

这就是荷兰著名画家文森特·梵高——一个被视为乞丐的富翁,被视为疯子的智者的不朽杰作《向日葵》。

长满铜锈的西装装着梵高的身躯,像钢铁一样坚硬的头颅飘于万物之上,如野草一样的棕色头发和茂密丛生的胡髭,燃起生命的烈火,深邃的蓝色的眼睛,凝望着足下轰鸣的土地。

上帝把集乞丐与富翁,落魄者与胜利者,疯子与智者的灵魂植在牧师妻子的胎盘下。当梵高降生的时候,他看到的是饥饿的街道和贫血的建筑,像牲畜一样在地狱里劳作的矿工,歪嘴的大亨们津津有味地嚼着火腿和牛排,长满长毛的大手淫荡地摸着妖艳女人的胸脯和大腿。高尚与卑鄙,善良与罪恶,愚昧与文明,《圣经》无法诠释的东西,像火一样在梵高的心里燃烧起来,他桀骜不驯的、疯狂骚动的情感像洪水一样汹涌澎湃。

没有钞票,没有家庭,没有爱情的梵高却拥有一颗爱心,尽管世界对他是残酷的。

为了向姑娘表白自己对爱情的执著和期待,他宁可让手指在毕剥燃烧的烛火中吱吱鸣叫,得到的却是不堪入耳的下流词语。他像一只失意的鸟,在傍晚空旷孤寂的田野上哀鸣,没有爱情的生活犹如没盐的饭一样乏味,黑色的孤独割着他倔强的心。

为了神圣而伟大的事业,高雅而崇高的艺术,他宁愿忍受贫穷和孤独也不让破烂的抹布光临画室,让那些可怜的贵夫人装饰一下她们的浅笑。他靠兄弟的救济维持生命,让盐水和苦酒欺哄干瘪的肠胃,让牙齿如风化的齑粉纷纷脱落。

没有人能够理解他不可思议的举止,没有人能够安慰他失望疲惫的心,他是一位和常人格格不入、有自己独特思维和灵魂的艺术流浪汉!

梵高站在历史的远古与现实之间,看年年生老病死的动物、植物,闻浓烈熏人的汗臭与腥味,壮丽的摩天楼在夕阳里躺成一条条黑影,云朵飘过紫色的群山令人目眩,大地喷发着噬人的热浪，疯狂的兽群穿过四季的原野。辛勤劳作的农妇，撒网捕鱼的渔民，强作笑颜的妓女……在梵高的笔下悄然而至，栩栩如生。

历史的车轮滚滚向前，自然界的风风雨雨无情地剥夺了许多生命。有的人死了，他会躺在高贵的棺材里。人们会给他的灵柩撒满鲜花。他会有威严的陵墓、华丽的颂辞，昭示着功勋。

梵高去了，像一片秋天的落叶，悄无声息，血淋淋的耳朵成为又一朵开放的向日葵。

荒凉的山丘又多了一座孤独的坟冢，年年开放的野花托起一个"乞丐、疯子"的形象，生命是足下的土地，肥沃、富足！

谈 爱

杨水练

爱能生爱,情可传情。爱能挽狂澜于既倒,情可障百川而东之。

在矿工脑海树起正义的桅杆,在矿工心田注入爱的琼浆,矿山才能勃发出盎然生机。

领导把矿工看做矿山的主人,矿工就会把矿山当做自己的家,去开发、去管理、去保护、去振兴。

矿长爱矿工,矿工爱矿山,如此往复,良性循环。

如果对矿工的爱只是挂在口头上,不真正落实到那些看起来似乎是鸡毛蒜皮的、琐琐碎碎的小事上,诸如票子、肚子、妻子、孩子、房子、车子等上去,那么矿工的积极性就不能持久,矿工的创造性便难以发挥。

乌金是宝,而矿工是无价之宝,而矿工是更大的财富!矿工是为人类进步创造价值的,但如果对创造价值的人们本身不予重视和保护,那么创造再多的价值又有什么价值呢?

爱是一种神秘的力量,它可以开辟一条通向矿工心灵的神秘小径。

矿工一旦得到了真诚的爱,就会精神大振,为党增光添彩,为祖国富强奋力拼搏,无私奉献。

作为矿长,应该把党的爱,祖国的爱,大家庭的爱和父爱,母爱,兄弟姐妹之爱统统奉献出来,像一盆炭火,去温暖众多人的心。

矿长无私地为矿工奉献爱,矿工也无私地为矿山奉献汗水,奉献智慧,奉献生命。这爱那爱,提高矿工队伍的素质才是根本的爱,才算爱得真,爱得深沉。

企业竞争,说到底是人才的竞争。拥有一支具备一流素质的矿工队伍,方能建设一个生机勃勃,充满希望的一流企业。

得人心者得天下,得人才者得天下。治矿,如果没有一支真心实意拥护自己、感情炽烈、科学文化素质很高的矿工队伍,那么一切憧憬都将是幻想。

单调乏味的生活会虐杀矿工的蓬勃生机,破坏憧憬的金色图案。

我们的国家是爱的国度,我们的时代是爱的时代,作为一名共产党员,一位人民公仆,应该永远学习榜样焦裕禄、雷锋同志,天天在人间播种爱!

“只要人人都献出一点爱,世界将变得更美好。”

心 灵 历 程

柏常青

一

一方水土:它的人文风俗会令一些人光荣,同时则会使另一些人悲哀。英雄的马队远逝,心灵的光芒泯灭,只有高空中的云朵和静寂留下来,供我久久地仰望,泪流满面。

当身处滚滚红尘的磁场,我看见巨大镜面上奇异夺目的光华渐渐黯淡,竖起的那柄坚锐明亮的剑刃被世风磨钝、被一只无形的大手挫折。铁砂弥扬,工匠们在忙碌着为自己雕像。大街小巷,五花八门的天才们来去匆匆,满目铜锈,双手紧握着玉玺,白银和万物之门的钥匙。在喧哗与躁动中纷纷而去。而我在向你的心灵奔来,两手空空;雨中一棵嫩黄欲滴的向日葵,一排清新碧绿的白杨,是我的家乡,我的所靠所依。

二

是的,我两手空空,曾经抛出过花瓣、文字和歌声,逝者如斯。

我在郊外的大路上奔跑,藏匿在鲜为人知的一隅,拭去尘土和泪珠,安静于一枚草叶,口含呢喃,眼注清水,凝视着我的黄昏的薄雾之马,我亲人炊烟的指向。那里,雪垢在融化,麦子和蔬菜在阡陌中生长,阳光拨开尘土款款走来,远处的城堡暗下去,暗下去。而在这里,我虚怀苦寒,守候满载香草和紫薇的三驾马车,倾听月亮手鼓重新敲响桂枝,体察、培育和充实敏锐清洁的心灵境地。

三

现在,我的理想根系于博大精深的土壤。我以独特而稳健的触角探讨井底星宿,屋顶流云。我流连河床,作为母爱摇篮的深远坦荡;敬慕峰峦,作为父爱象征的伟大坚定。盛受五谷草木不朽的光芒,体验八方气象惊人的骚动。我走着落日未走完的湖泊洼地,荆棘丛林,抵达事物与灵感交相辉映的世界,抵达音乐和诗歌的生息地。

在这里,我不是一介孤云野鹤。亲人们和植物站满山冈,生生不息。

但我们的战友一个个死去,疯狂的野玫瑰湿漉漉出嫁;忧郁的芦苇,荷重的桑树,牵引着我泪水迷蒙的眷与弃。苍老的祖母还在棉田摘花,翻过的手掌,令我忧伤;祖父在山中砍柴,喋血长冈。而我最终将砍下翅膀,承受鲜血的刺激和大地的呐喊。

只有高空的鹰影留下来,地上的岩石留下来,这样的宗教和哲学留下来,令我与你们结伴而行。

我们在郊外去天堂的大路上匍匐。

晨光掠影

陈桂花

趁着七月宜人的晨光，携一柄“龙泉”宝剑，匆匆直奔市委楼前。

这里，花圃、草坪、水池、曲折回还、错落有致。人为的自然景观在有限的空间里创造出无限意境。那茵茵植被、朵朵鲜花、姹紫嫣红的色彩、婀娜多姿的造型，像一幅幅立体感强烈的刺绣锦缎装点烘托着拔地而起的市委大楼，给人以勃勃生机。方圆习于晨练的人，纷纷拥向这方绿地尽头驰骋，尽情陶醉于生命的感受。

瞧，那轻风中摇曳的龙角树下仨俩中年妇人“气沉丹田”静息“鹤翔桩”；一位芳龄少女身着淡绿衣裙玉立于那株烂漫怒放、恬淡似烟的紫丁香树旁，两臂交替甩上甩下，裙随身动荡来荡去，优雅自然地在练什么“芳香气功”。据说练这种功人体会散发出芳香来，倘若这姑娘真的功到身香，我想该有几分丁香花的韵味灵气吧。

徜徉在草坪旁的人们，悠悠然反剪双臂昂首踱步。有的手拿袖珍收音机边插耳塞收听边转悠，一副轻松闲适、超然物外的神态，那可是在品味着人生三昧，还是在向往着人生执著的追求？

看那对年轻的夫妇俩，手拉着水灵灵的小女儿花蝴蝶般颠来颠去，跳呀蹦呀、叽叽喳喳洒下一串甜美稚嫩的嗓音……

三五成群的老人们围在一方如镜的水池旁伸胳膊扭腰展筋骨，或悠悠闲侃，还不时地朝着人群活动的地方指指点点，他们一定是在艳羡，或是在追忆失去的青春……

楼西花圃、草坪夹道中，数十人正在“左云手”、“右单鞭”、“金鸡独立”、“斜飞势”……凝神操习太极拳。那位教练迈步如猫行，运动如抽丝，上下相随周身协调。似行云流水绵绵不断……看上去真令人叫绝！

一片宽阔的空地上，上百个男女老少列队排行沉浸在优美的古典乐曲中，静息“中华养生益智功”，悠扬音韵中轻功慢施，令人神志飘逸……

楼东绿阴下，几个中年男女在舞剑。只见他们寒光出鞘、俯仰屈伸、倏忽纵横、追形逐影、移步转身，一剑连一剑一剑紧一剑，青光激荡、剑花点点。叫人目不暇接……

此时此刻在此地。一切的烦恼统统抛却脑后，一切的情绪、一切的感觉、一切的一切全被融化。只觉得这世界是那样的可爱,生命是那样的轻灵,充满蓊郁的绿意。

朋友。起个早去占有、去拥抱、去摄取这珍贵的晨光。让心灵于大自然美好的瞬间任意浮游。让生命在这天这地里获得强大的活力……

苍穹漫思

沐 雨

茕茕独行于旷野,天似穹庐。环顾四周天地交接处,自由地张开双臂,拥抱天空,拥抱四野。大地承载着我,天空覆盖着我,我踏地擎天,堂堂然凛凛然立于天地之间,仿佛能感到铿锵而有节奏的足音直达地球深处,传达着我与地球心灵的契语。地球正在我的脚下以"日行八万里"的速度行进着,太阳系、银河系,整个宇宙都在生生不息地运转着……

地球是一艘船,航行在渺渺茫茫无涯无际的海洋中,每个人都是船上的乘客,我们巡视着海洋中的星体、星系……

我时时提醒自己记着这几个天文数字:太阳的体积是地球的130万倍,银河系有几亿个太阳这样的恒星,河外星系还有一亿多个这样的银河系。我常常冥思苦想试图在大脑的荧光屏展现上述数字所体现的物理意义和具体的形象,然而一切徒然,不管人的想象具有多么迅疾辽远和超越时空的特点。大哉洋洋!不可形之、名之,不可穷极。然而,我们要这样去想象,因为它晓谕和警策我伟大的真正含义和人类世界渺小的一面,真正含义上的渺小,使我在尘寰中常保持清醒和达观,少几多占有欲和负累。每当我从同苍穹的悟对状态回复或审视人生的时候,我就愈为芸芸众生在生活中那么注重势利得失和过于执迷而叹惋:正值青春年华的夫妇拥着一个独生子女视若稀世珍宝而万般溺爱;汲汲于住宅豪绰、官位权力,物欲挥霍的攀比;为一个被回绝的爱情而伤神消沉或寻死觅活……

是啊,如果,我们只能看到和感觉到我们这个世界,就会把很多东西看得那么重要和伟大,然而,想想宇宙……

全身放松,平躺在旷野上,仰望凝视着湛蓝如海的天空。不一刻,一切尘世的思绪和感觉就淡而渐趋于无了,身心被这天边透明的蓝融化了。只觉一切空澄明镜,无忧无虑,无生无死,仿佛真正超升,达于无穷,达于永恒,常常妙不思返,想即便如此死去,岂不快哉!

然而我将与大地同在!

梦卧云赋

王魁陵

洁白一片云,皎皎玉芙蓉。悠悠天边来,静卧于山中。松鹤起歌舞,群山动心旌。岚气氤氲化七彩,紫雾凝聚作霁风。

夜半犬吠,无碍其静。五更鸡鸣,呼之不应。因何僵如雕画,是否相思凝冻?快收拾一天星斗,乘朝霞晓光问梦。

有靠大山之阔胸,如凤栖梧桐。有靠大山之怀中,温暖于永恒,于梦中梦绕魂牵,化春雨以润峦峰;于情中情系大山,山爱云相依相倾。因无限事藏于心底,将自身蜃于碧空。怎能敌漫漫长夜,恨无一缕春风。金喉难锁,朱唇难封,这叹息乍长乍短,乍重乍轻!

谁惊佳梦,开睡眼蒙胧,想月下她人不胜醉酒,眠拥碧纱入梦。如晚雪催梨花觅春,似棉絮暖若鹅绒。忽见红日东窗入,心猛跳,惊怕如冰化水,似雪消融。

我慕玉露兰花之白璧,我爱雪拥白梅之纯情。难遏心海一叶帆,任其去飘零。

噢,卧云归梦兮巫山相逢。巫山相逢兮卧云归梦。

与君谈"天"

刘伯伦

"天"是汉语中离不开的字,它的用处广极了。可指天空、指时序、气候(春天、今天),指非人力自然而成(天然、天生、天趣、天籁、天资),指"造物主"神灵(天意、天命、天数、天使);至美至绝的事物也用天来形容:"天浆"、"天葩"、"天马"、"天险"、"天声"等;古代,人间皇帝至上,便与至高的天挂起了钩,皇帝本人被称为天子,其外貌称"天表",其文章称"天藻",其家属称"天眷",其家族称"天族",其公主称"天姬",其军队称"天兵"、其京城称"天京",京城的大街称"天街"……显然是神权君权一体化的体现。

为什么把拉闲话叫做"谈天"呢?"谈天"一词的来历与战国末期的阴阳家驺衍有关。驺衍是齐国人,提出了"大九州"说,认为中国(也称为赤县神州)是全世界八十一州之一。每九州成为一个集合单位,称为"大九州",大九州之间有海水相隔。因为他的理论"宏大不经"人们便说他是"谈天衍"(即谈天的延伸,谈到了天外)。后来,"谈天衍"简化为"谈大",成为高谈阔论的代称了。

我们先人称天地人为"三才",指出"天时、地利、人和"是制胜图强的三要素。今天看来,仍不无道理。诸葛亮说:"谋事在人,成事在天。"这里的天,当然也是指客观了。古时所说的"天数"、"天意",我们理解为不以人们意志为转移的客观规律,是最恰当不过了。天(即自然)与人究竟是一个什么关系,是我国古代哲学长期争论的问题。司马迁写《史记》的目的就是要"究天人之际(关系)通古今之变"。先秦的"天人合一"论,本来有其合理内核,但到了西汉,经董仲舒发挥为"天人感应",变成了为皇权服务的封建神学体系了。时至今天,随着环境污染,生态失衡,人类生存环境的恶化,人与自然和谐共存的问题又摆到了议事日程。"天人合一"的合理内核不是又被人们发现了吗?

"天啊!""我的妈呀!"人在陷入困境走投无路时,往往不是呼天,就是叫娘。在表示海枯石烂不变心时,也常对天盟誓。可见,天在人们心目中似乎是最公正的至高无上的权威了。正因为如此,人们每有不平之事,也常骂老天不睁眼。《窦娥冤》中窦娥不是在临刑前责问"天啊,你不堪贤愚枉为天"吗?

中国人习惯把清官叫做"青天"。首先被称作"青天"的是明代宣德年间的苏州知府况钟,因其廉洁正直,不阿权贵,受到了人民群众的爱戴。

天年,是生命应延伸到的尽头,你要健康长寿,享足天年吗,请从曹操的“盈缩之期,不但在天;养颐之福,可得永年!”的引吭高歌中受到启示吧!

1993 年

凤台中学校长郭满如纪实

成　功　贵　华

郭满如同志自 1953 年从事教育工作迄今已 40 个春秋，他每到一个学校都是兢兢业业工作、勤勤恳恳地为师生服务，时时走在教育教学改革的前列。1991 年被市教工委评为晋城市先进教育工作者。

郭满如同志 1962 年走上学校领导岗位，主持过 9 个教育单位的工作，这些学校和单位都在当时受过上级政府表彰，在一定范围内起过积极带头作用。现在他年近花甲，但心红志坚、锐意不减，还在为教育事业竭尽全力耕耘着。

一、以身作则，抓好班子建设；理顺关系，扎扎实实工作

1990 年 2 月，郭满如同志受组织重托，出任了市凤台中学校长，这是一所 1985 年市管县体制改革中筹建的初级中学，教职工中青年教师占 89%，中老年教师在学科教学上的力量相对薄弱。加之，学校组织机构尚未健全，各项管理制度和学校整体运行机制有待完善。

他上任伊始，一头扎进教职工中进行调查研究。针对青年教师思维敏捷，活泼好动，追求上进的主流，首先抓了领导班子和教职工骨干队伍建设，在教职工中选择精兵强将，充实到各处室、年级组和教研组岗位上，筹建了工会、妇会、学生会等群团组织。形成了以党政领导班子为龙头，中青年教师为主体的骨干队伍。并建立了校级领导一周一次碰头会，教职工一周一次例会制度，民主协商、上下通气，增强了透明度，强化了主人翁意识，调动了大家办学的积极性。其次，以身作则，深入工作实际，完善制度和内部运行机制的建设。在工作实践中完善和健全了学校各种规章制度，明确职责，合理分工，最大限度地发挥各环节的协调功能，形成了具有外部驱动力和内在潜力的宏观调控、协调发展、及时反馈的运行系统。

郭校长常说：学校工作是一盘棋，每个同志都是棋局上的一个棋子，一子不力，全盘不活。所以他很注意做人的工作，不使某一个人掉队。在他缜密、科学的管理下，凤台中学这所新建校快速纳入正常运转轨道。党政领导团结协调、积极进取，学校教育工作健康发展，各项工作检测成绩突出，焕发出新建校的蓬勃生机。学校 1992 年被市教工委评为先进党支部。

二、转变观念,强化教学意识;深入实际,培育合格人才

伴随着教育事业的发展,学校教育曾一度步入以“偏追”为标志的“应试教育”的怪圈。“双基教育”变成了“题海战术”,能力培养演变成对尖子生的“特种技术训练”。身负重任的郭校长坚持贯彻“两全方针”不动摇,针对学校出现片面追求升学率的倾向,以转变教育思想为突破口,开展素质教育,明确制定了学校培养目标。

其一,突出青年教师素质培养,引深学校教育改革。针对青年教师学历、能力、教学业务素质与教学工作不相适应的现象,相继开展了公开课、示范课、民主评教、评教创优活动和横向拜师活动。自己现身说教,向青年教师传授教学业务,此外还亲自带领青年骨干教师到太原几所中学求教。把工作的重心放在培植教学新秀和学科带头人上,以教研组为基础开辟了“五导单元教学法”和“目标教学”等专题教改活动。

他多年从事教学研究工作,可谓教学管理的行家里手,在他的培植下张金针、司粉梅等优秀教师饮誉市教育战线;在他的精心培养下,凤台中学的青年教师也脱颖而出,整体素质迅速提高。青年教师蒋莉、郭冬俏、孙国喜等荣获市、区教学改革新秀,教学能手等称号,对引深学校总体教育改革产生积极的辐射作用。

其二,突出对学生的素质教育。他亲自主持制订学校学科教育常规管理规程,严格控制学校考试次数和作业总量,把课外丰富多彩的活动还给学生,开辟了学生图书阅览室、文体活动室;组建了学校体育、文艺代表队和学科兴趣小组,试办校刊、校园文学社、培养学生兴趣和专长。今年开学以来在全校范围内开展学生素质调查,建立了学生素质档案,在全面贯彻党的教育方针的指导下,学生思想品质、学业成绩、整体素质明显提高。

三、坦诚务实,关心教师生活;艰苦朴素,建设优美校园

传说中的郭校长性格急、脾气倔,其实这种说法不尽然。熟知他的人们都知道他是一个胸襟坦荡,不存芥蒂,务实自律,急人所难之人。在领导成员和教职工之间,坦诚相见,坚持原则,诚恳待人。几年来,他和教职工建立了深厚的感情,每当教职工工作受挫他促膝谈心在同志们的案头,每当教职工患病他都出现在医院的床头,成为教职工工作生活中的知心朋友。

郭校长作风正派,工作第一,不摆花架子。在凤台中学三年间,先后为教职工修厨房12间,解决教师生活问题,接通教职工生活用水、暖气。完成多年来欠征未成的土地征用手续。筹建了医务室,解决了师生看病难的问题,率先采用全集资的方式兴建教职工住宅楼2幢,解决了31位教师住房问题。砌校园围墙8000平方米,使学校构成完整格局,绿化校园、回填土方、平整操场、硬化校院……在凤台中学短暂的校史上,写下他带领教职工埋头苦干、务实创新的篇章。

岁月过早地使他染上了缕缕白发,但对教育事业的忠诚,使他永葆着旺盛的精力,在他事业的里程碑上将镌刻下一位中学校长的奉献之歌。

鸡之趣谈

陈泽辉

国人对鸡颇有好感,称其为“德禽”。田饶在《韩诗外传》中讲,鸡有五德:头戴冠者,文也;足搏距者,武也;敌在前敢斗者,勇也;见食相呼者,仁也;守夜不失时者,信也。

“守夜啼晓”是鸡的一项专长和天职。《诗经》中说:“风雨如晦、鸡鸣不已。”赞叹鸡忠于职守,不管天气如何恶劣,鸡都啼晓有信。明代才子唐伯虎在《画鸡》一诗中写道:“头上红冠不用戴,满身雪白走将来。平生不敢轻言语,一叫千门万户开。”此诗写得非常生动、传神。

在《诗经》中有一首《鸡鸣》的诗,大意是有一位贤惠的妃子,将苍蝇的叫声误以为鸡鸣,促其丈夫上朝。这首诗很招人喜爱,后来这首诗演化成一句成语,一国的君主如果得到贤内助,就称之为“鸡鸣之助”。《诗经》中还有一首名为“女曰鸡鸣”的诗,与前面那首相同,是鸡鸣之时妻子对猎人的劝言,叫丈夫趁早起床出去打猎。这些两千多年前的古诗所蕴含的纯情着实令人感动。

鸡鸣激励着仁人志士磨砺意志。晋朝人祖逖立志为国效力,与同伴刘琨互相勉励,他们半夜时听到鸡鸣就起床舞剑,这便是成语“闻鸡起舞”的由来。祖逖后来建立了大业,而他少年时期勤学苦练的故事从此流传下来,成为千古美谈。

鸡除了能报晓外,上自鸡头、下至鸡爪,都可以食用。以前人们盟誓时,还用鸡血来“歃血为盟”。古代的占卜,天子诸侯用龟甲,而大夫以下的则用狗骨,其次用鸡骨。用鸡骨来占卜是这样的:用火烧鸡骨,如果是人形则为吉卦,不像人形则凶卦。

古书中写着一种追求窈窕淑女的方法,这种方法涉及鸡毛。传说,当你希望找到一个心目中的姑娘时,可以拔两根雄鸡鸡毛,用火烧成灰后泡酒喝下,如此定有速效。

还有一则自古相传,即以鸡毛试探深井、深洞中是否有毒气的方法,以前的人们为了避免出事,在进入深井或深洞之前,先放入鸡毛,如果投入的鸡毛笔直飘下的话,表明其中无毒,可以放心进入;如果鸡毛在其中回旋飘荡的话,表明其中有毒,万万不可进入。

今日科学家分析后,指出深井、深洞的下层大半存有一氧化碳,而一氧化碳是比氧气更重的气体,这里的气流阻力较大,所以鸡毛就在其内左右回旋,无法顺势飘下。

我国至少在周代就有斗鸡活动。据《庄子》记载,周代宣王爱好斗鸡,于是命纪省子训练斗鸡。周宣王性急,几次催问,纪省子都说还未驯养好。一般我们说起斗鸡,总会想到勇猛凶狠、能扑善叫,但纪省子却把鸡训练得沉着冷静,无论别的鸡如何挑战、示威,它都不动声色,就像木头鸡一样。这样的鸡不斗则已,要是斗起来那才是真正厉害无敌。别的鸡见了这样的对手,不敢上场应战,甚至吓得掉头逃走。这就是成语"呆若木鸡"的由来。

唐代玄宗皇帝也特别喜爱"斗鸡"这种游戏,并将饲养斗鸡的地方称为"鸡坊"。鸡坊里养有1000多只雄鸡,由500个小童饲养。当时有一个少年名叫贾昌,他具有养鸡的天才,不但能医治鸡病,还能教斗鸡,更能让鸡听从自己的指挥,所以很受玄宗的宠爱,被命为"五百小儿长"。贾家经常受到皇帝的赏赐。当时民间流传着这样一首歌谣:"生儿不用认文字,斗鸡走马胜读书。贾家儿子年十三,富贵荣华代不如。"

另外,还有一些涉及鸡的成语。如"杀鸡焉用牛刀"原指小的工作不须用大的工具,引申为处理小事不必浪费大人物之才。"鸡啄同社",比喻一方的人没有任何区别的意思;"鸡鹜争食",比喻凡人的相争;"鹤立鸡群",则把鸡比为平凡无奇的人,把鹤比为出类拔萃的人。

记城区三小校长尚宗泰

邢 昊

凡是认识和了解尚宗泰的人无不为他那种忠诚教育事业的精神所打动,无不为他勤奋育人,一丝不苟的工作作风所叹服。献身教育事业的40多个春秋里,他对党的教育事业做出巨大贡献,先后荣获省、市、区“先进教育工作者”、“模范校长”、“教育功臣”等光荣称号。今年,他又被评为“山西省优秀中小学校长”。

多少年来,党的需要就是他的选择,一旦选择便会全身心地投入。论资格论学历,他到中学任校长是当之无愧的,但他却哪里需要哪里去,毅然选择了小学校长这个极不起眼的职务。由于几十年如一日辛勤耕耘于教坛,使他刚过不惑之年就先后身患冠心病、糖尿病、胃溃疡等疾病,但只要干起工作,他便什么也不顾了。1982年刚调入城区二小任校长时,他大胆对学校进行治理整顿。仅两年时间,就使学校发生了显著变化,教学质量大幅度上升,在全市处于领先地位。

1990年,尚宗泰被调到城区三小任校长。为彻底改善校园环境,尚宗泰调到三小后的第一步棋就是拆掉校园中间的旧楼。这项工程虽小,却涉及找住房、找库房、装水暖、新建住宿楼、加高北大楼等一系列问题,投资需45万元。经费哪里来?当时学校别说存款,连前几年的旧债还未还清。为此,他多次召集领导班子研究,发动教师献计献策,多种渠道筹措资金。他拖着病体奔走于区政府及有关职能部门和办学单位,征得上级领导的大力支持和办学单位的鼎力相助。采取“上级拨一点,办学单位集一点,学校挤一点,教师借一点,包工队垫一点”的办法,使这项工程得以完成。不仅优化了育人环境,解决了教职工的住房,改善了办公条件,而且高规格建成了仪器、实验、电教、体育、音乐、美术六室,达到了省里规定的一类小学的全部标准。无论在哪个学校任职,尚宗泰都十分注重学校的管理。他注重在宏观上把握学校的工作进程,同时也注重以身作则。在强化高标准意识方面,他采取了三条得力措施。一是年初定高标,每年年初开学,学校从校长到师生员工,人人结合实际制定高标规划。每学年都明确提出“五率”的高标要求。即入学率为100%,合格率为98.5%,优生率为75%,巩固率为100%,毕业率为100%。二是以校风建设促高标,狠抓了“文明、谦逊、诚实、创新”校风建设。三是落实责任制,年终奖高标。与此同时,尚宗泰把竞争机制巧妙地引入教学管理上，在用人上实行选聘制，先由校长“组阁”领导成员，再由中层领导——教导主任、总务主任选聘各处教职工。对教师工作进行量化考评。成立德育督导组，坚持周周轮流督导。

无论干什么事，他首先想到的是自己的部下。学校分家属房，他先考虑的是把好楼层、好住房分给急需的教师，而自己却一直住在校园里那几间十分破旧的平房里。青年教师的婚姻问题、中年教师子女就业问题，老年教师的退休安置问题，都在他关心之列。多年来，尚宗泰对教师除在生活上关心照顾外，还注意政治上严格要求，工作上充分信任，业务上加强培养，使全校教师素质不断提高。现在全校教师中有党员 12 名、团员 12 名，已有 8 名教师经过进修获大专文凭，有 13 名教师获小高职称。有省级电教实验教师 1 名、市区级电教实验教师 7 名，市区级教学能手 12 名，区教坛新秀 3 名。学校教职员中获国家荣誉者 3 名，受省级表彰奖励的 5 人次，市级表彰的 10 人次，区级表彰的 24 人次。城区三小在“小奥”数学竞赛中，连续 3 年取得优异成绩，在山西赛区名列前茅，德育工作多次受到国家、省、市、区的表彰。1991 年 4 月，中宣部、司法部授予该校“全国普法先进集体”荣誉证书和奖杯，1991 年、1992 年连续两年被评为山西省“德育工作先进集体”和“电化教育先进学校”。

记电视艺术家王家贤

张文君

在省城广播电视厅的公寓里,我拜访了原副厅长兼省电视台台长、电视艺术家、电视剧《赵树理》的组织策划人王家贤同志。

王家贤是赵树理的老乡,沁水嘉丰镇人,对赵树理有深切的乡里感情。所以,在纪念《在延安文艺座谈会上的讲话》发表50周年前夕,他带领一批作家和电视工作者,深入到长治、晋城、沁水等地广集有关赵树理的生平事迹,出谋划策,拍摄了4集电视剧《赵树理》,以弘扬赵树理"完全彻底"为文艺大众而努力的精神和为人民鞠躬尽瘁的高尚品德。

作为著名的电视艺术家和优秀的电视工作者的王家贤,于1947年参加革命工作,1968年入党。1968年4月从事电视新闻工作,至今已整整25个年头了。1968年至1970年,他任山西新闻电影摄制队制片;1970年至1983年11月任山西省电视台新闻部主任。后来调太原任广播电视局局长、总编辑至1986年7月。接着出任省广播电视厅副厅长兼山西电视台台长。

在任省电视台新闻部主任10多年中,王家贤除搞好《山西新闻》外,每年都要给中央电视台《新闻联播》提供大量新闻节目,在国内名列前茅,曾连续两年为全国第一,受到中央电视台和省委的表彰。

他除自身努力进取外,还抓了人才培训,曾与中央电视台新闻部一起举办过三期全国电视新闻编、采人员培训班,聘请联邦德国专家来华讲学,培训出合格编采人员200余名。

王家贤还受中国广播电视部派遣前往德国进行学术考察,并参加了"德广联"在柏林举办的电视新闻培训班,回国后撰写发表了《西德纪行》九篇。他亲自拍摄的《军民联防保卫太行》(纪录片)、《武家坪农民夜校》(新闻片)、《应县人民治盐碱》(新闻片)、《晋祠水稻获丰收》(新闻片)等多部电视片受到专家好评。

1983年11月,王家贤同志任职太原广播电视局局长、总编辑后,筹建了太原市广播电视中心,给省城人民留下了很好的印象。

1986年,他担任省广播电视厅副厅长兼省电视台台长后,提出了"创名牌节目,全面提高节目质量”的奋斗目标，很快把山西电视台办成全国一流的省级电视台。按照“加强新闻，精办专题，丰富文化”的方针，将19个栏目，精减为12个。从节目的结构设置和播出手段到为电视宣传服务的人事制度和技术都有了明显进步，在山西大地树立起一个声画并茂、充满生机活力而深受观众欢迎的电视形象。在国内省级电台，首先将《山西新闻联播》、《电视桥》、《五彩缤纷》三个重点栏目改为现场直播。使电视台新闻部获得省委“建设社会主义精神文明特别奖”，而受到中央电视台和天津、上海等20多家电视台100余人的考察交流。考察后，上海台提出了“近学浙江，远学山西”的口号。

1987年以后，他亲自参加和具体指导的新闻片在全国电视新闻评选中获得特等奖、一等奖的就有10余部。

近几年，王家贤出于对电视事业的关怀和爱护，他还亲自策划指导录制了正视现实、正视历史、肯定黄河文化、歌颂爱国主义精神的电视政论片《存在》，播放后，在国内引起强烈反响。他担任常务编委和监制的《绿色长城》系列片，被评为省优秀电视专题片一等奖。

这里要特别指出的是，在纪念毛泽东《在延安文艺座谈会上的讲话》发表50周年前夕，王家贤亲自采访并组织策划拍摄了大型纪实文献艺术片《赵树理》（赵瑜编剧），以独具的艺术风格，把赵树理这位人民大众的代言人、铁笔圣手、著名作家的高大形象搬到屏幕上与广大观众见面。该片在省台和中央台播出后，引起强烈反响，并受到各界人士、特别是太行老区、山西人民、晋东南人民、沁水人民的好评。为拍好这部电视，他们反复讨论研究30多次。据悉，日本国立一台、二台还播放了此片。

王家贤在任台长期间，倡导和指导的“家庭音乐会”曾受到省委“特别节目奖”和“建设社会主义精神文明特别奖”。他监制和策划的文艺节目、音乐片、专题文艺片、电视剧等先后获国家级一、二、三等奖14次（部）之多，他还撰写发表了22篇，约25万字的有关电视的论文。

王家贤同志虽然年纪大了，但他现在依然是中国电视学研究会副主席、山西电视艺术协会副主席、山西省新闻协会副主席、山西体育记者协会副主席、山西省消防协会副理事长。

市梦圆舞厅写真

王广进　雷　云

人人心中有个梦。这梦,是人们对生活的美好向往,执著追求。然而,现实生活的道路坎坷不平,又使人们在实现自己的美好梦想中充满艰辛。市硬笔书法协会兴办的高档豪华舞厅——梦圆舞厅,以其优美的环境,较高的品味,深远的韵律,洗涤出一方净地,使人们在这方净地里获得了心灵的抚慰,圆了心中那美好的梦。

梦圆舞厅,坐落在市凤台西街。它设计新颖别致,造型美观大方,装饰典雅豪华,将艺术与自然巧妙地融为一体。在无限深邃的苍穹下,斑斓璀璨的灯光扑朔迷离,变幻无穷;进口系列镭射音响、影视卡拉 OK 令人耳目一新;大功率空调,寒暑皆宜;梦圆屋、情人岛是广交益友的良好去处;迎宾梦莉小姐,舞厅青春小姐,活泼天使小姐,为顾客提供着周到的服务……

梦圆舞厅这优美的环境,吸引来大批光顾者。市委书记、市长及市五大班子其他领导成员来到这里,对这里美的环境赞不绝口;外来客商和普通市民来到这里,对这里美的环境啧啧赞许。广东省有位姓许的个体老板,凡来晋城,都要光顾梦圆舞厅。他感慨地对舞厅工作人员说:“我几乎跑遍了大半个中国,像梦圆舞厅这样的优美环境,还是很少见到的。”

进入梦圆舞厅,您要饮茶品茗,有迎宾小姐热情服务;您要跳舞,可请舞厅青春小姐伴舞;您要洽谈业务,可到包厢内静谈;您要欣赏一曲喜爱的歌曲,可点全市著名的青年男、女业余歌手为您高歌一曲。这高品位的系列娱乐服务,使多少人消除苦恼,荡起理想的双桨。

有一位来自浙江温州的个体户,名叫陈成,前几年经营服装发了财。去年,他看到经营电器赚钱多,就与人合伙经营电器,没想到亏了血本。他痛苦极了,整天借酒浇愁。一天夜晚,他信步来到梦圆舞厅,坐在雅座上看着、听着,重新荡起了理想的双桨。他和朋友借上钱,重操服装经营旧业,生意搞得十分红火。

有一对新婚不久的小夫妻(恕笔者不便写出二人的姓名),因家庭小事产生矛盾,一直闹到非要离婚不可的地步。夫妻俩的朋友为使二人重归于好,将二人拉到梦圆歌舞厅。那动人的《婚誓》、《请跟我走》、《来生缘》、《难诉相思》、《千言万语》、《思念》等金曲,像一股股清泉,流入二人的心田。头一次进舞厅,夫妻俩默默无语;第二次进舞厅,夫妻俩四目传情;第三次进舞厅,手拉手不分离。小夫妻终在动人旋律的陶冶下,领悟到生活的真谛。

梦圆,梦圆,您使多少人美梦成真?梦圆,梦圆,多少人又期待您去圆他们心中的美梦。

啊,军魂

肖 宇

纵目八月的蓝天大海,亮丽着一片蔚蓝的纯净,放眼八月的群山江河,雄浑着一派壮阔的诗歌意境,我的心灵之翼,飞过南昌、井冈山,越过遵义、雪山,飞过延安、太行,越过南京、北京……于是我的心,沿着66年的坎坷征途在追忆,在追忆那一幕幕炮火、硝烟组合的悲壮场面,追忆那属于东方大地的不屈军魂!

枪声响了,倒下去的是英勇,悲壮,站起来的是愤怒,正义和抗争。南昌城头的那一派飞升的霞光中,诞生了伟大的人民军队。从井冈山五大哨口的炮台,到大渡河铁索桥上布满弹洞的红旗,从毛儿盖风雪中走出的红星纵队,到东渡黄河船头上,闪亮的风雨灯,人民军队,是一支枪,党,是枪上的准星,人民军队,是一把大刀,党,是大刀的锋刃。我们从隆化桥头揭地掀天的巨响,聆听到军魂的呐喊;从上甘岭扑向敌人枪口的身躯,看到军魂的坚定和赤诚;我们从大决战的硝烟中,感受到军魂的冲天浩气;我们从"百万雄师过大江"的阵容中,领略到军魂的豪放和欢欣!

啊!军魂,不仅仅是血与火书写的传奇故事,而是共和国960万平方公里土地的保护神!

啊,军魂,使人民得到了胜利、和平和安宁,使敌人得到的是失败、死亡和陷阱。

在蓝天鸽哨报道和平与大野汽笛播下宁静的当代共和国的祥和中,不屈的军魂依然守护着神圣的国土,捍卫着和平与安宁,他们依然搏风击浪,他们依然风雨兼征,他们依然爬冰解雪,他们依然舍己为人。朋友,当我们享受到月夜的安宁和温馨时,你可曾想到我们的战士正在边防巡逻放哨?当我们品尝到节日的欢乐时,你可曾想到我们的士兵正撕咬着困难和艰辛负重前行?啊,和平与安宁,这是用鲜血和生命换来的另一种巨大财富;和平与安宁,不是黄金,胜似黄金!

啊,军魂,你是深圳特区军人抢来的速度,你是辽阔的荒原上红星闪烁的热情和潜能;你是水电建设工地上燃烧的绿色火焰,你是飞向太空运载火箭上的一枚红色指示灯!现代化的国防,可以暂时省略小米加步枪的情节,但千万不可失去共和国唯一靠山——军魂!

我们的军队,是铁锤和镰刀铸就的钢铁长城,我们的军魂,是党哺育的共产主义的幽灵。在人民军队的大熔炉里,冶炼出了身经百战的将军,冶炼出了军地两用的能人,冶炼出了雷锋式的共产主义战士,也冶炼出了朱伯儒、张子祥式的模范军人。"人民军队忠于党",这雄壮的军人之歌,也是一种战斗力,也是当代军魂迸发出的心声!

画“福”——梨花村随笔

杨　栋

在我高中毕业那年,除夕时,一位老人拄着拐棍来家找我。他手里拿着一块一尺见方的红纸,喘着气对我说:“你给我画个字吧?”“画字?”我一时很惊讶。在小村里,春节时写对联是我一位世兄的“专业”,他多年临柳帖,又加上他的创造,字就写得很有味了。大年初一,几乎全村门上都是他的手迹,可这老人却来寻找“画字”,我只好如实相告:“我写的毛笔字不好,您还是去找世兄吧。”老人说:“他不行,他写的字好,可不能画。”接着,他让我给他画个“福”字,他用手指在炕席上比划一通,说:“左边的偏旁画成一根弯头拐杖,右边要画成个坐着的老寿星。”我先在报纸上画了几张,直到他满意了,我才给他画在红纸上,他拿起那张“福”字,脸上现出很幸福的微笑。

这位老人中年丧妻,膝下无子,女儿又远嫁外乡,平时是一个孤人。我不知道他这几十年是怎么熬过来的,而今借居破屋,晚境凄凉,过年时却满怀虔诚地要一个“福”字,可见他是很热爱生活,很憧憬未来的。

在乡下,人们有“多子多福”的说法,儿女多了,家室兴旺,双亲有靠,就称是有“福”,所以,村人对“福”充满了希望。过年是坛上贴福,柜上写福,甚至窗花儿也剪成一群群的蝙蝠,“蝠”是“福”的谐音,可谓满院皆福了。其实对于福,不同的人有不同的理解,也是因人而异的。村民百姓求个“丰衣足食”就算是福,郑板桥官场失意,仕途坎坷,总结出了“吃亏是福”;热衷当官者,提拔是“福”;追求富贵者,发财是“福”;恋慕色欲者,愿有“艳福”;贪图酒肉者,想得“口福”……说到底,所谓“福”,就是图日子过得好一点。但那位老人却终于没见到他的福星,第二年春上,便默默无闻地谢世了。我于是又想及时下,社会变革之初,能人八仙过海,市场经济方兴,挣钱门路广开,于是商业发达,财神走红。春节里许多文人学者、诗人作家,耐不得寂寞,纷纷去“下海”从商,我想他们本人也许觉得是在求“福”,但我总觉得赵公明与李太白总不是一条路上的人。年年岁岁人都盼望着花开富贵,梅报平安,世世代代都祈求门迎百福,户纳吉祥。在我想来,“福”就是人对人生一种知足常乐的感悟,一种自我陶醉的境界。

清朝有位雅士叫张潮,他在《幽梦影》一书中对福作过这样的述说:“有功夫读书谓之福,有力量济人谓之福,有学问著述谓之福,无是非到耳谓之福,有多闻直谏之友谓之福,值太平世,生湖山郡,宜长廉静,家道优裕,娶妇贤淑,生子聪慧,人生如此,可云全福。”那位老人,生于太平一生平安,既登寿域,亦得善终,也算求得那个“福”字了吧。

记市体校象棋教练王贵田

连德先

晋城市象棋活动比较活跃,在全省已占有一席之地,在全国也小有名气。但为这一切曾经立下汗马功劳的教练员王贵田,却还鲜为人知。

王贵田,他酷爱象棋苦心钻研,具有一定造诣。他自告奋勇兼任体校象棋教练。曾在全国比赛中拿过名次的吴军河、阎春旺等都是他的得意门生。王贵田还多次担任全省及国家级比赛的教练与领队:

——1985年5月,省三项棋类赛在雁北地区举行,他任教练。赵桂香获女子成年组第一名;女子少年组获团体第一名;裴军花获少年第二名。

——1986年8月,省第七届运动会三项棋类赛在雁北地区举行,他任教练。裴军花获全省女子第一名。

——1988年7月,省首届青少年运动会三项棋类赛在阳高县举行,他任教练。孙素芳获女子第一名,裴军花获女子第三名。男子获团体第二名,阎春旺获男子个人第三名。

——1990年5月,省农民象棋在闻喜县举行,他任领队兼教练。阎春旺获第四名,冀保庆获第六名。

——1991年11月,"翼城杯"全国象棋邀请赛在翼城举行,他任教练兼运动员。他的学生吴军河获男子少年组第一名。

——1992年9月,在太原举行的全国象棋邀请赛,他任教练。阎春旺获男子全国第二名,冀保庆获男子全国第九名,孙素芳获女子全国第一名。

……

1990年3月,他成为山西省棋类协会委员。为了使象棋活动在我市尽快地普及与提高,他上下奔走,协调各方关系,得到有关领导的支持,组建起市象棋协会,他任常务副秘书长。在他的参与下,成功地举办了我市首届"棋王杯"象棋大赛。

为了不断提高我市象棋水平,他自费订了《象棋》、《北方棋艺》、《象棋研究》、《上海象棋》、《棋海新友》等杂志;并购买了《仙人指路》、《飞象局》、《起马局》等多种书籍;还和全国象棋特级大师柳大华,徐天红、大师黄少龙保持了密切的联系。他每年回天津老家探亲时,都要到黄少龙家切磋棋艺。黄少龙赠送他数本象棋专著。

王贵田,酷爱象棋,更乐为人梯。希望学子能踩着他的肩膀勇攀高峰。当我们在总结我们的成绩时,可别忘了这位默默无闻的“人梯”。

"三孔"漫笔

陈桂花

时逢孔子诞辰纪念日,翻开两年前的旅游日记,"曲阜之行"密密麻麻的草草两页,牵我的思绪又往那孔府、孔庙、孔林里……

那是暮秋的一个下午。蓝天、白云。阳光明媚。我们文博、考古工作者一行从旅行途中的落脚点——山东泰安县驱车直往"万古冠尝王者会,千年邹鲁圣人家"的曲阜古城观光寻访孔子故里。

从东华门进,步入殿坛、大成院内。拜谒了"重护叠拱,丹青晃日月之光;龙角云楣,金碧昆烟霞之色"的孔庙,巍峨庄穆,令人肃然。大成殿前的撑檐为10根盘龙石柱、粗可两人合抱,浮雕龙形,云彩交错、玲珑剔透、神态逼真,在阳光下远望,不见石雕,只见盘龙飞舞。高超的建筑艺术令人赞叹,留恋不止。漫步而入与孔庙一墙之隔的孔府,穿过枫槐掩映、修竹丛立的庭院,绕过花蕾垂吊、彩绘艳丽的仪门,赏识了九进院落的重重叠叠屋,曲曲折折廊。那高大宽敞、雕梁画柱、气势非凡的二堂内、三间厅堂宫灯高悬;陈列着七块御赐石碑,其中慈禧太后的"九桃图"、"松鹤图",特别是慈禧手书的特大"寿"字碑,是全国稀有的文物。回眸这片富丽堂皇的宅院,对照史记孔子一生并没有享受过贵族生活。想当年,他带领弟子们"削迹于卫、伐树于宋,穷与商周,围与陈蔡"的时候,凄凄惶惶、席不暇暖,又何曾料到百年之后,历史竟会给予他被奉为"至圣光师"而顶礼膜拜的殊荣。而当孔子赍志以殁,长眠在这泗河之上的那一刻,又何曾料到有朝一日历史将他的学说指定为金科玉律,获得"天下一孔"的尊荣而长盛不衰?那孔庙,最初是由孔子故居改辟,不过"庙屋三间"而已,内藏也仅仅是他生前使用的"衣冠琴、车、书",但后来经过历朝历代不断扩建和重修,终于形成占地300余亩、有房200间的宏大格局。孔府的规模自秦汉以降也渐次渐巨、到前清时已占地240亩,有厅、堂楼房463间,分中、东、西三路排列。仰望后花园中,那一树五枝的"五君子柏",似乎向人们讲述着千百年来斗转星移、起伏消长的历历往事。

迎着斜阳跨进曲阜城北孔林的大门——至圣林门,展现在眼前的古柏老林风光和古建碑林景色,真可谓一座自然博物馆,也是孔氏家族的一部编年史。在我们中国作为一个家族墓葬区,有这么大的面积,有这么长的历史,孔林是独一无二的。踏上洙水桥,经过甬道、亭殿,便是孔林的中心——孔子墓。墓前,竖立着篆字题刻巨碑:“大成至圣文宣王墓”,朴拙厚重。碑后面,那笼罩着神圣光圈的土堆,呈隆起的马背状,这是墓主尊贵身份的标志。典籍上称之为“马鬣封”,凡鸟是不敢也不准在此作窠的。伫立在秋阳残照里,凝视眼前这普通而又不普通的土馒头,多想穿越尘封的岁月丛林,与地下的圣人来一番对话……

离开孔墓,沿环林路西行,最先看到是明墓群,墓冢点点,碑刻林立,满身创伤的石人石马东倒西歪地沉默着,那份沉甸甸的抑郁和苍凉让人感慨不已,接着是汉墓群,是于氏坊,是新坟座座……久久地肃立在孔尚任墓前,仿佛又一次看到那柄“借离合之情、写兴亡之感”的“桃花扇”徐徐展开,演绎着千秋情和理,解说着万古是与非…

暮辞孔林,那渐渐投入森森老林后面的斜阳余晖似暖还寒,犹如秋水冷冷漏过秋枝纷披在瓮仲、石坊、断碑残碣之上。漠视这晚秋暮色中的孔林,咀嚼这古老土地上的苍茫和深邃任你踩着厚厚的黄土、向历史的深处缓缓走去,悠悠探寻。

与妻子第一次通信

图破壁

从认识妻子到谈恋爱、结婚、生儿育女，整整十年了。由于朝夕厮守，即使出差在外也只是别离三五天，根本没有必要动笔铺纸去写一封情意绵绵的信来表达心意。

没有通过一封书信，对我这平时爱玩弄文字的人来说，便感到是生活中的一件憾事。因此，有一次我贸然给婚后的妻子写了一封信，她却讪笑我做作，虚情假意，故弄玄虚，非让我当面拆开给她读一遍不可，因而就失去了通信的那种体验和感受，失去了书信的意义。

今年六月初，我被派到距家千里之遥的异地学习，时间长达三个多月，写一封优美的书信的机会终于来到。

第一次给妻子写信，当然郑重其事，掏出心中久已酝酿的爱意和情愫，调动大脑中先天和后天长期积累的智慧，方能达到我想象的效果。于是动起笔来如走龙蛇，先说旅途之经过，来到异地的环境，接着表达分别后的思念，少不了的当然是华丽的辞藻，恋爱时也未说的甜言蜜语。总而言之，我想让她读到我的信时，不但能对我倍加思念，更能勾起她心中深深贮藏着的美妙的初恋，亦能对平生第一次读到丈夫的信留下永久的回味，这样，我的心就踏实、快乐了。

从邮局给妻子寄了信后便是漫长的等待。等信的日子是世间最苦的。苦的极致是接到来信，打开信封的幸福。

我认真地读着妻子的第一封信:爱夫，你真傻。分别定要产生思念，思念的天平往往是倾向优点那一端。为妻自你走后，一如既往，上班下班，做饭洗锅，接送孩子，批改作业，唯一缺少诗意的就是少了一个你。我只希望你这个不关心自己生活的马大哈，细心一点照顾好自己，为妻并不喜欢你信中辞藻的华丽，也真难为你了，开那么多空头支票其实大可不必……落款是吻你，永远的妻。

真没想到，平时默默无语的妻，写起信来竟高我一筹。读了几遍妻子的来信，我婚后第一次彻底失眠了，于是起床披衣，在旅馆床头柜上草成此文。

多趣的酒文化典故

张菊生

沧海桑田，天荒地老，中国酒文化源远流长，折冲樽俎，狂傲不羁，酒文化典故颇繁多趣。

酒仙。“五花马，千金裘，呼儿将出换美酒。”这是历史上著名“酒仙”李白的豪饮情景。杜甫在《饮中八仙歌》中云：“李白斗酒诗百篇，长安市上酒家眠。天子呼来不上船，自称臣是酒中仙。”可见李白的诗文及其一生与酒的关系何等密切！正如郭沫若对这位“酒仙”赞云：“李白真可谓生于酒而死于酒。”

酒义。依许慎《说文解字》上说，酒既可以制造出吉利，也可以制造凶兆。如《战国策·魏策》上说：“昔者，帝女令仪狄作酒而美，进之禹，禹饮而甘之，逐疏仪狄，绝旨酒。”又曰：“后世必有以酒亡其国者。”果不出所料，他的后代以酒为乐，朝夕狂饮烂醉，忘乎所以，招来不少灭国之祸。《通鉴》前篇说夏朝最后的君主——桀王，因“做瑶台……为酒池糟堤，纵靡靡之乐……而终被成汤灭亡其国了。”

酒谋。宋太祖的“杯酒释兵权”，恰如《晏子春秋》杂上篇曰：“夫不出樽俎之间，而折冲于千里之外。”曹丕设酒宴以甘蔗作剑胜邓展将军；秦昭王之“平原十日饮”；项羽之“鸿门宴”；曹孟德“青梅煮酒论英雄”；张献忠与李自成之“双雄会”，均于饮酒中所施行的计谋。这些计谋至现在还有人仿效之，且多有得逞者。可见酒谋的作用之大。

酒战。据《淮南子·缪称州》载，战国时期，楚国令合诸侯时，鲁国和赵国都给楚王献了酒。赵国的酒醇厚，鲁国的酒淡薄。楚国主管酒的官吏私自向赵国要酒吃，赵国不给，这酒官羞怒之下，偷换了两国进献的酒，并说赵国不把好酒献给楚王。楚王动怒而下令进攻赵国，把赵国的邯郸城围困起来。这场“鲁酒薄而邯郸城围”的酒战，可谓中国历史上绝无仅有。

酒神。尼采在《悲剧的诞生》中将文化艺术分成日神与酒神两大类型。日神是庄严之神，而酒神是放荡之神。这两种神，中国古代都有。酒神相当于春神，就是古书中所记载的民间民俗中所祭祀的社神、田神和生殖神。

酒狂。古人饮酒至酒酣时孤傲不苟，放浪自任，轻佻礼疏。唐天宝初年春，一日唐玄宗与贵妃在兴庆宫沉香亭畔赏牡丹,忽听楼上李白饮酒狂歌:“三杯通大道,一半合自然。但得酒中趣,莫为醒者传。”太监连忙上楼大呼:“奉旨宣李学士见驾!”谁知李白全然不理,口中念道:“我醉欲眠君且去。”太监无奈,只得扶他进兴庆宫。玄宗见李白烂醉,忙命宫女含凉水喷其面,并亲自递来醒酒汤,李白睁眼一看,便要玄宗赐酒,玄宗亲切地说:“你刚清醒,再醉怎么办?”李白答曰:“臣斗酒三百篇,醉后诗如泉。”由此,许多文人墨客与酒之性情,于此可见一斑。

还有许多许多的酒文化典故,在此不再列举。

晋城之夜

李建俊

华灯初上，晋城街头火树银花。那异彩纷呈的霓虹灯广告牌、琳琅满目的商店橱窗，将晋城之夜点缀得更加璀璨和温馨。

沿着新市街，来到人民广场。位于繁华地带的广场四周那鳞次栉比的建筑群体，在灯光的照耀下，虽说风剑霜刀留下的斑驳依稀可辨，但依然展示着昔日的风采。它们矗立于寒风之中，仿佛向南来北往的人们讲述着这古老而又年轻的城市那春华秋实的丰殷和斗转星移的沧桑。

环绕广场，但见井井有条地排列着别具风味的小吃摊，给晋城之夜增添了无限的妩媚与情趣。在这里，映入眼帘的是那名目繁多的小吃招牌，扑入鼻翼的是那浓郁醇厚的香气，令你食欲顿生，那好客的摊主洋溢着欣喜充满着热情招呼你入座并以诚相待，令你不由自主地要去品尝。云集于此的人们，有匆匆来去的过客，有三五成群的青年朋友，有“倾巢而出”的三代老小，有亲密依偎的对对情侣……其乐融融，其乐陶陶，他们各自以不同的消费心态，分享着共同的欢快之夜。

在离小摊不远的广场中央处，整整齐齐地停放着许多五颜六色的出租汽车和大小客车。日里夜里，它们鱼贯而行，穿梭往来，将四面八方的来客带到这里，又将这里的宾朋运往四面八方。

我随着人潮车流往街而行，耳边不时从大街两旁的影剧院、录像厅和歌舞厅里传来清晰的声音和悠扬的乐曲。辛勤劳作了一天的人们如今有了欢度良宵的场所。他们把这些作为一种文化休息，或随着剧情喜怒哀乐，或伴着节奏轻歌曼舞，从而体味着一种温馨恬静的美感，并获取了第二天充沛精力的好心情。在明亮的路灯下，十几副台球案一线排开。往来行人不时停下来领略着“龙争虎斗”的场面。手持球杆的小伙子们，正使出浑身解数，暗自较量。那摊主是个精神矍铄的老者，看上去丝毫没有龙钟老态。我问他摆这个台球摊一晚上能挣多少钱，他爽朗地笑着，以浓重的晋城口音对我说：“挣多挣少不在乎，我不过是在屋里闷得慌，出来消磨消磨，算是图高兴吧。”

是的，同是夜晚，几年前乃至更长的时间，晋城人根本不敢奢望有如此丰富多彩的选择。据我所知,当时除了听一段戏,泡一壶茶,聊一会天,几乎没有更好的娱乐方式了。改革开放的深入进行和商品经济的迅速发展,大大激发了晋城人对文化消费的需求。我深深为他们祝福,愿欢乐和欣慰与他们常伴常随。

伫立街头,抬眼望万家灯火。晋城之夜,如永不倦怠的星座,闪烁着耀眼的光华;它如一幅充满温馨、蓄满情爱的风俗画卷,展现在历史的面前。

元旦钟声的召唤

江青峰

一

元旦的钟声在子夜时分敲响——

在亚细亚一块金鸡形的古老国土上，十一万万同胞一齐推开了窗门，以狂跳的心期待东方那1993年的第一抹红霞，以惊异的眼眺望那硕大新鲜的朝暾，胸中似有东海的大潮澎湃，耳畔似有滚滚的春雷轰鸣，这是向新世纪跨越的又一个春天哟，通达现代化目标的道路在我们脚下延伸……

二

此刻，炼钢工人已为1993年的第一炉钢上足了原料，奔向1993年的第一辆列车已拉响了汽笛，边防战士为走上1993年的第一班岗擦亮了枪管，石油工人已戴上了1993年的第一顶铝盔……共和国的弓弦已由十一亿双手拉足，通向历史新口岸的航队已经鸣笛起航，啊，东方的天际朝霞与白鸽齐飞，我们的前景灿烂辉煌。

三

元旦的钟声伴着十四大的春雷，响彻祖国的万水千山。坚冰已破，航道开通，一切冬眠的思想复苏惊醒，一切枯萎的枝条展露新芽，一切封闭的门户开窗接风，一切板结的土壤爆发出生命的喧嚷……百舸争流，百龙行雨，万众欢呼，万户迎新。鼎沸的中华大地风雷激荡，历史的机遇再一次叩响了国门，巨大的潮流如黄河之浪冲决了“左”的围堤，排山倒海以生命的绿色覆盖每一寸土地，祖国的殷红的光焰中如飞舞的凤凰，把幸福、吉祥洒遍人间。

四

元旦的钟声震撼着每一个人的灵魂,召唤着长江、长城,召唤着黄山、黄河,召唤着华夏民族的每一个子孙。1993年的第一缕曙色为我们刷亮了新的起跑线。看吧,总面积50平方公里的福清元洪投资区正在轰隆隆滚过掘土机的钢铁履带,百花盛开的三资企业的总经理们正在灯光下决策新的冲刺,投身市场的企业家们正以弄潮儿的风姿搏击风浪,第一批崛起的现代商业城已如星座般闪光。而农民们正在迎春的飞雪中规划着未来的丰收图景,八百米地层深处的矿工们已为新春捧出了灼亮的乌金……我们珍惜1993年的每一个迎面扑来的日子,让每一天每一小时都为中华的崛起奉献青春!

啊,元旦的钟声敲响,我们在风雪中出征!

母亲和童年的诗

杨素兰

孩提岁月,我曾有过一首诗,到今天却早已丢失了。我曾在林阴道间,公园精美的游艇上,山径小溪旁,海关高耸的钟楼下……四处寻觅,但始终没有找到。

啊,想起来了,准是遗失在乡下的老家了。

那年,春风还在苍白的路上踉跄,母亲就带我到菜园地里去种希望。忽然,我想起了学校大院里的红旗——那旗杆真高,不知长了多少年?是谁把它种下?红旗飘在天空,连天上的星星都住在上面了。我说,妈妈,我们也去种红旗吧!母亲于是给我讲了第一个故事。

晚上,母亲背着我,让我手上拿着支葵花秆燃作火明子照路,去参加大晒坝上开的一个批判会。山路逶迤崎岖。月亮出来了,我高兴地嚷:月光比火明子亮得多哩!母亲说,别扔!前面还有一段很黑的路。

秋天,母亲编了一个大竹筐,这竹筐里装着金秋和讲不完的故事:有山羊、松鼠,有狐狸和大灰狼,还有最爱偷吃我家树上杨梅的小白兔,据说它们从此酸裂了上嘴唇,酸掉了牙花花,吓得再不敢爬树……

夜里,听见阿公谈到一个"诗"。我问母亲什么是诗,是我唱的"过家家"的歌吧!还有明天的诗又是什么?母亲说,明天的诗,就像浩渺夜空里的星星,要长了翅膀才能够着它——这翅膀的名字叫智慧。

冬天,星星凝固了,浮云也凝固了,变成六棱形皎洁莹白的花瓣飘逸到我梦中,和母亲的故事一起同我谈心。醒来,我硬要母亲背我走进雪地,让雪花飒飒同我耳语,钻进我的脖颈。我说,好潇洒!母亲说:不对,应该说——好冷!

在母亲乡下的老家,我终于在这块土地上找回了童年的诗,它正在走向芬芳的成熟。

漫议门画年画年历

夏民安

门画,历史久远,是由门神演变而来。最早的门神是两块酱红色的桃木板,后又传说有专门捉鬼的"神荼、郁垒"弟兄俩,便将他们的像画在上面,借以"驱邪避凶"。这一典故,《山海经》书中,已有详细记载。到了唐代,出现了"太宗心惊夜难寐,命秦、尉两大臣守卫,安然入睡"的故事,时间长了,只好把两大臣像画在两旁,这便是唐以后的门神,为什么是秦琼、尉迟两大臣像的来源。宋代,木刻印刷出现,门神随之变化成花色多彩的门画。

年画,是门画的发展。明清两代,各地相继出现了专门制作门神、门画、年画的作坊,画面除"驱邪避凶"内容外,更多的是反映喜庆吉祥、戏曲故事、民间传统的题材,其中最著名的,有细腻、典雅的天津杨柳青年画;粗犷、洒脱的河北武强代表的北方年画;介乎粗犷与细腻之间的山东潍坊、苏州桃花坞年画;古朴、泼辣的四川锦州年画;以"黑底粉印"著称的福建泉州、漳州年画;以"印墨版画面"著称的广东佛山年画等等。

新中国成立前,年画这一独特传统文化艺术,成为绘画艺术中的瑰宝之一,得到了党和政府的高度重视,门、年画题材越来越广泛,内容健康,形式多样,特别是本世纪初出现的胶版印刷的擦笔水彩门、年画,开辟了门、年画新纪元,制作精细,绚丽多彩成为人们喜爱的艺术形式。摄影艺术的发展,又给门、年画注入了新的生机,近几年,出版的摄影门、年画,不仅形式新颖,形象生动,更有现代生活气息。一张门、年画,就是一次美的构思,美的享受。

年历,是在年画或上、或下、或左、或右套印上的日历、月历和年历。既能计时记事,又能艺术欣赏,实用与欣赏并重,实在是一种不可多得的形式,由于制作越来越精巧、别致,成为各阶层人士节日馈赠的礼品之一。

1994 年

有怨无悔说“下海”

孙喜玲

一个极偶然的机会，出于一言难尽的复杂原因，我放弃了《太行日报》编辑兼记者这份美差，到一家半成品的官办企业就任总经理。在褒贬不一的社会反响中“下海”作“弄潮儿向涛头立”了。

而一向自诩有较强适应能力的我，相信可以一手干实业，一手抓写作。如同当年坐乐队时一边踩吊钗一边读《中国文学史》还不误做笔记一样。向世人宣称：改行不改业，认定实业和文学完全可以相辅相成。

想象是脆弱的，最经不住现实的撞击。“下海”才知海水的滋味。每每处于进退维谷、欲干不成欲罢不忍的两难境地时，就想起“苦海无边，回头是岸”的话来。想当缩头乌龟，又抛不下身后的种种顾忌，人和世俗的利害关系。如同一首情歌唱到的：“十字街头卖莲藕，刀砍不断丝连丝。”事成虎势，只有硬着头皮撑下去。在天时、地利、人和的逆境里（银根紧缩，人才缺乏，主体工程久拖不就）一心揣摸怎样打好手里这把臭牌。为此，付出了灵魂、灵性丧失殆尽的代价，数年来惨淡经营的文学事业无法继续从事。在企业里这片公认的文化死角中，文人“下海”需忍受语言不通，做派不同又不得不交往不得不认同的痛苦。因此之故，令我常常怀念报社那张写字台——一个袖珍录音机，一排常用工具书，一只笔筒，一盏台灯，一本台历，一个茶杯，一本稿纸，窗前一盆翠绿的剑兰，窗后有老屋、梧桐、荒草。窗角一只小小蜂巢，有蜂儿忙里忙外。那分闲逸，那份宁静，那种自为自在……虽不富有，却也旱涝保收。

文学生涯本是有闲阶级的生活，也只有在不为生存挣扎的宽松环境里，人格才能舒展，也才可能进行人的艺术创造。试想每日为跑银行还贷款烦恼发愁，被诸多难与人言的琐事、俗事纠缠不休，逢神烧香，见庙磕头，就别样地委屈了自尊和傲骨，反倒使家不得安、业不得乐。忧心如焚时，常彻夜难眠，于枕席辗转间，仿佛听得见头发一根根变白的叭叭声。可悲的不在于这种可怕的精神损耗，而在于这种损耗极可能是没有多少价值和意义的。有心境如斯，哪里还能再静下心来遣词造句做文章。与此同时，和平素须臾不离的书本也失去了缘分，从好读书不求甚解一落而为强读书不知所云。连往日易感、伤怀、优雅的诗人情愫一并失落,只有焦虑、气恼,日里夜间如影随形挥之不去。

每个人的一生都是被自己的欲求和愿望奴役折磨的一生。世界上没有纯粹的、真正意义上的自由人。你看得最重的东西同时即是你最重的负担和枷锁。“形为心役”之谓是也。理想是禁锢人的囚牢,而追求则是贪欲的另一名词。求爱为爱所伤,求名为名所累,求利为利所缚。追求愈烈,受苦愈重。鱼与熊掌欲兼而得之,便要忍受双重痛苦的煎熬而其结果很可能反倒一无所获。

前些年文章写了不少,文运却着实不佳。在对文学的执著追求中,我更像是一位害单相思的恋人。多少年不懈地、一厢情愿地、深深地爱着他。在他圣殿的门前苦苦祈祷、徘徊,终于有一天出自并情愿的原因离他而去了,他才缓缓开启了封闭太久的心扉。而我却只能无奈又无奈地留给他一个悲凉的背影。尽管文学的身价已被商业大潮淹没而一落千丈。尽管他已不可能像某个特定的时代那样给人带来社会地位和政治命运的改变,我心依旧爱他如初。可是不幸已经没有气力承受他的垂青了。抽屉里躺着不少刊物的约稿信,有空时偶尔也想到是否该写点什么才对得住那些热心的、认识不认识的编辑先生女士们。然而木讷的头脑恰如闻一多的两句诗:“这是一潭绝望的死水,轻风吹不起半点涟漪。”只好长叹一声作罢。

常听人用宽慰的口气指点说:“先干几年挣点钱再拿起笔也不迟。”听起来颇有道理,然而行内人皆知,艺术感觉是一个古怪的精灵,只能用干净的心灵一心一意侍奉她,那种稍纵即逝的灵感和思想火花才肯光顾你的头脑。干几年,钱是否能挣得是一个未知数,而注定失去的却是你经过许多年的苦修才得来的创造才华。艺术悟性正如一位品位极高却性情乖戾的情人,你敢冷落她,她就敢抛弃你。

已是半夜时分。

在送服务员赴郑州培训的回归途中,车被堵在了太行山里那条被赵瑜称作“中国要害”的路上,要害而今仍然还是要害。一篇引起很大反响的报告文学并没有改变了它要害的性质和地位。人云作家提出问题、政治家解决问题,这多半也是一厢情愿的事。靠文章济世只是一个愿望而已,现实中对于大多数文人而言,文章就是孔乙己,连自己也济不了啦。

路边的村庄早已沉浸在睡梦中。被堵塞的车辆一辆挨一辆如巨形长龙般盘绕在半山腰间。一户户的农家院落于月光下影影绰绰,分外静谧,令困乏的我如饥人见食一般,渴望一张随便什么样的床好解除一下长途颠簸的劳顿。走出车外,仰望星空,设想假如在这般宁静的月夜,守一盏台灯、泡一杯清茶,于伏案劳作后伸伸懒腰吸一口深夜的清新空气，然后依枕睡去，该是怎样的一种清福。看看车旁两扇紧闭的大门，不由得生出恶作剧念头，想动员车上的“随员”们下去一块擂门，一边擂一边大喊“鬼子进村了！”转念又琢磨，如果弄一个人站在山头上手拿一根指挥棒指挥所有的驾驶员同时打出一声长长的汽车喇叭，那于这深夜的乡村该是怎样一种山摇地动的效果。这些正在安睡的村民又该是怎样一种惊慌失措大惑不解的神情。思至此不由得哑然失笑起来。多年的艺术生涯，养成了一种率真和任性，可这些于今必须掩藏起来，只因为你是一个芝麻大的经理，然后才是一个人，一个女人。这是社会对人不成文的要求。之于讲究真性情的文学是大大地被盗而跑了。

职业改变人是潜移默化的，当人们说我身上一股老板味儿时。我知道，这种改变已经发生，心中便会涌出一阵大痛。这种灵魂的撕裂也许是文人“下海”必经的洗礼吧。而企图在这种极度的不平衡中挣扎出几分潇洒，可谓是异想天开。也许有一日，为文学的可能成功，我会以退步抽身的行为向世人宣告“下海”失败，但就“下海”这一步而言，无论是对还是错，路是自己选的，我有怨。无悔。

来人间走一遭，我较常人多领略了一个景点。

海水是苦涩的，自然也有乐在其中的一面，今天的磨炼必然是明天的美好回忆。其中之乐，容我日后慢慢道来。

人生景观，风雨晴晦，各有其致，能够认定自己的位置则尤为重要。不是文人不能或不该“下海”，关键是你是否适合“下海”。

青年书画家贾大一素描

崔 巍

一

高平有个野川乡,野川乡有个南杨村,南杨村有一堂号为“迪心堂”的贾姓家族。贾家属书香门第,不仅从医从教的后人多,而且还在书香中出过个书画家呢。

这位书画家出生于清末,叫贾炬。

贾炬曾在河南某地做过税官,后来又成了犯官,流落在西安古城以卖字画为生。能以字画在文化古都为生,想来本领不凡。书画之名虽不见经传,但乡人及贾氏后裔们对他的尊崇,至今口碑不断,亦殷望能再出一个泼墨挥毫的后生晚辈。

这殷望曾变成长久的失望;但在时日漫漫中,贾家却又出了一个青年书画家,那便是贾大一了。

贾大一和贾炬虽同出贾氏“迪心堂”,但就命运和成就而言,不可同日而语。贾炬的作品当年只能在街头换米薪,而大一的作品则早屡见报刊,多次参展,并在全国各种书法大赛中获奖30多次,有的作品甚至漂洋过海,远征到日本国。作品多次收入全国各类书法作品集,已不稀罕;而且还有《贾大一书法作品选》即将问世。

一个刚过而立之年的青年,已有如此的事业绚丽,贾炬若地下有知,该作何等感喟?当是“后来居上,吾不如也”!

二

大一学书法,说来有趣。

也许是贾炬的书法之炬点燃了心灵,抑或是书香门第的环境熏陶?总之,他在孩提时代,就迷恋上写字了。

南杨村有曲水流觞,有苍黛的山峦,还有春华秋实的梨花艳绽和梨果甜香。但他却无意水趣山景,而是把废电池捣碎,用水搅成“墨”,用树枝蘸着在屋墙上照着革命标语涂鸦。涂得兴致浓醇,有模有样。爷爷见他有此奇趣异志,便于惊喜中悉心上这位书香门第后人,未上学便先让他写开仿。天天促写,天天拈须批阅。

字写得好便朱笔圈红,以示奖掖。红圈耀眼诱人,还可看到爷爷的笑脸,小人儿当然要求宠。于是,有的字竟能换回四个红圈心。有一次竟每字圈红,这叫吃了"一挂鞭"是难得的殊荣。小人儿便喜得小脸儿也如圈了红,从此,写字心劲就更足,兴致就更浓。

光在红圈内当然成长不出书法家。

中国书法举世无双;历代大家灿如星汉。但学步总要先师承一家,打好功底。有此规律,大一被人指点进"九成宫"迷宫。

九成宫醴泉铭字帖,乃唐初四大书家之一的欧阳询代表作,亦是历代公认的绝世瑰宝。后人评欧阳书说:"八体尽能,笔力劲险,尺牍所传,人以为法"。大一学书,先能效尤一位"八体尽能"的大书家可谓入道。加之持恒十余载,就更得神韵,悟真髓,融会贯通,纵横捭阖。

可以说,他后来所以能跻身书法界,挪腾游刃,得以成书家,那手脚首先是从"九成宫"里练扎实的。

三

学书单靠效尤一家,难免走到穷途末路。想有大成,必得遍游书海,博采百家,这也是规律。

大一自 1981 年后便跳出"九成宫",始习北碑,龙门造像,云峰山石刻,泰山经石峪等,其中对"郑文公碑"、"广武将军碑"着力尤甚。在此同时兼习汉隶,兼学过"石门颂"等。后来则又攻研上行草,由二王入手,以米芾、苏东坡、董其昌、王铎为圭臬。这些选择与师法,极有慧眼慧心,可窥其高远心志。

在师法古代名家的同时,万万不敢忘了向今人求教。因为古人只能以作品示范,今人才能活灵活现,现身说法。

大一又有幸。在上晋东南师专期间,觅得良师徐鸿飞。徐公乃不凡之辈,既是齐白石的弟子,又是画坛巨子李可染和李苦禅的学弟校友。前半生"鸿飞"大江南北的京华涂场,书画造诣极深;解放前便在大都市搞书画展,名重一时。后来因淡于名利,一心闲适自安,才徐徐敛收起鸿鹄之翼,飘落到太行山来。徐公阅历丰富,书画视野旷远,书坛画界的古杰今贤他皆烂熟于心,还有诲人不倦的高风。此时大一书法正属"拔节期",得遇良师,就有了醍醐灌顶的便捷。他自受益匪浅,有了长足的进步。

仅是和徐公作忘年至交,做徐公的得意门生,当然远远不够。大一深感上党盆地的天地太小。要想克服学术的"艰哉何巍巍",就必须先走出太行山的"羊肠坂诘屈"。于是,他于1990年又毅然上了北京大学书法班。学习期间,有幸亲聆沈鹏,康殷等书家以及文学学家高明、诗词家陈贻欣等传道授业,而且又攻读了文化史、美学、哲学、古瓷器、甲骨文等学科,眼界自然打开,知识自然充实。可资事业新新跃足,不待赘言。

除了做课业上的莘莘学子,大一还趁机常跑故宫,饱览书画国宝,又不辞劳苦,远足秦皇岛燕山等地。琉璃厂是古文化一条街,他更是跑得勤。求学期间,光购书就花费三千元。这对一个工薪学子来说,那得负债,但他却乐而不悔。

有志者,事竟成。然而,志有大小之分。大一可是一心抱着鸿鹄大志,这才去上北京大学书法班的啊!

四

世人大概只知大一的书法,其实,大一在画坛上也有峥嵘呢。

古往今来,书画荟萃一身的名家不胜枚举。这等联璧之美,只有汉文化独有。大一当然深谙这联璧的好处:相得益彰,并不行悖,又何乐而不为?

亦如学书,他学画的天赋极好。小学就深得老师赏识,五年级就有作品参加过全省儿童画展。到上大学时,就已在长治市搞画展了。当然,从前他主要是偏重书法;但到从北大书法班归来,可就让书与画并驾齐驱了。迷的是山水画,对宋元以来的画界翘楚们师法犹勤。而且追求高绝的意境,即画山不要画到让人可赏可思,可游可居的地步,成绩当然可喜,作品曾在全国参展不说,他的《北风峡谷》还在高手如林的角逐中,获得二等奖。

在画界,大一曾有过中断;这自是一种不该有的失误。好在他已知道,而且正作着亡羊补牢的努力;以他对事业的情感之笃,再加上敏而好学,颖悟过人,相信在画坛上也会驰骋不羁,终有大成的。

这一点毋庸置疑,谓予不信,拭目以待。

五

文如其人,字画亦如其人。

大一字画博人青睐，为人也极受人称道。品格端庄，谦和有加；唯知书画，埋头做事；与世无争，怡然自得。

书画本是高雅的殿堂，但也混进一些利禄之辈，弄出了污浊。大一却洁身自好，不涉那污浊；虽然多了寂寞，却又保持了情感的贞洁。他那俊逸洒脱的身影，走到哪里都受欢迎。为此，我常感叹：贤哉大一，好人哪！

我和大一相知已有十年了吧？按说，以他的事业成就，早该有评介文字予以奖掖。但至今没有，一个字也没有。为此，我这个书画槛外人不禁良思：什么原因？原因不难找，皆因大一自甘寂寞，不事张扬；于是这个画山水的年轻人也就无从“显山露水”了。

悼一级导演张仁义先生

田澍中

1994年元月14日上午9时,我刚从寓所下来,忽闻张仁义先生12日晚不幸逝世的噩耗,禁不住打了个寒战,脑袋里嗡嗡作响。为证实这个消息,我跑到市委宣传部,当一切明了以后,我泪雨滂沱……

在刚刚过去的1993年末,我和张仁义先生愉快地合作了一个多月,为我市舞台上增加了一个优秀的小戏。12月27日夜,我们依依惜别,相约来年再度合作,谁能料到,仅仅过半个月,可恶的心肌梗死就夺去了一个老艺术家宝贵的生命——太行山南麓一颗璀璨的梨园星斗急速地陨落了!

我和先生相识、相知已有10个年头,深交则更远。晋东南一带的文艺工作者、上党戏的票友们,有谁不知张仁义的大名?因而,当两个月前,市委决定组织亿元乡镇"小康杯"文艺大赛,当我挂职的阳城县润城镇接到参赛的通知后,我决定写一个现代小说戏曲,并请先生执导。先生愉快地答应了,并风趣地说:"我和从沁水出来的作家有感情呐,我曾和赵树理老师合作,把《三关排宴》、《十里店》搬上了舞台和银幕,现在和你合作,相信也能成功。"11月26日,我去接先生时,先生已准备就绪,并和作曲家冯来生先生谈妥,剧本通过后,由冯先生设计唱腔。我当即大喜,更佩服先生的周到与负责。

先生来到润城镇,住在没有电视、卫生间,没有沙发等设备的客房里,和镇里的职工吃大灶。简陋的条件,委屈了这位年近古稀的教授大导演,我觉得不安,表示了歉意。先生只提了一个条件:满足供应开水。我使用了一次"特权",每天早饭给先生冲两颗鸡蛋。以后,为了工作方便,先生又移到县剧团去住,条件比镇里更差,而先生没有一丝一毫的不快。他关注的是艺术,而不是享受。

由我执笔创作的这出小戏叫《架金桥》,主题是解决乡镇企业人才难的问题。评比结果,我得了创作奖,但愧疚却时时萦绕心头。严格地说,这个本子是集体创作的,镇长张晓满构思了故事,书记吉天义和副书记原秋胜补充,发展了剧情。先生和老剧作家栗守田与我详细讨论了写作提纲。二稿后,冯先生又提了十分宝贵的意见。特别感激的是张仁义先生对剧本的呕心沥血。先生以一个老艺术家的经验智慧和严格要求,与我共同修改了五稿。每一稿,先生至少要读三遍,为把握矛盾冲突的合理性,设计几个方案,供我选择;然后,一字一句地推敲,连道白的节奏,唱词的平仄都不放过。我常常在夜里12点以后,听到先生低声的哼唱和道白,还夹着一阵阵剧烈的咳嗽。我心里一阵感激一阵疼痛,第二天给他买了两盒止咳化痰的"蛇胆川贝液"。先生很是感激。然而,先生的咳嗽不见减轻。20多天后,来市里演出,一个演员说他咳嗽、吐痰,担心影响演出。先生说他有药,从提包里拿出后,我眼一亮,说:这药你没吃?先生淡淡地说:天冷,我怕演员正式演出时感冒咳嗽,就留了下来。我突然一阵激动,强忍着不让泪水溢出来。

剧本创作难,排演更难。有的演员没有演过现代戏,念唱做打被古装剧的程式化固定了;有的演员没有演过主角,压力大,基础差,常常"出戏"。先生从理解剧本、理解人物、进入角色入手,不厌其烦地说戏,又跛着两条病腿三番五次地示范,排演一天,浑身散了架一般难受。这种导演与演员的关系,好像学富五车的教授面对刚入学的顽童,必须从1+1=2开始。看到先生吃力、焦急的神情,我安慰道:将就吧,基本表达了剧本就行。先生好像发火了,大声说:艺术不能将就,不能含糊!你、我、冯来生都是文艺界名人,润城镇的知名度很高,能给观众一台将将就就的戏吗?我脸热心跳,自叹对艺术的追求不及先生的执著。但是,在排练场上,先生从不对演员发火,总是表扬、鼓励、引导,终于使这个25分钟的小戏日臻完美。从没受到这般艺术熏陶的演员们,更感激先生严格的教诲。

12月22日,先生回市里担任本届大赛的评委,次日《架金桥》在县里演出,因音响、灯光效果不好,冷场了,观众和领导都不满意。25日就要到市里参赛,这样的剧场效果谁能满意;我急了,经与先生联系,24日就带着演员、乐队来到市里,晚上演出结束后,走台、试音响、灯光效果。我们来后,先生已派人借来了微型话筒,并与舞台总监、音响、灯光等人员联系好了。当晚,郊区队演出结束后,润城队就登台操练,一直练了两个多小时,各方面效果都达到满意。次日演出,演员精神抖擞,音响、灯光效果极佳,赢得了观众雷鸣般的掌声。评委们一致认为,这台小戏主题深刻,人物鲜活,导演手段干净、利落。坐在观众席上的副省长刘泽民同志也给予了高度的评价。

次日,评比结果出来,《架金桥》囊括全部艺术奖,即:优秀节目奖、编剧奖、特别导演奖、两个优秀演员奖,是本次大赛获奖最多的节目。——今日想来,《架金桥》给先生半个世纪的艺术生涯,划了一个圆满的句号。

12月27日晚,主场演出时发生了不愉快之事(笔下留情,略去详情),我和先生无心看演出,从剧场出来,在凛冽的寒风中告别。先生明天就要回长治家中,我说联系一个小车,送回去。先生执意不让,说是浪费,要坐班车或市二剧团拉音响设备的工具车回去。因

《架金桥》的成功,市委宣传部和文化局领导,让我写一个大型现代戏,仍由先生执导,参加1994年全省现代戏调演。我们的话题又转到来年的再度合作上,先生满怀信心,说一定写好、导好,在全省夺魁……

唉唉,想不到哇,这次分别竟成了永别!我已决定写一个大型现代戏,但我茫然不知,这戏由谁来执导?而又有谁能像他一样对艺术严谨、执著、负责呢?

写到这里,我的泪水打湿了稿纸。我默默地祈祷:尊敬的先生,我的老师,您安息吧!愿您在天之灵,再助我一把,完成那个计划之中的大戏……

记国家级优秀教师张粉琴

文 兰

在郊区周村镇的山庄窝铺,到处传诵着张粉琴这位小学女教师的名字。的确,这里的教师学生应为她高兴,这里的父老乡亲该为她叫好,因为,她在仅仅11年的从教生涯中,走出了一条不平凡的人生之路。

1981年秋天,粉琴高中毕业后回到了家乡——周村镇沙坡后村,不久她被聘为小山村里的代理教师。这位睡觉都想当教师的山村姑娘,未曾想在家乡的热土上圆了梦。从此打开了她由代理教师到全国优秀教师的闪光历程。

初为人师,她就经受了考验。这个只有3间破房的单人校,14名学生的复式班,成了她教学的主战场。面对文物似的桌凳,缸盖大的黑板,粉琴几乎丧失了工作的勇气,然而村干部的话语又响在她耳畔:"张老师,全靠你了,咱村的娃娃笨,学不出个啥名堂,能识个字,认得钱就行!"她的心受到了极大的震撼,下决心干出个样子,让娃娃们识文断字,解题算账,走出山沟,闯闯外面的世界。于是她把全部精力投入到了教学之中。从1981年6月至12月,她没有完整地休息过一天,180余日,她家访补课达70多次。付出的艰辛与汗水,终于换来了第一次甘果:她代的复式班三年级,很快在全镇期末统考中,由倒数第二名一跃成为全镇第一名,一举轰动了全镇。

在距沙坡后2里远的上岭西村,因为学校唯一的任课教师长期病休,领导上一时又抽派不上合适的人员,所以20多名学生暂时停学。领导着急,孩子们着急,家长们也同样着急。了解到这些情况,粉琴老师就主动请缨,把这20多名学生合并到沙坡后村小学,独自承担起40多名小学生的复式教学任务。晨曦里,她早早来到上岭西村,跑东家,叫西家,带小学生整队来到沙坡后;放学了,又手拉手,唱着歌,护送孩子们欢天喜地见爸妈;遇到雨雪后的泥泞路,她还常常肩背手拉,脸上淌着汗水,同孩子们一起下学。

1990年5月,周村镇教委根据工作需要,要调派张粉琴老师到统管上岭西、沙坡后小学的苇町中心小学任教。上任那天,五六十名学生和家长,一直把粉琴老师送出村口。更让她感动的是,刚刚告别送行的人群,一个名叫张小晋年仅10岁的男孩子,拦路跪在她脚前,噙着泪水,请求张老师收下他手捧着的小手帕包。原来,小晋是个丧父离母的孤儿,跟爷爷、奶奶在一起,本已无力上学,是粉琴老师一直无微不至地关心爱护他,支付学费供他上学的。张小晋是个懂事的孩子,听说老师要调走,就利用业余时间,搞"小采集"、"小回收"、捡铁拾破烂,卖了钱,来拦路交还给老师。此情此景,粉琴老师的心都要碎了。也许,在希望工程的捐款簿上没有记载她的名字,但她为希望工程付出的爱心却凝聚了比捐款更有效的劳动;11 年来,她亲自追回和资助过的失学儿童就达 23 名。

粉琴老师也深深懂得,工作中每取得一点成绩,家庭生活中就难免多些牺牲。1991 年冬,她受郊区教委委托,到全区各地巡回讲课,推广"愉快教学法"。恰在这时,婆婆回了河南老家,丈夫又在外地工作,不满 10 个月的孩子患了重感冒,她忍痛把病中的娇儿送到五六里外的娘家照看。十几天后,当她忧心如焚地回到家里,望着孩子陌生的目光时,这位在困难和挫折面前从不服输的女教师,禁不住流下了眼泪!

张粉琴老师一面用汗水和泪水描绘着自己的育人轨迹,一面用勇气和智慧开拓着自己的教学天地。她先是开始了 3 年自学,挤时间,钻空子,硬是把别人用来看电视、侃大山的时间都用在了学习中。她先后学习了 10 多套教育学、心理学、教学论等方面的编著,做了 20 多万字的读书笔记、研读了 300 多篇教育教学论文,为提高自己的业务素质打下了坚实的基础。之后,她又参加了卫电中师函授学习,于 1990 年圆满地完成了学业。她联系教学实际撰写的毕业论文《改革复式教学,培养学生跳跃超常能力》被评为优秀毕业论文。从 1989 年至 1992 年间,她积极进行教育教学研究,先后完成《在课堂教学中注重信息的传输和反馈》、《激发学生兴趣,是提高教学效果的有效途径》等 8 篇论文,受到了镇、区教委的嘉奖和好评。她担任单人校代理教师期间,尝试着将说、唱、跳等多种形式融进语文、数学等学科的课堂教学中,增强了学生接受知识的主动性和积极性,终于独创出"愉快教学法",并且在全区得到了推广,取得了显著的教学效果。

我非好色之徒

秦奉江

我自幼勤奋好学，从小学到高中一直品学兼优。参加工作后，尽职尽责，深得同仁们的赞许。可是，唯有我妻子对我评价不佳，自结婚之后，她便称我是一个“好色之徒”。

一个男人背上这个名分，实在不大光彩。我不能辩驳，却又不无委屈。因为，自我拥抱了做新娘的妻子后，自身从未有过桃色新闻，更谈不上有寻花问柳之嫌。但是，我深刻了解我思想的深渊，我对女性特别敏感，我甚至喜欢大街上每一个漂亮的女人。我妻子常常斥责我：“看一个漂亮女孩，脖子扭成麻花！”

我对妻子作过解释，我说我是正直的、善良的，心中绝无邪念。之所以我会如此，是因为我身上的诗人气质太浓了，我对美过分的敏感和惶惑，使我特别钟爱女人……我喜欢看她们的肌肤、口唇、丰乳、美臀、身条，这些，都让我心灵幸福得震颤，让我充满憧憬和幻想，让我如痴如醉而诗兴大发……妻骂我是“无耻狡辩”，骂我是“下流坯子”。

为了家庭和睦，减少夫妻之间的摩擦，我只好努力克制自己，尽量少上街，尽量不看女人。碰上妻子需要我一起出门的时候，我也自觉地扮演“受押俘虏”的角色，只低头走路，目不斜视。前不久，我同妻子在公共汽车站等车，风雪肆虐，冻得路人打战，公共汽车久久不来，妻子饥寒交迫，提议去喝杯咖啡暖暖身子。妻说了三遍，我却浑然不觉。因为，站在我斜对面有一个等车的姑娘，太美妙太绝色了：满头乌黑的长披发像瀑布样流泻在肩后，脸色白皙泛红，丰满的胸脯，苗条的身材，散发出诱人的光芒。一双似喜非喜的含情目波光闪闪、清澈透亮；樱桃般的小嘴唇轻轻一抿，两腮便浮现出让人甜醉的小酒窝……妻子很快发现了“秘密”所在，气得一跺脚，骂了我一声“屡教不改”，便跑回娘家去了。

我美妙的情致像遭雷击般一下子荡然无存，风雪中，我变得又尴尬又无奈又烦恼又不安。家中没有了妻子便没有了温暖没有了温馨没有了家之魂。我无法消除寂寞只好看书解愁。我看了许多书，孔子、老子、墨子还有外国的马克思、尼采、弗洛伊德……这些书无不深刻又无不相悖，那些五颜六色的宇宙观、道德观会把人的心灵撕成两半，一半儿是矛一半儿是盾，使人终身自己和自己作战，一会儿最荒淫一会儿最道德，一会儿是登徒子一会儿是小和尚，但知识和教养不会让我逾越行为逾越道德，我徘徊在尼采与孔子之间，所以多了许多烦烦与困惑。明天，我去接妻子回来，再做一次违心的检讨，保证“痛改前非”。

秋水友人赋

路云亭

天有四季,俨如四个女儿,各有各的美丽。

我最钟爱的还是秋天。秋天很郑重,很严谨,好多事儿到了她那里,都显得肃穆了几分。夜里,有了永无歇止的虫鸣。虫鸣也是一种生存,兴许还格外的庄严。它们生活得很抽象。你想看看它们的衣、食、住、行,很难。想看看它们的爱情生活,更是一种奢望。于是,也就只能听听它们夜幕下的歌唱。一个晚上就这么过去了,再一个夜,仍是如此。它们的旋律很像中国的戏曲,都是按程式排练好的,今天的调子和明天的调子一样。今年的调子和明年的调子也一样。秋天的恒久,大可以体现出这清清朗朗的虫鸣之中。

秋天就这样开始了,有了过多的平淡,也有了过多的哲学。

秋天的水,可能最没有诗意。萧瑟秋风今又是,换了人间。那是秋风,与秋水无干。秋风秋雨愁煞人,又是风中带雨,不是静谧的潭水。欧阳修似乎情系秋天。铮铮。波涛夜惊,他关心的是秋天的声。冰凌解冻,春水淙淙,白的雪,坚的冰,簇拥一汪清冽的水,那么欢畅,难怪是一首诗了。夏天的水,极有气魄,尤其是骤雨过后的洪峰,让人,让所有善水的动物们都感到恐惧,她美在崇高。秋水就没那个福分,平平淡淡,随随便便,不可爱,也不可憎。

而我,却独爱秋水。秋水是阅历,是智慧,没有架子,也没表情。冷不丁,还有点小心小胆。其实她仍是那汪春水,那场洪峰,是她们新的传人,新的年轮。所以,秋水是不懂爱情的,她是男人们的情场。醉眠秋共被,携手日同行。很难想象出,在另一个别的节气,杜甫能拉着李白的手,走得那么执著。遥知兄弟登高处,遍插茱萸少一人。仍是男人们的情。天高云淡,望断南飞雁。盛年毛泽东想的何曾不是男人们的豪情。秋水就是这样,让所有的事都消融于自然,让所有的爱都挥洒于枫叶,挥洒于熟透的清江绿波,让所有的雄心都涵泳于安详的竞争。那该是种很大的境界,很澄澈的美丽,很明净的生存。

秋天还是告别的季节。露水打湿清晨的梦,也使秋天变成了诗。秋天不适宜情人的分手,应该留给友人,她是友人们的专利。在秋天分离的友人,会成熟一些。在秋天分手的友人,更会接近自然。秋天,送给友人的是极平常的依恋。握握手,扬扬臂,就算是很隆重的礼仪了。那是一种友谊的城府,友情的升华。更是一道友人们接成的城墙。古色又古香,散发着陈年老酒的厚道。

恋爱的季节不在秋,生长的季节不在秋。“老朋友怎能够忘记过去的好时光,我们曾经漫游在故乡的山冈”那不是苏格兰民谣,也不是旋律,它便是秋天的灵魂,秋天的誓言,秋天里的涅槃。

秋天是不乏诗意的,真正的诗人,会把秋比作一个无形的上帝。她至高无上,无所不在,主宰着人间去向。也许欧阳江河说对了,“秋天啊,我想了你,就宽恕了自己,宽恕了自己,就宽恕了这个世界。”

秋天走到了这里,还会走多远。

风从《太行山》上来

枭 蟒

到了秋天,整个儿情绪感觉都变了味呢,莫说那千里万里的淡云高天,莫说那大地五谷和着潮湿泥土散发的馨香,就是那晨起着衣起床的一刻,悄然扑面的那一丝秋风,足令你情不自禁地问:“我成熟了么?”只是这不期然的一绺凉啊,会引发几多别样滋味,悠长意绪呢?我此刻是油然想到了《太行日报》这位关怀备至的长者,情同手足的文学朋友啊。

那是1985年秋月某日,我出差长治,午后在一家单位门前的台阶歇坐小憩。一阵微风倏忽吹来一张报纸,翻开来是《太行日报》且有文学副刊《太行山》,上面稿件篇数并不多的,大约也就两个散文夹配几首小诗。出于一个散文作者的偏爱,一气读过全篇,颇有味道!一下子为它的发稿质量感佩不已了。尤当彼时,对一家市级小报来说,版面本来有限,而领导上无疑要求小稿多发增加涵盖量和辐射度的,在此情况下,文艺副刊要肩负全市文学作品的普及和提高,尊重老者力扶来者的重托,作为编辑,不能不说是在一种压抑的夹缝天地耕耘劳作了。我尤为编辑能在这样的局限里大胆编发颇有品味的2500字的长稿而惊诧而折服。于是我抱着试一试的心态向《太行日报》即寄一篇2000字的散文稿《乡间的秋夜》。不几天,编辑寄我两张发表有拙文的样报,并附来一封长信,感激之余,才明白这一份稿子长治跑到晋城市委,从市委又跑到长治街来,最后进了长兴街11号!原来晋城市委的机关报竟然还在长治,我也竟然孤陋得不知报头题字出自我们改革开放总设计师邓小平老人的如椽大笔。从此,我与《太行日报》结下了不解之缘,而且一发不可收,尤在1986年正在读师范也正是我散文创作发狂的一年,《太行日报》的师长兄们给了我见一针见血大力有效的支持,最难忘与他们相处的时光,或议政议经,痛斥不正之风;或奇文共赏,疑义相析;或谈论体验生活,观察人生,捕捉光点,争得面红耳赤,说得忘情忘我。我感叹我真幸福。在经济大潮冲击的泥沙俱下的观念里,如果还情愿有一方事业追求之心的净土,那么我说,能结识《太行日报》的师长朋友,不亦是一笔财富么。而《太行日报》多年来网罗八方人才,广交新老朋友,特别是培养和扶持文学青年,以文会友,以质取胜上不正是这一笔大的财富么?

如今，几年过去，只在弹指一挥间，《太行日报》的副刊《太行山》如一棵银杏树，越来越根深叶茂，也一如庄稼进入了秋天，越来越成熟了。回首当初第一次踏过《太行日报》大门的情形，真是感慨深深，我愿以黄宗英女士的一句朴实无华的感悟：插柳不叫春知道，作为我对《太行日报》一往情深的祝福——为晋城市文学创作的新生代，同时也为自己。

记晋城市名老艺人演出团

殷泉平

在上党的城乡村落,活跃着一支特殊的演出队伍——晋城市上党梆子剧团"老团"。称之为"老团",是因该团的组织者和主要成员是从市团退下来的老同志。看过该团演出的人,无不称赞他们是一个实力雄厚、组织严谨、阵容整齐、富有吸引力的演出团体。

这些从市团退下来的老同志,不想靠吃"皇粮"维持现状,曾设想办工厂、建门市、搞批发、炼钢铁,兜了一个圈,都不是拿手戏。后来心头一亮,念了一辈"戏经",何不操旧业,干本行?几经周折,他们找到了自己的"新大陆"。后与武乡县人民剧团一拍即合,一个想"借庙念经",一个想"借船出海",老团不愁资金、设备、兵马,又可生财、"传艺",老有所为,新军得以传、帮、带,可谓"一石三鸟"。

"老团"组建,使这些名老艺人焕发出第二次青春。他们深知,必须依靠质量求生存、求发展,而质量的核心是人才。该团的"主持"、党支部书记王才旺,可是个内行,什么包公的眼神、韩琪的刀、佘太君的台步、潘仁美的笑都了如指掌。提起《秦香莲》这出戏,上党观众就会和国家二级演员高玉林联系在一起。她演了几十年《秦香莲》,"告"了几十年的"状",观众不仅没有被她"告烦",反而告得不离台下,她本人也"告"出了名声、"告"出了荣誉、更告出了艺术才华。该团有个人称"老妈妈"的铁嗓老演员王桂兰,别看她年迈花甲,但精神旺盛,尤其是舞台上的扮相身架,苗条舒展,让台下的小伙子都感到惊讶。那明快利落的道白,清脆高扬的声调,使观众赞叹不已。60岁的"韩琪"刘汝森,《杀庙》仍十分逼真,使观众如临其境,不寒而栗,担心秦香莲母子屈死在他的刀下。观众由衷地说:"生姜还是老的辣。"《潘杨讼》中演奸臣"潘仁美"的卫建顺,对人物精雕细刻,把握得十分准确,有上党"活潘洪"之称。不知大家是否还记得电影《三关排宴》中有一位亭亭玉立、婀娜多姿的"桃花公主",时逾数十载,若真有"桃花公主"其人,想必早已花叶凋零,不敢恭维了。而其扮演者王凤蛟却未逊色,仍在舞台上饰演着不同类型的闺门秀女,风韵不减当年。

昔日曾活跃在文艺战线的郭春忠、王双印等老同志已改行数十载,并已"告老还乡"安度晚年,但这次也闻风而至,重返阵地,打起了"仓才仓",奏起"叨咪咪"。他们像支支燃烧的蜡烛,在散发着最后的光和热。

吊李東为老师

卓　然

雪下得很大。我不知道正月末怎么就来了那么一场大雪。是一场春雪。

当然,我也没料到,下雪的时候我突然接到一封信,一封洁白的信。

信原是夹在报纸中间送来的。当我从邮递员手中将报纸接过来时,那信像一道白光,从报纸中露出来,在半空里急速地打了个旋,就静静地落在地上。我忙弯腰去捡那封信。但当我将触到信封时,我的手像被火烫了一下,忙缩了回来。那洁白的信封上,右下角印着一排黑体墨字:李東为同志治丧办公室。

难道三晋文坛泰斗五星损一? 我的心悚然而震!

我久久地站在地上,我没有立刻去把那封信捡起来,我不愿意把信立即打开。我不想让那信中装有什么噩耗。我不相信,我不相信李東为老师就这么不声不响地走了。

回想见到李東为老师最后一面的时间,是1992年春天,那是省文联在平定召开的一次全省期刊工作会议上。那时,李老虽是省文联的名誉主席,但还是到会上来了。他十分关心文联各系统和各基层文联所办的刊物的质量问题、生存问题和出路问题。会议开了三天,李老一直端端正正坐在那里。他态度是那么认真,神情是那么专注,精力是那么充沛,缓缓的语言,和蔼的笑容,完全是一种健康的老人姿态,又完全是一种跃动的年轻人的心态。

忆及稍远一些,见到李老的时候,是中国文联在晋城召开的组联工作会上。那次,李老看了我们办的《凤台文学》,说刊物办得比较庄重、干净、雅致。他问我《小街》的作者是干什么的,我说是位山里的女孩子,在村里当民办教师。李老咂咂嘴说:“嗯,小说写得很美,很耐读,是专业作家可以欣赏的东西。”说这话时,李老似乎有些激动,像咂了颗熟透的葡萄一样,禁不住抿了几抿他那厚厚的嘴唇。过了一会儿,李老又对我说,刊物要办得再活一些,要牢牢把握“双百”方针和“二为”方向。要办得雅俗共赏,给人启迪,给人鼓舞,催人向上。

深刻的教诲,亲切的指点依然回荡在耳边,李老怎么就那样悄然走了呢?

信终于打开了。是讣告。

我收到信的时间是3月10日下午5时,而李老的遗体已于上午火化了。我忙翻看信封,发信邮戳是3月5日,自太原至晋城信需蹒跚5天,时间,给我们的遗憾是太多太多了。

第二天,我见到了去参加葬礼的中群同志,他是接到电话去的。我对他述说自己的遗憾时,他说他已经代表我们文联给李老敬送了花圈,说我完全大可不必伤心了。

尽管是这样,我心头的沉重仍难稍释。当我走出户外时,飞飞扬扬的春雪愈下愈大。道路被春雪覆盖,路旁遮遮掩掩全是玉树琼花。举目远望无垠的雪野,想,李老是伴了春雪去的么?春雪是伴了李老来的么?要不,今年的这场春雪怎么就下得这么大,雪又是这样的洁白,洁白得就像李老的品质与人格呢!

记工人书法家杨呆荣

京丹　可法

在峦峰叠翠、巍巍太行山脚下，有一个晋城市纺织厂。机器的轰鸣给古老的山区增添了热闹的气氛。在这个普通的工厂里，有一位普通的工人，他就是工人书法家杨呆荣。

杨呆荣艺名杨嵘。现在晋城市纺织厂从事企业法律顾问工作。他自幼酷爱书法。1966年，他刚刚从家乡山西阳城县第一中学毕业，就因“文化大革命”的到来中止了学业，不满17岁的杨呆荣到部队当了兵，而后又进工厂当了工人。

杨呆荣现为中国书法家协会山西分会会员、中国硬笔书法家协会会员、中国云南石林碑林艺术研究会高级会员，被聘为《硬书学报》特约记者。他的作品多次在报刊上发表，并多次在全国和国际大赛中获奖，被国家授予“为残疾人伸张正义、排忧解难的律师”称号。

杨呆荣对书法有很高的“悟性”。但勤奋才能通往成功之路。最初他师承颜柳，继而遍临诸家。临其形，取其神，取其神而弃其形，悟进去又悟出来，悟出其中道理，集众家之长，这是杨呆荣书法创作的特点。书源于志，杨呆荣的书法创作似乎不是在舞文弄墨，而是在寄托什么，他把生活与书法连在了一起。帮助残疾人是人类社会最伟大的道义工程，杨呆荣书写的李大钊名言“铁肩担道义”浓墨饱蘸，骨力刚健，苍劲挺拔，不仅是艺，而且是意，不仅是道义，更是正义。杨呆荣书法创作表现了作者的个性，其志趣、胆略、意境、风格，犹如珍珠拾掇，琳琅满目，一泻千里，浑然纸上。他擅长行草，作书总是意在笔先，一气呵成。用笔中侧锋互换，圆方笔相济；用墨浓、淡、饱、枯兼宜。一篇得意之作，往往是洋洋洒洒、笔断意连；时而疏可走马，时而密不通风；疾若急风骤雨，缓似大地发春；行草交叠不时灌进隶味，浸入篆意。字中有画，画里见字，耐人寻味。

杨呆荣在书法艺术上富于开拓精神，立志要在传统艺术基础上实现飞跃，如发展情趣书法，意向书法，哲理书法等。

近年来，杨呆荣在天津、西安、吉林、昆明、海南等地参加书赛和书展，最近又应邀为北京黑土地饭店题匾，为饭店大厅毛泽东像题字，他希望不久以后能在北京办个人书法艺术展览。

佛 前 漫 话

陈桂花

这是一尊在国内鲜见、独特、弥足珍贵甚是精彩的唐塑佛像,趺坐在晋城古青莲寺南殿。

由于工作关系我常有机会拜谒大佛。每每驻足佛前,总被它那纯正、雍容、大度、大气的大唐造型风度所震撼。

一座庄严肃穆的佛像,除了令人想到信徒恭敬慕道之热诚外,一种纯净和平的感觉亦随之从内心深处油然而生。

平心而论,佛祖释迦牟尼确实是值得崇敬的,原因是:一、他身为王子,弃权而求"法"表现了人类优秀代表的可贵品格——超越自私追求精神;二、他否定了婆罗门教的"拜神主义",将人类的"乞教"变成"自救";三、他创造了人类历史上第一个"平民宗教",第一个的宗教形式呼唤了超等级、超尊卑的平等;四、他第一个将"法"解释成了法则,剔除了"法术"色彩,他提出的"法无常法"已经大大超越了愚昧思维;五、他否定"来世",主张修炼"现世"。

也就是说,佛祖本身并未以"神"自居,也未以"救世主"自居。然而由于他的精神境界太超俗、太豁达了,常人不可及,于仰视之中尊其为"神",以膜拜代替崇敬,并陆续附着给它许多神秘的演绎,这是可以理解的。需要提高的是常人"参佛""礼佛"的悟性,使我们日益越过迷信,从而接触佛文化本身。

信仰和追求,是种精神支。人不能没有精神支柱,也便必然有自己的信仰和追求。而复杂的现代社会,越是"商品化","现代化"的浪潮涌来,人间的竞争度越高,人的命运就越呈现出多变、莫测特点,尤其是当物质运转的惯性已经越来越独立、越强大的时候,人也就很难不被裹挟、不受困扰,命运的自主性就日渐薄弱,于是就要向"超物质","超尘世"的力量乞救,随之参佛礼佛者在当今就越来越多。

目睹这佛前摩肩接踵、虔诚下跪的顶礼膜拜者,几多困惑从我的思绪里飘出……烧一炉香,掷一把币,有几人不是在乞物、祈福?这种带有尘俗性的迷信崇拜,从某种意义上说是对佛的不恭。。历史上有很多在文化事业上有作为的文人雅士,他们的参佛,礼佛意识是从“物欲”中解脱出来，获取一种脱俗的“禅心”驾驭事业与高层次的精神境界，这也正是佛祖释迦牟尼——超越自私，追求豁达的精神。

佛家的楹联偈语，以及以“虔心入境”为主的礼佛方式，都有一种对俗尘俗意的超脱感，对人的去俗很有补益，似那副名联“大肚能容，容天下难容之事；开口常笑，笑天下可笑之人”；似那首名谒“菩提本非树，明镜亦非台，身外无一物，无处惹尘埃”都具有很高的大雅灵性。

也许我们每个人都有一分“剪不断、理还乱”，逃不脱，避不开的“俗债”想求于佛，但往往佛帮不上忙，能靠的只能是自己吧！

怀念父亲

吴国华　张保平

我的父亲郝同生,离开我们、离开他为之奋斗一生的上党梆子,已经整整十个年头了。今年的11月17日,又是他的诞辰60周年。在这个时间里,回忆起他的音容笑貌,回忆起他在舞台上塑造的一个个活灵活现的艺术形象,作为他的女儿和女婿,内心的感慨是无法用笔墨来形容的。

小的时候,父亲和母亲因为常年随剧团在外演出,把我交给了在农村生活的姨母。姨母待我是很好的,但是我还是总想和父母到一起,获得他俩的爱抚。这个愿望很难实现。我和父母亲一年当中难得有几天团聚。父亲既是严父,又像慈母,总是告诉我要好好学习,学习工农兵,当个正派人。后来,我考入了戏校,慢慢地知道了想当个有点成就的演员,就得付出许多艰苦的劳动。父亲就是对艺术一丝不苟,苦苦探索,才创造了在上党戏坛上独树一帜、颇有光彩的郝牌艺术。我下决心要向他和母亲学习,苦练基本功。我姑母郝聘芝也认真地教导我。在我们实习排演时,父亲只要能抽点空,总要跑到戏校去看,还耳提面命地给我指点。等到我多少有点影响了,他又教导我千万不敢骄傲,要继续练基本功,要爱护嗓子。1984年我随地区上党落子演出团去长春电影制片厂拍摄彩色戏曲艺术片《佘赛花》前,父亲因患肝癌住在省肿瘤医院。他见了我,憔悴的脸上露出了欣慰的笑容,告诉我:"一定要把佘赛花演好,不要辜负了领导和上党人民的期望。"他说:"爸爸这辈子最大的遗憾就是没有上银幕。你生长在了好时候,要珍惜这一切。"父亲把我当成他的艺术生命的继续,我必须演好戏来报答他。

保平在戏校时,对岳父的《红灯记》、《沙家浜》的唱段,简直是着了迷,每天都要听几次。这些唱腔具有无穷的魅力,吸引着这个学习上党梆子的年轻人。保平非常崇拜这个广受上党地区人民欢迎的戏曲前辈。所幸保平成为他的女婿,因此获得了他更为亲切的教导。戏校毕业,到了剧团,翁婿同台,有了更多的学习机会,他首先是一位才华横溢的艺术家,慈祥而又严厉的师长,然后才是岳父。他教导保平:"不刻苦练功成不了一名艺术家。"岳父在逝世前,他的艺术功力已经达到了炉火纯青的地步,他却还谦虚地自嘲:"戏才会唱了,本钱也没了。"意思是才领悟了艺术的真谛,人已经老了。岳父是上党梆子传统的和新的表演程式的承上启下的人物。当今的上党梆子青年须生演员，大都宗郝派，注意继承他的演唱艺术。虽然深知自己的艺术修养及艺术阅历浅薄，还要努力向这个目标攀登。

学习父亲，把上党梆子艺术再推进一步。

访全国教改先进工作者、城区教委主任陈有瑛

张国宏

前不久,当我得知晋城市城区教委主任陈有瑛同志,坚持"做工作、写工作、促工作"为工作而写作,在短短的几年时间里,竟写出了200多篇30万字的工作探讨、心得体会,还出版了自己的专著《教育探微》一书时,顿感高兴万分,于是便怀着急切的心情踏上了太原开往晋城的火车,10多个小时之后,我匆忙走进了他的办公室。

坐在我对面的陈有瑛,看上去朴实无华、淳厚坦荡。在晋城郊区偏僻的李寨乡土生土长的他,长着一副农家子弟特有的憨厚、诚实的面庞,一张热情微笑的脸,一双充满智慧的眼,一见面就会让你敬他三分。10年前,《人民日报》和《中国青年报》曾先后多次报道过他所任校长的学校——李寨中学,在农村中学教改中取得成功经验的先进事迹。在当时不仅在中国教育界产生过不小的影响,而且日本著名友好人士给他写过信,给学校送过条幅。之后,由于工作的需要,他便走上了区教委主任的岗位,一干就是10年。10年来,他又以突出的政绩,赢得了当地社会各界的好评。他的确既拥有辉煌的过去,又获有政绩显著的今天。但因他一再称那是过去,那是历史。于是,我便书归正传与他拉起工作的话题来——

"作为教委的主要领导,可以说工作是千头万绪、繁忙杂乱,要坐下来写点东西,恐怕在时间、精力等方面要发生诸多矛盾。但我觉得最主要的是'时间紧、没工夫写;素材少、没东西写;水平低、不会写'的矛盾。几年来,我在三个字上下功夫,不怕你见笑,我自称为'三字经',这就是'挤、挖、学'。"他的开场白平实、自然、清新,顿时,把我带入一个明朗的境界。

"第一,时间是靠'挤'来积累。时间这个问题,对每一位领导者来说都是非常宝贵的。但是,只有发扬'钉子精神',忙中挤,紧中抓,还是大大的有啊!长期以来,我坚持'班前班后学一点,饭后睡前想一点,节日假日写一点'的做法,这样零打碎敲,集零为整,少说每天也有1个小时,1周下来就是一个工作日,写个两三千字的短篇还是没有问题的;第二,素材靠'挖'来发现。写文章往往感到无话可说,无材可写,我在工作中坚持'一深、二广、三想'的办法,去挖掘材料,注意发现有价值的东西。一深是深入实际,亲身体验工作,

接触群众。这样一来所见所闻的既多又实际,不难发现有价值的新东西。二广就是广开言路、广泛采集。无论是教师和学生、家长和群众、学校和社会、课内和课外、校内和校外、教育和教学、兴学和育人等等。我都作为采写的范围和对象,只要对教育有关的东西我都写,这样东一点,西一点,要写的东西就多了。三想就是对所接触到的、看到听到的问题和现象,都要往党的方针路线和政策上想,往研究价值上想,从而发现真正有价值的东西。第三,水平靠'学'来提高,尤其写作特定的规律和技巧,对我这个搞教育行政管理工作的人来说是比较陌生的。为此,我坚持一个'学'字,一方面向书本学,另一方面向同志们学。关键是向同志学,这就是不耻下问的精神,当领导往往拉不下面子,放不下架子,习惯于自以为是,难以去'下问'。几年来,我坚持进修自学的同时,虚心向下面的同志学习,特别是向有经验的老同志和有写作特长的年轻人学,像学生给教师交作业那样毕恭毕敬地请他们对我的文章提出修改意见,从他们的身上,我学到了许多书本上学不到的东西……"

陈有瑛津津有味地讲着,易于冲动的我,竟然忘记了记录。但从他那一个又一个有力的手势上,我看到了一种力量,领略到了一种境界。难道他仅仅是为写几个文字赚点稿费吗?或者是为写几篇文章出个名而已?我想起了那句老话:一言一语总关情。是啊!如果陈有瑛没有对理想的执著追求,没有强烈的社会责任感,没有对人民教育事业的无限忠诚与热爱,没有敢摘教育家皇冠的雄心与气魄,他能有如此的举动吗?

老陈,我们等待着你写出更好的东西来!

记上党戏新秀成静云

陈桂花

几年前便蜚声省内外、轰动上党戏曲圈的新秀——成静云,18 岁时主演传统戏《巧会虹霓》脱颖而出,一举捧回了山西省 1988 年振兴上党梆子调演的"主演金牌奖",继而在全省青年演员"杏花奖"广播赛中又荣获优秀演唱奖,之后多次获得省、市表演最佳奖。时下在艺术上趋向独辟蹊径、颇有创新的成静云,早已挑起了晋城市上党梆子剧团的大梁,以其精湛的表演艺术赢得了专家的赞赏,拥有了自己的观众群。

出身于梨园世家的成静云,有着天生圆润的嗓音,媚而不俗的仪态,那匀称适中的身段扮相俊美秀丽,加之艺术上执著的追求,勤奋刻苦的努力,又使她"十年炼成飞虹剑",具备了出类拔萃的武功。在她所主演的《打金枝》、《蝴蝶杯》、《红灯记》、《两地家书》、《柴夫人》、《三关排宴》、《虹霓关》等剧目中都以其细腻大方、刚柔相济的表演塑造出各具特点的艺术形象,舞台上展示出她文武兼擅的才能和光彩灼人的神韵。

当年出任省调演节目《巧会虹霓》的主角"东方氏"时,小静云才刚迈出戏校大门,肩此重任其难度自是显见的,然而,倔强的她人小志高,不畏艰难"非演出个模样不可"!摔打磕碰洒下了无数艰辛的汗水,以顽强的毅力练出了"会阵"场上敏捷利落,操纵自如的武功技巧,在导演的启发下以超常的智力,琢磨领会出剧中人物的思想、情感发展脉络,恰如其分地塑出东方氏这个角色的形象特征。"祭灵场"的一大段唱腔与舞功是引起观众反应最强烈的一场戏。白裙,百团花的扮相,那仪态、那气质映衬出一个粉雕玉琢,凄楚俊美的亮相,拖地的白色长裙覆盖着她动静相间,翩若惊鸿,宛若游龙的漂亮台步,那上下翻飞,纵横摇曳,仿佛敦煌飞天、足登云彩、从空而降的两条水袖,倏地在半空中时而化作石磨,时而甩如铁链,时而旋风扫地,她舞得激越奔放,情调浓郁;生动的人物造型,伴着她韵味醇厚婉转而流畅的唱腔"为父母强把贼人伴,三年来恨透这吃人的豺狼,满腹悲愤度日如年,我的苦无法用车载斗量啊……"一段"反二黄"她唱得是那样悲怆幽怨,神情凝重,声声含怨,字字带泪,高昂处犹如雷震霆击,震撼天宇,低回处恰似轻烟袅袅不绝如缕,淋漓尽致地展现出身为仇人妻的东方氏借仇人灵堂哭诉屈尊悲愤的复杂心情……把一个被封建社会压抑扭曲了美好情感的红颜薄命倩女形象深深印在了观众心中,难怪戏剧界专家们评论赞誉“好一个小静云,成功地发挥了上党皮黄戏,唱念做打的风格,在戏与艺的结合方面充分体现出上党戏曲特有的魅力。”可以说,扮演东方氏,静云完成了从学演到创演的艺术飞跃而臻成熟。

前日观看了市上常梆子剧团的《柴夫人》,她出演的梁王公主融花旦、武旦于一身,那讲究的唱功细腻、甜美,精湛的武功矫捷利落,酣畅中见俏丽,把个既是勇武刚烈的巾帼英豪,又是纯情妙龄的少女表演得忽威风凛凛,忽又情意绵绵。那双传神的凤眼怒时杏目圆睁,双眸迸裂,喜时秋水含情,喜上眉梢、美、媚、脆、帅、娇羞、嗔怪等神情被刻画得惟妙惟肖,入木三分,我被她自然贴切而又生机勃勃,没有一丝半点矫饰造作痕迹的表演风格感染得噙泪鼓掌。

台下的她却说:“最难做到的是恰到好处,不能为赢得观众的掌声和喝彩而失去分寸感。”好个“分寸感”,俨然一个戏剧家“过来人”的口吻,不是故作高深,是其在迈向新的艺术高峰的自然自在。

戏曲是她的爱,她的心,她的魂,当年出演省调演节目《巧会虹霓》时,她母亲病逝才七天,可怜小静云少丧母爱,忍受着常人难能忍受的锥心之痛毅然登台演出,她那声泪俱下的剧情,表演想必凝注着对母亲痛彻骨髓的追念,而今廿五芳龄的她,又是无暇顾及个人终身大事,仍是一往情深地痴迷于戏剧,坚定执著地耿耿于事业,她说:“可以一辈子不嫁人,却很难放弃戏剧表演。”

寂寞难得

王丹阳

喧闹得太久不觉又恋起了寂寞。寂寞是你一个人品味所有感觉,寂寞是你自己洒脱,寂寞是你使足了劲玩深沉,寂寞是你对这个世界又认识了许多。

寂寞难得。

真的,很少有机会认认真真体会一下寂寞,因为地少人多。现代生活紧张的节奏不容你有更多的时间去把被扯得支离破碎的自己细细组合。有一年花落,你去寻找黛玉凄美的心情,却发现花瓣早已被几个泥泞的脚印踏过。于是,你只好学会去适应拥挤的人群,渐渐学会把悲愤、悲伤、悲痛、悲哀用得各得其所。

寂寞难得。

滚滚红尘中卷起这样或那样的一阵风时,你是否曾感到过寂寞,忘了自己许多年前也一样为之激动。只觉得天地都醉你独醒,实在你很洒脱。难得你不是个俗人,声声爆竹中你躲入山林;难得你当一回智者,笑叹人生来去匆匆。当人们都沉浸在吉卜赛人的游戏中时,你有没有觉得自己心里好空?你突然感到又虚掷了二十四小时,你突然感到没必要与世人相通。于是,你背起行囊准备启程,却想,要这行囊又有何用。你孤身一人继续赶路,走的却还是春、夏、秋、冬。

寂寞难得。

其实,你也曾毫无理由地伤感过,并非真的受了伤,也并非真的觉得痛。只是一种狂欢之后的疲乏,一种成功之后的失落。你想一个人静一静,却又盼远远的还有人注意着你。你对着蓝天白云悄然落泪,然后说今天的太阳真的很美;你专心致志地倚栏远眺,尽管你知道身旁还有好多人。也许是看得太透因此你什么都不懂;也许是欢乐太多反而什么都觉得痛。看着繁华你想起没落,看着团聚你说起“天下没有不散的宴席”。对着今生的我,你淡淡一笑,前世的约定,早已忘了个差不多。

寂寞难得。

有一天你突然醒悟了许多,你突然明白没有矛盾就没有生活。你懂得了人的一生就是不断给自己制造问题再解决问题,于是你觉得艰难过。你无可奈何只有承认自己不过是个俗人，自己都无法超脱更别说渡人去见佛。你任凭人潮拥着去追赶功名利禄，百无聊赖中只能谱一曲《寂寞难得》。

喧闹得太久不觉又恋起了寂寞，好像沐着很久以前吹来的一阵风，好像拾到很久以前做过的一个梦。多少次你形影相伴向心祈求，却再也没寻到那朵美丽的寂寞……

龙门秋水

陈桂花

这不是名扬四海的洛阳龙门,是鲜为人知的丹河龙门,它没有洛阳“龙门石窟”的珍稀国宝,却有着“味甘却似饮天浆”的清流飞瀑,水作龙吟之奇观,像一方未经雕琢的璞玉镶嵌在晋城市郊水东乡。

“山无水不秀”。“水不在深,有龙则灵”。丹河龙门有着龙的传说,龙的印迹,龙的灵泉秀水。那附着神奇传说的“关公十二马蹄印”、三环套的“龙女浴石缸”、“腾龙脊”、“响水龙”、“龙口瀑布”、“龙王戏水湖”以及众多的溪流、瀑湖构成了丹河龙门特有的风姿。

沿着“腾龙脊”拾阶而下,只见水从“龙脊”尽头的“龙口”喷至一块青石上,急促奔流,訇訇有声,真仿佛攀着岩壁抖威巨龙,至十八二十米处“哗”一声长啸重重摔下去,响声四起,空谷轰鸣,玉带、银纱,曾经读过的这一类形容瀑布的词语,在它面前都嫌太轻巧,太秀气了,无法道出其气势的雄浑。那飞瀑悬空砸下去时,似如炸飞了成堆的碎银,激起一片珠玑,溅起一团水雾,散开半天烟雨,像薄云飘忽,像轻纱笼罩,氤氲柔腻,清凉怡神。偏西的阳光从身后山巅投射过来时,瀑布的底端,倏地就呈现出一道道赤橙黄绿青蓝紫的“瀑水喷成虹”的壮美景象,那分鲜亮和清新,以及边缘处为水雾造成的毛茸茸的质感,让人想到刚从大地深处娩出的朝日。

小心翼翼地攀着被飘飞的水汽打湿的石径逶迤而下,几十步处,一个碧如翡翠的“五龙潭”便在眼前了。从一面光滑的“赢钱石”上跌下来的瀑布,悄然汇入这一泓深碧。由正面相对变作侧面打量,雄浑之外,瀑布又别添了一种宛曲的风致。如果说奔腾狂啸的瀑布的体现是大自然不拘羁绊的美的话,那么,波光潋滟的“五龙潭”则表示了自然恬静淡泊的美吧?

从石隙间涌流而出,潭水又化作溪水了,无声遂变为有声。目光随着溪水漂流而去,弯弯曲曲,时隐时现,随着河床的起伏穿沟越石或回旋,或转折、或急喘、或舒缓,那飞珠溅玉有的似白龙翻滚,有的如孔雀开屏,有的雄伟,有的雅洁;那粼粼细浪似轻烟飘散,如白练丝绸,随意漫流,显得空灵,飘逸……“老君滩”中的麻丛藤蔓,依照千百年来的野性疯长着,长成一片恣肆汪洋的绿海,几朵小黄花开放于野剑麻丛中,似乎象征希望在艰难中闪光。

小憩在河床中小山似的大青石上，柔风拂面，碧波软语，蝉声、虫声、唧唧吱吱，水声滩声似丝竹叮咚，柔和且深沉；涛声阵阵宏大而清越，铺天盖地的一片，但若从容听去，则能辨出其间的疾徐张弛，高低文野，聒噪与圆润……在金风送爽，滩林尽染，枫叶流丹的季节，清丽的流水与火红的秋叶相照映，静谧中含着热烈，颇有"万千仙子洗罢脸，齐向此处倾胭脂"的神韵。

地处龙门的水东乡人不无自豪地说"这里的水是神水，圣水，是天工造就的，是造物主的厚爱和恩赐"。我被这天工造就的灵水秀泉深深感染了。面对这空气清新得近似透明的纯净空间，凝思驰神，这莹莹碧水，这蓊郁滩林赋予人类绿色的生机，人，难道从中感受不到生理心理的震颤和脱尽尘俗的禅理逸趣吗？也许，在这体验和感受中，还夹杂着人生的几多酸辛，世事的几多炎凉，但所有这些在旋转乾坤的自然变化面前都淡化了，隐退了，都变成了一种潜在的悲感而刺激人去做新的寻觅和追求。

忆同生

梁培文

1994年3月中旬,我在途中遇上了堵车。大伙站在公路上,听见村里的高音喇叭正播放着上党梆子唱段:"寇准谢过君恩情,走出八宝九龙厅。迈步来到五凤楼下……"唱腔优美动听。有一个乘客说:"这是郝同生唱的《调寇》。当个名演员真正不简单!人死了十来年了,还能听到他的唱腔。"当然,我听了就更加眷念这个相处了二十多年的战友。他给我的影响是太深刻了。

郝同生同志是潞城县微子镇人,幼年入胜利剧团,是表演艺术家段二淼的高足弟子。他在现代戏《李双双》里扮演的喜旺,《智取威虎山》中扮演的杨子荣,《红灯记》里扮演的李玉和,在传统戏《三关排宴》中扮演的杨四郎,《雁门关》中扮演的杨八郎,《安平关》中扮演的苗洪,都使人赞叹不已。特别是他的唱腔与众不同,在继承传统的基础上敢于大胆突破,形成了独具一格的郝派。可惜的是在"反右"时受到了不公正的待遇。但郝同生始终热爱党、热爱上党梆子,继续刻苦钻研演唱艺术。党的十届三中全会后,冲刷净了泼在他身上的污泥浊水,给他的艺术创造带来了广阔的前途。1983年,郝同生担任了晋东南地区上党梆子剧团第一演出团团长。由我任演出团党支部书记。我俩合作得很好。经常上山下乡演出。这一个冬季,剧团排演张宝祥同志创作的新古装戏《斩花堂》。同生同志带病执导并扮演剧内主角彦惠民。这个人物唱腔多,动作难度大。同生同志每天工作都在18个小时以上。他的妻子吴婉芝艺术上是他的好搭档,有时意见分歧争得面红耳赤,但生活上却是他的贤内助。尽心地照顾他,使他吃好些,唱好些,休息好些。

1984年期间,我在家接到"同生病重,速来"的电报,当我赶到省肿瘤医院,医生告诉我,他的病已到晚期,只有三五个月的时间了。我听了之后,浑身都在打战。多好的同志啊!上党戏坛正依靠他和大伙去振兴,怎么能离开他啊?我强忍着泪水去看他,安慰他,他却说:"老梁,你不要难过,等我好一点,咱一定要把《斩花堂》搬上银幕!"在这个时候,他还关心的是事业,是艺术!

党对郝同生的病情十分关心,组织了专家们参加的治疗小组,千方百计抢救。在郝同生同志弥留之际,根据他的多次申请,批准他为中国共产党党员。逝世之后,组织了治丧委员会,在长治太行太岳烈士陵园召开了追悼会。

郝同生同志离开我们十年了,可以告慰的是《斩花堂》已拍成电影,以吴国华、张爱珍、郭孝明、张保平等为代表的一批上党梆子新秀正活跃在上党大地。郝同生同志你可以安息了。

诗词与爱情

杨勇军

诗词与爱情结缘,由来已久。远在《诗经》中,就有"关关雎鸠,在河之洲。窈窕淑女,君子好逑"的描述。

我国古典诗词作者一贯珍重并且歌颂爱情,将爱情视为至高无上的精神产物。张先的一首《木兰花》有云:"人生无物比多情,江水不深山不重。"他的《一丛花令》也说:"伤高怀远几时穷?无物似情浓。"元好问的《摸鱼儿》更是语气坚定:"问情是何物,直教生死相许。"汤显祖的不朽之作《牡丹亭》中其言绝妙:"世间只有情难诉。"

以爱情为主题的诗词中,作者或吸引民歌风格,明白如话,却又隽永含蓄,耐人寻味,如欧阳修的《生查子》:"去年元夜时,花市灯如昼。月上柳梢头,人约黄昏后。今年元夜时,月光灯依旧。不见去年人,泪湿春衫袖。"有的则以景寓情,情景相融,如苏轼《蝶恋花》:"花褪残红青杏小。燕子飞时,绿水人家绕。枝上柳绵吹又少,天涯何处无芳草!墙里秋千墙外道。墙外行人,墙里佳人笑。笑渐不闻声渐悄,多情却被无情恼。"此词以伤春带出佳人难见,单相思之苦,有的则借第三者之口叙述如真:"早知潮有信,嫁与弄潮儿。"等等,不一而足。

在语气委婉,情意悱恻,浩若星河的爱情诗词中,以奔放的情调,抒发炽热的感情者,可说寥若辰星,但这却如万绿丛中一点红,弥足珍贵,耐人寻味。汉乐府民歌中的《上邪》曰:"山无陵,江水为竭,冬雷震震,夏雨雪,天地合,乃敢与君绝!"可与之称为姊妹篇的是敦煌曲子词中的一首《菩萨蛮》:"枕前发尽千般愿,要休且待青山烂,水面上秤槌浮,直待黄河彻底枯。白日参辰现,北斗回南面,休即未能休,且待三更见日头。"二者皆以自然界不可能发生的事情来表明爱情的坚贞,可谓别出心裁。

饶有趣味的是,有的诗词还是作者本人某段情感历程的倾泻。唐朝诗人崔护某次进京,在一地偶遇一姑娘,见其冰肌玉肤,体态可人,顿生爱慕之情。但当他返时,却不见日夜思念的心上人。崔护一时忧闷至极,遂提笔写道"去年今日此门中,人面桃花相映红。人面不知何处去,桃花依旧笑春风"的千古佳句。据说后来这姑娘见到此诗后,感其痴情,终与之结为连理。

爱情诗词如人类文明长河中一颗明珠,熠熠生辉,我们可以自豪地说:诗词不老,爱情永恒!

记全国优秀教师赵买旦

尹荣德

人们常说“三百六十行,行行出状元”这话一点也不错。这不,我们山沟里也出了一位“教育状元”,他就是晋城市郊区李寨中学的共产党员、全国优秀教师、山西省初中物理教学能手赵买旦同志。

1978年金秋时节,刚从晋城师范毕业的赵买旦面临了一次决定他今后前程命运的选择:一边是省教育学院的工作通知,一边是家乡学校的需要。究竟去哪儿呢?这可给这位山沟里长大的年轻人出了个难题!多少年来,穷怕了的山沟沟人,谁不想“跳”出农门,去闯闯外面灯红酒绿的大世界?到工作环境良好的省城,对自己来说也许更有发展前途;可留在家乡,未必不能干一番轰轰烈烈的事业。几天几夜,买旦辗转反侧,难以入寐。他想起了自己小时候上学的艰难,他想起了在生产队劳动间隙读书的艰难,他想起了自个当民办教师的艰难,然而,他更难舍的是山里人的真诚、朴实和热情。他深知,养活自己长大成人的山沟沟,更需要像他这样的“文化人”。他决定留在家乡学校的讲台上。

十一届三中全会以后,改革的大潮给神州大地带来了前所未有的冲击。为了适应山沟人“文化翻身”、“富民强乡”的需要,赵买旦作为李寨中学的物理教师,也开始了自身素质的改革和教育教学工作的改革。

在实际教学中,赵买旦坚持深钻细研,既把学生摸得透彻,又把讲课内容记得烂熟,然后是讲台上亮功夫。根据教学理论,多年来,他总结了四条讲台上的教学经验:讲述故事以激发兴趣,趣味实验以引起兴趣,创造机遇以培养兴趣,联系实际以稳定兴趣。由于他严格自律,因而取得了很好的教学效果。李寨中学声名鹊起之后,外来参观团接踵而至,有一次,省教育界一位专家在听了他的一堂物理课以后,连声赞叹:“人才,真是个人才!”并且评述他的物理课有三大特色:讲解生动精彩,破题方式新颖,实验有趣至极。

也许举几个例子根本说明不了买旦同志心血浇铸的成果,但他在李寨中学师生中赢得的尊敬和赞誉却是普遍的事实。近九年来,在全省中专、中幼师、高中统一招生考试中,他所代的物理课,单科及格率、优生率均居全郊区第一。他的学生在参加1991年和1993

年全国初中物理知识竞赛中,分别获二、三等奖,他本人也多次被评为市、区级劳动模范和优秀党员,1989年,他又荣获“全国优秀教师”称号;1991年、1992年又被吸收为省物理教学研究会理事、被评为省物理教学能手。赵买旦,这位年轻的共产党员,这位山沟里成长起来的中学教师,终于以其卓著的教学成果成为山西省教育战线上的一面旗帜。

车·轿·轿车

陈世刚

车,作为运载工具,是随生产力的进步而问世发展的。奴隶社会,车作为代步工具已成为奴隶主阶级的专利。封建社会前期的秦汉时代,皇帝、三公等高官显宦乘坐的还都是以马屁为动力源的车辆,即所谓"高马香车",足以昭示出入的身价等级。时值西汉的昭、宣两朝,因其前辈武帝连年对外用兵,国库耗尽,为了节省国度,当朝的宰相也只好乘坐牛车入朝,虽然有失首辅的风光体面,可是老百姓却叹服。

轿,在中国是何时发明的,确实难定。轿在中国历史是权利、地位、财富的象征。封建中后期,朝廷行管机构设六部,官员等级分成九品十八级,不仅袍服的面料、颜色、刺绣图案不同,而且连乘坐的轿子也有品级的分别。轿有二人抬小轿,四人轿与八抬大轿。轿不是一般的代步工具,它由人力做动力源,从"众生平等的角度出发,是一次历史性的文化倒退"。

轿车是西方工业革命的产物,它解放了劳工的体力重负。汽车的发明,象征着人类一个新时代的降临。轿车一开进国门,就是权利与财富的象征。六七十年代,发达工业国家的轿车已成为普通工人的代步工具,而我国仍是按干部级别配车。

改革、开放的划时代意义,是"革"掉了中国的官配传统。中国人梦里无缘的轿车也开进了寻常百姓家。富起来的农民也开着"桑塔纳"出出进进,好不气派。也许这就是中华传统文化的惰性因素:讲求排场,西方人的思维方式与中国截然不同,他们是从轿车的高速中追求经济效益,而国人常常利用轿车摆阔,送葬的轿车慢慢悠悠拖着长龙,婚礼的喜车,贴花结彩展开一字长蛇阵。只有如此的轿车大阵才能显出丧主的"分儿"、新婚千金的身价。现代化的交通工具服务于封建式的礼仪即是一种文化倒退现象。

中国古人曾干了不少蠢事,令后人痛心疾首:指南针做成罗盘去探看风水;活版印刷术首先印出的是门神;火药制成了烟花爆竹,变成了五彩缤纷、瞬间即逝的玩物,而遗下的是大气污染和火灾隐患。时至今日,炎黄子孙仍爱不释手,乐此不疲。改革工程的艰巨伟大,在于引发国人的观念变革。

一 张 小 照

赵华荣

闲下无事,翻影集便是一件趣事。一张张照片就像一片片竹简,由时间这根绳子穿成一部人生的书。不但记载了一个人不同时期的精神面貌,而且还能勾起自己对往昔峥嵘岁月酸甜苦辣的回味。

每翻必忆必品必思,有时比看书还要认真。今夏拍了一张小照,品评再三其味无穷,于是便想写一篇短文。

大山壁立千仞,气势雄伟,外表大有古罗马教堂的韵味,山间“自非亭午夜分不见曦月”,人称“一线天”。山脚是一条河滩,且有潺潺溪流,河内有一块大石头,一位身着雪白衬衣,浅灰裤子的青年,侧卧其上,神情木然,手夹一支香烟,似乎还有袅袅烟缕。头顶一带蓝天。人影极小,石头挺大,山颇高,天甚窄。一张小照反差显著。

那青年就是我。

那天,同去的几位朋友,相随而行,各选背景作留念。对我而言无所谓留念,也无所谓纪念,每年都要前往几次,尽管那是闻名遐迩的风景区,但去的多了也就没有风景了,只留下自己的心境。

人们都在拍照,也劝我照一张,实在好意难却,我随便爬上了身边的一块石头。姿势也没去造作,极其自然,当时一位大姐说,石头上长满了苔藓,有煞风景。我却不以为然,因为我的心灵早已长满了此物,且很厚。只是石头上的是因潮湿阴背所生,而我心灵上的则是因缺少阳光、泪水常常咽进肚里的缘故罢了。其实彼此彼此。

记得小时候,常在雨后去寻蜗牛玩,亦在石上,待蜗牛伸出触角时,用柴棒稍稍一动,便缩回去,再去动另一个,两个全部缩回去了,极好玩的。不想今天一个刚刚迈向而立之年的青年也变成了一个蜗牛,且是当年玩蜗牛的人,这世界也未免太荒唐了。端详照片怎看怎像,身下的石头也像当年的那块。依稀觉得那时上面没有苔藓,现在多了一层附属物。

不过我想, 将来我若成了伟人或名家, 那块石头可能随之会有人立起一块石碑,上书:赵某曾在此石留照。过往游客在此拍照的定很多。如若我这一生平平,也就如此而已。

但我确信，无论如何，石头还是那块石头，大山还是那座大山，蓝天也还是那片蓝天。纵使曾想玩弄地球的希特勒在此留照亦然，他若是大个子只能是一个大蜗牛，他若是个小个子，就是一个小蜗牛了，除此之外，与我无甚异焉。

仰望蓝天心中空空荡荡，低头沉思顿有所悟：如若天作屋顶山作壁，那你我均为匆匆过客。不论是流芳百世的英雄还是遗臭万年的败类，最终都是同一个归宿。

因此，人生既然来之自然，凡事就需处之坦然，还要去之泰然，我想这才是真正的潇洒人生。

话 说 腐 败

刘伯伦

“腐败”一词,当今已是家喻户晓,变得时髦,但要对它做一渗透彻的解释,并不那么容易。“腐”是个形声字,其声从“府”,其形、义与“肉”关,是肉变了质、生了虫、发了臭。“败”也是个形声字,声从“贝”,形、义从“攵”(即,小击状),“贝”因受击而损、变坏。

“腐”与“败”是不受人欢迎的字眼,这从“腐朽”、“腐夫”、“腐儒”、“腐鼠”、“腐蚀”、“陈腐”和“败将”、“败笔”、“败叶”、“败岁”、“败子”、“失败”等词可以看得清楚。

物的腐败,无须多议,其形也丑,其味也臭。社会腐败古往今来概莫能补:贪污成风,贿赂公行;花天酒地,奢侈荒淫;徇情枉法,任人唯亲;真假不分,是非不明。其形也丑,其味也臭。物的腐败是一种生物化学现象,是动植物、食品等在一定的空气、水分、温度等条件下,产生了霉菌等腐生物所致,或者说生了蛀虫也可。这些寄生的菌类靠物腐而肥。得其所哉。社会腐败何曾不是如此?是在一定的历史环境下,“蛀虫”们应运而生,见隙而钻,猛吸民脂民膏,同样得其所哉。社会的腐败说到底是权力腐败,以权谋私,权钱交易,是一切权力腐败的普遍特征。

人们同物的腐败做斗争,已卓有成效。用药物防腐存尸,用冷库、冰箱储存食品蔬菜,用通风、降温防止粮食发霉……人们还学会了“化腐朽为神奇”、变腐为宝,例如酱、醋、酒、腐乳食用品生产就是对腐败的妙用。可是,社会的腐败,并不像物的腐败那样好治,历代王朝都没有逃脱因腐败而灭亡的命运。倒是一些聪明的政治家别有心计,会采用助长、加速对方腐败的方法来夺回天下。越王勾践用西施腐蚀吴王夫差,就是成功的先例。

为防止社会腐败,古今有识之士莫不绞尽脑汁寻求灵丹妙药。唐代魏征《谏太宗十思疏》就是这一杰作。建国前,黄炎培到延安考察,同中共领导人毛泽东提出了“其兴也勃焉,其亡也无焉”的历史周期率,可谓千古鉴戒。他说:“一人、一家、一团体、一地方乃至一国,不少单位都没有跳出这个周期率的支配力。大凡初时聚精会神,没有一事不用心,没有一人不卖力,也许那时艰难困苦,只有从万死中觅取一生。继而环境渐渐好转了,精神也渐渐放下了。有的因为历史长久,自然地惰性发作,由少数演成多数。到气候养成,虽有大力,无法扭转,并且无法补救。”建国初期,毛泽东的同乡兼师长仇鳌在给毛泽东的一封长信中也有精辟的醒世恒言："同志们在地下工作期间，正如孟子所谓'劳其心志，饿其体肤，空乏其身，行拂乱其所为'，此皆能忍受。一旦革命成功，上述情况忽然消逝，取昔日敌人所有者而尽有之，精神与物质两方面皆达愉快，不免在有形和无形之间使革命的远大前途因腐蚀而发生障碍。"今日看来，黄、仇二位长者的话不幸而言中。究竟能否跳出这个周期率，能否彻底清除腐败，是对中国共产党人的严峻考验。

垂棘山兴叹曲

陈桂花

“高都为我故乡,南对凤凰岭,下为垂棘洞,洞厅侧雕有唐人名书名画及宋代岳飞‘还我河山’遗笔,出龙王洞东行为唐王系马处碑亭,撰文完美无缺,沿石径等高为八角亭,东为观音台,乡人倚庙址建瓦房南北两座开门办学,春色桃李,苍松翠柏,书声朗朗,亭铃叮咚,空气新颖,景色宜人,尤其盛夏游人不绝实为天然幽静,可惜40年代被战乱摧毁残为废墟,仅凭记忆作画,聊为记耳。”这是泽州文化界老前辈张效武先生一幅故乡怀古写意跋。水墨泼洒的画面清新淡雅且又朦胧隐真,典雅的古建筑掩隐在林木苍郁的山坡,透露出一种静谧。空灵,平淡而动人的风神,唤起人们不尽的遐思。于是,耐不住兴致所驱,我冒着霏霏夏雨乘车直寻张先生笔下的古院风韵来。

垂棘山在郊外20公里处。细雨中我茫然四顾不识垂棘山。幸得一位当地老农的引领踏着沾满雨珠的蔓草登上一段坡,体魄健壮的老人拉我一把攀上一截土冈,指着眼前岚气清润的广袤山岭说:“这就是垂棘山,也叫凤凰岭,小时候我常来这里割草、玩耍,那观音台、八角亭、唐王系马处的碑亭顺着这凤凰岭散落在满山坡的松柏桃李果树间,咱这脚下那小高炉坐地是过去八角亭的坐落处,雕梁画栋,白玉勾栏,美得很;东面是他山学堂……随着老人的指点,我坠入历史的玄思遐想之中……八角亭的风铃伴着他山学堂的朗朗书声似乎悠悠荡荡在恬静的山野,我仿佛看到那东林学士,红楼才女,唐宋名家从凤凰岭翩然而下徜徉在这花香鸟语的“夏王迁都处”,他们或挥毫题词于垂棘洞,或泼墨作画在亭台楼阁,忽地,眼前又幻化出烽火狼烟的战场,焦了树木,毁了建筑,被烽火和狼烟撕裂的风水宝地在颤抖着,颤抖着,是那样清晰,又是那样模糊……“还我河山”岳飞题在垂棘洞壁的激扬文学忽变作高亢的呐喊从遥远的时空传来……

蓦然间一声“闺女,雨要下大了,再呆也看不见往昔的样子了……”老人的召唤,扯回了我那缕缕怀旧的惆怅思绪,甩甩头,捋一把发梢的雨珠,畅吸一口湿凉的风举目现实中的垂棘山,虽碧草茵茵山依旧,景却不再是古时的景,只有小焦化厂,小铁矿高炉喷吐着黄烟黑雾在这人杰地灵的风水宝地竞相“扬眉吐气”。此时此际,置身此山此景,令人肃然缄口，血脉鼓荡，一股苍茫与悲凉涌上我的眼眶……啊，天荒地老沧桑变故，那汉唐风光，那雕楼玉砌的明清古韵早已离我们远去，写在张老先生记忆中的“天然幽境”消逝了，留给我这前来探访寻觅者的是一串长长的凭吊和幽思。

也许没有悲，没有喜，才是对大自然的情感，然而，我不能对这种情感皈依，我要诅咒，诅咒一种可恶的文明与进步！

回城后，我将一棵随意自垂棘山上拔的黄荆，插于阳台水瓶里，注满清水，两天后居然挺出新芽的鹅黄。于是在幽幽的月色中便有一缕疏淡的香韵、绿影，映逸于我的灵魂，我的新梦中，我不希求这垂棘山草木仅仅成为我梦的装饰。

我读山水诗

国 祥

山水有一千个面貌,每个面貌都蕴含着奇异的风采。

山水诗是自然美的艺术表现,它不仅再现了中国社会历史发展变化的脉络,而且生动地再现了时代、社会变迁投射在人的性格和心理的印记,再现了人的价值观和精神形式的变化,再现了人的自由本质和民族的审美物质。

艺术是时代社会意识的反映,自然美是“自然提供材料、精神提供形式”的人的作品,是该时代人征服自然的客观程度的一种微妙而可靠的标记,又表现着作家的个性和风格,渗透着作家个人和民族的审美理想,曹操的阔大雄浑,李白的豪放不羁,杜甫的沉郁顿挫,王维的空寂静远,苏轼的超旷灵秀,都能通过自己的诗作得到十分鲜明和突出的表现。汉民族对自然美的欣赏一向重于把握自然美透视出的精神意义,充满个性色彩,中国艺术对大自然从来不刻意描措摹,追求其真,而只作为社会理想的寄托,人格、心境、胸襟的写照,哲理思索的借体,内心经历的外化,忧国之思的透视。自然景物不过是一种启示,一种象征,山川草木具有人的灵气,这与我们以“天地为庐”的哲学有关。“天地入胸臆,吁嗟生风雷”。天地万物为我所用,我借自然养浩然之气,我在自然中放纵旷达。杜鹃泣血,寒蝉悲秋,山容水态,鸟语花香,大自然的一山一石、一草一木都是人的情意的象征。山可以喻其巍仪,石可以喻其坚定,松可以喻其忠贞,竹可以喻其洒脱,兰可以喻其芳洁,莲可以喻其清正,人的艺术生产的本质力量创造了复现自己的对象。

“一陂春水绕花身,花影妖娆各占春。纵被春风吹作雪,绝胜南陌碾成尘。”

一分清丽,一分妖娆,幽幽的。诗人巧借杏花自比,衬托出不甘被污染的高尚情操。

“山围故国周遭在,潮打空城寂寞回。淮水东边旧时月,夜深还过女墙来。”

历史兴亡,昔盛今衰,如丝如缕,潺潺缓缓,轻撩起远古的缠绵,裹挟着人间的忧郁。

坐对“一宁静的山水”,向着一个绝俗的世界,把心灵开放,在纯然的沉醉中,撷一束山之梦,挹一分水之情,真美!

诗人手记

奔雷

我是个想修炼而始终修炼不成正果的俗人，那种世俗之累像梦魇一样骑在我的背上，使我时时处处感到为人者的艰难。真羡慕陶翁一壶酒一卷诗、悠游明月醉饮松风的怡然情趣。倘若有人能把我从世俗的纷扰中拯救出来，让我融入纯情透明的诗化世界，那该多好！我会欣喜地拥抱充满激情的阳光，拥抱随处可见的友好的手势和轻风，拥抱无忌的谈吐和自由的微笑。

氤氲的古寺禅林是历史蜕变后留下的几枚美丽的残壳，许多无家可归的灵魂到这里寻找栖身的巢穴。我的诗也来过这里，穿过深暗深暗的时间长廊，在每一座佛龛上盘旋。喃喃的诵经声一层一层网结它为蛹，它在痛苦的畸变中体会到了历史幽深的可怕。当雷再一次响起的时候，它毅然咬破这残壳，飞离而去。人们都惊羡它的凄美，但都不知道它那奋力扇起的翅膀上挂着多少悲愤的泪痕。

我的眼前总是沟壑纵横的大山迤逦叠印着皱褶，偶尔闪过几棵孤零零的白杨。无穷无尽的浑黄色沉闷荒寂地向前推移，没有笑颜，只有一片肃穆的悲凉。忽然成群结队的野鸽子雄健地腾起，像一个个音符，动情而执著地绕着黄土塬久久地飞翔，飞翔……

1995 年

众建贤才的渴望

——略论王安石的人才观

卢　路

任何一项改革,都离不开人才。人才与事业的成败息息相关,“得之则安以荣,失之则亡以辱”,这是中国11世纪改革家王安石的精辟见解。

王安石生活在急需变革而又保守势力强大的11世纪中叶,当他被宋神宗委以变法重任时,他面对宋朝政府由来已久的一套因循守旧的统治方式和政治风气,嫉贤妒能的官场恶习,感到了自己处境的孤独。为了实现变革社会的宏愿,需要一支拥护变革、参与变革的人才队伍。为此,王安石提出了以“众建贤才”为核心的人才观。

人才是国之栋梁,大凡想有所作为者,都有求才之心,然而,王安石认为,有几种人是求不得人才的。

其一,不懂得辨识人才者,求不得人才。求才须先识才,天底下不缺的是人,最缺的是人才。识才尚须知人之术,在芸芸众生中慧眼识英才,确非易事。知人之术,重在辨其邪正,即从事物的反面观察问题。历史上,奸佞小人、野心家中,伪君子居多,如篡汉之王莽,弑父之杨广。事多伪态,难于分辨。严而不肖者有之,温良而为盗者有之,外廉谨而内无至诚者有之,轻诺似烈而寡信者有之,悾悾而不信者有之。言行不一,表里乖离,此小人之常态。王安石在《知人》篇中,教人如何从反面观察奸行,提出“贪人廉、淫人洁、佞人直”的命题,将世间之伪君子面目全盘端出,淋漓尽致。“贪人以廉济贫,淫人以洁济淫,佞人以直济佞。”此一命题,足以说明王安石对人性的深刻理解。辨其邪正,方可识人,方可避免走入求才的误区。

其二,缺乏危机感者,求不得人才。王安石分析这种人的心理是:以为我的权位,我的天下可以“去辱绝危”,“终身无天下之患”,人才之得失无关紧要。这种人没有危机感,也就认识不到人才的重要性,当他终于跌入失败的深渊,处于败乱危辱之中时,再来认识人才的价值,为时晚矣!王安石大声疾呼,“有为之时,莫急于今日,过今日”,则“恐亦有无所及之悔矣”。

其三，唯我独尊者，求不得人才。王安石认为，这种以为自己的“爵禄贵富，足以诱天下之士”，令天下英才如潮般向其爵禄财富涌来。所以“荣辱忧戚在我，”人人都有求于我，我“可以坐骄天下之士”。天下的人才“将无不趋我”。这类人缺少的是“求”的心态，缺少屈节下士的气度。唯我独尊，傲视群杰，如此脸大，岂有人才归附？人才对此类人只有敬鬼神而远之。深刻的危机感，屈节下士的气度，方是求才者必须具备的心态。

其四，不懂人才的“养育取用之道”者，求不得人才。养育取用，是众建贤才的主要途径。若不懂得人才的养育和取用，同样不能发挥人才的最佳效能，那样，和没有发现人才并无两样，故而当事者只好“偲偲然以为天下实无材”。众建贤才，王安石认为关键在于当权者，“人之才未尝不自人主陶冶而成之”。陶冶的具体内容有四：即“教之、养之、取之、任之”，并要在这四方面做到“有其道”。

“教之之道”即严格“教道之官”的人选和教学内容。教育人才要通过专门机构——学校进行；严选合格的教员；主要的是教给士子“可以为天下国家之用”的学问，不去教那些无用的“学问”，“学者不习无用之言”。“养之之道”有三项要点，即保养人才要“饶之以财，约之以礼，裁之以法”。人才的俸禄要优厚，官职愈高，俸禄亦愈多，只有如此才能使他们“足以养廉耻，而离于贪鄙之行”。然而“人情足于财而无礼已节之，则又放辟邪侈，无所不至”，所以又需“约之以礼”“裁之以法”。“取之之道”即不能光通过具体的言行考察才德，再“试之以事”，全都合格，才能授以官爵。取人之道为世之急务，选取人才重要的是不“私听于一人之口”，要听听众人的意见。真正做到“不失士，不谬举”。“任之之道”要求依据才德高下任命职务，“其德厚而才高者以为之长，德薄而才下者以为之佐属”。并且要“久其任而待之以考绩之法”。如此方能使贤才“得尽其智以赴功”，无能之人“固知辞避而去矣”。这四个方面同时并举，就可达到众建贤才的目的。“教之养之取之任之有一非其道，则足以败天下之人才。”

王安石极力倡导众建贤才，目的是要提高国家的统治能力，形成高智能政治核心和高效能官僚系统，挽救宋王朝的危机。一场失败的变法未能挽救宋王朝走上倾覆的断桥，但王安石提出的众建贤才的思想，作为人才思想史上的一个闪光点，却给后人留下永久的启示。

历 山 观 奇

倪文君 郭林车

历山旅游区位于沁水县西南部的下川乡,距县城50余公里,交通方便,景观奇特,是避暑、旅游、娱乐的好去处。区内原始森林完好,珍禽异兽满山,奇花异草遍地,美丽传说动人。形成了以自然风光、原始风光和古人类文化为主的独特景观。文人墨客送它“五绝”、“十胜”、“百景”之美誉。那奇峰、怪石、清涧、溶洞、冰帘为五绝;那林涛、山风、冰雪、雾雨、光影、古迹、植物、动物、药材、村庄为十胜。这些天然的或人为的“绝胜”景观组成了历山旅游区7个风景区100多个风景点。景景奇丽,令人赞叹。这些“山清、水秀、洞奇、石美”的奇丽景观,尤以舜王坪、白云洞著名。

我们的吉普车沿着河谷、顺着山势盘旋穿行。山道中,花草芬芳,鸟语虫鸣,山风习习,泉水潺潺,由省长孙文盛题写的“舜王坪山顶公园”的大招牌格外醒目。当车驶到海拔2358米的山顶时,巍峨壮观、气势雄伟的舜王坪就展现在面前。一眼望去:近万亩的舜王坪被一尺多高的杂草花卉覆盖着,宛如一个硕大无比的绿茵场。极目四顾:山势巍峨峥嵘,周围峰谷相连。向东望“仙女望夫台”沟壑纵深,峰峦层叠;朝西看“群猴望归”白云环绕,洋洋浩瀚;向北瞧“龙翻仙”林木参天,山风呼啸;往南看“斩龙台”涧水淙淙,清溪交绕……导游告诉我们:“日出登坪可望黄河,犹如一条弯曲银带;夜晚登坪可观星辰,好似亿万明珠笼罩大地。古人登坪曾写下‘古帝躬耕处,千秋迹已迷。举头高山近,极目乱峰低。花开闻幽径,泉声过远溪。黄河遥入望,天际一虹霓。’的诗篇来赞美舜王坪。”

走进坪中,只见一条长千米宽5米深1米的沟,这就是传说中的舜王犁沟,在坪的中央建有舜王庙。舜,名重华,史称虞舜,炎黄联盟首领,为中华民族传说中的(三皇)五帝之一。舜王坪因有舜王耕治历山之传说而得名,舜王耕治历山时,人缘厚道,恰遇尧王带着女儿女英、娥皇来到历山选贤择婿。尧见舜犁地时“以无鞭之价,收鞭笞之利”大受感动,就把两个女儿许配给舜为妻,后来见舜治水有功,颇有才华,就废九子让贤于舜,让舜做了帝王。在历史上留下了“让贤”的美传。

在舜王坪公园我们还看到20余处景点,什么斩龙台、梳妆台、望夫台、龙翻山等,一个景点就有一个美丽的传说,还有巧夺天工的人造景观诸如蒙古村、野人庄、赛马滑雪场使人民感受到了浓郁的古代牧民的生活气息。

这历山,已有2万多年的人类生活史,考古学家近几年在下川村出土的文物、化石研究结果,下川遗址是中国旧石器时代晚期后一阶段,以细石器为主要特征的一种石器文化。下川细石器类型较多,特点明确,底层清楚,年代久远,对于探索细石器的起源和演化,具有重要意义。这又成为历山旅游区的一大奇观。

历山旅游区有华北地区保存最完整的上万亩原始森林,有700多种植物,有近千种药材和上百种珍禽异兽动物,仅国家一、二类保护动物就有38种。

从舜王坪返下,我们驱车来到下川乡的鸡冠山,在山的半腰公路旁,一棵已有500年历史的迎客松,伸开它庞大的树冠向我们点头致意。沿着弯弯曲曲的林间石梯而下,走完420多个台阶,在密林深处的山腰,一幢别致的六角小红楼展现在眼前,这便是白云洞了。

白云洞又名白溶洞。此洞形成久远,传说白云仙曾在此修炼降福,初夏白花缀枝,云雾缭绕,故此得名。其实,它是含碳酸盐类的地下水逐渐沉淀结晶堆积,形成了今天长江以北最大的千姿百态的自然溶洞。

大自然的神功奇妙极了!洞内最高处27米,最宽处30余米,规模宏大,景物精致,洞中各种形态的钟乳石或拔地而起,或悬空垂吊。那满面笑容的“迎宾童子”,高耸入云的“参天劲松”,色彩斑斓的乳石垂花,垂涎三尺的“盗金神龟”,体悍矫健的“滚球雄狮”,昂首摆尾的“送客猴子”形象逼真极了。还有那敦实可爱的“佛像”,玲珑剔透的“灯塔”,英姿挺拔的“竹笋”,擎天而立的石柱,飞流直下的“瀑布”,扶风飞腾的“玉龙”,也都惟妙惟肖。在千米游程之内,廊回曲折,移步换景。这些神奇莫测,变幻无穷的大自然造型,借助五彩缤纷的灯光映辉,更显得色彩斑斓夺目,游人就像置身于神话世界。

观赏白云洞美景,实在是一种享受。导游告诉我们,在历山旅游区内,溶洞成群,目前已发现了10多个。这些溶洞景观秀丽,各有特色。不仅如此,在历山这块宝地上还有“刀劈一线天,高山湖泊变桑田”的西峡景区;有“入山觅无路,岩壑嶂相连;盘曲踏乱石,峻蹭傍深渊”的东峡景区;有“标准森林,秋观红叶”的山仙岩景区;有“下川遗址的下川人文景区;有涧河狩猎区等7个风景区100多个风景点,都是绝妙的原始自然景观。正是:

桂林山水甲天下,天下山水历山佳。

记城区凤鸣小学全国优秀教师黄红梅

陈有瑛

黄红梅是一个普普通通的小学教师。20多年寒暑,她在三尺讲台上躬耕桃李,把辛勤的汗水倾注在了孩子们的心田。市、区优秀教师,全国优秀教师,全省小学数学教学能手,这些荣誉正是黄红梅的人生写照。

无悔的选择

黄红梅把人民的教育事业视若生命,1975年她高中毕业后,正值教师行当最"不值钱"的年代,她毅然选择了小学教师这项平凡的职业。20年过去了,黄红梅以自己辛勤的工作,塑造了一个人民教师的光辉形象。

1986年,她的数学教学考试成绩名列全市前茅,被评为市、区优秀教师、教学能手。1987和1988年,她代的毕业班数学成绩名列同年级第一。1989年在参加市双科赛中,她所代班级的数学考试成绩名列全市第二,她被评为市优秀数学辅导教师。1990年她所代班级的数学考试成绩名列同年级第一,被评为山西省首届小学数学教学能手。1991年她获市优秀电教课一等奖。中国数学奥林匹克二级教练员。1992年所代毕业班数学考试成绩在全区名列前茅,再次被评为模范教师。1993年,获市第二届自制教具二等奖,省自制教具优秀奖,暑假期间,在参加国家教委重点科研项目"中小学能力发展与培养"实验课中获"优秀课奖",赢得了与会教师和专家的好评。1994年荣获市"小学课堂教学整体优化"一等奖,山西省"小学数学课堂结构整体优化"二等奖,城区首批教坛明星、十佳教师等光荣称号。1995年,她设计的《组合图形面积的计算》的教案被国家教委课题中心组评为优质教案奖,并邀请她8月初在全国讲示范课,她撰写的《数学教学中培养学生思维能力初探》一文荣获全国三等论文奖。

无怨的追求

对事业的执著追求是她崇高的理想,从她任教的第一天起,不论做什么,也要干出个名堂。

1986 年,她承担了国家教委七五期间、八五期间的重点科研项目《小学生能力发展与培养》课题实验。在实验的过程中,有过冷嘲热讽,指责谩骂,所有这些都没有动摇她的追求。她苦心钻研,大胆改革,不断探索。功夫不负有心人,1993 年,国家课题组的同志到晋城市城区考察这项课题实验时,发现黄红梅同志的改革成果后,当即决定,让她参加全国优秀课赛讲。暑假期间,她背着亲手设计的教案和教具赴京讲课。万人头上显英雄,她担心只怕讲不好砸了锅,谁知她一讲完后,在场的教师和专家全挤到讲台前,有的要看她的教具,有的要看她的教案,有的问长问短。她的教改课被课题组评为优秀课,大会为她颁了奖。

1990 年,她被调到凤台小学后,根据凤小是新建校、学生来源分散、成绩参差不齐的实情,她又摸索出“发散思维训练法”,这一方法重在启发学生沿着不同方向去思维,寻找多种解决问题的途径和方法。她常告诉人们:改革无止境,追求无终点,我活一天要改革一天,干一天要追求一天。

黄红梅作为一名小学教师的特殊职业,她孜孜以求的是“精湛的教艺”。她认为要减轻学生课业负担,大面积提高教学质量,最关键的是教师要改进教法,有精湛的教学艺术。因此,为了备好一节课,她依据教学大纲,反复钻研教材,参看大量的资料,深入学生调查研究,精心设计课时计划。有时她为了备好一节课,常常反复多次,有时甚至全部推翻重备,有时修改数遍,直到满意为止。

无私的奉献

无私的奉献是她最大的乐趣。“从我做教师工作的第一天起,就把自己的一生奉献给了教育,无论失去多少,我都无怨无悔,只要我有奉献,就是我最大的乐趣。”这是黄红梅同志常说的一句话。她不仅仅是这样说,也是这样做的。她为了全面提高学生的整体素质,不让一个孩子掉队,不知作过多少牺牲。在她带过的班级中,有一位名叫陈建勋的学生,成绩很差。经过仔细观察,认真分析,她找出了他学习成绩差的原因。把他找到办公室,耐心开导,并亲自帮助他做数学题,然后鼓励他说:“只要你好好学,准能当个好学生。”这话使小陈同学的心灵受到了震动,他低垂的脑袋抬了起来,眼睛里充满了希望之光。之后,黄老师坚持给他开“小灶”,经常把他带到家辅导功课,经过黄老师大量的付出,建勋同学的学习成绩一天天好起来,毕业考试数学成绩得了 85 分。

黄红梅同志为了教好每一个孩子,经常牺牲节假日,家务活顾不上做,就连自己的父母也很少能够亲自照顾,她的母亲做过手术,又有高血压病,作为子女中的老大,理应关照和侍养,但黄红梅同志想的是事业,爱的是孩子。一次她母亲突然血压升高,头晕得不能下床而住院,恰巧两个弟弟出差未归,怎么办?停下课侍候母亲,还是双方兼顾?她想来想去,还是丢不了孩子们,晚上在医院照顾母亲,备课写教案,改作业,白天照常上班,母亲住院数十天,她从未耽误过孩子一节课,而她却累倒了,头晕发烧,实在支撑不住,她想:我代的是毕业班,学生很快就要升学考试了,如果停了课,那该是多大的损失啊!她咬着牙,强行坚持上课,一直坚持到学生升学考试结束,她所代的班级数学成绩再获全区榜首。

黄红梅同志是中国奥林匹克教练员,几年来,她一直担任着城区小学数学教师的培训任务,经常应各地市的邀请到外地讲示范课,工作量相当大。为了能出色完成任务,她常工作到深夜,需要翻阅大量的资料,自制大量的教具,这一切都是在完成学校授课的前提下完成的。这期间方便面成了她的主要饮食,就连工作很忙的丈夫也不得不抽出大量的时间协助她做教具,陪她到师范等学校向老教师请教,自己孩子的功课上不去,她更无暇理会。她就是这样一个甘于奉献、无私忘我的好教师。

关于城市生活的笔记

聂　尔

城市区别于乡村的最大特点是,在一个有限的区域里聚集了过量的物体,无处不在的稠密成为城市的问题。为了缓解这一问题,城市必须为自己创造空间,创造一种视觉的、心理的、为了外观而存在的空间。为此,广场和公园成为必要的设施。天安门广场为整个北京市奠定了基础,创造了一种空间上的节奏感。我在武汉期间,常有一种迷失方向的苦闷,但当走到汉口的那个不知名的广场时,心情便顿时开朗,仿佛重新拥有了阔别已久的天空。这就是稠密地域里的空地给人带来的精神上的空间,以及拥有和感觉这空间时的愉悦。

纷纷崛起的大商场成了现代都市的重要景观。大商品体现了商品的民主化特征。所谓琳琅满目指的是任何商品都可以成为精美的,都可以消灭其原始的简陋性。但是,其原始的氛围,其灵气、庄严、自然性也一起被消灭了,就是说,物对于人所显现出的具有亲切感和神秘感的自在的属性荡然无存。

可以通过两个典型人物来观察现代文明对城市的认识，一是法国诗人波德莱尔,二是奥地利作家卡夫卡。波德莱尔为城市的色彩、线条、光泽、步态所迷醉,他生活在城市生活的表面形态之中，他为城市中过去不曾为人所注意的隐秘角落投射了一束光照,是他发现了那些角落。同样也是城市生活产物的卡夫卡则更注重城市的表层之下的结构,即城市的潜意识结构,他的梦魇、迷宫、恐惧和任何一个永远接近不了的目标,以及个人所无力反抗的巨大官僚机构,无一不是对城市的写照,只不过这是一种对城市的心理构造而非其表面形态的写照。波德莱尔和卡夫卡是世界现代文学向城市深处进发的两条通道。

瓦尔特·本雅明指出,波德莱尔描绘的那个臂戴黑纱,面容庄严,在人流中一闪而过的美丽妇女,是对城市生活美的瞬息即逝的性质的揭示。波德莱尔自己也曾说过,与健壮的村妇相比,他喜欢白皙、瘦弱、具有病态之美、身着现代时装的城市女郎。

因为电视的普及和歌舞厅等别的娱乐业的兴起,在有的城市里电影院几乎要成为一种过去了。但是人们终究会认识到,电影院仍然是消除城市人孤独的有效场所,只有聚集在电影院的黑暗中,只有在面对一条银幕上的共同的街道时,在为一个悬念千百人共同绷紧了心弦时,城市人才能暂时回复到古代社会庄严的祭祀情感中去。因此,不能允许电影院仅仅成为一个充满美好回忆的文化遗迹。

在城市中有几样东西是重要的,那就是大学、博物馆、图书馆、电影院、广场、公园、雕塑等。这些东西与商场和普通建筑物的不同在于,它们处于市场经济之外,不主要依赖于生产的利益。

小城市是大都市与广大乡村之间的过渡地带。随着大都市的日益扩大,随着乡村居民生活的日益城市化,小城市的性质变得愈来愈模糊,已经很难为小城市做出一个有效的界说,实际上小城市也确实失去了自己明确的自我意识。一方面,它是对大城市的仿效,在建筑物、文化、时装、娱乐方式等一切城市生活内容上的仿效;另一方面,交通和电视的发展又使它时时刻刻目睹着大城市的风貌,从而知道自己的仿效是无效的、低级的、滑稽可笑的。这使它产生一种处于边缘地带,无力参与社会进程的自卑感。

斗斋八乐

张广德

我1990年离休，单位经济拮据，住房紧张，我体谅领导难处，仍住原工作时10平方米的斗室里(按规定应住80平方米)。一室兼数用:工作室、休息室、藏书室、待客室、写作室，冬季还兼厨室，我自命为“斗斋”。也好“宁让心宽，不教屋宽”。

离休五年来，蜗居在斗室里，享有八乐，现将其记述于下。

一曰乐于知足。古人云:知足者常乐，我再加两句:知足者常安，知足者常福。晚年生活在太平盛世，祖国国际地位节节提高。全民奔小康，生活大改善，此福不可轻看。我参加革命，默默做事，无所贡献。然组织照顾，年发13个月工资，也为可观。反思之，旧社会，罹灾遭荒，颗粒不收，饿殍遍野，何人管过，知通此理，即时时乐观也。

二曰乐于读书。古今圣哲名著，年轻时虽读了不少，但时间紧迫，均粗略而过。离休后时间充裕，不贪名利嗜书香。记忆力差，理解力强，读书每有所得，借助纸笔马上记下，日积月累，有笔记数本。熟读古人作品鉴古知今，既益智健脑，又延年益寿。恍与名哲相晤，领教嘉训，乐何如哉!

三曰乐于诵歌。凡乐心诗、词、歌、赋，大声诵读，每当朗诵之余，即信口狂歌。颂唱起来，忘了自己，忘了周围的一切。音不按谱，时多跑调，从不考虑这些，唯觉心胸开朗，乐自天来，真不知身处凡尘也。

四曰乐于写文。一生执鞭从教，不务“正”业，嗜好不改。读书看报，偶有所得，或读某大家文章，受到启迪，即马上伏案疾书，凑成小文一段。生怕灵感跑掉似的。退岗离休，不务“正”业成了正业，更不惧他人背后指戳，一发不可收拾。五年来，写下小文百余篇，见诸报刊的也有数十篇。有建议、有杂感、有随笔、有小说，有民间故事，还有小诗，为政府建设出主意，为社会前进唱赞歌，为改革开放擂战鼓，为自己晚年献余热，每发表一篇，心情是何等舒畅!

五曰乐于音乐。余自幼成习，爱好音乐。担任过三年音乐教师。教过学生《中朝人民战歌》唱过“二呀么二郎山”。年老体弱，身居斗斋，还爱拉个二胡，什么《梅花三弄》、《三潭印月》，虽演技不太高明，但自娱自乐，不怕别人笑话。有时不想拉，就放留声机，听几盘古典乐曲,亦心旷神怡,此是一种高级享受,我眯缝着眼侧耳倾听,乐在其中矣。

六曰乐于孙娱。周六放学,孙女必来。孙女婧婧,天真活泼,性格开朗;爱跳爱唱,十分可爱。绕膝娱玩,情态百姿。我手把手教孙女描红边写边念:“人立志,从小起……”,又教之笔顺:“由上到下,由左到右……”忽而,孙女要与爷孙表演节目——上课。孙女扮老师,爷爷当学生。余端坐凳上手捧书本,细心听讲,稍有疏忽,教鞭从头上飞来;孙女手捧书本,一字一板,十分认真。孙女既复习了功课,又过了当老师的瘾,真是其乐无穷也。

七曰乐于静怡。80平方米高堂大厦固然宽敞,然10余平方米茅檐斗室同样可居。身居斗室,能凝神静坐,亦是莫大快乐。余安然静怡性情,练一练老斋公的养身静功,盘膝切指,舌舐上腭。养一养精神,以静为主,静中有动,动静结合,静养滋味,乐在其中矣!

试看社会上,名缰利锁,拜金大款;华丽别墅,金屋藏娇,到头来东窗事发,身陷囹圄,遭后人指骂,可悲可叹!

八曰乐于无愧。执鞭从教,一生清白,除两鬓苍苍、满身粉尘外,别无他物。有人说:教了一辈子书,寒酸气十足。我答:一生为学子架桥搭梯与探险照路,无上光荣。在职时,呕心沥血,每节课,对得起学子;离休后,仍严于律己,从我做起,真是“垂暮当盛世,珍重夕阳红。心似秋云淡,行如碧莲清”。

人生在世,不做非分之事,不索取不义之财。生活几十年与历史相比,不过一瞬。雁过留声,人过留名,不企后人树碑立传,甘作路旁一株小草,当与人世告别时,问心无愧!

古 玩

杨 栋

古玩，就是指供人玩赏的古物。世有好古之癖者，常收几件古玩，供业余补趣，暇日消闲，也是很雅的事。躬逢盛世时，古玩便会身价百倍，平步青云；遭遇离乱时，古玩又会弃如敝屣，不名一文。

近年来，先富起来的人多了，玩物丧志的也就多了，古玩便又随时而兴。前代学者写的《古玩指南》、《古董琐记》两部冷门书，也忽然上了畅销书榜，一时"文物贩子"到处收购，"盗墓君子"掘地三尺，民谚云："要致富，挖古墓，一夜当个万元户。"其实还是为了"钱"字。钱能通神，钱能哄鬼，钱也能买到古玩。其实，古玩中就包括古钱币。那历代的钱币，或沾满铜锈，斑绿可爱，或含着光泽，烁金耀银，那其实仍是一种艺术品。

我是喜欢古玩的，但一来囊中羞涩，二来眼界所限，所以玩不起大的，只收藏了几枚古币，几件陶器。

有一天，我家忽然来了一位客人，闲坐良久，才说："你不知我的来意吧？"我说："不知。"他说："我是收古玩的，听说你好收古董，我会出好价钱的。"我说："我是有点，但我不卖，恐怕你也不会喜欢的。"我有一件青铜器，可那是小孩子们戴的玩具小狗，因我属狗，所以才收藏玩赏的。我也有几枚宋代钱币，但我只是喜欢那上面的书法，并不在乎其珍贵不珍贵，我还有三件隋代陶罐，但那是瓦罐，也不是上等级的。我另有几张字画，却不是古画，乃是我的老师孙犁、张中行等人写给我的，那对我来说是珍贵的，对别人就是无用之物了。客人听罢，大失所望，又说："没有古玩，近代的、现代的都行。比如日本人用过东洋刀，并非古玩，可城里有的人就爱用它作摆设，也卖好价钱。"我笑笑，说："我这个人很懦弱，见不得兵器恐怖，也见不得血腥打斗，连这种电影片也不愿看，更不敢私藏武器了。"客人终于扫兴地告辞。在他看来，我是一个不懂古玩的人，也是一个不通世事的人了。《红楼梦》里有副对联说："世事洞明皆学问，人情练达即文章。"我却总悟不通"世事人情"，所以往往也被世俗所弃。这是我自己迂腐，如同我收藏的那铜狗、隋罐和古币，只有观赏价值，而没有商品价值，只有艺术品位，而没有货币品味。我想起我曾捡到过一枚铜镜，但又转手送人了，我曾得到过一本"文革邮集"，但却无意失落了，这在现在都是很值钱的东西。假如那"邮集"中有"全国山河一片红",我说不定还会成为富翁,但终于全被我遗弃了,这也许就是命运,该你得到幽兰,你就莫想玫瑰,该你得到清名,你就别盼富贵。民谚云:"命里没有莫强争,拾到黄金会变铜。"我虽不信命运,但我热爱命运。我情愿让收藏的假古玩失去价值,也不愿让铜臭玷污自己的心灵。我想"古玩的命运也如同人的命运,经常大起大落,坎坷不平。高贵时被誉为国宝,卑贱时被咒作"四旧",遇到商贩时被金钱捉弄,遇到政客时被权力攫取,只有遇到真正欣赏它的人,喜爱它的人,它才会扬眉吐气,光彩照人,成为真正意义上的艺术珍品。

我不会出卖我自己的古玩,因为在我自己的收藏里,那是真正珍贵的东西,无价的宝贝。

记陵川县珠算培训中心段富锁

秦宝龙

这是一个用算珠弹奏生命乐章的特殊人才。

1984年以前,陵川的珠算技术水平很低,每次省级珠算技术比赛,陵川连参赛资格都不具备。这年段富锁老师应陵川县的邀请来任珠算教师。他是一位经验丰富、技术过硬的教师,曾经任职乡镇局会计,也曾受聘任省会校和省银行学校的珠算教师。陵川人真诚的邀请,与他几十年来铭刻在心的“珠技报国、振兴中华”豪情壮志产生了强大的共鸣。于是,他不顾身患痼疾,毅然走上了行巅山城。

然而,严峻的现实使段老师也不免发出感慨:这里没有校舍、桌凳,没有资金,人们观念陈旧,还认识不到珠算的重要。甚至还有人怀疑“这个其貌不扬,不修边幅的段老师到底有无真才实学”。

面对这种情况,段老师没有怨天尤人,他决定用行动树立自己的信誉,用闪亮的业绩重塑陵川珠算的形象。

1984年7月3日,陵川县珠算培训班正式成立,并从县工行、农行和商业系统招收了第一批珠算学员。就在这个时候,县里接到了原晋东南行署进行珠算比赛的通知。段老师为了参加好这场比赛,积极准备,全力以赴。两个月里,在系统、全面的强化培训中,他传授给学员珠算、脑算相结合的最新算法。9月27日,全地区13个县97名选手在陵川二轻大楼举行比赛。陵川共选出9名选手参加,这也是陵川第一次以参赛队身份出现。经过三天的拼搏,陵川队获得了团体总分第二名的好成绩。

初战告捷鼓舞了陵川人的士气,也为今后的奋斗提出了更高的要求。于是,在以后的工作中,段老师更加投入,也收获了累累硕果。

10多年来,他总计培养了优秀珠算学员上千人,曾有14名男女青年(农村2人)被市县金融系统选拔聘用。这些学员经过培养之后,工作效率比其他职工高出三至五倍以上,在各条战线上逐渐成为业务骨干,有的被评为全国三八红旗手,劳动模范,有的多次被评为省、市、县“劳动模范”或“先进工作者”,其中学员任嫦秀以其超群的技艺和工作业绩当选为第七届全国人大代表。

面对一面面锦旗、一尊尊奖杯,段老师心中萌发出了“把陵川建成一流珠培基地”的大胆构想。在市、县领导的大力支持下,他四面出击,积极筹措资金,开始修建珠培大楼。1991年,县珠培中心大楼胜利竣工。大楼耗资30万元,校舍面积960平方米,各类器材配置齐全。11月3日,“陵川县珠培中心大楼落成典礼暨山西省珠算技术晋城邀请赛”在陵川开幕。从此,陵川的“珠算殿堂”以她崭新的面容矗立在了行巅山城,为今后的人才培养提供了优良的学习环境。

段老师说:“陵川是我的第二故乡,我对陵川有着深厚的感情。我愿把我的一腔热血奉献给陵川的珠算事业,为促进陵川经济腾飞奉献才智。”这并不是什么豪言壮语,这分明是一颗赤子之心和陵川人热情、纯朴、求贤若渴的集中表现。

段老师不断地潜心研究珠算算理和新算法。几年来,他共研究创造出“一目两三行”横向账表算、“一目五行分节分段全式算”、“联袂求积”、“一除得众商”、“银行利息速算”等十多种先进、适用的高水平珠算新法。这些成果,多数发表在《中华珠算》、《山西珠算普及报》等报刊上,其中有些技术还在全省乃至全国加以推广,得到了同行们的认可。

初进长治师院

泉 蟒

未曾想过我在乡村做了八年教书匠，为了一张文凭，居然在而立之年还有机会打点行装到长治师范学院来报到，进这么一所学校作起学子来，就像当年背负行囊到遥远的山镇读中学一样，为陌生而胆怯，为念书而殷切。彼时正逢1986年的秋冬之交，季节凄凉，城乡景致已很见肃杀了。这样的一种天气氛围陪我他乡求学，我那时确是颇怀些自我揶揄和解嘲的心境了。时间无罪，岁月有情，共和国一场浩劫就是十年，但于茫茫史海之中，不过是一朵转瞬即逝的浊浪，历史老人给我们开了一个很有点恶作剧的玩笑，痛苦而美丽。天一放晴，万事万物依旧回到自己正正经经的轨迹，不过运行起来都有些显得疲倦、缓慢而吃力罢了。于是我一面感慨这世路的崎岖，人自己作为自然一分子，全赖社会和历史的作用而被支配，应当说是无所适从，无所不从的；一面又想起毛泽东那句颇富哲理深邃无穷的话"前途是光明的，道路是曲折的"。以为如此君临万事之上的对未来生活的希望的人气派概括正可谓到了大衣无缝的境界，且放诸四海而皆准。

那些日子，校园的黑板报上正以尽可能大的美术字宣告着赵树理先生80周年诞辰，又叹这人的先前未名和后来建树，对每一个曾经养育过自己的地方来说，其意义的变更会是怎样的天壤之别！默默无闻之辈，只能剩些斑驳的记忆来回顾自己的过往足迹。一旦有所成就，那将不仅仅是凭纪念一词可以了事的。赵先生之文学野心，是否正发端于此校，似乎并不当紧，当紧的是他毕竟曾在此校就读，这便足以令人刮目，甚至说还要培养出百千个赵树理出来，也是学校头儿们经常情愿提及并引以为自豪的话题。不过眼下无以为证，"将来"便作起最好不过的寄托来。"将来"呀，什么事情在"将来"做不成呢？

即使任我这么自由自在地去胡思乱想，也不能解除我在异地这郁郁的一己孤寂。看见满校园这么多的人，我一个也不认识，这么多的眼睛，一只也不认识我，不禁孤独层出，陌生里万千感慨。想我一介书生，混迹文学小道，文章也写了，稿费也领了，名字印在报刊上，远近人都说这丑名儿熟呢。但真的挤足人群，企图以文心融会世人之心，又何其为难。如此，文学确不过小技而已。于是写得一篇《长师院思绪》的散文小品，在《乡土文学》发了,立刻哗然,为班里争得些荣光,班主任老师从此对我笑吟吟的。这么说来,彼时我已有了几年文龄,教余胡乱涂鸦,其生命死多生少自不待言,却也混了几个文朋诗友的,姑且自己勉强说,我也是文人墨客群里的一员吧。

报到工作结束,教学很快进入正轨,每天洗漱梳妆,出操散操,打饭吃饭,上课下课,上床下床,我们认认真真做起学生来。重度学生生活,先还觉得新鲜,以为拾了些天真和少年自负气色回来。做作业时很卖力,以尽可能快的速度和尽可能好的效果交出功课,然后得意地与邻桌同桌说些与作业毫无干系的话,以示从不把它当一回事做,给自己竞争一个智力素质良好的优越感。特别是在异性之间,这种心理表现尤甚。但做学生如何美好,总还得见了教师客气点,上课要有点集体主义观念,烟是断断不能抽的,尽管教师可以照抽不误。这一切都在不言中提醒着我们,是学生身份。再也比不得在乡校教室的土讲台上的那份自在了。“孩子王”虽不好听总还混得个“头儿”的官衔,可以领导一切,主宰一切,支配一切。教室不大,却是“天高任鸟飞,海阔凭鱼跃”,遇了不快之事可以张冠李戴,借机发泄,随意发落。高兴了,由你卖弄浅薄,甩官腔、胡吹瞎拍,只要你有兴致,不怕嘴皮子磨出泡来,讲差了有“先生写字不是亦是”来救驾,然而顺水推舟也好,差开逻辑也罢,其标准就在于顺乎自然,天衣无缝。有了缝也不怕的,可以再来一次“推舟”,那是有足够的时间和空间让你去选择最好的“推舟”角度和位置。就是说弼马温无论怎样属于仙界官员,到底比不上美猴王齐天大圣做得实在。于是我想,有本事或小有本事的,应该到没本事的地方去;大有本事的就应该到彻底没本事的地方去,那才叫很棒,真棒,棒极了。做学生与做教师,这是两个不同的世界不同的概念,被人管和人被管,那滋味可不一样,于是,大家渐渐也就觉得做学生没劲,太是平淡无谓的。这里的图书馆向来冠以晋东南地区藏书量之最,同宿舍的小B代我去借商务版的《黑格尔美学》时,竟被冷冰冰地卡在那里!最后只好借了几本连环画册带回,聊作不虚此行的慰藉。

无谓近于无聊,无聊就得找个事做有聊起来才好不是?这边免不了瞅了住宿舍领取过冬煤炭时,与总务作些炭少煤多的争吵,或者因了馍在笼中蒸的太挤,下笼时你粘我一块儿,我连你一片儿,开饭时打出来发现多了一块的窃喜而去,看见馍上有了缺陷的便与大师傅大闹一场,寻些开心的话儿尽情抖擞。校领导出来劝架,有理无理都没关系,要的是有聊啊。那满院的毛头小子和丫头片子都管我们叫“大学生”,想必就是“大”学生,至于引申义如何,各有所喻,未能考究。其实谁都明白,这有聊过后比无聊更其无聊。但我们这些妻小满室,扶老养小做着承上启下角色的有家之人,工资微薄到了可怜的"穷教书匠"们，谁也不能不感激今生能有这么一个机会在外边过几天清静日子，对那来自社会的单位的工作的家庭的亲戚朋友的生活的等等许许多多方面剪不断、理还乱的烦心事而言，这里不啻是一处暂时风平浪静的西土佛地，权且得过何乐而不为呢？而况，文凭还没有到手，仍然在 1987 年的那一头吊着许许多多男男女女的胃口啊。

我和我的书

聂　尔

我不是真正的藏书家,但我的确有很多书。因为我没有藏书票,没有藏书印,甚至也没有把那些数不清的书进行登记编码;更因为我的书都是现代版的,线装书一本也没有,就是这些现代版的书也以平装本占绝大多数;还因为我将它们随便地不加分类地插在大小不等、颜色各异的廉价书柜上,没有给别人甚至也没有给我自己带来收藏珍贵之物的庄严意识;所以,我不能说自己是藏书家。

但我并不因此而惭愧。当我坐在书房中央,被满屋图书所簇拥时,我不说我的快乐超过了一位国王(因为我从不知道国王的快乐);我的感觉是一种平静的愉悦,这愉悦深深植根于心底,就像置身于早晨的清凉空气中,拥有的骄傲和激动的亢奋都与此无缘。

我的书房是我三居室房子里最大的一间。我在家的日子,从上午起床到午夜以后上床这段时间全都消磨在书房里。可以想象,多年以来我和我的书长期亲密地厮守,使我对它们产生了异样的感情。每天下午我都侧身斜坐在沙发里,手里捧着一本书,斑驳的阳光透过书房侧窗的浅色窗帘洒落在我的身上,也洒落在我手中的书页上。有时候我读的是一本新书,新书有一种新鲜的淡淡的味道。但是,读着读着,新书的味道便慢慢飘散。我知道这是它想要汇入到我那众多的旧书之中。我理解这是一种正当的愿望,这就像人在孤独之中,想要融入某个人群中一样,孤独之人是可怜的,孤独的书也是如此。终于,新书中的某一个段落或某一个句子使我联想到了另一本书,这本书就在我书架的某个角落里。我放下手中的新书,紧张地环视着我的书架,同时在记忆中搜寻着那本旧书的名字,它的封面的颜色和图案,以及我和它最近一次见面的时间。哦,想起来啦!我急忙走到一个书架前,在最下面最里面的那一层将它拿了出来,蒙在它上面的薄薄的灰尘和它陈旧的颜色使我回忆它当年的新艳。我找到有关段落,证实了自己的猜想之后,把它放在了手边。等新书读完之后,它们两个将被随意地插在书架上的某个空隙里;新书有了自己的家和伙伴。

这是我的书从书店被带回家以后的经历。它们的经历都是大体相同的,其间微妙的差别往往被忽视。这和青年男女的爱悦之情一样,爱情的姿势既古老又雷同,但心底的波澜和日后的回忆却各个相异。对于我的书来说,新的成员首先遇到哪一位伙伴,似乎完全取决于机遇。不同的是,两本书之间的联系也许比两个人之间的联系更内在、牢固和持久。它们永远沉默着,它们不像爱情一样喧哗,也不像友谊一样需要不断地诉说。

书密密麻麻排列在书架上,它们每一本都怀抱着一个隐秘的期待,期待着我去将它们打开。但并非每一本书都是幸运的。出于各种各样的原因,有的书从未被打开过,甚至今后也不可能被打开,它们被留在了永远的黑暗中。但是它们沉默地顺从着自己的命运,没有抗议,也没有叹息。

我的目光笼罩着我的书,我的书也合成四壁笼罩了我。书期待着我的打开,我则期待着一种像书一样的沉默的坚定的忍从的生活,但我不知道到哪一天我才能达到书的境界。

写在郭金顺先生诞辰八十周年之际

马正瑞

上党梆子著名表演艺术家郭金顺先生诞辰八十周年了！此间此际，先生的音容笑貌仍然清晰地浮现在我的脑海里，他德劭艺高的风范时时在激励着自己。

一

郭金顺先生的唱腔，音域宽广，委婉动听，表演技艺更是炉火纯青出神入化。

1960年我正式拜他为师。由于职业的特殊性和流动性，他教我学的时间常在台前、台后、路上、饭时和床头。可以说，他一有空便是我学戏的好机会。他不仅教我怎样演戏，更教我怎样做人。在他身上，无论演戏和做人都使我受益匪浅。他谈笑风生平易近人，无论对同志及徒弟都非常随和。在教学时，无论何时他都是那样热诚和耐心，丝毫没有一点倦怠之意。因我年轻时演出过多加之不会科学用嗓，在倒嗓中失去了高音。对上党梆子高亢激昂的扬腔来说，我高音上不去，中低音又运用不好，有时在演唱中就遭到观众的"倒彩"，这无疑对我是一极其沉重的打击。在那些痛苦的日子里，我产生了改行转业的念头。就在这关系到我的事业和前途成败的紧要关头，郭金顺先生看穿了我的心思。于是经常和我谈心，鼓励我："孩子，别灰心，走自己的路！发挥自己中低区浑厚宽柔之长，克服、弥补高音不足。"

教我以他《两狼山》中杨继业的老生腔为基础，以字带腔，中低音取胜。在他的指导和音乐设计同志的帮助下，我终于走出困境，得到了观众和同行们的认可，并逐步形成了自己独特的演唱风格。

他，是一位早已闻名省内外的著名表演艺术家，但在他身上没有表现出名家的架子和派头。演现代戏，曾使不少老艺术家陷于困境。当时对于我的教师来说也不例外。由于老一辈艺术家在文化和乐理知识方面的欠缺，加之长期受传统戏表演程式的影响，使他们一时难以适应现代戏的要求。如在本团排练现代戏《会计姑娘》时他虚心向徒弟们学习。从台步到表演，从念白到唱腔，从文化到乐理，一招一式、一字一句，都像小学生那样一遍又一遍地认真刻苦学习并广泛征求意见。为此使全团演职员深受感动,堪称一代戏曲大师之风范。

二

“文革”中,郭金顺先生首当其冲地受到批判,我自然成了名副其实的“保皇派”而受到排挤。尽管境况十分恶劣,但他始终没有动摇过对党的坚定信念。对生活和工作他总是抱以乐观的态度。那时,师徒俩常在一起切磋艺术,从中使我学到了不少东西。如《打金枝》一剧就是那时他一字一句,一板一腔地传授给我的。他对艺术锲而不舍精益求精。他经常谈到有关戏曲的改革与创新。他时常讲:对师傅传授的东西不要生搬硬套,要根据自己的条件灵活运用。不改革不发展,就会被前进着的社会所淘汰。他在50余年的艺术生涯中,排演了百余个剧目,进行了近万场演出。对每到一处的演出,无论条件怎样优劣,他都是那样一丝不苟,加之他那超群的表演艺术,在演出中每每博得观众的好评与喝彩。

他是一位为党的文艺事业鞠躬尽瘁的杰出代表;他把毕生精力无私地奉献给了上党戏曲事业和人民。他那精湛的表演技艺已成为上党戏曲事业的宝贵财富;他那崇高的思想品德将永远是我们学习的楷模。

访特级教师、科技专家崔贵远

刘武彦

春回大地,万物峥嵘。从太行山区传来喜讯,晋城市评选出首批科技专家。晋城市二中语文教研组组长崔贵远榜上有名。日前我采访了这位学者型的全国特级教师。

我见到他时,恰巧他与他的爱人王元枝正在黑白电视机前观看世界乒乓球赛。崔贵远深深为球赛的场面吸引住了,他边看边讲,说60年代张燮林教练练就绝功,培育新手,徐寅生写了一篇关于打乒乓球的充满辩证法的文章,得到毛主席的肯定。"你们知道吗,邓亚萍的背后有多少前辈的心血呀!"崔老师感慨地说。

崔老师是辽宁省沈阳市人,父母早亡,靠党和国家的培养以及自己的艰苦努力,1959年考入辽宁师范大学外语系,攻读俄语专业。1963年主动要求到太行老区任教。1970年投笔从戎,到北京军区情报部工作,任翻译,参加过珍宝岛战斗,1975年荣立三等功一次,曾多次受到军区嘉奖。1977年转业到晋城二中任教,1985年被《杂文报》聘为特约记者,1986年成为全国语文考试命题研究中心会员,1989年被山西省教委聘为高中毕业会考命题人,同年被晋城市教委评为"评教创优"教学能手,1991年被市教工委评为中共优秀党员,并被市委市政府评为优秀教师,1993年应邀参加北京举办的中国现代诗首都笔会,1994年被评为山西省中学语文特级教师。

如崔老师所料,邓亚萍战胜了外国选手,夺得了女子单打世界冠军。崔贵远深深地吸了口烟,我们开始切入正题。从谈话中我了解到他成为学者型特级教师,成为科技专家的经验和生动历程:

一、因材施教辛勤耕耘

1990年崔贵远担任语文教研组组长后,带领全组扭转语文教学的被动局面,使全组形成以老带新、共同敬业的好风气,努力提高教学艺术。崔老师本人从70年代起将文字学引入课堂,著文指正语文教材注释中的错误,在权威刊物《语文园地》上发表,其中许多观点被课本再版时采纳,把教学实践中的经验上升到理论,又反过来为教学实践服务。他说:"学生的笑声不是破坏课堂纪律,而是轻松地掌握知识的表现。"因而他能将知识从课本上迁移到学生身上,变应试教育为素质教育,不仅培养学生学知识,而且培养学生怎样做人，强调大语文的观点，把历史、社会、人生、政治、经济、哲学等方面的知识熔为一炉，传授下去。崔老师还不断地学习，更新知识，他自己订阅了9种语文杂志，下了数十年的功夫，研究古代文字学，从汉朝的许慎到民初的章太炎，查遍有关典籍，对古典文学进行注解研究，使自己跃入全国领先水平。

二、著书立说笔耕不辍

崔贵远研究文字学的结晶——《难字巧解》于1990年由北京群众出版社出版。17万字，是一本以文字为研究对象、趣味地解释课本中古文字词服务于教学的探索性实用读物，15000册一上市即被抢购一空。他的早年诗作《青春泪》已由中国华侨出版社出版。他写的《词语正误》1986年发表于《人民日报》，《关于中学语文若干注释的纠正和补充》1987年发表于《语文园地》，《中学语文课本歧义之消除》发表于《语文教学之友》、《文言文防误译五法》发表于《语文教学参考》，《三国"艺谭"》发表于《古典文学研究》，之后转载于《语文园地》。此外，崔老师还为《语文园地》的两个专栏撰稿，有不少杂文发表于《解放军报》、《杂文报》、《人民文学》等报刊。

三、精通外语领异标新

崔贵远还发挥自己擅长外语的特长，为我市厂矿企业翻译出近50万字的技术资料，负责过晋城对俄接待工作的口译工作，现为市外语协会副主任。目前，他正在结合对汉语和俄语的理解，编创《俄用汉字分析大字典》，约数百万字，意欲在新的领域里实现新的突破，为中俄文化交流做出贡献。他说："香港中文大学教授安子介编写了大部头工具书《劈文》，是用英语解释汉字，我们的共同之处都是在做好两种语言的对照注释，不同之处是我用俄语分析汉字。"对于语言文字的研究，崔老师还创新发明了汉字检索新方法，即象限查字法，简洁明快，既不需要部首，也不需要读音，对汉语在世界范围内的推广有独到的见解和作用。山西省教科所积极支持他的工作，可望在《新华字典》再版时加在"凡例"的前面。

"雄关漫道真如铁，而今迈步从头越。"崔贵远老师经过几十年的奋斗，终于如愿以偿，成为学者型的特级教师，又荣膺晋城市科技专家称号。这是他"历经磨难，不改初衷"性格的生动写照。"文革"期间，他曾被斗挨批、蒙受冤屈，但他胸怀博大，以"天生我材必有用"的气概，奋斗至今。如今他已过知天命之年，身体敦实，显示出勤奋探索的无限活力。他并未陶醉，而是在简易的平房里，在墙上贴满字条、电灯距桌面只有20公分的"书斋"兼卧室中，继续编创着闪着智慧光芒的《俄用汉字分析大字典》。

吴向周和他的摄影回顾展

苟有富

现供职于《太行日报》的老友吴向周,从事新闻和艺术摄影30余年,在行将退休之际,承蒙晋城、长治两市党政领导及文艺、新闻界朋友的支持,从自己所拍摄的7000余幅(组)新闻和艺术照片中,遴选出近500幅黑白和彩色照片,分五六部分结集为《吴向周摄影回顾展》(1963年—1995年)(以下简称《回顾展》),先后在晋城、长治两市展出。虽因条件所限,版面捉襟见肘,但仍然观者如织,并不时传来阵阵扼腕赞叹之声,憨厚诚实,从无过高奢望的老吴满足了。因为他知道在当今社会不少人时时事事讲究"经济效益"而往往忽视"社会效益"的条件下,能将自己30多年心血的结晶,在迟暮之年集中地向养育他成长的老区人民展示汇报一下,是多么的不易!

吴向周同志青年时走上工作岗位,长期在文化部门工作,对上党地区的戏曲艺术知之深厚,颇有造诣,并和已故著名作家、艺术家赵树理、墨遗萍、段二森、郭金顺、杨福禄、郝同生以及现仍健在的韩文洲、栗守田、吴婉芝、郝聘芝、张仁义、马天云等文艺名家,情深谊笃。他最初的摄影作品,便是从记录他们的文学艺术活动开始的。1970年他被调到了《太行日报》社(原名《新太行报》、《晋东南通讯》、《晋东南报》),专门从事新闻摄影工作,因深受赵树理、墨遗萍、韩文洲、段二森、郭金顺等人在文学与艺术领域的美学追求的影响,他便产生了一种崭新的渴求,即新闻的时效性与艺术永恒性的结合。

30多年来,吴向周的足迹踏遍晋东南的山山水水。为了艺术的追求,亦饱览了祖国的许多名山大川。他把照相机镜头,熔铸入孜孜不倦的美学追求,终于结出了丰硕的果实。从《回顾展》所展出的近500幅照片中,即给观者留下了不少令人久久难忘的特色,值得我们研究和学习。

——吴向周同志的新闻与艺术摄影作品,既是彼时彼地、此情此景广阔社会现实生活的真实反映,又是艺术地记录历史和再现历史的丰厚遗存。作为一名主任记者,向周的主要职业是新闻摄影,因此他把他更多的镜头,对准了太行、太岳革命老区的人民。从《山下引来幸福泉》、《龙盘太行》、《荒山播种》、《山沟里担出金棒棒》、到《人定胜天》、《蒸蒸日上》;从《铸锭》、《铁牛出圈》,到《晋煤外运》、《农民炼铁厂》,无不倾注着摄影家对这块黄土地上的主人们的颂扬。在党的十一届三中全会后,他不顾年长多病,始终关注着广大人民群众的奋力拼搏与改革开放后工农业生产的蒸蒸日上。他的一组太行山区农村公路建设的新闻照片拍出后,由中国新闻社发往香港,同时由5家报刊发表,引起强烈反响。通过《回顾展》中许多照片的展示,不仅可以使我们看出摄影家自身对祖国、对家乡、对人民的一片热忱,同时也必将会激励和鼓舞观者与后人对祖国的热爱之情。赵树理曾说:许多人讲热爱祖国,我认为首先是从热爱家乡,热爱家乡的地方戏曲开始的。我们从吴向周同志的许多人文景观、自然景观乃至花卉摄影作品,如《南岭夜明珠》、《浊漳河上架金桥》、《铜牌林》、《蟒河山水冠三晋》(组照)以及《华山西峰》、《九寨长海》、《黄鹤楼》、《祖庙》、《国色天香》(牡丹组照)中,不难看出他对故乡山水和祖国山河的一片热爱之情。对于上党地方戏曲,通过《十里店》、《三关排宴》、《二子乘舟》、《长生殿》以及《绣鞋记》、《小二黑结婚》等一组组剧照,更透视出他热爱故土的赤子之情。同时也在无形中感染着观赏他摄影作品的观众。

《吴向周摄影回顾展》中的摄影作品,不仅是他本人宵衣旰食,挥洒汗水与心血的结晶,同时也为社会留下了一批历史的甚至可以作为文物资料保存的珍品。如《作家赵树理看晋东南戏校学生演出后会见演员》、《战友》(作家赵树理和上党梆子著名演员段二森)、《段二森演出上党昆曲〈长生殿〉》、《班前"天天学"》、《陈永贵访西沟》、《李顺达和他的老伙伴》、《科学家和劳模》、《举世哀悼》、《深切怀念》、《欢呼粉碎"四人帮"》等等,记录下的虽然只是其些历史人物或历史事件的一瞬间,但他却定格为永恒的存在。

吴向周同志秉性忠厚,为人正直,偶尔说话似乎很冲,但事后想来又是一片温情与暖融。他的摄影作品,也同他的人品一样,是那样的朴实无华而浑然天成。他作为一个职业新闻摄影记者,是新闻与艺术摄影结合的模范。作为相知几十年的老朋友,《回顾展》的展出,我不能不感到由衷的高兴。但愿这次展出不是他从事新闻与艺术摄影的终结,今后必有更多更好的作品奉献给太行老区乃至全国人民。

羊头山游记

李慧英　李继东

五月的一天，风和，日暖。

午后两点多钟，我们来到羊头山脚下。

顺一条两米宽的石板路缓坡而上百余米，就到了坐北朝南的“六名寺”。前行进入下院，靠北墙正中有个水池，约1米多深，现已池底朝天，可见当年水痕。两侧偏房尚在，业已破旧不堪。上院正殿年久失修，殿顶塌落，大殿四周仅存断壁残垣，地上零乱地散落着砖瓦石块，几截残碑字迹模糊，无法辨认，殿前四根5米多高的石柱呆立无语，显得失落而惆怅。东西厢房仍存，四眼小井分布在东南西北四角，犹四根水柱将寺院托起。寺院中央有一座5米高的八角塔，原为本寺众僧焚化之所，现还基本完好。塔前一股清泉从狮子口中汩汩流出，喷珠溅玉般落入下边两米见方的水池中，在清澈的水面上荡开层层涟漪，给破败的寺庙带来几分生机。

从六名寺出来，顺着草丛中狭窄的小径上行近百米，到清化寺。据县志记载，清化寺创建于北魏孝文帝太和年间(477年—499年)，初名定国寺，北齐更名。隋末寺废，唐武则天天授二年(691年)重建，改今名。从一明代碑刻可知，该寺在万历年间(1573年—1620年)尚有前殿、正殿、七佛殿、地藏殿等主体建筑，具有一定规模。但现在建筑已一无所存，遗址上只有风雨剥蚀的唐代殿基，残缺不全的三尊佛像，以及一些横躺竖卧的石碑残体。

清化寺旁边，一通长4米，宽1米，厚约40余厘米的千佛造像碑疲倦地斜倚在一人多高的荆棘丛中。据说此碑四面皆雕满佛像，有1500余尊，心中有一龛，为火焰状，内刻坐像一尊。可惜石碑数吨之沉，以常人之力难以撼之分毫，无法观其全貌。石碑左后侧，有一高5米、长8米的岩石，上凿左右两个洞窟。左窟正面雕刻着许多大大小小的佛龛·佛像，有的清晰，有的模糊。窟顶有座约1.5米高的五层小圆塔，底部一方小石门，似可出入，塔体造型精致秀逸，于伟岸中透着灵气。洞窟门高1.3米，宽1米，有石柱门框，门顶饰以花纹。一个1米多高的武士把守着窟门，其形态逼真，栩栩如昔。我们凝视良久，为祖先高超的雕塑技艺所折服。窟内高两米，宽1.6米，深两米，内壁正面佛龛佛像仍存，两侧壁塑已不很完整，门左侧被毁凿尤甚。右侧窟洞破损较大，佛龛已不成形，佛像残体散落于窟内及窟外的草地上。据史志记载,羊头山石窟计有大小洞窟40余个,散布在山坡南面,与全国著名的大同云冈石窟、河南洛阳龙门石窟同时开凿于北魏初期文成帝时(450年—465年),只是规模较小且位置分散而已。羊头山石窟的特点是,每个窟洞均开凿于裸露岩石的侧面,一般为一石一窟,也有一石两窟或三窟存在。洞窟平面多为正方形,窟门多雕有门框,门顶刻火焰状纹饰。洞窟龛面整齐,龛壁雕一佛二菩萨或一佛二弟子。窟外雕许多小龛,龛内雕有佛像,菩萨,弟子,天王,供养人等,大小不一,形状各异,多瘦长形体。

石窟上行,山势越来越陡。疯长的蒿草,茂盛的灌木把原来曲曲弯弯的羊肠小道挤得瘦细无力,时断时续,正所谓"入山觅无路,岩壑嶂相边,盘曲踏乱石"了。我们手足并用,奋力攀援,终于登上了山脊。顺着山脊是一线堆放的碎石,据说是战国时期秦国为堵截赵军退路而修筑的西起丹朱岭头,东到陵川境内的秦百里长城。顺长城往东,就到了羊头山顶,一头石羊伏卧山巅,石羊高两米,宽两米,长近3米,羊头面向东南方,检阅着奔腾起伏的太行群峰,关注着古老富庶的高平大地。石羊身上驮一两米高的正方形石柱,石柱四面皆雕有造像龛。在正方形台基上置须弥座一层,座身八角形,表面雕有花纹。柱顶有仰莲瓣一层,上覆四坡小式层顶,坡面平缓。距石羊数十米,偏北有两座石塔,均为圆形,塔身通体上下全为大型石块构筑,一为四层密檐式,一为七层密檐式,均有层层迭涩出檐,似两只羊角耸立山头。这种建造于唐代,又以圆形作平面的独特造型,在全国尚属罕见。

伫立"岭限二郡,麓跨三邑"的羊头山巅,仰观蓝天高阔白云舒卷,俯瞰村镇田畴云雾缭绕,远望峰峦叠嶂群山竞走,近看遍野葱绿山花烂漫。微风拂面,衣袂轻飘,心旷神怡,思飞物外,如御风九天巡游,似置身灵霄仙境,此情何畅,其乐何极!

从羊头山向西南100多米,有"神农庙"。庙内原有正殿五间,殿内塑有神农及后妃、太子像,皆冠冕如帝王之服饰。此殿以南属高平市,西北属长子县,东北属长治县,故有"前檐滴高平,后檐滴长子"之说。但我们已无缘一睹殿宇之恢宏及神农合家之风韵,他们已被后人珍藏到地方志中去了。稍向西北,穿过一小一大两块平地,便到了"神农城"遗址。据说城中还建过庙宇,现在却只有滚落在地上的石头瓦块向身边的山杏树唠叨着久已消失的辉煌。这方神土哺育的山杏树任性地向周围伸展着臂膀,果实累累的枝条俏皮地拨弄着游人的头发。我们都被这晶莹嫩润的小小青杏撩逗得垂涎欲滴,忽然间感到喉干舌燥,口渴难忍,而后便争相攀摘,尽情地享受着始祖恩赐的"圣果"。说笑之间,不觉已走下城址几十米远,面前出现了正欲寻访的"神农泉"。左右清泉,水清如镜。泉侧有"神农井",井口索痕尚存,栏石依在。向左10余步是白泉,泉水甘甜可口,清凉沁腑,我们争抢着将“圣水”喝了个够,顿觉身轻神爽,精力倍增。二泉南流20步后相合,自去滋育禾谷。泉处之地名“井子坪”,附近多有良田可耕,相传神农得嘉禾于此,始教播种,谓之“五谷畦”。

下山之时,山周已是一片昏暗,隐见远山轮廓,近村炊烟。唯独凌晨羊头山还被橙红色的夕阳拥抱着,从西山射来的光束显得格外柔和大度,给羊头山披上了一层透明的朱纱,不知名的小鸟飞来窜去,为朱纱纺织着空中画图,单调的、婉转的、短促的、悠长的各种鸟鸣仿佛是对夕阳特别关照的声声感谢。近处翩翩起舞的蝴蝶,身上闪烁着橙红的光点,犹如点点跳动的火苗,一只矫健的雄鹰从山腰乍起,迅疾飞往远方,在红色的光波中划出一道美妙的弧线。我们被这奇妙的景观迷住了。不知谁即景生情抑扬顿挫地念起了《泽州府志》中的句子:“危峰秀拔,势凌霄汉,日夕诸山俱暝而此峰返照犹光,故俗传此山比天下名山高三尺,然非山高,地势高耳。”才将我们从迷梦中惊醒,赶忙急急返回。暮色越来越重,紫云般的荆花,白雪似的丁香已被融入空隙的暮光连缀成一幅朦胧的水墨画,一对狡黠而灵活的田鼠在我们脚下欢快地追逐嬉戏,柔软的枝条不时拦住去路,盘纤的野藤不舍地缠绊着双脚,带刺的花木大胆地拉扯着衣袖,多情的槐花送来醉人的清香。羊头山以她特有的方式深情地挽留着游客。然而天已大黑,我们只好恋恋不舍地道声:

再见,羊头山!

洪雨积雪走锡崖

玉　红

锡崖沟，一个在地图上无法找到的村庄，如今已声名噪然。去年我陪同有关方面的同志先后两次拜访它的经历，使我终生难忘。

车子在驶往古郊乡的山路上颠簸，出陵川县城时的绵密细雨已变得滂沱而泻，三辆吉普车先后换下两个轮胎。纵然山路越来越险，却没有人愿意停下来。

这是8月底玉米刚熟的季节。山西省诗界的同志为了引申对锡崖沟的宣传，计划在《山西日报》文艺副刊搞一版组诗，他们要目睹锡崖沟的心情是那样急切，已71岁高龄的马作楫老先生兴致盎然，焕发出青春的亢奋："这么美的山！"

到了古郊乡，党委书记王面儿同志告诉我们："这天气，怕是不好走，听说接连几天的山洪已致山路塌方，怕是会叫你们失望的。"

大家经过一番决然的取舍，订下了这样一个计划："每人拿一把伞，车到哪儿算哪儿，剩下的路我们走！"

我们陪同的几位同志和王书记出于对工作的考虑，极力阻止他们："不行就返吧，停雨了咱们再来！"

事实告诉你，我们的劝阻失败了，因为这时候我们已在古郊乡通往锡崖沟的山路上。轮胎在泥泞和碎石路上打滑，司机师傅满头冒汗，他们凭着精湛的车技绕过一道道紧贴悬崖的急弯，趟过一条条急流奔涌的季节河。

车行至"王莽岭"时，司机师傅们说："下边的路，说什么也不能走的，因为车刹已进水！"这里已接近7.5公里的"锡崖路"，而距离村委办公地点还有整整10公里。

太行山的雄姿在这里一览无余。群峰巍巍，山岚茫茫，激流震谷，飞瀑垂壁，大自然以一幅精美绝伦的水墨画馈赠、激励着诗人们勇往直前："走，不到锡崖沟誓不罢休！"

峰回路转，当绝壁上第一个洞口准备着延续我们的征途时，诗人们个个瞪着不能再睁大的眼，惊呆了："这就是锡崖路？……锡崖沟啊锡崖沟！……这是用人力凿出来的？……怎么可能？……"是啊，很多当年修筑过川藏公路的人都没见过的震魂荡魄该怎么形容呢？不知不觉，诗人们的眼睛湿润了。

“龙口瀑布”在宽宽敞敞的锡崖路中飞泻而下,轰轰隆隆、震耳欲聋,只在紧靠石壁处的身后为我们倾斜出一道缝隙。瀑布急泻的强大压力随时都可能把我们吞噬,但仍然没有一个人退却。穿过瀑布飞溅的魔爪时,我们有的磕破了脚脖子,有的在路途中累得汗涔涔的身体立即被灌得冰凉,有的差点儿被瀑布卷带的伞把拖下悬崖……龙口让你明白,视觉里美丽的印象背后潜伏着杀机。

到崖底时,已是下午两点。望着峭壁上一排排“天窗”排渣口,诗人们先是为大自然的狰狞可恶而悲愤,继而为锡崖沟人民锲而不舍的壮举而震颤……

纯朴的村民招呼我们:“进屋来歇歇吧,烘干衣服再走!”有的惊问:“你们从哪儿下来的?”有的则议论:“还有那么大岁数的老头子!”

后来,我在《山西日报》文艺副刊上看到了一整版质朴凝重、清新深刻、间歌夹泣的诗章,心里不由感慨迭起:这大概就是马老说什么也不愿一个人待在“王莽岭”上,非跟我们一块儿下山的缘由吧!我们有以热血和生命孕育诗人的伟大的人民,更有舍生忘死、歌泣父老的虔诚的诗人,他们鱼水情深、一衣带水。这,就是我们的时代。

第二次到锡崖沟陪同张纪中同志去看望他那班已在沟里战斗了半个多月的弟兄们,他们正在那里拍摄四集电视连续剧《沟里人》。

整整两天的雾霖过后,又铺天盖地般下了几天大雪,锡崖沟与外界隔绝了。但这挡不住他那颗如同诗人般急切的心,我不得不陪他上路。

他跟张绍林同志都是刚拍完《三国》而又紧接着忙《水浒》的大忙人,但却皆没有任何理由拒绝“锡崖路”的诱惑和《沟里人》的邀请。

通往古郊乡的路勉强走完后,便无法再往前行,司机搬了半车石头也无济于事,掉头回去了。我们雇了辆三轮“嘣嘣”车,无奈雪滑冰坚,我们只好推一段走一段,很多地方还得用镢头刨,磨磨蹭蹭总算到了“王莽岭”脚下的营盘村。

这天气,“王莽岭”是决然上不去的。司机告诉我们:即使爬山走近道也还有二十多里,望着半尺多深的积雪和六十多度的坡以及茂密阴森的黑松林,我看着他。他仰望了一圈直插云天的峰峦,发了感叹:“‘只要给我一个环境,我保证是那里最好的!’这也是我多年来恪守的做人标准,太行山啊,在你面前,我也一样!”他说着挥了挥手:“走!”

一条只有一行脚印、积雪快要淹没膝盖、险得让我们数次靠树救命、野豹豺狼经常出没的山道,被我们用两个小时的时间征服了。后来我才知道,给我们踩出这条道的是昨天刚出山置办粮草的一位导演和引路的老乡。

爬到山顶,天已放晴,我们开始下山,随着“锡崖路”第一个洞口的出现,老张和诗人们的表达方式不同,他望着和洞口齐平,环绕山腰蒸腾着的白雾,双手拢住大胡子的嘴巴:“呦呵……锡崖沟哎!”不知他喊透自己的感受没有,反正我听得畅快。

接近洞口,里面传出了发电机的马达声,原来今天正在这儿拍戏,老张激动地喊:“同志们,伟大啊,辛苦了!”

当我们看见他的搭档时,是这样一幅场景:导演张绍林和他的伙计们正身系大绳吊在空中,满头大汗地抡着铁锤……

据说,他们的愿望是:力争上“五个一”工程,把锡崖沟打向世界去。

是什么让他们那么激动而神往?是什么让他们甘愿舍生忘死也要来到这个地方?

锡崖沟——我终生难忘!

汉字——大自然的奥秘

韩晚才

当你步入空旷之域仰望太空,看到的或许是白云缠绵,或许是星汉锦簇。凝神沉思,蓦地,你会发现广宇之下只有你一人,这便是"天"。真谓天人合一。当你心情愉快的时候,你想笑,便可以发现"笑"字有弯弯的眉毛。当你悲伤的时候,你想哭,便可以发现"哭"字的眼角挂有泪水。中国文字真如精灵有情有义。

可文字源于何人之手?只知道中国文字是劳动人民创造的结晶。可我总是疑虑重重——偌大一个华夏之城,假如没有一个统一的组织机构,假如劳动人民都去创造文字,那么我们的文字该是多么杂滥。

文字出现在中古时代,传说发明文字的人叫仓颉。那么我又想,在那个思维与生产力极为低下的时代,人们仅是刀耕火种、打鱼捕猎、结绳记事,而仓颉为什么有那么高的智慧创造出象形文字?他是人还是神。他生于地球还是来自宇宙?

假若细细品读,你就会惊叹:"山"就是山、"田"就是田、"水"就是水。"男"强力劳动者的描述,"女"卷曲哺乳梭织的形象。可谓出神入化了。

我顿悟:万法归宗。归于大自然的真正奥秘。一切都从那儿产生,让你可知又不可知。柯云路说"象形文字是中国文化的核心"。

如果说上古帝王伏羲画的阴阳八卦图中包含了物的本质和规律,那么中古时代出现的文字就正是事物的思想与语言了。它均衡而对称,一笔一画,哪怕是一点看似简单,却又容纳了博大深厚的自然法则。

它源于我们的神州,而神州无处不有灵性。有巍峨的群山,有广袤的平原,有清澈的湖泊,有葳蕤的森林。还有众多的智慧之人。汉字,难道不是大自然的灵光、不是大自然的语言和气息吗?

平素爱读书,而且越读越杂,便与文字结下了缘情。某日入书店觅得一本《生活中的测字术》,这并非宣扬迷信糟粕的书。书中汇集了历代不少文字的游戏,集趣味性、娱乐性于一体,信与不信大可不必当真。但有的例子颇有思想性与教育性。如说赌博的危害,有以下四句话:

贝者是人不是人(赌)

因为今贝起祸根(贪)

有朝一日分贝了(贫)

到头成了贝戎人(贼)

它对于当今泛滥的赌博者因赌而贪而贫而成为贼是多么绝妙的警示。

另外还有一例,说的是革命战争时期两位重要人物的趣事:蒋介石说其“介”字的形状是国民党与共产党支撑着他这“中正之人”,毛泽东同志说,“蒋”是草头将军,而“毛”是反手。意思指毛泽东同志领导共产党和全国人民推翻国民党腐朽统治易如反掌。真是妙趣横生。

每一个汉字无不给人丰富的联想。其外延四通八达,其内涵多彩多姿。一个字可以写成一篇文章,一个字可以写成一首诗,一个字可以画成一幅画。“田头溪畔雁成行”——好一幅寓静寓动、明媚美丽的大自然景象。它就是由“淄”联想而成。

汉字,铸成了中国古老文明。国际上不也对中国文化大力研究并为之倾倒?这是拼音文字无论如何所不能比拟的。谁说“汉字阻挠了中国社会的发展”,并要肢解其形甚至异化成拼音文字!

中国文字,圣洁的宫殿——丰富而神奇。

中国文字,壮丽的海洋——博大而深奥。

中国文字,大自然的造化,中华民族的精髓。

“老科技”孙德寿

程延龄

孙德寿同志是我市首届科技专家奖获得者,现任郊区农牧局植保站站长。

1962年9月他从山西农学院植保系毕业后,怀着对事业的执著追求,远离家乡来到太行南麓原晋城县农业技术推广站工作,一干就是30多年。他酷爱自己的专业,始终坚守在农业技术推广第一线,取得了丰硕的科技成果。“老科技”孙德寿的名字响彻泽州大地。

1974年他出席了全国综合防治学术讨论会,这次会议确立了“预防为主,综合防治”的植保方针。当植保工作从“农药万能”产生“农药万恶”,偏向“生防万能”时,他开始潜心研究“农业防治”这一课题。他总结多年经验,认为农作物病虫的发生程度和人的生产活动有密切的关系。诸如播期的迟早,作物种植比例、轮作与连作、品种的抗性、秸秆处理程度,粪堆沤制质量等都能直接导致或控制病虫害发生的程度。因此,他主张应把植保工作贯穿于农业生产的整个过程中,纳入对病虫害的管理系统。1981年他撰写了《试论农业防治是综合防治的基础》的论文。论文在《晋城科技》发表后,引起了国内外专家学者的关注。我国著名专家、《昆虫学报》副主编曹骥先生阅后给予了很高的评价。曹先生为了宣传这一重要的学术观点,他俩共同署名,在《昆虫知识》1984第4期上发表了《害虫的农业防治》的论文。之后,他又陆续在省内外有关科技期刊上发表了小麦、玉米、春谷、夏谷、油菜、蔬菜、山楂等主要病虫综合防治的系列论文。他从理论到实践指导晋城的植保工作较早走上综合防治的道路。他从根本上找到和解决了:70年代油菜大面积烂根死苗,晚谷丛生不长,80年代初山楂老树成批死亡和绝收的原因和防治的办法,并相应研究了引发这些问题的害虫生活史和综防技术,在生产上和技术上做出了突出的贡献。

孙德寿不仅倡导农业防治这一基础,而且注重生态防治,生态农业建设,从整体上协调农业生产。

30多年来,孙德寿同志在植保事业中勤勤恳恳,开拓进取,一步紧似一步。他不但善于发现和解决问题,而且善于总结和推广。他起步于农业防治贯注于综合防治,注重于生态农业建设,扩大了专业领域,在实践中形成了有自己观点的理论和综防技术体系,为我市以至全省的农业技术推广工作做出了较大贡献。

东桥一片月

紫　君

"月上柳梢头,人约黄昏后",踏上东桥,这两句话像小鹿一样撞着我的心扉。因为,在这里我曾与你临月而歌,也曾与你泪眼而别。

今是清秋。月锁长空,烟笼东桥。风挟着我不由自主地在桥上漫步,一如打着旋欲飘又落的黄叶。

不知何时,月已被云裹住,桥上霎时一片灰暗。我的心猛然一颤:这,就是曾经温你暖我的东桥吗?

那夏夜,我们第一次逃出生你养你的喧嚣山城,到这里共享宁静,共享跨越生活藩篱的超脱。

"月儿看我们呢?"你斜倚着栏杆,流月顾盼着我。

我抬头时,一轮满月悠闲地无依无托地悬挂在夜空,似一个云盘,随时都会滑落。如水的月光一览无余倾泻下来,给山林、溪流、田野、小桥抹上了层层银色。月下,一切都迸发出一种超越自然本身的活力。

你和我,以及所有生命和无生命的东西都一起融进了月中。我们体会到了一种生命溶化的感觉。一切烦忧,包括我不幸的家庭和你家庭的不幸,都在月光中挥发了。就这样,你望着月望着我,我望着月望着你……

以后,有月的夜晚,我们就去东桥。月儿已成了我们生命的一部分。

我们漫步在桥边的林中,月光就从缝隙中渗漏下来。斑斑驳驳,淡淡地洒在我们的肩上、脸上。我们的影子在地上跳跃着,摇曳着,重叠着,交叉着,像两个不安的精灵。有时,微风徐来,林中就奏起或高或低,或长或短,或久远或短促的乐章,宁静、淡远,如贝多芬的《月光曲》。我们已走进了一个月光织成的梦境……

"和你在一起,我好像找到了曾经失落很久的从前!"你就像海滩上拾贝壳的小姑娘讲海爷爷的故事一样兴奋。

是的,我们或远或近,或持续或短暂的不幸已在月下沉没,两颗曾遭生活磨难的心已在共振中默契。

你最后一次邀我去东桥,是在我们的故事戏剧性地骤变之后。

那晚本应是个有月的日子,但厚厚的云却将月藏在背后。夜,像一张密织的网,任我们怎么也逃不出去。

“生活可真残酷!”你把头埋在膝间,茫然地说。

“生活并不会完美!”我知道,你惧怕我曾有的一点不幸扼杀你蓬勃燃起的第二次生命之火。

但最终你还是走了,留给我的是定格在东桥的忧伤曲调:没有我的日子里,你要保重你自己……

桥上又亮了许多。月已整个从云里挣脱出来。

桥的那头,系着你的家园。也许你已栖身于一个港湾,一个你认为完成延续生命任务的港湾。但此时,当月儿爬上你的窗棂,你还会想到那“看月看到天明”的往昔吗?

“噢/故乡的月亮/你那弯弯的忧伤/穿透了我的胸膛……”远处隐约传来的悲怆歌声带我从桥上到了桥下。

桥下,小溪依旧。

我坐在溪旁的石块上,呆呆地凝望着波光粼粼的水面。

“紫君,你说天上有几个月亮?”

“一个。”

“不对!”

“两个。”

“也不对!你真笨,是三个。天上一个,水中一个,你身边坐的也是一个。嘻……嘻……”

我猛然起身,四下张望时,一片寂然。

月下,空荡荡站着我一人。

访中国奥林匹克出版社顾问翟富中

吉　中

11月的京都井然有序。坐落在北京工人体育馆二楼的奥林匹克出版社正加快着审定《晋城百科全书》的节奏，兼出版社顾问的晋城籍老干部翟富中正带领这本社的高级专家日夜兼程地赶排着百科全书的每一个条目、每一幅照片及每一行措词。面对这位曾担任过中国大百科全书出版社的副社长，后任中华人民共和国新闻出版署副秘书长，多年又在团中央工作过的知识渊博、谈吐稳健的老乡，采访的情致油然而生。翟老明白我们的意思，非常爽快地答应后便腾出手来与我们促膝相对，侃侃而谈。

我是一个土生土长的晋城南岭人，小时候家境贫穷，是党和国家的资助我才上了学，参加了革命工作。要说印象最深的那就是家乡的贫困，前些年每次我回去都会有一种压抑感，作为一个共产党人总觉得对不起父老乡亲。记得每次回去我都要主动找村区里的领导介绍外面发展的情况，总希望落后的面貌能在我们这一代人身上有所改变。记得乡里办水电站时，冬天下着雪我们亲自一块去查看，后来乡里不仅通了电还有了自来水。"南岭换了新面貌"，用沁河水连建三座小水电站的事迹在《人民日报》、《农民报》也做了介绍。今年春天我回去一看，出乎意料的是南岭的变化实在可赞，首先是人的精神面貌变了，大多家户也富了。利用家乡的煤炭资源和水资源发展种植业，用系统的工程来指导我们农村的改革和像南岭这样条件的乡村发展经济，是值得我们多多思考和奉献的。晋城1994年改革与发展十大工程实施意见我看写的很有气魄，但这种宏观决策现在是需要一步步地落在实处的时候了。在农村现代化建设当中，特别需要向南岭村阎小邦这样一些有胆有识的实干家，他们的创业实绩和开拓精神是值得书写出来的。

我是《人民日报》包括《太行日报》的老读者，我认为当前报纸作为党的喉舌作用不能削弱，理论宣传的导向务必要准确和严谨。要突出地方特点，走一条大众化和通俗化的路子，切莫庸俗化。经济报道上要多吸收外面的信息扩大自己的视线，要真正能从地市级范围发表的文章中看出我们社会主义发展进步的大天地，从而逐步确立起自己办报的特色和地方风格。要有机地选几个系统的课题，开展以爱国家、爱家乡为主线，对有历史价值和革命传统意义的精神财富要作深度的发展，铭志成书，以便继承下来弘扬出去。这方面

50年代的小报曾有过尝试。这次审定的《晋城百科全书》可以说是一次对家乡重新而全面的了解,争取搞成一部具有地市级特色的百科全书精品……

拳拳深情,殷殷厚意。透过翟老那真切坦然的肺腑之言和坚毅专注的眼神,我们更真实地感受到了老一辈在对待现实与党未竟的事业中那种忠诚不倦、深思熟虑下的博大情怀和全身心投入的敬业精神的再现。

师　尊

武飞雪

“两分钟，只要两分钟！”朦胧中似乎又清晰地听到这句话，睡意顿消。

我从来没有见过他。他离开人世好些年后我才来到这个世界，但我今生今世再也无法把他忘记。想象中的他，清瘦，戴金丝边眼镜，衣着整洁，有学者之风。事实上他还有根从不离手的文明棍，与人相逢总是谦和地点头并挥挥手。他是母亲大学时期的历史教师，南方人，叫张一纯。

爱书如命是他最大的特点。宁可不吃不穿，不能不买书。他家财微薄，却拥有一个以书为壁的书房，藏书万卷，还有满满一柜被他视为珍宝的远古的碎砖断瓦。他常与人夸耀说他的某本藏书是海内孤本，某本只有北京图书馆才有收藏，某件文物全国一共三件而其中之一就在他的宝贝柜子里！他还说死后要把藏书分别捐给北京图书馆、山西大学图书馆和他的母校福建大学图书馆，自豪之情溢于言表。

尽管调皮的学生私下里摇头晃脑拖长声音连比带划模仿他的口音并引为乐事，却不影响听课的热情。称他“立地书橱”毫不过分，讲课时旁征博引，信手拈来。在涉及有争议的问题时，他会一一介绍学术界的种种观点，“至于我本人的看法吗，请看××杂志×××篇”。

晚自习他经常去巡回辅导，他认为喜欢提问的学生定是好学生，追到他家请教的更是好学生。这时，他先是固执地要求学生看表，伸出两根指头成胜利状一摆，“两分钟，只要两分钟！”接着拉灭灯，飞快地从上万册书中摸出几本，打开灯说几页几行，学生一翻果然，其轻车熟路令人瞠目结舌。而他则孩子般迫不及待地要求报出准确时间，听到学生惊讶地喊：“不到两分钟！真难以置信！”他很是满足快乐，还劝学生著书立说，他可以提供所有资料。

“文革”中有人贴大字报说他藏书上万却无《毛选》，是白专典型。他看了不声不响地走开，以后每当出现在人前时，腋下总是紧紧夹着1至4卷《毛选》，拄着文明棍，就那么笑嘻嘻地看大字报。

1986年某一天，他在校门外散步时，被一辆电车辗过，当时他刚刚走过人生的半个世纪。

前几年母亲闲聊时说起他的往事,给我留下了极深刻的印象。今夜对月静思,他捐赠的那些书正静静躺在那几个图书馆里,如水的月光给它们笼上了一层清辉。曾经借过和将要借阅它们的人们,在不经意地翻阅中,可知道书主人的故事?

记国画家徐东平女士

郭新民

百闻不如一见。1994年岁尾,我有幸亲眼看到国画家徐东平女士。

在她的母校——晋城一中画室,同行的几位同志脱口而出“画鸡”。徐女士展纸濡墨略加思索,便作起画来,流畅的画笔上下左右延伸,转眼一群小鸡在母鸡的带领下跃然纸上。

徐女士,1954年出生于山东烟台市。说她是大海的女儿倒很贴切,无论是执著坦荡、果敢的性格,还是坎坷的生活道路,都与大海极为相似。

艺术源于生活。孩提时代的她,不是抓着一块泥巴捏猴子、塑小人,便是手拿三角刀,使硬硬的果核变成小老鼠、小花篮。4岁能给布娃娃做衣服;6岁可下厨房帮工;13岁自我裁衣、缝纫。她聪明过人,5岁上学,后随父母到晋城读书。70年代初毕业于晋城一中。直到后来大学毕业。不是跳级就是门门功课全优,偶有落魁,便反锁房门,自我禁闭,绝食思过。

正当她豆蔻年华闪烁亮丽青春之时,却碰上十年动乱,她也成了覆巢之卵,备受伤害。虽然幸存,却落下一身伤痛。不甘落寞的她,紧握画笔,挥毫泼墨,“文革”客观上又成了她献身绘画事业的催化剂和加油站。大凡一位艺术家,总是有着自我成功的特殊环境和动因:她出身于绘画世家,自幼受祖辈熏陶,勤习不辍。进入而立之年尤为刻苦。师承许麟庐、魏启厚、崔辉等著名书画家。改革开放以来,她迎接经济大潮的挑战,下海经商,足迹遍及祖国名山大川和半个地球。

艺术是生活的积累和升华。她喜国画,尤善画鸟,或风驰电掣般地大泼墨,或轻挑漫点式地勾勒,寥寥数笔,鸡鸟花卉便跃然纸上,个个栩栩如生,顾盼成趣,构思奇特,耐人寻味。

“梅花香自苦寒来”,自80年代起,她的作品就多次参加国内作品大赛并中奖夺魁,多次参加国内外书画联展,编入《当代国际书画作品精品选》、《中外当代书画艺术家大辞典》、《国际书画工艺品博览》等书画专辑,成为中日韩近20个国家和地区的珍藏,夺得“世界书画名人”桂冠。

人民喜爱土生土长的艺术家。40岁的她现任中国书画家协会理事长、中日韩新书画友好联盟理事,中国草书标准院副院长,台湾中华艺术学会监事、山东烟台中山书画副院长兼秘书长,《当代国际书画作品精选》副主编等要职。

大海永无平静,徐女士正瞄准新的目标,鼓起远航的风帆,朝着新的彼岸搏击奋进着。

品味生活：阅读山与水

沈　洪

读书是全人类共同倡导的一种文明社会的文化行为，而一些诗人和作家则常常别出心裁地倡导人们在现实中去读生活。例如，有一位著名的作家就有一句非常闻名的诗句："当我关上书本，也就打开了生活。"然而，"生活"这个词毕竟是一个广大的概念。"读生活"这句话在未经历沧桑岁月的人来看，或许会产生神龙见首不见尾的感觉。既然如此，你不妨把这句话分解分解。一般而言，人的一生主要包括社会和自然两个方面。人活在世上就必需接触社会，靠拢大自然。社会发展到今天，人类的精神文明和物质文明已经发展到了一个相当的程度。大自然虽则也年岁很高，但还总能得到人类的青睐。就这个角度而言，阅读大自然似乎对于我们很有必要。而把读大自然再具体分解，读山与读水也就是人类的具体生活了。

山和水构成了大自然两种风格迥异的形态，一种志存高远，一种随波逐流。两种形态不过是生命本质不同的显露，倒不意味着道德价值的抑扬高低。山以执著挺拔表现力度。而水则以畅达柔顺显示智慧。一味的执著挺拔会走向沉闷，其中气氛令人窒息；正如一味的畅达柔顺会走向狡猾媚俗，其中操守也令人怀疑。事实上，山和水最好呈现互补姿态，水予山滋养丰满，山给水衬托使其端庄。古人说："仁者乐山，智者乐水"，这只不过是东方思维的灵感闪光，仔细推敲，倒是仁智中和，刚柔兼济更见美妙。否则，只仁不智未免迂阔腐朽；只智不仁流入混世滑头。

山的哲学意味着正直，水的哲学意味着机智。山的逻辑是青云直上，水的轨道是迂回渗透。简洁是山的风格，它拔地而起，直视苍穹；丰富是水的个性，它漫地而游，潇洒从容。

膳食精致的书，可以培养你的细致和耐性；水是流动的书，可以培养你的灵活和敏锐。持之以恒你才能读出山的变异，稍纵即逝间你才能把握水的永恒。

人们读山读水，读出卓尔不群，读出无我合群，这分别是山和水的境界。太卓然则孤独，太合群则落俗，孤独和落俗都不是人生的最佳选择。最佳的选择是融山水于一体，其佳妙之处既不在山，亦不在水，而在乎山水之间也。

记郊区梆子剧团团长焦粉苗

陈桂花

六年前,身为市政协委员、中国戏剧家协会会员、市剧协常务理事、区剧协主席的焦粉苗,毅然挑起了领导不力,负债累累,濒临倒闭的县级剧团的重担。为此,亲友们纷纷劝告:"你早已功成名就,哪不能去,何必为这穷星灿烂的摊子,三更灯火五更鸡的费心耗神冒风险……"明知是一场艰难的跋涉,她却"偏向虎山行"。

为振兴戏剧事业,为剧团的生存,为摆脱全团演员的生活困境,她使尽了百般解数,把重点放在抓团风治理整顿严明奖惩,抓队伍素质艺术建设出戏出人才。半年时间,一出具有禁毒社教较高水平的《风流父子》大型现代戏在市区一炮打响,连演数十场,场场爆满。出人意料轰动效应引起上级有关部门及社会的刮目相看,从此结束了多年无台口接戏的恓惶局面。演出旺季,剧团门庭若市,应接不暇,不光本市县区、外市邻县也纷纷写信邀、登门喊,当年演出430余场,总收入达15万元,创下了第一个历史最高水平。

三年后,《难咽的苦果》、《连枝桃》、《三关排宴》、《黄河阵》等十多个传统历史剧、现代戏兼歌舞小品由本团陆续在室内外上演,赢得了党和政府授予的"先进组织""先进集体"、"剧目丰富,管理严格,领导班子得力的艺术团体"等嘉奖。

仅仅三年,焦粉苗所领导的郊区梆子剧团年收入从15万元上升到17万元后又突破20万元。演职员的收入比三年前翻了两番,不仅还清了遗留的4万多元外债,还投资12万元更新了舞台设备服装道具。剧团阔步走上了改革中求发展,社会、经济效益显著增长的良性循环轨道,又恰似一朵火红火红的山花绽开在泽州大地。

面对这今非昔比的变化,剧团老少演职员无不佩服他们号为"侠骨柔肠"的女团长。人们忘不了她刚上任时,分文未挣却托亲找友借来万元钱贴进剧团,先缓解大家生活温饱的燃眉之急;忘不了她酷暑严寒拖着肿痛的关节炎双腿,踏着半尺厚的大雪一趟趟辗转于诸部门为团里老艺人办理离休手续,妥善安置其子女;更难忘她忍心抛下病床上发高烧、输液管未拔的儿子,先护送演员生病的父母去医院检查诊治,她以她女人特有的细腻柔情去抚慰去温存全团人的心,换来了大家火一样的工作热情;与此同时大家也铭记着她令出如山的严明之举。一名她组进领导班子的成员因喝酒误了事,她虽痛惜其才却又毫不客气地解聘了他。对自己她更是“正人先正己”，一次回城办公事，因路途堵车未能按时归团，她主动罚款上交，明言鞭策自己。集主演和团长一身的她，舞台下与演员吃大锅饭、睡大铺不搞一丝特殊化，舞台上又以其出神入化的演艺塑造出众多感人的艺术形象。“金牌”“最佳”奖杯闪闪，一次次成功中，无不浸透着她辛勤的汗水，超负荷的工作量，加重了她的风湿性心脏病，几次都昏倒在台上。她却是人在医院心在团，工作上的事牵肠挂肚得她焦灼不安，不待病愈偷空出院归团……她也有高堂父母、丈夫儿子，因工作性质，重任在肩，她却无法照顾亲人，每每提及功成名就，她总是怀着一种深深的负疚感：“丈夫、婆母为我承担了整个家务琐事，可当他们生病时，我却难得在身边侍候，说句心里话，人非草木，孰能无情？面对我通情达理，事业心又颇强的好丈夫，我常常暗暗地谴责自己欠他的太多，太多……”但一提到事业，她总是那句话：“累是累，却累得充实，甘心情愿！”

如今的焦粉苗带领着郊区梆子剧团，正以高昂的热情谱写剧团的新篇章。

报刊·书籍

书籍简介

（1991年）

《农业发展的审视与思考》

《农业发展的审视与思考》1991年出版发行。主编:薛荣哲 傅泽田

该书将触角伸到农业问题这一重大领域,面对现实而进行理智的求索,寻求农业发展走出困境的道路。该书总结了我国及世界范围内农业发展与工业化整体进程相互关联、相互制约的历史经验,追寻在农业问题上导致某些决策失误的主要认识根源,展示了我国农业发展面临的某些问题及解决这些问题的构想。通过来自实践的审视,探讨了农业生产力的发展问题、农业机械化的地位与作用及我国未来农业的发展潜力所在。

采取理论研究、实证分析和政策操作经验相互通融的方法是此书的显著特点。该书不仅对带有全局性的农村经济问题展开深入讨论,而且通过剖析某些区域经济单元的发展过程,归纳、提炼出一些具有普遍参考意义的理论和观点。如今后农业发展的主导方向在于构造新的生产力;在农业增长内在功力严重不足的条件下,应该采取“挤压与扶持并举”的发展战略;在有条件的地区通过农村生产组织管理模式创新,实现在较大空间内优化生产力要素组合,并形成有效的农业积累补偿机制;我国现阶段的“三元经济”特征和经济发展的基本原则,等等。

我国著名的经济学家、国务院研究发展中心副主任孙尚清同志为《农业发展的审视与思考》一书作了序,高度评价了这本书的理论性和实践性。著名经济学家、原国家计委副主任段云同志为本书题写了书名。

（马小林）

《赵树理趣闻80读》出版

《赵树理趣闻80读》,1991年由北岳文艺出版社出版。作者:一丁

该书作者一丁,及张文君,系沁水下川人。他50年代就与赵树理有交往,并亲聆教诲,结为师徒关系。作者从1980年起,满怀对老师的敬仰之情,在报刊上发表回忆和研究赵树理的文章。收入书中的18篇研究文章和5篇外国学者访问记、1篇人物小记就是其中的一部分。这些文章,情切切,写出了赵树理文好人更好;意忱忱,道出了赵树理大众化文学创作的历程,语言生动,通俗朴实,形式活泼,风格明快,富有浓郁的生活气息,凝聚这位长治市赵树理文学研究会副秘书长、《赵树理研究》杂志主编的十年心血,是他献给社会的一份研究赵树理的重要资料。

(《太行日报》记者)

《农业·农村·农民》

《农业·农村·农民》一书,1991年由新华出版社出版。作者:田霍卿

该书收集了晋城市首批农村工作队员撰写的42篇优秀调查报告,全书共15万字。省委副书记卢功勋为该书题了词,市委书记王云龙为该书写了序。这本书,从多个侧面对农业、农村和农民问题进行了透视和深层剖析。既有对新鲜经验的总结,也有对教训失误的反思;既有对农村繁荣景象的热情讴歌,也有对农民排忧解难的殷切呼唤。对指导农村工作有一定的参考价值,编者将拿出2000册赠送给市委第三批农村工作队员及市、县有关部门和全市乡镇干部。

(王志明)

《现代家庭康寿美向导》

《现代家庭康寿美向导》,1991年由科学普及出版社正式出版。编者:郭爱廷 郭建福

该书立足于人们最基本的日常生活实际,就衣、食、住、行、心理、生理、社会等人们最关心的问题,从科学的角度,通过深入浅出的剖析和阐述,说明了影响人类健康的诸多因素,指出了人们在日常生活和工作中一些违背保健医学的不正确做法和偏见,是人们追求健康长寿、美化生活的向导。

该书分衣着保健篇、饮食保健篇、起居保健篇、行为保健篇、心理医学篇、生理医学篇

和社会医学篇七大部分,涉及人们生活、学习和工作中的各个方面,内容极其丰富,所说明的问题都是与人民群众的健康息息相关的。既可作为现代家庭防病健身、美化生活的参考,也可作为普及卫生保健知识的教材。

(《太行日报》记者)

《大地和太阳的位置》

《大地和太阳的位置》1991年北岳文艺出版社正式出版发行。作者:郛光洞(原名李国宁)

《大地和太阳的位置》收诗60余首,题材格调迥异,风格富于变化,难以归属于某家某派,有诗外之诗之感,抒发着一种波澜壮阔的感情。

该诗集由诗坛泰斗艾青亲笔题写书名,老诗人冈夫题写了插页,山西新闻出版局副局长梁肇唐写了序言。该集在首都读者中很受欢迎。著名诗人臧克家看后评论说:不一般化。

(《太行日报》记者)

《厂矿环境与劳动保护》

《厂矿环境与劳动保护》,1991年由中国环境科学出版社出版发行。主编:王会法 左铁仁 杨精华

工矿企业的环境保护和工人的劳动安全,是生产管理中的重要环节,对保障工人身体健康,提高生产效率等方面都有重要影响。该书是工人保健必读丛书之一,书中着重介绍了工人在生产生活中应注意的一些问题。内容简明扼要,文字浅显易懂,既有实用性,又有趣味性。可供厂矿企业干部工人和医疗卫生人员共同阅读。

(路生明)

《宝宝健康聪明的奥秘》

《宝宝健康聪明的奥秘》由山西人民出版社发行。编纂:市计划生育委员会、市优生优育研究所

参加本书编纂工作的有多年从事人体胚胎学、遗传学、免疫学、妇幼保健和优生优育等专业的副教授,副主任医师及其专业人员。

(《太行日报》通讯员)

《基层党组织建设文集》

《基层党组织建设文集》出版。沁水县委组织部编,该书共收入全县23名党务工作者22篇优秀论文及调查报告,全书6万余字,对加强和改善党的领导作了探讨。

(1992年)

《笑》

《笑》1992年由北岳文艺出版社出版发行。作者:一丁

一丁,又名张文君,是晋东南近年来新闻界和文艺界较活跃的一个作者,这已是他近三年来出版的第5本书了。

小说集《笑》,是作者从十一届三中全会以来所发表的近百篇短篇小说和小小说中选出的41篇,约17万多字,其中部分作品曾在本报发表过。该书语言生动朴实,风格明快潇洒,乡土气息浓郁,从不同的角度,反映了当前社会生活中的种种现象,读后,会令人发出各种各样的笑声。

(《太行日报》记者)

《游仙》

《游仙》1992年由北岳文艺出版社出版发行。编著:潘小蒲

中国民间文艺家协会山西分会副主席张余为该书写了序言。

该书是作者20多年来精心采录的民间故事精华，是我省较具影响的民间文学采集家的故事专集。

该书共搜集了民间故事170多篇,长达50余万字,内容丰富,文笔流畅、语言通俗、风格别具,富有浓郁的乡土气息。集故事性、知识性、趣味性于一体,是一本难得的故事专集。

（潘光亮）

《心湖云影》

《心湖云影》1992年由海南出版公司出版发行。作者:孙喜玲

“心湖因了灵泉的源头不竭而不枯。风起的时候,总会有云掠过,投下或明或暗的影子。把这些影子摄入笔端使其定格成为一种纪念和记载”,于是,一本题为《心湖云影》的散文集呈现在读者的面前。

散文集一共分三部分:既有《人生况味》中发自肺腑的抒情佳作,又有《洪荒地》上童年生活的美好回忆,还有《沧海依望》中对友人、丈夫、女儿的真情挚意。全书15万字。

这本书思路开阔,清秀灵动,题材多样,不拘一格,自序自跋,不借名人扬名,只凭作品感人,相信你读了一定会喜欢的。

《洒向大地的爱》

《洒向大地的爱》1992年10月份由北岳文艺出版社出版发行。作者:王宽宏　一丁

书前是中共中央总书记江泽民,国务院总理李鹏为我国土地工作者写的题词。山西省土地管理局局长李枝荣为该书写了序言。

该书是我国第一部集中主要篇幅,以文艺形式反映为卫护国土、管理国土、合理使用

和开发国土中涌现出的典型人物和典型事例的专著,是一部贯彻“十分珍惜和合理利用每寸土地”基本国策的报告文学集。爱沉沉,情切切,文笔清丽,语言流畅,风格明快、富有浓郁的乡土气息。本报张启才的《祭莫亭的诉说》、张治中的《这方土地这方人》入选书中。

(张亚丽)

《高平县志》

《高平县志》1992年10月由中国地图出版社出版 编委主任:徐治业 主编:李纪元

该志忠于“存真求实”的修志方针,忠于史实,只述不论,如实地反映了历史的本来面目。该志为通志,上自追溯的年代,下至1990年。该志结构取编、章、节、目形式,横排竖写,科学组合,事以类从,不受部门管辖范围所限。全志以经济部类为重心,共设24编,概述冠于卷首,附录置之卷尾。体裁取序、记、志、传、图、表、录、考诸体,以志为主,详今略古,详近略远,举大端,择要事,突出了时代特点与地方特色。该志纵贯历史,横陈百科,以广博而翔实的资料述前世之兴衰,考当今之得失,为四化建设提供了历史的借鉴和现实依据。李振华、张喜来、徐治业、王天智、苏遇江分别为本书作序。全书85万字,为16K精装本。

(杨秉聿)

《科技示范户百例》

《科技示范户百例》1992年由中国科学普及出版社出版。编辑:王会法 焦洪波

《科技示范户百例》一书,所收集的102篇撰著科技示范户的文章,都是在全国开展“科技示范户一百例”有奖征文活动中筛选出来的典范。其中有我市23篇,它包括农、林、牧、副、渔和综合开发等方面的专业户和重点户。该书集科学性、知识性、经验性、通俗性于一身。实用性强,文字浅显易懂,可供农村基层干部和农民阅读。

《公司·股票·交易》

《公司·股票·交易》1992年由中国经济出版社出版发行。编著:王柱成 王会法

在我国,股票公司和股票交易是个新生事物,是随着改革开放的春天应运而生的。为了帮助人们了解有关股票的一些问题,《公司·股票·交易》从理论梗概、组建程序、运营体制、股票交易、红利分配等五个方面作了阐述。该书不仅在理论范畴具有独特的理论和方法论意义,而且在应用领域为读者提供了多方面的操作性模式,它对各级干部特别是对从事企业管理工作者颇有启迪。

《如果我爱过》

《如果我爱过》1992年由北岳文艺出版社出版。主编:赵少琳 郭志清

书中有表现爱情是缠绵、凄苦、渴望以及焦灼;有歌颂友谊、自然、警策人生和充满内心体验的深刻自白,是把握透视当今诗坛的一次多方位扫描,品味及价值集思想艺术于一炉,情调或绵长或隽丽或凝重或高昂。意象纷呈,意境纵横,是一本珍贵而有力度的选本,对于当代诗歌的发展和走向借一斑可略知全豹,堪称诗歌本之精品。

《不沉的地平线》

《不沉的地平线》1992年由哈尔滨出版社出版。编辑:程旭荣

诗集收入作者精选的近几年在国内各报刊发表的诗作60余首，分为“那一朵雨云”、“消失与远方的炊烟”、“孤独的丛林”三部分。是作者运用传统及现代派技巧对社会、人生及爱情的感悟和深层思索,含蓄但不晦涩,清新却又沉重,大致可勾勒出作者青春的轨迹来。

《沁水县交通志》

《沁水县交通志》1992由山西人民出版社公开出版发行。

该书由沁水县交通局编撰,共20余万字,分为5编(卷)20章69节。书中拓片、碑

文、诗词等资料丰富翔实。

(英　东)

《田野上的希望》

《田野上的希望》1992年由山西科学技术出版社出版发行。主编:殷理田　张浩

该书对粮、棉、菜、花、果、树的种植和家禽、家畜、经济动物的饲养以及农副产品的加工技术,都联系实际作了阐述。

(毛　明)

(1993年)

《晋城人物传》

《晋城人物传》1993年1月中国城市出版社出版发行 主编:田霍卿　李才旺 闫思贤

该书纵横交错,囊括古今,反映了晋城古今人物的基本概貌。入传人物既有攻城略地的功臣良将,又有血染沙场的革命英烈;既有名垂青史的清官廉吏,又有彪炳文坛的儒人雅士;既有闻名全国的专家、教授,又有以技谋生的能工巧匠;既有党政高级领导干部,又有普通工人、农民。以多层次、多角度、大容量、鸟瞰式的扫描方法,展现了晋城古今名人的基本概况,具有丰富深厚的囊括性。全书探幽钩沉,寓论于史,挖掘了入传人物道德品质的闪光点。详尽地记述了入传人物的政绩、业绩和事迹,以翔实可信的史料和鲜明突出的人物个性,勾画出入传者栩栩如生的人物形象。该书为32K本、32万字。

(杨秉聿)

《晋城大事记》

《晋城大事记》1993年11月由中国城市出版社出版发行

主编:田霍卿　郭树珍　闫思贤

《晋城大事记》是继《晋城人物传》之后编辑出版的市志丛书的第二部。该书记载了上自远古时期,下迄1992年底,凡在晋城市(古泽州府)区域内所发生的重大事件。该书为32K本,53.9万字。

(杨秉聿)

《上党八音会》

《上党八音会》1993年由北岳文艺出版社出版发行。编著:申双鱼　宋爱龙

上党是中华民族歌谣乐曲的发祥地之一。上党八音会萌发于先秦,形成于隋唐,盛行于明清,解放以后,在党和政府关怀下有了较大发展。如今,已成为广大人民群众极为喜欢的民间音乐。乡村城镇都有,家家生活离不开它。群众举办婚丧嫁娶、庆典活动,总爱聘用八音会。每到元宵佳节,更是八音会响彻街头。这种民间音乐,曲牌丰富,风格豪壮,在山西省民间音乐比赛中,屡屡夺冠。受到了省内外音乐爱好者的热烈欢迎。

申双鱼、宋爱龙从小就耳濡目染。经受着上党八音会的熏陶。他们孩童时期,就跟着家乡父老参加八音会的吹拉弹打活动,进入高小、中学,便是学生中的锣鼓吹拉能手。60年代初期,他们进入晋东南地委、专署机关大楼工作,联合同行组织起机关八音会。一个打鼓板、一个吹唢呐,逢年过节,他们便带领机关八音会,走上长治街头。他们到上党梆子剧团、上党落子剧团、晋东南文工团、晋东南戏剧学校去找专业音乐工作者,到农村去找老乐户、唢呐王,广泛搜集资料。经过30年功夫,搜集到百余万字的上党八音会资料。从1990年,开始编写书稿。在山西省三晋文化研究会、民间文艺家协会、音乐家协会等部门关心支持下,在寒声、张一非、刘琦等专家学者指导下,终于在1993年初编成这部书稿。本书共47万字,包括漫谈上党八音会、上党八音会入门常识和上党八音会曲牌三章,曲牌中分作打击乐、社火、喜事、丧事、卡戏等5个部分。山西省音乐家协会主席张一非、锣鼓协会主席刘琦,为该书撰写序言。

(张生贤　郭峰山)

《夸父集》

《夸父集》1993年由新华出版社出版。编著:宋贵生

《夸父集》洋洋26.9万余言,其主人公从舍身求法,历尽坎坷以无私奉献闻名遐迩的原全国人大代表毕生才,到廉金珠、张宝根、李保国、张瑞枝、阎通成、赵春阳、冯富生等扎根于高平本土,为社会作出突出贡献的企业家,通过纪叙他们的奋斗历程,笔触所致都是发生在太行山上丹水河畔我们身边的真人实事,给人以亲切感、厚重感、使命感,催人奋发向上,见贤思齐。作家写了他人,同时也向世人展示了自己对理想信念夸父追日般的不懈奋斗精神,剖示了自己对党和人民革命事业的忠肝义胆。总字数达60余万字。

《黄孩子》

《黄孩子》1993年出版。作者:丁正耕

该诗集系多年来作者散发于《星星》、《诗刊》、《诗神》等数十家专业性报刊上的诗之精华,共分三辑:《多情季节》是诗人真情涌动的呈现;《安睡的美人》是生命溶于生之情的显现;《月中的孩子》是诗人的生命实在与其回归自然的纯真展现。诗集从序、诗到装帧设计皆由诗人一手独呈,读来深沉、凝重,无不透出悲剧之美。

(程　华)

《不死的梦》

《不死的梦》1993年由百花文艺出版社出版发行。作者:孙喜玲

诗集《不死的梦》是青年作家、诗人孙喜玲继她去年散文集《心湖云影》问世之后的第二本集子。该集子分《言情片》、《咏志篇》、《托物篇》等三部分,收录诗作57首。这些诗作多是其近年来的作品。言情也好,托物咏志也好,皆是著者心头不吐不快的歌哭。于明快清新、流畅自然而又执著沉郁的韵致中,特色颇见。

孙喜玲于1992年9月份离开太行日报社正式操业企业管理,作了晋城市金桥集团公司金桥酒家总经理。繁忙的筹备事物之余,结集出版了这本集子。她在集子《跋》中宣

称,为诗于她是"力所不逮",此举乃"决意从此不再问津此道,故有选择地结集出版,为告别诗坛留作纪念",尽管如此,关心她的读者朋友们还希望她只是说说而已。

（张治中）

《教育探微》

《教育探微》1993年由山西高校联合出版社出版发行。编著:陈有瑛

省委常委、副省长张维庆为此书作序。陈有瑛自1984年担任城区教育工作的领导以来,始终把写作作为工作的一个重要组成部分。他以教育工作为题材,教师学生为对象,做工作,写工作,促工作,收到了写作、工作双丰收。几年来,共写工作研究、调查报告、论文等230篇约30万字。先后在《中国教育报》、《山西教育报》、《山西教育》、《山西成人教育》、《太行日报》等报刊发表文章近百篇,其中一些文章获国家、省、市优秀论文奖。他本人也多次被评为市、区的先进教育工作者。

收入本书的文章共43篇,约17万字。本书结集了作者在教育思想、教育改革、学校德育、学校党建、师资建设、教育评价等方面悉心研究的一系列成果,是作者对教育理论、教育规律的思考和探讨,内容丰富,色彩缤纷,相信会给广大教育工作者提供有益的启迪和借鉴。

（留祥　振山）

《毛泽东交往百人丛书》

《毛泽东交往百人丛书》第一、第二册,1993年由山西人民出版社正式出版发行。主编:殷理田

该书根据毛泽东与各界人士的交往活动,分类编写,共分六册,即:军事人物篇、师生学友篇、亲朋好友篇、工作人员篇。每篇各取100人。最近出版发行的为第一册"军事篇"和第二册"民主人士篇",以后各册将陆续与广大读者见面。选入书中的人物,大都是为中国革命和建设做出重大贡献的知名人士,大致可以覆盖毛泽东在各个领域里的人际交往活动,较为全面地再现了毛泽东与各界知名人士交往的起点、过程情景及相互影响。

该书史料翔实,体例严谨,将使人们更全面地了解毛泽东这样一个对20世纪的中国乃至世界都产生重大影响的伟人。

(晓　端)

《马、恩、列、党和国家领导人论供销合作社》

《马、恩、列、党和国家领导人论供销合作社》1993年由中国奥林匹克出版社出版发行。编辑:李协定　焦银雷

该书系统、完整地收录了马克思、恩格斯、列宁以及党和国家领导同志对合作经济,尤其是对供销合作社经济密切相关的理论论述。

全书共计27万字,是迄今我国第一部供销合作经济理论文集。省供销社主任史超书为该书撰写了序言。

(孙加慧)

《晋钢厂史》

《晋钢厂史》1993年问世。这部记载了晋钢40年历史的书共33万字,反映了该厂发展的历程,是晋城市第一部企业史志。

(陈吉靠)

《商业顾问》

《商业顾问》1993年由山西经济出版社出版发行。编著:王纯　常皓　铁光

《商业顾问》一书,是作者结合商业战线上的一些实际问题,应商业部门的要求编写的一本实用商业科普读物。书中对商业服务、家用电器、服饰衣料、日用百货、化妆洗涤用品、文体用品、糖业烟酒、生活杂品、家庭备用药、商品与健康等方面的有关知识作了简明的介绍。文字通俗易懂,适用于商业工作者和广大消费者阅读。是商品经营者和消费者的

良师益友。

（玲　法）

《风尘远景录》

《风尘远景录》1993 年由香港新天出版社出版发行。作者:赵 杰

该诗集题材广泛,涉及自然、社会、人生、爱情等诸多领域,诗人用深沉、宁静的笔调,表达了对生活的热爱与追求,具有较强的现代表现力和较高的审美价值,是作者诗歌创作六年的结晶。

（耀　华）

《男子汉风采》

《男子汉风采》1993 年由北岳文艺出版社出版。作者:一 丁

该书以纯朴流畅的语言,清丽明快的文笔描写了在改革开放的人潮中击浪而歌的男子汉形象。读来如一首颂诗,似一支赞歌,字里行间散发出浓郁的乡土气息,充满了对生活的炽爱。书中所述 17 名男子汉有血有肉,有情有爱,在不同的岗位上,展现出了不同的风采。

（耀　华）

《泽州改革见闻录》

《泽州改革见闻录》1993 年由山西高校联合出版社出版发行。编著:李东平

本书是作者的第一部新闻作品选集,书中收集了改革开放以来他在各级报刊上公开发表过的 40 篇通讯,其中包括经验荟萃、泽州人物、社会一瞥三个部分。本书由省社科院教授陈典模作序,山西日报社丁晋川同志还对作者作了评价。

（王　纯）

《实用劳动人事管理学》

《实用劳动人事管理学》1993 年由中国经济出版社出版。主编:师国良 成 功

该书 43 万字,从劳动人事管理实用性着手,全面系统地介绍和分析了当代中国劳动人事管理、劳动保护与安全保险的基本知识及改革思路。成功还参与主编了中国经济出版社出版的《理论探索》一书,内容重点介绍了晋城区域的改革经验。

(刘武彦)

《食品小百科》

《食品小百科》1993 年出版。编辑:王会法 左铁光 王玉堂

该书以问答形式,对食品的选购、保存、加工、制作、管理等有关知识作了详尽介绍。

(刘武彦)

(1994 年)

《晋城教育志》

《晋城教育志》1994 年 9 月出版。

志书忠实记录了原晋城县近代教育事业的发展历程,体例完备,资料翔实,观点明确,语言质朴,尤其是人物编部分很有独到之处。志书的面世对于晋城市城、郊两区教育事业的发展、教学改革的深化以至于精神文明建设水平的提高有重要指导、借鉴作用。

(张海英 吕文明)

《中西医汇通金鉴》

《中西医汇通金鉴》1994 年由山西人民出版社出版。作者:王得国

这是在晋东南地区颇有声誉的名医王得国多年潜心中西医结合的成果。省委常委、宣传部长崔光祖为该书题词:“良方医沉疴,金鉴传后人”。著名老中医、国家一级教授颜正华对该书予以高度评价,并题写了书名。

王得国是长治市中医研究所附属医院门诊部主任,从事临床工作 40 余年,对祖国传统医学和西医药有精心研究。在同疾病作斗争的实践中,去粗取精,积累了一些经验,撰写成《中西医汇通金鉴》一书。全书共 10 余万字,内科分 9 个系统,104 个病症,189 个典型病案,212 个经验良方。本书最大的特点是以常见病、多发病为主,以西医的症状和诊断为基础,用中医的辨证施治,取纯中草药的治疗方法,通俗易懂,是一部极具实用价值的书,尤其适合基层医务工作者阅读应用。

(王春平)

《奋斗者》

《奋斗者》1994 年由山西人民出版社出版发行。

在我市经济发展中,乡镇企业异军突起,占有举足轻重的地位;这些企业的厂长、经理们勇挑重担,艰苦奋斗,有胆有识,自强不息,为我市农村小康建设做出了巨大贡献。一本展示乡镇企业家风采,再现奋斗者光辉足迹的纪实文学集《奋斗者》应运而生。

这本书收入纪实文学作品 32 篇,约 17 万字,作者多系我市新闻、文艺界写作骨干。他们深入调查、精心建构,以饱含觉悟的笔触,风格各异的篇章描绘了宋三旦、刘史明、乔虎胜、秦建新、苗晚成、崔旭成、张计忠、杨春强、宋拴虎等一批农民企业家勇于图新,昂然崛起在泽州大地的动人事迹。正如著名作家王东满为本书作序时所说:“奋斗者的每一个足迹都熠熠生辉,无不昭示了晋城市人的英姿风貌。”

《太行日报》通讯员

《历山与舜的传说》

《历山与舜的传说》1994年由天马图书公司出版。作者:一丁

《历山与舜的传说》根据民间传说创作而成。作者用生动的语言,以组合的写作技巧把三皇五帝之一的虞舜继承唐尧业绩后,躬耕历山,捕鱼获泽,驯兽治水,丧身湘江等一系列造福人类的故事和与女英、娥皇的爱情描述,同"下川文化"有机地贯穿起来,是第一部介绍历山风景旅游区的著作,读来非常感人。

(耀　华)

《兽医广禅侯》

《兽医广禅侯》1994年由山西科技出版社出版,初版印数为1万册。作者:潘小蒲

小说以34章、18万余字的篇幅,热情洋溢地讴歌了我国北宋时期医术高明、医德高尚,为抗金保国立下卓越功勋的兽医常顺被宋徽宗皇帝封为"广禅侯"的动人事迹。

省委书记胡富国看了书稿后,欣喜万分,挥毫题词:"发扬广禅侯精神,搞好畜牧兽医工作。"中国畜牧兽医学会中兽医研究会会长于船和山西省畜牧兽医学会中兽医研究会会长温伟业为该书出版写了序言。

(张文君)

《基层工作的多维透视》

《基层工作的多维透视》1994年由山西人民出版社出版发行。

省委常委、副省长郭裕怀为本书写了序言。郭裕怀同志在序言中指出:"领导干部深入基层搞调查研究,并亲自动手撰写调查报告,是我们党的一项优良传统,也是我们做好工作的一条基本方法,对于密切联系党群、干群关系,对于培养实事求是、理论联系实际的作风,以及对于提高干部的领导艺术和工作才干等,都具有直接的和重要的作用。"他希望各级领导要把这一优良传统长期坚持下去。

(《太行日报》通讯员)

《洋溢着的热情》

《洋溢着的热情——太行山散记》1994 年由北岳文艺出版社出版发行。作者:张道德

作者张道德,现任中共沁水县委宣传部副部长。长期从事新闻宣传工作,坚持业余创作,笔耕不辍。散文集收入其 56 篇作品,10 万余字,大部分在《太行日报》发表过。分为"情满太行"、"芳踪探胜"、"山乡纪行"、"灯下漫语"、"生活情趣"五部分,集思想性、知识性、趣味性于一体。

沁水籍作家靳兵煊为该书作序,评论家董大中的文艺短评《珍珠虽小有光泽》和本报记者张启才的专访《张道德印象》置于篇首,对帮助读者了解作者与作品起到有益之作用。

(《太行日报》记者)

《煤海弄潮人》

《煤海弄潮人》1994 年由山西人民出版社出版发行。主编:田守智

该书选取了 20 多位优秀乡镇煤矿矿长为代表。描写了他们艰苦奋斗,生动感人的事迹,副市长雷振声为此书作了序,市委书记田霍卿题写了书名。

(《太行日报》通讯员)

《打赌休妻》

《打赌休妻》1994 由山西人民出版社出版发行。作者:董富来

该书收入民间故事 80 余篇,分为人物传说、神鬼精怪、幽默笑话、风土民情、现代生活等 5 部分,近 14 万字。

(《太行日报》记者)

《中西医结合肝胆病学》

《中西医结合肝胆病学》1994年由北京中医古籍出版社出版。主编:秦光利

这套书取中、西医之长,系统地对胃肠和肝胆病进行了详细阐述。

(张晓奎 李国太)

《晋城古今书法集》

《晋城古今书法集》1994年11月由书海出版社出版发行 主编:柏扶疏

该集分前后两部分。前为古代碑碣诗文字书,后为现代书法篆刻作品。有的作者虽不属晋城籍,但作品藏于晋城,也收入到本集之中。关于现代书法篆刻作品,则严格以本籍作者为限。省政协副主席姚奠中,省书法家协会副主席王朝瑞、中共晋城市委书记薛荣哲为本集题词,市长田霍卿为本集写了卷头寄语。该书为16K本。

(杨秉聿)

《阳城县志》

《阳城县志》1994年11月由海潮出版社出版发行 编委主任:张仁仓 主编:刘伯伦

新编《阳城县志》本着实事求是的原则,以新的观点、新的方法和新的资料编纂,从内容到体例都大大突破了旧志的框框,较好地体现了地方特色和时代特色。本志为通纪体,上溯不限,下限至1985年底。该志设"县情数据表、大事年表、文征、简称全称对照表"很有特色。县委书记张仁仓、县长郭保岗为本志作序。该志书为大16开本,全书97万字。

(杨秉聿)

《晋城画册》

《晋城画册》1994年12月由山西人民出版社出版 主编 田霍卿 李拴纣

《晋城画册》旨在通过瞬间画面,真实展现晋城特有的风采和魅力,以期尚不熟悉晋城的朋友管中窥豹,或为光临晋城的朋友充当第一向导。市委书记田霍卿、市长李拴纣为画册作序。该画册分为太行神秀、新市芳容、乌龙腾飞、田园放歌、大山精蕴五部分。该画册在香港制版、印刷,印制十分精美。

(杨秉聿)

(1995年)

《晋城百科全书》

1995年4月由奥林匹克出版社出版发行 编委主任:田霍卿 李拴纣 主编:殷理田 王守信

该书是用简明方式,全面、系统地介绍晋城市的一部工具书。它的编撰出版,是晋城市一项重要的文化基本建设,对于晋城市的改革开放和两个文明建设,都会提供多方面的帮助。全书由前言、晋城市概述、分类目录、条目释文、大事年表、晋城市地图和汉字笔画索引等部分组成。全书条目分为历史、地理、区划、机构、古今人物、农业、工业、交通邮电、财贸、城乡建设、教育科技、文化、卫生体育、旅游服务、社会生活、友好交往等16大类。共设2210个条目,并附168幅彩色插页图、233幅随文插图。该书内容丰富,图文并茂,为32K本,全书76.1万字。

(杨秉聿)

《泽州新天》

《泽州新天》1995年由山西高校联合出版社出版。主编:崔 巍这套丛书分为郊区卷、城区卷、高平卷、阳城卷、陵川卷、沁水卷、泽城卷共七本,约150余万字。该丛书写人带事,撰写了建市十年来晋城市涌现出的一批先进人物和他们取得的业绩,融思想性、文化性、艺术性、时代性于一体。它的编辑出版,历经一年,是晋城市建市以来一项重要的文化工程,同时也检阅了晋城市文学创作队伍的实力。可以断言,这样的体现着时代主旋律的精神产品,定可在晋城市化作催人奋进的精神财富。

这套丛书编撰的对象,皆是由各县(区)认真酌定的。虽是择英集萃,但仍可看到建市十年的发展年轮和取得的辉煌成就。

市委书记田霍卿,市长李拴纣为该丛书作了序,各县(区)书记、县长为本县卷写了前言。

(良 言)

《方志新议》

《方志新议》1995年由海潮出版社出版。主编:刘伯伦

刘伯伦,从事地方志工作14年,在编撰县志的同时,将实践升华为理论,写出大量方志论文,且能发前人所未发,言他人所不言,具有独立思考品格,在国内方志界产生了大范围传输效应。作者将发表过的论文结集出版,名曰《方志新议》。

该书由方志学家刘纬毅作序,全书选入作者38篇论文,共20.3万字,并附有论志绝句十首等。

(《太行日报》记者)

《晋城》

《晋城》画册1995年由山西人民出版社出版。主编:田霍卿 李拴纣

这本画册由市委宣传部、市委摄影组具体承办。全书分为5个部分15个栏目,把晋城建市10年改革和建设的丰硕成果,晋城人民齐心协力奔小康的精神面貌,太行山优美的自然风光和淳朴的民俗风情,用精美的图片展现在人们面前,给人以启迪,给人以鼓舞。

《晋城》画册个性鲜明,创意新颖。国内外摄影界的知名专家学者对《晋城》画册予以

高度评价，认为从内容到形式，从图片到文字，从拍摄、编辑、设计到印刷、装帧，都达到全国一流的水平。尤其是省、地、市级的地方画册，确是目前国内极少见的精品，将会在摄影界产生一定的影响。

（雨　辛）

《常见病临症歌诀》

《常见病临症歌诀》1995 年由陕西科学技术出版社出版发行。编著:贾思明

这本书一是常识性强，主要搜集整理、列解了感冒、高血压、结核病等发病率高、比较常见的病症；二是简明易记，用我国传统的诗词歌诀的形式，将每病由 4 句到 10 句加以列解，并附治疗原则；三是携带方便，64 开本，7 万余字，就像精美的小笔记本。

（刘武彦）

《小康路上》

《小康路上》1995 年出版。晋城市郊区人大常委会编著

该书 10 余万字，是迄今为止全省第一本专门记叙人民代表事迹的书。原任和现任省人大常委会主任王庭栋、卢功勋分别为该书题了词。

（程常乐）

荣誉·奖项

（1991年）

城区中小学全国数学竞赛获佳绩

城区中小学全国数学竞赛双获山西赛区的最好成绩。这是城区教委进行教法与学法同步改革的结果。

在1991年4月份举行的全国初中生数学竞赛中，有10人参加了决赛，其中4人获奖，决赛成绩名列全省各县（区）前茅；在全国小学生数学竞赛中，参加初赛120人，有77人获得决赛权，占参加总人数的64.2%，为全省最高比率县（区），其中城区三小王朋同学获得满分（120分）。参加决赛的结果更是喜人：77名参赛学生49名获奖，占参赛人数的63.4%，其中得100分的4人，分别占全省100分11人和全市100分6人的36.3%和67%，为山西赛区成绩最好的县（区）。城区二小参加决赛的14名学生全部获奖，其中获得100分的就有3人，是全省竞赛成绩最好的学校。

（张留祥）

晋城市选手囊括全部金牌

山西省第八届运动会网球比赛1991年6月8日结束。晋城市青年选手囊括全部4块金牌。报名参赛的4名选手个个满载而归，武海滨、文元分获男女单打冠军，武海滨与张剑、文元与李乐配对，分别获得男女双打冠军。

在八运会先期比赛项目中，这是晋城市首次获得的金牌。

本届省运会网球项目，只设青少年组比赛，要求参赛队员必须是1975年—1976年出生的，晋城市参赛的4名小选手，均是市体校的学生。武海滨、文元长期在省体工队集训，优势十分明显，男女单打比赛中，他们二人发球准确，抽杀凌厉，令对手难以招架，各场比赛均以2:0战胜对手，轻松地获取金牌。文元在1991年举行的全国网球乙级单项比赛中，进入前4名，跻身全国甲级行列，武海滨在去年全国青少年网球“进军杯”邀请赛和全国锦标赛中，分别取得单打第8名和第13名的好成绩。

（杨　斌）

晋城市委宣传部受到中宣部表彰

1990年7月15日至20日,中央宣传部宣传局、《党建》杂志社在西安召开了全国发行、学习、使用《党建》杂志经验交流暨先进单位表彰会。会上,中共晋城市委宣传部交流了经验并受到了表彰。

《党建》杂志是中宣部主管的、以宣传和研究党的建设为主要内容的全国性综合政治刊物、党员教育刊物。为了征订发行、学好用好《党建》杂志,市委宣传部曾连续几年下达通知,要求各级党组织在积极订阅《党建》的同时,要把学用《党建》放在首位,利用《党建》这一杂志教育广大党员掌握马克思主义建党理论,掌握党的路线、方针、政策,宣传先进党组织和模范共产党员的形象。由于各县(区)委和市直工委、企业工委、教育工委领导的重视,在全市广大党组织和共产党员中形成了学习和使用《党建》的风气。

(窦书明)

晋城市综合档案馆达标居全省之首

1990年,晋城市档案部门认真按照全省档案馆和机关档案室达标条件,狠抓档案馆和机关档案室达标工作,取得了显著成绩。全市市县两级共6个综合档案馆,达到省级先进标准的3个,占总数的50%。市县两级430个一级机关档案室,达到省级先进标准的111个,占总数的25.8%。馆、室两项达标比例均居全省各地市之首,超前完成了省档案局1991年所要求完成的数字。在抓档案馆和机关档案室达标的同时,企业单位的档案管理工作也取得了可嘉的成果。截至1991年,晋城市已有25个企业单位的档案管理工作达到了省级先进水平,其中有7个进入国家二级先进行列。

(中里一)

山西省书法大赛晋城市5人榜上有名

由省文化厅等10单位联合举办的纪念中国共产党成立70周年“山西省首届群众书

法大奖赛”评选最近在并揭晓。晋城市共有5名作者获奖，其中阳城县委政研室袁崇虎获二等奖；市对台办公室李慧英、市公安局丁治、城区太行画苑郭秋林、高平县志办公室张江涛分获优秀作品奖。

（张学社）

李秦锁荣膺全国农广校先进工作者桂冠

在中央农广校十年校庆表彰会上，陵川县农广校的专职校长李秦锁被农业部授予“中央农业广播电视学校优秀工作者”称号。全国荣膺这一桂冠的仅10人。1991年元月12日，全国人大常委会副委员长孙起孟在人民大会堂二楼会议室亲手给李秦锁颁奖，并亲切地对他说“你在第一线辛苦了”。使这位年近花甲的李秦锁校长备受鼓舞。

截止1991年底，陵川县农广校由初期的百人校上升为千人校，由一个专业、一个班发展到10个专业、24个班，由单一的成人中专教育发展成为实用技术培训中专和大专教育并进的复式教学。十年来，共招收6期3000余名学员，毕业500多人，结业1000多人。毕业的学员已成为农业科技队伍中的生力军，被群众称为“活财神”。这其中倾注了李秦锁大量的心血。

（刘学文　王志敏）

晋城市小将吴军河夺全国象棋赛冠军

“翼城杯”全国象棋邀请赛7个项目冠军被山西省囊括。晋城市体校学生吴军河，勇战全国强手，夺得了少年组冠军，为晋城市争得了荣誉。

中国象棋特级大师柳大华、徐天红也到场进行1人对多人的车轮战表演。吴军河参加了柳大华的“1对10盲棋表演”，柳大师以7胜、2负、1和告捷。吴军河以初生牛犊不怕虎的拼搏精神，中局占优、终因功力不到，最后握手言和。

（王贵田　连德先）

晋城市民间迎亲锣鼓节目获一等奖

由省委宣传部、省文化厅、省广播电视厅联合举办的“山西省民间广场艺术录像比赛”结果近日揭晓。我市民间迎亲锣鼓节目获一等奖。市文化局获优秀组织奖,市广播电视局获优秀摄像奖。

这次比赛全省共推荐21个民间锣鼓节目参加角逐。晋城市推荐的陵川、阳城、沁水县、城区的民间迎亲锣鼓一亮相,就引起阵阵喝彩。参加评比的专家称赞我市的民间迎亲锣鼓节目“既不失传统特色,又具时代风采,给人以美感”。

(李爱民)

裴虎山获《家电维修技术精华》征文一等奖

全国首届《家电维修技术精华》征文大奖赛揭晓。阳城县广播电视局助理工程师裴虎山撰写的《解码电路的分析与故障的维修》一文荣获一等奖,并被编入由电子工业出版社编辑出版的《家电维修净化丛书》,这是山西省唯一获得一等奖的作品。

(陈恩奇)

晋城市十篇论文获省级奖

全省第二届食品工业发展战略研讨会论文评选揭晓。晋城市有10篇论文获奖。郭树珍副市长撰写的《建设能源重化工基地必须重视食品工业的发展》和市食协王玉堂同志撰写的《关于山楂食品发展的方向》获二等奖,其余8篇分别获得三等奖和荣誉奖。

此次评选是由省人大、省政协、省社会科学院、省委政研室等十单位组织进行的,对促进全省和晋城市食品工业的稳定发展将会起到积极的作用。

(杨学峰)

晋城市青年诗人李小鹏的诗入选《中国袖珍诗精粹》

意在促进海峡两岸的文化交流，展示当代诗人袖珍诗创作的风采，香港南洋出版社将于1992年元月隆重推出《中国袖珍诗精粹》一书。刊登在《诗人》月刊1990年3期的青年诗人李小鹏的诗作《彼此之间》，经海南省海内外诗人联谊会推荐，幸然入选。这是近年来李小鹏作品分别入选《诗选刊》、《星星抒情诗精选》、《中国当代青年超短文学精粹》、《当代青年爱情诗选》等诗集之后，结出的又一硕果。

（《太行日报》记者）

李小鹏获“七一颂”朗诵诗大奖赛二等奖

晋城市青年诗人李小鹏创作的《小城祝赞》在“七一颂”朗诵诗大奖赛中获二等奖。这次大赛是由《火花》编辑部、山西电视台等单位为庆祝建党70周年举办的。

山西电视台在6月28日的《五彩缤纷》栏目中现场直播了获奖诗朗诵会，并为创作和朗诵奖获得者颁奖。

（小猫　先梅）

阳缫四篇论文获奖

在山西省纺织厅举办的省纺织职工教育研究会首次论文评选活动中，晋城市阳城缫丝厂有14篇论文获奖。其中，郭琦荣、燕建成的《干部知识更新教育势在必行》，张杰、燕建成的《岗位培训“十法”新探》被评为优秀论文，马敏慧、陈耀东的《探论职工教育必须纳入经营承包责任制》，王志诚、原丰社、燕建成的《试议党员教育的途径》获鼓励奖。获奖作者已收到荣誉证书和奖品。

（李永瑞　原冲锋）

刘小虎论文荣获一等奖

晋城市城区区委政研室刘小虎的论文《对计生服务站的建议与思考》一文,在国家计生委和《中国人口报》等单位联合举办的“服务站管理大家谈”有奖征文中荣获一等奖。

(李默花)

巴公镇、高都镇文化站被评为全国先进文化站

振奋人心的“全国先进文化馆站经验交流暨表彰会”在北京人民大会堂胜利闭幕,晋城市郊区巴公镇、高都镇文化中心站被评为“全国先进文化站”。

(李爱民)

晋城市青年诗人李小鹏的诗作入选丛书

为了充分展示我国当代青年在超短文学领域所做的努力和探索,由湖南长沙三友书丛编辑室编撰的《中国当代青年超短文学精萃》一书,近期将由湖南文艺出版社出版。晋城市青年诗人李小鹏的诗作《爱的呢喃》(三首),因感情真挚、语句凝练、思想深邃而中选。这是其继今年在《中国青年》、《星星诗刊》、《火花》、《山西青年》等报刊发表了近20件作品之后,又一可喜的收获。

(《太行日报》记者)

晋城市老戏曲工作者获得省颁荣誉证书

1990年年底,省委宣传部、省文化厅和省文联对省内从事革命文艺工作达到或超过40年的同志颁发荣誉证书。晋城市有14名老戏曲工作者获此荣誉。他们是赵广业、阎发生、晋德山(小黑旦)、盖本延、陈玉富、栗守田、张仁义、王坤正、吴买成、李近义、王垦、吴

婉芝、李伯相、郎学友。

（市剧协）

晋城市13位企业家入选《山西财贸人物荟萃》

由省财办主任陈德贵、调研室主任阎泽民等主编的《山西财贸人物荟萃》一书1991年由中国商业出版社出版，晋城市13位优秀企业家入选。

该书主要描写了改革开放以来全省财贸战线涌现出的优秀厂长、经理们在企业改革方面的先进事迹。晋城市入选的有陵川县西河底供销社主任郭国保、高平县饮食服务公司经理李金旺、郊区土产公司经理车成兴、阳城县百货公司经理赵九经、沁水县食品综合加工厂厂长王书年等。

（明金贵）

晋城市委党校"七一"研讨论文获奖

全省党校系统纪念建党70周年理论研究会论文评选于日前揭晓。晋城市委党校李永忠、吕春生合写的《论毛泽东在执政党建设理论上的贡献及其对新时期党的建设的指导意义》获二等奖；王守信、秦海轩合写的《坚持党对统一战线的领导权是巩固与发展统一战线的根本保证》获三等奖；郑志诚撰写的一篇论文为入选论文。

（党史建）

赵彩霞获全国广播电视节目主持人"开拓奖"

阳城县广播电视台国家一级播音员赵彩霞，1991年在全国首次举办的广播电视节目主持人"开拓奖"评选中荣获铜牌奖，成为120名获奖者中唯一县级播音员，也是晋城市目前广播电视节目主持人中获国家级最高荣誉的播音员。

赵彩霞是1969年走上播音岗位的，最初只是个乡镇播音员。1971年调回县广播电台任播音员后,自始至终热爱本职工作,兢兢业业,勇于进取,努力学习播音业务和采访写作等知识,追求完美的播音艺术及节目主持人应具备的各种素质,使业务水平不断提高。

1976年以来,她先后被省、市推荐参加抢救"唐山地震"受伤人员等全国性活动3次,由她本人采编、播音和录音制作的节目获得省级奖励6次,还多次被市县评为"模范播音员"和"优秀党员"。

(子　龙)

高都、润城镇演出队双获省大奖赛一等奖

轰动全省的第二届农民演唱会"运拖杯"电视大奖赛,1991年2月26日晚在晋城降下帷幕。晋城市郊区高都镇、阳城县润城镇农民演出队参加了这次角逐,均获得一等奖。市群众艺术馆获组织奖。

这次电视大奖赛,是由省电视台、运城拖拉机厂和省群众艺术馆联合举办的。来自全省10个地市14个乡镇的农民演出队,通过3场预赛和1场决赛尽展风采。晋城市郊区高都镇的表演唱《夸富》、阳城县润城镇的阳城道情表演唱《新婚之夜》一亮相,就以其鲜明的地方特色和浓郁的生活气息受到省城专家和广大电视观众的称赞，他们过关斩将,顺利进入了决赛。他们在农民演唱会上大显身手,表现出晋城市农民在两个文明建设中的精神风貌。

正在太原出席省第六届党代会的市委书记王云龙、市长薛荣哲等领导同志观看了决赛演出,并看望了晋城市赴省参赛的两镇农民演出队。

(李爱民)

晋城代表队在全省民族知识竞赛中蟾宫折桂

市代表队在全省民族知识竞赛中蟾宫折桂。这是晋城市首次在全省组织的知识竞赛中夺魁。

本次比赛上月24日在太原举行,全省共12支代表队参赛,晋城队是经过两场预赛

后闯入决赛的。

此前,晋城市举办了全国民族知识竞赛并选拔出队员,市民族宗教事务局对他们进行了集中培训。

决赛中,晋城代表队在“稳中求胜,保二争一”方针的指导下,一路领先,以较大优势夺得第一名。

本次比赛评出优秀队员4名,晋城市有2人。他们将代表山西省参加今年3月在京举行的全国民族知识电视大奖赛。

(李明忠)

晋城市29个先进集体和个人获奖

1991年5月上旬,在山西省委、省政府召开的全省科学技术、知识分子工作会上,表彰奖励了一批为党的科技事业做出显著贡献的先进集体和个人,晋城市有29个先进集体和个人在本次会上获奖。其中农业技术承包获奖总数居全省各地市首位。

获集体二等奖的有:高平农业高产高科技术承包集团“十七万亩高产高效农田技术承包”;高平瘦肉型猪生产配套技术推广承包集团的“瘦肉型猪生产配套技术推广承包”;高平林业工程技术承包集团的“省定工程造林和油松容器育苗技术承包”;沁水农业局果树站的“低产果园改造技术承包”。获集体三等奖的有:郊区农牧局旱地谷子丰产技术协作组的“旱地谷子丰产综合栽培技术承包”;陵川粮食丰收工程承包集团的“粮食丰收工程技术承包”。获个人二等奖的有:高平农业局张达文的“高平玉米高产综合技术栽培承包”;陵川农业技术推广站王银吨的“高产栽培种植技术承包”。获个人三等奖的有:郊区农业牧局刘德义的“旱地玉米高产栽培技术承包”;市农牧局技术站张良太的“郊区旱地谷子丰产综合栽培技术承包”。

(王　纯)

晋城市硬笔书法大赛评选揭晓

由市文联、市书法协会、市硬笔书法协会和本报联合举办的全市硬笔书法日前已评选揭晓。这次大赛共收到参赛作品1000余件,经过评委的认真评选,共评出一等奖5名、二等奖12名、三等奖30名,优秀作品奖85名,另有组织奖4名。获奖和入选作品将于本月16日至22日在泽州饭店一楼南大厅展出,同时举行颁奖仪式。

市党政领导对此次大赛十分重视,并为大赛题了词。全国硬笔书法研究会会长田英章先生,北京、陕西、四川、湖北、河北、辽宁等9省市的硬笔书法名家也都为大赛题词致贺。

（市书协）

晋城市硬笔书法大赛获奖作者名单

一等奖5名:

冯俊儒　赵　域　汪周礼　董建军　许保国

二等奖12名:

苗前进　李　峰　葛小才　张东亮　梁乔太　张　雷　王富林　连广胜　王永红　翟林华　窦三马　曹胜利

三等奖30名:

部安平　焦光明　崔克诚　刘爱国　任有福　熊高明　韩长新　刘晋勤　阎　德　车建利　贺姣莲　秦仲犁　暴卫东　郭世先　朱红霞　吴　洪　魏国强　申劳之　梁小会　马羽翔　苏张林　于法生　丁勇伟　裴晋平　田和平　张德华　贾德中　庞安林　靳抒雁　王熙正

优秀作品奖85名(略)

组织奖4名:

阳城县书法协会　城区文联　晋城师范学校书法协会　晋城钢铁厂文联

（市书协）

晋城市48个单位的档案管理进入国家、省级先进行列

1991年，晋城市又有20个企业和24个机关的档案管理工作分别进入省级和国家

级先进行列。

国家一级管理先进单位:凤凰山煤矿

国家二级管理先进单位:市纺织厂　晋　钢

省级管理先进单位:

城　区:劳动服务公司　南街办事处

郊　区:保险公司　政协　税务局　监察局

高平县:石油公司　造纸厂　电业局　建设银行　工商局　交通局　保险公司　土地局　工商银行

陵川县:档案馆　石油公司　化肥厂　电业局　保险公司　土地局

沁水县:石油公司　民政局　税务局　人民医院　工业局　检察院

阳城县:应朝铁厂　石油公司　西沟煤矿　化肥厂　人事局　人民医院　煤炭局　西河乡

市　直:邮电局　阳城缫丝厂　石油公司　唐安丝纺厂　药材公司　晋普山煤矿　晋城师范　矿区建行　保险公司　统计局

（市档案局）

（1992 年）

吴国华、张爱珍双获梅花奖

第九届中国戏剧梅花奖 1992 年在北京揭晓,晋城市上党戏剧院第一演出团吴国华、第二演出团张爱珍双获梅花奖。

本届梅花奖共有 31 名青年演员获奖,其中戏曲演员 18 名,话剧演员 9 名,歌剧演员 3 名,滑稽戏演员 1 名。

（晋　文）

杨国立入选《中国当代诗书画人才博览》

在省文联、省教委等单位联合举办的“全国文学艺术大展赛”中,晋城矿务局凤凰山矿中学青年教师杨国立荣幸地被选入《中国当代诗书画人才博览》一书。这是他获“华夏杯青少年写作大赛”个人组织奖后,1992 年为凤矿中学争得的又一殊荣。

(侯新平)

西巷队在山西省农民游泳比赛中获佳绩

全省农民游泳比赛,1992 年在长治市游泳馆结束。晋城市城区西巷村游泳代表队夺得女子团体总分第一名,男子团体总分第二名。单项有 5 人获第一名,4 人获第二名,3 人获第三名。为我市和西巷村争得了荣誉。

西巷村两委近年来对体育工作非常重视,投资 210 万元,于 1991 年建成了一个高标准游泳场。这次西巷村党支书记赵立新亲自抓组队和训练,并和村委主任郭丑生亲临赛场督战。

据悉,这个村还计划修建游泳馆,培养高水平游泳人才,力争在全国比赛中有所建树。

(曹进堂)

晋城队获山西省群体干部操比赛一等奖

山西省群众体育科干部第 7 套广播体操比赛, 于 1992 年 7 月 15 日在长治市结束, 晋城市参赛队获本次比赛一等奖。

参加本次比赛的队有 12 个地市和省直 13 个代表队。参赛队员规定各地市分管群众体育的体委主任、群众体育科科长及科员必须全部参加。组织本次比赛旨在提高全省群体干部素质,使新颁布的第 7 套广播体操准确无误地在全省推广。

(曹进堂)

晋城市乒乓球队赴省比赛载誉归来

市体校乒乓球队一行14人，于1992年7月5日至13日赴太谷参加全省比赛。经过顽强拼搏，共获得两枚金牌，3枚银牌，1枚铜牌，1个第四名，2个第五名，2个第六名。晋城市运动员的顽强风格和精湛球艺博得大会一致好评。

在女子单打比赛中，张巧焕，买蕾娜一路过关斩将，最后获得冠军和第三名，在双打比赛中，这两名运动员默契配合，越打越勇，最后获得女子甲组双打冠军，马凯丽、樊艳芳两名小将获得女子乙组亚军。在团体比赛中，晋城市代表队夺得女子甲乙组两项亚军和男子甲组第六名。

（牛振中）

巴公镇荣获全省“文明乡镇”称号

1992年12月25日，郊区巴公镇被山西省精神文明建设指导委员会命名为“文明乡镇”。

巴公镇党委、政府坚持两个文明建设一齐抓，经过全镇人民的努力，取得了令人满意的成绩。

工农业生产稳步发展，经济实力大为增强。巴公镇把乡镇企业的发展作为迈向共同富裕的重要途径，积极调整产业结构，依托优势建立了以煤炭、冶炼、建材、运输、服务业为主的经济格局，共发展各类企业680余个，年创产值9000余万元，转移劳力8500余人，全镇集体经济收入达2800余万元。在农业生产上，巴公镇坚持开展农田水利基本建设，积极增加农业投入，改善生产条件，建立了较为完善的服务体系，连续四年粮食总产保持在2000万公斤以上，向国家交售粮食250万公斤以上。

精神文明建设设施齐全，农民思想文化素质明显提高。

近年来，全镇投资近3000万元用于基础设施建设。建起了高标准的文化中心，新建中小学、幼儿园41处，87%实现了“三配套”；29个村用上了自来水，铺设水泥街道11万余平方米，村村建起了“党员活动中心”和文化室，4个村修建了澡堂，敬老院等。他们加强对党员、群众进行共产主义、社会主义思想道德教育，全面提高思想、文化、道德素质，出现了社会秩序井然,群众安居乐业的良好社会环境,多项工作受到中央、省、市的表彰。

(许春杏　韩栓政　王来红)

秦化入选《中国数学教育名人辞典》

高平县教委干部秦化热爱数学教育,业余时间写了不少论文,受到专家和同行好评,1992年入选《中国数学教育名人辞典》一书。

秦化爱钻研数学问题,县教委领导和同事们也大力支持他,使他取得了不少成果,屡有论文问世。1988年,他撰写的数学论文《求Sn的新公式》在《山西科技报》发表,引起反响。1989年,他写的《谈谈整开平方的不同解法》在《中小学数学》杂志刊载,引起我国知名数学家的注目。

(卫建业)

晋城市一论文在全国获奖

在1992年召开的首届全国农情信息研讨会上,市农牧局王庆和同志的论文《试论办公自动化与农情信息工作》获优秀论文奖。

(王　锐)

晋城市三篇播音论文在山西省获奖

全省第二届播音论文评选1992年揭晓。晋城市电视台宋文娟撰写的《浅析播音制作中八种思维方式的作用及其关系》获一等奖,另两篇论文分别获得二等奖和三等奖,作者是郊区电台的姚抒夏和沁水电台的李香玉。

(燕　玲)

王有山获奖全国献礼片影评征文评选

由中影公司、中国电影评论学会、文汇电影时报联合全国42家省、市、自治区电影公司、七大军区文化工作站、武警部队电影发行总站、13家电影制片厂共同举办的献礼片全国群众影评征文1992年5月20日揭晓，高平电影公司王有山的《尊重历史尊重事实》继市电影公司、《太行日报》联合举办的献礼片“太行杯”大奖赛荣获二等奖后，经省、市筛选上报评定，又喜获全国群众影评征文三等奖。这次活动受到了广播电影电视部、电影局、总政文化部的重视与大力支持，发奖大会已于5月20日在北京举行。

（常保德）

晋城市二中学生在全国作文大赛中获奖

1992年全国中学生“春风杯”作文大奖赛揭晓，市二中学生关晋刚荣获三等奖，赵灵芝获佳作奖，语文教师崔贵远获辅导奖。

（张广德）

附城电影院美工韩红庆受山西省文化厅表彰

陵川县附城电影院韩红庆最近受到省文化厅的表彰奖励。韩红庆搞美工10多年来，共出宣传栏3500期（次），期期受观众的青睐。1992年他被省文化厅评为电影发行放映先进工作者，同时被市文化局评为优秀宣传美工。

（侯天胜　韩笑枫）

李小猫的《强秦悲歌》获奖

晋城市郊区文化宫李小猫创作的大型历史剧《强秦悲歌》荣获山西省第二届戏剧剧

本征文三等奖。

该剧写于1985年。1987年由郊区上党梆子剧团首演。定稿本发表于1991年《吐月》第一期。《强秦悲歌》创作手法新颖,作品多主体,人物性格多侧面。在尊重历史的前提下,对故事进行了必要的虚构,对情节进行了强烈的渲染。

有关戏剧家认为,此剧是李小猫继《皇帝与门官》、《佘赛花》、《儿女情》之后又一成功的力作。

(李　阳)

击剑队剑坛扬威

晋城市击剑队参加了在朔州市举行的山西省击剑比赛。

22名男女选手在刘明利教练的带领下,过关斩将,荣获重剑、花剑团体赛,个人赛6枚金牌、4块银牌、4枚铜牌。参赛的22名运动员全部进入前6名,被誉为山西省击剑运动的一支劲旅。

(牛振中)

王军龙书法作品将赴日参展

阳城县职业技术学校书画班学生王军龙的一幅书法作品,在赴京参加中国书法协会举办的"金龙杯"书法大赛中,被日中友好书法协会选中。该作品将于1992年底赴日参加"华风精品展"。

(李　鑫)

晋城市四棋手晋升为业余象棋大师

全国第4届"棋友杯"中国象棋邀请赛1992年9月中在太原举行。晋城市高平选手在"楚河汉界"上夺城掠地,战绩不凡。

在众多选手面前，高平选手阎春旺、冀保庆奋力拼杀，弈出很多精彩对局，最后分获成人组第二名和第九名的好成绩。县党校校长都春蝉宝刀不老，获老年组第四名。18岁的阳城女将孙素芳以5胜2和的不败战绩夺得女子组冠军。他们4人均获“业余象棋大师”的称号。

（贵田　德先　思诚　尚兵）

《中秋夜》脚本在京获奖

由晋城市武警支队政治处副主任吕福勇和市群艺馆副馆长蔡建民合作的短剧《中秋夜》在京获三等奖，并被收编到武警部队1991年好短剧一书中。

（麦　根）

梁保义入编《知名中青年中医药师名录》

由中国医药出版社出版的《知名中青年中医药师名录》一书，将阳城县中医院针灸主治医师梁保义编录其中。梁保义同志苦研针灸理疗多年，现是阳城县中医学会会长。多年来他用一根银针为人民服务，深受患者好评。他创立了“意气针灸法”。并发表专业论文100余篇，其中20余篇参加了全国和省级学术交流，7篇获市、县优秀论文奖。

（晓　晋）

卓然的《老槐》在《人民文学》发表

晋城市作家卓然创作的农村题材小说《老槐》系列，在《人民文学》1992年3月号发表。这是新时期以来晋城市作家第一次在《人民文学》上发表小说。

（小　兰）

《太行日报》3件作品获奖

第11届“山西新闻奖”评选结果1992年8月25日在塞北大同揭晓。共评出荣誉奖3件，一等奖22件，二等奖37件，三等奖59件。《太行日报》参评的6件作品，其中《全胜卖烟酒》(通讯，作者郭国太)、《生活与消费》(专栏，本报经济科)分获二等奖，《优势在渐渐消失》(述评，作者郭金星、杨斌)获三等奖。

“山西新闻奖”，是全省综合性年度优秀作品最高奖，由省新闻工作者协会和省新闻学会联合举办，参评者主要是全省各级各类报纸。本届共选送作品230余件。这次获奖作品显著特点是，题材大，挖掘深，达意新，文字短，写法活，改革分量大，社会效果好。但纵观选送的作品，仍不尽人意，最突出的是质量问题。

(王金有)

李小鹏诗作获奖

由中国民族文化艺术创作研究部与海外诗人联谊会举办的“诗丛入选作品全国选拔赛”1992年在海口市揭晓。晋城市青年诗人李小鹏的诗作《彼此之间》入选《中国袖珍诗精萃》(香港南洋出版社出版)后，经该书编委会选送，荣获大赛二等奖。

(原金龙)

《中国当代诗坛群星谱》青年诗人李小鹏书中有名

为了加强诗人之间、诗人与读者之间的联系，并向海外介绍我国诗坛近年来涌现出来的新人新作，使之产生更为广泛的影响，由《文艺生活》杂志选编的《中国当代诗坛群星谱》一书，将在1992年底由湖南文艺出版社出版。晋城市青年诗人李小鹏的诗作《命运》及百字简介应征入选，该书规格高、作品精，具有风格多元的特点，是一本熔选集与词典于一炉的诗歌专著。

(《太行日报》通讯员)

山西省舞蹈比赛晋城市选手获第二名

在1992年8月结束的山西省“康泰杯”体育舞蹈、舞厅舞、健美操大赛中,5716厂的奚扬和王岚获摩登舞第二名。他们是晋城市唯一的一对参赛选手。

（太　森）

牛明囤载入《中国科技翻译家辞典》

晋城市科技情报所副译审、初级翻译植物评委会主任牛明囤,1992年被载入上海翻译出版公司出版发行的《中国科技翻译家辞典》。牛明囤从事翻译工作23年,译作颇丰,并有多篇获奖,是晋城市唯一获此殊荣的人。

（乐　华）

山西省命名体育先进村　晋城市8村榜上有名

省有关单位1992年在太原受匾命名体育先进村,晋城市郊区的孔匠村、泊南村、西元庆村、大阳镇东街、巴公二村、东四义村和陵川的秦家河村、城区的西巷村榜上有名。

争创体育先进村是省农牧厅、省体委、省农民体协为创建全国体育先进县、乡镇而在全省农村开展的一项活动。

（曹进堂）

沁水农行职工在全国阅刊知识竞赛中获奖

在《中国农村金融》杂志社举办的第二届阅刊有奖知识赛中,沁水农行职工张小永获得一等奖,张红冰获得三等奖,郭红旗、张俊、都郭胜、王瑞军分获纪念奖,为晋城市争得了荣誉。

（如湘　跃萍　惠云）

晋城市作者的3篇作品被刊发

由山西省群众艺术馆《研究与辅导》编辑部编辑的《1992年元旦、春节群众演唱专辑》出版,晋城市作者的3篇群众文艺作品收录其中。他们是:石多、建民、长荣、一飞的阳城道情表演唱《新婚之夜》,郭一峰的小品《月夜》,李爱民的说唱《接新娘》。

(艾　敏)

晋矿两职工获煤矿综采电工组冠亚军

历时两天的全省第二届青工(煤矿综采电工)技术大赛1992年在晋矿揭晓,该矿职工赵水付、赵腊生分获冠亚军。

本届大赛是由团省委、省劳动厅、省总工会、煤管局等单位联合举办的。来自大同、西山、阳泉、轩岗、汾西、潞安、霍州和晋矿的20名选手参加了大赛。比赛分为理论考试、实际操作、电子元件故障处理和技术理论答辩等项目。

(星斗　志勇)

晋城市9人在华夏中学生作文大奖赛中获奖

由华夏文化促进会、中华全国新闻工作者协会、全国学联秘书处、《人民日报》文艺部等100多个单位联合举办的华夏中学生作文首届大奖赛1992年在首都北京揭晓。晋城市9名学生和两单位获奖。他们是:阳城县二中李玉霞、高平县二中贾鹏云荣获二等奖;高平县张永刚、市直阎马芳、阳城县原学红、原婉霞获三等奖;市直王丽、史丽芳、许瑞荣获优秀奖;阳城县一中春花文学社、阳城县教委研究室获组织奖。

(郭新民)

杜国仁老师勤于著书立说

市一中物理教师杜国仁业余时间精心钻研,已有不少文章见诸书刊。

杜国仁老师撰写的论文曾多次在省市专业书刊发表,他分别担任《高中物理必修课辅导与考评》和《物理分册》的编委,还为《高中物理必修课辅导与考评》一书撰写了其中的第三、四、五章约4万字,这两本书分别由科学普及出版社和贵州科技出版社出版。他撰写的论文《一个有用的公式》,最近被全国性专业刊物《中学物理》选用。

(郭新民　田志达)

《太行日报》张启才、王培英的作品获奖

全国第四届报纸副刊好作品评选,1992年7月30日在新疆乌鲁木齐揭晓。全国248家中央、省、地、市、县报,专业报、部队报纸的1336篇作品参加了评选。这届报纸副刊好作品评选委员会成员由中宣部文艺局、社科院新闻处、《人民日报》、《光明日报》、《新闻出版报》、《新疆日报》等19个单位的有关负责同志组成,经反复评定,评奖工作圆满结束。本报张启才同志的散文《我的宋爸爸》、王培英同志的文艺通讯《奔腾的小溪》分别获得三等奖和优秀作品奖,中国报纸副刊研究会颁发了获奖证书。

(《太行日报》记者)

《科技示范户百例》获全国"兴农杯"奖

王会法与人合编的《科技示范户百例》一书,1992年荣获全国首届"兴农杯"优秀农村科技图书三等奖。

该书由焦洪波、王会法、刘与任主编,由中国科学普及出版社出版发行。书中收集的102篇文章是由我市科委与《科技日报》社在全国开展《科技示范户一百例》有奖征文活动中从500多篇来稿中选编出来的。其特点是熔科学性、理论性、指导性、实用性、知识性和通俗性于一炉,是农民致富的良师益友。

(李德喜)

全国小学数学奥林匹克赛晋城市夺魁

1992年全国小学数学奥林匹克竞赛成绩揭晓，晋城市在山西赛区以获奖总数第一夺魁。

山西省有近两万名学生参加了这次竞赛。全省获奖总数为999人,晋城市310人获奖,占全省总数的31.03%。其中,市实验小学的张栓柱和尚江峰获得了最高奖:满分奖(120分)。他们是我省仅有的两名得满分者。

全省一等奖(110分)共10人,晋城市有9人。他们是市实验小学的李楠、宋凯、池梦娜、;刘晋妮、李鑫;城区三小的李元元;陵川附城的张虎平,高平城南小学的张军刚,路达峰。全省获二等奖的共89人,晋城市59人,全省获三等奖898人,晋城市240人。

参加全国这样大型的竞赛所取得的成绩是令人鼓舞的。这里倾注着广大小学数学教师的心血。为表彰他们的无私奉献,省教委为一等奖获得者的指导教师马海昌等6位同志颁发了"优秀辅导教师"证书,市教委对二等奖获得者的指导教师常荐芳等24名教师颁发了"优秀辅导教师"证书。

(张买祥)

南杨村获"晋阳杯"硬笔书法大赛组织奖

1992年,高平县野川乡南杨村捧回一块工艺考究的烫金匾,这是全国第二届晋阳杯硬笔书法段(级)位大赛组委会发给他们的奖状。

南杨村人自古以来重视书法。1991年,党支部、村委会办起农民职业技术学校后,书法班的学员最多,积极性最高,一个学书法的热潮很快在全村形成。

这次"晋阳杯"硬笔书法大赛由村党支部书记董民生直接组织,共有53人参加,大至年逾七旬的老翁,小至年仅8岁的顽童。有5名分别获五段、四段、三段奖,有48名获二段奖。这次参加"晋阳杯"硬笔书法赛的农村团体,全省仅南杨村一家。

(崔振堂)

（1993 年）

城区荣膺全国教改先进县（区）称号

城区坚持狠抓教学改革的深化，从教学内容、教学方法、教学手段等方面进行了全方位改革，国家重点教改实验项目成绩显著，荣膺全国教育改革先进县（区）称号。

从 1985 年开始，这个区把教改实验作为深化教学改革的突破口，在全区中小学大力推广 8 种国家重点教改实验项目，到 1993 年暑期为止，已顺利地完成了 29 个班 1500 名学生的 4 轮实验任务，成为全省第一家实现教改实验普及县（区）。

这个区的小学语文“注音识字、提前读写”教改实验从 1985 年秋季开始，通过连续的 4 轮实验，在大面积提高学生听、说、读、写能力上效果特别显著。1991 年，省教委在该区召开了“注、提”实验晋城城区研讨会，在全省推广了他们“全面规划，加强领导，积极发展，逐步提高”的改革经验；1992 年春，该区出席了国家教委在哈尔滨举行的“注、提”实验教改经验推广工作座谈会，其经验受到国家教委领导的推崇和表彰；1993 年春，该区又出席了国家教委在河南孟津县举行的全国“注、提”实验表彰会，受到国家课题组的表彰。该区与“注、提”实验同步进行的“能力发展与培养”实验，在提高小学生数学成绩上效果尤为突出。1993 年 8 月，该区参加了这个实验课题组在北京召开的全国表彰会，在会上首家介绍了经验，首篇选入大会会刊，并授予该区“国家教委七五、八五重点科研项目‘能力发展与培养’课题实验先进集体”光荣称号，同时还有 6 个实验学校和 18 名学校领导、教师也分别荣获先进集体和优秀教师奖。大会为了在全国推广该区的经验，特请张金针同志为大会作了示范课，石粉荣、黄红梅同志分别在会上作了课题实验表演课和汇报课，引起了轰动。

该区教改实验的普及，大大提高了教学质量，一批批优秀学生脱颖而出。从 1988 年起，该区中、小学生在全国初中数学、物理、化学和小学奥林匹克等竞赛中，获奖人数 258 人，获奖率高达 88.6%，连年为全省最好成绩县（区）之一。

（张留祥　刘长江）

晋城市实验小学学生竞赛成绩令人瞩目

市实验小学开发学生智力,收得累累硕果。

在1991年首届全国小学数学奥林匹克竞赛中,该校28名参赛学生在全省满分空缺的情况下,24名同学分别获得二、三等奖;1992年38名同学参赛,其中获满分奖2人(全省仅有的2人)、一等奖5名、占全省50%,二、三等奖30名;1993年40名参赛同学,获满分奖2人、一等奖5人,二等奖7人,三等奖10人;今年全省首届小学四年级数学竞赛,该校3名学生囊括全省特等奖,32名学生获二等奖、17名学生获三等奖;今年全市五年级语文竞赛,该校17名学生获奖,占全市获奖总人数的31.48%。

城区三小教学改革全国榜上有名

1993年10月,在北京召开的"七五"、"八五"国家教委重点教育科研项目"中小学生能力发展与培养"实验研究成果表彰会上,城区三小由于坚持不懈地大力推进教改实验成绩显著,通过了课题组的鉴定,被评为课题实验全国先进集体。

从1985年开始,城区三小就大胆地打破传统教学方法的束缚,在教材使用、教学内容、教学方法等方面进行全方位的改革,率先开设了城区第一个实验班,承担了由北京师范大学儿童心理研究所主办的国家教委重点科研项目"小学生心理能力发展与培养"课题实验。经过近8年的实验,实验规模由原来的1个年级1个班发展到现在的5个年级12个班。截至1993年10月,已先后完成了4轮7个班380名学生的实验任务。通过实验,学生的数学思维能力得到了很大的提高,非智力因素普遍增强,学生的数学成绩明显高于同年级普通班,毕业生合格率达100%。该校连续3年参加全国小学数学奥林匹克数学竞赛,获奖等级、获奖率均名列市、区前茅。在这次表彰会上,它们的教改经验得到了大会的充分肯定,特别是该校石粉荣老师用电教手段提高学生思维能力的一堂电教汇报课一鸣惊人,得到与会的来自全国各地数学专家的很高评价。

(程云峰)

晋城市一批中青年专家享受政府特殊津贴

经国家有关部门批准，晋城市葛文山、倪世信、孙洪福、王鑫、孙德寿、吴国华、张爱珍7位在专业技术岗位上做出重大贡献的中青年技术人员被确定为1992年度享受政府特殊津贴的专家。从1992年10月份起，他们将享受每月50元的政府特殊津贴。

这7位同志来自晋城市工农业生产、科技推广和文化艺术第一线，他们长年累月坚持在平凡岗位上，以自己的聪明才智，在晋城市两个文明建设中做出了显著业绩，多次受到党和政府表彰，成为晋城市的行业骨干和学术带头人。他们有的在工业产品开发和技术改造等方面解决了重大技术难题，取得了显著的经济效益，促进了全市的科技进步和经济发展；有的在农业科技方面取得了达到国内先进水平的科研成果，为提高粮食产量、推广农业科技做出了突出贡献；有的在文化艺术方面创立了独特的艺术风格，繁荣和发展了地方戏剧，成为遐迩闻名的表演艺术家。他们被批准享受政府特殊津贴，体现了党对知识分子的关怀。

（王培英　常　新）

史云惠等荣膺“市十佳青年歌手”称号

晋城市首届“矿管杯”青年歌手卡拉OK大奖赛1993年5月初在阳城县落下帷幕。

经过紧张、激烈的角逐，史云惠夺得一等奖；尚晋生、胡雁东、陕丰丰获二等奖；赵峰、毕小军、郭新顺、李雪雷、韩爱红、马高高等获三等奖。这10名歌手被共青团晋城市委命名为“十佳青年歌手”称号。

这次大奖赛是由共青团晋城市委、阳城县委、阳城县矿管局、红旗影剧院等联合组织举办的。其目的在于纪念五四青年节，讴歌改革，活跃全市青年的文化生活；发现人才，交流技艺，提高声乐艺术水平。由各县区、晋矿和市直单位初赛选出的28名青年歌手相聚阳城，进行了两场复赛和决赛。市文艺界的有关领导、专家担任评委，自始至终进行了严肃、公正的评判。

举办这样大规模、高水平的活动近几年来在晋城市还是首次。有关领导、专家认为：这次参赛选手的素质很好，代表了全市水平。从参赛情况来看，风格、流派齐全、各种唱法都有,无论是演唱技艺、舞台风格,还是演唱效果都很令人满意,接近或达到了专业水平。表明我市青年歌手的声乐演唱水平达到了一个新高度。特别是一些青年农民歌手的脱颖而出,反映出改革开放以来,随着物质生活的改善,群众的文化素养有了明显提高。

(白军社)

凤矿荣获全国"模范职工之家"称号

1993年底,晋城矿务局凤凰山矿工会被全国总工会授予"模范职工之家"称号。

凤凰山矿工有会员5346人,占职工总数的98.3%。矿工会设有民主管理文员会,全矿38个科队级,工会设有38个民主管理小组,243个工会小组,设有243个民主监督员。在开展建"职工之家"活动中,全矿上下做到了工资、奖金、升级、招工、分房、家属农转非十公开。矿工会开展建家活动八年多来,紧密围绕局矿党政领导和上级工会坚持安全生产为中心的要求开展工作,全矿有专职安全检查员258人、群监网员145名、青年安全岗员135名活跃在生产一线。到1993年11月底,全矿安全生产2655天,创全国同行业安全生产一流水平。

近几年,该矿坚持每年为职工办10件影响较大的实事。1986年以来,全矿先后建设职工住宅楼47幢,面积达121583平方米。还建起了塑胶灯光篮球场、旱冰场、舞厅、卡拉OK厅、游艺室等28个文化娱乐中心和体育场所。建成了全国企业一流的职工食堂、澡堂、托儿所,实现了单身职工住宿旅馆化、职工工作服公管化。职工家属住宅解决了煤气、水暖、闭路电视、抽油烟机等。他们还坚持每年对井下职工进行一次身体普查,每年安排600余名职工到外地疗养旅游。

该矿还在提高职工政治思想素质和业务技术素质上下功夫。1990年以来,全矿开展职工自学读书活动,参加人数达2000人,先后有36人在国家、省举办的函大毕业。该矿还举办岗位技术培训班25期,人数达4000余人次。

(曾卫群　王恕生)

凤凰山矿被评为“全国群众体育先进单位”

1993年10月从北京传来捷报:晋城矿务局凤凰山矿被国家体委评为“全国群众体育先进单位”。

改革开放以来,凤凰山矿坚持把群众工作列入重要议事日程。1984年开始,他们就成立了矿体育工作协会,配有两名专职工作人员常年办公。全矿还建立了1个专业篮球队、8个业余训练队,成立了30个基层体协小组。全矿5000余职工中,有80余名职工参加了篮球、乒乓球、羽毛球、游泳等16个单项协会。

为了把体育活动纳入规范化管理轨道,他们每年都有体育活动计划,每月有体育活动比赛,每日有体育活动项目。历年元旦迎春越野长跑赛参加人数都在千人以上。每年3月妇女运动会、6月中小学生运动会、9月老年运动会、10月全矿职工运动会,矿领导和科队长全部到现场助兴,每次吸引着10000余人次职工家属观看。

由于该矿体育事业蓬勃发展,他们从1988年至1992年,先后被省体委、省总工会、全国煤炭体协评为群众体育先进集体。

(曾卫群)

晋城郊区获奖作品名列全省县区电台之首

山西省1992年度广播好新闻评选工作1993年2月24日—28日在晋城市郊区举行。来自省城的16名专家、学者组成的评委会,经过对全省100多个电台(站)选送的稿件进行认真审评,于28日公布了评选结果。

这次的广播好新闻评选设11个方面的奖,102件作品榜上有名。我市共有郊区、高平、沁水三个电台的5件作品获奖,其中郊区电台3件,又一次名列全省县区电台之首。

全省广播好新闻到县区评选这是首次。首次即选在晋城市郊区是有缘由的。近年来,晋城市郊区广播电视局宣传改革,改革宣传,取得了显著成绩,创造了丰富经验。被评为全省及全国广播系统先进单位。该区电台这些年获省以上好新闻奖16次,多次在全省县区电台(站)占据榜首。正如本届评委、山西广播电视学会会长江枫在本次评选开场白所说:“全省广播好新闻评选在晋城郊区举行,既是一次评选会,又是一次现场会!”

(程常乐)

晋城市实验中学在全省评选中榜上有名

根据全省1992年普教工作安排,省教委对各地、市推荐的43所具有特色的优秀中学进行了认真考察和评选,最后以无记名投票方式,评选出28所中学为“山西省具有特色的优秀中学”,晋城市实验中学和郊区李寨中学榜上有名。

晋城市实验中学在这28所中学中为办学时间最短、最年轻的一所中学。建校伊始,该校就着眼于从整体上把握,从学习重点放到教育教学改革中去。几年中,他们创办了8个教育活动中心,做到德育为首,八育统筹,整体优化育人环境,全面提高学生素质,取得了显著办学成果。在各类竞赛、考核和评估中成绩斐然。校长常宝玉同志荣获省、市中学模范校长称号,并被省政府授予先进教育工作者称号,学校也先后被市委、市政府命名为先进集体、先进党支部、文明单位等光荣称号。

为把学校办成具有一流师资、一流设备、一流管理水平和一流教学质量的有特色的中学,市实验中学正在进一步完善设施,借鉴国内外科学管理经验,努力实现高效率、高质量、高待遇的目标。

(王培英)

沁水县西关村成为山西省档案工作第一村

曾被誉为“农民档案一枝花”的沁水县城关镇西关村,1993年,又出席了全省乡镇农村档案工作经验交流会,他们的“建设有农村特色的村级档案工作服务经济建设”的典型发言,受到了档案专家和与会者高度评价。

这个村的档案管理工作是从1953年开始的,40年来一直坚持发展下来, 这在全省实属头一家。1993年已发展成集文书、会计、科技、声像等不同载体多种门类档案为一体的综合档案室,成了全村利用档案信息的中心。现有专门库房50平方米,档案柜10套,

"七防"设施齐全。室藏档案资料2577卷(册),达到了收集齐全,鉴整标准,装订整齐,书写规范,这在全省又独占鳌头。他们编写的30册检索工具科学合理,使用方便,汇编的10余种参考资料体例得当,史实准确,专家看后,赞叹不已。《档案法》实施以来,他们狠抓了档案的利用工作。为经济建设,制定小康规划、解决纠纷、处理案件、落实政策、修史案件、落实政策、修史编志等方面,提供利用档案资料1300余卷(次),取得明显经济效益和社会效益。因此,10多次受到省、市、县政府和业务部门的表彰奖励。省档案局领导看后,称这里是"农民档案一枝花,全省村级档案工作第一家"。

(倪艾君　李卫京)

武惠恩论文荣获一等奖

全省第二次社会科学研究优秀成果评选揭晓,晋城市学者榜上有名。

这次评奖的时限是:从1984年1月1日起至1991年12月31日止。这次评选,共评出一等奖13项,二等奖35项,三等奖47项。晋城市申报参评著作7部,论文8篇。武慧恩同志的论文《研究生产力运动规律,推动农业改革与发展》获一等奖,于康智、田烨、成功二同志的论文被选为佳作。

武慧恩同志现任市委农二部副部长。该同志理论功底厚实,文字功夫精深,从事农业工作十余年,对农业颇有研究。他获奖的这篇论文是1990年撰写的。文章总结了古今中外农业生产发展规律,回顾了我国十年来改革及建国以来农业发展历程,提出应把技术改造作为第二个十年改革与发展的战略主题构想。

(市宣理)

杨村联区师生奋力拼搏获佳绩

在1993年举行的全国小学数学奥林匹克竞赛中，陵川县杨村联区获省级特等奖1名,一等奖4名,其成绩列全县教育战绩榜首。

杨村小学的李历瑾在全国优秀教师周王花的精心辅导下，以满分的成绩获特等奖;一向不出名的太和学校,也实现了零的突破,王军兰以90分的成绩获一等奖。在晋城市举行的小学语、数双科竞赛3名获奖学生中,该联区就占2名。4月份全国"爱华杯"作文竞赛又有12名学生获奖,此外,还有8名教师获得了各级数学、作文,语、数双科指导奖。

(牛志明)

卢文祥书法作品获国内、国际奖

郊区巴公镇纪委书记卢文祥,在1993年"纪念毛泽东同志诞辰一百周年中国书法作品精选"书法大赛及中国、日本、加拿大等国家和台湾、香港地区数千名书画家参加的"当代翰墨大观"书法大赛中又一次获奖。

(王来红　毕明荣)

小学四年级数学竞赛晋城市成绩全省第一

山西省1993年4月份举办的小学四年级数学竞赛成绩揭晓。晋城市参加竞赛的学生成绩突出,获奖总数名列全省榜首。

这次竞赛,全省参赛学生共26000多名,晋城市有2600多名学生参赛。全省考生中得100分以上的学生共251名,晋城市142名,占获奖总数的56.6%。其中全省获得满分(120分)的学生共3名,全在晋城市。他们是晋城市实验小学的程静、张辉、王笑楠,指导教师是李巧梅、杨宪萍。

其中,市实验小学、晋师附小、城区三小、二小、阳城实验小学、高平红旗小学等成绩突出,充分显示出他们的示范作用,显示出整体的高水平,也反映了学校领导真正把高教学质量放在首位。

(张买祥)

晋城市71个单位档案管理达省标

经省市档案局考评验收,1992年晋城市有71个单位的档案管理工作达到省颁标准。其中,城区煤炭局、郊区税务局等30个单位达到省二级标准,城区土地局等39个单位达到省三级标准,市自来水公司和市政公司达省级标准。

(史　宕)

晋城市六部科技著作获奖

全省1992年医学科技著作评选揭晓,晋城市有6项获奖。其中市卫生局高文斌,市红十字会戴典章编著的《实用医疗应用问答》获二等奖;市科委王会法编著的《厂矿环境与劳动保护》,市卫生防疫站郭爱廷编著的《现代家庭康寿美向导》,市健康教育所岳天虎的《民间偏方六百六》,市妇幼院刘光绩、市计生委王彩萍、张廷魁编著的《宝宝健康聪明的奥秘——来自优生优育的信息》,市医科所左铁光、市医院王德旺等编著的《群众救护问答》获三等奖。

(《太行日报》记者)

李寨中学被省教委评为特色优秀中学

经省教委组成的考察团的认真考察和评选,最后以无记名投票的方式,评选出28所中学为"山西省具有特色的优秀中学"。李寨中学以其显著的办学效益和实践教育的优势被确定为其中之一。

这次评选的28所具有特色的优秀中学,省教委予以通报表扬,并在1993年全省教育工作会议上颁发"具有特色优秀中学"锦旗一面,奖励5000元校舍维修款。

(刘和平)

田澍中小说《碑文》获《青年文学》第三届优秀小说奖

晋城市青年作家田澍中的小说《碑文》最近荣获《青年文学》第三届优秀小说奖。这项奖是全国一个较有影响的文学奖,也是晋城市作家在全国较有影响的小说奖中首次获奖。

《碑文》于1991年同时在《青年文学》和《山西文学》推出后,先后被《新华文摘》、《小说月报》等全国性选刊转载,在全国产生了一定影响。《青年文学》优秀小说奖的评委们一致认为《碑文》是近年来反映农村变革的一篇佳作。

作家田澍中目前正在阳城县润城镇挂职深入生活,计划创作一部以沁河两岸农村为背景、反映三中全会以来农村变革的长篇小说。

(《太行日报》记者)

张德建荣获全国绿化奖章

1993年3月3日,张德建同志荣获全国绿化委员会颁发的“全国绿化奖章”,也是晋城市林业战线上唯一获此最高荣誉者。

张德建,是晋城市郊区铺头乡林场护林员。1968年,他从50岁进山护林,今年74岁。24年来,无论酷暑盛夏,还是三九寒冬,他都住在深山老林里,冬饮冰雪,夏食雨水,过着“野人”般的生活。

他看护着林场5600多亩油松林,从未发生过火灾和偷砍盗伐。1992年9月被评为全省林业十大标兵之一,同年还加入了中国共产党。

(金太平)

晋城市六教师载入《中国当代教育名人辞典》

《中国当代教育名人辞典》一书出版。书中记录了全国四千余名优秀教师和教育工作者的感人事迹。晋城市6名优秀教师被载入其中,他们是:市一中张全魁;陵川一中曹云鹤;沁水一中赵友义;阳城一中粟纯;城区二小邢慧芳。

(郭新民)

《实用环保知识问答》获奖

由科普作家王会法与张金余、王左红、程玉萍等同志编著的《实用环境保护知识问答》一书，1993年获山西省第三届优秀科普图书二等奖。

该书为环境保护的普及读物，1989年10月由中国环境科学出版社出版发行，李揪业、王建峰同志参加编审。书中联系工农业生产及日常生活中遇到的环境污染问题，以及防治污染的办法和措施，深入浅出，简明扼要地做了介绍。

（《太行日报》通讯员）

晋城市4篇群众文化论文获奖

山西省第二届群众文化优秀论著、论文1993年评奖结果揭晓。市李贵堂同志的《试论城市特质文化》获一等奖，李立山同志的《闲话上党吹打乐》、李爱民同志的《晋城市农村乡镇文化站建设初探》、郭一峰同志的《评“十里店”》获三等奖。

（艾　敏）

李茂盛在世界华人诗歌大赛中获奖

晋城市青年作家李茂盛的作品《我想对你说》1993年在“世界华人诗歌大赛”中获优秀奖。他的另一首诗歌《思念》最近亦被选入《中国当代爱情诗鉴赏辞典》。

这次大赛是由武汉市作家协会等单位组织的，有3万多海内外华人的5万件作品参赛。

李茂盛是市城市服务公司的副经理，多年来业余笔耕不辍。他的散文《柿树情》、《母亲》曾入选《中国当代散文丛书》。他的硬笔书法也曾在“晋阳杯”硬笔书法大赛中获奖。这次在世界华人诗歌大赛中获奖已是他的作品第三次获奖。

（《太行日报》记者）

王海林作品角逐《中国新闻奖》评选

郊区人民广播电台编辑王海林,所撰广播评论《奋起直追莫自卑》,以其论点正确、论据充实、说理透彻等特点,在荣获“山西广播奖”一等奖、“山西新闻奖”一等奖后,1993年被推荐参加“中国新闻奖”、“中国广播奖”、“全国首届广播评论奖”的评选。

(高淑荣)

段海富荣获“五台山杯”全国青少年书法大奖赛优秀奖

由山西省忻州文化艺术发展有限公司主办的“五台山杯”全国青少年书法大奖赛1993年11月初揭晓。晋城市一中职工段海富的书法作品《登庐山》荣获优秀奖。他是晋城市唯一获奖者。

此次大奖赛收到参赛作品4万多件。大赛评委由中国著名书画大师董寿平、中国书法协会主席沈鹏等28人组成。

(新 民 安 民)

晋城市6篇论文入选中国党政企业大型系列丛书

由中国企业文化丛书编辑部和经济文献咨询编辑部联合编辑的大型系列丛书《中国党政企业领导干部论文集》,由经济管理出版社出版发行。晋城市有6篇论文入选。这6篇论文是:薛荣哲的《对经济发达地区农业问题的深层思考》、王会法的《关于科技兴市中若干问题的分析与探讨》、高凤英的《为什么说科学技术是第一生产力》、赵志远的《实现贸工农一体化,增强应变能力》、成育廷的《放开胆子,选好路子,搭好台子,强化班子》、郭生的《围绕小康村建设,发挥党组织作用》等。

(王 纯)

张晓宏的论文获全国一等奖

晋城市经济研究中心张晓宏撰写的《晋城市农村城镇化建设的实践与思考》论文，1993年在中国社科院农村发展研究所《中国农村经济》编辑部组织的“向市场经济转轨中的中国农村经济及农村金融改革”研讨会上受到有关专家的好评和重视，被评为优秀论文一等奖。

论文从晋城农村小康建设的实际出发，分析了晋城农村城镇化建设的现状及其滞后原因；提出了农村城镇化建设的基本思路，即城镇化建设与经济发展相结合、同步化；同时提出了发展农村城镇化的政策建议，对晋城经济社会发展有现实指导意义。

（晓　章）

青年教师徐志波获全国奖

长治铁路小学青年教师徐志波，参加工作两年来，除完成本职教学工作外，业余创作的书画作品连连获奖。

1992年，他在“欧阳修杯”诗书画大奖赛中荣获优秀奖，其书法作品被欧阳修艺术馆陈列收藏，他本人则被欧阳修艺术研究会吸收为会员，并被聘为书法专业研究员。1993年他又在第二届“红军杯”书画大赛中荣获画项二等奖，其作品收藏在红军百色起义纪念馆，他被中华金山书画爱好者协会吸收为会员，并被评为初级艺术家职称，被聘为《中华金山书画家报》高级记者，他的简历被载入《第二届全国“红军杯”书画大赛名人录》中。

（田玉玲）

阎志鹏的诗歌获全国优秀奖

在省文联、省教委等联合举办的“全国文学艺术大展赛”中，晋城市实习饭店青年职工阎志鹏创作的诗歌《山村的忧虑》荣获优秀奖。作为一名诗歌爱好者，此前他已获得过“凯特杯”海内外当代青年诗歌新人赛优秀奖，“新人杯”中国开发报全国诗歌大奖赛优秀奖和《女友》杂志社举办的“蓓蕾诗大赛”优秀奖。

（明　亮）

高平工行一论文被总行选用

1993年初高平县工商银行赵高生撰写的《转换企业经营机制与信贷操作措施》论文,经过层层筛选,评委审核,被工商总行即将召开的成立中国城市金融研究会选用。

（张京广　郭中华）

孔匠村体育工作在全国获奖

在全国体协1993年召开的体育先进集体和先进个人表彰大会上，郊区南村镇孔匠村被授予“体育工作先进集体”称号,孔匠村党支部书记孔全富被授予“体育工作先进个人”称号。

（崔小占）

晋城市教育学院两项工作获奖

在山西省教育学院最近组织的各地市教育学院函授处高师函授和高师卫星电视教育评优活动中,晋城市教育学院的高师函授和高师卫星电视教育工作双双领先,成为全省地市级教育学院唯一的两面锦旗得主。

该院领导对上述两项工作十分重视。近年来每年都做到了年初有安排,年底有检查,从人力、物力、财力等方面都给以大力支持。函授处的全体同志团结一致,认真负责,一心扑在高师函授和高师卫星电视教育工作上,收效明显,其经验在全省得到推广。近年来,市教育学院共培养了1764名合格的高师函授毕业生和796名合格的高师卫星电视毕业生,为扭转晋城市初中教师学历不合格局面起了积极作用。

（邢永亮）

晋城市代表队荣获奥赛团体第三名

历时3天的首届全国小学数学奥林匹克总决赛1993年8月7日在太原结束。晋城市7名选手不负众望,以总分705分的优异成绩夺得团体总分第三名,共获3个一等奖,6个二等奖,3个三等奖。这是山西省唯一的总分进入前6名的队。

这次总决赛共有来自全国28个省市53个代表队,山西省共有4个参赛队。获得团体总分第一名和第二名的分别是山东青岛一队和河北石家庄队;第四、五、六名分别是北京一队、四川一队和沈阳市队。

(秦宏平　张买祥)

杨国立的散文在全国大展赛获奖

在省文联,省教委等单位联合举办的"全国文学艺术大展赛"中,晋城矿务局凤凰山矿中学青年教师杨国立创作的散文《升级》和《感觉人生》分别获文学类三等奖和优秀奖。作为一名文学爱好者,1989年他曾在"全国青年散文大奖赛"中获奖。

(侯新平)

陵川农民王旭勇的作品在京获奖

从北京传来喜讯,在第十届全国文学艺术创作北京笔会上,山西省有两件作品获奖,其中陵川县西河底乡吕家河村农民王旭勇创作的短篇小说《文盲的账单》获二等奖。我国著名作家徐刚、著名诗人韩作荣高度评价王旭勇的作品:抓住时代脉搏,乡土气息浓郁。

王旭勇今年38岁,从18岁开始文学创作,先后在《热流》、《太行日报》、《山西农民》等报刊发表散文、小说多篇。《文盲的账单》以刘奶奶记账为主题,以一个侧面反映出我国农民在改革的大潮中所表现出来的不甘心落后、敢于向传统势力挑战的精神和勇气。

1993年,王旭勇被吸收为中国文学艺术创作协会会员。

(王　勤)

山西省青少年生物百项竞赛李寨中学获奖

全省具有特色的优秀中学——郊区李寨中学,经常开展实践教育活动,多方面培养学生的兴趣和才能,不断取得新成绩。

在1993年全省青少年生物百项竞赛中,李寨中学实践教育活动生物小组又积极组织学生采标本、作调查、写论文,踊跃参加这次大赛。该校在此次大赛中获优秀组织奖,参赛的4篇论文中,《晋韩公路空气扬尘污染考察报告》获一等奖,《沁河水污染考察报告》获二等奖,《掌握科学规律,探索蝎子"王国"》获三等奖。

(元龙　和平)

教师孟庆林业余写作硕果累累

郊区犁川中学高级语文教师孟庆林写的论文《语文教学中的可行性》获1992年全国农村中学语文教学科研成果优秀论文三等奖。1991年孟老师还被大特区诗刊编辑部授予"1991年中国诗星"称号,中国民族文化城文学艺术创作中心学术交流部授予"1991年全国桂冠诗人"称号,当代诗人作家丛书编委会授予"1992年当代精英诗人"称号。此外,他的名字还被收入《1993年诗人台历》和《1993年当代诗人诗历》中。

(宋海利)

9岁学生李晓瑞获"全国文学艺术大展赛"奖

郊区南岭乡裴洼小学四年级李晓瑞同学的征文《小山羊——我的朋友》荣获了"全国文学艺术大展赛"三等奖。

她的另一篇征文《我的朋友——书》获优秀奖。她的同班同学10岁的李素军的征文《我和麻雀》获佳作奖。她们在老师张小纬的指导下,积极开展课余阅读,开阔视野、锻炼提高了写作能力,取得了可喜的成绩。

"全国文学艺术大展赛"是由山西省文联,省教委等单位联合举办的。全国的中小学生共参赛作品 20 万件，评出一等奖 10 名、二等奖 100 名、三等奖 200 名。

（李手屯）

孟庆林老师又获殊荣

郊区犁川中学高级语文教师孟庆林，多年来，坚持业余文学创作，曾多次在全国文艺作品创作征文比赛中获奖。1993 年中国东方文艺社在首都召开第十二届中国文学艺术创作笔会，我国当代著名作家、诗人、评论家与会，孟庆林的作品《落叶》（诗）荣获一等奖。此外，他的诗《她和他》被收入《中国当代爱情诗鉴赏辞典》一书。

（宋海利）

王会法论文获全国一等奖

1993 年 7 月上旬在武汉召开的全国“社会主义市场经济与地区经济发展研讨会”上，山西省科普作家，原晋城市科委主任王会法同志的论文《科技推广与经济发展》获一等奖。

（刘武彦）

16 篇作品荣获太行文学奖

第一届（1991 年—1993 年）太行文学优秀作品奖评奖活动 1993 年 12 月 1 日在晋城举行，晋城市 26 篇文学作品获得提名。经专家无记名投票，其中有 16 篇获奖。这些篇目和作者是：

中篇小说（4 篇）

《远嫁》张文德

《白塔》邹三开

《寻找》田澍中

《松宫外史》王运朝

短篇小说(4篇)

《爷爷》阎湘

《一年四季》朱章

《寡娘》徐福德

《鸽祭》丁茂志

报告文学(1篇)

《七百里太行》毋福珠 贾政雷 成茂林

散文(4篇)

《鄂西风情录》甘茂华

《弧线之死》张锐锋

《稚园寻梦》李世钧

《慈禧童年揭谜》崔巍

诗歌(2首)

《明天的故事》王立成

《树叶之上》北方

评论(1篇)

《实用与超越》傅书华

(《太行日报》记者)

(1994年)

巴公镇演出队获大赛最高奖

"首届全国亿元乡镇、村文艺节目展播"1994年1月16日晚在省城降下帷幕,晋城市郊区巴公镇农民演出队参加了这次角逐,获得本次展播最高奖:一等奖。

这次"首届全国亿元乡镇、村文艺节目展播"是由中国电视艺术委员会、中央电视台、山西省委宣传部、陕西省电视台联合举办的。来自北京、上海、河北、河南、山西、广东、江苏、四川、辽宁、陕西、山东共11省市的25个代表队170余人报名参加,在1994年1月

14日至16日3天的“五彩缤纷”现场直播中竞相登台，为山西省观众献上各具地方特色的舞蹈、小品、评书、杂技、吹打乐、男女独唱、表演唱等25个精彩节目。晋城市郊区巴公镇农民演出队演出的舞蹈《深山小站》一亮相，就以其鲜明的地方特色和浓郁的生活气息，受到评委、专家和广大电视观众的称赞，前来采访的记者络绎不绝。他们在全国农民文艺节目大赛上大显身手，表现出晋城市农民在两个文明建设中的精神风貌，为晋城市人民争了光。

（李爱民）

科技功臣郭成会获奖金5万元

在省委、省政府召开的全省科技大会上，晋城市稀土合金厂厂长郭成会被命名为“山西省科技功臣”，并获奖金5万元。

近年来，郭成会的科研成果迭出，成绩卓著，曾先后成功地研制出两项增补国家空白、3项增补省内空白的八大系列130多个规格品种的稀土金属新产品。其中，低钛高品位稀土硅铁合金和特种稀土钙镁硅铁合金项目的技术性能指标达到国际水平。并白手起家，自力更生建起了一座年生产能力为8000吨的新型企业，1993年依靠科技优势分别在内蒙古乌海市、晋城市新建和筹建分厂各一座。使建厂30年，亏损30年濒临倒闭的农机修造厂，一跃成为全省农机系统企业第一盈利大户，成为山西省稀土合金产品的主要生产和出口企业之一。

（王纯　苏森）

晋城举重队在省九运会上夺金摘银

晋城市举重队在省九运会比赛中取得优异成绩。

晋城市举重队由市体校举重队员组成，共有14人参赛，11人取得名次，共获金牌1枚、银牌2枚、铜牌3枚，并获得第四名1个、第五名两个、第六名两个，共获得163分。比赛中，选手不畏强手，奋力拼搏。侯艳兰获女子乙组50公斤级金牌，并超该级别抓举世界纪录，郭落花获女子甲组50公斤级银牌，也超过该级别世界纪录，王丽娟破46公斤级省记录。晋城市体校举重队,是一支优秀运动队,在教练乔韦妍同志带领下,白手起家,在条件极其困难的情况下,斗严寒,战酷暑,连续三年春节不休息,坚持训练。在这次比赛中,面临众多专业高手,他们奋力拼搏,以良好的作风,优异的成绩,博取了大会和兄弟地市代表队的好评。

(牛振中)

晋城市小选手勇夺金杯

1994 年全国小学数学奥林匹克总决赛于 8 月 3 日在首都北京人民大会堂降下帷幕。经过三天五场紧张、激烈的角逐,晋城市实验小学代表队以优异的成绩荣获学校队一、二试总成绩第一名,夺得金杯,并以总分 1005 分的好成绩获得团体总分第二名,接力赛也荣获学校队甲组的第二名。晋城市 3 名小选手冯步奕、赵飞、司洋分别获得一、二试总成绩的个人一等奖。

本届竞赛由来自全国 30 个省、市、自治区的 80 支代表队,以及香港的 5 支代表队和日本的 2 支代表队共 300 多名优秀的选手参加了角逐。山西省的两支队为太原市队、晋城实验小学队。晋城市小选手虽然年龄偏小(我市为五年制,其他城市为六年制),但在赛场上沉着冷静、积极进取,最终以优异成绩为山西争了光,为晋城争了光。为此,中央电视台、北京电视台、中央教育电视台专门采访了晋城市代表队。

(张买相)

晋城邮电发展成绩卓著省局颁布嘉奖令

在全省第 32 次邮电工作会议上,晋城市邮电局荣获“山西省 1993 年通信建设优胜单位”称号,省邮电局刘作师局长亲手将奖杯及 3 万元奖金交给了市局曹凤林局长。

1993 年,晋城市邮电通信建设在市委、市政府的领导和支持下,顺利完成了全省“四个四”通信建设工程涉及晋城的 5 个项目。开通了 7000 门程控电话和 900 兆移动电话,完成了长晋、侯晋光缆工程任务,开通了太原至晋城快速邮路,使晋城市邮电通信能力达到了全省先进水平。目前晋城市已形成了一个天上、地下立体交叉、四通八达的邮电通信网,为晋城市进一步改革开放和经济建设大发展提供了便利条件。

(刘继凤)

城区史志办获省奖

在全省开展的纪念山西建党七十周年图书论文评选活动中,城区史志办选送的一本书和两篇论文全部获奖。

由该区史志办推荐的《晋城市城区概览》一书,对城区过去和现在党的建设、经济发展等情况做了翔实生动的记载,被评为三等奖。由阎文瑞和赵建江合著的《山西合作化经验教训之我见》荣获优秀论文一等奖。由吕国庆、来忠标共同撰写的《略论人民群众在临汾战役中的作用》荣获优秀论文三等奖。

(吕国庆)

禹适庭获国际书画艺术名人称号

城区卫生防疫站美编主管技师禹适庭,参加工作40余年来,他的书画作品曾20余次在全国性大赛中获奖。1994年他被日本大阪国际书画会等7国的国际书画协会联合授予"国际书画艺术名人"称号。

(郭新民)

山西省四年级数学竞赛晋城市成绩居榜首

1994年山西省第二届小学四年级数学竞赛成绩已揭晓,继去年之后,晋城又一次在全省夺魁。

第二届小学四年级数学竞赛,全省共参加考生24590名。全省唯一的满分(120分)获得者是陵川县附城完小的路锋。全省获一等奖(101分—120分)的学生共318名,晋城市111名,占全省获奖总数的35%。

省、市教委分别为获奖学生和他们的辅导教师颁发了证书和奖品。

(张买相)

农民王旭勇作品再次获奖

陵川县西河底乡农民王旭勇,20余年笔耕不辍,继去年短篇小说《文盲的账本》获第十届中国文学艺术创作二等奖后,他的又一短篇小说《山乡风情·情书》再获1994年度中国文学创作"鲁迅奖"。

(王　勤)

晋城市党史研究成果丰硕

在最近举行的全省首届党史优秀图书评奖活动中,晋城市共有7本优秀图书榜上有名,充分展示了晋城市各级党史部门取得的业务成果。其中有一本书获得一等奖,两本书获二等奖,四本书获三等奖。

(党史室)

晋城市3人书法作品被收入

晋城市人民银行焦光明、城区卫生防疫站禹适庭、郊区高都镇泊村煤矿刘永太的硬笔书法作品被收入《中国硬笔书法艺术精品大典》一书。

(郭新民)

杨生芳一论文入选《中国城市县区领导论集》

原晋城市经委副主任杨生芳撰写的《农村要向城市化迈进的探讨》一文,入选《中国城市县区领导论集》。该书已由《城市经济》杂志社向全国出版发行。

（《太行日报》通讯员）

郊区电台“醉鼓”获奖

“山西省广播奖”首届广播文艺评选结束，来自全省各地的30组节目参加了评选。晋城市郊区电台高素荣、曹华、抒夏、李晋创作编排的音乐专题节目《介绍新锣鼓曲“醉鼓”》获音乐专题节目二等奖。

（曹望月）

晋城市43人载入《山西群英》

《山西群英》一书由新华出版社出版。书中记载的是山西省省级以上劳动模范，“五一”奖章获得者，优秀企业家，优秀科技工作者，优秀班组长，优秀工人的先进事迹。其中晋城市43人被载入。此书的出版，既是对英模们的褒奖，又是对全省人民的激励。

（郭新民）

晋城市地方志论著获国家和省奖

在全国和全省修志优秀成果评奖中，晋城市有3部志书和4篇论文获奖。其中高平市志编委会的《高平县志》获全国二等奖和省一等奖，王守信和秦海轩编著的《读史备要》获省二等奖，田霍卿、闫思贤、李才旺主编的《晋城人物传》获省三等奖。

（《太行日报》记者）

晋城市4篇县(市)报新闻获奖

在1993年全国县市报优秀新闻评选中,全市共有4篇县市报新闻获奖。它们是陵川报社选送的《我县棋子山当是围棋起源地》和《无情火烧出人间情》,以及沁水报社的《谈谈"嫉妒病"》,高平报社的《企业强弱的竞争策略》。

(林　林)

晋城市两件美术作品参展获奖

为落实党中央《关于爱国主义教育实施纲要》和省委、省政府《关于繁荣文艺创作的意见》,检阅近年来山西省美术创作的成果,省文化厅最近主办了全省美术作品展暨首届画院美术作品联展。展出国画、油画、版画、雕塑、水彩画等270余件作品,晋城市12件美术作品入选,获银、铜奖各1件。市书画院副院长王茂彬的国画《青山白云是我家》获银奖,市书画院院长王金辉的版画《太行晓月》获铜奖。

(李爱民)

晋城市技校被验收为中级技校

经山西省劳动厅技工学校验收领导组评估,晋城市技工学校各项办学指标均达到部颁中级技校标准,被省劳动厅批准为中级技工学校,并颁发了《验收合格证书》。

(郭晨雷)

赵仁义获"世界艺术名人"证书

郊区文联美术师赵仁义,擅长国画、油画,其作品多次在国内外刊物发表。1993年6月在世界艺术名人评审中被评为"优秀国画家",荣获"世界艺术名人"证书。不久前,本人又被收入《当代书画艺术名人大辞典》。

（宰玉歧）

张治中的散文获奖

在1994年5月召开的“1994年北京西山创作研讨改稿会”上,《太行日报》编辑张治中的散文《养马岛上月华明》荣获创作一等奖。参加评选作品共分小说、诗歌、散文、报告文学、通讯五大类。这次会议是由《诗探索》、《中国现代诗》杂志主办的。《人民文学》、《当代》、《十月》、《人民日报》、《诗刊》、《北京文学》等报刊的部分文坛宿将到会为与会作者的作品予以认真评点。

（《太行日报》记者）

晋城市电视台李云霞获二等奖

晋城市电视台新闻播音员李云霞在刚刚结束的“塞北箭杯”全省第三届广播电视播音员主持人大奖赛上,以积分80.50分的好成绩位居第二,获得二等奖。

这次大赛历时20多天,经过了初赛、复赛、决赛3个阶段,来自全省县以上及工矿企业的487名播音员和主持人参加了角逐。我市有6名选手参赛。李云霞在业务现场决赛和文艺项目的角逐中积分为80.50分,排名第二,荣获二等奖。这是目前晋城市在广播电视播音比赛中获得的最高奖。

（《太行日报》记者）

两节目参加省精品展演获铜奖

“全省民间艺术新人新作精品展演活动” 于1994年9月至10月期间进行了巡回评比。经评委会认真评比,并提请“展演”领导组审定,评奖结果最近揭晓。晋城市郊区巴公镇四村的广场节目《巾帼锣鼓》,阳城县邮电局的舞台节目群舞《山婆婆看红火》获铜奖。

李立山、侯法明、王莉、史虎明获编创铜奖，李雪雷、吴仁虎获辅导铜奖。刘长安、李爱民、王红罗、晋爱梅获组织工作奖。

（李爱民）

晋城市参展节目获好评

为了进一步提高民间音乐、舞蹈、戏曲的创作和演出水平，推出精品节目，省文化厅、省总工会1994年9月下旬举办了全省民间艺术新人新作精品展演。晋城市推荐郊区巴公镇四村的广场节目《巾帼锣鼓》，阳城县邮电局的群舞《山婆婆看红火》、小舞剧《情丝》参加这次展演。这次展演采用巡回观摩评比的办法。日前，省文化厅领导带领评委、专家光临我市观摩，称赞这3个节目是在汲取民间艺术素材基础上创作的，充分表现了当代生活和人物，反映了时代精神，具有强烈的艺术感染力。展演结束，将评出节目奖和优秀组织工作奖，给予表彰奖励。

（李爱民）

晋城市一批农业战线骨干论文获奖

在1994年举行的“山西省高产优质高效农业技术研讨会”上，晋城市科委主任王会法等一批农业战线的骨干所撰写的36篇论文，有10篇获得大会优秀论文奖并在会上进行了交流，受到了与会者一致好评。

（袁世梅 祁冰宜）

晋城选手省九运会乒乓球赛成绩好于往届

山西省第九届运动会地市组乒乓球比赛于1994年7月13日在太谷结束。晋城市乒乓球队在本次大赛中获女子团体甲组第三名、乙组第四名，张巧焕、马凯利获女子甲组双打第四名，樊艳芳获女子乙组单打第四名，樊艳芳、王晋丽获乙组双打第七名。

由于冠亚军队系专业队队员参赛。晋城市女子乒乓球队又一次取得了代表山西参加1994年8月在福建厦门举行的全国业余体校乒乓球比赛的资格。这是晋城市女子乒乓球队连续第4年代表山西参加全国业余体校乒乓球比赛。目前集训队正进行紧张的训练,她们有信心在今年的全国比赛中再创佳绩。

(成登荣)

(1995年)

"少林弟子"郭建伟屡获殊荣

原少林寺武术学校陵川籍学员郭建伟,在1993年至1994年一年时间里,6次参赛6次获奖,受到家乡父老的赞扬。

郭建伟的父亲因工死亡后,是母亲靳荷英强忍泪水将他们三兄妹带大的。为了他们上学读书,母亲开饭店、推销铁矿、卖猪头肉……什么罪都受过,刚读小学四年级时,12岁的小建伟,看了两次《少年张三丰》武打片,便萌发了到少林寺学艺的欲望。母亲答应了他的要求,于1993年正月把他送到少林寺武术学校深造。

由于郭建伟抱着要当一名杰出少林弟子的愿望,勤学苦练,当年7月就被选去台湾参加了世界拳术比赛,为集体夺得了殊荣。年底又赴英国参加了短兵比赛,获得冠军。为集体捧回金杯后,在冬季运动会决赛时,又以短兵的组名参赛少林单刀项目,获第三名,夺得铜牌。年少的建伟对此并不满足,寒假时,13岁的小建伟向母亲说:"1994年,我要争取夺得第一名,捧回金牌,为全省3000万人民争光!"

果然,小建伟又先后夺得了1994年夏季运动会和该校武术运动会9项全能中长兵组的少林棍以及中级对练组的两枚金牌,夺得短兵组和中级长兵组的两枚银牌,还获得拳术组少林拳中级短兵组的两枚铜牌。正因他成绩优秀,于7月上旬赴美国参加了兵器(九节鞭)的比赛。10月份,他和挑选出的10多名少林尖子,还在广州参加了《旋风小子》武打片的拍摄,并被广州武术学校留用,为今后向海外发展创造了条件。

据郭建伟母亲说:"计划让儿子在近两个月的寒假中,将所学之艺更加充实,争取在春节前后,将其学的各种武艺全部奉献给全县24万人民,作为向大家拜年的礼物。同时,还做好各单位为春节文艺调演排队挨号前来邀请的准备。”

(王松臣　韩福玲)

李寨中学被授予“中学实践教育活动先进学校”称号

郊区李寨中学是“山西省特色优秀中学”。早在80年代初,该校就适应形势发展的需要,围绕经济办教育,办好教育促经济。在对学生全面打好基础的同时,积极渗透职业技术素质教育,并因地制宜地开展了实践教育活动。十几年来,李寨中学培养了一批又一批既有普通文化知识,又有经济意识和一技之长的新型人才,为经济建设输送着源源不断的生力军,成为一所“学校规范加特色、学生合格加特长”的特色优秀中学,受到了各级党和政府的表彰奖励。10年间团中央3次来这里考察指导。1991年,被团中央确定为“全国中学实践教育典型示范单位”。1994年11月,李寨中学又被团中央、国家教委和中国科协联合授予“中学实践教育活动先进学校”荣誉称号。

(赵元龙　刘和平)

第七届全国报纸副刊好作品评奖揭晓

第七届“龙王山庄杯”全国报纸副刊好作品评奖1995年8月27日在北京揭晓,308篇(件)作品获奖。

这届报纸副刊好作品评奖是对1994年全国报纸副刊工作实绩的检阅,经过了初评、复评、定评三个阶段,评委们反复阅读、认真筛选,入选作品的思想性、文学性均达到相当水准,作品质量比往年有明显提高。

由中国报纸副刊研究会主办、大连龙王山庄有限公司协办的这届全国报纸副刊好作品定评会,1995年8月25日至27日在北京工人日报社举行。从各会员报社、各省副刊研究会、省新闻学会和中央各报推荐各类参评作品共1386篇(件)中评出一等奖22篇、二等奖56篇、三等奖198篇、好版面12件,好专栏20件,以及部分优秀奖作品。

本报记者张启才的特写《“特权”孕育的罪恶》荣获二等奖,张治中的文艺评论《无法了解的情缘》荣获三等奖。中国报纸副刊研究会颁发了获奖证书。

（王群永）

晋城市电视台新闻节目获大奖

在1995年结束的“山西电视奖”——1994优秀新闻评比中，晋城电视台选送的5件作品有4件获奖。获奖比例、获奖等级名列各地市台前茅。

获奖的4件作品是：消息《大兴乡大兴科技姻缘》获消息类一等奖；消息《太行山也弄民工潮》获消息类三等奖；新闻专题《穷不怕，只要有志气——省委书记胡富国在锡崖沟》获专题类二等奖；连续报道《救救王生》获系列类二等奖。

从1990年起，晋城电视台新闻节目在参加全省评比中，获奖比例、获奖等级已连续5年名列各地市台前茅。

（牛慧清）

晋城市委党校1994年科研成果丰厚

1995年晋城市委党校对1994年科研成果进行了一年一度的评选。据统计，1994年全校共发表专业论文55篇，参编著作3部，通讯报道6篇计35万余字。他们以邓小平建设由中国特色的社会主义理论为指导，以服务教学，服务党委、政府部门决策为基本要求，认真进行讨论评议，结果，评选出优秀论文33篇，优秀通讯3篇。凡被推荐的文章均获得了优秀奖或入选奖。获优秀奖的论文，列榜公布，逐一在阅读栏内向大家展示。

（刘润香）

王会法作品荣获全国高档次的“优赏奖”

在抗日战争胜利50周年之际，山西省科普作家，原晋城市科委主任王会法，在60年代创作的歌颂闻名全国的民兵杀敌英雄《黄小胆大闹理发馆》的长篇鼓书，1995年在中国艺术界名人作品展示会上荣获“优赏奖”。

这次颁发的证书,为8开大型悬挂展示型式样,新颖别致,以其庄重而典雅的证券形式,由证券、钞票特有的色调密纹及图案构成,中英文对照,从设计到印刷均采用印钞票技术,纸内除有水印纹样,能鉴别防伪,实为罕见。

山西省第五届残运会晋城市金牌列第二

在山西省第五届残疾人运动会上,晋城市代表团团结拼搏,勇夺金牌10枚、银牌4枚、铜牌3枚。金牌总数名列全省第二。

这次晋城市派出的残疾人体育代表团由来自全市六县(市、区)的12名残疾人运动员和4名教练员、工作人员组成。队员们在时间紧、任务重的情况下,刻苦训练。他们不畏强手,团结拼搏,在田径、游泳、举重、乒乓球等4个大项上取得了好成绩,充分展示了晋城市8万余名残疾人“自尊、自信、自强、自立”的精神风貌,为全市人民争了光。

(李向青)

城区中小学生参加全国首届“迎归杯”写作大赛成绩斐然

全国首届大、中、小学学生迎接香港回归祖国写作大赛1995年揭晓,城区共有675名学生获奖。

近年来,城区中小学生重视用爱国主义精神塑造学生灵魂,引导学生会做中国人、文明人、现代人。一是发挥课堂教学主渠道,渗透爱国主义教育。二是坚持开展“我为国旗添光彩,争当红旗手活动”。三是进行“我爱中华”“中华传统美德”等教育。四是举办各种爱国主义知识竞赛。在这次“迎归杯”写作大赛中,该区8000名中小学生参加竞赛,获特等奖的有2名,一等奖24名,二等奖117名,三等奖237名,优秀奖326名。其中城区二中初二年级李娜同学的《一轮明月照我心》已在《当代写作》杂志上刊登。

(靳太平　李守元)

晋城市电视台两作品双获殊荣

在中华全国新闻工作者协会和中国残疾人联合会联合举办的“第三届中国残疾人事业好新闻”评选中，晋城市电视台拍摄的反映市社会各界踊跃救助河南籍儿童王生的电视专题片《救救王生》，荣获电视专题片类一等奖。

1995年，从国家教委、文化部、广电部和中残联共同举办的“第二届全国盲、聋校学生艺术汇演”录像评比中再传佳音，由晋城市聋哑学校学生演出、市电视台录制的小品《尽在不言中》荣获戏剧小品类节目一等奖。

（李向青）

闫春旺获棋协大师称号

首届“棋圣棋校杯”全国象棋棋协大师棋王战1995年在河北省会石家庄落下帷幕。晋城市象棋选手闫春旺获得全国第六名，并荣获全国棋协大师称号。

这次比赛是由中国象棋协会、中国体育报社、石家庄棋圣棋类专业学校联合举办的。来自全国24个省、市、自治区的250名象棋爱好者，云集石家庄市，展开激烈的角逐。经过7天13轮积分循环制的比赛，我市选手闫春旺不畏强手，以9胜2和2负积10分的总成绩，获得了第六名，在山西省参赛选手中成绩最好。

晋城市象棋好手王贵田、李永红、曹援朝、原补进也参加了这次比赛。

（王贵田）

著名演员张爱珍荣获金唱片奖

中国唱片总公司1995年在京颁发了第三届中国唱片金唱片奖，晋城市著名演员张爱珍获此殊荣。

该奖为中国唱片总公司授予著名演员和艺术家的最高荣誉，也是国际上唱片界通行的一种艺术水平高层次奖励。全国音乐、戏曲、曲艺界共有37名著名演（奏）艺术家获此殊荣。其中戏曲演员有11人,晋城市上党梆子演员张爱珍和省著名晋剧表演艺术家王爱爱同跻获奖行列。

(晋　华)

晋城市档案馆档案管理达省级标准

1994年12月中旬,省档案局组织考评组,对晋城市档案馆档案管理工作进行了考评验收。市档案馆以90分的好成绩达到了省级先进标准。

考评组按照《山西省档案馆档案管理定级升级办法和试行标准》,对晋城市档案馆档案管理工作进行了认真考评,听取了市档案馆负责人的汇报。他们还深入库房对各种档案的管理情况进行了考查评议,对晋城市的档案管理表示满意,并颁发了《山西省综合档案馆档案管理达标证书》。

(申耀寿)

阳城职业高中被评定为省级重点职中

阳城县职业高中坚持为本地经济发展和为社会主义建设服务的方向,创办以来大胆开拓进取,努力适应市场经济的需要,为当地培养了大批实用技术人才,受到社会各界的广泛赞誉。1995年这所学校被评定为省级重点职业中学。

(赵培库　孙素化)

城区三小两教师在全国中小学德育工作论文评选中获奖

在中国伦理学会和德育报社联合举办的全国中小学德育工作研讨会论文评审中,城区三小尚宗泰、庞智勇撰写的论文《强化爱国主义教育,为造就跨世纪新人奠基》获二等奖。

(秦新林)

第二届中国北方民间文学奖揭晓

由北方15省、市、自治区民间文艺家协会、民间文学集成办公室联合发起组织的北方民间文学第二届评奖,1995年在吉林省长春揭晓。在全省13部(件)获奖著作中,晋城市煤管局原安监局副局长董富来的《打赌休妻》和阳城县政协主席潘小蒲的《游仙》两部采录专集荣获二等奖。

(《太行日报》记者)

两位书法家当选省书协理事

在1995年7月召开的山西省书法家协会第三次代表大会上,晋城市李慧英当选为常务理事,贾大一当选为理事。贾大一还被聘为省书协展览委员会委员。

(劳　力)

赵剑被吸收为省作协会员

郊区教委赵剑1995年被山西省作家协会吸收为会员。多年来,赵剑坚持业余创作,在《人民日报》等几十家报刊发表诗歌、散文、小小说等作品200多篇(首),部分作品在省内外获奖,并出版了诗集《杏花雨》。

(邢　昊)

“si石堆粉画”获两项大奖

郊区南村镇殷买堆发明的“si石堆粉画”,于1994年4月和6月分别获得了国家科委颁发的“当代科技之星奖”和“首届中国金榜技术与产品博览会金奖”之后,1995年又载入《国家级科技成果研制功臣名录》一书。

(崔小占)

统计资料

晋城市文化事业基本情况

	单位	1991年	1992年	1993年	1994年	1995年
公共图书馆	个	5	6	6	6	6
文化艺术馆	个	7	7	7	7	7
文物馆	个	6	6	6	6	6
艺术表演团体(专业)	个	10	10	10	10	10
演出场次	场	3200	3414	3488	3187	2957
观众人数	万人次	608.5	523.5	472.9	339.6	279.8
电影放映单位	个	728	755	670	363	419
放映场次	场	139767	108095	59100	38208	40850
观众人数	万人次	7825.1	7029.0	3945.0	2212.0	604.9
放映收入	万元	404.6	362.0	246.0	178.0	308.0

晋城市教育事业基本情况

	单位	1991 年	1992 年	1993 年	1994 年	1995 年
正规学校:学校数	所	3988	3957	3894	3910	3797
在校学生数	人	288732	282388	262275	277301	284216
招生数	人	69092	69315	70112	74517	75412
毕业生数	人	75373	69326	70873	68663	68941
教职工数	人	28060	28745	29395	29852	30323
业余学校: 学校数	所	4318	4568	3779	5084	4466
在校学生数	人	201779	200637	166920	313782	384807
招生数	人	159932	164398	151644	279415	365720
毕业生数	人	184190	212451	187898	319322	370431
教职工数	人	7969	9012	6601	9389	8011

分县(市、区)教育事业基本情况

单位:所、万人

	1991年	1992年	1993年	1994年	1995年
学校数	3988	3957	3941	3910	3797
城　区	128	101	103	111	109
泽州县	964	963	956	944	934
沁水县	800	781	777	758	700
阳城县	854	831	829	825	801
高平市	593	583	579	572	564
陵川县	668	665	662	665	657
在校学生数	288732	282388	273315	277301	284216
城　区	39402	18878	17973	19583	20974
泽州县	73844	72538	69785	69559	70614
沁水县	28816	28780	28850	29094	26992
阳城县	47305	46630	45837	46983	47889
高平市	54420	54420	46451	48384	56401
陵川县	44004	43039	41174	40004	39102
毕业生数	75373	69326	70873	68663	68941
城　区	12825	3505	4066	4206	4192
泽州县	17015	16420	16672	17037	16520
沁水县	7114	6697	6797	7541	6278
阳城县	12510	11975	12036	12646	11989
高平市	12936	12936	12418	12100	12287
陵川县	12174	10990	11137	10089	9232

晋城市广播电视事业基本情况

	单位	1991 年	1992 年	1993 年	1994 年	1995 年
电视转播(差转)台	座	100	90	91	78	60
电视发射机	部	117	117	118	78	69
中波发射机	部	1	1	1	1	3
喇叭总数	只	10.08	14.08	15.57	18.71	14.62
已装喇叭的农户	户	9.51	13.47	17.17	16.46	15.53
通广播的村	个	1971	1993	1817	1238	1613
广播覆盖率	%	75	75	90	90	90
电视覆盖率	%	82	82.0	82.3	82	82
广播线路架设总长度	杆公里	8136	8136	7542	7122	6840
广播电视系统职工人数	人	719	736	731	746	754

晋城市体育事业基本情况

	单位	1991年	1992年	1993年	1994年	1995年
体育系统各类机构	个	10	11	11	7	7
体育系统固定职工	人	97	100	102	102	101
专职教练员	人	33	25	19	32	23
专职教师	人	7	12	15	15	11
行政管理人员	人	39	59	55	41	51
其他人员	人	18	4	13	15	16
各级体委训练干部人数	人	40	140	60	46	64
裁判员	人	30	80	60	40	4
各级举办运动会	次	77	61	38	74	43
参会运动员人数	人	16790	13356	9580	69630	47820
各级训练机构在队教练	人	24	25	19	32	23
体育锻炼标准达标人数	人	38900	118151	153100	112400	146280
及格级	人	38900	50877	46000	39750	42234
良好级	人		51054	76500	51212	72929
优秀级	人		16220	30600	21438	31117
本年批准等级运动员	人	10	8	10	32	
本年批准等级裁判员	人	24	51	12	16	

晋城市城市居民耐用消费品拥有情况

（百户拥有量）

	单位	1991年	1992年	1993年	1994年	1995年
摩托车	辆	3	8	13	23	23
自行车	辆	206	192	184	175	167
彩色电视机	台	88	85	99	94	102
写字台	张	95	104	100	98	99
录放像机	台		4	2	5	6
缝纫机	台	76	74	73	63	64
组合音响	套		4	6	10	11
录音机	台	76	58	41	59	50
照相机	台	19	21	20	18	25
中高档乐器	件		2	2	4	1
洗衣机	台	96	95	98	91	93
空调器	台				1	1
电炊具	个	2	3	5	16	10
沐浴热水器	台		12	12	22	22
抽排油烟机	台		8	25	25	37
吸尘器	台		4	5	7	14
电冰箱	台	39	51	72	65	69
地毯	条		90	25	271	258

晋城市农村居民耐用消费品拥有情况

（百户拥有量）

	单位	1991年	1992年	1993年	1994年	1995年
自行车	辆	94	95	101	101	119
缝纫机	台	73	71	80	87	91
钟表	只	42	51	69	71	93
手表	只	194	199	218	209	178
电风扇	台	10	13	11	13	50
洗衣机	台	9	12	15	16	34
收音机	台	42	43	40	38	38
录音机	台	17	20	19	17	43
电冰箱	台					9
黑白电视机	台	36	41	54	56	48
彩色电视机	台	10	15	20	23	50
录相机	台					1
照像机	台	1	1	5	6	4
摩托车	辆	1	1	3	7	16

后　记

地方年鉴，无论是综合性的还是某个领域的都是一个地方或它的某个方面发展变化与前进过程中的最原汁原味和最具原生态的记录与记载。

《晋城文化年鉴》自晋城市三晋文化研究会决定并完成编纂2004年卷之后，这是第七卷。为提高年鉴的质量，根据吴广隆会长的提议，2009年3月，市三晋文化研究会办公室邀请多名专家、学者，对《晋城文化年鉴》(2007)(送审稿)进行了一次深入讨论、研究和评议。各位专家、学者在对2007年卷原稿和已出版的三卷年鉴给予了充分肯定和评价之后，以各自不同的视角，以无比诚恳和认真的态度，阐述了自己的意见和见解。从《晋城文化年鉴》书名的概念含义，到年鉴的整体框架；从内容的涵盖范围到篇目的设置分类；从资料的收集整理到筛选取舍；从行文表述到校勘纠错，方方面面、大大小小、无一不有所涉及，无一不高屋建瓴，谈出了自己的真知灼见。称道、肯定给了我们信心与鼓舞，意见、建议给了我们启发与思考。研讨会后，对这些堪称千金难买的建言献策，办公室进行了详细归纳整理，尽现有人员的水平和技术条件之可能，在《晋城文化年鉴》(2001—2003卷)和(1996—2000卷)以及本卷编辑中最大限度地给予了吸收采纳。

年鉴资料原自宣传、文化、文物、旅游、教育、体育、文联等党政机关、社会群团组织及其所属学会、协会、研究会等多个系统的众多单位和数种报纸、刊物。其收集汇总便是一项艰巨繁琐、费工误时之事，虽尽最大可能求速、求全、求精，终因主观、客观种种原因，仍无法避免挂一漏万之缺憾与遗珠丢宝之可能!本卷年鉴是在研究会诸领导的高度关注与研究会诸同仁的齐心协力密切配合和一批热情支持者的鼎力相助下编辑而成的。在此，对给予年鉴编辑以大力支持、帮助的各级各单位领导和付出艰辛劳动的诸同志表示深深的感谢! 还是那句老话，因时间的仓促，经验的缺乏，人力的不足，疏漏错误之处在所难免。衷心诚恳希望热心读者和有识之士提出批评、意见与建议，不吝赐教，我们定将视为至宝，虚心听取，认真对待，作为后来诸卷年鉴编辑之时的宝贵借鉴。

谢东峰　杨秉聿

2011年6月

图书在版编目(CIP)数据

晋城文化年鉴. 1991~1995 / 晋城市三晋文化研究会编. —太原：北岳文艺出版社，2011.10

ISBN 978-7-5378-3622-7

Ⅰ.①晋… Ⅱ.①晋…Ⅲ.①地方文化—文化事业—晋城市—1991~1995—年鉴 Ⅳ.①G127.253-54

中国版本图书馆 CIP 数据核字(2011)第 200773 号

晋城文化年鉴(1991~1995)

编　　者：晋城市三晋文化研究会

责任编辑：李建华

助理编辑：杨小梅

出版发行：山西出版集团·北岳文艺出版社

地　　址：山西省太原市并州南路 57 号

邮　　编：030012

电　　话：0351-5628696　5628697(发行中心)

0351-5628688(总编办公室)

传　　真：0351-5628680

网　　址：http://www.bywy.com

E - mail：bywycbs@163.com

印刷装订：晋城市景潮办公用品印制有限公司

开　　本：787×1092 毫米　1/16

字　　数：960 千字

印　　张：53

印　　数：1~600 册

版　　次：2011 年 10 月第 1 版

印　　次：2011 年 10 月山西第 1 次印刷

书　　号：ISBN 978-7-5378-3622-7

定　　价：180.00 元

ISBN 978-7-5378-3622-7

9 787537 836227 >

定价:180.00 元